沈燕謀

日記節鈔及其他

朱少璋 主編

中華書局

· 沈燕謀先生

為沈燕謀先生編書始末

◎ 朱少璋

一

　　沈燕謀（1891 － 1971），原名翼孫，又名一梅，小名「蘭」，字繩祖，號南邨，祖籍南通縣姜竈港，為著名藏書家、文化人、教育家。祖父沈燮均（敬夫）經營布匹生意，1895 年得到國子監深造的資格，與狀元張謇交情極深，共倡「實業救國」，身體力行，合力創辦大生紗廠。父親沈書升，好讀書，為人低調，不求聞達。

　　先生十六歲考取秀才，曾入讀上海南洋中學（1906）、中國公學（1907）及蘇州英文學校（1908 － 1910）。1910 年自費遊美，入威斯康辛大學學習化學，1912 年 7 月回國，任安徽高等學校教員。1913年與蘇曼殊合編《漢英字典》。1914 年再赴美學習，仍入威斯康辛大學，1916 年得學士學位，為科學會及美國化學會會員，同年 8 月回國。歷任大生紡織公司董事、南通紡織學校校長及南通師範學校校

董，既辦實業，又辦教育。1939 年南通中學因經費問題面臨停辦，先生私人出資承擔辦學費用，並任校長至 1940 年，對鄉邦教育事業，出資出力，時人稱許。先生雅好藏書，對古籍版本認識極深。南通沈氏「行素堂」所藏珍籍，至豐至精，可惜自先生南下香港，行素堂藏書管理乏人，珍籍陸續散出，難復舊觀。

1949 年先生南下，自此定居於香港，於居港期間結識錢穆先生，佩服其學問、認同其抱負，雖年長於錢先生，但仍恭執弟子之禮。錢沈二先生，亦師亦友，惺惺相惜，在教育推廣及文化承傳的工作上，相互扶持，在艱難中奮進。新亞書院遷址農圃道，由選址、申請、設計以至啟辦，先生出力至多。任新亞書院校董暨圖書館館長，盡力為書院之發展出謀畫策，為館方搜購書籍。香港中文大學由籌辦到正式成立，先生積極參與其事，貢獻良多。先生為人作風低調，言行謹慎，行事踏實，錢穆先生說沈先生「對新亞有其具體不朽之成績」，唐君毅先生說「沈先生之為學、為人，可為我們後死之人之模範」，推重讚許，均符事實。

張凝文乃張謇文孫，與沈先生為三世之交，其〈沈燕謀小傳〉云：「（沈先生）其為人軒直磊落，曾為保留先祖手寫日記，僕僕港台之間，卷帙浩繁，影印傳世，至今德之。」先生重視文獻，為前賢刊佈遺稿，不遺餘力。1962 年內地影印出版了留存在南通的後半部張謇日記手稿，1967 年先生從香港親攜前半部分的張謇日記手稿赴台，交台灣文海書社影印出版，為張謇日記做了很重要的補遺工作。

1971 年 6 月 14 日，先生晨起就盥，忽暈眩墜地，蘇醒後但感背骨疼痛，情況尚好，不意 6 月 28 日凌晨突覺心臟不適，於送往醫院途中逝世，終年八十一歲。

二

八十年代我在農圃道新亞研究所讀書，專注研究民國詩僧蘇曼殊，翻閱材料時在《曼殊全集》讀到一些提及「沈燕謀」的筆記及信

札，曼殊說沈燕謀是「方正之士」，我一直記在心上。後來讀到《曼殊大師傳補遺》中羅孝明與沈燕謀聯絡的信函及相關材料，才知道這位「方正之士」原來既是新亞書院校董之一，又是新亞書院圖書館的館長——沈燕謀，一時間遠在民國，一下子又近在香港，感覺真是既陌生、又親切。

年前我與幾位朋友合作整理《大成》雜誌的目錄，後來才知道熊志琴博士原來也在做關於《大成》的研究，並已着手整理目錄。為免工作重複，我和幾位朋友合作的初步成果就暫且擱下，沒有發表。但在整理目錄的過程中，我得悉雜誌曾連載〈南邨日記摘錄〉合共數十萬字，連載完整。「南邨」就是沈先生的別號，在雜誌上連載的雖然都經其外甥朱振聲「摘錄」，但數十萬字的材料實已包含不少寶貴、罕見的信息，加上撰寫日記的人正是曼殊所說的「方正之士」，別具意義。於是我把與日記相關的目錄一一擷摘出來，請張軒誦先生幫忙，為我到中文大學的圖書館按目錄副錄一份完整的內容，本意是用作個人參考，但經再三細讀，卻發現這份日記摘錄極具文化、歷史、文學的價值，倘能整理校訂，出版成書，廣大讀者都有得益，是極有意義的事。

雖然初步有了「出版」的想法，但數十萬字的書，部頭不小，而且文化人的日記屬於小眾參考讀物，可以長售卻難言暢銷，要找出版社合作，殊非易事。剛巧中華書局（香港）有限公司的副總編輯黎耀強先生問我有沒有書稿，我即向他推介南邨日記的出版計劃。黎先生既有豐富的編輯經驗，又極有文化觸覺，從前也主編過名人日記，深知文化人日記的價值，是以一言即合，我就答應與中華書局合作，出版沈先生的日記。

出版的事情定了下來，我便嘗試着手聯絡沈先生的後人，希望能在沈家後人處獲得更多相關的材料，把書編得完整些。當年安排在《大成》雜誌上連載日記摘錄的人，是沈先生的外甥朱振聲，但朱氏已逝世多年，這條線索已聯絡不上。沈家後人雖多，但一時間也不容易找得着。我託請鄺健行老師、盧瑋鑾老師兩位「老新亞」幫忙打聽，又請近現代文史專家蔡登山先生幫忙尋找，可惜都沒有結果。絕

望之際，我在網上搜到一則 2010 年上載的「尋人」啟事，啟事說明因
重修沈姓家譜，需要聯絡江蘇南通姜竈籍沈燕謀的後人為家譜提供
資料，啟事還附有家譜編修單位的聯絡郵址。我依址冒昧傳個電郵，
說明因研究需要，也想聯絡沈燕謀的後人。感謝主持編修家譜的負
責人回應並提供協助，略經轉折，我便與沈燕謀先生文孫沈同華先生
（沈仲桓之子）聯絡上。沈同華先生對出版計劃十分支持，除了提供
珍貴照片及沈氏宗枝的材料，還為本書撰寫一篇長文 ——〈追尋祖
父沈燕謀學無止境的足跡〉—— 縷述沈老先生的生平、人格、事業
與成就。沈同華先生的文章業已以「代序」形式置於本書之卷首，讀
者可以細讀。

三

　　本書名為「沈燕謀日記節鈔及其他」，顧名思義，全書由「日記」
及「其他」兩大部分組成。

日記

　　「日記」是本書的主體部分，內容采輯自《大成》雜誌上連載的
〈南邨日記摘錄〉，包含 1947 年至 1971 年的日記摘錄，我在整理時除
了作必要的校訂、補充外，還把這批日記按年份分為四輯，即四十
年代日記、五十年代日記、六十年代日記及七十年代日記。當中以
五六十年代的日記數量較多，亦最為詳贍。

　　談到日記的價值，一定離不開史料價值。史料就是可據以研究
或討論歷史的材料。史料的形式非常廣泛，也極為多樣，但無論如
何，日記多寫於接近或直接在歷史發生之當時，價值不容忽視。齊世
榮在〈談日記的史料價值〉中說：

　　　　日記是私人記載的一種，按照年月日記錄作者的親身經歷
　　和見聞，以及作者對人對事的看法，歷來被認為具有直接史料的

價值，是治史者所必須參考的。由於日記記錄的是當天發生的事情，而不是事後的追憶，故比較準確。由於日記是寫給自己看的，故能比較真實地反映作者的個性。此外，日記中談到的作者所處時代的政治、經濟、社會、文化諸方面情況，亦可與官書和書信、回憶錄等其他私人文件互相參照比較。⋯⋯但如果作者是某方面的重要人物，記下了他所掌握而一般人不知道或難知其詳的種種情況，則這種日記仍有相當高的史料價值。

丁原基在〈王獻唐日記的文獻價值〉中也說：

> 　　總之在歷代著述中「日記」蔚然大觀，其中蘊藏許多原始記錄，可提供從事自然科學史、政治史、經濟史、近代外交史及文藝學術方面的研究時所取資，因此，此類著述自不宜等閒視之。

以《中國近現代稀見史料叢刊》（第四輯）為例，叢刊所收錄的十二種「史料」中，就有九種是日記。可見日記是「存史存真」的重要記錄，這些材料經讀者理性參考，客觀理解以及多元對讀，就能有效地發揮作用。朱振聲當年在《大成》雜誌上發表沈先生的日記，正是看到日記中蘊含的價值，朱振聲在〈南邨日記摘錄〉開篇前有說明：

> 　　⋯⋯近方獲讀其歷年日記，範圍之廣，着筆之勤，凡見佳章篇什，盡付筆錄，積其平生交往，俱屬史料，亟為摘錄⋯⋯。

以下為大家舉一些例子，說明沈燕謀日記的價值。

日記既由沈燕謀撰寫，讀者可以通過日記，從不同角度了解沈燕謀。例如，部分日記內容反映其讀書治學的心得：

> 　　先君常戒毋多置無用之書，但得《十三經注疏》、清儒群經新注、段注「說文」、《說文通訓定聲》、《二十四史》、《正續資治

通鑑》、老莊荀墨管韓非淮南諸子、李杜韓柳歐王曾三蘇諸集、
《文選》、《古文辭類纂》，益以《文獻通考》及幾種經世文章，便
已讀之不完，用之不盡，若乃蒐集不知抉擇，沉湎及於版本，貪
多務得，細大不捐，所謂好異物而賤用物，古人以為大戒，非真
讀書人之所有事也。遺訓昭昭，念之凜然。（1947 年 4 月 2 日）

讀此段日記，可知先生家學淵源，治學執簡馭繁，所列治學書目，極
具參考價值。日記又能反映其人生態度，如：

> 今日之事，要在抽去懶筋，振作精神，即知即行。（1950 年
> 2 月 2 日）

讀此段日記，可知先生重知重行，態度積極，日記中這四句話，不單
在當時有價值，即放諸今天，仍有價值。日記又能反映其為人，如：

> 武進唐子權駝嘗鬻字上海，以所得興建唐孝子祠，又於祠側
> 並立義學，以教族人及鄰里子弟，南通張嗇公為之記，大書樹碑
> 於祠校焉。校垂成，缺一垣，而資不繼，割所蓄清墨數百丸，持
> 以畀余，易金成垣，名之曰墨垣，屬陳保之為文記其事，以余所
> 酬之值，逾於標價，謂助成斯校，風義足感也。余不能書，辜負
> 此墨……。（1952 年 7 月 21 日）

先生既「余不能書，辜負此墨」，卻又以高於標價購買古墨，目
的其實是要玉成建校之事，誠古道熱腸也。復如：

> 笳馬光線者……其以此類工具，一旦用於屠殺之場，其於政
> 治軍事所能發生之影響，殆不堪想像，設人類別有卓越之政治
> 思想，足與科學家新發明所得，等其量而齊其觀，運其智慧以相
> 克制，則人類之滅絕，可以不旋踵而即至，彼安居白宮而有主宰
> 舉世人性命無上威權者，似猶未暇及此，吁可畏也，亦可慨也！

（1953 年 1 月 18 日）

由此可知先生在留心科技發展之餘，表示高端科技用於戰爭的憂慮，悲天憫人，是仁者之心。此外，先生既是藏書家，日記中也有不少與藏書、版本有關的心得，如：

> 有鄧瀚鈞者，上書錢（穆）先生，謂藏有明萬曆朱墨套印本蘇子由註《道德經》……頗自矜異。余檢館中藏書，寶顏堂秘笈已收此書，題曰：「老子解」。鄧君引語於子由大觀二年十二月十一日跋中，見之涵芬樓編叢書集成；又據寶顏堂秘笈本排印，是館已有兩本。鄧君以先人手澤，寶之宜也，至疑為孤本，殆不然矣。（1957 年 3 月 5 日）

先生博覽群書，又精於古籍版本，對鄧瀚鈞「頗自矜異」的蘇子由註《道德經》作了客觀的分析，證明此書並非孤本，其論證周密客觀，功力甚深。又：

> 張（叔通）言：家藏南宋嚴州麻沙本鄭注《儀禮》十七卷，值美金五萬元，又重而說之曰：麻沙者，紙名也，輕薄如玻璃，故又名玻璃紙。余但知麻沙為地名，產木質鬆，易刻，則亦易壞，諸宋槧惟麻沙本為下乘……。（1957 年 3 月 6 日）

我們不妨翻一翻前人的說法，看到底誰是誰非。查葉夢得《石林燕語》：「今天下印書，以杭州為上，蜀本次之，福建最下。」福建所出正是「麻沙本」。又陸游《老學庵筆記》：

> 有教官出《易》義題云：「乾為金，坤又為金，何邪？」諸生乃懷監本至簾前請曰：「題有疑，請問。」教官作色曰：「經意義豈當上請？」諸生曰：「若公試，固不敢，今乃私試，恐無害。」教官乃講解大概，諸生徐出監本，復請曰：「先生恐是麻沙本。

若監本，則坤為釜也！」教授惶恐……。

可見「麻沙本」幾乎就是劣刻的代名詞。又周輝《清波雜誌》有「若麻沙本之差舛，誤後學多矣」之語。事實上，麻沙多產犁木，紅犁木質地鬆軟，雕版省時省工，因此麻沙刻書效率很高，但所刻之書，在校對上不夠精確，錯訛極多，而犁木雕版亦不耐刷，多印則字畫模糊。結合不同年代不同人士的說法，則先生在日記說「諸宋槧惟麻沙本為下乘」，是可信的。

先生與新亞書院關係密切，日記中有不少與「新亞」有關的材料，是研究香港大專教育或「新亞」歷史的重要參考。如：

新亞書院之創始，王岳峰資助最力，及校既立，猶斥積貯十餘萬金，別營商業，權子母以資校用，不幸時不我與，折損殆盡。新建之校，由是遂入艱困之境。（1952 年 7 月 8 日）

可見書院早期的財政情況，王岳峰利用投資所得支持書院的開支，但投資一旦虧蝕，新建校舍的計劃就受到影響。又：

郎君之初至，訪港政府代理教育司摩根，為言此行之任務甚詳。摩根言：新亞既擬自建校舍，港府亦可指撥校址，供新舍之用。九龍亞皆老街警署西南，教會道鄧鏡波工業學校之東，協恩中學之南，有地一區，港府擬於此設公立學校，剖分一部，足容新亞。……先是錢先生及院中諸生，嘗以休沐之日，至牛池灣西貢道西，偶於山谷間見地一區，倚山南望，可及九龍灣，林木蔚然，隔絕塵囂，深居治學，斯為最宜。惟通山只羊腸小徑，自闢大道，用費浩大，而水電之供應，運料所消耗，額外之需，極費周章。（1954 年 3 月 31 日）

日記中提及牛池灣西貢道西的選址考慮，雖沒有成事，但作為書院歷史的零片，值得注意。又如：

錢先生報告研究所新辦法，張丕介有責難之辭，錢先生答辯，語氣仍極和藹，然內心至感痛苦，會畢語余，意將退休，蓋自雅禮協助之至，院長已失專主之權，而雅禮代表也，董事會也，教授團體也，人各有心，見解紛歧，多方應付，心力交瘁，治學功夫，遂爾減退，余見當時之形勢，為學校計，則先生決不可退，計議二時，未有兩全之策也。（1955 年 8 月 2 日）

於此具見錢先生辦學之艱難，日記中提及「雅禮」的協助有利有弊，弊處是「院長已失專主之權」，而又同時面對「人各有心」的情況，人事牽纏，局面殊為複雜。日記還記下了六十年代書院的其他問題：

院有工讀生，以課隙為校服務，而免繳學費之一部，良制度也。然學生惰者多而勤者少，以此工讀生之在新亞，徒具其名耳。本周校舍遷移，適當年考，圖書館原有工讀生且不能參加為包紮之工作，則請於錢先生，令研究所諸生預其事，研究所生九人，應命而至者不及半，今日尤少，蓋翻動書籍，塵灰處處，又值天熱至九十度以上，誠哉苦事，然以本師之囑付，經史之難得，而有益於身心，竟有先私而不顧及公者，是余所引為大戚也，豈獨感慨而已！（1956 年 6 月 27 日）

先生對學生的冷漠「引為大戚」。他在日記中說學生「先私而不顧及公」，是由教育角度出發，前提是「以本師之囑付，經史之難得」，強調的是「師」，是「經史」。先生之所以「大戚」，並非單單因為學生不願協助搬運書籍，而是因為學生沒有學懂對「師」的尊重，對「經史」的重視。又日記中尚有一些零碎而為人忽略的「新亞」材料：

新亞以重文史為號，顧所授課程重史不重文，抑文學亦無專任者，僅（牟）潤孫並領其名而已，意在研究所兼講文學，為導

師。余觀於研究所諸生之筆墨，有時至無文理可言，治史之外，並及學文宜也，得暇當試為錢先生言之。（1958 年 5 月 18 日）

先生對書院課程的關注，於此清楚可見。先生看到書院早期辦學重史輕文，也留意到有些學生的文筆「至無文理」，因此認為書院要真正做到文史相兼，這些看法是踏實而有遠見的。又如先生對新亞圖書館的藏書印亦有要求，對書院的關注，真可說是「無微不至」：

新亞圖書館之印，市肆間刻工所作，皆奇劣，余掌館事先後請張伯珩、林千石、雷浪六諸君各治一印，亦都不稱意，以語曾履川，履川謂其友曾紹杰，工鐵筆，且舉所作印存見贈，印存得四百四十餘印，張大千稱其追琢秦漢，不落文何皖浙，雍容大雅，佩玉垂紳，有趨蹌廟堂之致，不為過譽。印存中余所不喜者宋元官印，然亦少匠氣，即懇履川為代求作圖書館印兩方。（1958 年 5 月 24 日）

此關乎圖書館藏書印之掌故，不讀先生日記，恐怕不易得知。又書院選址農圃道，先生參與其事；到後來中文大學選址，先生亦積極參與其事：

午後四時，偕錢賓師、唐君毅、蕭約、牟潤孫、程兆熊、吳俊升、蘇明璇會於校中，駕車同赴沿龍翔道及沙田四區可能選為新大學校址諸地觀察，最後至沙田酒店進茶點。沿龍翔道最東一區，在黃大仙徙置區西端盡處之道北，今有木屋若干所，實為一谷，低於大道，又近市區，殊不相宜。其西兩區，一深廣約二十萬方尺，又一深廣三十萬方尺，在道上遠望，氣象雄壯，然地在谷中，一旦夷平巨石，建立校舍，有局促卑下之勢，非理想境界。其在沙田一區，位於九廣鐵道隧道出口之東，有一百英畝，新亞即得三十英畝，亦可有一百三十萬方尺，捨舊謀新，惟此較為適當，同事多有同意此意者……。（1961 年 7 月 27 日）

在選址上先生瞻前顧後，考慮周詳，而且有理有據，對具體數據以及各選區的地理特色，都有掌握。先生反對選取「低谷」地區建校，免處於「局促卑下」之勢，這些考慮可謂高瞻遠矚。這些意見、這個決定，對一所大學的長遠發展，是十分重要的。先生交遊亦廣，日記不乏與時彥敘會的相關材料，細心尋繹，當有所獲。如：

> 今日於太陰曆為三月初三，上巳也。又值清明節，港九詩人效古人水邊修禊故事，會於青山道並海陳翁玉泉別墅。又以梁均默（寒操）將渡海東行，藉茲嘉會，並為梁君餞別。所擬詩題為甲午上巳，九龍青山禊集，暨送均默先生赴台，以沈休文三日詩：「麗日屬元巳，年芳俱在斯。開花已匝樹，流嚶復滿枝。」分韻得某字。……。（1954 年 4 月 5 日）

這些五十年代香港文人雅集的材料，時間、地點、人物，交代清楚，連分韻的方法和決定都有記錄，這對香港文學研究，應有少補。閱讀面可以再拓闊一些，日記中有不少與香港歷史有關的材料，先生留意時事，日記中亦不乏「港史」材料，如：

> 昨日胡文虎六十七歲生日，於其所居號虎豹別墅者，招待年六十以上之老人二千人遊園，分贈老人以禮品十餘事，有毛氈、面盆、飯鍋、布疋、口盅、白米、餅乾、肥皂、豆豉、果品、現金之類，實用之物略備。胡氏以製造成藥如萬金油、八卦丹、止痛散者起家，今又經營報紙，如《星島日報》、「晚報」、《英文虎報》凡六七種，於其生日以招待老人方式，替代大張壽筵，廣宴親友，其人思想異於恒輩，得致大富，非僅幸運已也。（1950 年 2 月 12 日）

這則談胡文虎招待市民的日記，內容不單有趣味，而且寫得實在而具體，可為「虎豹別墅」的香港集體回憶補遺。又如：

……余協中以不得專任教授，憤而自辦尚德書院，已為之長，然校舍地較僻遠，來學者寡，艱苦支持，甚為狼狽。（1955年10月2日）

余協中就是余英時的父親，「以不得專任教授，憤而自辦尚德書院」的始末，恐怕知者不多，日記補此一筆，誠為可貴，而日記提及的這所位置偏僻的尚德書院，在五十年代的香港其辦學情況到底如何？也很值得注意。復如：

九龍半島昨日已經解嚴者兩區，尖沙咀、油蔴地是也，天星輪渡與山頂纜車皆復開，形勢漸趨緩和，然常態之恢復猶有待，蓋自交通斷絕，工廠之停工者逾千，被捕有搗亂嫌疑犯者逾三千，而在戒嚴中之地區猶廣也。今日解嚴區域益廣，十時後，公共汽車亦通，市衢行人來往，略似平時，惟荷槍實彈之英兵，與警察三五成群巡視其間為稍異耳。荃灣情形仍不佳，縱火及黑社會人物被捕者又及千人以上，猶繼續在戒嚴中也。（1956年10月14日）

日記所記的戒嚴情況，細緻具體，部分描述應是撰寫日記者之親歷，與一般籠統敘述，效果與價值又自不同。從史料角度看沈燕謀日記，也許略為沉重枯燥，日記中其實也有其他極富趣味的材料，以開心閱讀，不為研究，也一樣趣味盎然。如：

謎語之製，時有極工巧者。相傳羊城妓麥秋娟生時，嘗與武進繆蓮仙相善，麥死於紅羊亂時，繆作《客途秋恨》一曲，以紀念其所眷之薄命紅顏。麥有一詞，謎底為「舟子竹篙」，而詞意纏綿，似傾訴其不幸之身世者。詞曰：「想當初綠鬢婆娑，自歸郎後，青少黃多，折磨捱盡，總是風波休提起，提起了淚灑江河。」（1950年4月4日）

張丕介為余言，是即此間所稱火柴者也，冀燕魯人呼曰「洋

取燈兒」，殆源出德文 der Ziinder 一譯音字也。江南俗語呼為「自來火」，其後都市用煤氣，亦稱「自來火」，同名異物，日人呼為「燐寸」，則變法時新造之詞也。（1955 年 9 月 8 日）

粵語有「礮蹦冷」一詞，意謂全部或所有一切在內。近一二十年來，亦頗流行江南市井間，滬語讀若「亨撥冷」。或曰：以音義言之，應作「咸不論」。有伊人者，曾見清代名臣莊有恭軼事一則言：乾隆帝某日語莊有恭曰：「粵省僻在南服，語多蠻音，不可通曉，如『礮蹦冷』一詞，即只可會意，而不能以文字書之者。」有恭對曰：「『礮蹦冷』者，俗人之語，其原文實為『合并來』。」語出，乾隆帝亟稱之，以余觀於諸詞，「合并來」最為允當矣。（1951 年 6 月 17 日）

南越之人嗜蛇，以為美味，以為補劑，每歲秋高氣爽，蛇宴斯具，及春則止。有名之品有「三蛇羹」、「五蛇宴」、「龍虎會」諸稱。「三蛇」者曰飯鏟頭，曰金角帶，曰過樹榕。「五蛇」者，「三蛇」外，益以三索線及百花蛇，或過山烏。「龍虎會」以果子狸與蛇並製。又有「龍虎鳳大會」，則狸蛇與雞並調之饌也。蛇肉而外，尤重蛇膽，蛇膽不加烹調，和酒飲之，可治風濕。市中鬻蛇羹，香港市上秋冬間食肆輒備蛇羹，每盅不過數金，外省人鮮問津者。（1952 年 1 月 20 日）

全校教職員聚餐於校園，用西方 Buffet 式行之，各擇所喜，人稱其量，奉盤取饌，任其所至而式食式飲焉。或以「自助餐」譯意，余試以「布飯」二字為音譯，嫌其似釋家之乞食，未為他人言也。（1961 年 9 月 28 日）

以上幾則日記，談謎語、解「洋取燈兒」、釋「礮蹦冷」以及介紹以蛇入饌的南方飲食風俗，包含文藝、方言、飲食、翻譯等不同文化範疇，內容雖或未宜直接引用作為嚴謹論文的論據，但內容既輕鬆又貼近生活，作為趣味知識以資談助，亦自有其價值。先生以「布飯」譯「Buffet」，當日「未為他人言」，幸有日記流傳，這個有趣的中譯建議，今天讀來，具見文人心思與情趣。

先生早年雖在外國讀書，習化學，然不廢家學，讀書既多，下筆
自然成章，日記中敘事寫景，清晰優美，文筆雅潔，茲舉一例：

> 二十五年之夏……取道武林，乘渝車作黃山之游，歷時二
> 旬，遍覽諸勝。猶憶一日小立文殊院前，時當夕陽西下，有風自
> 西方來，雲氣隨之，越蓮華峰而過，日光橫穿，映照飛霞，彷彿
> 熊熊烽火，會成大海，攀嶺東流，隨坡而下，既及峰東，又臨於
> 飄渺煙雲之境，從風起伏，平淡不異恒時，同游諸子於無意之
> 中，適睹奇景，無不目為之眩，而神為之愕，乃知秀岳靈氣，變
> 化無常，機緣湊合，則偶然得之，可遇而不可求也。三四年前，
> 漫游歐美，亦嘗攬其高山大川、天然風景，獨於挪威首都渥司洛
> 北鄙登山所見，引為平生幸事。一日於晨光熹微中乘車郊游，
> 舉首遠望，則洋洋海水與蔚藍之天、青葱之山、千葉之樹，交映
> 而成紫石英璨爛瑩晶之色，彌滿長空，一望無際，有寧靜綺麗之
> 觀，不與蓮峰雲氣、飛舞奔放相同，而其為宇宙奇觀則一……。
> （1951 年 3 月 3 日）

日記中這段回憶，寫景文筆優美，層次分明，自不待言，而回憶
片段先寫黃山，再寫挪威，兩處風景都壯麗，而黃山之景雲氣從風起
伏，挪威之景則晨光與水天交映；前者動後者靜。像這樣的日記，筆
調與修辭風格都極具古典美，直可與古人的遊記小品並讀。

日記亦記錄了若干瀕近散佚的作品，間接地為某些「輯佚」的工
作提供重要線索。日記中不經意的一些摘錄，卻可能為另一個研究
專題補充了若干重要的信息，如張謇所作的國歌，連《張季子九錄》
都沒有收錄。盧前《柴室小品》曾提及這首歌，引錄亦非全豹：

> 南通張季直就作過國歌三章，記得是：「仰配天之高高兮，
> 首崑崙祖峰，俯江河以經緯地輿兮，環四海而會同。」是這樣開
> 端的。

盧前只憑記憶，在文中保留了歌詞的一小部分。先生 1953 年 1 月 1 日的日記上，卻完整地保留了張謇所撰寫的歌詞，還記載了左舜生對三章歌詞的分析。

　　當然，日記中也有一些錯誤信息，讀者在閱讀或轉引時，需要小心客觀分析，再作取捨，如日記中有一則談及胡適的詩作：

　　　　胡適之嘗為新詩，以首句「依舊月明時」為題，為憶其友好徐志摩乘機喪生而作也。（1953 年 3 月 10 日）

　　查「依舊月明時」一句，出自胡適的〈秘魔崖月夜〉，此詩本事應與胡適表妹曹誠英有關。無論如何，胡氏此詩寫於 1923 年 12 月，徐志摩 1931 年 11 月空難身故，以客觀時序為據，則此詩不可能與悼念徐氏有關。又日記中有不少讀書札記，而部分引文不知是節鈔者漏抄還是原作者漏記，間或出錯。這些問題我已盡力翻查引文的文獻出處，以原文獻與日記引文比對，文辭有相異者，或作更正，或作說明，方便讀者參考。

其他

　　「其他」部分包括三個分項，即「沈燕謀文字材料」、「沈燕謀圖片材料」及「沈燕謀生平材料」。

　　「沈燕謀文字材料」收錄十五篇沈先生的作品，其中手寫字體材料已清繕過錄，標點斷句，方便讀者參考。這批文字材料包括書信、題辭、講稿、散文、論文，通過這些文字材料，讀者可以更全面地了解沈先生。先生寫給柳無忌、羅孝明的信，都與討論蘇曼殊有關；寫給胡適的信，談及為張孝若作傳的事；寫給沈葦窗的信，則談及書法、購書；寫給「雅丈」的信，則詳論《文選》的版本。以上五封書信，采輯自《蘇曼殊研究》、《曼殊大師傳補遺》、《大人》雜誌以及拍賣圖錄。此外，題辭一則，采輯自 1931 年的《紡織之友》，四言押韻，形式古雅；〈《歷代日食考》序〉，亦具見先生之博學。又演講整理稿兩篇，一篇輯自 1945 年的《紡織勝利特刊》，一篇輯自 1962 年《新

亞文化講座錄》。前者談紡織實業，後者談張謇之生平與事業，無論涉及的是紡織專業還是人物專題，內容都十分詳盡。又散文雜記兩篇，短文〈燕語〉輯自《曼殊餘集》，「餘集」是柳亞子在出版《曼殊全集》後陸續搜羅新發現有關曼殊資料的成果，是未刊稿，多年前蒙馬以君先生為我副錄一份，我在「餘集」中輯出〈燕語〉，公諸同好。另一篇散文〈木祖師賜丹記實〉輯自 1943 年的《木鐸聲》，近似宗教見證，詳細記敘了先生尊翁（沈書升）得「木祖師」賜丹療病的始末，文章題材十分特別。《木鐸聲》是較少研究者注意的刊物，創刊於 1943 年，由上海「來蘇社」編刊，屬於扶乩信仰的宣教刊物，以刊載關於「木道人」的事跡、詩偈、乩文及見證等內容為主。刊物的供稿人尚有高吹萬、姚石子、胡樸安、鄭逸梅等南社成員，頗為矚目。「沈燕謀文字材料」還收錄了三篇別具學術價值的材料：〈光緒壬午朝鮮內亂史實之一節〉，先生利用八封吳武壯致北洋大臣張靖達的信函，以第一手材料為光緒八年壬午朝鮮內亂事件作補充，在《容庵弟子記》及《辛壬春秋》的論述外，為事件提供另一鮮為人知的角度。〈上水出土古錢〉，先生引經據典，討論開元通寶與太平通寶的相關史實。〈范伯子詩本事注〉，是先生為范伯子詩的人物及地名撰寫的簡注。三篇論文分別觸及歷史、文物、文學等範疇，充分反映先生之博學，但一向為人忽視，如〈范伯子詩本事注〉，2003 年出版的《范伯子詩文集》（上海古籍版）都沒有收錄這篇材料，本書重輯，並加新式標點斷句，方便讀者參考。

　　「沈燕謀圖片材料」主要收錄圖片，包括與先生直接相關的人物照片、手跡照片、印蛻照片。圖輯中大部分沈家家族成員的照片，都由沈同華先生提供並允許轉載。這批照片素質高、清晰，能直接而較全面地展示先生的祖輩、父輩、平輩及後輩的音容笑貌。這數十張相片有家庭成員的合照和個人照。攝於不同年代的合照，都由沈同華先生確認相片中各人的身份，盡量為讀者提供準確的人名、輩分以及拍照的地點。至於先生攝於不同年代的多張個人照片，按時序排刊，儼然時光溯流，讀者讀之，印象倍深。先生元配與繼室，雖人隨駒隙，亦俱有留影。先生子女兒孫，由襁褓到成人，均拓影存

形。「沈燕謀圖片材料」還收錄了一些先生的手跡和印蛻，其中如《黃海攬勝集》的題字、手書家訓以及先生早年常用的私印，都十分罕見；手跡飄鸞泊鳳，印蛻布白分朱，為本書平添了不少雅意。可以說，沒有沈同華先生協助提供及同意轉載，這部分的圖輯是無法編得成的。此外，個人的一點發現也作綴裘小補，附刊在書中：輯自《曼殊全集》、《曼殊大師傳補遺》和《南通學院紡織科民卅二級畢業紀念刊》的照片，以及輯自《大人》雜誌和《莊子纂箋》的手跡，都在一定程度上反映與先生有關的「文化活動」，值得保留。《莊子纂箋》一書的題字，尤使人想到此書在出版成書過程中的感人插曲。錢穆先生說：「我有《莊子纂箋》一稿，燕謀斥資付印。」當時具體的情況唐君毅先生講得清楚：

> 當時新亞很窮，錢先生著有一本《莊子纂箋》，如印出，要三千元，因無錢不能出版，沈先生乃捐出三千元。當時新亞之薪水根本不能說，三千元便等於校中一月的開支。若今本校每月開支為四十萬，此三千元應可值四十萬元。當時我以為沈先生很有錢，但不久後，便見沈先生把他之汽車賣了，可見他並非有錢。

《莊子纂箋》之成書，能折射出沈錢兩位先生的深厚交情，先生在 1955 年 3 月 19 日的日記也提及此事：

> 曩時錢先生（穆）撰《莊子纂箋》成，斥資為之付梓。今年先生在院為諸生講莊子，前印之書已傾，則以改定稿重刊。又念余之貧窶也，舉所得《中國思想通俗講話》稿費三千金為贈，謂酬前此刻書之德，其意可感也。

兩位文化前輩互相顧念，君子之交，風義凜然，當中包括知遇、敬佩與欣賞，每見《莊子纂箋》上先生的題字，就不期然想起這兩位相知相得的文化人。

「沈燕謀生平材料」，主要匯輯與先生生平相關的材料。當中有剪報、書信；有《遊美同學錄》的留學生記錄；有錢穆先生、唐君毅先生的悼念文字；有張凝文為沈先生撰寫的小傳。各項材料散見各處，零碎分散，匯輯目的無非是方便讀者閱覽參考。資料中有輯自《大人》雜誌的胡適致張凝文書，信中極力推薦由沈先生執筆撰寫張孝若傳，此信寫於 1962 年 1 月 3 日，胡適在信中說：

> 我是十一月廿六日進台大醫院的（為了有心臟衰弱的症狀），已住了五個多星期了，現在快出院了。

不意出院約一月，撒手塵寰（1962 年 2 月 24 日胡適逝世），而信函中談及的張孝若傳記，亦終未成事。先生在 1963 年 3 月 29 日的日記中也提及此事：

> 至孝若丈小傳在其生前，早有適之為寫身後文字之命，愚承命轉達，幾經浹恰，適之首肯。徒以外寇侵陵，適之出使，寇既納降，繼以內亂，稽延二十餘年，適之未踐宿諾，末命之至，乃以愚為世界上最適執筆之人，曾不知孝丈最為着意之府上家事，儘可出之於適之筆下，在愚則以兩家關係之深，無能為役也。

一件事之成與不成，人事天意，各參其半。以資料輯存中胡適書信與日記中的相關內容對讀，益見先生對宿諾未踐之無奈。

四

沈燕謀先生自上世紀五十年代到香港，自此完全融入香港，並以其所學、所長，為香港作出貢獻。先生雖非生於斯、長於斯，卻是實實在在地活於斯、老於斯、終於斯。他為香港早期的大專教育出過力，在人力物力都不足的情況下，與錢穆先生等有識之士，擔負起

承傳文化、發揚文化的重責。如此一位前輩，在教育界、文化界都是有份量的人物，我們不應忘記他對香港的貢獻，也不應忽略他的著述。

忽略，是一個問題；因不了解而造成誤傳，又是另一個要注意的問題。談論沈先生的文章材料本來已不多，在這些「不多的材料」中，部分還夾附着若干錯誤信息。比如說，《南通縣文史資料》（1988年 10 月第 3 輯）有一篇由「家書」與「燕冰」執筆的〈沈燕謀的二三事〉（執筆者「燕冰」未知是不是沈燕謀先生的妹妹沈燕冰，待考）。這篇談及先生的文史資料，失實處頗多。例如文章說先生「1972 年病故，時年 84 歲」就不正確（按：先生卒於 1971 年，享年 81 歲）。又如文章說「燕謀早年曾參加『南社』，與我國著名學者柳亞子、邵力子、葉楚傖、蘇曼殊等多有交往」，也不符事實，先生雖與南社中人聯繫緊密，但卻不曾參加南社，他並非南社成員。文章又說「解放後，燕謀雖在香港定居任教，但仍關心祖國大陸的紡織業的發展，並回到祖國，在北京中紡部工作了一段時間」，回國的說法頗有商榷餘地。我留意到一些舊書買賣的消息，發現有好幾種由日本人在八十年代寄贈「沈燕謀」的書籍，有些贈書部分還保留具體的郵寄信息，如 1988 年「內田豐作」的贈書外包上，有「北京市東郊英家墳紡織科學研究院沈燕謀先生」的郵寄信息，但先生自五十年代以後都在香港，而 1988 年先生亦已逝世十七年。那麼，贈書上提及的「沈燕謀」，會不會是另一個任職於北京紡織科學研究院的同名同姓者？簡中原委，實在耐人尋味，有待進一步查考。沈燕謀到底有沒有在五十年代後回國任職於紡織部門？沈同華先生亦就此傳聞作過查證，給我的回覆是「沈燕謀五十年代回國去北京任職完全是沒有根據的誤傳」。此外，我還找到兩種由沈燕謀校對的書：第一種是《化學纖維新型紗的產生與應用》，版權頁說明：楊建生譯，董佩瑾、沈燕謀校，1965 年北京中國財政出版社出版；第二種是《纖維的形成、結構及性能》，版權頁說明：丁亦平譯，樸東旭、沈燕謀校，1988 年北京紡織工業出版社出版。目前由於理據不足，尚未能搞清楚這位負責校對的人到底是誰。至若發表於 1965 年第 10 期《科學大眾》的〈喜談

維尼綸〉，作者署名也是「沈燕謀」，但出於「同名同姓」的懷疑，此文未收錄入集。「同名同姓」的懷疑或假設並非完全沒有根據，我曾在 1928 年 10 月 9 日的《新聞報本埠附刊》上讀到一則「團體新聞」，當中有「儉德會請沈燕謀博士主講非戰公約」的消息，報道中提及的「沈燕謀博士」，其實是在法國取得法學博士學位的沈家詒博士，而不是南下香港的沈燕謀先生。1948 年出版的鉛印本《柞溪沈氏思源堂宗譜二卷》，宗譜編者是「沈燕謀」和「沈旭庵」，這兩卷宗譜所記錄的，是浙江桐鄉宗枝世系的資料，因此，宗譜編者之一的「沈燕謀」，應是祖籍浙江桐鄉的沈家詒博士，而並非祖籍南通的沈燕謀先生。

五

本書輯錄了包括日記在內的種種材料，有文字有圖片，算是在個人能觸能見的範圍內的一點爬梳成果，但相信一定尚有不少「補遺」的空間，比如本書中收錄的日記雖然有數十萬字，卻始終是朱振聲的「摘錄」版本，先生日記的「全本」到底現存何處？在此懇請各研究者關注，如有新發現或個人珍藏，不妨發表公開以補本書之不足，嘉惠學林。又據了解，先生的《黃海攬勝集》（攝影集）和印譜（原鈐本）尚保存完整，期望日後得假機緣，可以把這兩種材料精印出版，以饗讀者。至於本書的編校整理工作，雖說已盡一己之力，只是個人能力畢竟有限，所知所識亦多有不足，是以本書一定還有不少未盡善美之處，我在期望讀者海涵、指正之餘，也同時期望更多有能力有興趣的朋友加入搜羅整理前賢作品的行列，合力為後人保留一些不應被遺忘的信息。

朱少璋寫於 2019 年 8 月 1 日

浸會大學東樓

代序

追尋祖父沈燕謀
學無止境的足跡
◎沈同華

在我父親珍藏的那本「贈言錄」中有一段祖父親筆的訓示：

> 學業才識不日進則日退，須隨時隨事留心着力為要。事無大小，均有一當然之理，即事窮理，何處非學？昔人云：「此心如水，不流即腐。」張乖崖亦云：「人當隨事用智。」此為無所用心一輩人說法，果能日日留心，則一日有一日之長進；事事留心，則一事有一事之長進，由此累積，何患學業才識不能及人邪！

落款「南邨居士」即我祖父沈燕謀，「桓兒」即我父親沈仲桓。

祖父沈燕謀，字繩祖，號南邨。1891 年生於南通，1971 年故於香港寓所，享壽八十一。

我 1948 年生於上海，那年祖父五十七歲，正在美國為他經營的企業大生紗廠考察學習。我出生那日，祖父正巧在華盛頓，故為我

「同」字輩的孫子取名「同華」，希望我今後能像華盛頓那樣對國家有所作為。我出生的第二年，祖父便移居香港，直至離世。我對祖父的所有印象和敬仰均來自於父母的敘述、長輩們留下的日記、書信、墨跡、照片及書刊和網上查閱到的文史資料。

追尋祖父一生的足跡，最深刻的印象並收益終生的是：學業才識須不斷學習，持之以恒，這猶如破土而出的種子，需要不斷汲取泥土中的營養水分，才能茁壯成長。正所謂時時處處留心皆學問，學海無涯，學無止境。

祖父沈燕謀敏而好學，
學以致用，助力張謇，成為實業家

祖父十六歲考取清末秀才，後考入上海南洋公學（交大前身），畢業後赴美國留學，畢業於美國威斯康辛州立大學化學專業。

說到祖父去美留學，不得不追述我的高祖父沈敬夫和清末狀元張謇。據文史資料記載，清同治、光緒年間，高祖父在通州一帶以經營土特產、土棉布起家，而後手工紡織布遠銷東北三省，並在南通開設布莊、錢莊，成為當地富紳。光緒二十一年（1894 年）清末狀元張謇為走實業救國之路，棄官還鄉辦實業。高祖父是張謇的同鄉、同窗好友，為助張謇，出資與張謇一起在南通創辦了大生紗廠、大生紡織公司，成了張謇辦實業的合夥人。「大生」二字源自《易經》「天地之大德曰生」。

大生紗廠開辦之初缺少資金，全靠沈家賣棉花和花布支撐。高祖父「四面騰挪應急」，因此張謇在「大生」開機當日寫下「敬夫始終忠勇可敬」。後紗廠興旺，張謇又在《南通縣圖志》中記述：「通紡業之興，歸功於敬夫」，終生對此感念不已。為此對高祖父的長孫沈燕謀（我祖父）倍加關愛，知祖父天資聰慧，才學過人，為報高祖父之恩，出資供祖父赴美留學深造，又聘其為秘書，主事國外聯絡。

祖父 1916 年學成回國時二十六歲，張謇見其中英文功底深厚，

學貫中西，辦事嚴謹，有魄力，便委任其為南通紡織大學教授、大達
輪船公司董事，後委以大生三廠考工所長，主管生產技術，繼後又委
任大生一、二、三廠監察，二廠、三廠經理，大生紡織公司董事。
祖父一生好學不倦，以信用為第一秉性，誠實正直，公忠堅毅，學以
致用，深得張謇信任重用和同僚們的尊重愛戴。由於先進科學的經
營管理，大生連年盈利，企業興旺。從 1917 年到 1921 年，大生的利
潤達七百多萬兩。1920 年至 1921 年，大生股票成為當時最搶手的股
票之一。到 1921 年，紗廠所在地唐家閘人口已接近五萬。沈氏家族
也成了通州、海門一帶人人皆知的望族。

　　1937 年日軍侵華。1938 年 3 月，南通大生被日侵佔。祖父不願
為日本人工作，辭去大生公司經理職務，蓄鬍在家，讀書著作。

　　抗戰結束後，1945 年 11 月 16 日，蘇浙皖京滬紗廠代表在上海
起草制定了《機器棉紡織同業工會章程》。1946 年 1 月 12 日，祖父
被蘇浙皖京滬三省二市一百三十九所紗廠代表，選為上海區棉紡織
工業同業公會常務監事。此後，迅速推進了中國紡織行業維持自主
經營的局面。祖父還積極協調各方經營、聯營和相關業務（如代表甲
方促成大達和大通輪船公司的聯營），為中國紡織工業盡心盡力並立
下功勞。

　　祖父國內外求學的經歷開闊了他的視野，加上善於學習、勇於
實踐，使他思考企業的經營和發展更具前瞻性。從 1966 年「文革」
紅衛兵抄家時，在上海老家抄出的一份由祖父與他的同僚們制定的
《大生公司發展規劃圖》即可見一斑。此規劃包含兩方面內容：一、
向社會集資，圍圈、改造南通、海門一帶二十四萬畝鹽鹼地，供農民
種植優質棉花，棉花由紗廠收購。這樣不單增加農戶收入，紗廠也能
擺脫對進口美國棉花的依賴。二、擴大南通發電廠，使通海一帶農
戶家中都可以用電機織布。大生紗廠供應紗錠並收購織布。農民農
忙時務農，農閒時織布，生活很快會富裕。只是由於當時社會不安，
戰爭連連，大生實業發展缺乏和平安定的社會環境，規劃未能全部實
現。然而，荒唐的是這利國利民的規劃圖在紅衛兵眼裏變成了想復
辟資本主義的「變天賬」，並無端將「佔有江南二十四萬畝土地的大

地主」帽子，戴在了我父親沈仲桓頭上，關進「牛棚」（紅衛兵私設的刑堂）批鬥，可謂荒誕無稽。所幸「文革」時祖父在香港，避過了那不堪回首的浩劫。

祖父在不斷學習經營管理自己企業的同時，深刻了解企業與社會、國家的關係，使他更關注的是國家命運、民生問題。1947年1月12日，他在日記中寫道：「我國工業之危險情形，至今而極矣。論者歸納其因素，約凡十餘種：（一）高利貸壓迫，（二）原料不足，（三）設備不足，（四）動力不足，（五）工價高漲，（六）賦稅繁重，（七）運輸困難，（八）外貨傾銷，（九）國外市價低落，（十）內戰不已，民生凋疲，缺乏購買力，（十一）原料價格上漲率超過成品上漲率，生產不敷成本，（十二）外匯匯率波動太大，影響成本，（十三）無力增添設備改良生產，以致缺乏競銷能力，（十四）工潮接踵，應付不易，（十五）民營事業受國營事業之競爭壓迫太重，（十六）外國禁止進口。」驚嘆的是七十餘年來，企業生存發展所面臨的困難，與祖父當時所述相差無幾。

祖父沈燕謀着力才識，
恒於學問，建校育人，成為教育家

祖父十分重視教育，他對教育的熱情比辦實業還高。張謇先生是個教育家，祖父在他身邊耳濡目染，深受其影響。在祖父身上我們見到了張謇先生的影子，重視教育就是其中之一。祖父堅信，對一個國家、一個民族、一個人的發展來說，教育是根本、是基礎。沒有良好的教育，一切都沒有根基。

1916年，張謇委任祖父為南通紡織大學教授。從此祖父用更多時間、精力、金錢熱衷致力於教育事業。

祖父創辦實業常常席不暇暖，但只要教育需要，他總願意毛遂自薦擔當教員。安徽高等學堂前身是安徽大學堂。辛亥革命時，高等學堂停辦，陳獨秀在大學堂舊址建安徽高等學校，教員多是其故交，

如蘇曼殊、鄭桐蓀、沈燕謀、周越然、應溥泉、傅盛君等。

　　1921 年，大生第三紡織廠在海門落成開業，廠周圍小鎮繁華猶如海門縣城，但沒有一所像樣的小學校。張謇決定辦一所職工子弟學校。正當選址中，張謇積勞成疾不幸逝世。祖父繼承遺願，不負重託，遂於 1927 年建成「海門縣私立三廠初級小學」。1933 年作為大生三廠經理的祖父又親自主管擴建該校，取清光緒帝師翁同龢題寫的「扶海」，將學校更名為「私立扶海小學」（現為江蘇省實驗小學）。

　　1939 年，張謇創辦的江蘇省南通中學辦學經費發生困難，祖父挺身而出，私人出資承擔辦學並擔任校長，為提高學生的學習成績，規定為每學期、每班第一名頒發獎學金。現該校為南通市屈指可數的重點中學。

　　二十世紀五十年代初，祖父在香港協助錢穆、唐君毅等學者一起創辦了新亞書院。後任新亞書院圖書館館長，並負責選購書籍、收藏書籍等事宜。

　　祖父對教育如此執着、重視，我輩望塵莫及。歷經「文革」浩劫，不堪回首：學校關閉停課，無辜教師被整日批鬥，莘莘學子、豆蔻年華，被迫上山下鄉，先輩們「教書育人」的心血付之東流，「國家、民族發展的根基」毀於一旦。對此「文革」，我百思不解。所幸經過十年浩劫，1976 年 10 月「文革」結束，1977 年高校恢復招生，教育逐步進入正軌，經過四十餘年的發展，祖國才有今日人才輩出、日益繁榮昌盛的局面。

　　祖父不但自律甚嚴，對子女的教育也非常嚴格。首先也是最基本點就是要勤學苦讀。他九個子女（五男四女）個個大學畢業，其中有出國留學的，有拿到碩士、博士學位的。我母親畢業於上海伯特利婦產科學校，嫁到沈家後，祖父培養她繼續求學。祖父始終認為無論男女，終身之計，莫如樹人。其次要求子女自強自立。長子在東吳大學畢業後曾想去祖父的大生公司任職，祖父沒有允諾，子女需要自己憑學業才識謀職，從小職員做起，不斷學習，有了經驗業績才能應聘進大生。再次對子女的衣食住行屬行節儉，日常以粗布衣為主，不准穿紅戴綠；伙食以溫飽即可，不准大吃大喝。如今祖父的家教、

家訓一直延續到我們和我們的下一代。

　　祖父沈燕謀遊歷四海，廣交善結，撰文著書，成為著作家。祖父篤實好學，不但鍾情於中國傳統文化，熟讀四書，深具仁、義、禮、智、信的儒家思想，而且由於他的留學背景，加上考察遊歷了歐美、日本、台灣等三十多個國家和地區，因此傳統遺風和歐美現代生活理念、思維方式集於一身。說起祖父考察遊歷，忍俊不禁想起「文革」那荒謬絕倫的往事。二十世紀三四十年代祖父每每考察遊歷回家，口袋裏總會有些用剩的各國零碎錢幣，如美金、英鎊、法郎、港幣等元、角、分，祖父將這些硬幣收藏進一個鐵皮小盒。「文革」中抄家的紅衛兵把這一小盒錢幣說成是父親「搞特務活動的經費」，給父親又戴上一頂「裏通二十多國的大特務」帽子，還說證據確鑿，豈不莫名其妙，啼笑皆非。

　　祖父愛好書法繪畫、詩詞曲賦，並勤於著作，因此結交了許多文人墨客。如早年與柳亞子、邵力子、葉楚傖等南社中人相友善。與著名學者胡適、蘇曼殊、鄭桐蓀、錢穆多有交往與書信往來。編著有〈南邨日記〉、《張謇致沈敬夫函札》等。1912 年秋在安慶與蘇曼殊、鄭桐蓀合編《漢英辭典》與《英漢辭典》。祖父與葉恭綽、徐乃昌、羅振玉等藏書家也有交往，與畫家吳湖帆、王个簃、陳曾壽、顏伯龍、張石園、汪承業等，篆刻家童大年、高式熊、孫更貫等，書法家于右任、張謇、李叔同（弘一法師）、譚延闓、鄭孝胥、譚澤闓、吳曾善、黃祖謙等或有書信往來，或有作品互送。

　　祖父的著作還有〈范伯子集本事注〉、〈燕語〉等。祖父在香港期間，他的〈南邨日記〉連載於期刊《大成》上。

　　祖父鍾情儒家文化，同時也愛好欣賞西方的文化藝術，如攝影，我至今還保存有幾本祖父留下的影集。那是「文革」虎口餘生所存之物，對我特別珍貴。其中一本是 1936 年祖父拍攝的黃山美景，相冊首頁有祖父題寫的墨跡「黃海攬勝集」。

　　在他日記中有一段記敘：

　　　　黃山之美，以松石勝，余見黃山乃知中國畫山水之所以然。

易君左謂黃山：無華之危而有其旁礴，無岱之拙而有其莊嚴，無衡之卑而有其抗直，無廬之暴而有其雄奇，是天上之仙翁，亦山中之聖品。……松之奇，石之怪，雲之彌漫，泉之奔湧，鳥聲之奏笙簧，凡名山應具之條件，黃山無不具之，凡名山不易備之條件，黃山無不備之。

祖父沈燕謀好學不倦，博覽群書，
專注古籍，成為藏書家

祖父的一生，愛書、讀書、藏書。他酷愛筆墨紙硯、中西書籍，尤其對古籍善本情有獨鍾。

祖父是近代上海藏書家，著錄於《中國古籍善本總目》集部別集類第 1217 頁。祖父在 1949 年 4 月 2 日的日記中記載：「二三十年間，孜孜積書，不下二十萬卷。」

二十世紀初，祖父在上海的居所，其中一棟是在新閘路三百多平方米、東西廂房的石庫門大宅子。宅子底樓西邊前後廂房約八十多平方米是祖父的藏書樓，名曰「行素堂」。裏面八層擱板、三米多高的書架四十幾個，排列成四行，每行十幾米長，上面放滿了中外書籍，大多數是中國古代線裝書。書架上每本書都有編號，索引卡有專櫃存放。整個廂房就是一個圖書館。抗戰期間辭去大生紗廠經理後的祖父經常在「館」內一坐一整天，樂此不倦，享受「行素堂」書海帶給他的快樂。

我出生在那棟石庫門並居住了五十多年。孩童時的我也喜歡進入「館」內。當然，五、六歲的我只是在取書的竹梯上爬上爬下玩耍。上學讀書後，放學便與家姐進入「館」內，尋找翻閱我們姐弟喜愛並能看懂幾分的書籍、雜誌、畫冊。當時我最感興趣的是那套《吳友如先生畫寶》，好像有二十幾冊，每冊均有標題，如「山海志奇」、「風俗志圖說」等等，每一頁敍述一個故事，字畫並茂，猶如大本連

環畫，文字雖不能完全看懂，卻被深深吸引，愛不釋手。家姐比我大三歲，她喜歡的是自然科學、工具字典、科普雜誌等。隨着長大，我們便逐步明白「安居不用架高堂，書中自有黃金屋」的道理。

據父親講述：祖父特別愛護珍惜這些藏書，萬卷藏書，卷卷來之不易。書架上的珍貴古籍或有函套、或有夾板、或有木匣與書箱保護。祖父每每閱讀之前，必先將書桌几案擦拭乾淨，上架取書後正襟危坐，專心致志攻讀，寫下讀書心得。外出帶書，用木書板夾住，再用白布包好，布繩紮緊，以免損壞。然祖父去香港不久，國內連續的「運動」查封查抄、沒收抵押，摧毀了「行素堂」。到 1958 年「圖書館」已不復存在。到「文革」祖父所有收藏，包括近千方藏墨，盡數被毀。祖父原打算將這批藏書捐贈杭州浙江大學，在浙大教書退休，讀書養老，然這美夢隨着他 1949 年赴香港而化為泡影。祖父雖未親眼目睹這毀滅和災難，但我能想像祖父得知藏書星散，灰飛煙滅，一定肝腸寸斷，痛心疾首。

祖父對古籍著作收藏研究造詣頗高，至今古籍拍賣常以祖父收藏鈐印為驗真。如《光明日報》在 2015 年 11 月 17 日 11 版刊登作者張忱石的文章，記述國圖新入藏《永樂大典》往昔藏者行蹤一文中敘述：舉世聞名的《永樂大典》三卷一冊，2007 年由加拿大華裔袁女士送國家圖書館鑒定，檢《大典》有兩方藏書印章「曾在袁安圃處」、「南通沈燕謀藏」，最終鑒定真正的藏家，應當是南通沈燕謀。該珍貴典籍的出現彌補了國家圖書館收藏《永樂大典》湖字韻的缺卷。

現今看到上海圖書館內和拍賣市場競拍的一些古籍善本都有來自沈燕謀行素堂的藏書，百感交集。那些書中留有鈐印「沈燕謀藏書」、「行素堂藏書記」、「沈燕謀讀書記」、「南通沈燕謀印」、「南通沈氏藏書」、「沈燕謀印」、「沈燕謀以字行」、「曾在南灣村舍」、「南邨珍藏」、「燕謀」、「南邨書庫」、「燕謀珍藏」等等。在祖父留下的印章冊中，有八十三方他的藏書章。

北京師範大學、山東大學圖書館也有古籍善本來自行素堂，現今拍賣市場經常出現沈燕謀藏書、行素堂藏書，舉幾例如下：

《欽定四庫全書總目二百卷、簡明目錄二十卷、附十卷》清同治

七年廣東書局精刻。此超級大全套為民國大藏書家沈燕謀舊藏，此書為我國最大的官修圖書目錄，是研習目錄學必備之書。

《竹雲題跋四卷附金粟逸人逸事一卷》鑒藏印：沈燕謀印（白）冊扉頁祖父墨筆手書：「竹雲題跋，庚子春仲，燕謀。」

還有《華陽國志十卷》、《明輿圖》、《壯悔堂文集十卷》、《白石道人詩集·白石道人歌曲集》等等均有祖父鈐印：「行素堂藏書記」、「南通沈燕謀印」、「曾在南灣村舍」、「沈燕謀讀書記」等，均鑒定為民國藏書家沈燕謀舊藏。有的書中還能見到祖父題寫的「序」與「跋」。

時至今日，祖父曾收藏過的書籍還有不少流傳於世，很是欣慰，我想定能告慰祖父在天之靈。

追尋祖父沈燕謀學無止境的足跡確能見到：「余白首未聞道兮，唯讀書以畢此生。」正如本文開頭祖父的訓示：「學業才識不日進則日退，須隨時隨事留心着力為要。……此心如水，不流即腐。」

「問渠那得清如許，為有源頭活水來」，正所謂源源不斷的活水才能使池塘變得明澄清澈，那麼源源不斷的培育，孜孜不倦的學習，時時處處的留心，才能使一個人、一個民族、一個國家發展強盛。學海無涯，學無止境，祖父為此傾注畢生，我們後輩將牢牢記住祖父的遺訓，發揚光大並成為我們的座右銘。

沈同華寫於 2019 年春

目錄

二、沈燕謀圖片材料

三、沈燕謀生平材料

沈燕謀日記節鈔

本書輯刊之沈燕謀日記，是根據《大成》月刊的〈南邨日記摘錄〉及〈南邨日記摘錄補篇〉校訂整理而成。

〈南邨日記摘錄〉由 1978 年 8 月起至 1982 年 5 月在月刊上連載，凡四十六期，每期刊登日記由七則至二十七則不等，每則日記長短不一。〈南邨日記摘錄補篇〉則由 1983 年 10 月至 1985 年 9 月在月刊上連載，凡二十四期，每期刊登日記由十四則至二十三則不等，每則日記長短不一。以上兩輯日記摘錄均由朱振聲向月刊供稿，1978 年 8 月首次連載時卷首註明「南邨日記摘錄（遺作）沈燕謀」，另附說明：

> 舅氏南通沈燕謀先生，博聞強記，生於清光緒十六年，卒於民國六十年六月二十八日，捐館且七年矣。近方獲讀其歷年日記，範圍之廣，着筆之勤，凡見佳章篇什，盡付筆錄，積其平生交往，俱屬史料，丞為摘錄，刊之《大成》，世有識者，當信余言之不謬。朱振聲拜識。

朱振聲，五十年代來港後曾任職於報界，又以「戎馬書生」為筆

名撰寫小說文章，著有《哀江南》、《台灣行》。朱振聲稱沈燕謀為「舅氏」，我們在日記中也可以讀到沈燕謀稱朱振聲為「甥」。參考沈燕謀的訃聞，朱振聲的家屬身份確是「外甥」。本書編者曾以這段關係向沈同華查詢，卻未能確認這段甥舅關係。查沈燕謀有兩弟兩妹，兩位胞妹分別是沈燕如和沈燕冰。燕如嫁施仲揚，燕冰嫁陸伯生。沈燕謀的外甥不是姓施就是姓陸，並沒有姓朱的。這段甥舅關係，有待進一步查證。

朱振聲既把這些日記稱作「摘錄」，所刊者明顯不是日記的全部，又據日記摘錄的具體內容看來，部分文句在斷句上有明顯的錯誤，估計朱氏在「摘錄」日記之餘，還很可能曾為日記作過基本的分段和斷句。又每則日記都有一個用以說明該則日記內容大要的小標題，小標題並不是撰寫日記應有或常見的格式，估計是由朱氏或月刊編輯補加的。

本書重刊這批日記，除了作必要的重新點校以及統一部分異體字外，還做了一些必要的整理，交代如下：

1. 日記初刊為直排，本書一律改為橫排。

2. 月刊上「補篇」中的各則日記，在時序上並非正篇之順延。本書編者以日期順序為原則，把補篇的內容按時序先後，補入正篇之中，使日期排序前後順連。

3. 「日記摘錄」初刊時，有三期加附插圖，經本書編者細心考慮，以插圖為後加而又作用不大，決定刪去。

4. 日記共輯得 1095 則，按年代分為四輯，即四十年代日記、五十年代日記、六十年代日記、七十年代日記。

5. 本書編者為每則日記加上編號，方便讀者、研究者引用表述。

南邨日記摘錄 (五)

沈燕謀

一九五一年一月四日 香港 黃大仙扇

九龍城附近有黃大仙廟，香火甚盛，過此者每艷想及張子房所嘗從游之赤松子黃石公，不深考也。金華人嘗謂此黃子房所嘗「一」字額，讚其所祀大仙，實為東漢時此石成羊之黃府中有「金華分此童，有道士攝之入山學仙，遂失其縱。乃兄訪尋數年不可得，一日忽遇之，謂曰：命放牧羊，今羊羣安在者？初平答曰：山北坡也，非羊也耶？其兄舉首而望，則見凡諸臥石，一一起立而羊矣。其兄喜甚，俯弟曰「金華分此幾，羊又化為石，為言此流傳之神話云。

一九五一年一月九日 以下俱在香港所記 回憶蘇曼殊

曼殊和尚才華絕世，詩文梵語造詣鄰深。青浦王德鍾録其遺詩，恃以行世，稱為蒨鸝綿妙，其種則蔓衮湘諸，其韻則天外雲璈，喜以西式粉紅顏色，映江帶月，極其神化之趣。曼如衿羊掛弗可得矣，造荷清供，恒多悲問往還，極唯唯否否，終不肯發，嘗撫筆作蠟游小榴，識曼殊者，柳安如謂似蘇長公一肚皮不合事宜，有記曼殊作畫一度殊者也。又善畫，然後進食，在座者稿為不平，而曼殊夷然，不以為忤，亦故佳話也。余知曼其狂喜，作橫幅，秋柳柳岸晚風殘月外，忽引雛於月輪中纍作散描，則頓成細錢形，扇圓而孔方，孔中且貫挥毫作畫一幀，癸丑正月，發江帶月而到，居挥毫作畫，其種則蔓衮湘諸，居先下筆，然後進食，在座者稿為不平，識曼殊者，柳安如謂似蘇長公一肚皮不合事宜，殊不詳其姓字，曾揚佳餚作畫一度，柳屯田所謂楊柳岸晚風殘月外，忽引雛於月輪中纍作散描，則頓成細錢形，扇圓而孔方，孔中且貫。

一九五一年一月廿四日 追陳光甫

小繩一串，在座者嘩然，某覬且沮。曼殊搁筆，一笑而去。嗚呼，絶世風流，城市囂塵而狂笑十倍者，朱執信固而狂笑曰：此可抵一部馬克思資本論矣。

一九五一年一月廿四日 追陳光甫

至思蓁書廊，覩時人王植故書，有匾辜右軍帖、蘭亭叙，過庭書譜亦可貴矣。别有古物玩好，陳秀氃而風格愛失之薄，然在今日少年為難能則亦可貴矣。别有八幅古物數事，将以持卸繙花，誤取雲紅局方花冊，為新竟清供也，銅鼎、采繪八幅古物數事，将以持卸繙花，遇取雲紅局方花冊，度其冊頁之頃，寫前自己！相與隔，一時有古不可得，或有意在蒨前之故，見其書而自南海一角，滿腹經綸，抑鬱誰語，纏綿之頃，寫前自己！

一九五一年一月廿八日 易實甫君左父子

南京夫子廟有酒家日天韻樓，地邇秦淮河畔，歌妓雲集，都下少年，趨之若鶩，其門多嵌人，有概擧此案以易易之，而君左少熊文章，嘗役教育廳長佛海寓所，歸而難紀流窩印象，見其書而成蓉甫少仙邸化美人來年，依然十里泰淮，一客有六朝金粉？韶事不隨而庶變官也，造任國府主席，林子超欵，見其書而成蓉甫之印行，中華書局機輯新城，林得遐任柳之印行，中華書局機輯新城，林泰雅拱人也，而君左少熊細事，國粉改步，乃推波助瀾，借題發揮，坐是易名，頗不怡，或有意在蒨前之故細事，國粉改步，引起揚州閒話，易君左矣，林泰雅拱人也，而閒話揚州，嘗役教育廳長佛海寓所，歸而難紀流窩印象，改譚，林得遐任柳，癸丑正月，發江帶月而到，「陳公博評論革命，荻所云云」，造成妙聯，則以陳方主玈細事，亦蓁與人無爭之故，茲所云云，遂成妙聯，則以陳方主玈編草命評論故也。主持革命評論，與田南昌日本返國，玄鬖而素衣，白褸而藍履，湖南，舟中遇一叟者，從師赴牯嶺避暑，玄鬖而素衣，白褸而藍履，

（下略）

沈燕謀日記節鈔及其他

· 原刊於《大成》的沈燕謀日記

・沈燕謀外甥朱振聲，摘錄沈燕謀的日記交《大成》刊登。

四十年代日記

　　祖母宋太夫人忌辰在明日，告家人備祭。

　　湘潭人楊錫、重子，楊度之弟，王闓運弟子也。所著書曰「草堂之靈」，自謂嬉笑怒罵，皆成文章，詭譎恢奇，不可一世。去春我友許石枬以殘本二冊示余，未之讀也，頃稍理書，復得之，讀竟其中「樂隱」一條，若為余而作者，錄之以實我記。

　　明達之士，每樂隱居，既非逃名，亦非避世，人與人接，必有見聞，見聞雖同，是非則異，人視己為異物，己亦視人為異物，且己獨人群，寡不制眾，故孔子雖有從眾之言，仍不免乘桴之願，老子闡和同之論，終有幽谷之行，始知入世本達士之難能，逍遙誠守身之要義。余有詩云：非為避塵紛，世士不我接。既不我接，苟合更難，西人有言，惡貨幣驅逐良貨幣，斯世之所以有隱士也，以之為例，精當絕倫，離群索處，豈士之初志耶，亦不得已也。

　　《漢書》〈疏廣傳〉記廣之言曰：「吾豈老誖不念子孫哉，顧自有舊田廬，令子孫勤力其中，足以供衣食，與凡人齊，今復增益之以為盈餘，但教子孫怠墮耳！賢而多財，則損其志，愚而多財，則益其過。且夫富者，眾之怨也，吾既無以教化子孫，不欲益其過而生怨。又此金者，聖主所以惠養老臣也，故樂與鄉黨宗族，以盡吾餘日。」[1] 淵明有詩曰：「借問衰周來，幾人得其趣。」廣誠達人也，廣之財可以與其子孫而竟不與，以免其怠墮，廣之愛子孫，高於以財愛子孫者多矣。

1　《漢書》卷七十一（清乾隆武英殿刻本）：「吾豈老誖不念子孫哉，顧自有舊田廬，令子孫勤力其中，足以共衣食，與凡人齊，今復增益之以為贏餘，但教子孫怠墮耳！賢而多財，則損其志，愚而多財，則益其過。且夫富者，眾之怨也，吾既亡以教化子孫，不欲益其過而生怨。又此金者，聖主所以惠養老臣也，故樂與鄉黨宗族共饗其賜，以盡吾餘日。」與日記引文略有出入。

002　一九四七年一月十二日・上海

我國工業之危險情形，至今而極矣。論者歸納其因素，約凡十餘種：（一）高利貸壓迫，（二）原料不足，（三）設備不足，（四）動力不足，（五）工價高漲，（六）賦稅繁重，（七）運輸困難，（八）外貨傾銷，（九）國外市價低落，（十）內戰不已，民生凋疲，缺乏購買力，（十一）原料價格上漲率超過成品上漲率，生產不敷成本，（十二）外匯匯率波動太大，影響成本，（十三）無力增添設備改良生產，以致缺乏競銷能力，（十四）工潮接踵，應付不易，（十五）民營事業受國營事業之競爭壓迫太重，（十六）外國禁止進口。紡織工業在今為盈利最厚，然而國產之棉不能濟用，過去一年中，用美印棉者什七八，大生處棉產豐富之地，本棉不過什一二，而燃料之貴高於滬廠者幾倍，地方軍事，騷動不已，供應攤費，與日俱增，縣官管地局於一隅，政費所出，亦賴廠給，其正常賦稅之繳納，國法具歸國家收購，謂將運赴外洋以易外匯，經濟學者稱之為高度集權制，蓋四行二局於統制全國金融之外，猶感力之不充，而不得不擴大以及於工商各業者也。

003　一九四七年一月二十八日・上海

《大公報》載：費孝通英倫通訊，標題曰「為了下一代」者，甚感其意義之深遠，非尋常談瀛之流可比也。費嘗與英小學教師康利女士者談話，英人在戰後，其經濟至為困難，無論房屋衣服食物皆感缺乏，因之定量分配，較前更嚴，人民生活較前更苦，但有新教育方案之通過，小學生費用全由國家負擔義務教育，視前加長一年，成人可得之牛乳，先供小學生應用，體質加進，氣質亦變，上下興奮，工作愉快，培養人才，慎其始基，必先盡保育後輩之責，而後將來之新社會乃有改進向前之希望，前途有光明之希望，則今日眼前人人分受之苦痛，即備

有深切之意義，而發奮工作，乃甘之如飴矣。英國戰勝國，五強之一也，其生聚教訓之謀，在今已着眼於「為了下一代」，返觀我國則何如者？強敵既降，而內爭不息，經濟危機，日趨嚴重，農不能力作於田，甚且被擁護列寧主義者四分五裂焉。巨大工業如東九省所有者，先為盟邦蘇聯負之而趨，近數日中，小豐滿復被毀劫，長春電原至於斷絕，以言商業，為高利貸與官僚資本交加壓迫，收束倒閉之聲，洋洋盈耳，誰則顧及文化教育而肯大聲疾呼為下一代着想者。即以通海而論，戰前地方教育，粗有規條，今則什不存一，欲求恢復舊觀，尚不知何年何月，胡新教育方案之可期，今日之不克自振，豈不以愚弱之故，後一代依然既愚且弱，不知何以圖存，何與言存，余讀費君之訊，蓋不勝為國家前途憂皇恐懼矣！

004 一九四七年四月二日·上海

蘇東坡嘗謂：「吾有佳墨七十九，而求之不已，不近愚邪？」又自記說硯：「或謂居士吾當往端溪，可為公購硯，居士曰：吾兩手，其一解寫字，而有三硯，何以多為？曰以備損壞，居士曰：多手或先硯壞，曰：真手不壞，居士曰：真硯不損。」[2] 墨雖無佳品，略計其數，可得五百丸，硯無精好者，亦有十餘方，二三十年間，孜孜積書，不下二十萬卷，然而落筆不能有驚人之句，熟讀之書不能百卷，以言陶冶性情，而戇直猶昔，以言通經致用，而老大無成，緬懷先賢，羞愧無地，先君常戒毋多置無用之書，但得《十三經注疏》、清儒群經新注、段注「說文」、《說文通訓定聲》、《二十四史》、《正續資治通鑑》、老莊荀墨管韓非淮南諸子、李杜韓柳歐王曾三蘇諸集、

2　紹聖二年十月臘日蘇軾硯銘，「多手或先硯壞」疑是「吾手或先硯壞」。

《文選》、《古文辭類纂》，益以《文獻通考》及幾種經世文章，便已讀之不完，用之不盡，若乃蒐集不知抉擇，沉湎及於版本，貪多務得，細大不捐，所謂好異物而賤用物，古人以為大戒，非真讀書人之所有事也。遺訓昭昭，念之凜然。

005　一九四七年四月十二日・香港

　　晨七時起，八時平兒來迎，攜行李一件，同赴華懋飯店下層中國航空公司辦事處候車，中經關吏驗牛痘證，驗行李，復磅體重及行李重量等等手續，約十一時方起程至江灣機場，俟北平南下之機到達，又驗機加油，十二時上機，關吏再查隨身攜帶之外幣，畢，十二時半乃起飛，座位頗舒適，有牛乳咖啡及簡單食品，供客飲用，遵海而行，山川城集如畫，久居滬上，局趣小樓，至此海闊天空，一望無際，心神為一快。歷四小時二十分，抵達九龍之啟德機場，再經關吏驗牛痘證，驗行李，乃乘中航汽車至半島旅館公司辦事處。上海進出口行駐港經理王守法來迎，遂取行李上渡輪，至香港逆旅曰勝斯大酒店者宿焉。勝斯 St. Francis 之音譯，粵人謂旅館曰酒店，安頓既畢，同至大華酒家晚飯，屋頂之上，遠望港九，萬燈齊明，頗似舊金山景象，回想初到金山，去今三十八年，學問事業成就者幾何，舉首四望，感慨萬端！

　　今日同機到港有鄉人王福隆主人王晉杰，晉杰業棉，董滌青子婿也，比以外棉運滬困難重重，到港視察，頗注意於印棉之輸入，意在就港買棉轉廣州以轉運江南，供各紗廠之用，眷屬二人隨與俱來，並寓勝斯酒店。

　　明日起香港及九龍實施夏令節約時間，以今晚夜半撥快鐘錶一小時，國內各地則通令以本月十五日改快云。

006　一九四七年四月二十一日‧香港

　　晨與呂超然同往香港大學，晤其主持之人，港大在戰時遭遇甚大損失，一部房屋被毀，實驗機械大都散失，戰前原有文理醫工各系學生約六百餘人，去年復校，始招第一年級學生一百二十人，先復文理醫科，至於工科則從緩辦，今夏續招，人數仍以百廿人為限，後二年亦然，以便逐漸補充校內設備，英人治事，以平實為宗旨，今聆此公之議論，豈不信然。

　　昨自廣州乘火車，東行所見，窗外田疇，大類江南景象，農夫正取稻秧分插於水田之中，大體計之，工作已畢其半，其戽水之器，形似我鄉牛車，而較為狹小，因人各一具，雙手挾之，交互轉動以取水納於岸田者也。其在江南水鄉，則接器於轉動機構，以二人或三四人足蹈轉機，或用長齒圓輪離地尺許，安置接器，縛牛於側，周行輪旁，抒水上岸，以溉禾稼，因用力有大小，故製器有巨細之不同也。又田間時見綠葉喬木，繁盛可愛，皆為荔枝之樹，以時計之，經月後即成熟可食矣，遠山聯綿不絕，童然濯濯，無有以植林為久遠之計者，此類政策，大可宣傳，豈以與急切功利主義不相容，遂至無人注意及之耶！

　　在廣州食新會之橙，味至鮮美而多核，又價貴不易得，而花旗密橘充塞市上，國有美果而改良推廣之工作無有積極推行者，園藝界無人，抑學術界無人耶？我為此語，不僅為新會橙而發，不僅為粵人而發，國內特產如新會橙者多矣，無人顧問，無人鼓吹，為改良推廣之謀，斯花旗橘充塞市上，略一思想，總是國人之恥辱，不必有外人之武力侵略乃為恥辱也。

007　一九四七年五月五日‧上海

　　徐潤周以明人《崔桐詩卷》一冊惠贈，通人李伯韜所藏而付石印之本也。《明史》載：「崔桐字來鳳，海門人，鄉試第

一，與舒芬同進士及第，授編修，既諫南巡，並跪闕下，受杖奪俸，嘉靖中以侍讀出為湖廣右參議，累擢國子祭酒、禮部右侍郎。」江南《通州志》文選表崔桐，明武宗正德十一年丙子解元，十二年丁丑舒芬榜探花，名臣傳記其為人，忠介廉靜，不苟榮祿，在事必盡其誠。嘗自序曰：「奉職太愚，自處太高，操持太執，語言太直。」人以為實錄云云，余於崔公自敘之十六字，尤覺重有所忌，人以為崔公實錄，抑亦不啻余之實錄，既有自知之明，允宜韜藏自隱，高山景行，崔公真我師也。

008 一九四七年五月七日・上海

年前冒雨至上海銀行保管箱，取出張嗇公在創辦大生紗廠時期所致大父惠慤公手札數十通，交黃稚松為分別錄底，編次先後，將以重付裝池，並檢付石印，以永其傳。張嗇公創辦南通事業，以大生為最先，辦教育以師範學校為最先，鹽墾以通海墾牧為最先。教育手牒江易園丈於民國初建取付石印，陳列於江蘇教育總會，散布甚廣；墾牧手牒因江知源丈始終其事，收集最富，付諸石印者，凡四巨冊，美矣備矣。惟大生經歷，艱困特甚，嗇公於五六年中，致先大父書可盈一篋，中經盜竊，存者無幾，今茲小子之所得者，曾有一部經嗇公題跋（題跋文稿存九錄），此外則友好所贈，亂離之中，受斯嘉惠，尤堪感謝，若不及時整理，付印廣布，不特先賢手蹟，泯滅可慮，抑大生創始之艱難，無以章顯，張敬禮丈方以張嗇公事業文獻編纂相督，憶及祖德，因先理此。

張震西、劉祖譽為常熟松禪圖書館事，招往高恩新邨晚餐，席間有朱德軒、龐旬材、閔瑞芝諸老，圖書館籌辦委員會成立已久，有購存之圖籍，有與翁氏訂立建造館所之契約，因遭事變，未興建築，茲乃有覬覦此產並有與創辦人混為一談者，故眾會集以便應付。

009 一九四七年五月八日 · 上海

第二次世界大戰中歐洲炮聲於兩年前之今日平息，希脫拉獨霸歐洲、制宰全球之迷夢，即隨炮聲之平息而煙消雲散。所歷時間為五年有九月，所用兵力為二千七百萬人，屬於聯合軍者一千六百萬，屬於德軍者一千一百萬人，以極殘酷之毀滅加諸歐陸各大都會，以極重大之犧牲施諸歐美數洲之人類，所獲勝利，是否已使含生之屬得有太平之境界，享有和愛之幸福，至今兩年，仍是疑問，然而猶有愛好戰爭者弄兵不息，必欲使我盡陷於悲慘絕地而滅種亡國焉，是誠別具肺腑，不可以常理推測者矣！

010 一九四七年五月十六日 · 上海

有屈朗博士，國民政府所聘電機工程師，來華計劃興建國內各地原動中心之顧問也。因黃友蘭之請，明晚將去通擬勾留一日，今日宴之於國際飯店豐澤樓，其妻其女及至友之女同來，友蘭屬余攜冰兒俱去。屈朗舊為美奇異工程師者且二十年，蘇俄五年計劃之一節，曾躬預其事，言蘇俄建設之速，至為驚人，在二次大戰之前，已能自行製造巨細電氣機械，以供國內之需要。其妻常與偕行，能俄、德、法、西班牙諸國文字。屈朗評論我國上下喜談計劃，而少行事，伊言計劃易耳，有計劃而不付諸實施，多此空談何為者？言至簡而意至深刻，國人所應猛省。

011 一九四七年五月十八日 · 南通

晨起望見五山，舟行漸近，則纜山已皆入江，黃泥、馬鞍兩山，距江殊不遠，西山邨廬，近在咫尺，而千五百本梅花館舊跡，只能於波濤潮汐間想像得之矣。未十時，至天生港，

一副電廠主管同人，群集碼頭，迎迓登岸，步行至電廠，小坐片刻，友蘭導觀廠內外各部，屈朗博士深為嘉許，謂在華數年間，全國稍具規模之發電廠，不論大小，大都看過，本廠範圍甚小，然內部布置，至為周到，機械保全，整潔異常，人事與職工福利之配備，無懈可擊，以視國外大規模之組織，實無多讓。飯後至唐家閘一廠，由吳莫階、余韶九等導遊第二工場，及其附屬設備，既畢，至江家橋副廠，由王元章導觀織布工場，屈朗夫人以豐田自動織機生產量與一廠舊式機生產量為問，愧未能以確切數字作答，僅舉每機日產布疋碼數，供其參考而已。出副廠趨謁嗇公墓，植樹成林，花草整潔，八載淪陷，未受敵寇蹂躪者，除此片土，殆無其倫，因與屈朗夫婦略述嗇公創辦實業教育慈善之動機，與先後所歷盛衰成敗之歷史，二人者悉心靜聽，頗為感動。歸途經新修完成之女子師範學校，適值休沐日，未有辦事人導遊，停車逕入，歷觀其辦公室、禮堂、教室、飯廳、寢室、運動處所，離校回港，經蘆涇港，同遊陳氏養廬之小圜，雖主人遠行，而園內松柏扶疏，花草繁茂，夕陽西下，景物宜人，閒步其中，得稍佳趣。既歸電廠稍息，益與暢論嗇公平生之志趣及其期望將來之標的，會廠內工人補習班上課，蔣君講述愛迪生小史，屈朗博士見而色喜，自請演講，並舉愛氏發明電燈、留聲機二事，推廣講解，以堅毅強忍為主旨，勉勵諸工友，歷一小時以上，知其感於張氏事業者深也。飯罷登舟，已逾午夜。

012　一九四七年五月十九日・南通

余本擬以昨晚同屈朗夫婦、友蘭同舟回滬，以余韶九、王元章、金仲敬、高德權等諸君之堅留，不欲固拂良友殷勤之意，為之展緩行期，仍宿電廠，為行動自由之地。晨間偕吳甥善培，乘車至通城謁于敬之先生於通師附屬小學，乞伴同往訪曹勛閣先生，拜謝前年為先公及茅太先人賜撰家傳之大德。既

離曹府，隨于先生至師範學校，校方在重新建築中，據聞九月間可期竣工，于先生無日不到工場。顧先生怡生鬚髮皓然，亦日豫經營改作之事，將以觀新舍之成，續先賢之志，使彼從學多士，「開拓胸襟，立定志願，求人之長，成己之用，不妄自菲薄，自然不妄自尊大，忠實不欺，堅苦自立，成我通州之學風」焉。巡視既畢，隨于顧兩先生同赴副廠王元章之午宴。昔我先王父惠慤公於張嗇公籌建通師，嘗出資贊襄，嗇公作通師始建記，大書其名，深刻豐碑，中經寇亂，校夷為地，今茲重建，觀成有日，小子不敏，固願謁其棉薄，於校有所貢獻，以繼我王父好義急公之志，方校未毀時，千佛古寺之銀杏遺存者六樹，今猶有其半，懼其或罹雷電不測之變，屬善培為備避電之鍼，先校落成之日而安置焉。

　　余於副廠自經始至掌考工之事，先後亦六年餘，巡覽一周，亦欣慰，亦感慨，嗇公著大生廠約，曾有「堅苦奮勵則雖敗可成，侈怠任私則雖成可敗」之語，今欲數廠事業垂諸久遠，則堅苦奮勵，應為從業諸君牢記心頭之教訓矣。而憶之者誰耶？傍晚游狼山，廟宇多荒落，似來客不多者，驅車訪東奧山莊，則徑蔽橋斷，廢然言旋，經觀音院、殘廢院、盲啞學校，外貌粉飾一新，因為時已晚，未入觀也。

013　一九四七年五月二十日・南通

　　黎明前有雷電，疾風暴雨，雜以細雹，敲窗作聲，睡夢中為之驚醒，因思兩日間車中所見，二麥行將登場，一經狂風催殘，減少幾許收成，值茲糧價高漲，必有重大影響，反側不復成寐，即取友蘭室中書籍讀之。午前廠中同人多來閒談，信口酬謝，不拘形跡，甚為快意。午刻應一廠同人之招，與善培同車赴宴，港閘間河道，已往貨運至繁，舳艫相接，比以四郊不靖，百業凋敝，花紗糧食雜貨之船隻，竟零落可數，追憶盛時，不堪回首。飯罷抵掌高談，忘其辭費，紡織學校正在修

理中，是余服務南通事業三十餘年之始基也，因往觀之，余韶九、司作舟諸君為導，校內尚有駐軍與被俘共軍數百人，旬日間可遷移河東大儲棧舊址，前後房屋破壞殊甚，樓下有地板處，無片木之存，門窗玻璃，十損八九，別疊碎磚，以蔽風雨，實驗室全部紡機，以經常運轉之故，猶能保存，織機聞已移至一廠，其他儀器之移存於滬者，不知尚有幾何，以此處之破壞程度言，愈於農科猶遠，故回復舊觀，較易為力，蓋凡所見建築物之踐踏、傾壞、盜竊，以至於夷為平地，大都發現於既受降稱強國後一二年中，斯則尤可痛矣！晚間金仲敬、高德權、程石屏諸君設宴於濠陽小築之大生公寓，以新雨之後，綏靖司令部禁止汽車行駛以保護路面，道阻不可通，遂逕返天生港，留函致高德權謝之，並請致送曹勛閣先生法幣一百萬圓，為重編九錄紙墨之需，晚十一時攜行李登寶豐輪，電廠同人，群隨道別，殷勤雅意，至可感也。

014 一九四七年五月二十二日·上海

　　旬日間各大都會學生或以廢除積點制為號，或以增加副食費為號，或以增加公費生名額為號，或以提高教職員待遇為號，或以反對聯考為號，或以取消會考制度為號，始以請願，繼以遊行，又繼以罷課，又慮其名之不正言之不順也，則易其口號曰：「反內戰、反饑餓。」交通大學為反對停辦輪機航海科，集三千人赴京請願，阻礙京滬線交通者竟日，大同大學為胡敦復管理加嚴，則請撤換校長，改校為國立，諸如此類，不一而作。及至南京，學生在遊行時與軍警衝突，則又有「五·廿慘案後援會」之組織，風潮澎湃，愈演愈烈，而所謂社會賢達，以不滿意當前政治現狀，對於最近學潮大都有同情之表示，如北大校長胡適，一面雖勸學生不可罷課，同時又謂國事如此，學生必然干涉政治，而青年之政治意識，絕非壓力所能平復云云。學者論斷，未可厚非，然學生開始罷課時所持之口

實，殊無政治性可言也。民生憔悴，百業凋敝，推原禍首，厥惟內戰，然改革政治，從何着手，安定人心，用何方法，此非罷課所能解決也。以內心之痛苦，趨消極之途徑，以將來之主人，作無謂之犧牲，不學者多，國事愈棼，五四運動，曾蒙救國之譽，今日何日，此類無意義之行動，可以「歷史重演」四字自解耶？

015 一九四七年五月二十七日・上海

今日浴佛日，我王父惠愨公之生忌也，午刻設祭，屬直祖到僑所行禮。昔王父七十誕辰，張菊公贈壽聯，文曰：「視我諸兄十年以長，與佛四月八日同生。」此聯常懸餘德堂，已破損矣。寇氛方張，帶滬重付裝池，幸得保存。於王父之逝世，輓曰：「州敢云實業開幕之先，方其始作，將伯助予，瀝膽相扶資老友；世已墮大廈崩榱之會，脫更不幸，吾屬且虜，招魂一慟望神皋。」[3] 又王父門弟子趙佐虞世伯等議上鄉諡，菊公作諡議曰：「海門敬夫沈先生，質直持躬，慷慨尚氣，礪秉正疾邪之操，高解紛釋難之風，里望允歸，輿論斯翁。今於本年正月二十九日，以末疾捐館。州鄉頹其圭表，海國黯其星雲，屬在被教服義之流，咸屬希驥仰高之盛。其弟子趙師鼎等，追維杖席，痛抱人琴，念昔賢殁祭於社之文，援門人私誄其師之例，請諡先生，藉式後進。睿於先生，賴其事業之匡勷，與有表揚之責任，乃稽諡法，興利裕民曰『惠』，表裏如一曰『愨』，即以此為先生諡。典非帝錫，寧計於大行受大之榮，名以人

3　《小說月報》1919 年第 10 卷第 6 期〈菊庵聯語〉中所記輓聯與日記所錄有出入，或是初稿：「走豈敢云實業開幕之先，方其始作，將伯助予，振臂相扶資老友；世已頹於大廈崩榱之會，脫更不幸，吾族且虜，招魂一慟望神皋。」句首「走」字應是誤字。又，讀者互參日記第 882 則。

從，竊附於仁者見仁之義。宣統三年二月，里人張謇敬議。」

匾懸餘德堂者三十五年，去歲堂夷平地，匾亦被竊，追念祖

德，泫然記此。

016 一九四七年五月二十八日‧上海

徐賡起約吳蓂階及余在南京路匯中飯店午飯，席間談通事
似每下愈況，前縣長楊昉以貪污罪解職被控，最近得不起訴處
分，明明得贓者眾，官官相護之實證，姑置不論；今縣長王亞
武者，向廠買紗，公然用其本名，自忘其地方長官身份，又以
為未足，行文至廠，謂通市紗價高於上海，以後議價，須得地
方政府核準；又謂廠中主政厚於專員，而薄於縣長，張敬禮看
他不起，諸如此類，不一而作。廉恥道喪，官方無有，內戰便
停，可望治乎？本月十日，有呂剛者，以流氓崇拜為標題，著
為短評，載於報端，其言曰「如果說日本的武士道精神是英雄
崇拜，則我們現在所置身的社會，就充斥着流氓崇拜的風氣，
看戲以不花錢為榮，坐船以不買票為榮，乘車以後來搶先為
榮，買小菜以半價付款為榮，榮譽屬於強者，而這些強者的作
風又一例的類似流氓。……社會不覺流氓之可恥，進而用流氓
崇拜的風氣，鼓勵那些準強者走向流氓之途，社會心理從知恥
諱羞一變而為不恥不羞，甚至以敢作壞事為榮，甚麼道德文化
倫理綱常，一齊扔入垃圾箱罷！」痛哉斯論，楊昉、王亞武、
徐謨嘉次第為地方行政長官，皆道德淪亡、崇拜流氓必然之結
果，我通如此，然又豈猶我通一隅為然哉？

017 一九四七年五月二十九日‧上海

高德權之弟娶婦，午後四時，至金門飯店九樓道賀，大生
同人之在滬者咸集，欣然晤語，六時乃歸。高君之大父立卿
諱清，於大生初創時主考工所事，嗇公每欲興建土木，高先生

頗順適其意，我惠愨公以經濟籌集之艱難，開工運轉之不易，竭忠諫阻，每難挽回，其後堅決引退，此亦一因，其父安九孟啟，嘗與大生一廠高級職員合組第八紡織公司於四揚壩，以郁芑生所訂之好華特鮑羅紡機八千錠為始基，既而以余與維丁議訂美機，可以先英機而至，乃移其一萬五千錠而改設廠址於南通城南之江家橋，曾立合資契約，而所謂發起人者未交一文錢也。會經營紗廠事業形勢逆轉，紡機陸續到滬，無法繳價，則說退、薔二公併合八廠於一廠，易名副廠，其建築安機組織，余獨自任之。又一廠拙於資，擱置者許久，最後戴西仲、王冕卿以陳伯葵之介紹集資二十萬元，曰永豐公司，向大生承租，委余主任，廠工乃完，其餘意外周折，更僕難數。大工既竣，余任考工事，以黃蘭友、洪挹之分主原動工程之事，安九始營，反處局外。又二年，薔公逝世，退公毀約，廠歸一廠，李升伯、張文潛繼負經營之責，余則引退，專營三廠考工事。日寇東侵，通事日繁，余薦德權於當時主廠政者，佐吳萁階應付通廠對外交際之事，三世交誼，大略如此，亦廠史中一段重要文字，然其始末情形，能道其詳者不多，約略作記，不特識沈高兩家共事經過，亦以示我後嗣，王父及小子致力大生史績之一端云。

018　一九四七年五月三十一日·上海

　　久不至漢口路舊書肆矣，今日行經來青閣，定購鄭振鐸所編印之中國歷史參考圖譜，直八十六萬餘元。又買董綬經所印之明如隱堂《洛陽伽藍記》、日本崇蘭館藏宋刻大字本《劉夢得集》、梁眾異《爰居閣詩》、玻璃版印《王洪範碑》、元《刁惠公墓誌銘》、北魏司馬元興、司馬景和、景和夫人孟氏、東魏司馬昇墓誌四種合訂本，及《梁燕孫年譜》，直六十四萬元。書賈曰：今所定價，視舊數字增為萬倍，以較柴米日用所需，圖書之值猶賤，斯語誠然。以今國內，戰爭飢餓，騷然不寧，

一般平民，救死不遑，奚暇及於文化攸關之陳舊圖書，乃欲舉其價值與衣食養生之品相提並論，是何陳義之高，而顯背於事理也！

019　一九四七年六月八日・上海

聯軍統帥麥克亞瑟將軍既許日人規復一九三○－三四年工業最高生產力量，並以美國原料資金助其成功，號為藉其生產成品，以償交戰損失，日人因而歌功頌德，私自慶幸。最近得隴望蜀，又有積極性之推進計劃，逐一提出，所謂要求移民台灣之特權也，與美國共管琉球也，繼續託管各小島嶼也，要求准許備有十萬人之警衛力量也，此其口吻，似屬盟邦之一，而非乞降之國！日本之強，本為東亞安定力量，但其野心所極，世人既已目睹而親嘗其況味，今後聯軍政策，是否並願其武力復原，使有報仇工具，麥帥統籌全局，自有成竹在胸；所可痛者，國人不知爭取時間，敬事修德，收拾殘破，勉圖自強，其在統治階級，黨派則爭權奪利，驕橫恣睢，軍人則叫囂隳突，恃兵勿戢，官吏則貪贓枉法，聚斂為能，坐令工商困縛於法令滋張之網，所在而觸藩，農民呻吟於橫徵暴斂之中，救死而不遑，以至大庠士子，不安厥居，蹈襲漢宋太學生上書之陳例，演為不滿現實群起議政之行動，舉國騷然，戾氣洋溢，元神耗鑠，大難莫挽，夫以民主口號高談已久，而匹夫之責，動輒推諉，國之不競，伊誰之咎耶？

020　一九四七年六月九日・上海

林畏廬嘗謂羅叔言曰：「生今之世，文如韓退之，詩如杜子美，書如王右軍，畫如摩詰，聖如孔顏，皆為社會所唾棄，今日舉世推重之人，乃喪盡天良、滅絕廉恥、一意徇利者耳！」憤世嫉俗，激而出此，其言彌激，其中心之沉痛，從可知矣。

嘗於王个簃所獲觀吳昌碩手札，其中有致瘦羊先生一札，略曰：「敝友蒲作英兄，光景局促，偏處張羅，渠願畫扇奉贈，復以屏幅四張，托吹噓一銷。」旁注：「每幅只要一元。」一元之值，在今了無可購之物，而時人作畫，不論工拙，動輒十萬百萬元，相去六七十年，物價如此，從古以來所未有也。瘦羊先生吳門潘鍾瑞，又號香禪，其所居曰二魚盦、惟德堂云。

021　一九四七年九月七日・美國

　　九時半，伴貽穀訪丁惠康於五十七街之 Sabisbury Hotel，張碧寒、王季遷二君皆在，談話未久，有交通部公路局汽車材料庫總經理張迺修及張兆英至，上海西醫徐乃禮繼至，皆以丁君不日取道舊金山附飛機航空歸國來寓話別者。丁惠康醫生以辦理上海虹橋療養院專治肺病負盛名，名醫生丁福保仲祐之公子也，為言療養院現移霞飛路，其原屋雖經兵亂，幸未破壞，醫療諸物，若以今日補充，得美金三萬五千元，即可暫供應用。又詢南通張氏事殊殷殷。丁氏行篋中攜有選印之《中國名畫》一巨冊，自言當時只印二百冊，以四之三寄南洋，流傳國內才五十冊，今春來美，於南洋友人處索回二冊，自留一冊，隨帶之冊，託王季遷贈都會美術館，季遷新受美術館之聘，將以下月之初，參任館中中國美術之審定紀錄，月俸二百金云。

022　一九四七年十月十四日・美國

　　自上週之初，杜魯門總統因歐洲食物缺乏，美國應負責接濟，普告全國，以每星期二停食肉類一天，每星期四停食家禽雞子一天，全國各大城市，多有響應者。今日起，諾克斯維爾加入節食運動，余入逆旅，餐廳菜單中即無肉類，而以海味家禽雞子之屬代之，恐至星期四日，仍將食肉類而暫不食家禽雞子，果然則此等運動，直以羊易牛、以牛易羊之替換方法，無

關於節食助鄰之宏旨也。姑記於此，以觀其後。

Knoxaille 之 Millers 女服店就 Johnson Hall 餐廳於午刻舉行時裝表演，余往餐適逢其會，且餐且觀之，一小時而畢，已往但見之於電影片耳，今於無意中遇此，要亦此邦常典，問俗者之所必知也。其彩色之配合，裁製之翻新，各具匠心，自爾悅目，以妙年女子輪流服之，緩步行客座間，有問必答，答必詳盡，廣告之術進步如是，非國人所能想像也。

023　一九四七年十一月五日・美國

午後至哈佛大學漢和圖書館訪裘開明君，裘君浙江鄞人，在此服務已久，著有 *Classification Scheme for Chinese Japanese Books* 一書，其分別部居之方法，與其他學者稍異，然融合中西，檢查較便，出稿為贈，屬為正誤。余對目錄之學，素鮮研究，承其下問，愧難報命也。酬對一時，裘君導觀漢文、和文、蒙文、滿文各種文籍經典，其中惟滿文原作未有存者，插架諸書，皆為漢籍譯本，殆已在消滅之列。地理之書，各省府州縣方志有三千種，各種雜志多有全份，此殊不易。裘君治事之室，四壁多目錄學之書，余所知見固無一不備，不知未見者亦有不少，或者通州圖書館書目不在收存之列，然館書不存，有目何益？今日於海外學府得見此局，不為不快，惟及故鄉兵燹，文教蕩然為可歎耳！

024　一九四七年十一月六日・美國

午至哈佛大學漢和圖書館，裘君為介見東方文字系主任 Elissieff 教授，係以白俄而歸化美國者，畢業東京帝國大學，以其事繁，未及談話。又導至編纂新字典之室，得晤李方桂君，聞此業開始至今，已經十年，以言著述，未有所聞，實亦範圍廣博，從事者少，又難得碩學通才當提綱揭領之任，以故

曠日持久，不見成績，今日所見材料，只有「子」字一文，李君通各地方言，子字讀聲，自可準確不移，至其用法含義，因並及複辭，所包太廣，自難有急功近效可期矣。余與李君言：「若斯宏業，編纂通才，最少應有百人，或可稍得結果，今從事於此，不過四人，何能得豫期之的，而竟屬學者之望耶？」何淬廉以南開經濟教授而任經濟部次長，去官而後，來美與其家人同居 New Hevan, Coun.，蓋耶魯大學所在之地，而其子女就學之所也。今日在裘君治事室相見，仍不失學者氣概，自是可取。略談未久，約至其紐海文僑所再圖良晤，並書地址電話授余，意殊慇勤，他日當往訪，以答其意。上燈時裘君約何君、洪君並余主客四人至校旁號 Young Lee 之中國餐館會食，雖粵人所治，尚不失故國風味，座間洪何二君談國內政治經濟問題，意在研究，然每涉軍事，則後顧茫茫，都感可慮，席終人散，已逾九時。

025　一九四七年十一月七日・美國

午往哈佛大學，晤其教師閩人洪君煨蓮，洪君在校授中國史學，課名自劉知幾至章學誠，又杜子美詩之歷史背景諸課，洪君治杜詩頗多心得，其發見錢蒙叟所注杜詩底本之偽造證據，最為得意，與余談論此公案，神采奮發，出口千言，殊多獨到之見。哈佛燕京學社編印《杜詩引得》時，洪君作文以冠其端，考證歷朝版本及諸本短長，頭頭是道，備見其學識。洪君曾舉「庋」「擷」二字（音詭絜）為綱，析為十種筆法，每一筆法系以數字，如王雲五四角號碼故事，燕京編製各種引得，即用洪君此一新法，顧此新法，用者不多，余翻閱引得時甚少，即翻亦用陳法，取部首筆畫，以助檢查，今日經洪君說明，乃取引得一看，而略知明其所以然。

窮半日之力，在書架中周歷一遍，觀其所有之書史部，如《縉紳錄》之類，收集至多，皆以前藏書家不欲一顧者也。族

姓家譜亦注重之品，尚不甚夥。裘君自言，初來哈佛，華籍不過四千冊，經二十年孜孜不倦之功，今日已有二十萬冊，辛勤羅集，厥功匪細。

裘君所編漢和圖書分類法，融會中西，以余觀之，殊勝王雲五編法，惟內中有分目過細，而與事實背謬者，如「石經」之下有子目九，曰總錄、易經、書經、詩經、禮記、春秋、孝經、四書、爾雅，則萬不可通，不但四書云者，自是宋人朱子之所創始，即捨《大學》、《中庸》本為《禮記》二篇者不計，《孟子》為古石經所不收，寧能自成子目，必也分為漢魏李唐孟蜀及以後幾代，尚自有理，而校勘石經著作，甚多考經本末，自為一支，皆可各為子目，舉為裘君言之，當以為然。

026 一九四七年十一月八日·美國

晨往哈佛漢和圖書館，見光緒十年沈秉成重修之《吳興竹溪沈氏家乘》二十卷，二十八冊六函。首冊之前，有晉泰康二年春正月，大司馬諱薇所著之統宗世譜序，其次有梁天監二年癸未春三月雲禎公諱麟士所著之《沈氏祖德碑記》，記敘世次，至為詳盡。其餘為逐次修譜之序，大略自晉大司馬諱薇始創譜圖經，唐太尉諱震載修，又經宋翰林學士夢溪翁再修，明天啟甲子（四年）八十八世孫襄敏公諱儆炘編，老宗譜一卷，自周文王第十子聃季錫土賜爵，至竹溪始祖餘慶公諱子敬為八十世，系統燦然，歷年三千，交葉蟬聯，無廢無缺。襄敏公於餘慶公為九世孫，餘慶公於竹溪世譜為始祖，此吳興竹溪沈氏名稱所由來也。祖德記頗可誦，亦系孫所當知，今日適屆星期六，當午館門閉，無由鈔錄，擬以星期一再往寫副，攜歸故國，請能書者重寫一過，以為永寶焉。

借日人瀧川龜太郎所著《史記會注考證》第一冊、第十冊攜至逆旅讀之，裘洪二君皆言此書頗負盛名，與王益吾之《漢書補注》相伯仲，以余觀之，瀧川以日人為此作，自是可取，

惟其為日人，故對其國人著作，採取較寬，其平論史公文章不取震川望溪，而側重其國人，猶可言也，至歷代天皇每讀《史記》，亦並節錄入之，無聊甚矣。至校對之疏，殊不可恕，以壺遂為壺遂，褚少卿為小卿，魯魚亥豕，隨在而是，本書不改，並勘誤表而無之，實非學人敬事之道，他日買得是書，行將細讀一過，逐頁翻閱，議論短長，亦不能不自認冒昧也。

027 一九四七年十一月十日・美國

到哈佛，就袁君辦事室鈔錄館藏關於《三國志》之書目一通，並及後漢及晉初兩史有關之書。袁君字闇輝，夫人曾郁若，生子女五人，所居美倫街之屋十餘年前所置，當時直五千餘元，今茲不止四倍矣。物價日增，通貨膨脹，即在此邦，亦有同感。

進書藏，鈔錄《吳興竹溪沈氏家乘》首卷所載，梁天監二年沈麟士所著《沈氏祖德碑記》，此記所載先代世次，與八十八世孫襄敏公所編之老宗譜，不但名諱有不符之處，即先後輩分，亦有歧異，歷年久遠，考究匪易，姑存此記，以為數典一助而已。

閱楊守敬鄰蘇老人自訂年譜，自訂至宣統三年辛亥十一月十一日止，時年七十三，其卒在甲寅十一月廿四，實為民國四年一月九日，餘三年則熊會貞為之補完，《古逸叢書》之刻，鄰蘇老人最稱得力，顧棄取之間，與黎蓴齋意見甚不一致，如蔡刻《草堂杜詩》，楊以廣東已有刻本；成玄英《莊子注疏》，楊以已載《道藏輯要》，不欲列入，而慧琳《一切經音義》、楊上善《太素經》，楊欲收入而黎不可，至各書敘跋，楊之文字必不為黎所喜，故或取或不取，或并只字而無之，尤為楊所不願。此等故實，非楊自述，世莫能明也。鄰蘇於地理之學，亦甚自負，其疏《水經》自謂絕學，以原本過於繁冗，節為要刪，今行世者是也。自戴東原、趙東潛校釋《水經注》以來，蹈襲

嫌疑之公案，久而不解，楊之見解，亦偏於戴之襲趙，後於楊者有王國維、孟森，前於楊者有魏源、張穆，皆同一議論，惟今之胡適，斷為戴自創作，非有盜竊之無賴行為也。胡校《水經》尚未行世，最後論定，我將拭目俟之。

閱《康南海年譜》，其弟子南海張伯楨所著刻之「滄海叢書」中者，金梁盛稱之，謂當與張勳合傳，置之《清史》〈光宣朝列傳〉末一卷，其弟子私謚康曰「仁忠先生」云。

028 一九四七年十二月二十三日・美國

黃稺松以《崔桐詩卷》寄來，徐潤周於李伯韞付印成書之日，先已見惠，今茲所得，可贈哈佛。稺松來書言：「曹君覺校補九錄，已將告成，惟重行排版付印，所費滋多，非有大力者出任印資，新書之行世未有期耳。」夏劍丞（敬觀）師已為我繪〈南邨勘書圖〉，並題一律，詩曰：「一邨高矗此藏樓，車載隨身亦汗牛。就裏見聞誠可寶，望中江海已全收。傳書如室開窗牖，良產非田在校讎。平揖琅山青五朵，要同砥柱制狂流。」

五十年代日記

029　一九五〇年二月二日·香港

致凌宴池書

　　來書言，寫大題目嫌引據不確，必須勤於翻書，此正用功極妙方法，然一轉念間，又以費勁太多，懶意盎然，殊為一累。童時，先君嘗謂不才，毛西河行文治經時，其夫人每與詁詈，西河反脣相譏，而手不停揮，幾乎五官並用，門弟子有來問業者，夫人謂曰：「子以汝師為多學博識者耶？彼每有述作，輒雜翻諸書，狼藉滿屋，數十年無改厥習也。博學云乎哉？鈔胥而已。」西河語其弟子，凡人精力有限，但憑強記，動多謬誤，毫釐之失，差以千里，時時翻校，可以溫故，可以知新，可以寡過。西河說經，縱橫多奇，而考核群經，矜慎若斯，士不妄有名，豈不信然。兄發宏願，志在千秋，有生花之妙筆，無室人之交謫，儻以西河治經精神，移以做詩，自成家數，毫無疑義，寫眼前事物，適到好處，說來容易，做到似難，以今世變之亟，新題之多，動盈於我人耳目間者，苟悉心靜慮，而以優美之文字傳達焉，則古人無此境界，今人無此見地，憶兄有寫舞之作，新麗可喜，公度飲冰，望塵莫及，何以淺嘗輒止，不求精進，甚為可惜，究其根原，仍是懶病作祟，一經檢討，當為爽然。墨說不須長篇累牘，何妨想到即寫，列為日程，旬月之後，再作整理刪校補缺工作，草創討論，兄固優為之，修飾潤色，兄何嘗不優為之耶？我知兄腸不枯不須搜索，言之有物，異乎虛構，今日之事，要在抽去懶筋，振作精神，即知即行，我兄勉夫！

030　一九五〇年二月五日·以下俱在香港所記

　　駱仰止夫婦約於青山道南海紗廠午飯，赴宴時道經高寓，邀觀四夫婦同行，飯罷已三時，駱君導遊廠內外一週而歸。南海紗廠為無錫唐星海所營，當抗戰後期，唐在瑞士 Rieter 廠訂

細紡機萬錠，英倫 Platt 廠訂二萬錠，此外則帛郎比廠之電機，拔帛考克之鍋爐，以及其他配備。大戰結束，內戰未已，雖紗廠營業獲利至豐，而經濟狀況、社會秩序不安彌甚。唐以已到紗機，暫留香島，靜觀轉變。後局勢甚混，河清難俟，乃以 Rieter 萬錠建廠荃灣，即今日參觀之一局也。廠房建築，堅固適用，工人膳宿憩息之所，皆有可觀。今日所見，廠用原棉為印度、埃及二種，所紡紗則二十支、卅二支各居其半。駱語余 Rieter 機精紡細支出數極佳，卅二支可‧八磅，[4] 二十支才一磅以上，無大勝處。紡機傳動，皆單獨馬達，多數為 BBC 之出品，僅 Uniarsal Winder 為美國 Leesona 廠出品而已。

031　一九五〇年二月九日

自十年前共產政策初行於蘇北，不論大小地主，所有田產，皆非己有，今日且並及全國地主，不勝功令之嚴，則相率田而遠遊，如金山高氏，其一例也。浙中近日盛行〈田字謠〉，其辭云：「昔日田為富字足，今日田為累字頭。伸下腳來做甲長，伸出頭來不自由。田在心中常思想，田置中間慮不休。當初原望田為福，豈料田多日日愁！」

032　一九五〇年二月十二日

昨日胡文虎六十七歲生日，於其所居號虎豹別墅者，招待年六十以上之老人二千人遊園，分贈老人以禮品十餘事，有毛毡、面盆、飯鍋、布疋、口盅、白米、餅乾、肥皂、豆豉、果品、現金之類，實用之物略備。胡氏以製造成藥如萬金油、

4　日記原文「‧八磅」或是「0.8 磅」的意思。

八卦丹、止痛散者起家，今又經營報紙，如《星島日報》、「晚報」、《英文虎報》凡六七種，於其生日以招待老人方式，替代大張壽筵，廣宴親友，其人思想異於恒輩，得致大富，非僅幸運已也。

胡氏所辦報紙，凡星島、虎報、星洲、星華、星檳、星閩、星光、星暹八種，國人中以個人之力，同時辦日報如許之多，可謂絕無僅有。

033　一九五〇年三月二日

《武陵舊事》記：「吳俗每歲正月十四日，以糯米穀爆於釜中，名曰孛羅花占，又名卜穀，以番白多者為勝。」明人《戒庵漫筆》[5] 有詩曰：「東入吳門十萬家，家家爆穀卜年華。就鍋拋下黃金粟，轉手翻成白玉花。紅粉美人占喜事，白頭老叟問生涯。曉來妝飾諸兒女，數片梅花插鬢斜。」余於童時從大父初至通城，適當燈節，大小寺觀神廟，皆張燈結彩，羅陳玩好珍物，入晚遊人摩肩接踵，往來觀賞，不絕於途，迴憶五十餘年舊事，一股太平盛世風光，歷歷猶在，至於今兵燹連年，政制累變，民窮財盡，救死不暇，無論張燈競勝，都為陳跡，而爆穀卜年，亦復無聞，世事變遷，如是如是。

034　一九五〇年三月三日

陸游《老學庵筆記》：「田登作郡守，自諱其名，觸者必怒，吏卒多被榜笞，於是舉州皆謂燈為火，上元放燈，許人入州治遊觀，吏人遂書榜，揭於市曰：『本州依例放火三日。』」今諺

5　即《戒庵老人漫筆》。

「只許州官放火,不許百姓點燈」,實本於此。

035 一九五〇年四月四日

謎語之製,時有極工巧者。相傳羊城妓麥秋娟生時,嘗與武進繆蓮仙相善,麥死於紅羊亂時,繆作《客途秋恨》一曲,以紀念其所眷之薄命紅顏。麥有一詞,謎底為「舟子竹篙」,而詞意纏綿,似傾訴其不幸之身世者。詞曰:「想當初綠鬢婆娑,自歸郎後,青少黃多,折磨捱盡,總是風波休提起,提起了淚灑江河。」

又傳繆蓮仙曾作一關廟長聯,曰:

識者觀時,當西蜀未收,昭烈尚無尺土。操雖漢賊,猶是漢臣,至一八騎走華容,勢方窮促,而慨釋非徒報德,只緣急國計而緩奸雄,千古有誰共白?

君子喻義,恨東吳割據,劉氏已失偏隅。權即人豪,詎應抗主,以八一州稱敵國,罪實難逃,然拒婚豈曰驕矜,明示絕強援以尊王室,寸心只在自知。

036 一九五〇年四月五日

經尖沙咀,見車站候車者眾,皆赴公墓祭掃者也。《荊楚歲時記》曰:「介子推三月五日為火所焚,國人哀之,每歲春暮,不舉火,謂之禁煙,犯之則雨雹傷田。」又曰:「去冬節一百五日,即有疾風甚雨,謂之寒食,禁火三日。」其注曰:「據曆合在清明前二日,[6] 亦有去冬至一百六日者。今俗以清明前一日為寒食,實始於六朝。」《齊民要術》曰:「之推忌日斷

---

6 「據」字一作「按」。

火煮醴而食之，名曰寒食，蓋清明前一日是也。」寒食掃墓，大概始於隋唐之間，唐書開元十二年，敕寒食上墓，禮經無文。近代相傳，寖以成俗，宜許上墓同拜掃禮。[7] 至掃墓焚化紙錢，始於五代，《五代史》曰：「寒食野祭焚紙錢。」我家舊法，以寒食掃姜竈港諸墓，以清明集族人掃鎮場邇通始祖之墓，自遭倭寇，家室流亡於外，此禮幾廢，值斯時節，為之泫然！

037　一九五〇年四月二十一日

上海自去歲以後，業彈詞者多有歌功頌德之作，否則宣揚新政，求媚當局，冀苟延其糊口之殘喘，亦有寄託男女之私而別有寓意者，如新開篇名「等着我回來」，其詞曰：「……須等待，莫皺眉，（別管他）赤日點點肆毒威，千萬叮嚀須等待，（縱然是）天外曾無隻字回。……惟有卿卿我我心相照，知我只能活過來，（只要你）一片誠心待我回。……」不滿現狀，情見乎辭，世有采風，應入首選。

038　一九五〇年五月三日

《新唐書》〈王勃傳〉：「勃屬文，初不精，[8] 先磨墨數升，則酣飲，引被覆面臥，及寤，援筆成篇，不易一字。」文中所謂酣飲，乃飲酒，非飲墨汁也，後人詩文中往往釋作飲墨汁，其誤殊甚。

7　「唐書開元十二年，敕寒食上墓，禮經無文。近代相傳，寖以成俗，宜許上墓同拜掃禮。」日記轉述或有錯誤。類似文句見《歲時廣記》：「唐書開元二十年四月二十九日敕，寒食上墓，禮經無文，近代相傳，浸以成俗，士庶既不廟享，何以用展孝思，宜許上墓埽禮於塋門外……。」

8　《新唐書》「精」字下有「思」字。

有聯語:「精鑒今之特健藥,慎言古有摩兜堅。」「摩兜堅」者,古之慎言人也,出道書。特健藥者,蓋突厥語,猶云上品也。清梁章鉅《浪跡叢談》有云:「往見收藏家於舊書畫之首尾,或題特健藥三字,亦有取為篆印者,考《法書要錄》載,武平一《徐氏法書記》曰:『駙馬武延秀,閱二王之跡,強學寶重,乃呼薛稷、鄭惜及平一,評其善惡,諸人隨事答稱為上者,題云「特健藥」云。』」[9]

潘雅奏小樓詩云:「小樓簾下滾楊花,要吃梅酸齰齒牙。三日懨懨愁病裏,堆盤怕見俏冤家。」「俏冤家」即豬耳,吳門陸稿薦家所製甚佳,一名馬面。

上三節節錄柳岸所著之《柳庵偶錄》,見《星島日報》。

039　一九五〇年五月十五日

郭沫若於三年前曾論我國名畫家不乏民族意識濃烈之人,宋遺民鄭所南屢屢畫露根之蘭,示大宋疆土已無有也。引其詩曰:「縱使聖明過堯舜,畢竟不是真父母。千言萬語只一語,還我大宋舊疆土。」元末王冕從朱元璋為諮議參軍,喜畫梅,曾題詩曰:「獵獵西風吹倒人,乾坤無處不生塵。胡兒凍死長城下,始信江南別有春。」明遺民八大山人國亡後佯狂避世,有題山水畫七絕:「郭家皴法雲頭少,董老麻皮樹上多。想見時人解圖畫,一峰還寫宋山河。」郭氏因此推論,自南宋以來,畫家有一致之傾向,繪人物必古衣冠,寫樓台必古制度,因襲成風,逃避現實,實有不忘其舊之民族意識在,而怪今之

9　引文斷句或作:「往見收藏家於舊書畫之首尾,或題特健藥三字,亦有取為篆印者,考《法書要錄》載武平一《徐氏法書記》曰:駙馬武延秀閱二王之跡,強學寶重,乃呼薛稷、鄭惜及平一評其善惡,諸人隨事答,稱為上者云『特健藥』,云是突厥語……。」

舉世滔滔、效法歐美者，不可為訓。曾幾何時，而一面倒之國策甚囂塵上，事及蘇俄，無一不妙，無有敢議其非者。漢兒學得胡兒語，又替胡兒罵漢兒，郭氏今之貴人也，設猶有羞惡是非之心，其何以自解其忘卻本來面目之醜態耶？

040 一九五〇年五月十九日

野史流傳，甲申李闖陷京師，百官迎降參拜，時宦者杜勳，自以勸降功，有得色，闖將劉宗敏呵之曰：「曩者爾曹趨奉爾主，萬歲之呼，不去於口，國破家亡，不早殉節，乃猶靦顏自得耶？」杜泥首泣曰：「臣侍朱由檢，實不得已，早欲歸順，苦無援引，阿附逢迎，實促其昏，以待大順皇帝之至，向呼萬歲，意乃詈彼荒淫，世有千歲長壽之龜，從無萬歲不死之人，三呼之詞，只是烏龜烏龜老烏龜之變相而已，乞將軍憐之。」杜以是竟得免。

東坡《仇池筆記》：「方李憲用事，士大夫咸奴事之。[10] 穆衍孫玉為執袍帶，王中正盛時，俞充令妻執板以侑酒，彭孫本一劫盜，招出氣陵公卿，韓持國至詣其第出妓飲酒酬，慢持國，持國不敢對，然嘗為李憲濯足，曰：太尉足何香也？憲以足踏其頭曰：奴諂不太甚乎！」凡人醉心於富貴利達者，將必捨棄禮義廉恥而趨之，身執袍帶，令妻侍酒，乃至躬任濯足，稱頌其香，無非途徑，苟高官厚祿而可得，奚必正路之由，今人有求達目的、不問手段之說，蓋亦有所師承，孟子言羞惡之心，人皆有之，其然，豈其然乎，然而世變可知已。

10　「咸」字一作「或」。

041　一九五〇年五月二十五日

吳子深著《藝林叢話》，瑣瑣談江南藝事，揭諸《上海日報》，頗可喜。頃述任渭長子立凡，習於家學，人物山水，禽魚花卉，無所不能，亦無所不工，顧稟性落拓，不矜細行，嘗借友雨鞋，歸而入睡，次晨失鞋，卒乃得之被褥中。某顯宦喪母，覓良工繪像，斥重金乞立凡補景，立凡粘之壁上，久未着筆，顯宦屢催不應，則倍其潤資，屬速寫勿失。立凡仍任懸壁上，未之從也。歷時半年，塵積黯然，會方食，失手壞醬盂，狼籍席間，倉卒無拭巾，則就壁取畫像為代，棄之麓中。歲終，顯宦來索，詰知其事，勃然色變，立凡愧悚謝過，既爾曰：原像已污，即得亦不可復用，當憑記憶追寫，或可當意。即取紙放筆塗繪，畫成而神采煥發，勝原作殊遠，客乃大驚服。

042　一九五〇年六月一日

宴池寄示夕薰樓茗集詩，自謂詩不出色，而音節頗響，不作墨談，專心吟事，想見詩友晤對之樂。

春暮，夕薰樓茗集者十四人，故都舊識者有六，半係廿餘年不見，俯仰今昔，漫成俚句，以博諸公一粲。

李侯（蘇堂）霜髯鬱春苗，拂胸盈尺助吟豪。烽煙四起廿年別，吾亦鬢映不擒毛。宰（林宰平）也參商歲更久，銀鈎玉唾健於舊。超然一鉢雲水僧，勝我攜家糊十口。怡如江令（江翊雲）獨搖扇，言得佳婦比兒善。舊情似不戀秦冠，卻夢艫稜思月嘯。健談應推白眉人（吳眉孫），詞賦江關曾幾變。齒牙未豁顏渥丹，易認廬山本來面。蛻園（瞿兌之）蛻矣貌難識，照眼珠璣驚絕色。柏馨花麗幾度逢，四宜畫社（在社園）對揮筆。此外耆宿冒李柳（冒鶴亭李拔可柳翼謀），疑非同時在京國。綴玉軒幽醉海棠，雨香館（在香山）高引鳳凰。輕車遠逐翩翩影，夜聽笙歌崔九堂。葡萄美釀鸚鵡粒，明知齊化邯鄲

梁。浪淘風捲今何夕，無酒無肴愧對客。何妨同唱大江東，先請梅翁（沈䕒梅）橫鐵笛。

043 一九五〇年六月二日

　　衛挺生演講日本開國始祖神武天皇，即為秦時入海求神仙及不死藥之徐福。列舉十證，以實其說：「神武建都畿內大和，亦即徐福稱王之地，一也。神武即位於公元前二〇二年，即徐福稱王之年，二也。神武東征舟師，即徐福入海樓船，三也。神武傳國三寶中，鏡劍為秦時中國之製品，四也。神武徐福多用神話，神武以琅邪神為其祖神，徐福齊國琅邪人，五也。神武東征，在廣島岡山造舟製兵，徐福東渡，有百工偕行，神武東征有男軍女軍，徐福攜童男女數千人與俱，六也。神武政治設施，用兵策略，顯有大陸高度文化之影響，徐福適為齊魯文化產生有為之青年，七也。神武建國，自稱天兒天孫，猶中國之言天子，封建國造縣主，猶中國之諸侯縣君，類皆周代戰國政治觀念，亦為徐福習知之制度，八也。日人考古所得，知神武東征前之日本，猶是穴居野處之石器文化，知漁獵而不知耕畜，神武東征以後，文化驟進，服食器用，擬於秦漢，更有特殊古物，足證與秦時齊國關係，是知天降民族，乃為秦時齊人，九也。明治初年，德國人種學家 Dr Badz 檢驗七千日人體格，與華韓貴族人種上並無不同，則神武與天降民族，確為大陸中國人，有人種學上之證明，十也。」衛氏之說，不為無理，日人以神明視其天皇，相傳神話，不敢非議，列諸教科，童而習之，而況乎研究之，而況乎承認之耶？備此一說，聊供茶餘酒後之談資而已。

044 一九五〇年六月十四日

　　從事戲劇之洪波，通評各國之影片頗風趣，其言曰：

美國片：輕佻，刺激，撩人心意——蕩婦，

英國片：持重，端莊，氣象萬千——貴婦，

蘇聯片：剛毅，沉着，毫不苟且——主婦，

國產片：遲鈍，緩慢，衷心無主——受了氣的童養媳。

045 一九五〇年六月二十五日

胡適之作六言白話詩，詩曰：「偶有幾莖白髮，心情微近中年。做了過河卒子，只能拚命向前。」此三年前事也，同輩嘲之，輒以過河卒子為適之號。郭沫若作小文，謂卒子過河，可當小車，橫衝直闖，有進無退，似乎適之今日，意在擒紅棋主帥矣。然今之卒子，大可寶貴，適之願拚，彼發縱指示者未許遂拚也。何若易拚字為奉字，更為老實。郭氏輕薄口吻，自必得意非凡，他年設有史家以歌頌新朝為郭氏病者，郭氏可以奉命吶喊，非出本意自解也。

046 一九五〇年七月二日

粵語有「斗零」二字，意謂三六，甚不可解。釋之者曰：市井間有術語，以「之神斗蘇馬零侯莊灣响」代表一二三四五六七八九十數字，斗為三，零為六也。先大父於姜竈港舊宅店面設藥肆，曰誠意堂，肆中每接來方配藥後，於方上蓋小方印纍纍，文曰：「佳艮甬幸首，袁斤呙肖畚」，童時見之，頗以為怪，問之肆中執事，答曰：此為進退通達道，遠近過逍遙，一律去共其偏旁之辶，以代一二三四五六七八九十數字者。設藥值三百五十七文，則蓋甬、首、斤三小印，時當光緒朝，市用制錢，草藥一劑，無有踰千錢者。先後五六十年間事，而故國幣制變化，遂如今日，偶與兒輩言之，如述上古歷史也。

047　一九五〇年七月十一日

　　方蔡松坡息影京華，頗招項城之忌，松坡則醇酒婦人，邊幅不修，似乎兒女情長英雄氣短矣。嘗眷韓家潭小鳳仙，朝斯夕斯，沉湎不返，項城值得其狀，以為公子信陵，不疑有他，竟撤邏卒而松坡得間南走，遂興討伐之師，洪憲帝制，好夢從此即成泡影。迨國是大定，松坡逝世，龍陽易實甫代小鳳仙作聯以輓之。聯曰：「萬里南天鵬翼，直上扶搖，那堪憂患餘生，萍水姻緣成一夢；幾許北地胭脂，自悲淪落，贏得英雄知己，桃花顏色亦千秋。」

　　西鄰有合歡三，皆高逾二丈，初夏方華，則一片燕支，燦爛樹頭，曄矣菲菲，彌復可愛。比來鄰居易主，輒鋸窗外大樹，從此烈日西照，枝頭華葉無復入我眼簾，是誠焚琴煮鶴之尤矣。

048　一九五〇年七月二十一日

　　過花園道聖約翰堂，觀張大千畫展，張氏作品陳列百件，臨摹創作，兼而有之。臨撫敦煌壁畫佔五之一，見其原作，甚覺其氣魄之雄。所臨王叔明林泉清集及清湘秋林人醉，各有原蹟同時陳列，彌覺張氏之作，清幽可愛。張氏山水，師承董源巨然，觀其收藏名蹟與其他作品，可以明其旨趣所向矣。朱荷通錦屏風，巨幅施青綠朱紅之色於日本金薄絹上，喬皇雄渾，允稱傑構。此君素描造詣，工力殊深，所繪南印度舞、獻花舞、寂鄉舞及其他印度少女諸幅中，有過人之表現，余尤愛其吉祥紅一幅，着墨不多，豐神自備。白描兩幅，高逸圖尤勝，擬宋人雙鴨，工細精好，彷彿黃筌。予嘗謂我國畫家於繪人物走獸之形，不甚措意於解剖之學，此與西畫有極大差別，西人重對物寫真，我貴心靈意造故也。

049　一九五〇年七月二十三日·香港

　　朱省齋記黃賓虹誤張大千摹石濤畫以為真跡，其事殊趣，因節錄之。

　　沈寐叟嘗舉石溪山水橫幅贈農髯，農髯激賞，思得石濤山水廣狹相似者儷之。李筠庵知黃賓虹所，有石濤畫，頗如曾意，以告農髯，農髯大喜，函黃懇讓，賓虹靳不予。是時張大千有石濤山水長卷，因取案頭舊紙，照摹卷中一段，做石濤題句曰「自云荊關一隻眼」，又取所常用「阿爰」印蓋「阿」字，取「張」字印去弓蓋「長」字，成「阿長」二字。畫成，就師農髯請正，農髯亟稱許之。翌日賓虹過訪農髯，獲見此畫，大為讚賞，請以己藏石濤畫相易，農髯許諾，未以大千摹繪事告也。他日大千謁賓虹，詢以特賞此幅之故。賓虹曰：「石濤畫可分三期，少年規摹古人，失之刻畫；中年爐火純青，自成宗派；晚年獷野狂放，遂開揚州八怪之先，此幅乃其中年爐火純青之作，非識者不能辨也。」賓虹負鑒賞盛名，於此益見大千之神妙，摹本曾刊於商務印書館《名人書畫集》第二十八期云。

050　一九五〇年七月二十七日·以下俱在香港所記

　　張大千於其所繪印女標吉祥紅者題識曰：「印度教無論男女，於眉間點朱曰吉祥紅，女子尤增嫵媚，正如我國壽陽妝。壽陽妝者，南朝宋武帝女壽陽公主，人日臥含章殿下，梅花飄着其額，成五出之花，因仿之為梅花妝，以五出之花着於額上，不與吉祥紅同也。」清季我鄉風俗，為小兒女修飾，輒用骨鍼蘸燕支點眉間，或用銳尖印，作垂直形，長約三分，上略銳而圓，其下或作圓點，與印女吉祥紅正相似，惟不見施之於長大婦女，與印俗異耳。

沈燕謀日記節鈔／五十年代日記

五十年代

051　一九五〇年八月七日

　　香港九龍，舊為新安縣屬，新安縣在秦漢時代屬南海郡、博羅縣，六朝置寶安縣，屬東官郡，梁改東官為東莞，隋唐置東莞縣，後改屬南海郡，隸廣州都督府，宋元仍為東莞縣，明萬曆五年，分置新安縣，屬廣州府，清康熙五年並入東莞縣，八年又復置，以後沿稱新安，現在改稱寶安。

052　一九五〇年八月二十日（農曆七月初七日）

　　《露園詩話》：「唐溫飛卿與李億員外，同嫟女黃冠魚玄機，魚女工詩，善雅謔，浪漫不羈，贈溫詩句有『易求無價寶，難得有情郎』，熱艷灼人，風騷絕世。一日，溫訪之觀中，至則房關緊閉，詢其婢綠翹，具言李在，溫醋意大發，屏息窺之，見李億擁魚於懷，其狀至狎，魚和顏巧笑，並低吟云：『今日喜時聞喜鵲，昨宵燈下拜燈花。焚香出戶迎潘岳，不羨牽牛織女家。』[11] 至此溫忽大聲曰：『牛女溫存，只一年一度耳，此後諸日，皆當我入幕矣。』不懌而去，室內默然。」

053　一九五〇年八月二十七日

　　張菊生先生元濟初以翰林為京官，戊戌政變，因黨康梁，被放南歸，都講南洋公學，既而創商務印書館，盡瘁館事，始終不懈，於新中國文化有極大貢獻，蓋我國自有書局以來，其出版之美備豐富，未有能及商務者也。歲己丑，中共席捲中原，於時張先生高齡八十有四矣，以與陳叔通交莫逆，平昔潛

11　此詩是〈迎李近仁員外〉。《露園詩話》筆者未見。

移默化，嚮往中共，新政協會議被邀出席，敍齒最長，既而為華東軍政委員會副主席之一，以五十年在野之身，忽膺新朝寵命，且以商山四皓自命矣。張氏海鹽望族，宗祠祭田可五百餘畝，比來共黨幹部，策動清算鬥爭，日趨激烈，從而侵陵祠產，族人以告，張先生手寫揭帖，張諸祠外，自稱大地主，有顧而問者，可至上海某路某號擒取，同時以鄉里控訴黨人擾民之案，分別種類，彙編成冊，親賚主席饒漱石，請其糾正，用蘇民困。饒氏語張，無多事，其親其友，大都土豪、劣紳、大地主、資本家之流，論其罪惡應予清算，張先生默然。未幾書館職工集會，柬邀張先生訓話，張以書館為手創事業，員工尤多己所培植之人，不疑有他，間以語饒氏，饒謂不妨應邀。至則語未片刻，而漫罵之聲，四座並起，張先生憤怒疾發，股戰墮地，旋送醫院，久而未痊，於茲寂寞環境之中，張先生回憶平生，其必於人生觀更增一層深切之了解矣。

054 一九五〇年九月六日

午後三時，與岫雲、冰兒同至荔枝角香港紗廠參觀，林承伯、陳瀚導遊，皆通紡校友也。香港紗廠為王啟宇、統元父子所經營，與上海中紡同系，啟宇與英人高茂叔友善，日寇既降，高出敵營，以信昌洋行經理 Iweedal & Smalley 紡機之故，飛赴英倫，為之訂機，初計將以刷新擴充滬廠，無在港另立門戶之意也。殆國共紛爭不已，而江南形勢日趨惡劣，乃定就港建廠之計，移上海好華特舊機八千錠，先樹之基，新機三萬錠既至，陸續加入，在國人移港諸廠之中，此處規模最大，各機大都以單獨馬達傳動，惟梳棉為例外，精紡後用 Leesona Univesal Winder 作團，無布機而有高速度經紗機，據告為李申伯永生布廠專製者。廠房建築堅固新穎，通體用日光燈，有空氣調節器，工場溫度恒在八十三至五度之間，其他港廠中惟緯倫有此設備，工人皆以生手訓練什九以上，住廠有宿舍若干

所，可容千二百人，每室住十二人，用鐵製疊鋪三三相對，鋪後備櫥，其廣如床，以儲衣物，面盆淋浴整容廁所咸備，頗整潔，廠房宿舍之間有廣場，可以運動作球戲，他日或營織布工場，觀其大略，費時兩小時餘，五點半乃歸。

055　一九五〇年九月七日

　　昨晚王統元、林承伯就九龍酒店設宴招飲，臨時因誤記地點，幾至失約，後陳瀚以車來迎，遇諸門外，乃得赴宴，席間除李申伯外，尚有駱仰止、王元照等，皆紡校校友也。當民國二十年，余與李申伯、張文潛等同遊日本，統元才二十三齡耳，是役購布機百台，殷勤事業，積至今日，有紡錠十萬，雖有賢父羽之翼之匡之植之，而年少致此，不易才也。[12]

056　一九五〇年九月十一日（農曆七月二十九日）

　　我鄉於陰曆三十之夜，燃燭焚香，插泥地上，謂之插地藏香，蓋相傳七月三十日為地藏王菩薩誕辰也。江南亦稱九四香，竟有音誤為狗屎香者，殊可笑。九四，張士誠字（亦作久思），元末泰州人，業操舟運鹽，至正間起兵，始稱誠王，國號大周。既在姑蘇稱吳王，所據地南抵紹興，北踰徐州，西達汝潁，東薄於海，地方二千里，帶甲十萬，治吳有惠政，甚得民心，後為明將徐達、常遇春所擒，城破之日，適當七月三十日，民感其仁，而哀其死，歲歲於是夜焚香祀之，名曰九四香，又慮為當道所忌，乃託名地藏香云。

12　此則文末原附：「編者按：香港紗廠已於今歲端午停辦，此當為九原下之作者意想不到之事，由於地價高漲，開紗廠不如賣地皮矣！」

清顧祿[13]《清嘉錄》曰：「(七月)晦日，為地藏王生日，駢集於開元寺之殿，酬願燒香，婦女有脫裙之俗，裙以紅紙為之，謂曾生產一次者，脫裙一次，則他生可免產厄。點肉身燈，為報娘恩，以紙錠完納市庫，為他生資，謂之寄庫。昏時比戶點燭庭階，謂之地藏燈，兒童聚磚成塔，燒膺琥珀屑為戲，俗稱狗屎香。」[14]

057　一九五〇年九月十九日

寒山寺以唐人張繼〈楓橋夜泊〉一詩之故，久著盛名，倭人至，以巧取豪奪方法攫鐘而去，自經政變，僧徒無以為生，庭院荒蕪，屋宇傾墮，殆意中事，流寓南海，北還何日，游屐重展，只有託諸夢魂而已。當倭寇深入江南之年，大好湖山，萑苻遍地，蘇人張仲仁曾改張詩以紀一時愁慘景象，詩曰：「月落兒啼妻哭天，江南劫火不成眠。姑蘇城外寒衣盡，夜半槍聲到客船。」

058　一九五〇年九月三十日

於宋人小說中見一聯，頗有味，因錄之：「推愁不去還相覓，[15]與老無期稍見侵。」

康南海於丁卯春七十生日，任公壽以聯云：「述先聖之玄意，整百家之不齊，入此歲來，已七十矣；奉觶豆於國叟，致歡忻於春酒，親受業者，蓋三千焉。」稱觶未一月，南海遽歿

13　「清」字原文作「請」，諒誤。

14　「以紙錠完納市庫」、「兒童聚磚成塔」，《清嘉錄》作「以紙錠笕納寺庫」、「兒童聚磚瓦成塔」。

15　韓駒：〈和李上舍冬日書事〉，「還」字一作「如」。

於青島，任公復輓之云：「祝宗祈死，老眼久枯，翻幸生也有涯，卒免睹斯民魚爛陸沉之慘；西狩獲麟，微言遽絕，政恐天之將喪，不獨動吾黨山頹木壞之悲！」民國十七年，梁任公逝世，楊晢子（度）輓之曰：「世事本無常，成固欣然，敗亦可喜；文章久零落，人皆欲殺，我獨憐才！」

059　一九五〇年十月四日

梁章鉅《歸田瑣記》曰：「豆腐，古謂之菽乳，相傳謂[16]淮南王劉安所造，亦莫得其詳。又相傳朱子不食豆腐，以為[17]初造豆腐時用豆若干，水若干，[18]合秤之，共重若干，及造成，往往溢於原秤之數，格其理而不得，故不食。今四海九州至邊外絕域，無不有此，凡遠客之不服水土者，服此即安，家常日用，至與菽粟等，故虞道園有豆腐三德讚之製。」[19]朱子以製成豆腐，重量溢於豆水之總和，為事理所必無，豆衣經磨碎濾去，即此分量已減，寧有轉重之理，記載事實，未得其詳，殊無從越俎代格其理為可憾也。

060　一九五〇年十月十四日

香港《大公報》兼登廣州電影院廣告，有片曰《中國人民的勝利》，製黑底白字之版，左方繪解放軍二人，一持步槍，一持五星旗，其為中國人也明甚。片名之上，排字兩行，第一行曰編導：瓦爾拉莫夫，說明辭：K 西蒙諾夫，第二行曰文學

16　「謂」字《歸田瑣記》作「為」。
17　「為」字《歸田瑣記》作「謂」。
18　「水若干」之下《歸田瑣記》有「雜料若干」一句。
19　此則日記談豆腐，讀者互參日記第 201 則。

顧問劉白羽，副導演吳本立、周峰夫。以中國人民之勝利而有待於外國人民為我編導，為我說明，則此勝利者屬於中國人耶？抑實屬於外國人耶？沙皇淫威，既籠罩神州，而國人懵懵，或且以得為大國附庸，歌舞自鳴其得意，是亦不可以已乎，此之謂失其本心。

061 一九五〇年十一月三日

英國文豪蕭伯納以九十有四高齡於昨日逝世，蕭翁以編撰劇本負當世盛名者五十年，論者謂其字裏行間，含蓄新意，時能發人猛省。余嘗於上海觀其《賣花女》電影片，於紐約觀其《人與超人》舞台劇，愧未能領略劇情與詞令妙處也。然其與人酬對，時有雋語，頗可喜者。西語滑稽謂之 Humor，林語堂兼取音意，譯為「幽默」，由是「幽默」二字深入國人之心，取滑稽突梯而代之，則蕭氏影響之一也。十七年前，蕭嘗遊華，滬之名流群集輪步往迎焉。是日陰雲籠罩，殊為惱人，蕭至而天適晴，人謂蕭翁，蕭至上海，得見太陽，蕭伯納之幸也。蕭答曰：「太陽在上海，得見蕭伯納，太陽之幸也。」眾為莞爾。美女子鄧肯，貌美而艷，以舞踊有聲歐美大陸，嘗以書抵蕭翁曰：「設我二人締婚生子，有子之聰明，有我之美貌，誠大佳事。」蕭報之曰：「萬一不幸生子而有我之貌，有子之腦，豈不大糟。」世有司馬遷、劉義慶之筆，撰集蕭翁軼事雋語，則〈滑稽列傳〉、《世說新語》不能專美於前也。

062 一九五〇年十一月五日

南通紡校同學聚餐於九龍大酒店，至者二十四人，視前此兩度為踴躍矣。同學以講演請，余為舉先校長張嗇公興學宗旨，略略發揮其義，嗇公作師範學校始建記，有曰：「世變亟矣，不民胡國，不智胡民，不學胡智，不師胡學，務民義而遠

鬼神，策富教以維眾庶，廣之萬國，以求其同，還之三代，以存其獨，是則孔孟之教矣。」嗇公之立校造就專門人才，期為中國用也，今乃不得已而跼躋於斯英人殖民之地，余即為諸同學強作慰勉之詞，余心益不能無戚戚焉。

063 一九五〇年十一月二十四日

金冬心自題所作之畫，每每狼藉滿紙，書法貌似古怪，而功力滋深，詩文詞句，尤為雋妙，學養功深，未易幾及也。其題贈鄭板橋之自為寫真一圖曰：「十年前臥疾江鄉，吾友鄭進士板橋宰濰縣，聞余捐世，服緦麻設位而哭，沈上舍房仲道赴東萊，乃云冬心先生雖攖二豎，至今無恙也，板橋始破涕改容，千里致書慰問，余感其生死不渝，賦詩報謝之。近板橋解組，余復出游，嘗相見廣陵僧廬，余仿昔人自為寫真寄板橋，板橋擅墨竹，絕似文湖州，乞畫一枝，洗我滿目塵土可乎？」

064 一九五〇年十一月二十六日

切細麵先入沸生油製後而煮食者，號伊府麵，穗港市肆，多有豫製入匣，以應食者之需。遠而新大陸諸大都會粵僑所在，求無不得，粵人言其原蓋出清代名書家伊墨卿，繫人於物，猶東坡肉故事也。墨卿名秉綬，福建汀州府寧化縣人，乾隆進士出身，嘉慶間為廣東惠州府知府，甚著政聲，因案去官，惠州士民冤之，力為申訴，竟得直，後又守江蘇揚州，亦有惠政。當其官此邦時，應吏民之請作書，余於香島書畫展覽之會，往往遇之，嘗斥二百金得其隸書詩屏，不讓李拔可墨巢所藏諸精品也。

065　一九五〇年十二月十二日

葉譽虎、梁眾異同遊靈谷寺，梁問葉昨曹穰蘅（經沅）宴客掃葉樓，君胡未往？葉笑曰掃葉樓那可着我，我去且被掃矣！梁遽笑曰：若然，則我今日亦不應來此，蓋靈谷寺有無梁殿也。又曹穰蘅素仰黃秋岳，黃既被誅，曹嘗於重慶語陳頌洛，謂追念往昔文讌之樂，何啻黃粱一夢，陳曰：如君言，眾異亦不免矣，已而果然。今曹歸道山，葉亦北上，風流雲散矣。

066　一九五一年一月四日・香港・黃大仙廟

九龍城附近有黃大仙廟，香火甚盛，過此者每聯想及張子房所嘗從游之赤松子黃石公，不深考也。金華人曹聚仁見廟外有「金華分此」[20] 字額，證其所祀大仙，實為東漢時叱石成羊之黃初平。初平初為牧童，有道士攜之入山學仙，遂失其蹤。乃兄訪尋數年不可得，一日忽遇之，謂曰：「命汝牧羊，今羊群安在者？」初平答曰：「山北坡上，非羊也耶？」其兄舉首而望，則伏臥坡上者，白石累累而已。初平向石吹氣，則見凡諸臥石，一一起立而羊矣。其兄喜甚，偕弟驅羊以歸，行未幾，羊又化為石，弟入羊群，並失所在。至今有過金華北門外，輒有遙指累累臥石，為言此流傳之神話云。

067　一九五一年一月九日・以下俱在香港所記・回憶蘇曼殊

曼殊和尚才華絕世，詩文梵語造詣都深。青浦王德鍾輯

20　字額應是「金華分蹟」。

其遺詩，梓以行世，稱為蒨麗綿妙，其神則蹇裳湘渚，幽幽蘭馨，其韻則天外雲璈，如往而復，極其神化之境，蓋如羚羊掛角而弗可躡也。與人書問往還，喜以西式粉紅箋，用鋼筆作蠅頭小楷，造語清俊，恒多悲感及過情之論，柳安如謂似蘇長公一肚皮不合事宜，藉此發洩，深知曼殊者也。又善畫，蕭疏淡遠，似不食人間煙火物者，但不多作。余初識曼殊上海時，在建國之初元，嗣是由滬而皖，而舜湖，而姑蘇，居息相依、出入相偕者，先後且十月，僅於安慶高等學堂見其一度興到揮毫，作墨筆尺頁一幅，人有求者，唯唯否否，終不可得也。有曼昭者，不詳其姓字，嘗撰《南社詩話》，有記曼殊作畫一則，頗風趣。文曰：「有某者，瞰曼殊至，故設佳餌以待，曼殊引手取啖，則故格之，請先下筆，然後進食，在座者竊為不平，而曼殊夷然，不以為忤，便為作橫幅，秋柳數行，映江帶月，殘月一輪，搖搖欲墜，神味淡遠，誠柳屯田所謂楊柳岸曉風殘月者，某狂喜，滿掬糖餌以進，曼殊飽啖後，忽引筆於月輪中略作數描，則頓成制錢形，廓圓而孔方，孔中且貫小繩一串，在座者嘩然，某驚且沮，曼殊擱筆，一笑而去。嗚呼，絕世風流，誠所謂勝打勝罵十倍者。朱執信聞而狂笑曰：『此可抵一部馬克思資本論矣。』」

068 一九五一年一月二十四日·遇陳光甫

至思豪畫廊，觀時人王植波書，有臨摹右軍帖、蘭亭敘、過庭書譜及所作楹聯多種，貌極秀麗而風格略失之薄，然在今日少年為難能則亦可貴矣。別有古物玩好，雜引其間，選取霽紅扁方花瓶、鍍金小銅鼎、彩繪八仙碗數事，將以持歸植花，為新歲清供也。遇陳光甫，相與語，歷一時有半不盡，臨別復約後會，度其捨棄畢生事業，局居南海一角，滿腹經綸，抑鬱誰語，纏綣之懷，焉能自已！

一九五一年一月二十八日・易實甫君左父子

南京夫子廟有酒家曰天韻樓，地處秦淮河畔，歌妓雲集，都下少年，趨之若鶩，其門有聯，以樓名嵌入，傳出易君左手，聯曰：「天仙都化美人來，問上界瓊樓，可有六朝新樂府？韻事不隨流水去，聽後庭玉樹，依然十里舊秦淮。」君左漢壽易實甫順鼎子，傳其家學，能文章，嘗從教育廳長周佛海旅居揚州，歸而雜紀流寓印象，成書曰《閒話揚州》，中華書局編輯舒新城，君左鄉人也，訪君左，見其書而為之印行，揚州人有讀此書者，以為辱其鄉人，頗不怡，或有意在藉此細事，圖掀政爭，乃推波助瀾，借題發揮。坐是之故，訟端斯起，紛紜數月，方告平息。有概舉此案成句，揭諸報端徵對者。曰「易君左閒話揚州，引起揚州閒話，易君左矣」，應之者曰「林子超主席國府，連任國府主席，林子超然」。方是時，林森垂拱為中國元首，適逢改選，林得連任，亦緣與人無爭之故，茲所云云，遂成妙聯。亦有以「陳公博評論革命，主持革命評論，陳公博矣」屬對者，則以陳方主編革命評論故也。易自言民國初年，與田壽昌自日本返國，又同舟回湖南，舟中遇一爇者，從師赴牯嶺避暑，玄裳而紫衣，白襪而藍履，二人即景聯句，成七律一首，詩曰：「黑紗裙子紫羅衫，雲鬢斜梳覆玉環（君左）。行處香風滿船室，笑時憨態絕人間。好山只合和書讀，媚水還應作鏡看（壽昌）。我向瀟湘君向贛，恨無清福住廬山（君左）。」舟接九江，爇者登陸，二人者殊惆悵，若有所失。行經黃州，倚欄遠眺，君左笑顧壽昌曰：「黑裙白衣，藍鞋白襪，可惜伊人不見？」壽昌答曰：「青山綠水，赤壁黃州，於今風景依然。」聯語工整混成，君左自以遠勝七律也。易又言：當抗戰時服務軍委會總政治部，與文化工作委員會居處毗連，文工會諸友中，老舍時稱鳳子，而胡風輒戲侮高龍生，同時作家之相等者，尚有老向胡考，君左戲集諸名成一聯曰：「老舍老向鳳子」；「胡風胡考龍生」，造語自然，甚富風趣。君左又嘗從

周佛海視察蘇北教育，至淮安，有宿儒某君延觀所藏圖籍，行行重行行，穿屋至十餘棟，琳瑯滿目，佛海驚其浩汗無涯，慨然歎曰：「這真是汗牛充棟」，君左答曰：「也只好走馬看花」。既而思適所信口而出者，正復妙造自然也。實甫老人晚年，抑鬱京華，以詩歌戲劇自遣。一夕觀女伶鮮靈芝爨演新戲曰《一元錢》者，鮮伶在台上謂劇中人曰：「你看我裝龍像龍，裝虎像虎。」老人突然起立，放聲言曰：「我願你嫁犬隨犬，嫁雞隨雞。」

070　一九五一年二月四日 · 吳俗賣癡獃

屈大均《廣東新語》「廣州時序」謂除夕以火照路，謂之賣冷。又粵人舊俗除夕團年後，家中以小兒攜燈籠出外，由成人陪伴巡行，謂之賣懶，且行且唱曰：「賣懶賣懶，賣到年三十晚，人懶我唔懶。」此風今已不行，但由來頗久。《淵鑑類函》云：「吳俗分歲罷，小兒繞街呼叫云：『賣汝癡，賣汝獃。』世傳吳人多獃，故兒輩諱之，欲賣其餘。」范成大《村田樂府》曾詠其事曰：「除夕更闌人不睡，厭禳鈍滯迎新歲。小兒呼叫走長街，云有癡獃召人賣。二物於人誰獨無，就中吳儂仍有餘。巷南巷北賣不得，相逢大笑相揶揄。櫟翁塊坐重簾下，獨要買添令問價。兒云翁買不須錢，奉賒癡獃千萬[21] 年。」

071　一九五一年二月十日 · 名手畫山水

凡畫山水，須按四時，或曰煙籠霧鎖，或曰楚岫雲歸，或曰秋天曉霽，或曰古塚斷碑，或曰洞庭春色，或曰路荒人迷。

21　「萬」字《石湖詩集》作「百」。

如此之類，謂之畫題。山頭不得一樣，樹頭不得一般，山藉樹而為衣，樹藉山而為骨，樹不可繁，要見山之秀麗，山不可亂，須顯樹之精神，能如此者，可謂名手之畫山水也。

072　一九五一年二月十一日·康南海喜拉飛爾

康南海昔游意大利，最喜拉飛爾之畫，以其生香秀韻有獨絕者，至比之右軍之字、太白之詩、東坡之詞，清水照芙蓉，殆天授非人力也。又謂拉飛爾與明之文徵明、董其昌同時，皆為變畫大家，但拉則變為油畫，加以精深華妙，文、董則變為意筆，以清微波遠勝，而宋元寫真之畫反失，彼則求真，我求不真，以此相反，而我遂退化，若以宋元名家之畫，比之歐人拉飛爾未出之前畫家，則我中國之畫有過之無不及也。

南海又有懷拉飛爾畫師七絕八首，錄其三。

畫師我愛拉飛爾，創寫陰陽妙逼真。色外生香繞隱秀，意中飛動更如神。

拉飛爾畫多在意，意境以外不可覓。只有巴黎數幅存，環寶珍於連城璧。

拉飛爾畫非人力，秀韻神光屬化工。太白詩詞右軍字，天然清水出芙蓉。

073　一九五一年二月十三日·蔣竹莊講經

申刻赴加多利道江上達府上，聽蔣竹莊居士講般若波羅密多心經，初述佛法大意，繼講本經，自觀自在菩薩至度一切苦厄，歷一小時，下次於星期四同時舉行，每週兩次以為例。來客同聽之相識者吳蘊齋、林康侯、李北濤、童侶青、賴志泉及主人夫婦等凡三十餘人。

074　一九五一年三月二日・遇倓虛法師

訪吳蘊齋於荃灣弘法精舍，遂留午飯，遇倓虛法師，法師方講《妙法蓮花經》，盛言此經之妙，深愧蒙昧，殊少領悟。又說一故事，則伊索之流也。其言曰：農人甲，終身力田，積鏹盈甌，秘置屋隅，並其家人亦無有知其事者，終慮為人所見。一夕，私於田間巨樹下窖而藏之。嗣是日必徘徊巨樹之周，而時時目注窖藏之地。其鄰乙見甲出行，無間風雨寒暑，怪之，則就其注目之地賣夜發掘，得藏大喜過望，遂取以為己有。次日甲見泥土浮動，察之則故物亡矣，為之大慟。丙過而問其故？甲以實對。丙慰之曰：子毋然，子之藏鏹，將以與人交易易所無耶？抑只儲蓄而不用耶？用則無取於藏，不用則物之存在與否等耳。逐日巡視，固不見金銀之蹤影，何昔之可喜而今之可悲，盍不仍以為有，或所有什佰於此，則天君泰然矣。甲聞之嗒然若喪，不知所對。

075　一九五一年三月三日・平生所遇雨奇境

二十五年之夏，從徐靜仁、林詒書、陳陶遺、冷禦秋、陳葆初、梁綏珊諸公之後，取道武林，乘汽車作黃山之游，歷時二旬，遍覽諸勝。猶憶一日小立文殊院前，時當夕陽西下，有風自西方來，雲氣隨之，越蓮華峰而過，日光橫穿，映照飛霞，彷彿熊熊烽火，會成大海，攀嶺東流，隨坡而下，既及峰東，又臨於飄渺煙雲之境，從風起伏，平淡不異恒時，同遊諸子於無意之中，適睹奇景，無不目為之眩，而神為之愕，乃知秀岳靈氣，變化無常，機緣湊合，則偶然得之，可遇而不可求也。三四年前，漫游歐美，亦嘗攬其高山大川、天然風景，獨於挪威首都渥司洛北鄙登山所見，引為平生幸事。一日於晨光熹微中乘車郊游，舉首遠望，則洋洋海水與蔚藍之天、青葱之山、千葉之樹，交映而成紫石英璨爛瑩晶之色，彌滿長空，

一望無際，有寧靜綺麗之觀，不與蓮峰雲氣、飛舞奔放相同，而其為宇宙奇觀則一。斯二印象，時時徘徊心目中，雖老來健忘，不能磨滅，惜無生花妙筆，無由狀其象而得其實也。黃山之美，以松石勝，余見黃山乃知中國畫山水之所以然。易君左謂黃山：「無華之危而有其旁礴，無岱之拙而有其莊嚴，無衡之卑而有其抗直，無廬之暴而有其雄奇，是天上之仙翁，亦山中之聖品。全山風景最美處為文殊院，諺云：不到文殊院，不見黃山面。院拔海五千尺，左天都，右蓮花，雙峰挺峙，各七千尺，前後峰巒萬數，若眾星之環拱，子孫之班列，餘如師子林、始信峰、丞相源、靈谷寺，皆妍麗欲絕，松之奇，石之怪，雲之瀰漫，泉之奔湧，鳥聲之奏笙簧，凡名山應具之條件，黃山無不具之，凡名山不易備之條件，黃山無不備之。」雖敘述至簡而妙處已傳，惜其未見蓮華峰頭奔騰之雲氣，為夕陽斜映化成廣漠之火潮，翻山越嶺，澎湃而下，則其因緣未合，眼福之不如我者也。

076 一九五一年三月二十七日·吳宓五十生日詩

（凌）宴池嘗為余言，友好中最推重其寫實詩者，無過吳雨僧（宓）與余。余於詩未嘗用功，知好之而已。雨僧無緣相識，有《吳宓詩集》行世。往日投身實業，營營謀利，未之讀也。比有舉吳君五十生日詩，推為守舊之尤者，取而觀之，則固我道中人。儻有以此惡諡加諸於余者，其為榮也，勝於華袞之贈已。

文學吾所業，痛見國無文。字體極醜怪，音義更淆紛。託托徵征誤，有以云為雲。士習趨苟簡，世亂遂泯棼。方言與夷語，窮末途益分。創作矜白話，不讀書可焚。句調摹西法，經史棄前聞。國脉從此斬，民德何由薰！

說者謂自入民國，執政者類以馬上得天下，不崇文事，更不重士氣，遂致四十年來，文風衰頹，節義蕩然。八年抗戰，

我民族肇建震古鑠今之大業，曾無有宏文巨著，可以信今而傳後者，求其如王壬秋之志湘軍而不可得，儒者之恥，抑國人之大恥，而知其為可恥者，誰耶？

077　一九五一年四月十四日・蓋叫天之言

徐君滬西私立某中學教師也，有女名莉珍，好越劇，時往觀之，既而從所習者學為伶工，徐君戒之，置若罔聞，徐君謂家門不幸，竟生反叛女兒。滬既失陷，校中流行「民主評議」，迫於群少年之喧啾，不得不「自動減低」其俸給。嗣是家計日艱，三餐之中，勉備一飯，餘則饘粥而已。莉珍謀諸友，鬻藝玉蘭劇團，以貌之艷而技之嫻也，雖新進已有聲，計其所得三四倍於乃父，一門生計，賴此反叛女兒維持矣。徐君慨然太息曰：文不如技，技不如藝，老子教書，不如女兒唱戲。新朝既建，智識階級遭遇尤苦，大學教授之月薪，無過三百單位者，而名優伶如梅蘭芳、譚富英、言慧珠之流，可得十萬至十六萬單位，幾乎二三百大學教授或一人十年之積也。等而下之，凡恃鬻藝以為生者，無不倍蓰。大學教授能效雞鳴狗吠，狼嗥獅吼，決非深造有得一般專家可望其項背，學術師道掃地！而蓋名伶蓋叫天亦曰：「已往官吏但來觀劇而已，爾今官吏則領導我人演劇！」國家大事，兒戲出之，君子於此，知一國興廢存亡之消息矣！

078　一九五一年四月十五日・沙田大埔游

午後同蔣竹莊、屈文六兩先生驅車至沙田，游晦思園，園在山崖，拾級而登，可六百級，余苦氣喘，未及抵園，已汗流浹背，疲倦不堪，沿途休息，僅乃及之。蔣先生年七十九，屈先生亦六十八，健步如飛，可羨也。園殊狹仄，布局草草，正屋供觀世音菩薩，殿前有梅數十本，初春花發，當有可觀，園

左小閣,可望遠山海水,又左清泉一泓,餘無可取者。下山至大埔,續遊半春園,曲徑入山,可通車馬,攀登之勞,於焉遂免。園主人黃筱韋,以製酒獲利巨億,因營園以奉佛。正中大雄寶殿氣象莊嚴,無住持僧,粵人潘星舫居士主之。居士年邁古稀,白髮盈顛,被袈裟,登殿即相見,因作導遊。園地頗廣,花木尤繁,入園之路因山築成,兼曲折寬夷之勝,沿路叢桂皆華,雜以數尋白蘭,植在南服,即當盛夏花開,亦少芳香氣息如我江南也。有賓館,落成未久,浴佛前後,適子之館可以授子之餐矣。蔣先生嘗襄助印行宋藏,潘居士請題字,蔣先生許諾,屈先生成七律,余亦書「成就如是功德莊嚴」八字以應,下山返家,已七時矣。

079　一九五一年五月十五日‧梁任公亡命東京詩

有以「可以清心也」五字環書於茶杯之底,任取一字,五字為句,皆有意義,而皆切於飲茶之義,惟倒讀則不成文耳。

梁任公亡命東京時作詩曰:「獻身甘作萬矢的,著論欲為百世師。誓起民權移舊俗,更將哲理牖新知[22]。十年以後當思我,舉國如狂欲語誰?世界無窮願無盡,海天寥廓立多時。」

080　一九五一年五月二十日‧賽金花情書

有補記賽金花寄冒鶴亭情書者,言此書捉刀人為臨桂況葵笙周頤。光緒庚辛之間,冒鶴亭為刑部郎中,賽金花時以虐婢案,繫刑部獄,冒雖非主審之官,然頗左之右之,亦緣是識賽。案既定,賽被逐南歸,重張艷幟於上海。冒後被命笐鐳甌

22　「將」字一作「研」。

關，道出上海，過其芳巢，金花一見念舊，視為故人，請移其行李於妝閣，為一月之留。同時過從者錢塘汪穰卿、臨桂況葵笙，皆一時知名之士。況嘗強冒張宴於賽寓，冒託故不至，況乃大書放鶴亭三字榜於賽寓，以冒字鶴亭故也。況又嘗為金花作楹聯，朱古微書之，泥金箋文曰：「風采南都卞賽賽，舊游京洛李師師」，款署「蕙風詞客」。賽時居跑馬廳西藏路，今皇后戲院所在地，後改為逆旅號「一品香」，余嘗一見其人。

081 一九五一年五月二十二日・韓蓍伯軼事

完璞道人記韓蓍伯軼事一則，殊趣。蓍伯嘗受皖撫馮夢華（煦）之聘，為安慶督練公所總文案，馮善詩詞，有名士風度，與韓甚相得也。未幾，馮解職去，繼之者朱家寶，亦頗器之。惟蓍伯以不羈之才，難與官僚沆瀣一氣。皖藩沈曾植與韓交好，致書云：足下天驥騰驤，出門萬里，密示朱撫敬而遠之之意，蓍伯不能不去。俄而所眷林紅葉忽為土豪所扼，涉訟公堂，懷寧縣某不知蓍伯何許人，兩造俱集堂下，詢問蓍伯姓名，置不答，屢問不已，則曰：以紙筆來，吏授紙筆，蓍伯疾書曰：袁項城欲殺之人，楊文敬愛護之人，馮中丞電調之人。懷寧縣不敢問，擊鼓退堂，白其事於巡警道卞某，卞亦不知其人，走叩朱撫，朱聞卞言，頓足太息，不發一語。卞不知所措，不敢復問，將退，至於堂階，朱止語之曰：為余致二百金於其人，卞歸，亟告懷寧縣，斥責土豪，勒令息訟，並為作伐，斷林紅葉歸蓍伯，為蓍伯與紅葉前有婚嫁之約故也。蓍伯賃屋百花亭以居之，顏所居曰「綠雲樓」，詩以紀之。詩曰：「千錢樓價綠雲名，江雨山風佔一城。窗外東流古彭澤，人家種菊祀淵明。」「貧到上書南岳後，一時苦說紫衣新。相從匹馬林紅葉，猶是神州畫裏人。」

韓蓍伯同時又有一詩，題為「君遂丈道此北上，彭娘素衣從」。詩曰：「掛席巢湖雪已乾，偶來江上問長安。一城燈火連宵暗，花氣沉沉劍氣寒。」「鬢雲彌掩玉屏風，十度題詩苦未工。今日香塵淮水上，春來花發映蛟龍。」原註曰：「丈及彭娘曾因天下救斯人相見於此，豈能忘情一時，心膽以此而悲，亦以此而壯云。君遂者，廬江吳保初，字彥復，號北山，武壯公長慶仲子，有至性，武壯病亟，剟臂肉以進。彭娘名嬚，平康中人，保初嬖之，納為小妻，吳死別適。」余於戊午之冬，嘗於上海大生事務所一見之，當遲暮之年，而染阿芙蓉之癖，形容憔悴，非復詩人筆下之奇女子彭嬚矣。嬚之來為索取保初存通博物苑石章十二方及古錢數百枚，印皆昌化石之至佳者，鐵筆出名印人吳昌碩手，鐵畫銀鈎，自是感惠徇知之合作，古錢無極精之品。光緒初年，張嗇公於役三韓，佐武壯幕為記室參軍，與保初友善，石印古錢之留通，蓋為存其亡友遺物於苑以為紀念者。嬚別嫁而後，盡喪厥資，倭大腹賈雅愛吳昌碩書畫篆刻，聞其事，挾八千金貨取焉。嗇公集中有嘲吳彥復二絕，題下注曰：「彥復藏昌化石甚富，曾為題匣，時方納姬，詩以嘲之。」詩曰：「幾年京國吳公子，買石揮金肯就貧。亦幸尚饒花乳艷，不愁壁立對佳人。」「才能摹印偏工懶，日日高春尚愛眠。只恐他年韓約素，人間無限印文傳。」又有〈傷所見〉二絕，殆作於歸印返錢之日，詩曰：「去水從來不返池，殘花墮溷過春時。傷心昔日吳公子，旖旎教吟七字詩。」「天若無情物不生，顛蜂狂蝶那知情。從來冀壤無蘇合，色界高高在上清。」

長安慈恩寺雁塔大唐玄奘法師所造，唐代新進士皆題名

其上，稱為「雁塔題名」，其命名由來，出自佛經故事。《嬾真子》載：

> 雁塔來由係用西域故事。王舍城中有僧娑窣堵坡。僧娑者，唐言雁也，窣堵坡者，唐言墻也。塔之因緣，相傳該地昔有伽藍，依三乘食、三淨食，三淨食者，謂雁也、犢也、鹿也。一日，眾僧無食，仰見群雁飛翔，輒戲言曰：今日眾僧缺供，摩訶薩埵宜知，摩訶薩埵者，好施者之謂也。其前引者應聲而墮，眾僧欲泣，遂依大乘，更不食三淨食，仍建塔以埋其下，故名雁塔。[23]

084 一九五一年六月八日‧《三字經》、《百家姓》、《千字文》

當新制學校未行時，孩提入學，輒用《三字經》、《百家姓》、《千字文》之屬，為識字之初階，取其三四言韻語易於諷誦也。

《三字經》世傳宋王應麟撰，或以為宋末區適子撰，邵晉涵謂係明南海黎貞所作，近人章炳麟有重訂本，序謂是書先舉方名字類次及經史諸子，所以啟蒙稚者略備，然諸所舉人事部類其切者猶未具，明清人所增尤鄙，於是重為修訂，增入者三之一，更定者亦百之三四云。

《百家姓》成於宋初，宋王明清《玉照新志》[24]云：「此書似是兩浙錢氏有國時小民所著，其首云趙錢孫李，蓋錢氏奉正

23　《嬾真子》：「所以謂之雁塔者，用西域故事也。王舍城之中有僧娑窣堵波。僧娑者，唐言雁也；窣堵波者，唐言塔也。師至王舍城，嘗禮是塔，因問其因緣，云：『昔此地有伽藍，依小乘食三淨食。三淨食者，謂雁也、犢也、鹿也。一日，眾僧無食，仰見群雁翔飛，輒戲言曰：「今日眾僧闕供摩薩埵宜知。」好施謂之薩埵。其引前者應聲而墮。眾僧欲泣，遂依大乘，更不食三淨，仍建塔，以雁埋其下。』故師因此名塔。」與日記引文略有出入。

24　「《玉照新志》」日記原作「《正照新志》」，誤。

朔，趙乃本朝國姓，所以錢次之，孫乃忠懿之正妃，又其次則江南李氏，次句周吳鄭王，皆武肅而下后妃無可疑者。」

《千字文》梁周興嗣撰，武平一《徐氏法書記》云：「梁大同中，武帝敕周興嗣撰千字文，使殷鐵石摸次羲之之跡，以賜八王。」注曰：「一云武帝令殷鐵石於大王書中搨一千字不重者，召周興嗣韻之。」此外別有一本，先於周作，《鬱岡齋帖》題曰：「魏太傅鍾繇千字文，右軍將軍王羲之奉敕書。」起四句曰：「二儀日月，雲露嚴霜。夫貞婦潔，君聖臣良。」民國初元，上海有正書局以王書墨跡用玻璃版印行。

085　一九五一年六月十七日・生日贈袴

女僕池阿月言：粵俗饋人生日有以袴者，粵人書袴作「褲」，讀若富，以富饋贈，猶善頌善禱之意。「袚」《廣韻》：「衣前襟。」無袴義。袴，朱駿聲以為今之套袴，今之有襠袴，古之褌也。

粵語有「礚蹦冷」一詞，意謂全部或所有一切在內。近一二十年來，亦頗流行江南市井間，滬語讀若「亨撥冷」。或曰：以音義言之，應作「咸不論」。有伊人者，曾見清代名臣莊有恭軼事一則言：乾隆帝某日語莊有恭曰：「粵省僻在南服，語多蠻音，不可通曉，如『礚蹦冷』一詞，即只可會意，而不能以文字書之者。」有恭對曰：「『礚蹦冷』者，俗人之語，其原文實為『合并來』。」語出，乾隆帝亟稱之，以余觀於諸詞，「合并來」最為允當矣。

086　一九五一年六月二十四日・吳子深畫竹

近時畫家南張北溥之外，三吳一馮最為知名，吳湖帆、吳子深、吳待秋、馮超然也。吳子深流寓南海，繪事之外，行醫濟世，去年曾張所作蘭竹於思豪畫廊，攜冰兒一往觀之。比又

續展近作山水松石蘭竹之屬數十幅於舊地，有張大千與之合作者逾十幅，為貧鬻畫，標值遠遜於日寇據滬之年。余獨愛其墨竹，以為竿頭日進，殊勝於往年所見。張大千亦曰：「子深蘭竹由文徵仲、夏仲昭，上窺柯丹丘、鄭思肖，凝厚端麗，不為野戰甜媚，予嘗比之張遷表頌，板重中饒生動，子深許為知言。」大千之言，包舉蘭竹，余於畫蘭，愧難了解，而於子深毫端之傲霜翠筠，宜雨風枝，則徘徊畫下，不能驟去。適平兒（孟平）同沈葦窗至思豪，因指壁間竹石一幀及圓形竹林一幀有大千補茅亭人物者，與主人議價，並得之。竹林一幀，形以大團扇，紙為明製，藏置久遠，沿邊碎腐，不堪復用，大千以贈子深，則裁棄四周之不中用者而留其可用者，成畫四幀，非好異也。吳子深云。

087 一九五一年六月二十八日・錢穆講學

晚間至深水埗桂林街新亞書院，聽錢賓四教授（穆）演講陽明哲學，歷兩小時，語不繁碎而說至精到。往時讀其《先秦諸子繫年》及《近三百年學術史》，殊服其造詣之深，今晚講罷，晉謁於治事之所，晤談片刻，知其為學人也。臨別且舉近著《中國社會演變》及《中國智識份子》兩小冊為贈。新秋學校復業，會當以旁聽生名義，排日前往暢聆其議論焉。

088 一九五一年六月二十九日・市肆購書

昨錢賓四講陽明先生拔本塞源之論，大學問及四句教等，皆為其晚年議論，亦即陽明學說精要之語。余於四句教猶憶其為「無善無惡心之體，有善有惡意之動，知善知惡是良知，為善去惡是格物」之外，童年肄業所習，今皆惘然。因入市求《王文成公全書》，不可驟得，至商務書館，購錢氏所著《王守仁》小冊，並及其《論語要略》、《墨子惠施》、《公孫龍子》、《周

公》、《近三百年中國學術史》諸書以歸。他如《國史大綱》、《國學概論》、《政學私言》，亦為商務出版，而肆中遍索不可得，殆已絕版矣！

089 一九五一年七月九日·畫壇群英合作畫

　　有以吳湖帆仿王叔明松竹潤泉圖合錦屏求售者，松湖帆所作，竹吳子深所作，吳待秋綴以靈芝，馮超然為之題字，江南艷稱之三吳一馮備矣。我家尹默方以善書有聲於時，亦題一絕。詩曰：「松芝奇古竹清妍，所好由來俱在山。恰似馮吳四君子，一邱一壑總相關。」畫非絕精，而或書或畫，會此群英，是可遇而不易遽得者。[25]

090 一九五一年七月十八日·張廉卿致力書法

　　清書家之工北碑而有特殊成就者，張廉卿裕釗其尤著者也。張嗇公從廉卿先生學古文，並及書法。嘗述師門用力之勤，有非常人可幾者。其言曰：往時從學江寧，見師坐右積舊紙書葉寸許，每晨蘸墨壺宿汁作書，或今隸或分或草，必十餘紙既滿，則書其背之空行，幾於反覆皆黑。庚辰秋，侍杖履由江而淮而沛南舟中，晨起作書如故，登輿則懸牙管於襟扣，撮管運腕，空中作書，亦未嘗輟，前輩之於藝事，尚專精如此，我人欲成一業，又安可出之以輕心哉！

25　此則文末原附：「編者按：斯畫其後復得南張北溥潤色列名，今已歸王劍偉珍藏。」

項城稱帝，有籌安會為之先，列名籌安會者，楊度、孫毓筠、劉師培、李燮和、胡瑛、嚴復，號「六君子」，嚴氏碩德老成，學貫中西，於當時國際大勢，政治趨向，尤所諳熟，未有逢君之惡，身豫勸進之意也。徒以眾望所歸，牽率利用，一齊眾咻，不容固拒，遂貽名節之累。左舜生《萬竹樓隨筆》雜引當年嚴氏詩文，可以見爾時嚴氏對袁之感想矣！

當民四日人向中國提出二十一條要求時，嚴於致熊純如書中有曰：「大總統固為一時之傑，然極其能事，不過舊日帝制時一方督撫耳。欲與列強君相抗衡，則太乏科哲學識，太無世界眼光，又過欲以縱人從己，不欲以己從人，其用人行政，使人不滿意處甚多，望其轉移風俗，奠固邦基，嗚呼非其選耳！顧居今之日，平情而論，於新舊兩派之中，求當元首之任而勝項城者誰乎？此國事之所以重可歎也！」

又袁生平喜以暗殺手段誅鋤異己，嚴對此極不滿意，於致熊純如書中有曰：「生性好用詭謀以鋤異己，往者勿論，乃革命軍興，再行出山，至今若吳祿貞，若宋教仁，若趙秉鈞，若應桂馨，最後若鄭汝成，若張思仁，若黃遠庸，海宇譁然，皆以為洹上之主使，夫殺吳宋雖公孫子陽而外之所不為，然猶可為說，至於趙秉鈞、鄭汝成，皆平日所謂心腹股肱，徒以洩秘滅口之故，慰於出此，則群下幾何其不解體乎！」

致熊二書皆在學術雜誌發表，若印布於袁氏生時，則侯官有滅族之禍必矣。昔秦政用李斯之謀，陰遣辯士齎金至遊說諸侯，諸侯名士可下以財者，厚遺結之，不肯者，利劍刺之，離其君臣之計，然後使良將隨其後，數年之中，卒兼天下。袁氏自為總統，若用李斯之術，金玉利劍，不擇人而施，雖未嘗不收一時之效，及西南義旗既建，所謂心腹股肱者，亦不崇朝而倒戈，以力服人，結局如斯，項城覆車，殷鑒如斯，其近後之效之者何其紛紛也。

項城既死，侯官有三詩輓之，詩云：

近代論才傑，如公亦大難。六州悲鑄錯，末路困籌安。四
海猶群盜，彌天戰一棺。人間存信史，好為辨賢姦。

霸氣中原歇，吾生百六丁。黨人爭約法，輿論惜精靈。雨
灑蛟龍匣，風微燕雀廳。蒼蒼嵩室暮，極眼望雲軿。

夙承推獎分，及我未衰時。積毀能銷骨，遺榮屢拂衣。持
顛終有負，垂老欲疇依。化鶴歸來日，人民認是非。

092 一九五一年八月二十九日‧彭嫣軼事

前曾略記吳北山小妻彭嫣軼事，狄平子葆賢《平等閣詩
話》有云：

北山樓主人一字瘦公，貧居滬瀆有年，昨歲有北里彭嫣
者，耽其風概，委身事之，旋相從北去。今夏義寧公子過津
門，戲題二絕云：「酸儒不值一文錢，來訪瘦公漲海邊。執袂
擎杯無雜語，喜心和淚說彭嫣。」「彭嫣不獨憐才耳，誰識彭
嫣萬劫心。吾友堂堂終負汝，彌天四海為沉吟。」雖戲語，其
意彌深，錄之以存佳話。

義寧公子謂陳散原三立，光緒間有四公子之號，北山、散
原皆在其列，康南海為北山撰墓誌嘗及之。

吳辟疆有彭嫣小傳，陳劍潭更有彭嫣別傳，記彭嫣故事，
尤為詳盡，其略曰：

彭嫣字香雲，常州人，幼為伶吳越間，年十五，輒誦南北
曲數百闋，而尤精劍術，稍長遊滬讀書，旋著聲北里，當時所
傳「金菊仙」者是也。菊仙名既高，獲金養其親，久之脫身，
獨處層樓上，出則驅駿馬，攬車街衢。盧江吳保初者，字彥
復，故廣東提督諡武壯公仲子也。性肫摯，工文章，精篆刻，
一時名流，爭與之交。乙巳夏五月，大讌諸名士於海上，聞菊
仙名，招之，座客爭索曲，菊仙哀歌，激楚至咯血，彥復止焉。
翌日，菊仙病大作，門巷蕭寥，而彥復獨至，見厥狀憫之，奔

走求醫，病乃愈。菊仙憬然悟，鍵戶謝客，獨約彥復為清談一日，屏人白其志，彥復歎曰：「吾妻悍，不克歸，旅居懼弗給，子其能處此耶？」菊仙嫣然不復道。是年六月六日，竟與客復同車歸，置客所遺數千金於不顧，院中大駭，而又弗敢阻，彥復自謂天貺姻緣，詩紀其事。定情之夕，索為詞，遂譜〈滿庭芳〉為寵貲，菊仙大喜。浙中朱祖謀、江西陳三立亦爭為詩詞稱之，嫣既歸彥復，名重公卿間，而彥復貧益甚，嫣旦夕歌笑慰解之，居三年，貌轉澤，彥復常歎曰：「吾得嫣始知天壤間有人生之樂。」彥復病，嫣刲臂和藥以進。

　　風流名士得美人青睞有如此者，惜乎彥復死後，彭嫣晚節不終，姑負北山之情與諸名士之宏文矣！

093　一九五一年九月十一日・訪錢賓四

　　訪錢賓四先生於新亞書院，請於新秋開學之時，到校為旁聽生，請先生授「莊子」、「史記」及「中國文化史」三課，每週各兩小時，納聽講費七十二金。錢先生不慊於清人郭慶藩、王先謙、王闓運及其他諸家之作，自為新注《莊子》，用集虛草堂叢書馬通伯（其昶）校注《莊子》為底本，已成書矣，書局以此類書籍，不便於近時行銷，拒不承印，余許出私資付刊，以觀其成。錢先生於戰前成《史記新注》，尤先於日人瀧川龜太郎之《史記會注》，倭寇入犯，移稿及其他書籍西上，舟觸暗礁，遂亡失大江中，至可惜也！錢又著《政學私言》，成於戰時，今不可復得，新加坡商務書館猶有存者，遠道寄來，舉以贈余，儷以《中國文化史導論》一冊，可感也。

094　一九五一年十一月七日・弘法精舍遇錢新之

　　前日吳蘊齋枉過未晤，今日至荃灣弘法精舍答拜，因與長談，且留素齋。午後，錢新之亦來，伴杜月笙子女送神主至

精舍供養也。新之長蘊齋一歲，然癃病甚，杖而後行，今日二人左右扶挾登樓，迴憶三十年前，佐薔公主交通銀行事，精力充沛，日曙月潛，頓者行而慶者舉，用是久於其事，至前歲政變，乃去其位。方余負笈海上南洋中學，蘊齋、新之則已遊學扶桑，繼而兩人者畢所業，取上第，入仕途，綰金融，轟轟烈烈，有聲於時，而外患內亂，交迫俱來，馴至政體改易，不保其業，乘槎浮海，流寓南疆，殆夫山寺相逢，頹然俱老，今昔之感，烏能自已，日將落，乃驅車返。

095　一九五二年一月三日・香港・吳昌碩作刻印詩

　　吳倉石治印，獨往獨來，一空依傍，其《缶廬詩》中有刻印一首，自道其甘苦，詩曰：

　　贗古之病不可藥，紛紛陳鄧追遺蹤。摩挲朝夕若有得，陳鄧外古仍無功。天下幾人學秦漢，但索形似成疲癃。我性疏闊類野鶴，不受束縛雕鐫中。少小學劍未嘗試，輒段寸鐵驅蛟龍。不知何者為正變，自我作古空群雄。若者切玉若者銅，任爾異說談齊東。興來湖海不可遏，冥搜萬象游洪濛。信刀所之意無必，恢恢游刃殊從容。三更風雨燈焰碧，牆陰蔓草啼鬼工。捐除喜怒去芥蒂，逸氣勃勃生襟胸。時作古篆寄遐想，雄渾秀整羞彌縫。山骨鑿開渾沌竅，有如電斧揮豐隆。我聞成周用璽節，門官節契原文公。今人但侈摹古昔，古昔以上誰所宗？詩文書畫有真意，貴能深造求其通。刻畫金石豈小道，誰得鄙薄嗤雕蟲。嗟予學術百無就，古人時效他山攻。蚍蜉豈敢撼大樹，要知道義無終窮。刻成袖手紙窗白，皎皎明月望寒空。

096　一九五二年一月四日・以下俱在香港所記・弘法精舍道場

　　老友吳蘊齋為言柴灣弘法精舍倓虛法師，將以臘八我佛成

道之辰，啟建水陸道場！歷旬有四日，至二十一日功德圓滿。余自流寇肆虐，遭家不造，祖墓樹木，剪伐盡淨，餘德新宅，夷為平地，祖先栗主，一旦盡毀。疇昔僑居上海，猶得於歲時伏臘，恭懸畫像，率家人致祭，六年來浪游海外，並此告朔餼羊，亦復忽諸，每念及此，不可為人！今日乃就道場勝會，奉皇祖考惠愨公、皇祖妣宋夫人、皇考鹿岑公、皇妣茅夫人、亡室龔夫人神主，送精舍追薦，午前到寺拈香，客至者六十餘人。午後倓虛法師談我佛成道故事，以八十高年而發音宏亮，敘事明晰，兼之說理透闢，不涉艱深，使聞者凝神領會，歡喜贊嘆，殊可敬也。

097　一九五二年一月七日・張大千題畫

客歲張大千歸自大吉嶺，出所作張之花園道聖約翰禮拜堂，余與冰兒往觀之。大千於山水、花卉、人物、翎毛，無所不能，余尤愛其人物，所作天竺女郎舞蹈諸幅，鎔鑄新舊，神采晶瑩，是為張大千創作，非陳章侯、改玉壺、費子苕、任渭長可擬。嘗取其中拓影顏曰吉祥紅者，郵寄我友凌宴池，賺得題紅詩一十六首，今年因王植波以示大千，大千以為考證諸條，未盡確也。比者，大千復舉近作六十幅展覽於聖約翰堂，留連半日，挾山水一幅、人物四幅以歸。山水仿巨然，猶為摹古之作，人物畫中，有標天竺新聲者，繪一印度好女子，被霧縠長褂，眉間印吉祥紅，倚五彩錦障，大千題七絕一首曰：「催腔促拍兩眉彎，似笑如顰蹙玉顏。自判此生長是客，新聲休唱念家山。」亦幽靜，亦嫵媚，亦醇厚，尤勝於曩昔所見諸幅。其仿孫位〈高逸圖〉，謂係背臨清宮古畫，白描傳神，閒靜盎然。〈觀河圖〉作於西京琵琶湖，題詩曰：「草軟波平四叙春，深衣皂帽踏清塵。眼前無限好風景，愁煞觀河皺面人。」〈秋江吟詠圖〉客江戶時見芙蓉而作，題詩曰：「爛紅燦白盡夭斜，皂帽遼東漫自嗟。不是野芳解留客，故山歸夢已無家。」二圖

沈燕謀日記節鈔及其他

人物衣摺，古雅絕倫，並時畫伯如溥心畬王孫，號擅人物，難與大千比肩論也。余以大千天資高逸，加之學力，西陲數載，刻意摩繢，益掬藝事之精微，闢用筆之新徑，凡茲成就，良非偶然。

098　一九五二年一月十四日・疊字春聯

前歲歲將盡，有某君撰一疊字春聯，諷刺甚有意致，惜今日大陸居民，無有敢作疾痛之呼，以自取殺身之禍耳。聯語曰：「南南北北，文文武武，爭爭鬥鬥，時時殺殺砍砍，搜搜刮刮，看看乾乾淨淨；戶戶家家，女女男男，孤孤寡寡，處處驚驚慌慌，哭哭啼啼，真真慘慘悽悽！」

099　一九五二年一月二十日・蛇宴

南越之人嗜蛇，以為美味，以為補劑，每歲秋高氣爽，蛇宴斯具，及春則止。有名之品有「三蛇羹」、「五蛇宴」、「龍虎會」諸稱。「三蛇」者曰飯鏟頭，曰金角帶，曰過樹榕。「五蛇」者，「三蛇」外，益以三索線及百花蛇，或過山烏。「龍虎會」以果子貍與蛇並製。又有「龍虎鳳大會」，則貍蛇與雞並調之饌也。蛇肉而外，尤重蛇膽，蛇膽不加烹調，和酒飲之，可治風濕。市中鬻蛇羹，香港市上秋冬間食肆輒備蛇羹，每盅不過數金，外省人鮮問津者。

100　一九五二年一月二十二日・徐悲鴻題八哥詩

戰前，名畫家徐悲鴻為陳散原老人第八公子登恪繪八哥一幀，題曰：「贏得立場好饒舌，而今為政在多言。」刻畫當年從政諸公，滑稽突梯，不啻東方先生復生也。八哥，鸜鵒之異稱，《負暄雜錄》南唐李後主諱「煜」，改鸜鵒為八哥。

101　一九五二年二月三日・五百八十四日

美國以一九一七年四月五日參加第一次世界大戰，歷五百八十四日，至一九一八年十一月十一日，乃簽休戰之約。又以一九五〇年六月二十六日出現於朝鮮戰場，至一九五二年二月二日，亦五百八十四日，其間會談休戰，七月而強，而實際休戰期在何時，猶無人能豫測也。至今聯軍死傷已逾四十一萬人，美籍士卒佔四之一，耗費至美金五百三十九億元。美國主政人物如杜魯門、艾契生之流，猶以有限戰爭視此一役，則誠非冬烘頭腦如余者所能索解矣？

102　一九五二年二月七日・英王喬治六世逝世

英王喬治六世於昨日逝世，年五十七，長女伊利莎白公主依法繼承王位。公主方代父王訪問海外殖民地，期以五月，夫婿愛丁堡公爵隨行，今行蹤猶在南非也。喬治六世者，故王喬治五世之仲子，五世卒，其長子威爾斯親王入承大統，號愛德華八世，未逾年，以寵眷美籍僑婦辛柏森夫人，故不為國人所諒，讓位仲弟，出亡法國，繼而娶辛柏森夫人，受溫莎公爵封號。喬治六世無子，生二女，曰伊利莎白公主，曰瑪格萊得公主，伊利莎白公主贅希臘王族菲列伯為婿，既成禮，受封為愛丁堡公爵，今以公主登極之故，可援故事，晉封配偶為親王，而所生子查理親王，他年可繼位為英王也。

103　一九五二年二月十三日・新樣二紅飯

崇明海門與通州東鄉人家，煮飯輒和麥屑，家境佳者，米多於麥，貧者反之。余童而習之，意謂無麥不為飯，到處皆然。及游江南，即不復見，偶爾遇之，且為加餐。然余之所嗜，一二成麥屑和米之飯耳，逾量亦殊不慣。《仇池筆記》有

「二紅飯」一條云：「今年東坡收大麥二十餘石，賣之價甚賤，而粳米適盡，故日夜課奴婢舂以為飯，嚼之嘖嘖有聲，小兒女相調，云是嚼蝨子，然日中腹饑，用漿水淘之，自然甘酸浮滑，有西北村落氣味。今日復令庖人雜小豆作飯，尤有味，老妻笑曰[26]：此新樣二紅飯也。」東坡先生淡泊自甘，隨遇而安，即此飯食小節，要亦不易學也。

104　一九五二年二月十四日・曾履川講演詩流派

　　曾履川講演近代詩之流派於新亞書院，傍晚驅車往聽之，曾君醉心同光體詩，推尊散原、海藏、子尹、伯子諸老，以為當是之時，詩放異彩，足以上繼蘇黃，絕無愧色，追原其故，蓋有四因。自乾隆以後，國勢漸衰，外有喪地償幣之辱，內有洪楊捻回之亂，情切慘痛，無所於洩，則發之於詩，情事真，悲憤至，故描畫益工。同光體初期詩人若金亞匏、江弢叔，皆身遭變亂，家人被戮，寫一身所親歷者也。鄭子尹遠居邊疆，寫黔蜀匪亂，無異中原，嗣是以往，先有甲午庚子之變，後有辛亥遷鼎之事，當時若范肯堂、陳散原、鄭太夷、陳弢庵、陳石遺諸公，時以家國身世之感，寓於詩，蒼涼悲壯，足以感發而興起，此原於時勢者一。文學之事，每每與政治為緣，古今之以文章稱者，或其自身為顯要，或在顯要之左右，或躬豫政治之運動，清代考證之盛，紀、阮兩文達倡之也。詩歌之盛，則同光之際，若壽陽祁文端、湘鄉曾文正、南皮張文襄，類以地望開一時風氣，致天下靡然嚮風，此原於倡導者二。清初詩人雖有神理、格律、聲調、性靈之異，其於古人之作，或未悉心探討，定所從違，山谷之奧瑩精鍊，世乃以槎枒少之，自姚

26　「笑」，一作「大笑」。

姬傳提倡而後，至曾湘鄉而其說始廣，至散原刻意學之，而後人乃知山谷為西江不祧之祖。又如荊公之高秀峭折，宛陵之淡雅古拙，孟東之刻深沉摯，亦幾湮沒數百年無人稱道，必至海藏、石遺諸老出而倡之，而後學詩者乃不為耳食之論所惑，而有以窺見古人之真，杜之所以為杜，韓之所以為韓，蘇黃之所以為蘇黃，必皆有其不可磨滅者在，而非淺嘗者所可尋味，此原於闡發者三。近代所稱為同光體健者，不惟肯堂、海藏、寐叟、散原、弢庵、石遺、愛蒼、梅生、觚庵、爽秋、拔可、爰居、哲維皆有師友淵源，即為晚唐之蟄庵、節庵致力唐律，亦皆互致推崇，以為呼應，此原於聲氣者四。具此四因，故清末詩壇乃非清初諸老所及，今之時勢，大異於前，世局演變，曠古所無，吾人於此空前之會，身世所感，其可不有驚天地、泣鬼神之作為詩壇起異軍者乎？是所望於豪傑之士矣。

105 一九五二年三月四日‧盧作孚引決自裁

閱報知盧作孚引決自裁於重慶，航運魁傑，如此收場，可勝慨歎！作孚四川合江人，以寒微故，幼而失學，而忠實不欺，堅苦卓絕，學日以進，而業漸以立。始營航事，才川江一小輪耳，不及二十年，擴展至一百三十七艘，民生公司之旗幟遍於大江沿海矣。方新朝初建之時，作孚寓港，其鄉人張瀾以別黨領袖，投順新朝，貽書作孚，勸其北歸，為言人民政府之於民生公司，決本愛護民族資本之誠以支持之，民生訂造之加拿大新船貸款美金一千二百萬元，政府允為負責分期歸償，又言作孚不必豫政府政事，而冀其一本素志，繼續為民生公司服務。作孚意動，則北歸抵京，周恩來召見，慰勉有加，且為保證必守張瀾所提諸事。及新政協集會，作孚被聘為代表。豈知未及三年，政府令布，民生實業公司資產全部收歸國有，煌煌民族資本家之諾言，遂爾煙消雲散，無有蹤影，加拿大新船九艘一旦並駛廣州，而貸款一千二百萬則否認償還，至於民生公

司之內部，黨人指謫，以為充滿反動份子，必須嚴加整肅，作孚私人行動，已往未嘗無有限制之自由，此時並此亦失，於是俯仰天地，無以為計，而作孚不得不死矣！

106 一九五二年三月七日・唐伯虎與秋香

唐子畏傭書獲配秋香之故事，好事者綴繹而成傳奇，說書者演談以為佳話，流傳既久，幾於家喻戶曉矣。《蕉窗雜錄》記其事曰：「唐子畏被放後，於金閶見一畫舫，珠翠盈座，內一女郎姣好姿媚，笑而顧己，乃易微服買小艇尾之。抵吳興，知為某仕宦家也。日過其門，作落魄狀，求傭於主人，留為二子傭。[27] 事無不先意承旨，主甚愛之，二子文日益奇，父師不知出自子畏也。已而以娶求歸，二子不從，曰室中婢惟汝所欲，徧擇之，得秋香者，即金閶所見也，二子父母飾而妻之。[28] 婚之夕，女郎謂子畏曰：君向非金閶所見者乎？曰：然，曰：君士人也，何自賤若此？曰：汝昔顧我，不能忘情耳！曰：妾昔見諸少年擁君，出素扇求書畫，君揮翰如流，且歡呼浮白，旁若無人，睨視我[29] 舟，妾知君非凡士也，乃一笑耳！子畏曰：何物女子，於塵埃中識名士耶？益相歡洽。居無何，有貴客過其門，主人令子畏款客[30]，客於席間恒注目子畏，客私謂曰：君貌何似唐子畏？子畏曰：然，余慕主家女郎，故來此耳，客白主人，主人大駭，列於賓席盡歡，明日治百金裝並婢送歸吳中。」

---

27   「日過其門，作落魄狀，求傭於主人，留為二子傭」一作「日過其門，作落魄狀，求傭書者，主人留為二子傭」。

28   「二子父母飾而妻之」一作「二子白父母而妻之」。

29   「我」一作「吾」。

30   「款客」一作「典客」。

《堅瓠集》以為世俗所傳，乃文人作意好奇，假小說以寄筆端，非事實也。其言曰：「華學士鴻山艤舟吳門，見鄰舟一人，獨設酒一壺，斟以巨觥，科頭向之極罵，既而奮袂舉觥，作欲吸之狀，輒攢眉置之，狂叫拍案，因中酒欲飲不能故也。鴻山注目良久，曰：此定名士，詢之，乃唐解元子畏，喜甚，乃肅衣冠過謁，子畏科頭相對，談謔方洽，學士浮白屢屢，不覺盡一觴，因大笑極歡，日暮復大醉矣。當談笑之際，華家小姬隔簾窺之而笑，子畏作〈嬌女篇〉貽鴻山，鴻山作〈中酒歌〉答之，後人遂有傭書獲配秋香之誣。」

《明史》載子畏被放事曰：「(寅) 舉弘治十一年鄉試第一，座主梁儲奇其文，還[31] 示學士程敏政，敏政亦奇之，未幾，敏政總裁會試江陰，富人徐經賄其家僮，得試題事，露言者劾敏政，[32] 語連寅，下詔獄謫為吏，寅恥不就，歸家益放浪。」

王鴻緒《明史稿》有曰：「寅放浪，後緣小故，去其妻，家無儋石，座客常滿，自署其章曰：江南第一風流才子。」

107　一九五二年三月十六日・《逃弒記》

濱海粵人某，自稱趙德超，作《逃弒記》，記逆子之為共幹者，脅迫老父悉索家產，捐獻新朝，而猶不免於逃死出亡之故事也。事在往昔為反常，為人倫之大變，今茲則舍己從人，積非成是，吐棄舊俗，日新又新，轉覺凡此種種，平淡無奇，蓋赤黨政策定於蘇酋，奴隸順民，奉行惟謹，風行草偃成此景象，抑其稟性梟獍，原無天性，甘儕禽獸，何有倫常！趙君悲憤之殊，造作此記，豈將示世人愛無差等，施由親始，要為儒

31　《明史》「還」字下有「朝」字。

32　「得試題事，露言者劾敏政」句讀疑作「得試題，事露，言者劾敏政」。

家一孔之見，而忠實共幹固有委親於壑，任狐狸之鼓腹，蠅蚋之姑嘬，可以怒目而視，而其顙之決不有泚也。趙記之前，有小序略曰：「余年逾耳順，憂患備嘗，且曾歷戎行，屢經鋒鏑，生死早已置之度外，歸休之後，自耕薄田數畝，蓄魚一塘，自甘淡泊，但願國家強盛，然後就木，此生足矣。別無非份之想，平生更無仗勢欺人、貪污自肥之事，自問無愧於心，是以解放之前，親友大都促余移地稍避，蓋自身清白，從政從軍，未曾阿附在朝政黨，何所懼而避地為？孰料生平揣斷國家大事、世界局勢，鮮有不中，獨此不然，余年老矣，死生原不足動吾心，儻獲罪而國家命我死，則死固罪有應得，若死而有益於國，則更不足懼，但欲以莫須有罪名置我於死者，竟為吾子，則心有不甘，此余之所以為此記以告世人，使知此世界有唆人子弒其父母之政權而以解放人民自命者，庶妄企解放者知所抉擇云。」

上海骨科醫生石筱山之傭婦，告發主人所藏金鈔，赤徒搜索，盡得窖藏，顧為數不及傭婦所報之半，赤徒以其猶有隱匿也，嚴責限期清繳。石以所蓄只此，無復餘存，而人民官吏暴戾不可理喻，計窮智竭，顧語傭婦拂拭窗戶，傭婦從之，石力推墮樓殞焉，石亦自投於地，恩怨無可告語，唯有出之及汝偕亡一途，新朝德澤之加被人民者，如是如是！

109 一九五二年三月二十三日‧張南通題梅蘭芳畫觀世音

壬戌五月，梅蘭芳繪觀世音菩薩像寄張嗇公為壽，嗇公為題一詩，以像送南山觀音院供養。孝若丈編印九錄，漏未寫入，今則藉像以存詩矣。詩前有小引曰：「畹華近年殫精藝

五十年代

術[33]，尤致力於書畫，其於前人用筆設色，頗有領悟，此幀為余生日所贈，態莊麗而不纖，意曠逸而彌斂，可謂佳作，佳則當公諸人，獻諸佛，因以奉存南山觀音院繪繡樓上，系詩當偈。」

色必天下妙，即是生分別。若云色即空，何為現妙色。以色屬女身，種種色之一。論色所究竟，主觀任舉列。世界人所成，事人與人接。尚美人之情，性則色與食。佛必先覺人，女子男子埒。求女十二世，聞之舍利弗。將啟善信心，寧可示醜劣。開諸方便門，性情楔所入。梅郎擅色藝，特具善智識。學畫窺畫禪，時時愛畫佛。去年畫彌陀，為我祝七十。今年畫觀音，嬗師而弟及。五十三參中，乘蓮契有得。空於色為天，色有空之日。泛海止所止，即是大解釋。元氣可為舟，一瓣猶蛻跡。菩薩云何哉，傾瓶甘露瀝。

110 一九五二年三月二十九日·劉文典論魯迅哲學

劉叔雅文典以通南華之學有名海內，嘗著《莊子補正》行世者也。比聞其講學雲南大學二三事，以為昌黎嘗稱特立獨行之士，信道篤而自知明，如劉叔雅者，豈非其類耶？叔雅曾為諸生講魯迅哲學，聽者麕集，叔雅曰：「魯迅哲學，報復之哲學也，人之所以為人，為其能克制獸性，發揮其秉彝之良，犬嚙狼，狼亦反嚙之，以牙還牙，犬狼之性則然，人具人性，不復爾爾。魯迅行文，不離報復，直犬狼之哲學而已。綜其平生，可以變態心理概括之，其思想出發根於仇恨，以故一切言論，悉為報復，舍是無有可說者。」赤徒方以今之聖人視魯迅，聞言大嘩，叔雅於是不安於雲大，赤徒猶以為未足，促其公開悔過，叔雅登壇講說，言笑如平時，自謂：「無過，亦即無所

33　「畹華」日記作「浣華」，諒誤。

謂悔，惜世人多淺薄，平時不肯虛心治學，無由領會余之言論思想，今日有此因緣，為眾說法，俾有進益，未使非一快事。」眾或怒其狂放，屢起欲阻之不能得，則提思想清算以窘之。叔雅從容言曰：「余為國民黨同盟會會員，孫總理之徒也，果余之政治思想而錯誤，是孫先生之錯誤，無與己事，余之學術思想，淵鴻於蒙莊，眾不以莊子思想為然，不治莊子豈不尤為簡捷，必欲清算余之思想，歸罪孫中山、莊子斯可矣，至於余之思想，原不同於魯迅，解放之前如此，解放之後亦然。當魯迅生時，余與之同在北大，俱主講席，居毗鄰也，而思想之不同自若也，以言魯迅，彼不余同，亦不強余之同，余持余說，亦未嘗強魯迅之同我。君等重魯迅，余不能強君等屈己以就我，余不以魯迅思想為然，決不因君等之崇拜而改余之常，是之為學術思想自由，是之謂政治民主，但為快意計，君等何不逕請人民政府效法專制帝皇故事，降旨凡違反魯迅之道者，謂之非聖無法，殺無赦，如是可免思想清算之煩，苟世變至此，余可明告君等，余頭可斷，余之不能舍己以從魯迅哲學猶是也。」

111　一九五二年四月十五日・香港・達文西兩名畫

　　意大利名畫家李翁奈大・達・文西（Leonards da Vinci）生於一四五二年四月十五日，去今適五百年。歐洲大國各集其平生作品，公開展覽以紀念斯人。達氏繪畫之外，於雕刻，於建築，於工程，於其他科學，皆有深湛過人之造詣，誠文藝復興時代之魁傑也。所作繪畫，名滿大宇，其尤著者兩幀，一曰《蒙娜麗莎》（Mona Lisa），一曰《最後的晚餐》（Last Supper）。《蒙娜麗莎》現藏巴黎羅浮宮博物院，一九四八年之夏，余游法，曾一見之。Mona Lisa 面呈微笑，情調沖和，說者謂見是畫者每獲極深刻之印象，笑容殊神秘，釋之者聚訟紛紜，莫衷一是。近代弗洛伊德派學者以心理學方法解之曰：達文西，私生子也，幼而失怙，不聞母愛，故其繪 Mona Lisa，別有寄託，

期於畫中人追尋慈母之音容笑貌，表而出之，用志不分，乃凝於神，遂費四載光陰，成此空前絕後之傑作。《最後的晚餐》為一壁畫，今在密蘭僧院（St. Maria de Grazie），二次大戰，僧院中彈，是畫幾毀。戊子初秋，余游其地，猶在修繕之中，墜垣處處，而達畫無恙，若有神靈護持者，然亦奇跡也。是畫精彩不殊而顏色略淡，豈久經風露之故耶？畫中人為耶穌基督與其門徒十二，聖經中最後晚餐之故事也。達文西應貴人密蘭公爵之請，紀念其夫人而為此作，受命草創，畫久不成，院僧譖達於公爵，謂其閒適怠忽，功成無期，公爵以問達，達曰：舉筆作畫，傳神為貴，十三人中，以耶穌基督當日形貌最難描寫，為欲表揚其捨己為人、從容就義之神態也，次則背師叛道猶大之容相，亦頗費揣摹，然猶大其人，猶可於僧群之間，庶幾尋得其彷彿，耶穌基督則非凝神懸想，無以傳其美妙。院僧聞其事，藏匿不出，懼己貌為達寫入，貽萬世之吐罵也。揚子雲有言：「書，心畫也，心畫形而人之邪正分焉。」畫與書同源，亦心畫也，此為畫人之與其所畫言之也。達氏繪畫蓋不僅求其形之似，並欲表其心所思，不僅己之所思，進而並及於畫中人所思，迨想像人物之形像融合無間，乃顯之於丹青，揮之於毫端，以是精神見之紈素，宜乎其所成就獨出冠時，流傳千載矣。

112 一九五二年四月十七日・以下俱在香港所記・天后誕辰

俗傳三月二十三日為天后誕辰，天后者，海神也。《清一統志》曰：「天后，宋莆田林愿第六女，始生有祥光異香，長能乘席渡海，乘雲游島嶼間，昇化後，嘗衣朱衣，飛翻海上。宋元明時，累著靈蹟，康熙時封為天妃，又加封為天后。」沿海居民乃至海舶漁家，奉祀尤虔，廟宇遍於並海各省州縣。在香港者，以大廟為最大，位於鯉魚門外。佛堂門，天后廟之別名

也。清嘉慶《新安縣志》曰：「佛堂在鯉魚門之東南，又曰鐵砧門，旁有巨石，長二丈餘，形似鐵砧，潮汐急湍，巨浪滔天，風不順，商舶不敢行，其北曰北佛堂，其南曰南佛堂，兩邊皆有天后古廟，北廟創於宋，有石刻碑文數行，字如碗大，歲久漫滅，內『咸淳二年』四字尚可識，廟右曰碇齒灣，古有稅關今廢，基址猶存。」咸淳二年，當公元一二六六年，今茲廟前石額有「天后聖廟」四字，清光緒三年重修時，舉人陳崇韜所書，至今亦將八十年矣。

113 一九五二年四月二十一日・郭沫若頌史太林

郭沫若既在莫斯科接受史太林和平獎金，四月十三日《南方日報》記郭頌禱之辭曰：「史太林是全人類的太陽，全世界勞動人民都從心坎裏慶祝他萬壽無疆，史太林的光輝所照耀着的地方就有了光明，有了生命，有了繁榮，有了和平。」迂先生曰：「郭沫若之辭，盡美矣，未盡善也，太陽雖明，然烏雲乍起，日失其光，烏雲威力超越太陽，何如頌史太林為全人類之烏雲，更為得體乎！」或曰：「子作此語，亦有說乎？」則將應之曰：「安有迂先生擬上尊號而無說者，謂余不信，請讀賢奕。賢奕有龍貓虎貓故事，其言曰：齊奄家畜一貓，自奇之，號於人曰虎貓，客說之曰：虎誠猛，不如龍之神也，更名曰龍貓。又客說之曰：龍固神於虎也，龍升天，須浮雲，雲其尚於龍乎，不如名曰雲。又客說之曰：雲靄蔽天，風倏散之，雲固不敵風也，請名曰風。又客說之曰：大風飆起，維屏與牆，斯足蔽矣，風其如牆何！名之曰牆貓。又客說之曰：維牆雖固，維鼠穴之，牆斯圮矣，牆又如鼠何，即名曰鼠貓。東里丈人嗤之曰：貓即貓耳，胡為自失其本真哉！」

或聞迂先生之說鼓掌而言曰：「我得之矣，我為郭氏頌辭改易數字，則適為舉世愛好自由民眾所欲發表之宣言也。史太林是全人類之烏雲，全世界所有人民都從心坎裏願意他與日偕

亡，史太林的黑暗所籠罩着的地方，就有了晦氣，有了死亡，有了衰落，有了禍害！」

114　一九五二年四月二十五日・錢穆為新亞在台幾喪生

114

新亞書院之建立，王岳峰襄贊之力為多。迨王經商失利，書院經費乃日形竭蹶。前年，錢先生賓四赴台呼籲，政院許資以常費，久而費不至，近於口惠矣。客冬，繼往申前請，又陽諾而陰惎之。台人重錢先生名，所至請講學，荏苒四月，循循施教，舌幾敝而唇幾焦，不以為倦，然所望於大府有力之助，不得當也。四月間，將返港，月之十六，聯合國中國同志會朱騮先等繼請就台北淡江英專講堂講演，辭既畢，坐客相繼發問，先生起作答，而堂之承塵忽墮，中先生額，並及田培林、柴春霖，春霖在前座，泥石下崩，中胸部要害，立殞；先生昏迷，臥血泊中，朱騮先、楊愷悌夫婦共舉先生出，車赴中心診所求治，亟為輸血與鹽水而縫合傷處，閱一晝夜乃甦，醫言脈穩象佳，時進流質食物，可無危險，假以時日，康復可期也。台灣主政，方以勵精圖治、收拾人心、重來大陸、克定中原為務，顧於文化事業，國本所關，但作敷衍之辭，不為有效之助，任令抱道懷貞、艱苦卓絕如錢先生其人者，棲棲遑遑，勞精敝神，於籌集校費，奔走說法，而幾至喪其生也，是可歎矣！

115　一九五二年四月三十日・敦煌壁畫之草木走獸仕女

115

敦煌壁畫所有草木走獸，悉為中國習見之物，或有舉圖案中形似鳥尾之花瓣以為言者，後乃得漢墓出土古物之花紋，以及孝堂山石刻中所見，以證此形導中土未受域外影響也。又北魏壁畫有表示陰陽面之特殊畫法，並不合乎光線與投影之原則，但顯示其立體而已。敦煌壁畫寫佛教故事，極重趣味與人

情味，使觀者發生親切之感，如繪王者及貴人禮佛時，乃並及孩提在側嬉戲，在梁武帝與后剃髮為僧畫像中，着一頑童，穴帳幕而竊竊斯覘。又作屏風，而於上端棲一振翼將飛之鳥形，筆墨生動，呼之欲出，畫中有畫，真真幻幻，趣味殊厚。

阿堅塔壁畫所施之顏色，其色彩鮮明，遠遜於敦煌，亦足證其取材之不同也。張大千謂敦煌壁畫之仕女，多半為顧愷之畫法，畫工多半為閻立本門弟子，欲求吳道子之作風而不可得，蓋是時西域已亂，道子蹤跡至於平涼而止，故其影響不復逾此。

116 一九五二年五月六日・得蔣竹莊手書

去歲，聞蔣竹莊先生被難之謠，為之不怡者數日，後晤江上達夫人，乃知報章所記，海外東坡之故事而已。今日忽得竹莊先生手書，為之大慰，蔣先生自言為蘇南人民政府特邀代表，月給人民幣百三十萬元，以家人食指之繁，實感不敷，節衣縮食，僅可支持，原擬踐上達夫婦之約，重來九龍，而深圳入境，周折亦多，為免跋涉，且住為佳。猶幸行年八十，精神殊健，優游閒散，聊以卒歲。日常功課多做一次，自身足跡，不越大門，賓客過訪，亦不答拜。興之所至，時與孫曾兒女小作遊戲，略遂天倫樂趣云云。夫以人民政府之身，而行動不能逾門限，其所知人民疾苦消息，能有幾何？即使知之，其不能慷慨直陳，以圖補救，亦在意中。法人羅蘭夫人臨刑之言：「自由自由，天下幾多罪惡，皆借汝之名以行。」如今日鐵幕內事，則皆借人民之名以行之者，一代學者，八十老翁，至不能免為暴君匹夫之工具，可痛亦可哀已！

117 一九五二年五月十四日・觀佘雪曼書畫

渡海觀佘雪曼所作書畫，畫非余所長，有中國三千年百體

書集，上起商代甲骨，周金秦石，下迄明清名家，逐一臨摹，時有佳作，次者亦貌合，豈清道人是則是效耶？易代之際，清道人李瑞清寓滬鬻字，標榜能作周秦漢魏六朝唐宋元明清各體書，聽客擇所喜以應。余嘗見其石印雜臨諸家帖，不特貌似，抑且神似，無所不摹，而無所不似，當代無第二手。就其特長，實天發神讖、鄭文公、爨龍顏，奇古遒麗一路，唯其多所似，即亦少特創之格，自成其為李瑞清。余君效之，未能勝之，或有天賦之限，然其辛勤力學，數十年不懈，則非淺嘗輒止、高才一流可比。及門弟子盛稱乃師因才施教，循循善誘，觀於案上雜陳教科諸書，良師之說，可信也。瀏覽既畢，買余氏所作標準大小楷、蓮體行書及影印王右軍、趙文敏真跡數冊，以貽家人。余以己作與王、趙並為一冊，自是狂妄不可為訓也！

118 一九五二年五月十五日·張嗇公失碑帖心口相語

適讀夏劍丞師《忍古樓詩》，有寄題高向瀛福州環翠樓七古一首，頗及近代藏家聚散之跡，不禁重有所感。蓋已往所謂聚散一時，物非己有，猶在人間，楚弓楚得，易主而已，自其大處觀之，不為失也。今也不然，新朝獨夫，意在毀滅中國文化，舉一切倫常綱紀制度文物，古先哲人典籍，拉雜摧燒，以至於盡，名之曰擴清封建思想之遺毒，亦自命其革命手段之徹底，冀邀史酋之寵眷，而維一己之尊榮也。世變若斯，有何可說，然而物我相忘，僕病未能，書生結習，今不異昔。鄉先賢張嗇公嘗失所藏明搨禮器碑，徧索不得，為之悵惘竟日，繼而心口相語，記其感想曰：「譬如未得此物以前，此物何屬？我得則人失，我得而不能朝夕共，等於未得亦等失，今我失，則必有得者，知此物而得之喜，與得之而不知不甚喜，等得也。知而喜，何必不如我，不知而不甚喜，則亦不能朝夕共，何必不如我，如我之喜，則物以有喜之者為得，何必我不如我

之喜，而物之可喜者自在，無與得者之喜，不喜何有我。去我得而以為有者，我則我相也，今人得而以為有者，非我則人相也。殫於物乎，殫於我乎，殫物則物淫之，殫我則我殉之，是有執着，不可不可。譬如我所住屋，屋忽破倒。譬如我所愛人，人忽化變。譬如盜劫，譬如兵燹，譬如鼠嚙蟲蛀，譬如雨淋水浸，譬如塗污漫蝕，譬如布施贈予，譬如仙之白日飛昇，譬如佛之涅槃示寂，我且無我何有物，物自為物何與我，我忌物則我淨，物忌我則物淨，悵惘何益！」賢哲胸襟，畢竟不凡，節錄其語，將以自壯，且自慰也。

119 一九五二年五月十六日・夏劍丞寄題福州藏書家詩

夏劍丞師寄〈題高向瀛福州環翠樓詩〉曰：「海內收藏存者幾，世家真如靈光殿。丁陸轉賣方未久（杭州藏書推丁氏、陸氏，丁書為江寧所收，陸書則盡輸日本矣），故人款印紛紛現。惺庵蛻去子莫守（順德丁叔雅），蕢齋被奪緣世變（豐潤張幼樵之子流寓江寧，辛亥之變，藏書盡被劫掠）。鄰蘇生平亦賈版，歿後所聚散如電（宜都楊惺吾）。五車一落市人手，奇貨數金售一卷。鳳孚豪斂昔無敵（鳳山孚琦），南潯劉蔣近尤擅（南潯劉氏、張氏購藏頗富，近則蔣氏出與爭衡矣）。賴存籍文在中國，所憐寒素難望見。高君述德意良美，百尺書樓重修繕。歔欷著論黃景微，獨寶傳家說經硯。」劍師此詩殆成於民十以前，當時上海寓賢，若江陰繆筱珊荃孫，貴池劉聚卿世珩，南陵徐積餘乃昌諸公，各以孤本舊槧，景印行世，與南潯劉氏、張氏，如驂之靳，盛極一時，而海鹽張菊生元濟主商務印書館事，藉其力創設東方圖書館，蒐羅典籍，最為美富。蔣氏經商失敗，藏書多歸東方，顧獨遺集部，以蔣氏書目出王靜安國維手，目未寫定而事敗。東方以王氏當代儒宗，所遺必無精品，依目點收，遂有此失。一二八倭寇犯我滬北，東方被毀，蔣氏舊物中，海代各省府廳州縣志最稱完備，至是並化灰燼。藝風

老人去世在民八，晚年嘗編目，自鬻所藏，死後都盡。劉子公魯，幼事況周頤治詞章，不事生產，喪父未久，聚學軒金石書畫盡出。積學齋主人持躬素謹，而子弟習染紈袴，待其年老癃病，起臥維艱，齋中積書，陸續遂散。我友養盧得其江蘇全省各縣方志，其一例也。他若武進陶氏、董氏，江安傅氏，諸家藏書之外，兼及刻書。在斯期中，美人藉其財力廣收漢籍，如前記祁司脫、習立斯之流，不一其人，今日哈佛所藏，即燕京大學代購者。其他若美國國會圖書館，若哥倫比亞大學，若耶魯，若加利福尼亞之類，蒐集豐富，皆有可觀，在昔或病國寶外流，往而不返，在今則焚毀之禍，迫於眉睫，書藏域外，轉賴保好，得失喜怒，感想不同矣。

120　一九五二年六月八日·陳芷町談畫竹

　　陳芷町曰：古人稱竹為長身君子，並說竹解虛心是我師，其實虛心僅為竹的一種美德，其最值得歌頌讚美的是不屈不撓的勁節，雍穆清淨的高風，和四時不改的氣度，都充分象徵着正直堅貞的人格。故歷代以來，騷人墨客和忠烈之士，常常借作題材，發為歌詠，取以風世勵俗。而且自唐代以後，對於畫竹一道列為專科，同山水人物花鳥諸畫等量齊觀，卓然獨立為一門。在唐如蕭悅、李頗；在宋如文與可、蘇東坡；在元如李息齋、柯九思；在明如夏仲昭、歸昌興；在清如鄭板橋、錢籜石等。千百年來，源源相接，都是專工畫竹，絕不分心旁騖，而且都是高據畫壇，放着萬丈光芒，以米南宮的書畫雙絕，尚且將范寬的山水去換僧夢休的墨竹，由此一點，便足證明畫竹地位的卓越，這許多異代相接的名家，所以如此偏好專愛，自然是對竹的品德有特殊的尊敬，認定寫竹即本人節操的表現，才甘心情願、矢志靡他的從一而終。我當初所以選擇畫竹，一方面固然為了練習起來，比山水花鳥更覺簡便，只要一筆一紙，便可揮灑自如，一方面也是對於竹的高風亮節，起了內心

的共鳴，認為在當前的世道人心，實有取鑒發揚的必要。可是畫竹一門，表面看去，似乎十分單純，等到動起筆來，倒也相當繁雜。因為竹的本體，看去大致相同，然而他的實質，卻是每竿有別，正如同是一個人，而其心其面，恰是人人不一，每一竿的老嫩高低，每一枝葉的陰陽向背，都要錯綜變化，不悖自然而又合於真美善的境界，才能算是好畫，才能感通他人。記得我最初學畫之時，是從兩種藍本入手，一本是故宮博物院所印吳仲圭的教子竹譜，一本是有正書局所印柯九思的竹譜，他們都是從書入畫，柯是用楷法寫竹，故其根竿枝葉，皆以凝重秀美見長，而用墨特為腴潤。吳是用草法寫竹，故其運筆潑墨，特見雄渾恣肆，我從這兩冊中簡練揣摩，整整費了一年多功夫，才略有心得。同時更得鄭曼青、彭醇士諸兄的指點，領略到筆法墨法的運用。四川本來產竹極多。更隨時隨地注意真竹風晴雨露的情態，收攝到毫端紙上，接連幾年，除了忠於本職之外，簡直成了一個竹迷，聽到某處有一張古畫，便千方百計必須看到；聽到某人竹畫得好，便偷閒拜訪，專誠請教，日積月累，心醉神馳，今日雖薄負虛名，甚至賴以餬口，當初着實經過一番甘苦，而且風枝露葉之中，更蘊藏了無限辛酸。

芷町又言：當二十八年之春，奉化下野，己亦掛冠，目睹和使投靠，大吏變節，魚爛於內，土崩於外，悲憤之極，沉湎醉鄉，意將一切現實煩惱，拋之九霄雲外，時或不寐，則鋪紙揮毫，狂塗亂抹，六十日間，成畫逾百，全是醉墨醉筆，蓋自學畫以來，惟此時用力最勤，成品最富矣。凡此作品，或如風狂雨驟，擊筑高歌；或如天寒翠袖，淺斟低唱。風格變化，既頗繁複，古人繩檢，自多超越，用筆使墨，揮灑沉酣，原意為忘情之寄託，而尺幅之間，意氣鬱勃，情趣激昂，轉有不能忘情之表現，此後三載，遁跡海南，此種矛盾心理，且復日甚一日，一時藝林知好，過從頻繁，言語獎借，彌增清興，我亦勉從矛盾之中，求取協調，由是於畫竹之境界，筆墨之運用，與夫天然之體會，默識而有心得，是又索居三年，莫大之收穫已。

一九五二年六月十一日・香港・瑞士人皮學甫

瑞士人皮學甫（Werner Bischof）業新聞記者，擅攝影之術，居留日本朝鮮者半年，嘗至巨濟島俘虜營採訪新聞，該營中向多頑強赤徒，雖被俘從事政治工作如故，叫囂賑突，不可嚮邇。杜德柯爾遜事件，其一例也。英美記者莫之敢近，皮學甫知其難而冒險入其地，周旋語言，陽陽如平時，其出也，並攝目睹人物之影，竟未遭遇意外之挫折，作文記實，揭諸報端，時人以為難。比經香港，將取道河內海防而至印度，為孟買某雜誌編撰專號，用張新印度建設之大計，冰兒偶於茶座因李燕成之紹介識其人，詢知香港工業中，紡織一部，後來居上，冠冕各業，而其資金又悉出大陸南下之華商，欲明究竟，約余會談。昨既與皮學甫就奚甥治事之所舉所知以告，今晨復伴同皮、李兩君參觀荃灣南海紗廠、南海紡織機為瑞士利特廠所製，紡錠出紗之量，冠絕他廠，而廠內一切組織管理與人事應付，大體合於近代方法，舉一可以概其餘也，復與皮言斯業淵源，國內舊況，以及南遷所以然之故。皮欲謁見廠主人唐星海，以未先期預約，而皮之行期匆促，急不及待，未能應其請也。皮氏言日本經聯軍佔領六年，美人自以已盡其散佈民主意識之能事，爾今而後宜可與言民主矣。究其實，則方被佔領，呼牛呼馬，聽從所為，日人上下但知逆來順受，甘為傀儡。一旦獨立，數年來恭順偽裝勢且逐漸脫卸，往日面目亦必還魂復舊，而整軍抗俄，西方倚以為重，天皇制度，異乎英倫虛君，大和民族自有其特殊根性，以言民主，不與我人了解之含意相同，所以斷言，默察其大學教授學生，傾向共產主義者過半，社會各界左傾甚多，以今日之局勢而論，轉變之速，每出意外，果民主主義而能自由發展於日本，其於西方諸國，正不知其為禍為福也。

皮氏觀察朝鮮戰事或可平息，幸而平息，要不能視為諸亞之福，蓋越南局勢或因此而益緊，北韓大兵不難迴戈南下，斯

時毗連地域如香港之類，亦必牽連受驚，凡此皆題內文章，不待智者而知也。

122 一九五二年六月十九日・以下俱香港所記・唐星海宴皮學甫

唐星海宴皮學甫於巴黎餐室，邀余作陪，同座者李燕成、駱仰止，皮初欲見星海，囑為紹介，余以因循未果，皮乃偕李燕成自往晤星海，謂有余為紹介也。既相見，晤談極為投契，皮尤欽仰星海思想之敏捷，治事之精神，謂香島小住，得見斯人，此行為不虛。余嘗論今日中國業紡織者，星海為唯一全才，蓋星海兼備學問、經濟、才識、技術諸德，同時諸賢莫能尚也。獨惜神州赤徒，引狼入室，揖盜開門，故國舊有之秩序文化，不惜掃除盡淨，致大陸僅有規模之紡織工業，亦復為亂黨滲入，肆其蹂躪，而日即於殞滅焉。而如星海其人之不能保有舊業，發揚而光大之，僅得侷促海隅，小試一長，其聲聞之過人也，蓋無以掉其心胸之抑鬱也。

123 一九五二年七月五日・曾履川題張大千所造天女像

曾履川為大千題所造天女像曰：「摩登戒體謔猶新，鷩顧飄髯筆更神。證取色空畫三昧，一彈指頃現天人。」「丈室維摩演淨因，散花微溼四州塵。劫灰飛盡諸天喜，長護天人幻住身。」

124 一九五二年七月六日・林夫人乞援書

曩昔獲交候官沈崑三，於其極司非爾路寓齋，壁間得見文肅公夫人助守廣信府時所作致饒總兵廷選乞援書拓本，文章矯健，氣息深摯，名臣之女，自是不凡。心好之，以未得錄副玩

誦為憾！比於無意中見諸報端，因亟錄之。夫人林氏文忠公則徐之女，歸文肅公葆楨，崑三其孫也。

　　將軍漳江戰績，嘖嘖人口，里曲婦孺，莫不知海內有饒公矣，此將軍以援師得名於天下者也。此間太守聞吉安失守之信，豫備城守偕廉侍郎往河口籌餉招募，但為勢已迫，招募恐無及，縱倉卒得募而返，驅市人而戰之，尤所難也。頃吏探報知，昨日貴溪失守，人心惶惶，吏民舖戶，遷徙一空，署人僮僕，紛紛告去，死守之義，不足以責此輩，只得聽之。氏則倚劍，與井為命而已。太守明早歸郡，夫婦二人，受國厚恩，不得藉手以報，徒死負咎，將軍聞之，得無心惻乎！將軍以浙軍駐玉山，固浙防也，廣信為玉山屏蔽，賊得廣信，果勝以抵玉山，孫吳不能為謀，實育不能為守，衢嚴一帶，恐不可問，全廣信即所以保玉山，不待智者辨之，浙大吏不能以越境咎將軍也。先宮保文忠公奉詔出師，中道賚志，至今以為痛心，今得死此，為屬殺賊，在天之靈，實式憑之。鄉間土民，不喻其心，以輿來迎，赴封禁山避賊，指劍與井示之，皆泣而去。太守明晨得餉歸後，當再專牘奉迓，得拔隊確音，當執鑱以犒前部，敢對使百拜，為七邑生靈請命。昔睢陽嬰城，許遠亦以不朽，太守忠肝鐵石，固將軍所不吝與同傳者也。否則賀蘭之師，千秋同恨，惟將軍擇利而行之，刺血陳書，願聞明命。

　　《清史稿》〈沈葆楨列傳〉記其事曰：「咸豐六年，葆楨署廣信府，髮逆楊輔清連陷貴溪弋陽，[34] 將逼廣信，葆楨方赴河口籌餉，聞警馳回郡，官吏軍民多避走，妻林先刺血書，乞援於浙軍總兵饒廷選，會大雨，賊滯興安，廷選先入城，賊至，七戰皆捷，解圍去。曾國藩上其守城狀，詔嘉獎以道員用。」

125　一九五二年七月八日・新亞董事會註冊

　　新亞書院之創始，王岳峰資助最力，及校既立，猶斥積貯十餘萬金，別營商業，權子母以資校用，不幸時不我與，折損殆盡。新建之校，由是遂入艱困之境。賓四先生去冬之赴台，為乞援政院故也。比來港府新例，凡私立學校令悉遵商業註冊法，就吏登記，學校屬教育範圍，不以營利為標的，則亦不能與經商同科，校當局赴吏據理反覆陳說，終於無效，最後乃默示學校應有校董會，而財物出入，歲時應造冊上報，張丕介、唐君毅二君枉過就商，謂擬請蔡貞人及余同任校董，並王岳峰、趙冰與賓四先生為五人，今日就校集會，會畢，備紀錄，送港教育司存案。王岳峰已往出力最多，允宜為一會之長，以適有遠行，故謙讓未遑，乃以趙蔡二人為常董，趙嘗治法學於哈佛、牛津，又為倫敦內院大律師，久從律務，知名香港，應不為殖民主政所菲薄也。

126　一九五二年七月二十一日・唐駝墨垣

　　武進唐子權駝嘗鬻字上海，以所得興建唐孝子祠，又於祠側並立義學，以教族人及鄰里子弟，南通張嗇公為之記，大書樹碑於祠校焉。校垂成，缺一垣，而資不繼，割所蓄清墨數百丸，持以畀余，易金成垣，名之曰墨垣，屬陳保之為文記其事，以余所酬之值，逾於標價，謂助成斯校，風義足感也。余不能書，辜負此墨，自昔文人好事，玩物孔多，圖書版本之外，或名家書畫，或彝鼎石刻，或奇珍古器，或陶漆佳製，或文房用具，時藉考古之名，雅有玩物之實，觀賞之餘，發為文章，即以談墨文字言，其散見於前人筆記者，指不勝屈，著為專書，流傳至今。於宋有晁川道《墨經》、韓青老農何薳《墨記》、李孝美《墨譜法式》，於元有陸友仁《墨史》，於明有沈繼

孫《墨法集要》、麻三衡《墨志》，萬壽祺《墨表》、《墨論》[35]，乃至墨工程君房《墨譜》、方于魯《墨苑》[36]，於清有張仁熙《雪堂墨品》，宋犖《漫堂墨品》，戴光曾《墨表》，而我友凌宴池藏蓄清墨，繁富美備，嘗有專論清墨之作，揭之燕京報端，而奔走衣食，未卒其業。倭犯漢皋，珍品都毀，宴池嗒然若喪，絕筆不續，致愛新覺羅一代製作，缺焉不備，為可惜也！惜司馬溫公無所嗜好，獨蓄墨數百斤，或以為言，公曰：「吾欲子孫知吾所用此物為何也？」[37]又陸九山《清暑筆談》曰：「余所蓄二墨，形製古雅，當是佳品，獨余不善書，未經磨試，然余惟不善書，故墨能久存，昔呂行甫好墨而不能書，時磨墨汁小啜，余無啜墨之量，惟手摩香澤，足一賞也。」南邨先生曰：「古人有言，賢者識大，不賢識小，余之於此，宜知所識矣。」[38]

唐貽墨中，有菊香膏者，汪心農之所作也。徐子晉《前塵夢影錄》：「汪心農居士穀得明季阿膠一巨篋，嗅之有菊花香，遂自製墨，最上乘者曰『白鳳膏』，重三錢，背『心農氏製』，其次曰『菊香膏』，大字，背『乾隆辛亥心農製』，字稍小。又有兩種，曰『知其白』，曰『知其黑』，背『心農氏製』，字皆王夢樓太史書，各重五錢半。隨園每託心農以菊香膏料造墨，分貽名公巨卿，余所及見者，如秋帆尚書吟詩之墨，腰圓扁形，線雲環繞，陰面『隨園叟袁枚製』。一曰『思元主人吟詩之墨』，長方式，背『隨園叟袁枚恭製』，主人為豫邸世子。一曰『敬齋相公吟詩之墨』，背『倉山叟袁枚製』，長方式，圓首。一曰『雨

35　《墨論》即《古今墨論》。

36　「程君房《墨譜》、方于魯《墨苑》」疑是「程君房《墨苑》、方于魯《墨譜》」。

37　《墨史》：「沙門惠洪云司馬君實無所嗜好，獨蓄墨數百斤，或以為言，君實曰：吾欲子孫知吾所用此物何為也？」

38　《清暑筆談》：「墨以陳為貴，余所蓄二墨，形制古雅，當是佳品。獨余不善書，未經磨試，然余惟不善書也，故墨能久存。昔東坡謂呂行甫好藏墨而不能書，則時磨墨汁小啜之。余無啜墨之量，惟手摩香澤，足一賞也。」與日記引文略有出入。

窗先生（阿林保）吟詩之墨』，一曰『麗川先生 [39]（奇豐額）吟詩之墨』，背皆書『隨園叟袁枚製』，形色同前，皆重六錢，而閨秀吟詩之墨，皆隨園手製。[40] 老友黃心齋（國珍）云：「隨園廣交游，內自王侯，外至封圻，尚風雅者，無不造墨贈遺，如禮邸世子，《小倉山房集》中見其投贈詩文，必有贈墨。」然余生平所見，只此數種，劫後更為希覯！

127 一九五二年七月二十六日・造墨名工沈珪

《墨志》曰：「沈珪嘉禾人，初因販繒，往來黃山，有教之為墨者，以意用膠，一出便有聲稱。後又出意，取古松煤雜，用脂漆滓燒之，得煙極精細，名為『漆煙』。每云韋仲將法，止用五十兩 [41] 之膠，至李氏渡江，始用對膠，而祕不傳為可恨！一日與張處厚於居彥實家造墨，而出灰池失早，墨皆斷裂，彥實以所用墨料精佳，惜不忍棄，遂蒸浸以出故膠，再以新膠和之，墨成，其堅如玉石，因悟對膠法，每視煙料而煎膠，膠成和煤，無一滴多寡也。故其墨銘云：『沈珪對膠，十年如石，一點如漆』者，此其最佳者也，珪年七十餘，晏先珪

39　「先生」《前塵夢影錄》作「中丞」。

40　「而閨秀吟詩之墨，皆隨園手製」，《前塵夢影錄》作「其分遺女弟子者式如『白鳳膏』，重三錢，面『閨秀吟詩之墨』，背『隨園手製』。」

41　「五十兩」，一作「五兩」。

卒，其法遂絕。」[42]

　　傍晚，張丕介、唐君毅二君招飲銅鑼灣國際飯店，同時召集新亞書院董事會，為工商管理處登記學校事也。至者主人諸董及校中教授楊汝梅、余協中等凡九人。錢賓四先生亦有信謂僑師道於行賈，非所以尊重故國文化，主力拒。余以工商以牟利為目的，學校以教育為目的，以牟利為目的者藉其冊而課以稅，通行世界無可非議，以教育為目的者，乃亦與工廠商店等量齊觀。英人重商之習，殖民地所特有，舉世未有之奇也。抑港府自有教育司，執政者為重視教育，便利監督，而令各校就司登記，自為合理之舉，守法庶民，惟有遵行。英文自謂最能了解中國文化，學習其文字，精研其經典，後先相繼，百有餘年，顧於中國人尊師重道之傳統觀念，則未及經心，疏忽視之，雖陳說多端，而固執成見，強人就範，但知令出之必行，不問受者之感想，依恃威力，為所欲為，此與專制極權國家，相去幾何，曾謂以民主自鳴者，而竟出此，由是以觀，彼泱泱大國分崩離析，至今稱雄大宇，遂爾無分，探問其源，非無故矣。

42　日記引文與《春渚紀聞》「漆煙對膠」條的內容相同，部分字句卻與《墨志》頗有出入，茲鈔錄如下，供讀者對比參考。《墨志》：「沈珪嘉禾人，初因販繒，往來黃山，有教之為墨者，以意用膠，一出便有聲稱。後又出意，取古松煤雜松脂漆滓燒之，得煙極精細，名為漆煙。每云韋仲將法，止用五兩之膠，至李氏渡江，始用對膠，而秘不傳為可恨！一日與張處厚於居彥實家造墨，而出灰池失於早，墨皆斷裂，彥實以所用墨料精佳，惜不忍棄，遂蒸浸以出故膠，再以新膠和之，墨成，其堅如石，珪因悟對膠法，每視墨料而煎膠，膠成和煤，無一滴多寡也。故其墨銘云：『沈珪對膠，十年如石，一點如漆』，此最佳者也。其為人有信義，庚子寇亂，何子楚避地嘉禾，連牆而居，日為子楚言膠法，並觀其手製，雖得其大概，至微妙處雖其子晏亦不能傳也。珪年七十餘終，晏先卒其，法遂絕。」

129　一九五二年八月二十三日・鑽故紙

　　《指月錄》:「福州古靈神贊禪師在大中寺受業後,行腳悟道,復回受業,本師問曰:『汝離我在外,在外得何事業?』答曰:『並無事業。』遂遣執役。本師一日在窗下看經,蜂子投窗紙欲出,嗡嗡有聲,禪師喻之曰:『世界如許廣闊,不肯出,卻鑽故紙,浪費光陰!』師不悟,遂作偈曰:『空門不肯出,投窗也太癡。百年鑽故紙,何日出頭時?』」[43]

130　一九五二年八月二十九日・今日台灣一現象

　　今日台灣有一現象,為已往大陸所鮮見者,即一般人士求知之殷勤是也。賓四先生既至台,應友人之招,出而演講,至者紛如,往往座無虛席,尤多中年以上人,講畢繼請約期為後會者,踵趾相接,學術團體無論矣,他如學生,如軍隊,如政府人員,如私人社團,多以得邀飽學之士,為之陳說一事一節為幸。言其地,台北然,高雄然,台中亦然。言其人,錢先生自佳,他人而有一義可析,一題可解,同在願學之列。言其題,文化可也,美術可也,經濟可也,政治可也,歷史可也,實業可也,社會可也,他諸專門學問亦可也。無所不談,而無不為群眾所樂聞,蓋斯時斯地,不論土著與流亡人士,自經大變,漸覺國所以立,端賴學問,不有學問,終無由競存於斯世矣。

43　日記引文或另有所本,查《指月錄》(清乾隆明善堂刻本)作:「福州古靈神贊禪師本州大中寺受業後,行腳遇百丈開悟,卻回受業,本師問曰:『汝離吾在外,得何事業?』曰:『並無事業。』遂遣執役。一日因澡身命師去垢,師乃拊背曰:『好所佛堂而佛不聖。』本師回首視之,師曰:『佛雖不聖,且能放光。』本師又一日在窗下看經,蜂子投窗紙求出,師睹之曰:『世界如許廣闊不肯出,鑽他故紙驢年去。』遂有偈曰:『空門不肯出,投窗也太癡。百年鑽故紙,何日出頭時。』」

賓四先生嘗應總統府之招，為戰略顧問委員會六度講演，漢唐至清軍政制度得失，座上客三十餘人，皆曩時曾受高等軍事教育，又曾綜綰六師之將領也。雖講演題材，盡為中國歷史故事，而來者大都聞所未聞，訝為新奇，於以知過去四五十年之新教育，偏重西洋新知識、新學問，擇焉而不精，語焉而不詳，片段所得，其結果為一知半解，身為中國人，於本邦歷史掌故，治亂得失，撲朔迷離，茫然不識，名為貫通中外，實則孤陋寡聞，以是當國重任，寧能倖免，軍人然，其非軍人者又何獨不然，痛定思痛，晚矣，猶未為晚也。

131 一九五二年八月三十一日・訪學海書樓

蔡貞人招飯，午初驅車迎賓四先生、唐君毅渡海赴其約，為新亞書院添聘校董事也。席散，同至般含道學海書樓訪俞叔文。俞先生原籍山陰，其大父遊幕羊城，遂寄籍為南海人，今年七十餘矣，一生以教授為業，今日值星期，猶有例課待講，不能久談，乃辭而出。學海書樓藏有中國書，意將求其目為參考之助，而諸生在堂，不便侵擾，敗興而行，殊感失望！

132 一九五二年九月一日・張謇與清帝遜位

隆裕皇太后遜位之詔，以辛亥十二月二十五日宣佈，在國曆則民國元年二月十二日也。此詔既下，有清入主中國二百六十八年之局於焉結束。原稿出張謇公手，發於辛亥十月初旬，與答覆袁慰廷內閣，籲請俯順輿情，歸政國民兩電，同時至京。袁之左右增加授袁全權，組織臨時共和政府之語，徐菊人又潤飾詔末數語，遲延兩月之久，乃有決定，今讀史者所見之詔是也。文曰：

朕欽奉隆裕太后懿旨，前因民軍起事，各省響應，九夏沸騰，生靈塗炭，特命袁世凱遣員與民軍代表討論大局，議開國

92

會，公決政體。兩月以來尚無確當辦法，南北暌隔，彼此相持，商輟於途，士露於野，徒以國體一日不決，故民生一日不安，今全國人民心理多傾向共和，南中各省既倡議於前，北方諸將亦主張於後，人心所嚮，天命可知。予亦何忍因一姓之尊榮，拂兆民之好惡，是用外觀大勢，內富輿情，特率皇帝將統治權公諸全國，定為共和立憲國體，近慰海內厭亂望治之心，遠協古聖天下為公之義。袁世凱前經資政院選舉為總理大臣，當茲新舊代謝之際，宜有南北統一之方，即由袁世凱以全權組織臨時共和政府，與民軍協商統一辦法，總期人民安堵，海宇乂安，仍合滿漢蒙回藏五族完全領土為一大中華民國，予與皇帝得以退處寬閒，優游歲月，長受國民之優禮，親見郅治之告成，豈不懿歟！

副署此詔者，為內閣總理大臣袁世凱、外務胡維德、民政趙秉鈞、度支紹英、陸軍王士珍、海軍譚學術、學部唐景崇、司法沈家本、郵傳梁士詒、農工商熙彥、理藩達壽凡十一人。

張孝廉編訂《張季子九錄》附載遜位詔於答覆袁內閣二電之後，標題曰「附內閣覆電」，其實此文為嗇公當時草創之原稿，而非清廷佈告天下之文也，原稿曰：

前因民軍起事，各省響應，九夏沸騰，生靈塗炭，特命袁世凱為全權大臣，遣派專使，與民軍代表討論大局，議開國民會議，公決政體，乃旬月以來，尚無確當辦法，南北暌隔，彼此相持，商輟於途，士露於野，徒以政體一日不定，故民生一日不安，予惟全國人民心理既已趨向共和，大勢所趨，關於時會，人心如此，天命可知，更何忍稱帝位一姓之尊榮，拂億兆國民之好惡，予當即日率皇帝遜位，所有從前皇帝統治國家政權，悉行完全讓與，聽我國民合滿漢蒙回藏五族，共同組織民主立憲政治，其北京、直隸、山東、河南、東三省、新疆以及伊犁、內外蒙古、青海、前後藏等處，應如何聯合一體，着袁世凱以全權與民軍協商辦理，務使全國一致洽於大同，蔚成共和郅治，予與皇帝，有厚望焉。

嗇公答覆內閣兩電，發於並辭江蘇宣慰使及農工商大臣之後，要旨在乎清帝遜位，用成民主共和之政體，不謂清帝已去，而所謂民主共和者，四十年間演變而為暴民專制，鋒鏑交爭，生靈塗炭，迴憶蔭昌、張勳軍隊奸淫焚掠，目無法紀，當時視為野蠻殘酷、慘極人寰者，至今乃數見不鮮，習為當然，此又創造共和諸先哲所不及料也。張第一電略曰：

……今共和主義之號召，甫及一月，而全國風靡，徵之人心，尤為沛然莫遏，激烈急進之人民，至流血以為要求，嗷嗷望治之情，可憐尤復可敬，今為滿計，為漢計，為蒙藏回計，無不以歸納共和為福利，惟北方少數官吏，戀一身之私計，忘全國之大危，尚保持君主立憲主義耳，然此等謬論，舉國非之，不能解紛，而徒以延禍。竊謂宜以此時，順天人之歸，謝帝王之位，俯從群願，許認共和。昔堯禪舜，舜禪禹，個人相與揖讓，千古以為美談，今推遜大位，公諸國民，為中國開億萬年進化之新基，為祖宗留二百載不刊之遺愛，關係之鉅，榮譽之美，比諸堯舜，抑又過之。列祖在天之靈，必當歆許，論者或以茲事體大，宜開國民會議，取決從違，竊以為不經會議而出以宸裁，則美有所歸，譽乃愈大，至於皇室之優待，滿人之保護，或閣臣提議，國會贊成，立為適宜之辦法，揆之人道，無不同情。……

第二電曰：

歌電敬悉，政體關係人民，應付全國國民會議，以業經辭職，並非公推之一二人與少數廷臣討論，斷無效力。現在各國表示獨立，若仍以君主名義召集，勢必無人承認，應先請明發諭旨，宣佈尊重人道、不私帝位之意，以豁群疑而昭聖量，然後令全國軍民公舉代表於適宜之地，開會集議，確定政體，及聯合統一之法。事經公決，國民自無異議，即不至有紛爭割裂之禍，事機危迫，舍此無可和平解決，窶於時勢，亦未能北行，謹請代奏。

電首所謂「歌電」，袁內閣十月五日所發之電也，嗣是而

後十日，各省軍政府公推鄂軍政府為中央軍政府。又四日民軍公舉黃興為大元帥，黎元洪副元帥。十六日監國攝政王載灃引咎辭職。十八日袁世凱委任唐紹儀為全權代表，南下與民軍議和。十一月六日孫中山歸國，十日各省民軍代表在南京選舉孫文為中華民國臨時大總統。十三日孫中山就任為臨時總統於南京，改用陽曆，以是日為民國元年元旦。三日清駐俄公使陸徵祥聯合駐外各清使電請清帝遜位。十九日，清外務大臣胡維德、民政大臣趙秉鈞，郵傳大臣梁士詒合詞奏請，人心已去，君主制度，恐難保全，懇贊同共和，以維大局。二十六日清統將段祺瑞帶頭贊成共和，四十七將領聯名奏請清帝遜位，至二月十二日，清廷乃下詔退位，清亡。

133 一九五二年九月九日・香港・華萊士悔過

華萊士消息久矣岑寂，比為人言其於蘇聯觀感，茲有徹悟。蘇聯冷戰，牢不可破，志在侵略，永無止境，往者英美之在歐陸，遜讓班師，坐視史太林併吞捷克，要為悲劇之尤，認敵為友，歷時十載，及今追思，始悔前失。孟子先覺後覺之說，信乎其不可易也。華萊士者，以農家子，隸民主黨，羅斯福當國，使掌農部，時有惠政，羅之第三次競選總統，且以華膺副座提名，同時當選。抗戰後期，東來中國，志在消弭國共之暗潮也。先至莫斯科，史太林語之曰：子以為中國有真正共產黨乎？余未之見也。華信其言，到渝昌言於眾，以為中共之在史酋心目中，未為奇貨，不足重視，主中樞者，允宜推和好之誠，踐民主之實，兼收並蓄，廣容異己，無取堅壁固拒為也。及歸華盛頓，堅持此說，自謂獨得之秘，華府國務院親共者實繁有徒，以氣味之相投，悉依阿於華意，聚蚊成雷，彙為國策，益深信史酋讕言，異口同聲謂中共之為中共，僅僅土地改革者而止，國府與人水火，適見其氣度之狹仄。迨倭寇納降，馬歇爾元帥猶以專使來華調停國共之爭，留東逾年，反覆

萬言，無非容納他黨，相忍為國，而以赤徒之陰險詭詐，有黨無國，未有毫末之認識也。杜魯門繼為總統，華長商部，一日，大言於紐約墨笛生方圍會場曰：美國政府應親信蘇聯，攜手共策世界之和平，爾乃日以疏遠，加以猜忌，非所宜有。華府聞而大嘩，諷華解商部之職。華既去官，殊怏怏，憤無所洩，脫離舊黨。一九四八年改選總統，華被推為進步黨總統候選人。俄人聞之，且欣且忭，惟恐華萊士之不為美國總統也，然竟落選。其明年中共席捲大陸，建立新朝，華遺書毛澤東，言家世習於農事，彼此同然，願仍素志，造福農民，抑人貴自立，與其詭隨史氏，何如效法狄托，自以規勸得體，而不省毛之非其人也。更二三年，乃有今茲之醒悟，華之醒悟，未必即為其他一般迷惘人物之省悟，然過而能改，要不失為賢者之過，幸而因華省悟，從而和之者人益加多，整軍經武，共障狂瀾，庶史酋與其徒黨之奸謀，不復能順利擴展，則華之為福於自由國家，功績可稱矣。

134 一九五二年九月十四日・以下俱在香港所記・大雨為患

　　昨日豪雨，連綿竟日，氣象台報告自清晨八時至今晨二十四小時間，得水一百八十六公毫，為今年一日間雨量最高紀錄，港九諸水塘如大潭篤，如薄扶林，如銀禧之類，皆水高及堤，充滿而溢，山崩屋墜，道阻物毀，傷人之事，不一而作，而僑寓屋頂年久失修，雨水滲入，時聞點滴之聲，令人有坐不安席寢不安枕之感。其實居今之世，生今之時，豈獨家居聽雨，有此不寧之想，即推而至於世界，何莫不然。屋漏之侵害及衣物而止，主義之來不至殺人不止，人禍之極，過於天災，北地苦寒，生是殘酷兇暴之怪物，天下洶洶，徒以此獠為屬，造物不仁，芻狗萬物，時當末劫，我其奈之何哉！

135　一九五二年九月十七日・法人洶酒

國際禁酒會會員國二十有五，分遣代表三百人會於巴黎，各肆雄辯，極言縱飲之害，然法人嗜飲，童而習之，且成國俗。自言他國之人，每飲為沉醉，惟我法人，從不洶酒，有微醺而無酩酊。鮑洛曲羅者，擅網球之技，當年盛時，六度為法國冠軍，倡言國俗不可改易，我人不能勸國人戒心所獨喜之薄酒也。英代表溫得登聞其言惡之，將提案懲戒鮑洛曲羅。法人米諾曰：「人禁我飲，將並禁我嘗淡巴菰，因而禁及男女之好耶？是胡可者。我法人者，不為英雄，不為聖人，寧能並酒而舍諸。」未幾，法以東道主招待各國來賓於市政廳，杯中所注，法名產香檳也。英人某起言，是誠不幸，客以素食著，安有陳魚肉以款之者，若在他國，決無此事，拒不受。主人則於別室具果漿之屬以進，而法人從容舉杯進香檳自若。會號禁酒，而預會者不廢酒，誠哉其為矛盾無理矣。考法國酒肆為數五十八萬八千家，與麵包肆相較，比率為十二之與一，一家所耗，當歲入總數十之一，一國所耗，年可值美金十九億元，總屋宇、衛生、教育諸費之總和，莫能及也。

136　一九五二年九月二十三日・森正藏《旋風二十年》

日本每日新聞社記者森正藏新著一書，曰：《旋風二十年》，其首章所述，美日談判之秘密真相也。書謂一九四一年四月十八日，美國外交當局對日提和平條件，計凡七項，其中最重要者數事：一曰中華民國獨立。二曰根據中日成立協定，日軍自中國領土退出。三曰不賠款。四曰恢復中國門戶開放政策。五曰重慶政府與新南京政府合併。六曰承認滿洲國。若日本願意接受上開各款，美人即對中國政府進行和平，諸款之中，美國所重厥為門戶開放，所謂傳統政策者也。日本所重，則廣田三原則，以承認滿洲國居其首，次則經濟提攜，又次則

共同防共。此次美人所提有重慶南京政權合併與承認滿洲國二事，羅斯福當時所以迎合日人心理者，與後此雅爾達會議私以中國旅大長春鐵路乃至日本千島庫頁島予俄，並許外蒙自主，以迎合史太林心理者相同。不特此也，美人尚表示與日本約兩國在太平洋區域海陸空軍互不侵犯，其於對方物資加以保護，日人需款，美人可以信用貸予。又願協助日本獲得石油、樹膠、錫、鐵、煤炭之屬。苟前舉諸端，有合於日人之大計，羅斯福將於五月間與近衛首相會於檀香山，以定和好之盟誓。近衛得書，與左右計，皆願容納羅議，立予答覆。席間外務次官大橋言：外相松岡洋右方在聘蘇歸途中，交涉優勝未可知，何妨稍待。越四日，松岡歸自蘇，頗自負對蘇交涉之順利，躊躇滿志，自草對美覆文，刪除美日太平洋海陸空軍互不侵犯之條，而增兩國出面調停英德戰爭。殊不知美之委曲求全，意在防止日人之輕舉妄動，俾己可以從容解決德事也。今茲日人仍欲保留太平洋中自由行動，又進而言調停德事，是與原意大相逕庭，無策可施也。羅斯福不耐，逐頒凍結日人在美資金之令，壓力日加，積怨愈深，以是有十二月初旬珍珠港偷襲之役。

137 一九五二年十月十四日・簡又文述太平天國興亡大概

午就半島酒店參預留美同學會聚餐，飯後，簡又文講述太平天國興亡之概。其略曰：洪秀全、楊秀清皆農家子，乘勢起隴畝之中，初期從者才一二萬人，不數年間，攻城略地，數逾六百，人民死者傷者至二三千萬之眾，其他文化經濟上損失尤不可數計，其於中國數千年傳統之習慣與禮教破壞滋多，近三十年來，不論國民黨、共產黨，多有採取太平天國制度以為現行之政策者，而一般學者亦頗研究其制度之得失，凡諸問題，非頃刻所能詳述，茲請但舉其興廢之由。

太平天國之興起，其故有五：一曰理想崇高，彼輩理想

合宗教、種族、政治三者為一之政策也。洪秀全、馮雲山初以宗教為出發點，用拜上帝為號召，男女平等，人人皆為天父子女，洪秀全為天兄，餘悉兄弟姊妹。又謂我人所以受苦，實為妖魔所侵害，小民無知，從而和之，於是信徒日眾，由於合政治於宗教造成偉大之力量，當時清軍官吏習於洩沓，專務利祿，又貪生畏死，無形之中，助長洪氏之成功。二曰系統完備，洪氏初起時，不過一二萬人，輾轉前進，軍容日盛。數年之間，擴充至數十萬，而運用靈活，遠非清軍可及。三曰紀律嚴明，洪氏於將士有嚴格道德生活之規定，戰時有進無退，男女分營，交戰之時，男子奮發向前，女子在後，實為人質。簡氏嘗遊歷廣西，就訪其父老，探詢太平軍行軍之陳跡，則不姦淫，不拉夫，不強制買賣，確為事實，皆非清軍可比。四曰戰術優越，太平軍將領大都起於田間，我人但考歷史傳述之績，則其初起時攻城應戰之技術，確甚優越。五曰客觀條件有利，蓋當是之時，清庭承平日久，政治腐敗，天災流行，群盜如毛，人心思漢，貧富懸殊，益以人口日繁，貨棄於地，以致無業游民愈聚愈多，而在廣西一處，客籍人與土著交惡，客籍人被逼過甚，洪氏一呼，應者雲集，凡此諸端，皆造成太平天國興之原由也。

太平之興，不可謂不暴，然其敗也。曾不旋踵，自其盛極之時，至為清軍夷平，僅二三年，其所以敗亡之由，約有數事。一曰理想失敗，洪氏初起利用耶教說法，以推倒中國數千年來傳統之禮教思想，桂俗鄙塞，推行成功。及後拓地日廣，其原定理想終不敵中原區域根深蒂固之禮教習慣，故其師行所至，莫非與舊禮教為敵，不似與清庭為敵也。清庭將帥，獨多書生，組織鄉勇，以禦強敵，其所揭櫫有若曾國藩討賊檄文，但以洪氏摧殘中國舊禮教為言，而於種族問題，不着一字。二曰實力分化，自洪氏定都金陵，從征諸王亦惟爭權奪利是務，擾攘不已，精銳盡亡，猛將如石達開至心懷攜貳，率眾入川，從茲勢力分散，而天國軍紀亦同為腐化矣。三曰人才缺乏，洪

楊起事，多為農家，讀書之人，比較獨少，又乏遠大之見，廣
羅人才，用為己助，至地廣政繁之日，絕無統籌全局之方，墮
勢發見，遂至一蹶不振。四曰不得外援，在清軍與太平軍相持
力盡之時，法國首先反對太平軍，英國繼之，於是李鴻章組織
洋槍隊，戰無不勝，攻無不克，當時外人所以放棄中立，無非
為自身利益，其意若曰設太平軍而勝，則自身與北京所訂條約
即亦不能維持也。

　　簡氏引歐陽公《五代史》論作結：「盛衰之理，雖曰天命，
豈非人事哉。」豈不然哉？

138　一九五二年十月二十四日・新亞書院完成註冊

　　新亞書院為向香港法院完成註冊事，午後四時，發起人七
者齊集皇后大道中楊雲卿律師事務所，簽署院章文書之屬，書
院原發起人錢賓四先生之外，王岳峰用力最勤，茲者岳峰以經
商琉球之故，無緣與會，則與趙冰、蔡貞人、梁均默、張丕介、
唐君毅及余六人尸其位。簽名既畢，與錢先生、君毅、丕介飲
於竹林小餐，蜀人吳君懷靖之所經營，其庖丁舊從張大千，負
知味之譽，大千浮海，來依新主，今日主人自出迎眾，親為安
排餐事，顧所具五簋，絕無異人之味，世聞名實之不相稱，大
率類此，何足責者，獨席間閒談上下古今，奇趣橫生，斯文斯
會，有可紀矣。

139　一九五二年十月二十五日・易君左詩書畫

　　過思豪畫廊，觀易君左所作詩書畫，君左詩人之子，能詩
而不以書畫名，所作無以過人，於畫兼繪山水、人物、花卉、
翎毛，設色特重，不免畫匠氣息，而遯地南海，鬻藝療飢，不
為苟得，節行可多也。詩語多辛楚，傷時感事，隨在反映我人
今日所處之時代，不可謂非富有意義之作也。有標〈母愛圖〉

者，繪雞一鵝一，各撫幼雛三五，不相屬也。自題曰：「壬辰重五，疾後足未出戶，乃參酌宋人筆意，取王凝之雞與魯宗貴之鵝，合成一幅以勸世，意圓。世間一切唯愛耳，由茲創建乃無止。天翻地覆毀倫常，視此雞鵝應愧死。」又〈雙犬圖〉，自題曰：「黃犬仿宋人筆意，寫衰殘之態，蓋出自院中人酒酣之餘，頹然一喪家狗也。白犬仿郎世寧〈竹陰西狑圖〉，華貴修潔，昂然自立，若不勝其傲慢者，蓋一得意狗也。畫畢，沉思片刻，遂題詩曰：得意毋忘形，忘形更吠聲。視堯若盜竊，奉桀如神明。朝食仰豪門，暮飲隨要津。一旦狡兔死，從茲走狗烹。何似垂頭犬，野性本難馴。亂毛破大荒，終古骨嶙峋。昂頭會有期，此力無與京。吾曾揮彩筆，名著譯倫敦。」又〈枯木寒鴉圖〉自題曰：「余詩中多鴉與斜陽之句，如『朽索難羈千里駿，斜陽羞照六朝鴉』。時對日抗戰方酣，慕韓（目寒）誦詩，驚為奇句，如『淮南烽火紅鴉背，不許斜陽照六朝』。時共軍渡江前夕，史劍撰文，譽為詩史。憶戰前〈平山堂得句〉云『斜陽顏色最宜鴉』，函悲鴻桂林為作畫，畫為雨侵，拆視之，滿紙斜陽，亦滿紙鴉也。余酷愛之，亦毀於流離中矣。」題畫中所謂慕韓激賞之詩，為作者抗戰時客渝感時四首之一，曰：「楚尾吳頭兩地家，寇氛摧毀好年華。微雲學士晨停棹，細雨村姑夜績麻。朽索難羈千里駿，斜陽羞照六朝鴉。窮愁萬浪蠱叢裏，欲藉春心話古巴。」

140 一九五二年十月二十六日・馬積祚藏畫

王植波言：浙人馬積祚，家素封，喜書畫，南來數年，積聚至八百餘件。今日午後，與植波會於華都酒店，同過馬寓，費四小時，獲觀書畫數十件，清人尺牘有王鐵夫、金冬心、鄭板橋、吳荷屋、伊墨卿諸家十餘冊，而明賢祝京兆、文待詔等六人所作小真書，雜臨晉唐人名跡，每段冠以仇實父白描人像，最後殿以翁覃溪精楷一跋，最為絕品。畫以限於時間，

所見不多，而沈石田山水及王石谷〈富春山圖〉，儷以惲南田題跋兩卷，精光耀目，不易多見。上燈時因赴聽錢賓四先生講演，未能以別紙轉錄諸跋，他日再當繼請觀光，補茲缺憾焉！

141 一九五二年十二月十二日・王漁洋入仕清朝

王漁洋幼時，曾有〈題秋江獨釣圖〉一絕云：「一簑一笠一扁舟，一丈絲綸一寸鉤。一曲高歌一尊酒，一人獨釣一江秋。」及其入仕新朝，明遺老有仿其體作詩譏之曰：「滿州紗帽滿洲頭，滿首風光滿面羞。滿眼胡兒滿眼淚，滿腔心事滿腔愁！」

142 一九五二年十二月十三日・吳湖帆集宋人詞題張大千畫蓮花

張大千畫蓮有其特殊之風格，余前後所見將二十幀，而以前年聖約翰堂所張繪於日本人製泥金絹地之通景屏六幅，最為雄秀穠艷。頃見吳湖帆集宋人句，填〈浪淘沙〉詞，為大千畫蓮華詠也。錄之如下：

西北倚崑崙。（程洺水〈水調歌頭〉）

筆掃千軍。（吳夢窗〈沁園春〉）

華陽仙裔是今身。（米元章〈鷓鴣天〉）

漸入唐人諸老畫，（衛宗武〈滿江紅〉）

壁上傳神。（劉辰翁〈行香子〉）

血染赭羅巾。[44]（辛稼軒〈定風波〉）

瞠目消魂。（方千里〈掃花游〉）

44　辛稼軒〈定風波〉此句原為七字句：「猩猩血染赭羅巾。」

十年流水共行雲。（元遺山〈太常引〉）

蜀道尚驚鼙鼓後，（吳履齋〈滿江紅〉）

着意溫存。（周清真〈柳梢青〉）

143 一九五二年十二月十四日・《清史稿》之關內本與關外本

戊辰己巳間，《清史稿》既刊行，余求之滬上書肆不可得，既而聞國民政府以書中多違礙字句。又辛亥以後紀干支，不用民國正朔，明令禁止流通。書不可得，則亦淡然置之。又十年，東倭入寇，寓滬舊家有出藏書易衣食者，余輾轉從書估楊某買得一部，書本裝訂廣狹不甚齊一，蓋書之原主嘗在史館，此其得諸館中隨印隨發之樣本也。書用大鉛字排印，紙則洋連史，成書時值北伐完成，部分運瀋陽，餘留北平，其後又有用原本石印者，聞其內容不盡相同。余既未備諸本，無由明其異同也。比於《天文台》報端，見江思瑤一文，略舉當年刊行之異辭，始恍然於此案糾紛，金息侯[45]實為禍首，而貪天之功以為己力，尤文人無賴之甚焉者也。江氏略曰：

民國三年，政府明令設清史館於北京，以趙次山爾巽為館長，十六年秋，趙氏病故，總纂柯鳳蓀兼代館長，次年書成，付梓行世，未幾而書有關內本與關外本之分，其中是是非非，金息侯梁實為中心人物焉。今所傳關外本清史稿卷首有金氏校刻記，內云：「丁卯夏，袁君金鎧創刊稿待正之議，趙公韙之，即請袁君總理發刊事宜，而以梁任校刻，期一年竣事，梁擬總閱全稿，先劃一而後付刊，乃稿實未齊，且待修正，只可隨修隨刻，不復有整理之暇矣。凡諸稿梁皆校閱，並有參訂，

45　日記作「金息侯」，諒誤。

惜倉卒付刊，不及從容討論耳。是秋趙公去世，柯君兼代館長，一仍舊貫。歲暮，校印過半，乃先發行。至戊辰夏全書告成，幸未逾豫定之期，袁君創議於先，經營籌劃，力任其難，庶毋負趙公之託。其間數經艱亂，皆幸無阻，良非始料所及。」又據其清史例案敘有云：「今夏史稿刊竣，存館待發，輒復為人抽改，如列傳第二百六十卷張康合傳竟刪去，而以前卷割而為二，以充卷數，餘亦不免竄易，不能不起而正之也。幸攜奉所發者，尚在其先，皆照原刻，書出僅閱月，而已有關內本、關外本之別矣，可不怪哉？恐讀者或以為異，故附言於此。」

　　史學界對金梁之刊行《清史稿》，斥責者不乏其人，張孟劬於燕京大學講演「清史修撰之經過」，力糾其謬，而清史館纂修朱師轍斥之尤力，所著《〈清史稿〉關內本與關外本之異同》一文中有曰：「《清史稿》纂修於民國三年春，至十六年全稿略具，趙次山館長以時局多故，年老力衰，亟思告竣，始議發刊。眾以稿未總核，遺漏牴牾尚多，仍宜修改，事未決，旋館長病，袁金鎧（潔珊）力贊刊行，館長意遂決，委潔珊任總理發刊事宜，並請總纂、纂修、協修盡力協助，任劃一清理，每卷成即交館發刊，期一年竣事。頃之次山館長病故，館中公推柯鳳蓀總纂兼代館長，繼續其事，潔珊仍負經費及發刊之責，潔珊不常駐館，因約金梁為助，為求一館職，趙館長予一校刻之名。至十七年國民政府北伐方亟，館中趕印史稿，代館長及編纂諸人益無暇問館事，金梁乃乘時局紛擾之際，竊將史稿增改，復將卷首職名任意開列，又私作校刻記，自稱總閱，俱未呈明館長核准，任意發刊，皆無人知之。及北伐告成，書方印竣，金梁私載成書四百部至關外，此即所謂關外偽本也。梁尚欲並運館中餘書出關，未陳館長，逕僱車入東華門移書，馬衡、沈兼士等聞其事，飭警制止，柯館長聞而究詰，梁懼而遁，館長閱目錄，見金梁自題總閱，笑曰：一校對耳，可竊稱總閱耶？又見其私撰校刻記，皆譁然，謂總閱之名，誰則與之，又竊改他人史稿，以為自撰，寧非無恥。又見列傳

五十年代

二百六十卷，張勳、康有為傳附有張彪傳，鳳老言：張康之傳，原有擬稿，後決從闕，另有深意，何以擅行增入；至張彪又何能附傳，前聞人言嘖嘖，謂館人有受賄者，不信有此，今則不能無疑，今茲所見妄人行徑，殊屬荒謬。後經館人集議，決將金梁擅印之本抽改，以限於時間經費，只擇重要數處先行修正，仍交朱師轍執行，餘待他日詳細檢查，再行辦理，其經過抽換修改之本，即所謂關內本是也。」

其後金梁又重印《清史稿》，朱師轍稱之為偽本中之偽本，關內本六百三十六卷，目錄五卷，關外本同。偽本中之偽本，僅五百二十九卷而已。

144 一九五三年一月一日・香港・張嗇公作國歌

通州師範學校開學，張嗇公為作國歌二章，文曰：「仰配天之高高兮，我昆侖祖峰。俯表地維而建極兮，黃河大江。前萬國而開化兮，帝庖羲與神農。懷先民以策後來之人兮，萬歲萬歲，華種華種。勿徒恥或掣我西兮，或犄我東。或我北與南兮，或腐蝕我中。吳天不常夜，四時不常冬。越鳥懷南枝，胡鳥依北風。我自愛我之昆侖峰，我自愛我之黃河大江，我自愛我之帝庖帝羲與神農。」

第一二章有樂譜，當時自師範中學各小學皆用之。

民國既建，增益前歌成三章，孝若編校九錄，未入收也。

仰配天之高高兮，首昆侖祖峰。俯江河以經緯地輿兮，環四海而會同。前萬國而開化兮，帝庖義與黃農。巍巍兮堯舜，天下兮為公。貴胄兮君位，揖讓兮民從。嗚呼堯舜兮天下為公。

天下為公兮有而不與，堯唯舜求兮舜唯禹顧，莫或迫之兮亦莫有惡，孔述所祖兮孟稱尤著重。民兮輕君世進兮民主，民今合兮族五。合五族兮固吾圉，吾有圉兮國誰侮。嗚呼合五族兮固吾圉。

吾圉固吾國昌，民氣大和兮敦農桑。民生厚兮勸工通商，

堯勳舜華兮民變德章。牖民兮在昔，孔孟兮無忘。民庶幾兮有方，昆侖有榮兮江河有光。嗚呼昆侖其有榮兮江河其有光。

左舜生見嗇公撰歌，以為第一章釋吾國文化之肇始，而以天下為公，強調民權。第二章述合五族以建國，強調民族。第三章以敦農桑勸工商，強調民生，尤與孫中山先生創立中華民國之遺教無違。又與憲法前言列舉之鞏固國權，保障民權，奠定社會安寧，增進人民福利，亦無不合。至節奏之抑揚頓挫，含義之反覆叮嚀，誠有泱泱大國之風，國歌重定之年，宜將有取於斯作。

145 一九五三年一月六日・以下俱在香港所記・記寶竹坡

李蒓客詞章自是晚清同光間一能手，所作日記，自京朝時事，僚友周旋，讀書札記，文酒游宴，無所不記，每記必詳，讀之多識當時掌故，不獨李氏詩詞文章之娓娓可誦也。然以壯年資郎，久困科第，才人抑鬱，持論每苛，自亦一憾。寶竹坡以名士典試福建，歸途中納江山船女為妾，因而自劾去官，亦為當年佚聞之一。越縵堂光緒壬午日記記其事曰：「上諭侍郎寶廷奏，途中買妾，自請從重懲責等語。寶廷奉命典試，宜如何束身自愛，乃竟於歸途買妾，任意妄為，殊出情理之外，寶廷著交部議處。寶廷素喜狎遊，為纖俗詩詞，以江湖才子自命，都中坊巷日有蹤跡，且屢聚狹邪，別蓄居之，故貧甚，至絕炊。癸酉典浙試歸，買一船妓，吳人所謂花蒲頭船娘也。入都時，別自水程至潞河，及寶廷由京城以車親迎之，則船人俱杳然也，時傳以為笑柄。今由錢塘江入閩，與江山船妓狎，遂娶之，鑒於前失，同行而北，道路指目，至袁浦，有縣令詰其偽致留質之，寶廷大懼，且恐疆吏發其事，遂道中上疏，以條陳福建船政為名，且舉薦落解閩士二人，謂其通算學，請轉召試，而附片自陳，言錢塘江有九姓漁船，始自明代，

典闈試歸，至衢州，坐江山船，舟人有女，年十八，奴才已故兄弟五人，皆無嗣，奴才僅有二子，不敷分繼，遂買為妾，明目張膽，自供娶妓，不學之輩，一至於此，聞其人面麻，年已二十六七。寶廷以故工部尚書賀壽慈認市儈李春山妻為義女，及賀復起為副憲，因附會張佩綸、黃體芳等上疏劾賀去官，故有人為詩嘲之云：『昔年浙水載空花，又見閩娘上使槎。宗室八旗名士草，江山九姓美人麻。曾因義女彈烏柏，慣逐京倡吃白茶。為恨朝廷除屬籍，侍郎今已婿漁家。』一時傳誦，以為口實云。」[46]

146 一九五三年一月八日‧葉譽虎致吳湖帆書

民國三十六年，葉譽虎有致吳湖帆書云：「送上舊紙凡廿二卷，又十二卷，皆積年所蓄，雖等差不一，然殆皆佳品，其中惟兄宜用，故以奉贈。年來並文藝之好，亦已消亡，不但藏物星散，並文具亦不願存，大有春同樊素一時歸之概。即日束裝歸里，準備入山，不欲話別，妨動情感！相契將廿載，並無可留紀念者。如環境許可者，盼代繪一〈罔極庵圖〉，由幻住

---

46 《越縵堂日記》：「上諭侍郎寶廷奏，途中買妾，自請從重懲責等語。寶廷奉命典試，宜如何束身自愛，乃竟於歸途買妾，任意妄為，殊出情理之外，寶廷著交部嚴加議處。寶廷素喜狎游，為纖俗詩詞，以江湖才子自命，都中坊巷日有蹤跡，且屢娶狹邪，別蓄居之，故貧甚，至絕炊。癸酉典浙試歸，買一船妓，吳人所謂花蒲鞵頭船娘也。入都時，別有水程至潞河，及寶廷由京城以車親迎之，則船人俱杳然矣，時傳以為笑。今由錢塘江入閩，與江山船妓狎，歸途遂娶之，鑒於前失，同行而北，道路指日，至袁浦，有縣令詰其偽欲留質之，寶廷大懼，且恐疆吏發其事，遂道中上疏，以條陳福建船政為名，且舉薦落解閩士二人，謂其通算學，請特召試，而附片自陳，言錢塘江有九姓漁船，始自明代，典闈試歸，至衢州，坐江山船，舟人有女，年十八，奴才已故弟五人，皆無嗣，奴才僅有二子，不敷分繼，遂買為妾，明目張膽，自供娶妓，不學之弊，一至於此，聞其人面麻，年已二十六七。寶廷嘗以故工部尚書賀壽慈認市儈李春山妻為義女，及賀復起為副憲，因附會張佩綸、黃體芳等上疏劾賀去官，故有人為詩嘲之云：『昔年浙水載空花，又見閩孃上使槎。宗室八旗名士草，江山九姓美人麻。曾因義女彈烏柏，慣逐京娼喫白茶。為報朝廷除屬籍，侍郎今已婿漁家。』一時傳誦，以為口實。」（光緒八年十二月三十日）與日記引文略有出入。

五十年代

園而鳳池精舍而罔極庵，愈後愈罔極，鳳池已得佳繪，不知能再得一罔極庵否？卅年前，友人於乩壇問弟終身，得一詩，末云：『借問此生何處所，竹松影裏小禪齋。』或係預兆，此圖依此作簡淡迷離之景便相稱，以根本無是庵也。通信處以後再聞。精神相通，不在形跡，他日尊齋或聞笙鶴，或見天花散落，即我來時也。」

147　一九五三年一月十八日·美總統國情報告

美總統於每歲之初，例向國會作國情報告，杜魯門行將去職之總統也，今茲報告，特重任內八年之政績，蓋謂己身之未嘗尸位素餐也。其中末一節有曰：爾今而後，人類行趨毀滅之新世紀，唯時一彈之破壞力量，可以殺人百萬，一大都會可消滅於俄頃之間，數千年文化不難輕輕掃除，而今世固有文明，舉手可以蕩滌淨盡，以視當年廣島長崎雛形原子之彈，彷彿小巫之見大巫，其意若曰我人氫氣新彈今已試驗成功，明效昭彰矣。從而為結束之辭曰：余有一言願為史太林道之，子信列寧預言，以為共產黨之發展，在某階段中，將必與資本主義戰爭，列寧者，未發見原子彈以前產生之人物也，彼所知見之社會與歷史僅能根據彼時事實背景測斷之，自其思想著作發表以後，世界已有極大之變化，戰爭之形態與範圍，非復舊時所能想像，列寧所謂戰爭階段云者，不幸而付諸實施，適足以毀滅子之政權與祖國而已。余不知其黨當國尚須若干時間，方能認識此無懈可擊之真理，設或彼等而有此認識，我人仍願平心靜氣，相互協商以解面臨之危機而謀恒久之和平也。

說者曰：杜言含義，仍不脫圍堵政策之窠臼，圍堵六載，坐視共黨之日益強大，杜氏寧不知之，苟原子炸彈而有威脅強敵之作用，則中國之淪陷，朝鮮之戰爭，皆不必發生，而今何如者？

以氫氣彈言之，去年十一月，太平洋中恩業活托克珊瑚島

曾有試驗，試驗結果，掌軍政者關防嚴密，頗諱言之，外傳消息，語焉不詳，愛爾索伯 Joseph and Steward Alsop 昆仲嘗著論略述其效能，謂二次大戰期間，有所謂 Blockbustr 炸彈者，可毀都會建築物一區，其中含有 TNT 炸藥十有一噸，用於廣島長崎之原子彈，其爆炸力相等於 TNT 炸藥二萬噸，今茲新出之氫彈，殆可相等於 TNT 炸藥三百五十萬噸，論破壞之力一百四十平方英里將遭極重之毀滅，二百六十平方英里受次重之毀滅，火球上昇之時，在三百平方英里間，其至高酷熱程度，當者無不燃燒，其致焚者如死如棄，無待言矣。以彈落之點為中心，四出半徑，蓋達九英里又十之八，此為初試之彈言之也。自是厥後，技術益精，又增而當千萬噸 TNT 炸藥之力，非異人也。

芬賽德 Thomas Fin Lettr 美空軍部長也，亦言原子武器摧毀力強，匪可言喻，方其爆炸，其力之猛熱之熾，殆可虀粉華岳於俄頃，銷鎔金鐵為塵埃，事實昭彰，姑不備論，同時發出光線，厥名笳馬 Gamma Rays，中人即死，笳馬光線者，鐳性輻射之光線也。論其性質與我人習聞之無線電愛克司光極相似，而波尤短，治此學者，謂其波之長度，只及十公分，至今猶稱磁電光波之最短者，愛克司光非其倫也。其以此類工具，一旦用於屠殺之場，其於政治軍事所能發生之影響，殆不堪想像，設人類別有卓越之政治思想，足與科學家新發明所得，等其量而齊其觀，運其智慧以相克制，則人類之滅絕，可以不旋踵而即至，彼安居白宮而有主宰舉世人性命無上威權者，似猶未暇及此，吁可畏也，亦可慨也！

148 一九五三年一月二十二日・臘八粥

釋家以十二月八日為釋迦牟尼佛成道之辰，佛寺取香穀及諸果實造粥供佛，民間亦從其俗，謂之臘八粥。昔人詩有云「臘月八日粥，傳自梵王國。七寶美調和，五味香摻入。用

以供伊蒲，藉之作功德。僧尼為好事，踵事增華飾。此風未汰除，歲歲尚沿襲」者是也。[47] 童時每值是日，必得果實，雜煮粥中。中年旅食江南，猶循故事，以享家人。嶺南風俗，稍異故鄉，臘八食粥，不似北方之普遍。余一歲之中極鮮食粥者，今日飭廚孃試煮燒鴨粥，余盡三器，舉座欣悅，諸孫尤雀躍不已，不用果實而以燒鴨，棄素而茹葷，去釋氏戒殺之命意遠矣。然而今世引用舊典以緣飾其行事之荒謬無理者，比比皆然，何莫非葷臘八粥之類耶？

149 一九五三年一月二十六日・駱仰止赴日考察紡織

駱仰止赴日考察戰後日本之復興紡織工業及紡織機器之製造，經月而歸，為言日人戰前紡錠千二百萬，戰時陸續廢毀什七八，迨麥帥佔領初期，所存不足三百萬錠，經麥帥之卵育和平工業，日人賈其餘勇，一面借美產之棉從事復興，一面於紡織機械精工製造，由是舊有紡廠各自恢復擴充，至去年年底，為時才七載耳，已有七百五十萬錠。以與東南亞諸邦商約未訂，製成布疋，不能如戰前之遍銷南洋，致已置紡機，無由全開，今茲在實際工作中者，不過五百萬錠，而紡織機器之生產，尤嫌過剩。當大戰初罷，每萬錠之值可美金五十萬元，目前日人存機待賣，可以美金二十萬元或二十萬元以下得之，其當國者勸告製造廠家移轉方向，從事軍械之改製，適應國

47　《清嘉錄》「臘八粥」條有李福〈臘八粥詩〉：「臘月八日粥，傳自梵王國。七寶美調和，五味香糝入。用以供伊蒲，藉之作功德。僧尼多好事，踵事增華飾。此風未汰除，歲歲尚沿襲。今晨或饋遺，啜之不能食。吾家住城南，饑民兩寺集。男女叫號喧，老少街衢塞。失足命須臾，當風膚迸裂。怯者蒙面走，一路吞聲泣。問爾泣何為，答言我無得。此景親見之，令我心悽惻。荒政十有二，蠲賑最下策。慳囊未易破，胥吏弊何極。所以經費艱，安能按戶給。吾佛好施捨，君子貴周急。願言借粟多，蒼生免菜色。此志虛莫償，嗟歎復何益。安得布地金，憑仗大慈力。睠焉對是粥，跂望蒸民粒。」

防之需要，商人怵於已往戰備苦痛之經歷，期期艾艾，雖大利所在，而不敢貿然應命也。仰止又言：港廠設備，在今自為第一流，然以技術而論，猶遜日人遠甚。紡廠如此，織廠相差更巨，不特彼邦出品佳，生產高而管械工人亦少於我，工場之整潔，自非目睹者至不敢置信。南海在諸港廠中最稱技術精湛，而仰止借鏡鄰邦，切磋琢磨，日進無已。茲復以考察心得，勤懇為紡校諸友好詳哉言之，是誠能副先校長張嗇公忠實不欺、力求精進之教訓者矣。

150 一九五三年三月十日‧邵次公為胡適之改新詩

胡適之嘗為新詩，以首句「依舊月明時」為題，為憶其友好徐志摩乘機喪生而作也。[48]

依舊是月明時，依舊是空山夜；

我踏月獨自歸來，這淒寂如何能解？

翠微山上的一陣松濤，驚破了空山的寂靜；

山風吹亂了窗上的松痕，吹不散我心頭的人影！

邵次公瑞彭見之曰：是詩意致殊佳，略加刪節修飾，即復舊詩面目，而無損於作者徘徊纏綿之情緒也。

依舊月明時，依舊空山夜。踏月獨歸來，淒寂如何解。

松濤喧翠微，驚破空山寂。山風亂窗痕，心上影難滅。

48　胡適〈秘魔崖月夜〉：「依舊是月圓時，／依舊是空山靜夜，／我獨自月下歸，／這淒涼如何能解。／翠微山上的一陣松濤，／驚破了空山的寂靜。／山風吹亂了窗紙上的松痕，／吹不散我心頭的人影。」日記引文略有出入。又此詩應與胡適表妹曹誠英有關。此詩寫於一九二三年十二月，徐志摩一九三一年十一月遇空難，故此詩應與悼念徐氏無關。

151 一九五三年三月二十七日・荃灣上海紗廠易手

荃灣上海紗廠既因負債過重，不能周轉，而致停滯，江上達再四乞援於同業，同業鑒於負債遠逾於資產，又不欲折減其價，重傷上達之心，大都婉言卻之，遊說數月，效同捕風。匯豐銀行為第一債權，交涉良久不得，當援據約文，舉廠產付之拍賣，同業既前遜謝無貸，至是袖手作壁上觀。初標值四百萬元，無應者，繼而遞減，仍無應者，最後乃以二百五十萬元，逕由匯豐承購，於是其他債權，不論多寡，悉無所得。會德豐者，原營航業，前數年嘗以其股票流行滬市，獲利無算，至是斥資二百七十萬元向匯豐轉買，名其新組織曰：Hong Kong Textile Corporation，資本二千五百萬元，董事人物盡港市知名之士。

香港之有棉紡織工業，最為晚近，蓋自大陸紛亂無已，知命者不欲久處巖牆，捨棄固有，挾資南下，用既置之械，創新興之業，先後經營，為廠十三，曰香港、偉綸、南洋、九龍、大南、上海、寶興、大元、怡生、南海、新華、東南、聯泰，有紡錠二十一萬枚強，計所投資逾二億元，有工人二萬九千人左右，佔香港註冊工人總數三之一焉。凡此不僅為華資，並一切悉為江南人所有，至是遂喪其一。西人迷信者以十三為不祥之數，今上海紗廠忽焉易手，斯於南來流亡人士，誠哉其為不祥，而楚弓楚得，廠則猶在，就港而言，無所損也。獨江上達所託非人，致流亡孤寡，喪資鉅大，是可歎耳！

152 一九五三年四月九日・廣州光孝寺

廣州光孝寺為虞仲翔先生故宅之遺址，亦即弘忍法師傳衣鉢於六祖慧能之地。如來涅槃後附囑迦葉大師為第一祖，二十八傳至達摩，是為東土初祖。梁武帝時，達摩至廣州，後居嵩山，面壁九年而化，慧可傳其衣鉢，是為二祖，三祖僧

璨，四祖道信，五祖弘忍，弘忍卓錫於廣州光孝寺，寺之殿前有一池，池旁有菩提樹一株，相傳乃達摩移自西土者，至今尚在。一日，有兩僧坐於台階上，偶見殿前之幡，因風搖曳。一僧曰幡動，一僧曰風動，呶呶不已，忽聞背後有人曰：「非風動，非幡動，賢者心自動。」則見說話者，乃寺中舂米工人，姓盧，廣東新興縣人，因而奇之。梁仲策《曼殊室隨筆》謂兒時猶見池邊風幡堂懸長聯曰：「風動也，幡動也，清池碧水湛然；東土耶？西土耶？古木靈根不異。」即用此故實。菩提樹在風幡堂前，一日，五祖弘忍法師欲傳衣鉢，集寺眾於一堂以說偈。其大弟子神秀曰：「心似菩提樹，意如明鏡台。時時勤拂拭，勿使惹塵埃。」五祖首肯，忽聞一人揚言於眾曰：「菩提本無樹，明鏡本無台。本來無一物，何處惹塵埃。」五祖大驚，視之則盧姓之舂米工人也。因即為剃度，傳以衣鉢，命名曰慧能，是為六祖。隨後六祖卓錫於韶州曹溪之寶林寺，唐玄宗時卒，六祖以後，衣鉢不再傳矣。

六祖一派，是為禪宗，其法門曰心即是佛，故亦稱心宗，謂一覺便得，不必讀經云。

153　一九五三年四月十二日‧清末太監弄權

清代鑒於前朝閹封弄權之失，開國時謀所以塗患防微者，至周且密。及其末造，有安得海、李蓮英之屬，倚恃女主之寵眷，亦頗口含天憲，施其威福，不復永安於掖庭永巷之職、閨牖房闥之任矣。猶幸祖宗定制，禁令明白，直臣糾彈，援引有方，使彼作惠作威、舞文弄法之流，未至前代之倡狂，因而迷瞀視聽，傾危家國，則有清創業諸主立法得體之明效也。安得海事，薛福成《庸庵筆記》先有記述，然不及嘉興朱采亮生《清芬閣集》所載之尤詳，其言曰：

安得海者，慈禧太后小宮侍，都人士所謂小安兒也。面微頹，服飾斬然，性狡點，而誕漫跌宕，氣燄赫一時。己巳歲秋

（同治八年，公曆一八六九年）忽稱奉懿旨挾其徒數十人，浮運南下，揭榜曰採辦，守土吏事之唯謹。七日抵山東境，時德州知州為天津趙新，津吏以欽使報，趙君疑焉，使人伺之，見鉅艦豎異色幟，船上有僧有優有倡，有商賈服，有俠士裝，而所謂欽差則六品頂戴一少年閹也。既而登岸，布席於地，男女雜坐，歌呼叫號，飲啖甚豪，趙君得報，默不語，扃戶作稟，馳報中丞。時東撫為平遠丁公寶楨，亟檄途牧守，到即截留，無令逗越。趙君得檄已不及，而東昌知府鄭君繩武尾其後而行，而濟寧知州王錫齡亦如之。將順流南下矣，會水涸道梗，不能舟，改道遵陸，而南遊之意亦倦，折而北將登泰山。泰安知縣何安泰因詒以入省，丁公令館伴羈留，而抗疏請誅之奏至，王大臣咸以祖制宦官無擅出國門，矯制罪大，且三足烏旗慈駕所建，非人臣所當御，請誅之，以申邦憲。兩宮可其奏，遂於某日誅安監於濟南市，其徒十四人駢首併戮，中外傳以為快。方何之館伴也，日與之縱飲遨遊為樂，亦陰懼不勝，常密請於中丞，幸業已入告，勢不能中止。憶丁卯戊辰間（同治六年七年），余在京師，安監勢方熾，建大第厚載門，出入無節，朝士有趨附之者。性好鷹犬禽鳥，倡優百戲之屬，嘗走車於天橋，衣裝詭異，騎從甚都，觀者填街巷，總憲武陟毛公將擒治之，稍戢，而官內務府者事之尤謹。常怒一郎會監工，使曝赤日中以困之，必附己而後已。

李蒪客越縵堂光緒元年乙亥日記云：「聞昔年安得海市寵時，曾文正入覲，一日湖廣會館公宴，酒酣，文正慨然曰：『盛哉我兩湖之人物也，因屈指曰；湖北一人，湖南一人。』蓋其時有兩侍郎，皆與安豎款密也。」

154 一九五三年四月十五日・香港・羅癭公程硯秋故事

羅癭公，粵之順德邑城人，客京師不歸故鄉者久矣。順德邑城以龍羅二姓為巨族，羅惇衍椒生於清末為名宦，癭公出身

世家子，風流倜儻，清社既屋，自居於遺民之列，與曾剛甫習經以詩名重當時，淡於營利，日以飲酒聽歌為樂。故都捧伶之風素盛，梨園子弟之能翅其譽者，多出文人墨客之揄揚。時程艷秋於舞台中初露頭角，羅獨賞識之，認為可造之材，慨然解囊相助，使之從梅蘭芳遊，復親撰詞曲，為譜新聲，經以陶鎔，曾不幾時，艷秋之名鵲起，與梅蘭芳並霸藝壇矣。其後羅且病困甚，艷秋念無羅無以致今日，晨夕侍疾，衣不解帶，羅死，復為經紀其喪，殯之日，素衣躃踊，哭之如父，以是人咸高其義。羅於彌留時，嘗自書遺囑，附以詩數則，命家人於發訃時鑄銅版附刊之，亦訃聞中之罕見者也。其遺囑曰：程君艷秋，義心至性，照撢古人，慨然任吾身後事，極周備，將來震艮兩子，善為報答，甲子八月初四日晨，羅癭公倚枕書，蓋支離極矣。其遺詩曰：「故人每掛音書絕，忽訝訛言已九原。一客相存報奇事，又求遺墨海王村。」（自注云：客歲余病篤，有搜余墨蹟於廠肆者，今聞又有搜求者矣。）「吞針一鉢同羅什，祖背瘢痕似鄂公。今歲再蒙天所赦，自標新號署牲翁。」（住醫院以來，身受注射三百餘針，兩臂兩腿無完膚矣。）「平生自詡安心法，每為嗔癡損道功。今日病中才悟徹，萬緣滅盡一心空。」（病中楚酷，凡人生痛苦，靡不盡歷，惟滅盡思想，則痛苦漸減，今則痛苦漸盡，思想復起，仍當力破嗔癡耳。）詩人怪癖，至死不忘，亦可哀也。羅死後，艷秋為營葬於西山，風景清幽，歲時祭祀，必躬詣墓前，牲醴以祭，又復時資其家人，使無窘乏，可以風矣。

155　一九五三年四月十八日·李釋堪戲贈陳墨香

二十年前，燕京文士嫌於流行曲本文辭之鄙陋，多為伶工特編新劇，羅癭公李釋戡諸君子皆其人也。有陳墨香初無大名，為荀慧生製劇甚精，李釋戡有戲贈二絕，詩曰：

曲意爭矜玉茗堂，喉嚨拗折不思量。鳳城日日添歌管，協

律誰如陳墨香。（沈寧庵嘗取湯若士《牡丹亭》曲易其不合律處，介友致之，若士笑曰，彼惡知曲意哉，吾意所至，不妨拗折天下人喉嚨，今之製曲者，每援是語以文，甚陋矣！）

于令詞風荀令香，小留香館靚輕妝（陳二白字于令，《新傳奇品》云：二白之詞，如閨女靚妝，不增矯飾。[49]「小留香館」，慧生所居也）。新翻一曲釵頭鳳，惱亂長安士女腸。

156 一九五三年四月二十一日・以下俱在香港所記・迎神賽會

故鄉姜竈港廟宇三所，仙神為多，鮮奉佛者。出巡之神有三：曰都天，曰立報司，曰城隍。都天者，張睢陽也，鄉人稱都天菩薩，鬼神也，而菩薩之莫能名，其所以然。立報司清代循吏，李其姓，以賑災不苟，為吏胥所戕，余嘗錄其事跡。姜竈港有城隍像二，出巡者供於鎮北天后宮大殿之東，其在玉皇殿之西廡者，香火不盛，同一神也，而所擁信徒殊異，則所享權利亦有差別。鎮北稱老街，居戶多操南通方言，其南新街則海門方言，意者方言互異，習慣不同，則各奉一神，不相雜廁矣。

迎神賽會之行列，與周作人所述紹興風俗，大同小異，周君所記二三丈之高照，我鄉無之，以小女兒扮戲劇故事人物，台閣之外，別有所謂站肩者，生旦淨丑，無所不備，冠帶服飾，鮮麗耀目，分站壯夫之肩，每折人物，自成一組，積數折則數十人乃至百餘人，連綿徐進，殊為美觀。有燒拜香者，人奉小案，形似長方小凳，才逾尺耳，中縛香爐，焚檀香，爐之兩旁大都為小黃楊樹，植小瓶或小盆中，枝葉間繫以紅絨球小

49　《新傳奇品》：「陳二白長洲人，閨女靚妝，不增矯飾，所著傳奇三本。」

銅鈴，行時琤琮有聲，搖曳生姿，一人持鑼前導，鏗然一聲，燒香者奉案回身，向神之來處下跪膜拜，金聲二下，起立轉身，繼續前進。又有燒肉香者，人數不及拜香之多，然亦動輒三五十人，起行之前，跪禱神前，袒露上身，以針洞貫兩臂，銅絲穿孔，懸盤香焉，左右臂各三四香盤，起立則持工字形短木杖支腰間，額縛神馬，若冠然。又以長針穿兩頰，懸盤香於兩端，神駕將發，各燃香列隊而行，洞穿臂頰，自是肉刑自加，顧不見出血，信徒謂一心誠敬，則為明神所祐，其然豈其然耶？又有被赭衣袴具桎梏加銅鏈於項，若罪犯然，亦輒十數人別成一隊，童稚不能遠行，家人左提右挈以從。凡此率平時疾病，禱神護宥，會期齊集還願者，《夢粱錄》所謂答賽帶枷鎖者也。神像乘錄呢大轎，八人攜之，皂隸前呵後擁，若清代大吏出行然，不用顯轎，此則異乎越俗所記種種，余童時固年年習之，歷時四五十年，一切變更，回憶前塵，彷彿夢境矣。

157　一九五三年五月一日・章太炎為黃晦聞作墓誌銘

　　黃晦聞節，順德甘竹鄉人，粵人稱其詩清新雋逸，卓然獨到，曾與曾剛甫、丁叔雅並為嶺南新三家，以民國二十四年客死燕京。餘杭章太炎為誌其墓曰：

　　晦聞諱節，廣東順德人，弱冠事同縣簡先生朝亮，簡先生者，與康有為同師，而學不務恢怪，性尤清峻，寡交游，事之數歲，通貫大體，冠其儕。歸獨佛寺讀，又十年，學既就。會清廷失敗，群仳用事，遂走上海，與同學鄧實等集國學保存會，蒐集明清間禁書數十種，作《國粹學報》，以辨夷夏之義。時炳麟方出繫，東避日本，作《民報》與相應，士大夫傾心克服自此始。簡先生聞二生抗言以為狂，頗風止焉，而二生持論如故。時兩江總督端方知不可奈何，欲以賂傾之不可得。香山孫公主中國同盟會，聞晦聞賢，以書招之，亦不就。及民國興，諸危言士大抵通顯，晦聞獨寂寂無所附，其介特蓋天性

也。始自廣東高等學堂監督,歷京師大學文史教授,凡在北平十七年,中間嘗出任廣東教育廳長、通志館長,歲餘即解去。其為學無所不窺,而歸之修己自植,然尤好詩,時託意歌詠。晦聞始因京師大學校長蔡元培招充教授,然與元培不相中,其後睹學制日頹,與人言輒憤比久之。民國二十二年,簡先生歿,晦聞哭盡哀,自是始病。二十四年一月,卒於北平,春秋六十有二。先卒時,人為刻其《蒹葭樓詩》二卷,然諸涉風刺者亦略刪之矣。男子二,大星、大辰,女子三,以其年四月葬於白雲山之阡,以狀屬為之銘。予之辭不足以增飾晦聞,然使晦聞而用,民國之政必不至渝薄以逮今日無疑也。乃為銘曰:其言足興,不列勳籍,其默足容,又何諮諮,蓋剛積其中而守以淡泊,彼褐之父兮,孰知其之精白。古所謂天民者,其斯人之徒歟?其斯人之徒歟![50]

---

50 《越風》1935 年第 4 期章太炎〈黃晦聞墓誌銘〉:「晦聞諱節,廣東順德人,弱冠事同縣簡先生朝亮。簡先生者;與康有為同師,而學不務恢怪,性尤清峻,寡交遊。事之數歲,通貫大體,冠其儕,歸獨居佛寺讀書。又十年,學既就,值清廷失政,群仳用事,遂走上海,與同學鄧實等,集國學保存會,蒐明清間禁書數十種,作《國粹學報》,以辨夷夏之義。時炳麟方出繫,東避地日本,作《民報》與相應,士大夫傾心光復自此始。簡先生聞二生抗言以為狂,頗風止焉,而二生持論如故。清兩江總督端方,知不可奈何,欲以賂傾之,不能得。香山孫公主中國同盟會,聞晦聞賢,以書招之,亦不就。及民國興,諸危言士,大氐致通顯,晦聞獨寂寂無所附,其介特蓋天性也。始自廣東高等學堂監督,歷京師大學文史教授,凡在北平十七年,中間嘗出任廣東教育廳長、通志館長,歲餘,即解去。其為學無所不窺,而歸之修己自植,然尤好詩,時託意歌詠,亦往往以授弟子,以為小家琦說,際亂而起,與之辯,則至詢訟,終不可止。詩者:在情性之際,學者浸潤其辭,足以自得,雖好異者不能奪也。其風旨大抵近白沙,而自為詩激昂庸峻過之。自漢魏樂府及魏三祖陳王阮藉謝靈運鮑照詩,皆為註釋,最後好崑山顧氏詩,蓋以自擬云。晦聞始因京師大學校長蔡元培招,充教授,然論與元培不相中,其後睹學制日頹,與人言,輒憤叱久之。民國二十二年,簡先生歿,晦聞哭盡哀,自是始病,二十四年一月,卒於北平。春秋六十有二。先卒時;人為刻其《蒹葭樓詩》二卷,然諸涉風刺者,亦略刪之矣。子男二:大星,大辰;女子子三,以其年四月葬於白雲山之阡,以狀屬為之銘,余之辭不足以增飾晦聞,雖然使晦聞而用,民國之政,必不渝薄以逮今日無疑也。乃為銘曰:其言足興,不列勳籍;其默足容,又何諮諮。蓋剛峻其中,而守以淡泊,被褐之父兮,孰知吾之精白。古所謂天民者,其斯人之徒歟!其斯人之徒歟!」內容、句讀與日記引文有出入。又本則日記標題原作「章太炎為黃季剛作墓誌銘」,證諸日記內容,「黃季剛」應是「黃晦聞」。黃季剛是黃侃,黃晦聞是黃節;今據事實改正。

　　錢賓四先生近撰中國道家思想大宗師莊周新傳，取南華各篇故實，傳漆園中心思想，而以語體文出之，顯豁辭達，得未曾有。文曰：

　　儒家道家乃中國思想史裏的兩條大主流，儒家宗孔孟，道家祖老莊，《論語》、《孟子》、《老子》、《莊子》四部書，兩千年來為中國智識階級人人所必讀，若就現代人目光，根據種種的論證，《莊子》一書，實在老子五千言之前，莊周以前，是否有老聃這一人，此刻且不論，但老子五千言則決然是戰國末期的晚出書。如此說來，道家的鼻祖從其著書立說，確然成立一家思想的功績言，實該推莊周。

　　莊周是宋國人，宋出於商之後，中國古代東方的商（地名）人，和西方的周人，在性格上，文化上有顯然的不同，古人說商尚鬼，周尚文。商人信仰鬼神與上帝，帶有濃重的宗教氣。這一層只看商湯的種種故事與傳說，便可推想了。和此相關的是商人好玄理，他們往往看重一種理想，勝過於人生之實際，如春秋時之宋襄公，他守定了君子不重傷不禽，二毛不鼓不成列幾句話，不管當面現實，給楚國打敗了。春秋中晚期，宋向戌出頭發起弭兵會，這還是宋人好驚於高遠理想之一談。

　　但古人又說商尚質，周尚文，商人既帶宗教氣，重視鬼神重於生人，又好懸空的理想，而忽略了眼前的實際，如何又說他們尚質呢？因質是質樸義，又是質直義，大概商人抱定了一觀念，便不顧外面一切，只依照他心裏的觀念率直地做出來，不再有曲折，不再有掩藏，因此說他們尚質了。在《孟子》書裏有宋人揠苗助長的故事，在《莊子》書裏有宋人資章甫適諸越的故事，在《韓非》書裏有宋人守株待兔的故事，在《列子》書裏有宋人白晝攫金的故事，這些也可以看出商人的氣質，他們心裏這麼想，便不顧及外面一切的環境與情實，這也是他們質的一面呀！莊子是宋國人，我們該了解當時宋人一般的氣

質，可以幫助我們了解莊周之為人及其思想之大本。

　　莊周是宋之蒙縣人，這是一小地方，在今河南省商丘附近向北四十里處便是了。在當時已是偏於中國的東南，那裏有一個孟渚澤，莊周還常去捕魚的。戰國時那一帶的水利，又不斷有興修，有一條汳水，為當時東南地區通往中原的要道。莊周便誕生在這交通孔道上。直到西漢時，那一帶地區土壤膏腴，水木明秀，風景清和，還是一好區域，所以漢文帝特把他來封他的愛子梁孝王。梁國有著名的東苑，苑中有落猨巖、棲鳳岫、雁池、鶴洲、鳧渚諸宮觀，那裏充滿着奇果與佳樹、瑰禽與異獸。自苑延亘數十里，連屬到平台。平台俗稱修竹苑，那裏有蒹葭洲、鳧藻洲、梳洗潭。漢時，梁國在睢陽，即今河南商丘縣之南，若沒有天時、地利、物產種種的配合，梁孝王不能憑空創出一個為當時文學藝術風流薈萃的中心。莊周的故鄉便在這一地區內，我們卻不能把現在那地區的乾燥枯瘠來想像這曠代哲人，而同時又是絕代大文豪的生地呀。

　　莊周曾做蒙之漆園吏，《史記》〈貨殖傳〉說陳夏千畝漆，這指的私人的經營，在戰國中期大概這些還是貴族官營的。莊周為漆園吏，正如孔子做委吏與乘田，但漆園究竟是青綠的樹林，更與天地自然相接觸，沒有多少塵俗的冗雜，這當然是莊周自己存心去挑選的一個好差使。

　　莊周正與梁惠王同時，梁惠王是戰國最早第一個大霸主，在那時已是游士得勢的時期了。莊周有一位老友惠施，卻是梁惠王最尊信的人，曾在梁國當過長期的宰相，梁惠王尊待他，學着齊桓公待管仲般，不直呼他姓名，也不以平等禮相待，尊之為父執，稱之曰叔父，自居為子姪輩，但莊周與惠施不僅在思想學說上持異，在處世作人的態度上，兩人也不相同，莊周是一個儒家，所謂隱居以求其志的人，他認為天下是沉濁的，世俗是不堪相與處的，他做一個漆園吏，大概他的生活可以勉強解決了，他也並不想活動，他對世俗的富貴顯達，功名事業，真好稱是無動於心的。

他曾去看他的老友梁國大宰相惠施，有人對惠施說：「莊周的才辯強過你，他來了，你的相位不保了。」惠施着了慌，下令大梁城裏搜查了三天三夜，要搜查莊周的行蹤，結果莊周登門見他了，莊周說：「你知道南方有一種名叫鵷鶵的鳥嗎？它從南海直飛到北海，在那樣遼遠的旅程中，它不見梧桐不下宿，不逢醴泉不下飲，不遇楝實，俗稱金鈴子的，它就不再喫別的東西了。正在它飛過的時候，下面有一隻鴟，口裏啣着一死鼠，早已腐爛得發臭了，那隻鴟生怕鵷鶵稀罕這死鼠，急得仰着頭對它張口大叫一聲，嚇！現在你也想把你梁國的相位來向我嚇的一聲嗎？」

或許他因惠施的關係，也見過梁惠王，他穿着一身大麻布縫的衣，還已帶上破綻了，腳上一雙履，照例該有一條青絲縛着做履飾，這在當時叫做絇，絇鼻則罩在履尖上，莊周沒有那般講究，他把一條麻帶捆着履，這樣去見梁惠王。惠王說：「先生你那樣地潦倒呀？」莊周說：「人有了道德不能行，那纔是潦倒呀，衣破了，履穿了，這並不叫潦倒，而且這是我遭遇時代的不幸，叫我處昏君亂相間，又有甚麼辦法呢！」這算當面搶白了梁惠王，惠王和他也就無話可說了。

後來楚王聽到了他大名，鄭重地派兩位大夫去禮聘，莊周正在濮水邊釣魚，那兩位大夫鞠躬說：我們大王有意把國家的事情麻煩你先生，莊周一手持着釣魚竿，半睬不睬地說：我聽說楚國有隻神龜，死了已三千年，你們國王把它用錦巾包着，繡笥盛着，藏在太廟裏，遇着國家有疑難事，便向它問吉凶，我試問這一隻神龜，寧願死了留這一套骨殼給人貴重呢？還是寧願活着在爛泥路上拖着尾爬着呢？那兩大夫說：為神龜想，是寧願活着拖着尾在泥路上爬着的。莊周說：好，你們請回吧，我也正想拖着尾在泥路上爬着呀！

有一次，宋國有一個曹商，奉宋王命使秦，大得秦王之懽心，獲得一百輛的車乘，回到宋國來，他去見莊子。他說，要叫我住窮巷矮簷下，黃着臉，縮着頸，織着草鞋過生活，我沒

有這本領，要我一句話說開了萬乘之主的心，立刻百輛車乘跟隨我，這我卻有能耐。莊周說：我聽說秦王病了，下詔求醫生，替他破癰潰瘡的賞一乘車，替他舐痔的賞五乘車，做的愈臭愈下的，得車愈多，你也替秦王舐了痔的吧？怎麼得這許多車？好了，請你快走吧。

但莊周的生活有時也實在窘得緊，有一次，他到一位監河侯那裏去借米，監河侯對他說：好，待我收到田租和房稅，借你兩百斤黃金吧。莊周聽了，忿然地直生起氣來，他說：我昨天來，路上聽得有叫我的，回頭一看，在車輪壓凹的溝裏，有一條小魚，我知道是它在叫我，問道：小魚呀，你甚麼事叫我呀？那小魚說：我是東海之波臣，失陷在這裏，你能不能給我一斗一升水活我呢？我說好吧，讓我去游說南方的吳王與越王，請他們興起全國民眾，打動着長江水來迎接你好不好？那小魚生氣了，它說我只要你一斗一升水，我便活着了，你這麼說，也不煩你再去吳國與及越國，你趁早到乾魚攤上去找我吧！

莊周大概這樣地過着一輩子，他的妻先死了，他的老友惠施聞訊來弔喪，莊周正兩腳直伸，屁股着地，敲着瓦盆在唱歌，惠施說她和你過了一輩子，生下兒子也長大了，她死了你不哭一聲也夠了，還敲着瓦盆唱着歌，不覺得過分嗎？莊周說：不是呀，她初死，我心上那裏是沒有甚麼似的呢，但我仔細再一想，她本來沒有生，而且也沒有形，沒有絲毫的影蹤的，忽然裏有了這麼一個形，又有了生命，此刻她又死去了，這不像天地間的春夏秋冬隨時在變嗎？她此刻正像酣睡在一間大屋裏，我卻跟着號咷大哭，我想我太想不通了，所以也不哭了。後來莊周也要死了，在他臨死前，他的幾個學生在商量如何好好地安葬我們的先生，莊周說：我把天地當棺槨，日月如連璧，星辰如珠璣，裝飾得很富麗，世界萬物，盡做我齎送品，我葬具齊備了，你們再不要操心吧。他學生說：沒有棺槨，我們怕烏鴉老鷹喫了你，莊周說：棄在露天送給烏鴉老鷹

喫，埋在地下送給螻蛄蟻螞喫，還不是一樣嗎？為甚麼定要奪了這一邊的食糧，送給那一邊，這都是你們的偏心呀！

莊周真是一位曠代的大哲人，同時也是一位絕世的大文豪，你只要讀過他的書，他自然會說動你的心，他的名字，兩千年來常在人心中，他笑盡罵盡了上下古今舉世的人，但人們越給他笑罵，越會喜歡他，但也只有他的思想和文章，只有他的笑和罵，真是千古如一日，常留在天壤間，他自己一生的生活卻偷偷地隱藏過去了，並不為後人所詳細地知道，只知道有這樣一個人就是了。他的生平，雖非神話化，但已故事化，上面所舉，也只可以說是他的故事吧，若我們還要仔細來考訂，那亦是多餘了。

但莊周的思想和文章，卻實在值得我們去注意，據說在他以前的書，他卻讀遍了，在他以前各派的學術和思想，他都窺破了他們的底細了，但從不肯扳着面孔說一句正經話，他認為世人是無法和他們講正經話的呀。所以他的話總像是荒唐的、放浪的、沒頭沒腦的、不着邊際的，他對世事瞧不起，從不肯斜着瞥一眼，他也不來和世俗爭辯是非，他時時遇到惠施，卻會痛快地談一頓。

有一次他送人葬，經過惠施的墓，他驀地感慨了！他對他隨從的講着一段有趣的故事。他說昔有郢人，是一個泥人匠，一滴白粉髒了他的鼻尖，像蒼蠅翼般一薄層，他叫一木匠姓石的，用斧頭替他削去這一薄層白粉，那石木匠一雙眼似乎看也沒看似的，只使勁運轉他手裏的斧，像風一般地快，當它掠過那泥水匠的鼻尖尖，那泥水匠兀立着不動，像若無其事的樣子，儘讓對面的斧頭削過來，那薄層白粉是削去了，泥水匠鼻尖皮卻絲毫沒有傷。宋國的國王聽到了，召去那石木匠說：你也替我試一試你的手法吧，石木匠說：我確有過這一手的，但我的對手不在了，我的這一手無法再試了。莊周接着說：自從這位先生（指惠施）死去了，我也失了對手方，我沒人講話了。

其實惠施和莊周雖是談得來，卻是談不攏。有一次，兩人

在濠水的石梁上閒游，莊周說：你看水面的三條魚從容地游着，多麼快樂呀，惠施說，你不是魚，怎知魚的快樂呢？莊周說：你也不是我，你怎知我不知魚的快樂呢？惠施說：我不是你，誠然我不會知道你，但你也誠然不是魚，那麼你也無法知道魚的快樂是完完全全無疑了。莊周說：不要這樣轉折地儘說下去吧，我請你循着你開始那句話來講，你不是問我嗎，你怎知道魚的快樂的，照你這樣說，你早知道我知道魚的快樂了，你再要問我怎麼知道的，我是在這石梁上知道了的呀。

這裏可見莊周的胸襟，惠施把自己和外面分割開，好像築一道牆壁般，自己圍困住，牆壁以外便全不是他了。因此他不相信外面，也不知樂與不樂，莊周的心則像是四通八達的，他並沒有把自己和外面清楚地劃分開，他的心敞朗着，他看外面是光明的，因此常見天地萬物，一片快樂。

又一次他們兩人又發生辯論，惠施問莊周：人真個是無情嗎？莊周說是，惠施說：沒有情，怎算得人呢？莊周說：有了人之貌，人之形，怎不算是人？惠施說：既叫是人了，那得無情呢？莊周說：這不是我所說的情，我是要你不要把好惡內傷其身呀！這兩番辯論該合看，惠施既自認不知道外面的一切，卻偏要向外面分好惡，那又何苦呢？莊周心上則是內外渾然的，沒有清楚地劃分出我和外面非我的壁壘，他在濠上看到魚群出游覺得它們多快樂呀，其實魚的快樂還是從莊周心上的快樂，那是自然一片的，不是莊周另外存有一番喜好那魚之情夾雜在裏面，照他想，似乎人生既不該有衝突，也不該有悲哀。

莊周抱着這一番他自己所直覺的人生情味想要告訴人，但人那肯見信呢，說也無法說明白，所以他覺得鵙呀、鵬呀、雉呀、魚呀，一切非人類的生物，反而比較地像沒有心上的壁壘，像快樂些，像更近道些，像更合他的理想些，他只把他心中這一番見解告訴人，但他又感得世人又是無法對他講正經話，因此他只有鵙呀、鵬呀，假着鳥獸草木，說了許多的寓言，他又假託着黃帝呀、老子呀，說了許多的重言，重言只是

借重別人來講自己的話，其實重言也如寓言般，全是虛無假託的，他自己也說是荒唐。

莊周的心情初看像悲觀，其實是樂天的，初看像淡漠，其實是懇切的，初看像荒唐，其實是平實的，初看像恣縱，其實是單純的，他只有這些話，像一戹子裏流水般，汨汨地盡日流，只為戹子裏水盛得滿，盡日汨汨地流也流不完，其實總還是那水，你喝一口是水，喝十口百口還是水，喝這杯和喝那一杯，還是一樣地差不多。他的話說東說西說不完，他的文章連連牽牽寫不盡，真像一戹水總是汨汨地在流，其實也總流的是這些水，所以他要自稱他的話是一種戹言了。

但莊周似乎畢竟太聰明些，要他那一戹水幾千年人喝着太淡了，又像太洌了，總解不了渴，反而覺得這戹水千變萬化地好像有種種的怪味，儘喝着會愈愛喝，但仍解不了人的渴，究不知這兩千年來幾個是真解味的，喝了他的戹水真能解渴呀！

你不信，你何妨也拿戹子到口來一嘗看是怎樣呢？

159 一九五三年六月四日·香港·張菊生硃批〈康有為傳〉

《清史稿》關外本有〈康有為傳〉，汪杆庵嘗得其傳鈔本，有張菊生硃批數處，是正傳文之誤，治近代史者所宜知也。張康同為戊戌黨人，同日召見，同時獲罪，其言信而有徵，杆庵並據其他著作，為之考證。

二十四年（光緒），有為立保國會於京師，尚書李端棻，學士徐致靖、張百熙，給事中高燮曾等先後疏薦有為才。

有為為其母勞太夫人所撰墓表云：丁酉以膠州割，詣闕上書，翁常熟以國士舉，受德宗景皇帝之知，毗贊百日之維新，諫行言聽，大變新法。蓋有為為翁同龢所保舉，世皆熟聞。今傳文不載，殆宋見於奏章故也。孫雄翁文恭公別傳云：光緒二十四年戊戌四月，有詔令開缺回籍。九月又奉嚴旨革職，

交地方官嚴加管束。嚴旨又有力保康有為，謂其才勝臣十倍之語，公實無此言，皆剛毅輩不愜於公，設詞以傾公，且以傾德宗也。有為通籍，公初賞其才，嗣見孔子改制考，力斥其謬，戒閽者不與通報，且曾於入對時言之，謂此人居心叵測，語亦詳日記。孫雄撰說林，曾將文恭日記所載與有為關係事實，鈎稽鈔出，力辯無保舉有為事。金梁輯《近代人物誌》，則謂文恭日記，似有抽換更改痕跡，蓋所載李越縵卒年不符也。時同龢憂讒畏譏，處境艱危，深懼抄沒，且夕不測，其追改日記，事或有之。證以有為所撰其母墓表，則日記所云，殆有飾辭，上諭謂力保有為，殆屬面奏，其才勝臣十倍之語，則非外間所深悉矣。

至是始召對，有為極陳西夷交侵，覆亡無日，非維新變舊，不能自強，變法須統籌全局而行之，徧及用人行政。上嘆曰：奈掣肘何？有為曰：就皇上現有之權，行可變之事，扼要以圖，亦足救國，唯大臣守舊，當廣召小臣，破格擢用，並請下哀痛之詔，收拾人心，上皆韙之，自辰入至日昃而退。

張元濟曰：自晨入至日昃始退，並無其事，元濟是日同被召見，康先入不過十餘分鐘即退出。杆庵引《戊戌政變記》云：光緒二十四年四月二十五日，上諭翰林院侍讀徐致靖奏保舉通達時務人才摺，工部主事康有為、刑部主事張元濟，着於本月二十八日預備召見。又云：二十八日召見康有為於頤和園之仁壽殿，歷時至九刻鐘之久，則傳文殆據政變記而云然。並議開懋勤殿，定制度，改元易服，南巡遷都，未及行。以抑格言路，首違詔旨，盡奪禮部尚書侍郎職，舊臣疑懼，群臣指責有為，御史文悌痛劾之。

張元濟曰：改元易服，南巡遷都，並無其事，杆庵謂奪禮部尚書職者許應騤。

初太后議廢帝，稱病徵醫，久閉瀛台，且夕不測，有為聞之，首發其謀，清議爭阻，外人亦起責言，兩江總督劉坤一言：君臣之分已定，中外之口難防，始罷廢立。

杆庵謂〈德宗本紀〉二十四年八月辛卯，上稱疾徵醫。二十五年十二月丁酉，詔以端郡王載漪之子溥儁為穆宗嗣，封皇子。二十七年十月，懿旨撤溥儁皇子名號。張元濟曰：時有為已逋海外，事前亦無人知之，自立大阿哥詔下，上海始譁然，經張蓮珊等集眾電爭，亦與有為無涉。大阿哥，溥儁也。

張嗇翁自訂年譜，紀強學會、戊戌政變、常熟得罪，廢立太子事，簡要可供史家參考，而繫事於日，尤可證政事發生之先後次敘，益明清史稿康傳之不盡詳實也。

光緒二十一年乙未十月，節盦約與康長素、黃仲弢列名開強學會，南皮為會長，長素初名祖詒，更名有為，與節盦皆粵人，皆舊識，節盦為陳蘭浦先生弟子，康為朱九江先生弟子，康教授廣州，門徒甚眾，有梁卓如啟超，其高足弟子也。中國士大夫昌言集會自此始。

二十四年戊戌閏三月，入都銷假，補散館試。

四月二十二日，見翁尚書所擬變法諭旨，為翁尚書擬大學堂辦法。二十七日，見翁尚書開缺回籍之旨。二十八日，徐致靖昨保舉之康有為、張元濟召見。二十九日，乾清宮引見，德宗神采凋索。詣翁尚書，已治裝謝客，因請見，引朱子答寥子晦語，勸速行。

五月十三日，送翁尚書於馬家鋪。

六月二日，赴翰林院聽宣，辭孫尚書奏派大學堂教習。三日丑刻，詣翰林院清閟堂請假，卯刻出京，合甲午計前後在官一百二十日。在京聞康有為與梁啟超諸人圖變政，曾一再勸勿輕舉，亦不知其用何變法也。至是張甚，事固必不成，禍之所屆，亦不可測。康本科進士也，先是未舉，以監生至京，必偏謁當道，見輒久談，或頻詣見。余嘗規諷之不聽，此次通籍，寓上斜街，名所居曰萬木草堂，往晤，見其僕從伺應，若老大京官排場，且賓客雜眾，心訝其不必然，又微諷之，不能必其聽也。

八月六日，太后復臨朝，逮捕康有為，有為逃。各國兵艦

集天津。詣總理衙門，問上病狀。袁世凱護理北洋大臣。德宗有疾，召京外醫。逮捕梁啟超，啟超亦逃。楊深秀、楊銳、林旭、譚嗣同、劉光第、康廣仁被戮。徐致靖永禁，張蔭桓、李端棻戍新疆。逮文廷式。褫湘撫陳寶箴、吏部主事陳三立、編修江標、熊希齡職。為新寧劉坤一擬太后訓政、保護聖躬疏。大意請曲赦康梁，示宮庭之本無疑貳，此南皮所不能言。劉於疏尾自加二語曰：伏願皇太后皇上慈孝相孚，以慰天下臣民尊親共戴之忱。乃知沈文肅昔論劉為好幕才，章奏語到恰好，蓋信。

十月，聞剛毅、許應騤承太后之意旨，周內翁尚書於康梁獄，故重有革職永不敘用，交地方縣官編管之諭旨。

二十五年己亥二月，省翁尚書於老塔前宅，翁約遊虞山、興福寺、連珠洞三峰、清涼寺。

九月，聞太后立端王子溥儁為上子，兼祧穆廟，明正內禪，改元普慶，人心惶惶。新寧（指劉坤一）奏國事乞退疏，有以君臣之禮來，以進退之義止語，近代僅見。

二十六年庚子正月，聞有今上三十萬壽開科之說，庚子例有正科，今以國慶加為萬壽乎？為內禪乎？不可得而知，要為多故之兆。

三月，得彥升、眉孫訊，聞政府羅織黨人，甘陵之禍將及，屬遠避，余與康梁是群非黨，康梁計劃舉動，無一毫相干者，內省不疚，何憂何懼，謝謝之。

160 一九五三年六月十九日・俱在香港所記・易君左作李承晚歌

當韓國戰事啟釁之初，美前總統杜魯門號召全世界民主自由國家共同參加韓戰，其口號則維護自由正誼，膺懲暴力侵略，凡此皆聯合國揭櫫之崇高理想，所願與全世界人類共同愛護者也。其行動則名之曰國際警察之任務，其目的則宣示曰

保全韓國主權疆土之完整，義師既出，聲勢煊赫，迨後中共以志願軍名義率師入韓，形勢大變，英人本認毛澤東為友，而其傳統常策，經商為重，度於己而有利，不恥臨難苟免之譏也。勸說美人，務使就己，英人私計既售，於是有限戰爭之怪事，始見韓戰之場。既而和平談判，張皇舉行，反復兩載，竟不能決。今春史太林斃，俄人佯示和平之意旨，邱相老悖欣然和之，美人屈從，和談復開，以人之多言可畏也，則有秘密會談休戰之事，凡所以屈求和平者，不惜犧牲南韓一切而降心相從焉。以義始者，將以利終，南韓代表不能堪，憤怒出走，自絕於板門店，歸而以告南韓元首李承晚，謂聯軍之賣友也。李承晚度聯軍定策終不可變，血戰三年，終致敗亡，聯軍即休，韓將獨戰，瓦不求全，玉寧同碎，因是而釋傾向自由之俘二萬八千人，英人聞而大譁，美以統率義師，抗暴存韓為世宗盟者，亦相顧失色，言李氏之罔識大體，而不自責其中道相棄，為德之不終也。嗚呼！艾帥武夫，邱相老悖，而彼英美人者未嘗身受共黨之實禍，且不知共禍之為何事，隔岸觀火，何有於黃人之疾痛，有限戰爭之謬論，大錯既鑄於昨日，委曲休戰之奇談，何妨實現於今茲，一棋之失，滿盤皆輸，行見亞洲廣漠之區，將悉被紅潮所泛濫而莫可救援焉。可哀者豈惟一韓，然而李承晚可以不死矣。

詩人易君左聞李承晚事而壯之，為之歌曰：

七十老翁何所求，所求乃在國家之獨立與自由。兩年鮮血濺頭顱，纍纍白骨堆荒丘。冰天雪地肌膚裂，死者生者慘無色。飢鳥飛繞啄腥屍，野鼠奔跳覓殘穴。乾坤一擲逞瘋狂，烽火紅透兩重洋。東飛伯勞西飛燕，前門進虎後門狼。天下滔滔皆禍水，赤焰焚燒五萬里。開門揖盜求和平，直是人間遊戲耳！一聲獅吼起南韓，三軍齊捧丹心丹。誓不瓦全寧玉碎，戰至血肉幾枯乾。板門店是傷心地，遼東滴盡滄桑淚。大國巍峨慷慨談，小邦委瑣殷勤侍。誰能一吐弱者之悲鳴，發為人類無上之心聲。敗則轟轟烈烈而死，勝則轟轟烈烈而生。存亡興滅

懸呼吸，國於天地必有立。嗚呼！回頭看爾五千餘載錦繡而殘缺之山河，吾腸寸斷，吾眦盡裂，吾淚但滂沱！

161　一九五三年七月七日・鄭蘇堪輓王靜安詩

王靜庵（國維）之沉淵，鄭蘇堪（孝胥）有詩輓之曰：

河清難俟濁難止，留得昆明一湖水。能令湖水共千秋，節義何曾窮此士。泰山之重鴻毛輕，天下孰敢輕儒生。雲中袒背受戈者，誰信由于有不能。

162　一九五三年七月十一日・錢穆為新亞書院製校歌

錢賓四先生為新亞新製校歌，寄意深遠，而聲調激昂，希見佳作也。歌凡三節，文曰：

山巖巖，海深深。地博厚，天高明。人之尊，心之靈。廣大出胸襟，悠久見生成，珍重，珍重，這是我新亞精神。

十萬里上下四方，俯仰錦繡，五千載今來古往，一片光明，五萬萬神明子孫[51]，東海、西海、南海、北海有聖人。珍重，珍重，這是我新亞精神。

手空空，無一物。路遙遙，無止境。亂離中，流浪裏。餓我體膚勞我精，艱險我奮進，困乏我多情。千斤擔子兩肩挑，趁青春結隊向前行。珍重，珍重，這是我新亞精神。

51　由於中國人口增加，歌詞原作「五萬萬神明子孫」，1990年改訂為「十萬萬神明子孫」。

六月初六日，舊有天貺節之稱，相傳宋真宗時，有天書降於京師，引降於泰山，其日為六月初六，因以是日為天貺節令，京師斷屠一日，又親率百官行香於上清宮，南宋時，又定是日為崔真君誕辰。吳自牧《夢粱錄》謂六月初六日敕封護國顯應興福普佑真君誕辰，乃磁州崔府君，係東漢人也，朝廷建觀在閶門外聚景園前靈芝寺側，賜觀額曰顯應，其神於靖康時，高廟為親王時，出使到磁州界，神顯靈護駕，因建此宮觀，崇拜香火，以褒其功。此日內庭差天使降香設醮，貴戚士庶多有獻香化錢，是日湖中畫舫俱曦堤邊納涼避暑，恣眠柳影，飽挹荷香，散髮披襟，浮瓜沉李，或酌酒以狂歌，或圍棋而垂鈎，遊情寓意，不一而足，蓋此時爍石流金，無可為歟，姑藉此以行樂耳。

六月六日又有曬書曝衣之俗，此風蓋始於有明沈德符《野獲篇》，六月六日，內府皇史成曝《列聖實錄》、《御製文集》諸大函，為每歲故事。

餘德堂新宅未建以前，姜竃港舊居侷促殊甚，先君子所置書籍數十箱，分儲誠意堂藥肆最後側廂，曰愛日廬，及三近堂內寢後西廂毗連小屋曰映巢兩處。余童時每值大暑前後，啟櫝取書曝之以為常，某年，偶見張文襄書目答問，由是始知有所謂目錄之學，而古今四部之書如是其繁富也。稍長遊學蘇州，歲盡輒以餘資買書捆載而歸，假期翻閱，以為至樂。是時所得有《資治通鑑》，江蘇官書局修補之鄱陽胡克家也。有《古逸叢書》，宜都楊惺吾守敬為遵義黎蒓齋庶昌刻於日本，而舉原板歸蘇後印本也。讀諸書題記，稍知又有所謂版本之學，迨海外留學歸來，投身實業，讀書之時轉鮮，而自寄寓上海，時以清俸之餘，購置書籍不絕，三十年間，積至三十餘萬卷，平均計之，蓋年可萬卷，當年私計晚年退休，且盡其餘力，還讀我書，以快我意；而自倭寇入犯，內亂繼之，十載以來，奔走

四方，無論讀書養志，不復可能，即書城偶顧，其緣亦慳，頹景侵尋，情懷牢落，值茲盛暑曝書之辰，蓋有不勝其俛仰咨嗟者矣。

164 一九五三年八月二十五日・張幼儀與蘇季子

張嘉玢幼儀者，寶山張君勱、張公權之妹，歸新時代詩人徐志摩為婦生子矣。既而志摩眷陸小曼，與張仳離，志摩之嚴君徐申如，峽石鎮大賈，久長鎮商會，負社會重望，以為子婦奉上字幼，賢而無失，亦即無大歸理，則女蓄幼儀，使撫諸孫如平時，別為集資，創女子銀行，而幼儀主其事。某年，志摩航空北上，中途罹難死，小曼遂別嫁，幼儀入則奉親課子，出則規劃行務，二十餘年如一日。余於役大生紡織公司，賃南京女子銀行大廈樓上為治事之所，申如為通海墾牧公司董事，墾牧集會，輒假大生議事之室，申如以事繁，故常令幼儀代表出席，因是亦相識。又居處密邇，時時得聞其懿行也。大陸淪陷，幼儀南走，稅居香港藍塘道，居處宏大，則割餘屋別賃。有余英杰者，嘗為紐約中國銀行經理，公權舊部也，與幼儀固相識，為介醫師蘇季子就居張僑寓。蘇自己婦別戀，離異鰥居多年，大陸風雲暴起，故鄉不可留，乃挈子女同旅南海，張醫室鬻術自給，教養子女，父而兼母。自移居而後，蘇家兒女，喜就幼儀，幼儀摒棄舊業，作客異地，孑然寡懽，寂寞已甚，亦樂有小兒女為之言笑嬉戲也。緣是蘇張往還，久而彌密，蘇氏持躬溫靜，嫻於辭令，於是守節空幃，心同止水之張幼儀，微波盪漾，情愫乍起，余英杰微聞其事，願為青鳥以傳書，遂作褰修而為理，季子許諾。幼儀有弟曰禹九，在港亦同意，別函兩兄及子詢進止。公權不報，君勱答曰：兄不才，三十年來對妹婿居守節，課子青燈，未克稍竭棉薄，今老矣，幸未填溝壑，此名教事，兄安敢妄贊一詞，妹慧人，希自決。其子留學美國，娶婦生孫矣，復書曰：「母婿居守節，逾三十年，生我

撫我，鞠我育我，劬勞之恩，昊天罔極。今幸蠡有樹立，且能自贍，諸孫長成，全出母訓，當年繞膝，今日留學，繼志述事，毋忝所生，門第中興，此其時矣。不幸大盜移國，中原瓦解，雞犬不寧，骨肉分離，迢迢萬里，難以團聚，移民限制，寸步難行，板輿迎侍，渺不可期，每一念及，寸心若碎，去日苦多，來日苦少，綜母生平，殊少歡愉，母職已盡，母心宜慰，誰慰母氏，誰伴母氏，母如得人，兒請父事。」幼儀得書，意遂決，與季子同赴日本京師，行結褵之典禮焉。

165 一九五三年九月二十三日・平湖朱瞎子

少時遊學姑蘇，習聞幹吏朱瞎子故事，朱瞎子者，平湖朱竹石之漊，江蘇候補道也。官於蘇者，先後且四十年，歷任巡撫多器重其人，陳夔龍尤愛朱才，於所著《夢蕉亭雜記》，極稱朱於內政外交刑名榷稅，無不熟悉，論才望論資格，皆推第一，津津樂道，不絕於口。嘗署臬司十三次，藩司二次，最後得補淮揚道，亦未蒞任。有一子，甚頑劣，習於紈袴，墮其家聲，張謇公移書朱君，勸其捐資興建盲啞學校，朱不能從也。

江庸《趨庭隨筆》記朱氏之事曰：平湖朱之漊竹石者，椒堂漕帥為弼之從孫也。官江蘇垂四十年，中歲失明，人皆以朱瞎子呼之，以候補道員，十署按察，兩署布政，最後乃受淮揚道，亦未到任。朱雖盲於目，而才幹過人，記性尤絕，每日治官書（充牙釐局總辦最久，雖署藩臬仍兼之。）令人誦之，入耳輒不忘，恒口占批牘，洋洋千言，靡不中事理，其見僚屬，必先排定坐次，所問皆適如其人，無一泛語，不似當日達官見屬吏，只言天氣寒暖而已。公餘即浼人讀「通鑑」及名臣奏議、古今文集，有投以著述者，覿面時輒能舉其某篇某句，往往評驚精當，真異才也。其於江蘇吏治得失，歷年陳案，皆爛熟於胸，而綜核財政，尤其所長，故督撫雖屢易，無不倚重焉。

李寶嘉《南亭筆記》述朱氏家庭事有曰：江蘇朱臬，盲於

視，一子甚頑劣，每出輒與無賴伍，朱恚甚，握其辮，推置書房內，以手執銅鐶，命左右取管鑰至，手自鐍，竊聽無聲息，始逡巡去，殊不知其子已越窗遁矣。其子每他出，朱梟必使其立己前，摸索其頭，懼打油鬆辮也，而身而足，懼其着鑲滾衣而履挖花厚底鞋也，良久始縱之，其子從容至門房內，呼薙工刷前劉海使下，渾身更換已，乃昂然而出。下元節虎邱賽會，其子僱某公司巨舫，泊行春橋下，服天青線緞袍，繡竹一竿，深綠色，根灰色，上棲喜鵲一，黑其身，白其腹，不加半臂，亦不束腰帶，屹立船頭上，見者咸注目視之，而彼坦然無愧色。

張嗇公移書朱梟，勸興盲啞學校，為其子聲名狼藉而發也。事在光緒三十三年丁未。

……公累世官吾蘇，公在蘇又最久，十權臬事，一攝藩條，掌關權者，殆十餘年如一日也。歷任大府，倚公如左右手，公亦有慷慨任事之風。自鈔票案發，於報紙中誦公上督撫稿，公子現尚在署，並待新任覆核，似公之不肯為舐犢之愛，以戲國家之法，而損數十年明刑執法之名譽，深為敬佩。且聞公訓子亦頗嚴，晨起必撫摩公子之頂，不許作時下裝束，而卒不能使蘇滬徵逐之場，絕公子回翔之蹤跡，則公之失明為之也。是以當時即為人言，勸公捐貲建盲啞學校。比在蘇晤止泉前輩，以是見問，疑謇調侃，謇何敢出此哉！生平不為浮浪輕薄之言，矧肯施諸素所敬佩、明刑執法之長吏，謇為此說，正以重公耳。堯舜之聖，不能保其子之不肖，中國歷史似此者不勝數，即我朝趙恭毅公，正色立朝，而其子鳳詔以賄敗於太原府任，公語習掌故，度亦熟聞，此豈足為病哉！以公之賢，而受失明之累，天下知識地位，下於公什百千萬倍者，其受累之苦衷當更何如？盲啞學校，東西各國慈善教育之一端也，教育識字母，習算術，教啞亦如之，使人油然生愷惻慈祥之感，而嘆教育家之能以人事補天憾者，其功實巨，聖人復起，無以易之。中國今日不盲不啞之人民，尚未能受同等之教育，何論盲啞，適有感於公子之事，而益念公必有抑抑於中，莫可如何

之痛,故以為公設此校,正禹稷己飢己溺之仁,文王視民如傷
之德也。美人有痛其子施丹福早逝者,捐家貲數千萬建一大學
院,即以其子之名名之,至今有聲於美洲。葉澄衷商也,楊斯
盛工也,以寒微致富,自痛少賤失學,葉捐數十萬,楊捐十數
萬,亟亟興學,世人稱施丹福之父賢耳,稱葉楊賢耳,未有非
之者也。然則公之揚清芬而啟後嗣者,其惻怛之忱,縱不必以
禹稷周文自例,獨奈何並葉澄衷、楊斯盛而讓其專美於學界
哉!抑公豐厚之名,世之所知也,慈善之感應,公之所信也,
感應之說果有之,公施至仁而公子忽改行,是公捐家貲十分之
二三,而易一能受十分七八付託保存之令子,必公之所樂為
也。即感應之說果虛,而公之貲財,公自施之,享盲目而不盲
心之明,無遺子多財而益過之失,度亦非公所不樂為,甚願公
之俯思鄙言也。[52]

166 一九五三年九月二十八日・香港・楊守敬校刊《古逸叢書》

余之知有版本之學,自遊學姑蘇時得《古逸叢書》始也。
《古逸叢書》之校刊,實出宜都楊守敬之手,雖抉擇未能盡善,
然自士禮居而後,無有能及此者。近人吳天任述其校刊源流,
至為詳審,其略謂遜清光緒六年,楊守敬應出使日本大臣大埔
何如璋之邀,赴日使館任事,未及受事,何使受代去,遵義黎
庶昌繼之,守敬以張裕釗之薦,留任參贊。守敬之初至日本
也,晤黃遵憲,遵憲語以日市頗多中土珍本,唐鈔宋刻,無所
不有,屬廣為搜輯。守敬乃日遊市上書肆中,多未見之本,
力不能購而心識之。幸所攜漢魏六朝碑版,乃至古錢古印之

52　此段應為張謇致朱㬢勸辦盲啞學校信函的節錄。

屬，多為日人所未見而欲得者，以其所有，易其所無，遂得珍本盈筐篋。因手擬日本訪書緣起條例，庶昌見而欣然，乃有校刻《古逸叢書》之意，而委守敬主其事。守敬又得日人森立之經籍訪古志鈔本，按目以索，不惜重值，遂已十得八九，且有為立之原書所不載者數百種，大抵醫書為多，小學次之，於是由庶昌擇取付守敬，光緒八年，刻事經始。會部選守敬黃岡教諭，庶昌以公文咨鄂督，言守敬有經手事件未克歸，請委人代署，守敬自是專意一志，自任校讐，而督良工刻木，每有一字修改補刻數次者。《穀梁傳》一書，尤無一筆異形，潘祖蔭、李鴻裔等初見影印之本，驚歎欲絕，謂宋以來所未有，國朝諸家倣刻不足言也。然庶昌文章之士，於古書源流不甚了然，初議刻叢書時，守敬自任為庶昌每書代作一跋，署府主名，庶昌笑曰：我自有我之跋，君自為跋可也。及為原本《玉篇》跋，各成一通刻之，庶昌以寄潘祖蔭，潘報書云：君既屬楊君任刻書，即請楊君代作跋，何必以空文為重樘，庶昌報然，遂皆不自作跋，亦不願守敬作跋，故叢書中如《玉燭寶典》[53]、正平《論語》、《史略》諸書，均有剳記，皆輟不刻。《鄰蘇老人自訂年譜》云：黎公文學之士，於古書源流不甚了然，當初議刊刻叢書時，我即自任為黎公每部代作一跋，而不署我之名，黎公則笑曰：我自有我之跋，君自為跋可也，後遂不自作跋，亦不願守敬作跋。又曰：《古逸叢書》已成，督印百部，黎公以贈當時顯者，皆驚為精絕，其實所刻之書，不盡典要，如蔡刻杜詩，廣東尚有刻本，《莊子注疏》，亦載《道藏輯要》中，而慧琳《一切經音義》、楊上善《太素經》等書皆未刻，頗為遺恨，然黎公作主，何能盡如我意。

守敬在東，多得海外精本，頗自喜，嘗與黃萼書云：學問

53　「玉燭寶典」日記作「玉燭寶曲」，誤。

一事，敬以前皆毫未聞，自來此，因縱覽數萬卷書，始知此中門徑，所刻書二十餘部，又為《日本訪書志》廿餘卷，若明年無他故，此身必當有五百年之稱，惜未得與仁兄朝夕相見，同此樂也。弟現在所藏書已幾十萬卷，就中有宋版藏書可以相並，其他皆不足言也。自幸此身有此奇遇，故一切富貴功名，皆漠不關懷，計明年之冬，當返國赴黃岡任，他日必邀仁兄一賞奇也。

守敬既至黃岡，復刻《日本訪書誌》，自敘在日訪書原委云：光緒庚辰之夏，守敬應大埔何公使如璋之召，赴日本充當隨員，於其書肆，頗得舊本，旋交其國醫員森立之，見所著《經籍訪古誌》，遂按錄索之。會遵義黎公使庶昌接任，議刻《古逸叢書》，囑守敬竭力搜訪，而藏在好古家者，不可以金幣得。屬有天幸，守敬所攜古金石文字，乃多日本所未見者，彼此交易，於是其國著錄之書，屬集於篋中，每得一書，即略為考其原委，別紙記之，久之得廿餘冊，擬歸後與同人考證，為之提要。暨歸赴黃岡教官任，同好者絕無其人，此稿遂束高閣，而遠方泥古之士常以書來，索觀其目，因檢舊稿，塗乙不易辨。時守敬又就館省垣，原書多藏黃州，未能一一整理，乃先以字畫清晰者，付書手錄之，釐為十六卷，見聞之疏陋，體例之舛錯，皆所不免，又其中不盡罕見之書，而驚人秘笈尚多未錄出者，良以精力衰頹，襄助無人，致斯缺憾，倘天假之年，或當並出所得異本盡以告世人也。辛丑四月宜都楊守敬自記於西湖書院之東分教堂。

守敬以鄂省槧工拙俗，擇人教以影雕宋元板式，其尤有名者，有黃岡陶子麟。守敬選舊槧之良影印其首葉，成留真譜，備檢校，為之敘曰：著錄家於舊刻書多標明行格，以為證驗，然古刻不常見，見之者或未及卒考，仍不能了然無疑。余於日本醫士森立之處見其所摹古書數巨冊，或摹其序，或摹其尾，皆有關考驗者，使見者如遇真本面目，顏之曰「留真譜」，本〈河間獻王傳〉語也。余愛不忍釋手，立之以余好之篤也，

舉以為贈，顧其所摹多古鈔本，於宋元刻本稍略，余仿其意，以宋元本補之，又交其國文部省書記官巖谷修與博物館局長町田久成，得見其楓山官庫、淺草文庫之藏，又時時於其收藏家傳錄秘本，遂得廿餘冊，即於其國鳩工刻之，以費重，僅成三冊而止。歸後擬續成之，而工人不習古刻，格意久之，始稍有解，[54] 乃增入百餘，友朋見之者可歡賞，囑竟其功，至本年春，共得八冊，略為分類印行，觀者不以為嫌，當並所集之廿餘冊，賡續刻之。光緒辛丑四月楊守敬記。

庶昌所作《古逸叢書》敘曰：

予使日本之明年，得古書若干種，謀次第播行，屬楊君惺吾任校刻。惟夫古書之僅存，兵燹腐蠹之無常，其勢不日趨散亡不止，學士大夫雖病之而無術以免，惟好之而即求，求之而即傳，差足救敝於後，予非苟為其難也，古書之流遺，何幸復見於異邦，而自予得之，且以付刊焉。予亦不自知其所以然，庸詎知非天之有意斯文而啟予贊其始也。予患不學久矣，今天假此使歲月，俾得從事讀書，不可謂非厚幸！子曰：好古敏以求之，請自茲始，書成將斂其版運致之官局，以與學者共之，雖然卷帙之重，而謀成於再期，校讎之繁而委積於一人，或不免牴牾滋多，而譾陋如予，又不能精勘其誤失，使讀者快焉。其力僅足存此書而已，古書之不亡，古人之精神自寄之，豈予所能增重，而獨至搜輯之責，似若有默以畀予者，固不敢不勉也。書凡二百卷，二十六種，刻隨所穫，概還其真，無須倫次，經始於壬午，告成於甲申，以其多古本逸編，遂命之曰《古逸叢書》，而別條敘目如左：光緒十年，歲在甲申七月，遵義黎庶昌序。

---

54 「而工人不習古刻，格意久之，始稍有解」句讀疑作「而工人不習古刻格意，久之始稍有解」。

庶昌於條列敘目後，又附記曰：

按日本所存中土逸書古本，如唐釋慧琳《一切經音義》一百卷，希麟《續音義》十卷，此乃小學之匯歸，佚文之淵藪，有白蓮社刻本，最為完整可據。唐楊上善《內經太素注》[55]原書三十卷，今存二十一卷，余獲有傳鈔本，又曾借閱秘閣古寫卷子本《春秋經傳集解》三十卷，其書出自隋唐舊鈔，經傳字句，異同極夥，錄有校本。又北宋《杜氏通典》二百卷，末鈐大宋建中靖國元年，大遼乾統元年，高麗十四葉經筵藏書圖記，槧刻甚精。北宋本《世說新語》三卷，南宋單疏本《尚書正義》二十卷，與國本不附釋音《春秋左氏傳》三十卷，南宋本《集韻》十卷，骨官庫物，又有楊星吾所收繙刻宋蜀大字本任淵《山谷詩注》二十卷，皆以卷帙繁重，未能謀刻，姑附記於此，以餉好事之君子。庶昌又識。

167 一九五三年十一月二日・以下俱在香港所記・陳散原絕句

陳散原有得長沙友人書，答所感一詩，為王壬秋列名勸進而作也。詩曰：「名留傾國與傾城，奇服安車視重輕。已費三年哀此老，向誇泉水在山清。」袁慰廷為總統，徵壬秋長國史館，二年，壬秋北上，湘人為之祖餞，有諷之者，壬秋笑曰：「余今茲應老世姪之請，非赴大總統之召也。」蓋當咸同朝，壬秋為諸侯上客，固嘗友袁氏諸父，其於慰廷，丈人行也，故云。然至京，無所事事，持印綬付楊晳子，使權館事而歸。越二年，慰廷將帝制自為，示意楊晳子等六人者，成籌安會，鼓吹變更國體，壬秋上書曰：「籌安參議，禮宜躬與，緣天氣向

55　即《黃帝內經太素》。

寒，當俟春暖，三殿掃飾，事已通知，外間傳云，四國忠告，殊出情理之外，想鴻謨專斷，不為所惑也。但有其實，不必其名，四海樂推，曾何加於毫末，前已過慮，後不宜循，既任天下之重，亦不必廣詢民意，轉生異論也。若必欲籌安，自在措施之宜，不在國體，且國亦無體，禪征同揆，唐宋篡弒，未嘗不治，群言淆亂，何足聞乎！……」

散原尚有絕句數首，皆為勸進人物而作，如〈上賞〉云：「擁戴勤勞上賞頻，紛紛功狗與功人。承恩博得胡姬笑，易醉他年有告身。」〈雙魚〉云：「天與人歸萬口譽，獨緘哀怨寄雙魚。隗囂不悟文淵去，任取茂陵封禪書。」慰廷亦曾遣使勸散原北上，散原婉謝，作〈使者〉一首云：「秦皇使者非等閒，求不死藥傳人間。船至輒為風引去，白頭縹渺望神山。」又〈史家〉一首云：「逸鹿青林未可馴，飛蛾紅焰似相親。史家佞倖增新例，媵汝飛騰一輩人。」讀散原之詩，可以知其當時心事矣。

168　一九五三年十一月八日・日本羊羹

日人以豆粉製糕，略加糖霜，形若江南茶食店之山楂糕，而甜味較遜，名曰羊羹，非羊非羹，不知其何所取義也。余最初見於東京市上，前年有友自台北來，亦以羊羹見饋，猶東倭習俗之遺，今年港九茶食店往往有之，裝飾名稱，一仍倭俗，製糕者者自以為仿效台灣製法，而不知其源出日本也。我國以羊作羹，始於晚周，《戰國策》中山君饗大夫司馬，子期在焉，羊羹不遍，子期怒走投楚，說王伐中山君。君亡，有二人隨，問之曰：臣父餓且死，君下壺餐哺之，故來死君。中山君曰：吾以一杯羊羹致亡國，以一壺餐得二死士。又《宋書》：毛修之嘗為羊羹薦，魏尚書以為絕味，獻之武帝，大悅，以為大官令，被寵，遂為尚書，封南郡公，大官令如故。以一羹之微，可以致亡國，可以作大官，其味必絕佳，非常羹可比，惜乎其

製法之不傳也。

一九五三年十一月九日・王揖唐勸章太炎進食

袁慰廷遣陸建章幽禁章太炎於北京龍泉寺，太炎大憤，為
之絕食，袁患之，王揖唐自薦，願為說客，袁許焉。王至龍泉
寺謁章，為言絕食正袁求而不可必得之事，設有不幸，袁計售
矣。然先生所以自為謀者，何其疏也？章竟復食。吳宗慈記其
事曰：龍泉寺偏院屋五間，整而麗，袁諭陸建章對先生特殊優
待，不得非禮，但不許越雷池一步耳。建章奉命唯謹，慈等偶
候起居，得建章許可證，則直入無阻。先生焦怒甚，常以杖掃
擊器物，並欲焚其屋，建章飭監守者慎防而已。先生無奈，宣
言絕食。絕食既數日，袁詢左右，孰能勸進食者？王揖唐曰：
能，揖唐本先生門下士，趨龍泉寺，先生命進見，見即斥之
曰：汝來為袁世凱作說客耶？揖唐曰：是何敢。與道家常及
他瑣事，甚久，先生色少霽，揖唐漫然曰：聞先生將絕食死，
有諸？曰：然。曰：其義何取？曰：吾不待袁賊來殺，寧自餓
死耳！曰：先生如此，袁世凱喜而不寐矣！曰：何故？曰：先
生試思之，袁世凱殺先生當易易，今若此，可知其非不欲殺，
乃不敢殺耳。袁氏之奸，等於阿瞞，先生之名，過於正平，所
以不敢者，千秋萬歲後殺士之名不敢負耳。先生自願餓死，袁
既無殺士名，又除心腹之害，先生所以為袁謀甚善，其自謀何
疏！先生矍然起立曰：然耶？趣以食進。

一九五三年十一月十六日・章太炎自述治學功夫

章太炎自述治學之功夫有曰：「學問之道，當以愚自處，
不可自以為智，偶有所得，猶須自視若愚。古人謂：既學矣，
患其不習也，既習矣，患其不博也，既博矣，患其不精也，此
古人進學之方也。大抵治學之士，當為童蒙，務於所習熟讀背

誦，愚三次，智三次，學乃有成。」

宋何基凡所讀無不加標點，義顯意明，有不待論說而自見者。

明陸氏容《菽園雜記》：「陳元孚讀書法，生則慢讀吟語句，熟則疾讀貪遍數，攀連[56]以續其斷，喝怒以正其誤，未熟切忌背誦，既倦不如少住，如此力少功多，乃是讀書要務。」

張氏爾岐《蒿庵閒話》[57]：「葉奕繩嘗言強記之法，其性甚鈍，每讀一書，遇所喜既摘錄之，錄訖，朗誦十餘遍，粘之壁間，每日必十餘段，少亦五六段，掩卷閒步，則就壁間觀所粘錄，日三五次以為常，務期精熟，一字不遺，壁間滿，乃取第一日所粘者收筒中，俟再讀有所錄，補粘其處，隨收隨補，歲無曠日，一年之內，約得三千段，數年之後，腹笥漸滿，每見務為泛濫者，略得影響而止，稍經時日，便成枵腹，不如予之約取而實得也。」[58]

又《郎潛紀聞》云：「錢文端公少嘗請益於徐華隱曰：何以博耶？華隱曰：讀古人文，就其篇中最勝處記之，久乃會通。後述於竹垞[59]先生，先生曰：華隱之言是也，世安有過目一字不遺者耶？」

56　「連」一作「聯」。

57　日記作「蒿園閒語」，誤。

58　《蒿庵閒話》：「歷城葉奕繩嘗為懷麗明言強記之法，云：某性甚鈍，每讀一書，遇意所喜好即劄錄之，錄訖，乃朗誦十餘遍，粘之壁間，每日必十餘段，少亦六七段，掩卷閒步，即就壁間觀所粘錄，日三五次以為常，務期精熟，一字不遺，粘壁既滿，乃取第一日所粘者收笥中，俟再讀有所錄，補粘其處，隨收隨補，歲無曠日，一年之內，約得三千段，數年之後，腹笥漸富，每見務為泛覽者，略得影響而止，稍經時日，便成枵腹，不如予之約取而實得也。」與日記引文略有出入。

59　「垞」字日記作「坨」，諒誤。

　　易君左集去國前遨遊國內名勝之記成一書，名之曰《祖國
山河戀》[60]，其記黃山殊簡，然黃山之美，大抵可於易文易詩中
得其輪廓，曩時余之所記，堆砌勝蹟諸名，冗長數萬言，遠不
如易君之能以少許勝我多許也。

　　（前略）黃山實在可比喻它為一個絕代的佳人，則以它的
美為一切名山之冠，怎樣美法，我也說不出來。凡說不出來的
美，是天下的真美，一切能夠用符號、聲音、行動（如文字、
圖畫、雕塑、音樂、舞蹈）來表現的美，已落下乘，要領略黃
山的美，唯一的辦法就是自己領略，如果勉強用文字來表現，
則古人描摹美人的增之一分則太長，減之一分則太短，傅粉則
太白，施朱則太赤，庶乎近之。

　　組成黃山之美，固然需要各種的條件，包括山的本質內容
和姿態，而我認為黃山之美的特點，在松在石在泉。第一是
松，沒有一個名山像黃山的松之多，之名貴，而且黃山山上的
每一株松都各有他的獨特的風格和神韻，在黃山千千萬萬株
名松中，最為一般人特別是畫家稱讚的是天都峰的萬古松，
文殊院前的迎客松，白龍潭上的擾龍松，百步雲梯中蒲團松，
始信峰下的接引松，和清涼台畔的麒麟松這幾株。泰山的五大
夫松，和華山的鳳凰松也是名松，但絕不如黃山名松之多，幾
於俯首皆是。第二是石，黃山的石，不但有各種各樣的姿態，
各種各樣的顏色，而且有各種各樣的紋理，古今畫家畫山水，
多取材於黃山的山峰和岩石，尤其是描摹那些具備各種皴法的
石紋，華山是一石圍一峰，氣魄夠偉大，但不能如黃山之石之

沈燕謀日記節鈔／五十年代日記

五十年代

60　查易氏著作中沒有《祖國山河戀》，相關類似著作則有兩種：(1)《祖國江山
戀》，自由出版社，1954 年 4 月出版；(2)《祖國山河》，亞洲出版社，1954
年 12 月出版。

精靈古怪而琳瑯絢麗，泰山岩只是黑山的積累，就更比不上黃山了。第三是泉，黃山的泉雖不多，但一條人字瀑即可幻出飄渺如游絲的迷離的憧影，九疊壯觀的九龍瀑即可象徵蜿蜒如游龍的天矯的姿態，其餘泉澗甚多清澈澄明，山麓的溫泉係硃砂泉，紅潤如脂，更是國內名山所沒有的。我的黃山三歌，便曾歌頌黃山這三大極美，可以說是美到絕處靚到盡頭了。

〈黃山三歌〉

一歌兮歌聲洪，黃山之奇奇在松。我今將松試形容，或如一臂突當胸。或如萬箭齊張弓，或如麒麟驪芳蹤。或如鳳凰棲修桐，團而伏者如肥熊。飄而逸者如孤鴻，傴而僂者如衰翁。躍而奔者如頑童，如花開滿玉芙蓉。如人混入綺羅叢，如疊瓊樓十二重。如舖瑤箋萬千通，一株一態無或同。一枝一相有所宗，一柯一節稱極工。一針一葉都折衷，定是天地情所鍾。定是山靈力所充，定是圯橋老人黃石公，定是齊天大聖孫悟空。不然何以千變萬化皆無窮，不然何以千山萬嶺皆相逢，不然何以千人萬客皆推崇，不然何以千花萬卉皆樂從。凝雲滯雨復搖風，掩谷蔽巘兼跨峰。黛色參天天憂冲，蒼鱗溶月月朦朧。孑然但願匹夫終，傲然拒受大夫封。昂然絕似老元戎，巍然不愧真英雄！

二歌兮歌聲激，黃山之奇奇在石。我今將石試分析，或圖其形象其跡。或摹其色利其澤，或迎其品崇其格。或喻其事依其則，鼠跳天都半峰隔。魚戲蓮舟千尺隙，太公垂釣一竿缺。姊妹放羊並肩列，或如金雞兩翅拍。或如玉兔望明月，或如關公擋曹賊。或如進寶波斯國，夢筆生花尤奇絕。觀音打坐勝雕刻，仙人對奕神妥貼。猴子過山形窘迫，轉眼不覺滄海客。回首渾疑神仙宅，晚霞一抹顏盡赤。明星萬顆身猶黑，君不見門垂五柳陶彭澤，又不見夢遊天姥李太白，如此奇岩怪石一見真幽默，足使詩人隱士千古無顏色。華山之石如展絢麗之畫冊，泰山之石如疊琳瑯之書籍。衡山之石如列森岩之戈戟，廬山之石如曳錦繡之履舃。惟有黃山之石精靈古怪太奇特，欲言難盡

欲畫不成欲歌又還歇，欲對之飲酒賦詩彈琴吹簫皆不得！

三歌兮歌未闋，名山第一是高山。松石之外亦奇觀，大峰三十六，五雲攢。小峰三十六，九霄搏。無名之峰千千萬萬好煙巒，就中天都蓮花高出三十三天天外之尖端。文殊院，畫一般。獅子林，水一灣。慈光寺前萬竹竿，丞相源中百鳥歡。人字瀑與九龍潭，大泉霍霍霍，小泉潺潺潺。散花塢與石笋矼，高山岩岩岩，低山磐磐磐。最危險處少欄干，最徒峻處難躋攀。下臨無地心膽寒，仰視無天手足酸。過小心坡如過鬼門關，渡渡仙橋如渡奈河還。百步雲梯採松摧心肝，上蓮花溝入鰲魚洞鬢毛斑。奇猴古鹿怪鼠珍雀獐與貛，石耳黃精野朮名茶竹與蘭。朝看雲海夕看月兒彎，晴看斜陽雨看萬松嵐。朱樓畫壁亦可看雙鬟，吟詩作賦儘可乘酒酣。回聲四合不愁身孤單，荒祠破廟不愁無杯盤。如此名山不遊難上難！

172 一九五三年十二月十二日·曾履川詢范伯子生卒年月日

曾履川詢鄉先生范伯子生卒年月日，愧未能即應也，歸寓查《張季子九錄》，其自訂年譜，同治七年戊辰十六歲載：「十月應院試，學使為鄞縣童侍郎華，題為裨諶草創之世叔討論之行人。榜發，取中二十六名附學生員。……先是州試，余取列百名外，同時通范鑄少余一歲，取第二，璞齋先生大訶責，謂譬若千人試而額取九百九十九，有一不取者，必若也。余至西亭，凡塾之窗及帳之頂，並書九百九十九五字為誌，駢二短竹於枕寢，一轉側即醒，醒即起讀，晨方辨色，夜必盡油二盞，見五字即泣，不覺疲也，至是余雋而范落。」張先生生於咸豐三年癸丑，則范先生生於咸豐四年甲寅，范先生少時名鑄，後乃易當世，其卒之歲，不見於嗇公年譜。專錄卷十有輓范肯堂聯，下有小注曰：「以下自光緒三十年甲辰，訖宣統三年辛亥。」聯曰：「萬方多難，僑水之分幾人，折棟崩榱，今後誰同

將壓懼；千載相關，張范之交再見，素車白馬，死生重為永辭哀。」張先生又為其兄代撰一聯，有註云：「君之扶病去滬也，叔兄力阻之，不聽，未幾以小輪迎其喪歸。」聯曰：「公無渡河，公竟渡河，人去喪歸，忍聽輓歌迎轊翼；昊天不傭，昊天不惠，麟傷鳳歎，更堪殄瘁到州鄉！」按光緒三十年，張先生五十二歲，曾履川謂范先生卒年當是五十一歲，自信。

范先生誕生及去世月日，張錄無可考，因函黃稚松，就范府後人詢明作答，曾君方為撰別傳也。

173 一九五四年一月十二日·以下俱在香港所記·武進劉厚生

武進劉厚生，三年前以所撰嗇公傳記目錄寄江上達，蓋不慊於孝若之所作，而就其見聞改造者也。時蔣竹莊先生館於九龍加多利道江寓，余時往聽蔣先生講釋氏經典，上達舉劉傳目示余，因得先睹。聽經畢，懷目而歸，與嗇公年譜及孝若著傳記互勘，頗有異同。趙叔雍聞之，向余索觀，余以劉傳目第三章第十五節有中華民國係北洋軍閥與同盟會野合成孕之私生子，待分所在公共租界南洋路趙鳳昌（竹君）住宅，趙鳳昌為產婆之語。私意以為事關國家變故之大，無取文字之輕薄，竹君先生，叔雍尊人，南洋路住宅，其舊居也。因於此目略變語意，別寫一紙予之。今日檢理行篋，復得劉目，懼其亡失，依原文錄入我記。去歲上達所營紗廠事敗，舉家北行，而劉先生消息久寂，書成與否，殆不易知，屈指斯事，先後才三四年耳，而人事變遷如是其劇，國內友好，大都寒蟬自安，默爾而息，音問之疏，於今為甚。劉書即成，亦無付梓之望。劉先生名垣，何梅生嗣焜之甥，博學能文，交游遍天下，於當時局勢有深邃之思，遠到之見，嗇公晚年，遇大事輒與商榷，而後取

決，或就或違，余見之者數矣。[61]

174　一九五四年一月二十四日・王半塘致鄭叔問書

　　庚子之變，詞人朱古微、王半塘皆身在圍城，半塘有《庚子秋詞》，一時傳誦，膾炙人口，亦以寫寄吳中鄭叔問。叔問答以〈浣溪沙〉詞，詞曰：「罷酒西風獨倚闌。滿城紅葉雁聲寒。暮雲春處是長安。故國幾人滄海水，新愁無限夕陽山。一回相見一回難。」半塘又有致叔問書曰：「困處危城已逾兩月，如在萬丈深阱中。望天末故人，不啻白鶴朱霞，遨翔雲表。嘗與古微言，當此時變，叔問必有佳詞，若杜老天寶至德間感事哀時之作，開詞家從來未有之境，但悠悠此生，不卜尚能快睹否？孰意名章佳問，天外飛來，非性命至契，生死不遺，何以得此，徘徊展讀，紙欲生毛。古微於七月中兵事亟時，封事再三上，皆與朝論不合，而廷對之言，尤為侃侃，同人皆為之危，而古微泰然。人特苦見理不真耳，弟嘗謂天下斷無生自入棺之人，亦斷無入棺不蓋之理。若今年五月之事，非生自入棺耶？七月以後之我，非入棺未蓋耶？以橫今振古未有之奇變，與極人世不忍見不忍問不忍言之事，皆於我躬丁之，亦何不幸置耳目於此時而不聾以盲也！」

175　一九五四年一月二十五日・陳三立夜訪橫波茶樓

　　劉成禺《金陵今詠本事詩》，其首絕云：「佳人佳茗好風懷，煙月江山秀語排。惹動鍾山老居士，夜寒悄訪顧樓街。」注曰：「陳伯嚴（三立）世丈卜居青溪時，出門茫不識路。一日

61　此則文末原附：「編者按：此書本港龍門書局有影印本問世。」

冒鶴亭（廣生）語陳丈曰：予今日閒遊顧樓街，見橫波茶樓，入座呼茗，樓上路柱聯語極佳，曰：『淚眼生桑，如此江山奈何帝；眉樓話茗，無多煙月可憐人』，街以顧名，橫波茶樓即眉樓遺址，陳丈莞爾。當夜大雪嚴寒，一人呼車往橫波茶樓，天明返家，終夜遍尋不得，蓋忘顧樓街名也。予在匡廬詢及訪橫波茶樓舊事，陳丈曰：『乘興而往，興盡而返，何必見橫波茶樓耶？一誦聯語，橫波身世，已逸味在胸中矣。』顧樓街橫波茶樓，原在花市街今中山路口，已修路拆讓矣。」[62]

176　一九五四年一月二十九日・吳雨僧五十生日詩

《夕薰樓詩稿》有〈春日忽聞雨僧在蜀新婚，戲寄七律〉二首，去年所作也。詩曰：

清游每憶來今雨，韶景真同優鉢曇。遠自思君容復見，老差更事敢多談。欣聞一勝滌三北，竟賦雙棲薰二南。從此閬仙詩境變，數峰抹黛入春酣。

鬢雪情葩詩國僧，開山辛苦廿年燈。當初有恨傳頗遍，今日逢緣語未曾。變制寧教鷁待曙，著花合讓樹盤藤。益知紅學通靈處，化作橫江一赤繩。

毛彥文之未歸熊秉三時，吳雨僧苦戀之，嘗作詩以寄意，有所謂「三洲人士共知聞」者。太平洋戰爭起，毛彥文方孀居

62　《金陵今詠本事詩》，即《金陵今詠本事注》。查《禺生四唱》乃以《洪憲紀事詩》為首唱，另配以《廣州雜詠》、《金陵今詠》及《論版本絕句》。《金陵今詠本事注》部分作品曾在《逸經》、《子日叢刊》、《晶報》上發表，本書編者比對以上三個文辭稍異的發表文本，結論是：日記引文應引自《子日叢刊》（1937年第25期）。查橫波茶樓對聯應作「淚眼生桑，如此江山奈何帝；眉樓話茗，無多煙月可憐人」，日記引文作：「……曰：『淚漢生桑如此，江山奈何帝眉樓；話茗無多煙月，可憐人街以顧名。』橫波茶樓即眉樓遺址……。」「淚漢」應是「淚眼」，又句讀有誤，今據《子日叢刊》改訂。又「予在匡廬詢及訪橫波茶樓舊事……。」日記引文「予」作「鶴亭」，與所有發表文本相異，句首的「予」按上文下理推斷，應是劉禺生而非冒鶴亭；今據《子日叢刊》改訂。

香港,雨僧五十生日詩中一節,於毛猶有眷戀之語。其詩曰:

平生愛海倫(希臘女詩人美艷而淫蕩),臨老益眷戀。世亂音書絕,夢中神影現。憐伊為若悲,孀居我獨善。孤舟泛橫流,魔群舞赤縣。歡會今無際,未死思一面。吾情永付君,堅誠石莫轉。相抱痛哭別,安心歸佛殿。即此命亦慳,空有淚如霰。

熊秉三之娶毛彥文,已年近古稀,而毛則二十餘齡,猶稚於熊之女公子名芷者。結褵之日,熊檢致毛之書,寫成長軸,懸諸壁間,以供賓客瀏覽,可知其老興不淺。有一書曰:「僕以老大之身,經此家國之難,自以生命將及垂萎,今忽得卿之眷顧,振我精神,又不啻僕之新生命、新紀元也」云云。又繪蓮湖雙鷺圖,熊題詞曰:「縞衣搖曳綠波中,不染些兒泥垢。玉立亭亭飄白羽,同占人間未有。兩小無猜,雙飛不倦,好是忘年友。粉靨香腮,天然生就佳偶。但覺萬種柔情,一般純潔,艷福容消受,軟語嬌聲沉醉裏,甜蜜光陰何驟。縱與長期年年如此,也苦時非久,一生花下,朝朝暮暮相守。」昔人詩云:「若道風情老無分,夕陽不合照桃花。」不啻為熊氏詠也。

宴池《夕薰樓詩》,時詠新事物,及用古人不常用之字面與句法,友輩見者,或以為怪,雨僧獨喜之,宴池輒引為知音也。其評雨僧五十生日詩謂推其金玉爾音之意,恐石之轉,不僅對海倫一人,疑其受新洗禮者。其賀新婚之詩,未果寄發,僅寄弘度雨僧一篇五古,由弘度轉鈔寄去,以示宴翁無芥蒂而已。言情詩直指出真姓名,彼謂西詩有此格式,我不以為然,曾有書道其故,彼以為是而卒不肯改,海倫乃彥文之英文名也。此公五古及散文皆古樸,弟屢稱道,絕律皆非所長,而彼最喜做七律,硬把真事實及西方古典實之,遂欠空靈英俊之氣,但比一般空泛腐熟之調門,固已高出百倍矣。

宴池寄弘度,並懷雨僧詩曰:

湘陝有兩士,弘度與雨僧。清吭悅吾耳,學行尤可稱。弘度老東湖,戢戢魚可網。喟然羨漁父,料復夢武陵。詩來開芍

藥,菱藕倏又登。應知難着語,而況同扶藤。雨僧各雁書,雲路疑弋矰。晏爾泛鷗鷺,疑信聆自朋。賀篇怕誤題,不寄非倨矜。楚蜀道雖險,寄聲君定能。寫心莊不綺,夜午烱孤燈。以問近懷抱,且告佳寐興。

177 一九五四年三月十日·胡適之撰《中國哲學史大綱》

胡適之撰《中國哲學史大綱》,舉老子孔子發其端,蔡子民譽之以為有截斷眾流之手段也。梁任公讀其書,則謂《老子》一書,著作年代當在戰國之末,以是為中國哲學肇始,殆未必然。吾人今日上稽老子生平,無過於馬遷〈老莊申韓列傳〉,而斯傳所稱老子,實迷離惝恍,一人而有化身者三,其一為孔子問禮之老聃,其二為老萊子,其三為太史儋,紀其年則曰,蓋老子百有六十餘歲,或曰二百歲,又曰或曰儋即老子,或曰非也,世莫知其然否?清儒崔東壁以為著《老子》之人,決非老聃,汪容甫又謂是乃太史儋也。茲姑舍神話而探討其史實,《史記》有之。老子之子名宗,為魏將,宗子注,注子宮,宮玄孫假仕於漢孝文帝,而假子解為滕西王即太傅。夫魏為列侯,在孔子卒後六十七年,老子既先於孔子,其子乃得為魏將,已屬奇事,又考〈孔子世家〉,孔子十代孫蘡為漢高祖將,封蓼侯。十三代孫安國,當漢景武時以前輩老子之八代孫,與後輩孔子之十三代孫同時,是非情理之常,可疑一也。孔子樂道人之善,其於時賢,如子產、蘧伯玉其人蓋時時稱道之。《史記》有「老子猶龍」之語,他書無有及此者。墨子、孟子皆好臧否人物,又非固陋,獨遺此著述五千言之博大真人,未着一字,可疑二也。即使老聃其人,孔子嘗就問禮,則《禮記》〈曾子問〉篇所記五節,自較可信,然觀其言論,老聃乃拘謹守禮之人也,與五千言精神適相反,可疑三也。我人試推言,《史記》神話所由來,殆十九得諸《莊子》〈天道〉、〈天運〉、〈外物〉諸篇之中,凡諸故事,或屬老聃,或屬老萊子,《莊子》為書

沈燕謀日記節鈔及其他

寓言十九本，不能視同歷史，何況其主名尚未確定乎，可疑四也。從思想系統而言，老子之言過於自由，亦過於激烈，如民多利器，國家滋昏，人多伎巧，奇物滋起，法令滋彰，盜賊多有，如六親不和有孝慈，國家昏亂有忠臣之類，不似春秋時人語。藉令有之，當時之人何以絕無影響，我人今讀《左傳》、《論語》、《墨子》諸書無復此類痕跡，可疑五也。又從文學語氣而言，《老子》書中侯、王、王侯、王公、萬乘之君等詞凡五見，取天下凡三見，茲詞不似春秋時人所有也。仁義二字對舉，始於《孟子》，前於此者，未之或見，又師之所處，荊棘生焉，大兵之後，必有凶年，似經馬陵長平等戰役而後發生之感覺，春秋時雖有城濮鄢陵之役，然傷亡不多，貽禍較輕，無緣發為此等憤激之辭；又有所謂偏將軍居左、上將軍居右一類官名，事出戰國之時，前人已有論及者，可疑六也。由是言之，《老子》一書產生甚晚，謂為在莊周之前，頗有商量餘地矣。

178 一九五四年三月三十一日・新亞書院謀建校舍

新亞書院之成立，以王岳峰贊助之力為多，然所賃桂林街之民房，逼仄殊甚，一切因陋就簡，學校必要之設備，無可言者，來學之士，大都不習大陸新政而流亡於斯地者，一身之外，鮮有常物，入學費用，籌措維艱，院中每觀察其志趣程度，分別予以免費，藉資策勵，而費拙地仄，終無以饜多士向學之望，用遂教育英才之願。王岳峰原有置地建校之計，以經營事業虧負累累，於是擴充革新之圖，不得不暫行擱置，而院中常支，恒苦不繼。前年錢先生渡海乞援，用力至勤，所得實寡，歷年以來，院固無日不在風雨飄搖中也。去歲之夏，美國耶魯大學羅定教授來港，仰錢先生精研史學之名，就與商討學術，乃至施教諸端，於錢先生設院教育之主旨，尤多興感。耶魯大學戰前原在長沙設有學校及醫院，以雅禮、湘雅為號，嘉惠我國，夫人能道之。新朝既建，凡外資所設學校、教會醫

院之屬盡廢，雅禮湘雅亦然，然蓄存於其國內之基金固在，羅定教授謂湘雅以造就醫藥人才為要務，未暇他及也。香港於醫藥兩科之設，已有香港大學之成規，例不容更有他校兼辦，而新亞在亂離之中，流浪之境，建校設教，久歷艱險，而不倦不撓，其奮發精神，實有大過人者。歸國將發揚此意，謀分雅禮儲存經費之一部，以為新亞之助。越數月，書來道意，謂所謀得當。今年春，耶魯大學校董會議遣郎君 Rev Charles Long 東來，就商建院，乃至維持長年經費諸事。日前郎君飛航而至，即晚校董蔡貞人就其寓邸設宴為郎君洗塵，至者郎君、蕭君 Barclay Preston Schoyer、錢先生、趙冰、張丕介、唐君毅、主人及余，商談院事，策劃將來，自上燈至於子夜一時及散，余以筋骸老朽，不耐久坐，回寓已疲極不堪矣。

郎君之初至，訪港政府代理教育司摩根，為言此行之任務甚詳。摩根言：新亞既擬自建校舍，港府亦可指劃校址，供新舍之用。九龍亞皆老街警署西南，教會道鄧鏡波工業學校之東，協恩中學之南，有地一區，港府擬於此設公立學校，剖分一部，足容新亞。今日午後四時，郎君、蕭君同至九龍，錢先生邀余同唐君毅、張丕介、蔡貞人諸君履看。摩根所談可以指撥之地，地為學校區，交通亦便，惟可用之地，最多不踰五萬方尺，他日倘擬擴充，則侷促不能容新屋之添建，然此非今日之急務也。先是錢先生及院中諸生，嘗以休沐之日，至牛池灣西貢道西，偶於山谷間見地一區，倚山南望，可及九龍灣，林木蔚然，隔絕塵囂，深居治學，斯為最宜。惟通山只羊腸小徑，自闢大道，用費浩大，而水電之供應，運料所消耗，額外之需，極費周章。余苦足力不繼，不克身履幽靜之境，僅及半山已覺氣喘，遠望諸君子之攀躋而已。郎蕭二君，方在壯年，登臨丘山，如踏平地，既畢事，兩君言，二處優劣，互有短長，取舍之權，自在院方。錢先生言，事涉全院，擬邀集同志，計議而後取決相告，乃驅車而歸。晚間，院中各教授公宴郎、蕭二君於太子道新亞研究所，余以昨晚失眠，疲累極甚，

未與焉。

　　月之九日，錢先生復邀蔡貞人、張丕介、唐君毅、陳伯莊、楊汝梅及余會於新亞研究所，僉以西貢道旁之地雖佳，而經費出於雅禮，郎君意旨側重教會道地，取交通之便也，則順其意取決焉。

179　一九五四年四月五日‧港九詩人修禊

　　今日於太陰曆為三月初三，上巳也。又值清明節，港九詩人效古人水邊修禊故事，會於青山道並海陳翁玉泉別墅。又以梁均默（寒操）將渡海東行，藉茲嘉會，並為梁君餞別。所擬詩題為甲午上巳，九龍青山禊集，暨送均默先生赴台，以沈休文三日詩：「麗日屬元巳，年芳俱在斯。開花已匝樹，流鶯復滿枝。」分韻得某字。易君左拈得流字，成詩最早，詩曰：

　　今年甲午三月三，清明上巳一日涵。禊會喜有群賢集，郊遊何礙春雲曇。海隅流浪幾人耳，漫言十子七八子。主靜長懷陳白沙，反攻最憶張蒼水。去年盛會憶容龍，今年盛會謝陳翁。乾坤一擲悲板蕩，戰髮飄飄飛秋蓬。世事紛紛而愈下，大國皇皇何為者。奇雲突出天外峰，昏霧低迷日內瓦。陸沉何日起神州，萬里江山一覽收。蘭亭久已絕人跡，永和而後無風流。驪歌忽起青山路，隔海蒼茫接雲樹。好將彩帶寫中興，共送梁侯入台去。

　　王貫之（道）拈得花字，詩曰：

　　浙南不用寫蘭花，舊物終仍還漢家。難得清明逢上巳，離樽共酌水之涯。

　　馬漢嶽（筆名南宮搏）拈得滿字，成詩曰：

　　每逢芳菲節，鄉淚濕春畹。吳雲望悠悠，道途豺虎滿。甲午一週期，無情苦衰晚。白骨盈郊野，吾京猶未反。移突起無方，焦頭計自短。霖雨念蒼生，哦詩有永歎。斗酒酬芳筆，明年佳會纘。

王震拈得元字，詩曰：

清明逢上巳，聚醉鳳凰樽。擊楫群賢集，臥薪一劍存。尋芳依古道，斬棘靖中原。傑士當歸國，河山還我元。

諸人又有聯句曰：

上巳復清明（陳荊鴻），山青海更平。微陽籠細雨（易君左），畫閣接雕甍。日永花初睡（鄭永心），天高霧未晴。虎門窺隱約（梁均默），鯨浪試縱橫。揮手情同卻（曾履川），乘風氣自凌。言通天下志（王貫之），意是玉關情。把酒酬清話（馬漢嶽），鏖詩戀別旌。容龍孤墅遍（劉太希），萬象競春明。一曲驪歌罷（王震），鯤溟奮遠程（陳荊鴻）。

梁均默又以「甲午上巳九龍青山褉集」為題，成七律二首：

罕逢上巳又清明，褉集登臨且遣生。欲借醇醪澆意蕊，偶拈詩句譜心聲。海山信美猶吾土，草木無知且向榮。煩惱菩提原一事，往還心史與心經。

徘徊灘上望零丁，魂斷家山一髮青。蘸恨心花如帶淚，沾泥情絮欲成冰。江南悵憶群鶯亂，海上歡聞萬馬鳴。待起鯤溟潮捲陸，及時為雨淨汗腥。

180 一九五四年四月十二日・馮玉祥生活片段

自稱基督教徒之馮玉祥生前有倒戈將軍之號，以反覆無常之小人，手笍軍符歷二十餘年，更若干首領而富貴榮華不去其身，其逢迎媚術，實有大過人者。近《民主評論》登載素庵居士所著鈴語，有馮氏生活片段之記載，昔所未聞也。因轉錄之。

陳宧之入蜀也，袁氏倚之重於龍濟光，宧素有智囊之目，自負頗高，故其行資裝甚盛，既以曹錕、張敬堯二師自隨，復有二混成旅為之護衛，馮玉祥其一也。松坡之軍攻入瀘敘，川民附之，其勢益張，錕、敬堯每戰皆北，宧不得已，命玉祥援之，玉祥需索不已，舉省庫所儲餉秣械彈予之，聲言明日出發矣。其夕三鼓，以兵圍將軍府，排闥入見，言有要事，須立裏

將軍，時宦已就寢，強出面之，玉祥跪抱宦膝，號啕痛哭，宦愕然詢故，玉祥泣不已，徐袖出請袁退位宣佈獨立通電，迫宦署名。且曰：士心已變，不可遏阻，電發無事，否則禍將不測，宦無奈，雖欲呼救，急不及待，遂將原電署名拍發，部署已畢，玉祥始出。時五月三日，袁氏得電，食尚未竟，暈蹶於地，其後雖獲稍蘇，而臥疾不起，昏憒中輒呼宦名，作切齒狀，綿綴床褥，至六月六日而殂。宦字二庵，湖北黃岡人，帝制初興，與段芝貴、朱啟鈐、梁士詒等居中用事，所策劃最多，故得袁之信任，其為四川將軍，在雲貴獨立之後，蓋欲以平定西南也。洪憲分封，與濟光並膺爵士，班立群卿之上，僅次於黎元洪耳。顧入蜀未及數月，側戈相向，宜袁氏深憾之也。玉祥反覆，於茲乃見其端，其後叛吳佩孚，攻張作霖，襲段祺瑞，反國民政府，皆餘事耳。方奉直陳兵於山海關也，作霖苦不能下，於是用左右之計，以百五十萬金餌玉祥，使取北京，迨佩孚既敗，作霖蒞天津，二人始見，握手未及他語，作霖遽詢曰：山海關之役得力不少，其金已收到否？時賓僚畢集，玉祥大慚，作霖雖起草莽，最薄玉祥為人，故有意辱之也。玉祥陰賊險狠，世所共知，在河南時殺人無算，如憨玉昆之流，皆取於談謔尊俎之間，聲色不動，活而坑之。其作偽有絕可笑者，為營長時，欲略其參謀長，久不得間，一夕抱千金叩門求見，泣訴曰：是纍纍者，營長積年所蓄，無以為計，求參謀長憐我保管之，其人峻拒，玉祥苦請不去，因憫其素頗勤實，為覓商肆，經商孳息，玉祥從不過問，而往來漸密矣。為旅長時，欲取信於所部也，會官餉不至，玉祥大集校尉，痛哭陳詞，誓共甘苦，慨然入室，取婦女金銀飾物，分給將士，其前娶某鄉人也，掩泣隨後而詈曰：汝銀行存款無數不取出，乃以我物予人耶？玉祥恐為部眾所聞，舉足力蹴之，立斃。友人濮紹勘在重慶嘗言，所居與玉祥鄰，親見其吸捲煙，抱少艾而吻，且廚饌豐美，不似宴客時僅大鑊白菜、堆盤蘿蔔也。蓋玉祥貌為廉正，標榜樸約，實則貪鄙之尤，積財自奉，亦非儉素，紹勘所

見，僅一端耳。有所謂韓小姐者，始亂之，繼棄之，終乃使人送返陝西而計殺之，其殘忍類如此云。

日寇投降之後，玉祥閒居無事，復求出國遊歷，用廣見聞，政府予以考察水利專使名義，撥國帑資之，以壯行色。玉祥武夫，平生未嘗作水利之研究，亦不解水利之為何事也。既抵美，買屋舊金山郊外居焉，以素不愜於中樞執政之故，每與人言，輒醜詆某某無忌辭。報館記者有所聞必錄，則亦時時以所聞於玉祥者宣諸報章，無形中為之義務宣傳，東遊他市亦然。一九四七年之秋冬，余方在紐約，蓋數見其荒謬絕倫之言論，彼邦人士或有舉以相告者，余與之語玉祥平生反覆之狀，聞者以為奇談。而政府假以名器，滋其狂妄，尤所不解。其明年，玉祥倦游東歸，道出蘇聯，則以同氣相投，結援已久，將由是逕驅赤都，用遂其倡狂反覆之故技，不幸水行乘舟，汽機爆炸，玉祥竟喪其生，其妻李德全則於新朝成立為衛生部長云。或曰：史太林深識玉祥之為人，慮其入新朝而後變也，故先事設計以誅之。

181　一九五四年四月二十日・香港・《暖紅室謎話》

黃夢華仿詩話詞話之例，作謎語[63]，冠以所居「暖紅室」三字，雖小道，時有可喜者，其中一則曰：「紀文達與盧雅雨為兒女姻親，盧任兩淮運使時，虧空庫貲無算，奉旨籍其家產，抵償公款。時文達且曝直樞廷，呼其幼子至前，令舒掌，書少字詣盧，示以掌中書，不交一語。盧雖老髦，亦解人也，知少字加手為抄字，頓悟。」（見《南亭筆記》）又：故老相傳，當盧雅雨鹽業虧空將查抄時，紀文達實鹽與茶葉於空函由內廷

63　「語」字疑作「話」。

寄訊，蓋鹽業虧空查抄，以葉諧業，空函隱虧空，茶諧查也。盧接函，會其意，急措備，遂免多藉沒，姑勿論之二者孰是，能以謎意傳機密，亦云巧矣。事後文達竟以洩言獲咎，譴戍軍台。伴守軍官言，能拆字，紀書董字使拆，曰公遠戍矣，是千里萬里也。又書名字，曰：下為口字，上為外字偏旁，是口外矣。日在西為夕，其西域乎？問將來得歸否？曰：字形類君，亦類召，必賜還也。問在何年？曰：口為四字之外圍，而中缺兩筆，其不足四年乎？今年戊子，至四年為辛卯，夕字外偏旁亦相合也。拆字本通猜謎，此君巧思，又不減紀盧矣。

《清史稿》列傳一百七卷〈紀昀傳〉，高宗以昀學問優，加四品銜，留庶子（左春坊左庶子），尋擢翰林院侍讀學士。前兩淮鹽運使盧見曾得罪，昀為姻家，漏言奪職，戍烏魯木齊，釋還。上幸熱河，迎鑾密集，試詩以土爾特全部歸順為題，稱旨，復授編修。文達以漏言獲咎之見於正史者如此。朱珪所為墓誌言：文達授貴州都勻知府，旋以四品留任，擢侍讀學士，緣事罣誤，發烏魯木齊效力，遣戍單丁，五年積至六千人，為都統，具奏稿，得旨咸釋為民云云，則只言緣事罣誤，並漏言姻家亦諱之。

182　一九五四年五月二十日・以下俱香港所記・范肯堂撰聯

黃松庵寄《范伯子聯語注》一小冊，曹勛閣先生文麟所為也。曹先生言邑中老輩所為聯語，以顧姅谷、周彥昇、范肯堂諸先生及張嗇庵師為遠殊於常。顧以典重高華勝，周以清雋勝，而肯堂先生、嗇庵師之文，則同出於昌黎，恒人尤望而卻走。今注肯堂先生聯語，將使讀者明其事跡，而會其所託，亦裨益後學之一道也。比苦久旱，枯坐無聊，乃揮汗節錄范聯：

〈壽登萊青道李子木之母夫人〉

諸侯袨袾而朝，宜有大風表東海；

王母稱觴於此，正當初日照神山。

〈壽李相〉

環瀛海大九州，欽相國異人，何待子瞻說威德；

登泰山小天下，藉通家上謁，方今文舉足平生。

時李文忠公延先生教其子，先生與其弟秋門先生書有云：相國壽文，決意不作，而壽聯固不可少，則撰一聯云云。二三知言，固以此聯為高絕，就議其疵者，亦不少矣。蓋相國無平行之人，僅南皮相國與之平行，而又無人為之撰此語。其他矯矯，如翁尚書則云：「壯猷為國重，元氣得春元。」未嘗不自以為高，實則試帖佳聯耳。張香翁則云：「四裔人傳相司馬，大年吾見老猶龍。」其與幼樵信中，尤自命不凡，以為無出其右，實則上有斷非壽三十年宰相之語，下句亦屬平平，二公如斯，他可弗論。摯甫本相約同作武昌壽文，見兄文而廢弗作，集碑字壽之云：「文字空千載，聲名動四維。」壽相國之文，本相約不作，而作壽聯，見兄聯，則又廢不作，仍集碑字云：「我國有大老，是身得長生。」天下服善，未有過於此人者也。案南皮相國為張子青之萬，張香翁為張香濤之洞。

〈輓項晴軒之夫人〉

其夫貧也樂，婦可知矣；

有子賢而文，母何憾歟。

項翁皖人，僑居如皋，善鑒金石書畫，其子本源，字子清，諸生，先生之弟子也。

〈壽沙健庵之尊人〉

凤與賢郎相期，欲其道繼胡先生，名過冒公子；

來為長者致祝，惟有壽之南山石，酌以東海波。

健庵先生籍如皋，故以胡安定、冒辟疆為媲。

〈輓潘道士〉

是嘗從吾游焉，一鶴孤舟，千疊愁心在江上；

今並斯人亡矣，隻雞斗酒，數行清淚灑城南！

潘道士住持通州城南籍仙觀，風度翩翩，善款客，士紳多

喜與之游，下聯故兼傷亡友。上聯用東坡〈赤壁賦〉「江上愁心千疊山」，亦東坡詩句也。

〈輓姚外舅〉

我之今日亦何恨能加，惟有牽連並哭耳；

公在人間更無緣遭妒，奚為委曲以死乎！

自先生成婚於姚慕庭先生福安縣任所，翁婿夫婦昆弟，日為詩酒之會，其情至洽。姚先生後終於竹山署，叔子叔節，為先府君述有云：襄陽道朱某，故相子也，紈袴喜趨承，與府君故不相協，府學官左質謙詐南漳學生五百金不遂，詳黜之。府君白其枉，因構於朱。會中丞于公蔭霖初至，密餂道府，甄別屬吏，因列府君下考。于公故聞府君名，疑之，不舉劾，朱反以是大恨于公，而府君亦回竹山。先生文集卷九，有外舅竹山君傳。

〈輓陳右銘丈〉

赫赫宗臣，一往沉冥向山僻；

哀哀孝子，百年長恨在天涯！

右銘中丞寶箴，光緒戊戌在湖南巡撫任，以奏保新黨，廢斥不用。丙申卒於南昌，孝子謂其冢子伯嚴先生。

〈題通海紗布公所神座〉（燕謀案：公所在上海南市毛家街，祀天后。）

沃產九州，無江路為家，便與仙居爭富貴；

明神千里，異海天作客，每以靈眷得平安。

〈輓李草堂先生〉

學道有涯，安心是樂；

酒闌人散，雲臥天行。

秋門先生，《南通縣圖志》〈耆舊傳〉謂：草堂先生喜內典及養生家言，舉拔貢後，不樂仕進，與范蔭堂、張潤之為三隱君子。

〈輓何眉孫〉

隔海未聞凶，溫語猶存數行至；

登山長不樂，淡交多此一番游。

何眉孫以文章經濟著聲譽公卿間。辛丑正月，草要政議據案，擲筆而卒。湯蟄仙先生輓云：「及吾身難見太平，生復何為，撒手萬緣君已了；算舉世無多知己，死應未瞑，趁期一晤我來遲。」魯庵師輓云：「孰置君天地盲晦之秋，熱血一腔，死於經濟；益堅我江海沉淪之志，側身四顧，淒絕平生。」先生詩卷十二為己亥作，有同何眉生、張季直夜登狼山詩一首，又贈何眉孫詩一首。

〈輓李文忠公〉

賤子於人間利鈍得失，渺不相關，獨與公情親數年，見為老書生、窮翰林而已；

國史遇大臣功罪是非，向無論斷，有吾皇褒忠一字，傳俾內諸夏、外四夷知之。

〈代李方伯題江南高等學堂〉

帝以此地為十八行省之所先，屢詔觀成，闓澤遂流江上下；

天俾聖人至二千餘年而益大，通方設教，聲明何間海西東。

案當時學校制度未定，陸師學堂、水師學堂外，文科之校，以省會高等學堂至高，若古之州郡學也。

〈輓摯甫先生〉

君今安往乎？吾末之也已。

無不善畫者，莫能圖何哉！

先生與吳先生之契分，散見於詩文集中，於其歿，只集句以輓，所謂情至則無文，然亦足見其獨對蒼茫，放聲一哭也。吳先生之歿為光緒二十九年，明年，范先生即世，蓋形神已為之蕭索可痛也。

183 一九五四年六月二十日・詩詠抽水馬桶

馬桶者，溷器也，亦曰馬子，所以受大小溲者，今通商大都會仿西法，上通小水桶為機，以節制水量，使盈而不溢，下

通溷池，池埋地下，中畜特種微生物，穢物入池，不久化水。運科學之巧思，化穢惡之溲溺，於人生至便矣，則名之曰「抽水馬桶」。《夢粱錄》：杭城戶口繁夥，民家多無坑廁，只用馬桶。[64] 錢大昕《恒言錄》云：「案通雅陳水南曰：獸子者，褻器也，或以銅為馬形，便於騎以溲也，俗曰馬子，蓋沿於此。」或曰馬子本名虎子，唐人避諱，改曰馬子，見《雲麓漫鈔》[65]。所謂獸子者，亦唐人避諱而改者也。

我友凌宴池有詠抽水馬桶詩曰：

複室連閨闥，來如早晚衙。坑埋牆外遠，管入地中斜。遠接江湖水，專依都市家。何勞銷穢氣，香稟侍嬌娃。

184　一九五四年六月二十五日・問禮亭題詞

成惕軒《楚望樓雜識》，記問禮亭題詞事曰：一二八之變，中樞曾一度移駐洛陽，洛陽故九代名都，時有古物出世。吳興戴季陶院長曾於其地獲漢永明二年石刻孔子問禮圖一方，完整無缺，畫法刻工，俱樸茂無比。因於民國二十二年載歸南京，建亭於考試院，特請國府主席林公為之記，並以〈禮運〉一節分韻，廣徵歌詩，用紀其事。嗣印成問禮堂詩初集，作者凡九十四人，佳什頗多，而要以冒鶴亭（廣生）之五言古為最。詩係分得謂字云：

戴侯禮世家，復在宗伯位。平生憂國心，耿耿通帝謂。謂法出於禮，非禮國不治。前年得片石，刻劃孔李事。永明代已

64　《夢粱錄》作：「杭城戶口繁夥，街巷小民之家多無坑廁，只用馬桶。」日記引文缺「街巷小」三字。互參《右台仙館筆記》：「元吳自牧《夢粱錄》云：『杭城小民家多無坑廁，只有馬桶。』」如日記引文本此，則又缺「戶口繁夥街巷」六字。待考。

65　《雲麓漫鈔》：「《西京雜記》李廣與兄弟共獵於冥山之北，見臥虎射之，即斃。斷其髑髏以為枕，示服猛也；鑄銅象其形為溲器，示獸辱之也。故漢人目溷器為虎子。鄭司農注《周禮》有是言。唐諱虎改為馬，今人云廁馬子者是也。」

遙，隱約見題字。歸來築此亭，欲垂教萬世。乾坤苟不息，亭石必不廢。烏乎鼠有皮，勗哉爾多士。

寥寥八十字，要言不煩，一結尤峭拔有力。

185　一九五四年六月二十六日‧高一涵營救章太炎

民國三年袁世凱囚章太炎於燕京。國內學人奔走號呼，初未能搖袁氏殺士之志。高一涵致書《甲寅雜誌》記者，謀所以救章先生，文字致佳，時人以比孔北海之救盛孝章。其文曰：

有友人自京師來，道及太炎先生近境，窮餓囚拘，間日一粥，婉轉塵榻，形若槁木，直言之曰：無形殘殺而已。先生之學，總籀玄妙，超絕人天，雖在婦孺，亦逆料其不能見容於世，不幸而遭不測，於先生性分固無絲毫損益，特國華消喪，民質就亡，存形體而喪精神，是俗儒而非絕學，固有之精蘊胥捐，而輸入文明，復非咄嗟所能融貫，神魂悵悵，其何能國之云。矧方今大總統在上，聖神文武，明析秋毫，揖讓盛儀，繼隆古昔。黃巾猶拜鄭公，阿瞞尚容名士，而亡清末季，文字禍興，繫先生於上海，海內激昂，猶得不死，今先生所履之罪，與擊鼓屬罵者奚若？大總統之為人行事，與黃巾阿瞞奚若？民國與亡清又奚若？凡有血氣，雖不敢宣之於口，類能識之於心，乃鋤夷文豪，獨見於盛世，余愚，竊為盛世惜之。夫當道視先生其重如此，要皆左右親近游揚之功也，積毀銷骨，眾口鑠金，理有固然，無足深責，獨惜海內正人君子，亦箝口而莫之救視，一若先生之死為有當，而大總統之生殺可以好惡出之也。嗚呼！文王明夷，則時之可知矣，仲尼厄毀，則人心可知矣，此其問題固不關乎先生一身之事也。在視革命若蛇蠍之滿清時代，清議猶能生先生於獄中，謂當共和大成之秋，而不能救先生於龍泉寺，又以何說為辭？先生吾國之易也，易不可見，則乾坤或幾乎息，此其義，凡讀先生書者類能道之，不假余一一談也。所可怪者，海內噤口不道先生事，雖雅知敬憚先

生者，亦多作仗馬寒蟬，氣焰可燃正義，其信然歟？余友某君於先生初無一面緣，徒以激於公憤，今已驅去返去，尚以營救章先生為事，先生如得釋，當與偕隱，否則非當豫測也。以實行自任，以鼓舞公論相援助任余，此余友之決心，臨行涕淚縱橫，為余言之如此。余交寡能薄，未能如約，心滋慚焉。然正義所在，不敢以負吾友者負先生，並負後世。聞貴報影響於社會頗大，敢為言之，儻能加以鼓吹，釀成輿論，得救先生，使當道者知人心不死，公論終不能屈於威權之下也，則非特二三小子之福矣。高一涵白。

186　一九五四年七月九日・考古家之言

衛聚賢自謂長於考古，余於其指海馬為龍，製近代玻璃之鏡用汞等說，已直斥其妄。其釋伏也，謂是指新疆吐魯蕃氣象而言，中國史書所載，多中原實事，衛君引西域事為證，豈秦德公時西域已通於中國耶？衛君之說曰：吐魯蕃低於海平面，在中午最熱時，可至攝氏四七・八度，現存之唐代古城，每家有地下室，且有地下街道，地下室通地下街道，在中午天熱時，地面室內不能居，於是人趨地下室，亦即往來地下街道，如我人之在地面也。日出時，人至田中力作，午前十時回家，吐魯蕃居民在夏至後二三旬間，旁午輒潛伏地下，故名此時為伏天。余謂此類想當然說法，但可施之於茶餘酒後，用博座客一笑，若竟據為典要，則大失「考古」二字莊重之意矣。

187　一九五四年七月十二日・汗淋學士

《東軒雜記》學士王平甫盛夏流汗浹衣，劉貢父曰：「真汗淋學士也。」「汗淋學士」者，「翰林學士」之諧音也。余今年居室仄陋，門窗西向，午後驕陽逼人，尤不可耐。既冠遊學美洲，亦嘗謬得學士之名，今茲之所遭遇，正可以「汗淋學士」

自嘲也。

　　詩人描畫，每多言過其實，王維詩：「草木盡焦捲，川澤皆竭涸。」何遜詩：「昔聞草木焦，今睹沙白爛。」[66] 誇張過甚，胡可信者。

　　楊萬里夏夜熱詩 [67]：「夜熱依然午熱同，開門小立月明中。竹深樹密蟲鳴處，時有微涼不是風。」自佳。

188　一九五四年七月二十九日・錢穆著作年表

　　錢先生以前清光緒二十一年乙未六月初九日誕生，於公元則一千八百九十五年七月三十日也，今年正六十，《人生雜誌》以先生一生致力學術及教育事業，於人群文化貢獻綦鉅，特輯專刊以表慶祝之忱。專刊於羅列友好及門弟子文字之外，別為著作年表，始《論語要略》，迄《宋明理學概述》，凡二十八種，其散篇論文與待刊之稿，若〈論語新解〉之類不與焉。

《論語要略》	民國十三年
《孟子要略》	民國十四年
《惠施公孫龍》	民國十四年
《國學概論》上下兩冊	民國十七年
《墨子》	民國十八年
《周公》	民國十八年
《劉向歆父子年譜》	民國十八年
《王守仁》	民國十九年

66　何遜〈苦熱〉：「昔聞草木焦。今窺沙石爛。」日記引句諒誤。

67　詩題是〈夏日追涼〉或〈夏夜追涼〉。

《周初地理考》	民國十九年
《周官制作年代考》	民國二十年
《老子辨》	民國二十一年
《先秦諸子繫年》上下兩冊	民國二十二年
《中國近三百年學術史》上下兩冊	民國二十六年
《國史大綱》上下兩冊	民國二十八年
《史記地名考》	民國二十九年
《教育與文化》	民國三十一年
《清儒學案》	民國三十一年
《中國文化史導論》	民國三十二年
《政學私言》	民國三十四年
《湖上閒思錄》	民國三十七年
《莊子纂箋》	民國三十八年
《中國人之宗教社會及人生觀》	民國三十八年
《文化史大義》	民國三十九年
《中國歷史精神》	民國四十年
《中國思想史》	民國四十年
《中國歷代政治得失》	民國四十一年
《大學中庸釋義》	民國四十一年
《宋明理學概述》上下兩冊	民國四十二年

錢先生謂余《人生雜誌》社所列著作，猶有未盡，先於《論語要略》，尚有《論語文解》一書，亦商務印書館發行，閱時不及一世，而知之者鮮矣。當錢先生課童鄉村小學校時，得丹徒馬建忠所為《馬氏文通》，大好之。馬氏嘗留學外國，精通西文，歸國後，取我國四書三傳諸子語策，下至韓氏之文，依西人文

法所謂葛郎瑪者,比而同之。詳說其體用而成通,國人之有文法專著,自馬氏始也。錢先生推廣其意,取《論語》釋其文之結構,於常人習知之起承轉合之宜,尤用心發揮其秘要,蓋馬氏所論,止於詞之類別應用,錢先生則擴而充之,及於文字篇章之構造,書成,郵致商務印書館,主商務印書館編輯者稱書可用,願得版權,而以印行成書二百部為酬。錢先生請易書以金,商務許焉,立致本館書券直二百金為報。先生得券,詣鄉之書肆與商,以券易書,而不限於商務出版者,書肆許諾。先生由是得其他上海書坊石印四部要籍數十種以歸,窮日累月,勤讀不倦,學以大進。嗣是而有《論語要略》,以及其他著作。錢先生自謂《論語文解》之為書無足道者,然以一貧書生,因作是書而得經史典籍若干種,由是而識為學之門徑,而免入於歧途,則商務書券之酬,實大有造於厥躬。世傳歐陽文忠公得昌黎遺稿於廢書簏中,讀而心慕之,苦心探賾,至忘寢食,遂以文章名冠天下。夫古人典籍,何地無之,有其書而不能讀,讀焉而無所得者亦多,必心有所慕,及從而苦心探賾,乃有所成,士不妄有名,豈不然歟!

189　一九五五年一月三日・吳稚暉早年日記

吳稚暉早年貧困,不得志,有見其日記者,節錄不多,然坎坷景狀,歷歷如繪。

二十日,天氣陰霾,既而微雨,窘況、後況、客況並思之,覺死活皆非,愁樂並無,欲哭也,此涕向誰人雪之?欲笑也,此境向何處覓之?

二十一日,晴,煒士來言,博文書院那總辦言:教習一席,已有人待之數月,所薦吳某一說,着毋庸議。余聞之早知之、早料之矣。……煒士去看友,余立近土城上待之,思起此行,百感交集,朋友之憐我而笑我,家人之恨我而愁我,又在近日聽聞別人議論,知此後萬無喫飯處所,媚人不能,騙詐無

術，貿易無資，所欠債款何日奉還，思之思之，獨立蒼茫，無端感歎，不覺悲歌慷慨！有上城之鄉人來，止見其衣褲不完，面有菜色，相視之下，大為慘然，朋友朋友，將為爾續也！

二十八日……忽念客況，篋中適數二日資，倘淹滯數日，不免質當，後顧甚不聊生！

190 一九五五年一月十九日‧一江山失守

昨日大陳島北五海里一江山失守，當時美軍第七艦隊袖手作壁上觀，蓋以一小島之得失為無足輕重，猶越南奠邊府之故事也。海上風雲，從此無復寧靜之日，我為此懼。

191 一九五五年一月二十一日‧新亞財務委員會

財務委員會集會，錢先生（穆）、郎君（家恒）、（張）丕介、（楊）眾先及余咸列席，八時乃散。王岳峰今日發言獨多，細至信箋格式，無不吹求，而於趙君謂其生於香港，英人也，理不當任董事長，反復言之，使人不耐，究竟意志何在？不可解也。

192 一九五五年一月二十六日‧費子彬處方

余自上年氣候驟寒受涼，比日傷風咳嗽，食量大減。費先生與余並坐談話，知余體中不適，為言宜稍進藥，因為處方，計牛蒡子三錢、焦山楂三錢、香穀芽三錢、姜半夏一錢、冬桑葉一錢、象貝母三錢、新會皮一錢、白茯苓二錢，共八味。並言復原後，亦應常服燕窩湯以補肺云。

193 一九五五年一月二十八日・友好往還

訪徐敬直，談新校舍內部需要及佈置大概。

訪劉百閔，座上遇牟潤孫、陸斌兆諸君，清談過午，繼訪吳覺生，適值外出，留片而還。

曾履川送張大千返巴西，順道過我。大千前寓亞皆老街，去余僑寓密邇，履川與之無旬日不晤聚者，今又別離，頗難堪也。

194 一九五五年一月三十日・今日人日 [68]

今日人日也。《荊楚歲時記》：「歲後八日，一日雞，二日犬，三日豕，四日羊，五日牛，六日馬，七日人，八日穀。是日晴，所主之物育陰則災。」[69] 晨起陰，午前達晚則陽光普照，若依《歲時記》相傳之說，豈去年破家苦難之餘波猶在，而日後泰來亦兆見於陰晴之象耶？悲傷身世，志此以待未來之變。

195 一九五五年二月三日・新亞校董會

就天祥洋行韓穆辦事處開新亞校董會，特請徐敬直列席，報告新校舍設計大概。關於五年計劃，缺漏殊多，應留待下次集會，再行討論，同時由發展校務委員會於會前根據耶魯捐贈款項確數，酌量修改，期於不落空談。

68　讀者互參日記第 329 則。

69　《荊楚歲時記》：「按董勛《問禮俗》云：正月一日為雞、二日為狗、三日為羊、四日為豬、五日為牛、六日為馬、七日為人，以陰晴占豐耗。」與日記引文不盡相同，日記引文或引自《歲時廣記》：「歲後八日，一為雞、二為犬、三為豕、四為羊、五為牛、六為馬、七為人、八為穀，謂其日晴則所主之物育陰則災。」

196　一九五五年二月十二日‧旅行大埔墟

　　與新亞師生旅行大埔墟，同行者二十七人，孟氏圖書館王詠祥與焉。十時發尖沙咀，四十五分至墟，下車後並海行，由北岸至東岸折還，越鐵路，登小山，至伍鎮雄農場，場佔地甚廣，惟經營者才三萬餘尺，有屋三楹，門前植葵二，極高，彷彿旗杆，有荔樹十餘支障其前，伍君夫婦留飯，飯後登山涉水，余以衰老，勉從諸生緩行，又得彼等扶持，竟畢山道十餘里，道中頗有古樹木，秀拔入畫，小坐一祠，曰桃源堂者，七時歸。其次日，復去九華徑遠足，過靜觀林，在青蓮洞上，至荃灣，搭車歸。

197　一九五五年二月十九日‧愧名「行素堂」

　　校舍建築委員會邀徐敬直會於天祥行韓穆辦事處，商就港府劃地南部，沿天光道長方地，重行規劃教授住所、學生宿舍等單位。

　　晚間張迪生來告，現居房屋已售予港府，凡賃居於此者，須儘兩個月來移出，此破家之後又一巨大打擊也。捨此他求，非三百金不辦，穀兒匯款久絕，最近並信息而無之；新亞研究所事已延擱數月，迄無解決辦法，素患難行乎患難，我未能無動於衷，甚愧當年以「行素」名我堂矣。

198　一九五五年二月二十日‧高一瞻手相

　　晨至研究所，與錢先生談校舍改動計劃及郎君所擬院生分年功課得失甚多。

　　昨夜有烈風，晨間氣候驟涼，與昨午相去二十五度。

　　昨夜失眠，飯後欲小睡亦不可得，適吳志卿來，與之閒談良久，同出至黃大仙廟吃點心。志卿後就高一瞻手相家相手，

言志卿性格極審，十餘年來遭遇亦多合者，酬三金。

199 一九五五年二月二十二日・留美同學會

前老友吳覺生以留美同學會今晚在樂宮樓聚餐券來，屬屆時攜券出席，余方貧困無聊之境，不復有歌舞雅興，今午前返其券，送泛美航空公司王君轉交，有負故人殷殷意，殊自慚已！

報載：大陸將發行新人民幣，舊券萬元當新券一元，是猶曩時以金元券替代舊法幣之故智，朝三暮四，狙公賦芧則然，人民不盡，眾狙奈之何，胥國人而眾狙畜之也。

200 一九五五年二月二十五日・錢先生枉顧

錢先生枉顧，言亞洲協會補助新亞研究所事，已有端倪，惟出版費用，一時尚難談到，而購製書籍，亦遠不能副我人所期望，月才以千元為限，姑於此時交換一信，為臨時維持之需，後此尚須於新亞以外，另聘所長一人，總集厥成云。

201 一九五五年二月二十六日・豆腐小史

《歸田瑣記》云：「豆腐古謂之菽乳，相傳為淮南王劉安所造。[70] 又相傳朱子不食豆腐，以為 [71] 初造豆腐時，用豆若干，用水若干，雜料若干，合秤之共若干，及造成，往往溢於原秤

70　《歸田瑣記》此句下有「亦莫得其詳」一句。
71　「為」字《歸田瑣記》作「謂」。

之類 [72]，格其理而不得，故不食。今四海九州至邊外絕域，無不有此，凡遠客之不服水土者，服此則 [73] 安。」[74] 又《天祿識餘》亦謂豆腐為淮南王劉安所造，名為「黎祁」。

費子彬先生枉顧，並饋暹燕一包，前此嘗勸我服燕窩，未之應也，非不應也，垂老為子所累，貧窶至不能有安居之所，心情抑鬱，無可告語，則亦不暇顧及晚年健康與否矣。然猶承友好存問關念，感激之意，如何可言。

202 一九五五年三月五日・紡校聚餐會

事多拂逆，意興索然，今日南通紡校原有聚餐，決不復去。傍晚，李文立夫婦來，謂余四五年來，通校每有聚會，從不缺席，不可因一時不快意，自破陳例，勸說多端，勉從其請，且攜岫雲壽兒同行。至則同學如約而會者三十有二人，前此所未有之盛也。有女生陶，鎮江人，適郭君，粵巨商郭氏族人，夫婦皆畢業通紡，今茲赴會，猶是第一遭，而同學攜眷俱來者，亦十餘人。李乃煒近年營廠於新加坡，不見逾年矣，適以事至港，亦參與今夕之會。席間，駱仰止、李乃煒各致辭，並及於余。余略言嗇公當年高瞻遠矚，於教育事業中成我紡校，何意南疆英屬彈丸一地，乃有如許同學，而於工業中且屈一指焉。諸君子苟以所受於嗇公者為恩，亦應以餘力贊助教育，為後來造就人才之地也。

---

72 「類」字《歸田瑣記》作「數」。
73 「則」字《歸田瑣記》作「即」。
74 此則日記談豆腐，讀者互參日記第 59 則。

203　一九五五年三月八日・唐君毅過訪

唐君毅過訪，為言今年安排教科之困難，意欲應哈佛教師訓練之招，乞假一年。教科安排之困難，由於人事之不齊。哈佛遊學計劃，原限三月一日以前提名，而定章以青年為最合式，因年齡規定，須在四十以下，最宜在三十五左右，而為校中助教。君毅為教授，又年將五十，論其資歷，非哈佛所許，無論逾期旬日，即提亦復無效矣。

與錢先生談校務，自建築教科設備之屬，提綱研討，歷三時許，既而郎家恒至，談及天光道請益之地，乃至今後擴充不敷之費用，如何籌措，連帶提到，因留飯，午後二時乃歸，甚倦。

204　一九五五年三月十日・子平術者言

行年遂六十有五。當四十年前，初歸自美，執教紡校，有通子平術者，謂我當以六十二歲善終，不幸而至今健在，遇事拂逆，盡喪所有，其與陳死人相去者能有幾何？〈洪範〉以考終命為五福之一，若我之不能及時而化，此其所以為不幸也，亦壽而無福者歟？

205　一九五五年三月十九日・錢先生贈款

曩時錢先生（穆）撰《莊子纂箋》成，斥資為之付梓。今年先生在院為諸生講莊子，前印之書已傾，則以改定稿重刊。又念余之貧窶也，舉所得《中國思想通俗講話》稿費三千金為贈，謂酬前此刻書之德，其意可感也。

206 一九五五年三月二十一日 · 黃廈千幼子

黃廈千之幼子，才七歲，獨於地理有特嗜，其母語余，是兒暇時，以翻閱地圖因而摹繪為事，久而不厭，不止識其地，並知各國區域廣狹，人口多寡，其父適有英文本地圖一冊，余詢以丹麥、芬蘭、海牙，皆能指其所在不誤，乃詢及中國最為中心之大城市，則不知其為蘭州，此在十齡以上之中學生或不甚難，但以七齡兒童，不經教誨，獨有嗜好而知識如此，斯不易見矣。晚間出席新亞行政會議。

207 一九五五年三月二十二日 · 訪趙先生冰

晨訪趙先生冰，與之語校事，第一、先儘可以動用之錢，就已經指定之地，從速建造校舍；第二、雅禮許捐之款既有限制，則來年預算，應以不超過美金二萬五千元為度。

208 一九五五年三月二十三日 · 新亞新校董

新亞新校董英人韓穆從未來院，今日以教育司高詩雅到院視察，先時而至，蔡貞人及諸專任教授咸集，既導觀嘉林邊道、桂林街及港府指定之農場道 [75] 地基，因同車之便利，與之言提早建校之必要。蓋租賃民房，侷促殊甚，而師生往還兩地，耗時勞神，尤為眾所疾首。高知其然，而司地之責屬工務局土地司範圍，為請益沿天光道之地，非共同會議，得與會官吏同意不可，此其難以及早取決隨興土木，可斷言也。

75　「農場道」即「農圃道」(Farm Road)。

209　一九五五年三月二十七日・新氣象學

黃廈千夫婦同來，詢以新氣象學，為我言其大概，娓娓不倦，盡二小時，聞之殊快意。新氣象學不過三十年間事耳，挪威以漁業關係一國經濟至鉅，學者於氣候之預測，以氣體流質也，宜適用流體力學一切原理，引而伸之，觸類而通之，斯學就由附庸彙為大國，美人傳其術，擴大精深，日新月異，視已往預測方法完全改觀矣。

210　一九五五年三月二十八日・研究所買書

去年牟潤孫為研究所買《四部叢刊》初二三篇，值四千五百元，所無可撥之錢，書已送來，無退還理，則枝枝節節而應之。我所墊房屋押租二千元，又移作別項書籍之用，錢先生節清俸千四百元授牟先生，應一時之急。錢先生今日別有新書須付梓，垂詢所有餘錢否？亞洲基金會日前固曾預支五千元為所中買書者，余即取千四百元以進，告朱學禹銷以前貸款帳。

美哈佛大學有 Visiting Scholars Programme，為造就東南亞諸國年少有為之大學助教而設也，今年定額十人，來書通知新亞提名，唐（君毅）先生願往，錢先生舉余英時，復書並舉二人。昨得復，則捨唐而取余。余為研究所學生，去年每日到所讀書，比為乃翁與院有違言，余遂不至，而取薪水若乾修然。我向索所出版之書亦不應。錢先生獎勵後生，曾無芥蒂，而余君父子應之以傲慢，是非師友相交之道也。我於此測英時終且插翅飛去，而益欽錢先生度量之宏也。

211　一九五五年三月三十日・五次更圖則

錢賓師、張丕介、伍鎮雄、牟潤孫夫婦、劉百閔夫婦過

訪，賀遷居也，謂將以星期六攜酒食來會，冀魯謂之溫居云。

午後與郎家恒同至香港訪徐敬直，適他往，乃與吳繼規商量校舍新圖，其北部沿農場道者五層，下四層為教室，其上則宿舍，沿西新路者兩層，為圖書館及辦事處，有餘力時，可以在其上添建新屋，南部沿天光道者，左為大會堂，只一層，然有閣，容座不止五百矣。右亦五層，地面為會食堂及運動之所，再上有教室，有女生宿舍、教授宿舍，蓋此為第五次更動矣。

212 一九五五年四月三日・本港氣象台

陰，殊寒，氣象台謂繼有大雨，則觀測有誤。黃廈千語余，本港氣象台設備尚不及清華大學，用美國標準衡之，才及三等站耳。顧張大其詞，號曰「天文台」，名實不相稱，莫此為甚。英人素以保守稱，在今日航空事業日新月異，獨於關係航空依賴之氣象預測如此疏忽，只應以頑固名之，「保守」二字，猶為恕辭矣！

213 一九五五年四月五日・陸黃清明詩

陸放翁清明淒然有感詩曰：

松陰繫馬啟朱扉，粗糲青紅正此時。守墓萬家猶有日，及親三釜永無期。詩成漫寫天涯感，淚盡何由地下知。富貴賤貧俱有恨，此生長廢蓼莪詩。[76]

黃山谷〈清明〉詩曰：

76　詩題〈鄉中每以寒食立夏之間省墳客襞適逢此時悽然感懷〉。日記引詩作「櫃粧」，誤。

佳節清明桃李笑，野田荒壠空生愁。雷驚天地龍蛇蟄，雨足郊原草木柔。[77]人乞祭餘驕妾婦，士甘焚死不封侯。賢愚千載知誰是，滿眼蓬蒿共一丘。

214 一九五五年四月六日・試足力行路

自纜車山頂站南向行，有環太平山人行道，極目四望，可得港九市區景象十之七八。來此七年，未之作此游也。午後以天氣晴朗，故渡海登山，略試足力，起茶室西端之霞櫪道[78]，南向蜿蜒而西而北入盧吉道，折而東，又見域多利亞海灣，信步徐行，歷一時有半，未覺倦也，流浪貧困中，斯為樂事。

215 一九五五年四月七日・高饒被整肅

高崗饒漱石於中共有大功，頃以被整肅聞。功高震主之不能謙退，宜其不免飛鳥盡，良弓藏，狡兔死，走狗烹，古今歷史不乏其例。至於赤黨則史酋當權而托拉斯基放逐，馬倫可夫繼長而貝利亞被殺，克魯曉夫為政而馬倫可夫退休，所謂集體統治委員制度者，純虛語耳。今之大陸，其於俄人政治制度，亦步亦趨，況鬥爭為其戰略，整肅乃是公式，是高是饒，一在東北，一在華東，權重勢強，形成割據，一旦獨立王國之稱，為人所樂道，則斧鉞之加，時間問題而已。論者推尋本原，空言解釋，徒見其昧於史例，不識時務已！

77　日記引詩頷聯有誤字：「重驚天地龍蛇蟄，兩足郊原草木柔。」

78　「霞櫪道」即「夏力道」（Harlech Road）。

216 一九五五年四月九日・秦羽演珍妃

姚吳迎璋夫人函邀看《清宮怨》預演，莘農（姚克）所編之話劇也，以秦羽去珍妃，秦羽為朱萱之藝名，母氏朱，朱啟鈐之第五女，當及笄之年，亦復風流倜儻，名盛京師，馬君武所賦「趙四風流朱五狂，翩翩蝴蝶正當行」者也。朱萱今肄業香港大學，以其餘暇演劇，並及電影，亦甚有名，適所見於莘農之所指點，心領而神會，其同列諸人不及也。

217 一九五五年四月十二日・王思九勸學佛

王思九書，勸我學佛，從斷煩惱而得解脫，循此用功，自能得證，從此心無掛礙，無有恐怖遠慮、顛倒夢想，受用無窮矣。其意自誠，然非余所能為也。

218 一九五五年四月十九日・《徐氏全書》

王元章以《徐氏全書》見寄，南通徐益修昂 [79] 之遺著也，凡三十七種、一十三冊，惜寄來時道中為郵局檢查，第十三冊後半冊撕毀十餘頁，書包中前後次數亦亂，包外有印成書目，詳述書之內容，而猶不免於嚴密之檢查，鐵幕沉沉，其出入之不易可知已。

219 一九五五年四月二十一日・愛因斯坦之論

愛因斯坦以二十六歲發明相對論，又五十年而逝世，生為

79　「昂」字日記作「昇」，查徐益修名「昂」，初字「亦軒」，後改字「益修」。

德人，以屬猶太民族，故希特拉嫉視之，謂是國家之敵人也。愛因斯坦乃出亡於美，歸順為美人。論其平生，世人知之者眾矣，而尤長於物理學、數學，自謂如以 A 代表一生之成功，則其方程式為 A=X+Y+Z，其中 X 為工作，Y 為遊戲，Z 為沉默，此與愛迪生所謂一事之成，流汗成分達百分之九十九，而靈感只及百分之一。語殊而含意則同，總之世無不勞而可獲成就者也。

近代治生物學者，於物種由來，大都宗達爾文之說，故凡趨向純科學者，不復有宗教之信仰。愛因斯坦之於科學理論，可謂登峰造極，然其人於造物主之信仰，並不動搖其毫末。嘗有言云：人類不能創造生命，近時人類已能人工受孕，但人工受孕所用之材料，仍為取諸人類本身之精液，此精液非科學家所自製，以是之故，宗教命人相信造物主之存在，殆為有理。愛因斯坦又嘗言，原子能非人之所能創造也，特被人類發現而加以應用而已，不僅原子能為然，推之世間事事物物，無不有其必然之理，而控制此理萬世不變者則造物主也。

220 一九五五年四月二十三日‧治史之難

有江郎者（在報間）謂清末以辦理建設實業而著名者，推盛宣懷、梁士詒及張謇三人。盛受李鴻章之專任，梁以喜講經濟，張則因避禍，藉辦事業以求存。又謂張於甲午大魁天下，實翁同龢與張百熙力爭而得；不知是科閱卷大臣八人，翁而外為張之萬、麟書、李鴻藻、薛允升、唐景崇、汪鳴鑾及志銳七人，無張百熙，而是科會試總裁為李鴻藻、徐郙、汪鳴鑾及楊頤，亦無張百熙也。嗇公既大魁不久，即丁太翁之憂，奔喪回籍，次年，張之洞稱督兩江，奏請任張總辦通海團練，其秋為南皮建議興學，兼及商務，乃至籌闢海門濱海荒灘，此即南通師範、大生紗廠與通海墾牧公司之權輿，其冬又受南皮之聘，長南京文正書院，次年丙申，與江督劉坤一議興廠，自是繼長

文正書院至庚子，其先後五年生計，賴書院月俸百金，未支廠中一錢。又二年，師範興，乃舉所積公費二萬為營造之資。江郎謂薔公以戊戌六月七日南歸是也；然實際上前後在官合甲午才百二十日，非數年之間不離京師一步也。所謂黨禍，亦既明明白白為康梁變法之黨，何來帝黨后黨之說，胡思敬《國聞備乘》所記，出於十年以後，而有保皇之辭，豈是真相！斯事去今不及六十年，而傳言難信已若此，真不可盡信，甚矣治史之難也。

221 一九五五年四月二十七日·新亞校董會及學術討論會

午後就天祥行舉行校董會，至者八人，王岳峰以事假，伍鎮雄代丕介出席，任紀錄，並邀徐敬直列席，為校舍規劃，大體已有決定，惟經費來源，郎君秘而不宣，其於福特基金指撥之二十萬美金，未着一字，閱時一載，依然諱莫如深，不解其命意何在？以傳教士自命，而與人不相見以誠，我所不解？

研究所開學術討論會，錢先生、唐先生遣列生航飛來邀，遂赴院參加，始八時至午夜，談治學方法，議論精到，忘久坐之倦矣。錢先生極重諸生讀書，誠以二十年來新式學校盛行白話，於中國典籍略不經眼，經史諸子、名家別集，無有能精一過者，基礎既無，奈何望其深造有得耶！

222 一九五五年四月三十日·美政府不智

郎家恒以雅禮代表為新亞校董，校內行政向由教授會議決定，郎不得執實權，則時時舉校中瑣事以相責難，比於校課，乃至預算案，時發極不中肯之批評，其意則在掌握校中行政之權。昨與錢先生談判，詞氣之間，圖窮匕現矣。錢先生因集諸教授議，相應付之方。美國政府之於自由中國，其所謂軍援、

經援者，每每口惠而實不至，今於教育事業亦將效法政治家手段，甚矣其不智也！

223 一九五五年五月四日・聖約伯書院

王岳峰約余參觀聖約伯英文書院，院在界限街，去所居極近，開辦至今，才兩年耳。有學生四百餘人，亦賃住宅為教室及辦事處，收支相抵，月有羨餘，而學生來者不已。校主曹書昂謂秋季開學，不難有八百人，獨恨一時無力自建校舍以容多士耳。

224 一九五五年五月五日・馬君武詩刺汪精衛

馬君武刺張學良詩，時人都知，然嘲張與胡蝶擁舞，實誣。民國二十九年，汪精衛至寧，組偽府，號為還都，馬君武有詩刺之，卻不多見。詩曰：

潛身辭漢闕，矢志嫁東胡。脈脈爭新寵，申申詈故夫。賞錢妃子笑，賜浴侍兒扶，齊楚承恩澤，今人總不如。[80]

此詩極佳，惜「如」字出韻耳。[81]

225 一九五五年五月七日・錢先生有感

晚集北角長康街底蔡貞人府聚餐，至者劉百閔夫婦、張丕介夫婦，余與岫雲先至王書林寓所，牟潤孫夫婦亦至，六人乃同行，而余為之導。蔡貞人以夫人體中不適，定席即行。錢先

80　詩題〈三卅紀事〉。日記引詩首聯有誤字：「潛身辭龍闕，矢志嫁東吳。」

81　「如」字「六魚」韻，「胡」「夫」「扶」三字「七虞」韻。末句叶鄰韻字，是「孤雁入群」格。

生獨缺席。劉君言,先二日,錢先生為言,群公皆夫婦偕行,而彼乃獨行,殊有踽踽涼涼之感云。

226 一九五五年五月十一日‧《清宮怨》劇本

《清宮怨》劇本,姚莘農所著也,書成於十餘年前,當時隨編隨即為費穆取去,導演演出,舞台之外,並攝為電影,余聞其名,未嘗往觀,日前既被邀為座上客,頗賞其結構之佳,而不離於史實。今日過書肆,見其印本,費一金購歸,就寢時取閱,竟忘其倦。

227 一九五五年五月十二日‧中華學術獎金

中華學術獎金之審定與頒發,始於民國三十年,自茲連續舉行者六次。三十五年三十六年合併為一次,後以政局動盪不安之故,暫行停止者多年,四十三年重訂新辦法,往時原有十一類,今省而為六:一曰人文學,二曰社會科學,三曰自然科學,四曰應用科學,五曰文藝,六曰美術。本年元日起公佈接受申請至二月十日止,其由各種學術團體各委員推薦者四十九人,個人自行申請者一百六十六人,共二百十五人,繼經學術審議委員會常務委員會三度會議,再由大會出席委員七十一人於候選人二十七人中,以無記名投票方式,將全體出席委員半數以上之同意通過,得獎者計有:

1、人文學類　　錢賓四先生(《中國思想史》、《宋明理學略述》)
2、社會科學類　董作賓先生(《殷史研究》)
3、自然科學類　馬廷英先生(《地球固定外殼突然整體滑動》)
4、應用科學類　郭松根先生(《人類生長之數理解析與台灣省人之生長》)

5、文藝類　　　　齊如山先生（《國劇概論》）

6、美術類　　　　溥儒先生（《寒玉堂論畫》）

228　一九五五年五月十三日‧丹荔滿街

「迎馬綠揚爭拂帽，滿街丹荔不論錢。」[82] 此陸放翁句也。聞今年以雨水稀少之故，荔枝收成特富。日前偶入街市，以荔求售者踵相接也。特早熟之荔，以「玉荷包」為多，非荔枝之佳者，然「滿街丹荔不論錢」[83] 一語，於今乃親睹之，已往數年中不若是也。

229　一九五五年五月十四日‧牟潤孫譽錢

牟潤孫為《教育與文化》「中華學術獎金專號」作〈錢賓四先生治學經過及其成就〉一文，稱錢先生在學術上之造詣與貢獻，洞中肯綮，近人近文譽先生者不為少矣，未有若牟先生認識之深切者也。

230　一九五五年五月十五日‧記海滌凡

有 Stephen Hay 海滌凡者，哈佛研究生也，來訪錢先生，詢以國人對印度詩人泰戈爾之評論，錢先生未有詳實之答覆，嗣以電話代約於星期三晚間，就院便飯，從容談話。余以院中寓中皆無電話，而過海別有小事，乃至海君寓所，初見其婦，既而海亦自外歸，為述錢先生意，略談遂別，海方在港大聽

82　陸游〈江瀆池醉歸馬上作〉，日記引詩有誤字：「迎馬維揚真拂帽」。

83　日記引詩誤作「丹荔滿街不論錢」。

講，年少頗虛心，謂將以八月至印度，訪問泰戈爾之故里，乃至印人對此公之印象云。

231 一九五五年五月十五日・製新袴

前昨兩年，遭逢平生未有之災害，逆子一手之所造也！抑鬱之情，殆難言喻！體重亦漸減二十餘磅，前製衣服，多不適體，腰圍小至三寸以上，無有一袴稱身者。去年境況奇窘，即亦不敢多置一襲衣，今不可復耐，乃飭縫工為製新袴二，費錢至九十五金，奢甚矣！

232 一九五五年五月十六日・康有為輓譚嗣同

譚嗣同之死，康有為有聯輓之云：

逢比孤忠[84]，岳于慘戮，昔人尚爾，於汝何尤，朝局總難言，當隨孝儒先生，奮舌問成王安在？

漢唐黨錮，魏晉清流，自古維昭，而今猶烈，海疆正多事，應共子胥相國，懸眸看越寇飛來[85]。

233 一九五五年五月十七日・郭守廬賣文樂府[86]

大不能為盜為寇，小不能為竊為偷，士生今世，本來命裏該休，發甚窮愁，出甚風頭！（一解）。

筆不能挑是撥非，口不會稱王道霸，閒空文章，自問也難

84　「逢」一作「逢」。

85　「寇」字日記作「冠」，誤。

86　日記所錄是郭守廬的「潤格」，行文風趣，形式近乎小令。

值價，擺甚臭架，遭人笑罵！（二解）。

　　妻不能賣乖弄俏[87]，子不會得勢拿權，一枝禿筆，與我生命相連，沒甚新鮮，為的金錢。（三解）。

　　當不上舊式名流，交不上時髦政客，沒筆招牌[88]，那裏有人認得，管甚黑白，出張潤格。（四解）。

234　一九五五年五月十八日·新校址界石

　　日前，郎家恒告余，工務局許於昨日在農圃道新校址樹四至界石，今日往視，細查界石所在，竟不可得，佔用地面之棚廠工廠累累二十餘所，亦未有移動之跡。工務局命令未有錢神疏通，似一時未易行也。歸以語郎君，郎言再以電話催詢，成效如何，旬日容再重行履勘也。

235　一九五五年五月十九日·凌宴池看牡丹詩

　　宴池舊作〈看牡丹〉一詩，頃書來謂：

　　原作雖少詞藻，而用意頗似大蘇。今復錄存，是乃七古第一首也，是須保存。

　　長日不耐守園堵，挤濕青衫走風雨。足健身輕良自豪，看花雙眼不負汝。海棠落盡丁香謝，春色逕向牡丹吐。圍欄施幜自高華，著葉承跗益媚嫵。靚妝無語立東風，不比垂楊向人舞。豪士一擲輕百萬，洛陽價貴那足數。世誰愛好似古人，翻道花今不如古。先生孤癖自得趣，食飽閒吟行繞廡。花間得句不稱意，最是負人推此肚。

87　「弄俏」一作「鬻俏」。

88　此句一作「沒字招牌」。

沈燕謀日記節鈔及其他

五十年代

236　一九五五年五月二十一日・帝王之居

宴池於甲集卷中〈夜返見心齋，時住香山〉詩添小注數行，文曰：

余所居之暢風樓，為見心齋別院，嘉慶爐餘，獨此稍完，修葺後門戶式新，亦異舊觀矣。齋以池水稱，吾樓則古柏數十株列庭前，佳石清泉雜花在屋後，幽趣冠靜宜園。

民國十一年，余嘔血幾死，先後有德人 Blumstock 及鄉人余汝權為我醫治，竟而從死中逃生。次年，吳寄師勸余北上休養，謂借住帝王之居，其值與滬寓不相上下。會有副廠事未成行，事後甚悔之。今觀宴池所為詩序，引起舊事，悵惘不已，蓋是所謂帝王之居者，今已為萬牲園矣。

237　一九五五年五月二十二日・故人有子

沈杉來，故人子石第三子也。自言畢業聖約翰後，就業為新聞記者，今年三十一，已娶婦，生二女，奉母居台北。此次出國，係以新聞記者身份，出席泰國曼谷舉行之東南亞經濟會議，今已會畢經港，以明日還台北，故人有子，為之欣然。

238　一九五五年五月二十三日・日人之用心

池田篤紀將歸國，讌錢先生（穆）、唐先生（君毅）、牟先生（潤孫）諸公於樂宮樓。日領事林祐一萱、原信雄、樊仲雲與焉。所選之菜，皆是京津館所長，即此一端，可見日人之用心，其善操華語無論已。

239　一九五五年五月二十五日・葉理綏與艾佛

葉理綏教授 Serge Elissif 自譯之華名也。掌哈佛大學東方

文學講壇者二十餘年。一九四七之冬，余以裘開明之介獲見葉君，哈佛之有中國圖書館，葉君之力為多。前年來港，與港大合作，創東方文化研究所，頃又來港。錢先生設宴郎家恒寓所，郎君夫婦、牟唐張諸君及余作陪，飯後至院，為介見余英時、章群二君及二人已發行之著述，既而復訪孟氏圖書館，又至宋王台茶肆久談而別。

葉理綏生於俄，觀其姓名而可知也。後移新大陸為美國人，長於外國文字，其所知之文字，俄文英文之外，有德法文、意大利文、日文、華文。華文能讀中國書，但語言略差，日文之了解愈於漢文，此次東來，逗留於東京較久，讀書重理解，久掌哈佛東方文學講壇，自有專長，絕非倖致也。

今日席間遇亞洲協會在港主持人艾佛，艾佛贊助新亞，出自至誠，今日研究所之維持，艾佛蓋獨為其難，其意可感也。藉茲良晤，舉研究生余英時、章群、蕭世成、列航飛、蔡維勤已出版諸書為贈，使知諸生中自有可造之才也。

240 一九五五年五月二十七日·碧螺春茶

前日從錢先生、吳耿青（名椿）入宋台南茶肆，與葉理綏小坐，因論華茶優劣，余喜茶，即舉龍井、明前與洞庭山碧螺春，葉君習於中國風俗，然於碧螺春之名未之前聞也。余道其佳處，並及烹茶方法，葉君色喜。今日入市，得碧螺春一小盒，取錢先生名刺，送香港大學林仰山轉交，葉以明日行，此茶或可供其途中消暑之用也。

241 一九五五年六月一日·新亞書院概況

午後三時，補開校務會歷三小時，提案甚多，被推與唐、張二君主編學校概況，儘七月中旬出版。次日，與君毅、丕介談新亞編輯概況事。丕介嘗主編雜誌有年，經驗豐富，又嫻於

院之沿革，頃刻已將目錄排次妥善。君毅掌教務，所編院課亦適合本院宗旨，其於自然科學之應刊於第一年為必修科目，則不能同意。余以今方求校舍設備之完善，忽略自然科學，所失滋多，即有背諸君理想，仍宜順適雅禮會之意，而增益數理、化學、生物、地質之類，使與美大學大略相同，有其課而一時不開，未使非計也。

242 一九五五年六月四日·專家談氣候

孟氏圖書館請黃廈千講學，黃君以今後世界氣候轉溫轉寒為題，從事實、學理方面剖析言之。其結論則謂氣候在偶然之境況下，雖稍稍有高下之差，論其大體則萬歲千年之間，不致有特殊之變化。今人或以氫彈試驗，或可影響氣候，蘇俄妄人，至有驟變沙漠為綠野之說，皆不識大地實情，而相驚伯有，或明目張膽而為欺人之談者也。

243 一九五五年六月五日·紡織人才訓練所

傍晚，駱仰止以車來迎，同赴通紡同學聚餐會於東亞銀行屋頂之銀行俱樂部，至者共三十四人。是日《英文虎報》適有新亞書院規劃新校舍之報道，仰止以為港九紡織廠風起雲湧，今且達三十萬錠，內部人才頗感缺乏，何不就完成校舍一部未能全用教室，開紡織人才訓練所以供工業之需，所要之款，同學亦可向廠主募集，由余提倡，輕而易舉，事屬兩利，大可考慮而豫為之備也。

244 一九五五年六月六日·雅禮失人

郎家恒見《虎報》新亞新聞，以為於今發表此類消息，甚非其時，大怪余之未先商得其同意，嫌於輕率，余語以昨夜與

駱仰止所談一節，似乎社會反應之佳，出乎余等意外，儻此而為過，則無期延宕、默爾而息轉為無過乎？郎之自大而無識，人奴之才也，代表雅禮，雅禮殆為失人，可惜可惜！

245 一九五五年六月八日・記朱甥振聲

《四海畫報》有〈新亞書院紀事〉，朱甥振聲所作也，敘事小有錯誤，雖簡能得大概。振聲讀書太少，從軍後因勤於筆墨，累遷為湯恩伯秘書，掌散布新聞諸事，識新聞記者多人，比以貧困之故，時作小文，投諸各報，易米為生，其境況可念也。

246 一九五五年六月九日・謁錢先生

謁錢先生，談新亞研究所極久，又為我言葉理綏不能忘情於新亞，新亞需要，猶可為助。錢先生亞洲協會所談，至今未有定議，而研究所需要至繁，擬函請葉理綏補助置備圖書費用（十萬冊）、補助出版物必要費用（年出學報兩期、專著一二種、叢書二至四書）及贈送研究員兩名薪給、研究生一二人申送至哈佛深造，凡三事。郎家恒知其事，建議錢先生具函致羅鼎介紹，託其向葉理綏轉達，余未以為然也。

247 一九五五年六月十日・《紐海文報》

《星島晚報》譯電云：《紐海文報》載新亞將建新校舍，需費約美金十三萬五千元至十五萬元，由雅禮會擔任及院長為有名學者錢某云云。郎家恒不以《虎報》報道為然，而不知《紐海文報》同時發佈同樣消息也。

248　一九五五年六月十六日・醫藥教育

　　報載紐海文電謂新亞校舍或將繼長沙之舊，別闢醫藥教育各科。醫藥教育此間大吏視為專利，故醫師開業，非得香港大學或其他英聯邦各大學文憑者悉遭拒絕。美國著名醫校如 John Hopkins University 之類，皆所摒棄。今茲紐海文當局乃有此願，殆所謂單相思者。郎家恒自命為耶魯大學代表，不知對此消息作何感想？旬日前怒余謂此時宣佈新亞消息，甚非其時，以此衡彼，則紐海文諸子皆可斥為不識時務者也。

249　一九五五年六月十八日・《湘綺樓日記》

　　前日向孟氏圖書館借《湘綺樓日記》，館中主政言，書未編號入藏書目，未之許也。今日送新亞，並借書應備之手續亦未照章補具，其所以厚我者至可感矣。攜以歸寓，喜不自勝，開卷讀之，至夜半已盡兩冊。

250　一九五五年六月十九日・王湘綺稱許彭雪琴

　　王湘綺於清代所謂中興將相，少所稱許，曾（國藩）左猶然，無論餘子。昨今閱其日記，於彭雪琴（玉麟）獨不然，節鈔數段，可略見此公議論一斑也。

　　同治九年正月五日：訪彭雪琴於何隆老屋，舊屋三間，其未達時所居也。父母子弟，皆歿於此，今富貴復居之。兩親既亡，一妻被出，旁無侍者，子弟又已遠析，雖歸空門，識諸假合，然人情戀本，物態變遷，一想今昔，殆有愴恨！雪琴殊偃仰，不以為懷，宜其脫屣軒冕，捐棄聲色也。

　　同治十一年十一月八日：見鈔報，知雪琴辭官還山，朝命優渥，許其一年一巡江防，江湖二督為供張。又見親政詔書，封后父為承恩公，而仍領閣學之職，及推恩內臣，諸詔皆有中

興氣象。雪琴此去，使京中王公知天下有不能以官祿誘動之人，為益於末俗甚大，高曾左一等矣，令人感涕，且自愧也。

251 一九五五年六月二十二日 · 夏至食狗肉

粵人嗜狗，港政府以為狗不當作食物，立法禁止，然禁者自禁，食者自食。冬季九龍城小巷中陳狗肉者，比比也。今日夏至（農曆五月初三日）粵人於是日習慣宰食狗肉，謂其可以滋補。《廣東通志》載：「夏至食狗肉可除瘴，蓋嶺南昔為蠻瘴之區，故俗尚如此。」古人六畜原有犬，皆可食，特今日北人食牛羊豕雞而不及犬馬，以六畜為肉物可也，若以食犬可以除瘴，則匪夷所思，無可理解矣。

252 一九五五年六月二十三日 · 章實齋學術大概

晚飯後，錢先生為諸研究生講章實齋學術大概，極精闢，歷兩小時。適饒宗頤過訪，遂略作結論，意猶未盡也。

章實齋著《文史通義》，為箴砭當時經學而發，條辨如下：

「世儒言道不知，即事物而求所以然，故誦法聖人之言，以謂聖人別有道 [89]，在我輩日用事為之外耳。」

「事有實據而理無定形，故夫子之述六經，皆取先王典章，未嘗離事而言理 [90]。」

實齋以事物言理，事物之變，多出六經之外，宜不得執六經而認為理之歸宿。

「天人性命之學，不可以空言講也。……故善言天人性命

89　「有道」《文史通義》或作「有一道」。
90　「言理」《文史通義》或作「著理」。

沈燕謀日記節鈔及其他

五十年代

未有不切於人事者，三代學術知有史而不知有經[91]，切人事也。後人貴經術，以其即三代之史耳。近儒談經，似於人事之外，別有所謂義理矣。浙東之學，言性命者必究於史，此其所以卓也。」

「史學所以經世，此非空言著術也[92]⋯⋯，後之言著述者，捨今而求古，捨人事而言性天，則吾不得而知之矣。」

「六經皆史也⋯⋯皆先王之政典也。」

「古人以學著於書，後世即書以為學[93]。」

253　一九五五年六月二十五日・排印「新亞概況」

《新亞書院概況》余雖被推任編輯，然實際工作悉出丕介之手，今全稿已成，送閻人俊所張之求精印務排印，午後與丕介同往一看。丕介率學生一人，留肆校樣，因限以月底出書，非趕辦不可也。余因人碌碌，殊可愧已！

晚間，錢先生屬赴二院，與張葆恒、王書林、牟潤孫、唐君毅諸君議研究所新計劃，備提亞洲基金請款之用，歷三小時。「亞基」主持人默許，年可美金二萬五千元，是與今茲雅禮助款並矣！

254　一九五五年六月二十六日・丁寶楨名副其實

丁稚璜為四川總督，禮聘王壬秋為尊經書院山長，及期復致聘書，又衣冠而往，為院堅留，其尊師重道之誠，今世豈復

91　《文史通義》「知有史而不知有經」日記誤作「知有來而不知有經」。

92　「此」字《文史通義》或作「固」。

93　「世」字《文史通義》或作「人」。

有斯人哉！

《湘綺樓日記》記此事云：

稺公衣冠來，為書院堅留我，乃知其意重儒術，專欲委我，以興教為治，可謂誠而近愚，然其意竟非同時巨公所及，劉霞仙所謂積誠足以感人者，余亦不能不感也。為旁皇半日；諺云：烈女怕纏夫，又自笑矣。余平生初未逢人，於朋友中別開一境，雖有莊子，無所用之，有此忠誠而不能致治，又獨何哉！

未數年，丁公逝世，錫謚曰「文誠」，誠哉，其為「文誠」也。

255 一九五五年六月二十七日・錢先生得法學博士

香港大學今日舉行畢業式，港督葛量洪以校長主持典禮，特授錢先生法學博士名譽學位。前於此者，僅羅文錦、胡適之及葛氏本人數人而已。九時一刻，郎家恒以車來迎，即與同車，渡海至港大，十一時，典禮開始，歷一小時餘而畢。大學教授及被邀嘉賓皆登台上，得學位者，校長舉冠，撫其首，不似美國大學之授予文憑也。惟贈錢先生名譽學位，副校長有贊，歷數治學成績，讀畢，校長握手致敬禮，最為隆重。禮成，與唐君毅等同還九龍，以時晏，故飯於雪園，余為主人。

粵人喜以藥品和於食物中並煮，其命意蓋在滋補，是北人之所不習也。唐人孫思邈學道有得，善陰陽推步之學，嘗言：「醫者先曉病源，知其所犯，先以食療，不瘥，然後命藥。」[94]未病而先之以藥，似無所取義。今日報載：大埔道五經印刷所有工人十人，集資作豚蹄之羹，和以藥品牛膝、杜仲、北芪、

94　《飲膳正要》引孫思邈語，日記所引或本此。

杞子、薏米、芡實，此在粵人習慣，尋常事耳，而同座者悉中毒暴病，可謂異聞！

256 一九五五年六月二十八日‧英文《南華早報》

　　各報記載昨日港大畢業式者，以英文《南華早報》為特詳，錄錢先生演辭全文，不遺一字，猶以為未足，遣訪事司馬威廉走訪錢先生，司馬亦能華語，稍久嫺熟，余適在院，即為通譯，司馬頗欲探詢錢先生治學之經過，與目前從事之著述，余為略述大概，猶不足，示以牟潤孫所為小傳，余攜有轉錄一份授司馬，謂可譯為英文，使彼邦人士欲知錢先生生平者瀏覽也。

257 一九五五年七月二日‧潮州魚翅與工夫茶[95]

　　新亞借圃道協恩女子中學會堂舉行第四次畢業典禮，與會者主客百六七十人，兩小時而禮成，郎家恒操華語致辭，發音用字，清朗可聽，殊為難得。畢業者男生六，女生三，余戲謂牟潤孫，是殆所謂「有婦人焉，九人而已者」[96]，聞者莞爾！晚會為諸畢業生送別，在彌敦道《中國學生周報》舉行，演說冗長，殊惱人，有男女合唱民歌及一女生表演印度舞，和以印度音樂，極可娛我耳目，比及舞會，余乃言旋。

　　蔡貞人以錢先生獲港大名譽博士學位，設宴祝賀，七時許，余從錢先生、郎君同車渡海，陪客有林仰山、劉伯閔、饒宗頤、吳耿青、黃天石、陳夢因等十餘人。九時入席，十一時乃罷。余坐在林仰山、陳夢因之間，林年逾花甲，生於濟南，

95　　標題原作「功夫茶」，日記正文則作「工夫茶」，以「工」為是，標題改訂。

96　　「有婦人焉，九人而已者」，見《論語》〈泰伯〉。

留華三十六年，操華語極純熟，一度嘗於新亞文化講座演講黑陶；陳君為「星島」主筆政，以「特級校對」為名，撰食譜，層出不窮，其法多可見諸實施，不似隨園之每託空言也。主人，潮人也，潮人製魚翅，甚有名，而潮俗上魚翅後例進工夫茶，今晚未有，陳君顧謂主人云：「今宴貴賓，奈何忘茶？」主人笑謝，立備佳茗，陳君後為來賓演烹茶進茶方式，取茶具詳述若教室授課然，雖不若倭人茶道之繁而周密，如余喜佳茗，聞之欣然，是亦酬應周旋所宜知也。

258　一九五五年七月五日・王湘綺為人書柱聯

　　港大為牛津大學贈新亞圖書館西籍二百種弱，略觀其目，則範圍殊廣而選擇至精，異乎雅禮之以多數廢棄無用之書相貽，而猶張皇其詞以為大惠也。

　　湘綺為人書柱聯，句云：「壁立千仞猶恐未免俗；胸包九流而後可談經。」[97] 湘綺謂能自道其所得也。

259　一九五五年七月十三日・西文「特級校對」食譜

　　陳夢因柬請晚飯，座有錢先生、劉伯閔、林仰山夫婦及其乍自英倫東來之子，主客凡八人，躬與治饌之事，多有所說明，自謂某盤所盛為粵某地特製，繼之以製法，頗有美味者，然往往入藥物為滋補之用，粵人所喜，不必為中原所同，是則口之於味，殆有不同嗜者。其製雞翼，生硬難食，遠不如滬製之精，是其例也。西人聞其名有從而學者，陳君有譯文備覽，

97　吳恭亨《對聯話》：「王湘綺贈張文襄聯云：『壁立千仞猶恐未免俗；胸包九流而後可談經。』」日記引錄下聯誤作「兼包九流而後可說經」，「兼」字失對，「說」字聲調亦誤。

其於煎炒燉蒸種種動詞，多所解釋，外文中無相類字者，譯漢音以別之，積稿無數，他日將刊印為西文之「特級校對」食譜云。

260　一九五五年七月十四日・中國文化與乾隆

　　張一麐謂：中國文化之衰，始於乾隆，亂機之伏，亦始於乾隆，即清室之亡，無不根植於乾隆，蓋當時卿相以詞藻結知遇，以功名為光寵，以引門生故吏為得計，以摧殘士節民德為快心，流弊所及，貪黷成風，民困不恤，雖仁宗出而誅和珅，終於難挽頹風，馴次流寇四起，國勢阽危，雖曾文正、羅忠節等講究根本之學，急起救弊補漏，因而苟延殘喘。文正中年以後，大功成而忌者眾，事多掣肘，亦未能收移風易俗之要，淮軍即起而代之矣。淮軍領袖尚功名，植幼黨，與乾隆時卿相正同，再傳而項城練兵，又代淮軍，遂為後來之北洋系，竟委窮源，可知中國衰弱亂亡之胎，皆蘊結於乾隆時也。一麐久贊項城幕府，而反對洪憲甚烈，幾受其禍，故知之深而不覺言之痛也。王子廓云。

261　一九五五年七月十六日・王湘綺輓彭、曾聯

　　《湘綺樓日記》：

　　光緒十六年二月十三日，是年彭雪琴（玉麟）曾劼剛（紀澤）皆逝世，湘綺輓彭聯云：「詩酒自名家，更勛業爛然，長增畫苑梅花價；樓船欲橫海，恨英雄老矣[98]，忍說江南百戰功[99]。」

98　「恨」字一作「嘆」。

99　「百」字一作「血」。

又輓曾聯云：「海外十年官，軍國多難，歸朝未遂還鄉願；相門三世業，文章繼起，史館新除作傳人。」

262 一九五五年七月二十六日・新亞精神

校中行政例會改在午前舉行，新設秘書長，王書林任之。總務處事以本月月底結束，丕介勤勞六年餘，不能無怏怏；君毅亦以教務應歸秘書長為言，教務與事務不同，似不宜相提並論也。自雅禮經濟援助之至，郎氏隨與俱來，應對周旋，特重英文，今茲制度之變，外文之重視，人事之升沉，乃至未來之一切動靜，悉惟郎氏運籌定策，是從他日新亞是否能保持創辦時崇高理想，與其所謂新亞精神者，於今只能委之不可前知之數矣。

263 一九五五年七月三十一日・錢先生近作

《星島日報》發行十七年紀念，徵文於錢先生，錢先生作〈中國儒家思想對世界人類新文化所應有的貢獻〉報之。今日在「星報」登出，文中警句有謂：「近代科學新知識（文中列舉哥白尼天體學說、達爾文生物進化論及康德哲學中知識論一部分三事）正該教人益趨於謙卑恭遜，而奈何因於日常生活中獲得些許新方便，遂遽爾妄自尊大，認為人類只要憑仗科學，便能為所欲為，無往而不如意，此種意態，我無以名之，只有名之為近代人類心理之變態。」又謂：「馬克斯唯物史觀自認為是一種科學的歷史觀，而共產主義幾乎成為一種新宗教，此即近代人類不由科學得謙遜而於科學得狂妄之最足警悟之一例。」又謂：「即就人類自身情感而善為檢別善加指導以其善盡其人類理性之可能職責之一項努力，則其事，惟其事唯中國儒家思想最能扣緊此中心，故能即在平實處見精微，而此種努力則為並世古今各民族各派思想所勿逮。」「故若將中國儒家

精義能會通之於近代西方宗教、科學、哲學之三分鼎立，不相統一之局面，而善為之調和折衷，必可為當前人類文化新趨展示一新嚮也。」

264　一九五五年八月二日・錢先生思退

午前九點半，校中有例會，楊汝梅新病初愈，張葆恒、丁乃通則為新人，計出席人數有十人，前此所無也。錢先生報告研究所新辦法，張丕介有責難之辭，錢先生答辯，語氣仍極和藹，然內心至感痛苦，會畢語余，意將退休，蓋自雅禮協助之至，院長已失專主之權，而雅禮代表也，董事會也，教授團體也，人各有心，見解紛歧，多方應付，心力交瘁，治學功夫，遂爾減退，余見當時之形勢，為學校計，則先生決不可退，計議二時，未有兩全之策也。

265　一九五五年八月三日・豪雨中領書

牛津大學有贈中國大學書籍百餘種，函託港大轉贈，會世多故，內外隔絕，港大暫置不問者有年矣。今夏港大以名譽法學博士學位贈錢先生，則並以牛津書贈，新亞接受，此事委託郎君，郎君避暑大嶼山，久留不歸，港大圖書館來書催詢，余乃偕雷一松渡海，借蔡貞人車，至港大領茲嘉惠，歷兩時許，往來豪雨中，因攜雨具，衣履僅僅微着潮濕，而群籍無損，尤可喜也！

266　一九五五年八月十三日・清算整肅種種

今年大陸多清算整肅之案，其傳至海外者，不必可信，亦不必不可信。最初有高崗、饒漱石之案，株連者逾千人，稍後有胡風、潘漢年，胡風執筆為宣傳戰士，潘漢年則上海副市

長，其為新貴人，與高饒同，然而不免於清算整肅，牽連者又若干人。前日上海又一副市長名金仲華者被捕，金之執筆為宣傳戰士略同胡風，而從政為上海副市長又似潘漢年。聞胡潘媚近周恩來，而與劉少奇異趣，周劉爭權，其必去胡潘，自為黨爭題內應有之文字，所謂思想問題者是也。而報紙傳言，並已靠攏之民族資本家榮毅仁、劉鴻生、冷禦秋、胡厥文數人亦在被捕之列，所缺無公報耳。以民族資本家而不能圖存，似乎可異，或曰：航運巨擘盧作孚獨非民族資本家，而今安在？余無以對也。

267 一九五五年八月十四日・曹聚仁與新史學

偶於渡輪遇曹聚仁，相遇頗殷勤，今晨訪之諸士佛台寓所談新史學良久。又持所著《採訪二記》、《觀變手記》、《文壇五十年》及所編《熱風》半月刊十五冊為贈。《採訪二記》繼《採訪外記》而作，為勝利以後數年間之實錄，以勝利之歌起，以上海之戰終，封面附印曇花一幅，蓋以凡此諸相，亦似曇花之一現，繼是而後，尚有三記，則又一節候矣。世事原如白雲蒼狗，應作如是觀也。

268 一九五五年八月十五日・冒鶴亭比美馮道

如皋冒鶴亭，冒辟疆之後也。今年八十四，猶與凌宴池等時為詩酒之會，被文化委員之名，食祿於中共，其歷仕數代，古之馮道，差可相擬，其略異處，馮為宰相，冒則位差不及耳。冒以從宦，生於粵，故名廣生，嘗得名師，於詩古文詞皆有相當造詣，中甲午科舉人，會試下第，報捐郎中，官至農工商部郎中，至民國，項城為總統，為鎮江關監督。國民政府成立，為考試委員，胡漢民被幽湯山，賦詩自遣，冒與酬唱，疊師期韻至數十次之多。汪精衛建偽府，值汪六十壽，冒為壽文

以獻，竭頌揚之能事，因是為偽行政院顧問，其子孝魯且為江蘇第一區行政督察專員焉。國府還都，戴季陶任為國史館纂修，紅朝既建，乃為文化委員，以其時考之，則亦先後五朝，堪與馮道比美矣。

269　一九五五年八月十七日‧王湘綺輓俞曲園

　　李鴻章俞樾皆曾為湘鄉門人，李以功名著，俞自罷官，退休林下，勤於著述，湘鄉有「李少荃拚命做官，俞蔭甫拚命做書」之語，其辭若有憾，其實深喜之。張香濤作《書目答問》，成於光緒元年，以今人著《俞氏叢書》，殿《古今人著述合刻叢書目》，即今傳世德清俞樾《春在堂全書》（光緒己丑重定刻本一百八十三種）者是也。曲園卒於光緒三十三年丁未，其年自知老將死，作詩略平生，致諸友好，意以代訃及行述，名之曰辭行片、臨終詩。王湘綺是年亦七十六，得報謂撰述五百卷，值一死矣。又作輓聯曰：「文苑忝齊名，愧我不堪仙籍注；薦章同報罷，輸君自有祖燈傳。」

270　一九五五年八月二十一日‧清廷遂以兒戲自亡

　　民元壬子陰曆正月初二，湘綺記曰：見電報，清帝遜位，袁世凱為總統，不肯來南，定為共和民國，以免立憲無程度也，清廷遂以兒戲自亡，殊為可駭！又補廿四史所未及防之事變，以天下為神器者，可以爽然。蕭鶴祥來，極頌袁公，亦船山史論之外別有見解者。

　　湘綺「清廷遂以兒戲自亡」一語，意極沉痛，由今觀之，以兒戲自亡其國者，何止清廷，而廿四史所未及防之事，又豈止大清帝國之變為共和民國，所可駭者，號為人民共和國，而其專制程度，尤甚於帝皇母后統治時代不止千百倍！羅蘭夫人「自由自由，天下幾多罪惡皆假汝之名以行」之語，誠有味乎

其言之哉。

越兩日，湘綺又有詩曰：「北望郵塵千里昏，杜陵憂國但聲吞。並無豎子能成事，坐見群兒妄自尊。」

271　一九五五年八月二十二日・打樁非打樁

曩與郎（家恒）言，建校須早為之備，基礎工作其尤也。郎置不問不聞。上週董事會報告，謂月內已可打樁，余知其妄，詢以是說從何而起？今晨語余，徐敬直言，打樁機不可驟得，可掘地及山，由是用三和土作基，余以其說不可信，乃訪徐敬直，問究竟？徐答地層探測，曾鑿四孔，至堅硬處，深者四十尺，淺者十二尺，今茲擬試於屋之支柱處，分別各開數井，以固定立方面作三和土基，然後加重物如屋重之數，而測其下沉高下之度，試驗既畢，乃就基建鋼骨水泥之屋柱，此所以打樁非打樁之謂也。

有歐小道者，訪湘綺閒談袁世凱，云得之羅正鈞，皆張皇之詞，真所謂時無英雄也。湘綺乃改前詩兩句云：「豎子無成更堪歎，群兒自貴有誰尊？」

272　一九五五年八月二十三日・顧問委員會

研究所有會議，預算案費時最久，所立顧問委員會延聘顧問，有港大之林仰山、寇裴兩教授，何明華會督，艾菲或美國新聞處之克拉克，及鄭何艾齡，何艾齡為何東之女，自謂寶安人，然何東為英順民，則全部為英美籍人士，無一中國人矣。以研究中國文史為號，而所聘皆外國人，不將為人所輕視乎？余曾提及姚莘農（克），而張葆恒以為姚有江湖氣，如張只知拜金媚外，則又市儈之下流者也。

273 一九五五年八月二十四日・汪希文售書

汪希文近以所藏書陸續出售，其父兆鏞，兆銘（精衛）兄也，雖兄弟而志趣大異。兆銘談革命，做黨官，而兆鏞以前清遺老自居。希文頗承父志，與乃叔不甚往還。比記冒鶴亭事，與長樂老相提並論，至冒氏為兆銘作六十壽序，論其和倭猶之諸葛忠武侯之和吳，擬非其倫，大加申斥，不為冒氏恕，尤不為乃叔隱諱，可知其持論之正。希文世家子弟，有書可讀，曾館南潯劉氏嘉業堂多年，嘉業堂藏書至富，精槧尤多，希文於版本之學，似宜大有所獲矣，顧其售書評價之高下，殊與書之內容不稱，余頗怪之。（牟）潤孫為新亞買書，余偶參末議，詢問其事，乃知希文微特非善讀書者，並於版本品題亦不能銖兩悉稱也。

274 一九五五年八月二十六日・陳存仁留心海外醫籍

陳存仁為顧志成（傳玠）送來港幣二百九十一元，約合美金五十元，言補前此託志成在西德買書不敷之款，余案頭適有書賈送來中國舊籍十九種，陳君見之，似頗訝余處五都貨殖之區，而有抱殘守闕之志，不識時變，蓋太史公所謂迂遠而闊於事情者流，與之語，知其能留心中國醫藥文獻之流傳於海外者，此在中醫中為難能而可貴已。

275 一九五五年八月二十七日・汪兆銘之女汪荔

汪荔者，汪兆銘女，歸於陳，近年張書肆於銅鑼灣，號麗樓圖書公司，鬻舊藏之書以自給。自去年來，新亞往往有所得，書值大率高於乃翁長偽行政院長時六倍乃至十倍，非己所有者，尚可代謀轉展以得之，蓋汪氏門生故吏尚多留於大陸，府主恩重，猶肯出力為助也。

一九五五年八月三十一日・《涵芬樓燼餘書錄》

午後至銅鑼灣麗樓圖書公司，陳君夫婦咸在，翻看存書頗久。有《涵芬樓燼餘書錄》，為張菊生先生所撰而顧起潛賡續成之，兼任校對之事者也。其書為解題體裁，為卷者四，凡宋刊九十三、元刊八十九、明刊一百五十六、鈔校本一百九十二、稿本十七，歷數藏家則范氏天一閣、徐氏傳是樓、毛氏汲古閣、錢氏述古堂、張氏愛日精廬、朱氏曝書亭、鮑氏知不足齋、黃氏士禮居、汪氏藝芸精舍，其為校勘之事，則何義門、盧抱經、錢竹汀、孫淵如、陳仲魚、顧千里、王伯申、黃蕘圃、陳碩父之倫，先賢手澤，多有存者。至書之所自來，始會稽徐氏，鼎革後繼以北京宗室盛氏、豐順丁氏、太倉顧氏、江陰繆氏、巴陵方氏、荊州田氏、南海孔氏、海寧孫氏，烏程蔣氏，揚州何氏等，館屋不足容之，則於閘北寶山路別築東方圖書館，舉常用書籍實其中，其宋元明舊刊本、鈔校本、名人手稿及未刊者為善本，別貯於涵芬樓，尤精者寄存於金城銀行之庫，則北伐軍起，訛言大興時之所為也。迨民國二十年冬，倭寇遽至，閘北夷為戰場，彈火之至，菊生先生及群賢數十年辛勤所積之精華，遂化為灰燼，其幸而存者，則金城銀行保管庫中物，亦即本書羅列諸所稱燼餘書者是也。

一二八劫之前，東方圖書館藏全國方志二千六百餘種，二萬五千六百餘冊，國內私家藏志，無有若是之多者，倭寇犯我，一切悉為灰燼，尤可痛也。

一九五五年九月四日・觀古書聽演講

於牟潤孫先生所，獲觀徐氏所藏北宋元豐元年官寫本《景祐乾象新書》卷三卷四二冊，格式略似黎刻《古逸叢書》、《論語》卷子本，惟末葉結銜為雕印，今人得見宋槧，已為眼福，何況此本為北宋人手抄文字耶！題跋甚多知名之士，有錢泳、

李兆洛，餘非余所能識，摩挲片刻，歡喜無量。上燈時，駱仰止夫婦來迎，錢（穆）先生及余、岫雲同赴樂宮樓通院紡織科同學會聚餐，主客男女四十八人，盛會也。錢先生略變《魯論語》以學而優則工商，工商而優則學，說殊新，來者大悅。

278　一九五五年九月五日・民十後考古之風

阮文達集其同時好古之士，並己所藏金文，本屬平湖朱右甫編訂而成《積古齋鐘鼎彝器款識》十卷，吳縣潘文勤親加考訂，其首列董武鐘，原書定為商初之器，潘氏謂是北宋人偽造，取冠卷端，不可為訓，其他類是者往往而是，不獨訛字之釋，潘氏多為匡正也。潘氏書今藏涵芬樓，張菊生作《燼餘書錄》記阮書言如此。

自民十以後，考古之風大盛，於古金石之外，別有甲骨文學者，喜其新奇，循孫仲容、王靜安先導之路，著述紛如，其尤喜新說，至捨說文而憑直覺，解難識之字，更有藉古物而譜殷曆者。世無潘文勤，遂使董武鐘永永為商初之器，魯實先其名不盛，糾謬之書亦不復為人所重云。

279　一九五五年九月七日・研究生之年齡

報考研究所學生三十人，今定取及格者五人，新亞畢業生中一人。定章有年齡之限制，而成績最優一人已三十六，餘三人自報三十一者一，報三十者二，言三十者來自大陸，計其畢業去今之年似可疑，或隱匿以自便，未可知也。五人中可證其年齡合格者，一人而已。於是益知上次董事會有人持年齡應放寬之論為合理也。外國人不明其理，多所主張，可知其妄。

280　一九五五年九月八日・洋取燈

　　光緒六年庚辰九月初四日，翁文恭公日記云：「昨日午刻，長春宮天篷內屋棱中有火藥一二斤、洋取燈無數，奉旨發慎刑司嚴詰。」余不解洋取燈為何物？張丕介為余言，是即此間所稱火柴者也，冀燕魯人呼曰「洋取燈兒」，殆源出德文 der Ziinder 一譯音字也。江南俗語呼為「自來火」，其後都市用煤氣，亦稱「自來火」，同名異物，日人呼為「燐寸」，則變法時新造之詞也。

281　一九五五年九月九日・董彥堂與李田意

　　丁乃通將宴港大圖書館長施鵠脫夫人（Mrs. Dorothea Scott），邀余作陪，以今適有豫約謝之。

　　錢先生宴董彥堂（作賓）李田意於樂宮樓，約余作陪，他客有牟潤孫、唐君毅、張丕介、王書林、張葆恒、郎家恒，而劉百閔適自台北至，亦與斯會。董彥堂新受港大之聘，為東方文化研究所教授。李田意留美十年，今在假期中，行且返雅禮繼續其研究工作也。

282　一九五五年九月十八日・記李北濤

　　訪童侶青於其新居，邂逅李北濤，因留飯，抹牌至十一時歸。北濤昔掌交通銀行記室，從錢新之、唐壽民甚久，近於《周佛海日記》中知在抗戰初期，嘗為新之代表，傳重慶南京間消息，往來港滬，而倭寇包藏異志，國內意見紛岐，幾度晤談，未有成議，未幾，珍珠港奇襲，遂至火劫燎原，一發不可收拾矣。

　　今日固九一八也，一般居民無有道及此日者，即報紙亦未見隻字，國人善忘，信乎其善忘也。

283　一九五五年九月十九日・曾履川來書

　　曾履川來書，詢張君之字，答以張用「葆恒」二字，不知其為名為字也。今人於名字別號之別，多不注意，大學生每每直呼師長之名，而殿以先生。先生自為尊稱，然名則非君父尊長不用，今並名與先生合一之，斷文絕理，其為榮乎，抑為辱也。履川書至，適有持帖致錢先生，首行四字曰「穆公先生」，余見而惡之，因並書其事，以報履川。

284　一九五五年九月二十日・亡友曼殊上人

　　亡友曼殊上人曾彙記其戀愛事跡之片段為《斷鴻零雁記》，東海影人據其事重編為電影，而以李麗華飾靜子，不知飾曼殊者又為何人。粵影人取同一題材，別編電影，即以《斷鴻零雁記》為名，不知二片之中，孰為優勝，然其不能狀我亡友之真相則可預言。

　　李麗華演出之片，名《櫻都艷跡》，為新華影業公司出品。

285　一九五五年九月二十二日・英文字典

　　丁乃通需英文學史諸書，大都為牛津大學出版者，余特自赴西書肆詢問，遍查書架不可得，其勢非向英倫直接購置不可矣。

　　英文字典以牛津大字典為最佳，為冊十三，其值在千金以上，有客以是求售，去信探詢，久不得復，今過該肆，見有節本牛津字典，僅次於大字典，非韋氏可比也，其值百有五元，為校買一部，備師生之用。

286 一九五五年九月二十三日‧《湘綺樓日記》跋

　　湘潭王壬秋先生為一代儒宗，所著詩文書牘行世已久。湘鄉彭君次英，藏有先生《湘綺樓日記》遺稿，都數十鉅冊，先生生道光初年，登咸豐癸丑賢書，凡所記載，有關學術掌故者甚多。先生刻苦勵學，寒暑無間，經史百家，靡不誦習，箋注抄校，日有定課，遇有心得，隨筆記述，闡明奧義，中多前賢未發之覆，講學湘蜀，得士稱盛。自課子女，並能通經，傳其家學，其學而不厭、誨人不倦之勤劬，日記中皆纖悉靡遺。同光之世，數參大幕，及乎民國，總領史館，負朝野重望，數十年如一日，其間人物消長，政治得失，先生身經目擊，事實議論，犖然咸在，多有世人未知者。他若集外詞章雜組，散見日記中，尤不勝縷指。敝館商諸彭君，今將全稿付印以餉當世，讀是書者，作日記觀可，作野史觀可，作講學記觀亦無不可，原稿少有間斷，別敘存目於卷端。

287 一九五五年九月二十六日‧蘇東坡言養生之道

　　《袁小修日記》自道強勉制慾之難曰：余昔病於瘵，勢不可支，自誓云：我病稍愈，當即刺字臂上，戒縱飲，戒邪淫，一友曰：何必刺，但節嗇便是耳。予曰：公不知人情易忘，非刺着肉上，時時見之，過久必不復省記。未數日，瘵愈，往鎮江，月色甚明，因謂侍兒曰：為我取酒一盞來，因對月吞一盞。次夜月愈朗，益之三，抵甘露寺，中秋，遂盡一壺。見寺中寂寞，去維揚，有識者治酒，召歌兒，一飲盡百杯，未數日，瘵復大作矣，悔恨已極，自歎曰：此番死無疑矣，自作之孽，當復誰尤？後調理，亦漸愈，予經此始知病中之言，未可信也！

　　蘇東坡言養生之道，唯在「安」字，自謂：吾嘗浮海，遇大風焉，舟中之人如踏車輪而行，反逆眩亂不可止，而吾飲食

起居如他日。吾非有異術也，惟莫與之爭而聽其所為，蓋安之至也。

288 一九五五年九月三十日・月餅會

中秋，昨夜鄰家於屋頭張燈結綵，院中雙柏，遍懸小電燈如西俗耶誕故事。粵俗重秋節，以十四迎月，十五賞月，十六追月，每有舉家登太平山最高處，徘徊至子夜方歸者。《東京夢華錄》有「中秋之夜，貴家結飾台榭，民眾爭佔酒樓，用以賞月。近內廷居民，深夜遙聞笙竽之聲，宛若雲外，閭里兒童，連宵嬉戲，夜市連綿，至於通宵」[100] 之語，此地殆猶存趙宋之遺風焉。至月餅之相互饋贈，夫人而然，貧者累月儲錢餅肆，明年月圓時取以應用，謂之「月餅會」，尤江浙之所不行也。

289 一九五五年十月二日・新亞教師會餐

晚間，新亞新舊諸教師會餐於樂宮樓，至者三十三人，趙恩德以年老，楊眾先以久病初瘥，皆未至。余協中以不得專任教授，憤而自辦尚德書院，己為之長，然校舍地較僻遠，來學者寡，艱苦支持，甚為狼狽。與之語，無非敷衍。今晚託故不來，出於怨悱之意者為多。至予非新亞主政之人，余（協中）非不知，而猶有是舉，殆所謂色於怒而市於色者。

100　《東京夢華錄》：「中秋夜，貴家結飾台榭，民間爭佔酒樓玩月，絲篁鼎沸，近內庭居民，夜深遙聞笙竽之聲，宛若雲外，閭里兒童，連宵嬉戲，夜市駢闐，至於通曉。」與日記引文略有出入。

290 一九五五年十月四日・書院例會

　　院有例會，錢（賓四）先生以張部長（張曉峰時任教育部長）敦促之故，將報聘日本，同行者五人，而錢先生為團長，往還期以匝月，假期間院中教課由唐（君毅）牟（潤孫）二君各以其所授之課分任，余則代理院長事。與郎君同至徐敬直所，新校舍修正圖樣及建築法式稿，皆已草就，擬即日分函諸建築商來投標。

291 一九五五年十月五日・鄧錫智喬遷

　　鄧錫智移家荔枝角鐘山台十一號，晚間約往便飯，驅車應其召，所居面九華徑，遠望海灣，及於香港，甚開朗可喜，是真可謂喬遷者也。

292 一九五五年十月六日・《波外樂章》

　　優息一日，今日良佳，晨間至院，聽錢先生講治史方法及其撰述《國史大綱》宗旨。

　　曾履川贈《波外樂章》一冊，華陽喬大壯所填之詞也。以手鈔本付石印，書法裝訂至精。《夕薰詩稿》大可依樣為之。惜乎宴池不喜王植波小楷，而啟蘭夫人（凌宴池妻，工小楷）又以多病不能握管為此也。

293 一九五五年十月八日・訪吳蘊齋

　　訪吳蘊齋於其藍塘道寓所，蘊齋於六月初在弘法精舍墮地折股，初不令家人知，而李骨科斷為輕傷，授之外科之藥，謂三五日可愈，既而其言不驗，痛益甚，入醫院，用愛克司光照視，骨斷矣！用西法裹以石膏，歷七週乃痊。今日相見，適有

為之按摩者，倚胡床相晤，談極歡。

294 一九五五年十月九日・朋友之樂

牟潤孫來，與之同訪趙叔雍，閒談兩小時，又同至雪園午餐。出訪姚莘農（克）夫婦未晤，繼至李栩庵寓，李木公國松之嗣君，長於子平之術，潤孫將與之研討，會李君病，入室方偃臥，病不能興，不便久談，乃出至九龍某茶室小坐而別。

295 一九五五年十月十日・新亞新校徽

國慶日於今蓋四十四度矣。

與香港機器公司簽訂新校舍打樁契約，凡樁一百三十有一，計費港幣八萬五千一百五十元，限以三十五日竣工。

國慶日，亦新亞成立之日也，晚間有新舊師生慶祝之會，假座中國學生週報社會堂舉行。校有新校徽，黃生祖植所設計，取漢石刻孔子問禮於老子之圖，而以誠明二字實其隙處，錢先生說明誠明之取義，極精。末有舞會，余倦甚，早歸。

296 一九五五年十月十一日・《新亞學報》出版

《新亞學報》出版，印千本，而印刷紙張所費，逾四千元，承印之閽某，聖約翰畢業生，市儈氣之重，無以復加，以其索價之高，大背情理，印報已成，持報不發，必待款付訖，然後發報。王書林與之久談，未有絲毫讓步，而台港學者以先睹為快，不得已，乃屈己以就之。

297 一九五五年十月十三日・晤魏格爾

魏格爾（Richard Weigle）遊歷印度、緬甸，取道此間歸國，

館郎君家，郎君設宴款之，錢先生、唐君毅、丁乃通、王書林及予作陪。魏畢業雅禮，戰時曾授讀長沙，略解華語，今為美國安那巴利司聖約翰學院院長，聖約翰學院建校極早，哈佛雅禮之外，無有可與比倫者，然規模極小，不似哈佛雅禮之宏大負盛名也，飯後，錢先生與之討論「學科討論制度」，丁君通譯，歷兩小時乃罷，魏氏之父為雅禮會主席，去年與新亞合作證書與雅禮校長同時署名者也。

298　一九五五年十月十六日·新校舍破土

午後，新亞董事教授學生同至農圃道參加新校舍破土典禮，儀式甚簡，始同學唱校歌，次院長致詞，又次郎君代董事會致詞，又次魏格爾致詞，以院長舉鋤破土終焉。

晚宴魏格爾於樂宮樓，請研究所顧問董彥堂、唐惜芬、葛璧[101] 及建築師徐敬直作陪，校中專任教授畢集，林仰山因事未至，盡歡而散。

299　一九五五年十月十七日·魏格爾訪錢先生

郎君伴同魏格爾訪錢先生於第二院。先是錢先生屬任通譯之事，談話要點，尤重於新亞、雅禮合作之過去、現在、未來諸端，而於雙方合作，甚少書面往還，以致一年以來，諸多隔膜，尤為遺憾！魏君意諸凡新亞之欲表示之意見，於逕告郎君之外，不妨直接致書雅禮，而余為英譯，雅禮得信，即可直接作復，同時以副本送郎君存卷，庶彼此有比較深切之了解。

101　日記中「葛壁」凡兩見，「葛璧」凡四見，均指同一人，即 Dr.Kirby 之中譯名字。今據 Dr.Kirby 所著《進步中的台灣農村》（1961 年中文譯本）一書所署用的中譯名字，本書統一使用「葛璧」。

其間有涉及郎君私人者，郎君先行，故雙方尤能各盡其意云。

300 一九五五年十月十九日‧新校舍開標

集韓穆辦事處，開建築商所投新亞校舍之標，以生榮（葉海泉）為最低，計港幣七十三萬九千餘元，孫福記（孫紹光）次之，新昌尤次之，前後相差各二萬元，又次則兆泰、永生、生合，而新昌、兆泰、永生三家之差，只一二千元。最高為聯和，須八十八萬八千餘元，各家所投，皆不連鋼窗與門，約估其數，亦須八萬乃至十萬元，合地工打樁而言，益以建築師費用，去百萬之數殆不遠，以是知第二期興工之難也。

301 一九五五年十月二十日‧錢先生扶桑之行

錢先生有扶桑之行，同行者有林子勛、鄧莘英、馬廷英、毛子水、凌鴻勛、潘重規、莊尚嚴，而錢先生為團長，報去年日本文化代表團前田多門（前文部大臣）、宇野結人（《中國哲學史》作者）等禮儀上訪問之聘也。日人近與大陸往還頻數，頗有納交中共之圖，錢先生意不欲多此一行，以教育部督促之殷，乃勉允焉。今日與香港移民局辦理出入境手續完竣，遂定以明日下午附民航機取道台北赴東京。

302 一九五五年十月二十九日‧清代科場

有以清代科場文字擡頭事見詢者，答以詩、賦、策、經解中遇天、祖等字三擡，皇帝字二擡，朝廷、宮殿字單擡，凡擡頭字不許誤寫重寫，凡題目及擡頭字草稿中亦須楷書，此功令也。

正科鄉試於子、午、卯、酉年舉行，其日期為八月初九、十一、十三日。會試以鄉試之次年三月舉行，日期即為三月初

九、十一、十三日。鄉試之為恩科，考期亦在三月。殿試日期
則為四月廿一日。

303 一九五五年十一月十三日‧《新生晚報》列舉香港名人

《新生晚報》列舉香港名人，以錢先生之名廁諸榮鴻慶、
孫麟方、李麗華之後，可謂唐突之至。李麗華為成名影人，
日前姚莘農用子平術談李今後福澤，言李在今日之前，其名最
盛，今日已在漸降中，三年後恐不免一落千丈，此就八字而
言之也。論其行事，亦屬不可為訓，李今每串一角，索價七萬
五千元，中國不能與美國影人相比，以一人而酬勞如許之多，
其能用於劇本、攝影又他諸配角者幾何，如其不能，如何有
好戲？則久而久之，不敗何待！榮鴻慶為榮宗敬次子，流亡此
間，創南洋紗廠，蓋能繼其先業者。善修飾，尤喜美服，幾乎
日易一襲，以是言服美者亟稱之。孫麟方亦壽州孫氏之胤，乃
兄等在滬原有阜豐麵粉廠，先於無錫榮氏，而其力足與抗衡。
麟方在港，又營香港麵粉廠，港非產麥之區，而澳州、加拿大
與美洲皆以產麥豐富之地，積麥甚多，價亦奇平，孫氏乃有此
膽氣，用其所長，其冒險精神有足稱者。

304 一九五五年十一月十八日‧香港居留手續

牟潤孫之應聘來港，攜眷同行，港例居留以六月為期，屆
期例應繼請延期，既至期，潤孫未之請也。月初，以錢先生東
行，略有周折，遂依例請延期，英人韓穆又為別函主管陳情，
移民局以為違法，召潤孫赴署質問，次日，警吏至，意在拘
留，具保乃許暫出。又次日，至法院，為勢嚴重，蓋去驅逐出
境，相差只毫髮耳。校為別具證書，言不能不留之故，法官衡
情，逕許久留，但斥逾期不繼請之非，今日遂至移民局料理居

留手續。

305 一九五五年十一月二十日・董楊一家？

姚莘農夫婦宴董彥堂、牟潤孫於其寓所，陪客有楊宗翰、趙叔雍、章叔淳及余。董寓香港，十時半即辭，余與楊趙二君留談至午夜乃歸。席間，董彥堂呼楊宗翰為宗弟，董楊何以為一家？豈似沈之與尤同其曲折耶？是當覓姓譜以言之。

後此三日，牟潤孫語我，菲律賓華僑，董楊互引同姓，猶之粵人之在美者，引劉、關、張為同姓，又引趙以益之，無民族同源之根據，異於沈之與尤，或歐陽之與歐或區也。

306 一九五五年十一月二十五日・張狀元求籤故事

嗇公（張季直名謇）五入秋闈，乃中北闈南元。四赴禮部試不中，禱於北京前門之關帝廟，得籤曰：「當年敗北且圖南，精力雖衰尚一堪。若問生前君大數，前三三與後三三。」近有某君記謂：嗇公得籤，不得其解？及甲午中狀元，乃悟「前三三」云者，謂三十三歲中北闈之南元，精力未衰，尚可一試，至四十二歲果中狀元；然「後三三」所指何事，終不得明。殆民國十五年嗇公逝世，年七十五，距甲午掄元又為三十三年，至此乃知籤語之意，而嗇公不及驗其前事矣。

據嗇公年譜，其中南元年三十五，則「前三三」之說不驗；逝世在民國丙寅，年七十四，並「後三三」亦不驗，某君解釋，亦所謂姑妄言之者。

307 一九五五年十一月二十六日・壽駱仰止

南通紡校諸同學宴集於香港銀行公會，以駱仰止今年五十九歲，後三日為其誕辰，今夕為之預祝，至者男女且五十

人，盛會也。群推余致介壽之辭，余沿陳言衍成祝詞，聞者大悅。席間有問九如之義者，余舉天保詩背誦一遍，並言仰止原名景山，名字相生，而九如詩涉及山者五，讀天保之詩，不啻專為駱君頌焉。

308　一九五五年十一月二十七日·錢先生返港

傍午赴啟德機場，則西北航機已着陸，以關吏檢驗進口證及行李之故，錢先生猶未出，候五分鐘乃相見，遂僱車同返校，閒話此游經過，不覺遂逾兩小時，以先生行役之勞也，辭之而歸。

309　一九五五年十二月三日·周以德來港

美眾議員周以德（Judd）盛年在我國傳教甚久，同情於自由中國，在其國內時時伸正義而為我張目，忌者每斥為中國選出之議員。今茲來港，同行者七人，美國同學會宴之美麗華酒店，至者三百數十人，誠可以蘭亭「群賢畢至，少長咸集」八字形是夕人物之眾。周氏演辭雖無極新之材料，而分析國際共黨之陰謀行動，及其所加於中國者，事多目睹身歷，遂感分外親切，宴罷辭畢，歸寓已夜半矣。

310　一九五五年十二月四日·董彥堂講甲骨文

董彥堂講中國古代文字，言甲骨文字除卜辭外，記事者萬簡不得一，伊曾見一甲有「王若曰」字，因尋考書經及他古金文，成考釋一篇，謂「王若曰」者，元首訓誥之辭，為古代一種公文程式，歷夏商周三代而同然。

311　一九五六年一月一日 · 錢先生贈牙醫聯

錢先生病齒，就醫於某君，既愈，為書聯以贈之。文曰：

四海知名習鑿齒

每飯不忘齊易牙

是用古人名而當虛字意義者，佳聯也。

312　一九五六年一月二日 · 新亞書院奠基石

請錢先生作基石題字，文曰：

中華民國四十五年一月十七日香港總督葛量洪爵士為新
亞書院奠此基石

即以付石工刻石。

313　一九五六年一月四日 · 柳存仁來書

柳存仁來書，謂唐宋以來，中國小說故事，每受佛教中
神話故事之影響，如《封神榜》哪吒顯然出《指月錄》：「哪吒
太子析骨還父[102]，析肉還母，後現本身，運大神力，為父母說
法。」詢問在何種經典中可覓得此類紀錄較多，又問此類故事
是否有英譯本，甚愧未嘗肄業及之，不能作切實之答覆也。

314　一九五六年一月六日 · 南天竹[103]

南天竹以冬結實，形同菩提珠而色赤若珊瑚，北人歲朝清

102　「析」字日記作「折」，誤，據《指月錄》改訂。

103　「南天竹」又名「南天竺」。

供往往有折枝南天竹，綠葉丹實，勝於南中之吊鐘花多矣。南來八年，不見有此。日前訪童侶青於其新居，見階前有天竹，籠以鐵絲之網，怪而問之，則曰自江南移植來也，植此不久，猶未壯碩，葉枯而實希，殆猶未伏嶺南土性歟？宋人楊巽齋詠南天竹有詩云：「花發朱明雨後天，結成紅顆更清圓。人間煩惱誰醫得？止要清香淨業緣。」[104] 今日寒甚，晚有微雨，惟時適在小寒後一日，若在江南，當是雨雪光景。天竹固經嚴冬亦不凋落者，於白雪之中，顯露天竹一叢，鮮紅可愛，在今海隅避秦，難歸故鄉，即此景象，但能於夢魂想像中得之耳。

315 一九五六年一月十一日·新亞鐵函

中國鋼窗公司製新亞鐵函成，尚須加鋅也。有題名錄，王植波為寫首行題字，錢先生作鐵函銘文曰：

卅五孟春旬又七，新校奠基埋置此。後有發者考往跡，所南心史等例觀。[105]

書於中華民國完整地圖之背，願諸生署名時，以恭敬誠篤之心情，毋忘我族歷史文化所寄，先聖先哲神靈所依，列祖列宗邱墓所在之祖國也。

316 一九五六年一月十二日·葛璧教授之言

上月，香港大學教授若干人，應大陸所謂人民團體之邀請，北行訪問，招待周至，殆與外交使節相同。及其歸也，葛璧教授作公開講演，謂其個人印象殆普遍下流，孩提之童，

---

104 《廣群芳譜》引楊巽齋詩，第二句「清」作「輕」，第三句「煩」作「熱」。

105 後人引用此條日記，銘文用字有出入：首句「卅五」作「四五」，第二句「新校」作「新亞」。

皆知牙牙而呼和平，其所見軍隊之多，猶過於洋洋盈耳和平之聲。今之大陸，只為蘇聯化殖民地。大陸又有一種無理性之反外情緒，危機一觸，立可變為行動。故其結論謂若以今日之中共易取自由中國在聯合國中之地位，實為最嚴重之錯誤。葛璧，英人也，英商多主就中共，以為必如此乃可多一獲利之機會，不問正義之有何價值。葛璧是論，不知聞者有動於衷乎？

317 一九五六年一月十四日·順德民謠

廣東順德一帶近有民謠云：

有稻種，冇飯食；有蔗種，冇糖食；有花生種，冇油食！共幹個個飽肚皮，農民人人有菜色！

「冇」，廣東俗字，讀若莫，無也，亦即無之轉音，如梵語之南無。

318 一九五六年一月十五日·鐵函存物

新校舍基石之下，別留壁間一孔為儲鐵函之所，鐵函物為：(一)中華民國國旗。(二)中華民國全圖，圖背有錢先生所作鐵函銘，繼以師生題名。(三)香港九龍全圖。(四)香港政府年報。(五)一九五六年一月十七日《星島日報》第一張。(六)《南華早報》第一張，又附葉一張，為其記即將舉行我校奠基消息也。(七)《孝經》、《大學》、《中庸》、《論語》、《孟子白話文合訂本》、《老子》、《心經》、《金剛經》。(八)英文新約。(九)新亞書院師生名冊。(十)《新亞書院概況》。(十一)《新亞學報》第一卷第一期發刊辭目錄。(十二)《東方文化》第一卷第一期第一篇〈孔子與春秋〉。(十三)耶魯大學今校長就職演辭。(十四)《時代周刊》一九五六年一月十六日一冊。(十五)香港通用貨幣自一元、五角、一角、五分、一分，凡五品。(十六)美國通用貨幣自一元、五角、二角五分、

一角、五分、一分，凡六品。（十七）奠基之日典禮秩序冊。

319 一九五六年一月十七日・新亞新校舍奠基

黎明有雨，嗣後則陰，亦微有小雨。午後四時，香港總督葛量洪爵士為新亞校舍奠基，嘉賓至者二百人，校中董事長、校長、教授及研究所顧問皆被大學制服，方冠博袍，威儀甚著。趙先生（冰）、錢先生（穆）、港督相繼有演說辭，辭畢，魚貫至校舍農圃道門前，由徐敬直建築師授鏟，港督受鏟奠基石，錢先生奉張伯珩所刻壽山石章於港督，學生唱校歌，群隨港督等退，入協恩中學，款以茶點乃散。

新亞贈港督私章，張君伯珩所治，大似王福庵，邊款用小篆，作「葛量洪爵士惠存」諸字，聲明不受酬。張君適有《王靜安遺書》及渭南嚴式誨集刊之《音韻學叢書》，自司馬光《切韻指掌圖》，至陳蘭甫《切韻考》內外篇，凡三十二種，一百二十三卷託售。牟潤孫屬以五百元為研究所置之，遂允其請，亦即所以酬張君也。

320 一九五六年一月十八日・典禮中唯一缺點

中西各報記昨新校舍奠基事者，皆甚詳，亦以趙錢二先生及港督演辭有預發印本故也。典禮中唯一缺點為郎君主束請嘉賓之事，而不邀美領事館諸君，丁乃通為余言，美館諸人咸為此端表示不滿，甚者且以為侮辱云。

321 一九五六年一月二十一日・白侖屯之論

晚間，新亞研究所宴顧問諸公於樂宮樓，董彥堂、唐惜分、艾佛皆至，林仰山、葛璧允同來，臨時為港督約往談話，竟不能與會。聞日前白侖屯教授自北平歸後，有譽揚周恩來

及共黨政績之文。白氏，詩人也，於中國歷史所知極淺，擬周恩來為秦始皇，不倫甚矣，聞者非之。連日報紙有投稿督責之書，以港大非宣傳政治地也。白獨不服，謂港大教授應有平民言論之自由。今晚港督之召，聞係商量此事，港督亦港大校長也。

322　一九五六年一月二十二日・基督教大學

大陸原有基督教資助而成之大學多所，上海之聖約翰、滬江，蘇州之東吳，杭州之之江，福建之協和，四川之華西等皆是。自神州變色，反宗教之政策積極施行，此類大學大多解體。仍有各教會資助而成者，在香港為崇基。崇基，崇拜基督之謂也，凌道揚為之長，聖約翰故校長卜芳濟之子為副，亦有正在興建之校舍。自由中國則有台中之東海大學，東海原聘閩人陳錫恩為校長，陳固任美國南加羅林那州立大學東方文化研究部為主任，已返台矣，然加州多方挽留，則絕裾而去。今繼其位者曾約農，為曾文正公之曾孫，聞其起居極有規律，猶不失文正簡樸篤實之遺規云。

323　一九五六年一月二十三日・訪唐星海

訪唐星海於南海紗廠辦事處，將為言新亞添設紡織專科也。不意星海日前已游歐洲，將順道至美，期以春仲東歸，二月以內，不易謀面也。

324　一九五六年一月二十五日・遇陳靜民

於錢先生所邂逅陳靜民，方建議蘇浙同鄉有財力者，可勸募資助新亞續建新校舍，並供部分經常費，而以媒介之責自效。此與余勸紡織界中人集資為助，興辦紡織專科或訓練班之

意正復相同。果能成事，大可減少雅禮方面過度審慎之態度，乃至郎家恒無理之干涉，亦意外之好消息也。

325 一九五六年一月二十六日・訪王啟宇

陰猶寒，若在故鄉，則天欲雪之象也。渡海訪王啟宇於其香港紗廠治事之所，將探其意旨，於新亞設紡織染化系如何？啟宇語我，港政府決立高等工業學校於紅磡，曾向紡織界有所接洽，略有建議而未決應捐之數也。但於我所云云，亦未拒絕。觀其意殆為同業人眾，在未有集議結論之前，不欲為切實之表示，因此並及他事，歷一小時半，甚為歡洽。

326 一九五六年二月五日・臘裏立春

乙未正月十二立春，以閏年故今日又逢立春，亦所謂臘裏立春。明年無立春，俗有盲年之稱，清人吳樸園詠臘裏立春詩曰：「猶是田家伏臘天，已看花信到梅邊。椒盤獻後添佳話，迎卻新年送舊年。」

327 一九五六年二月七日・愛惜花木

一年以來，所居依山築室，室高於街，不止一層樓，沿街為車房，因寓於斯者鮮富人，則出貰而為列肆，房頂作平台，有花圃焉。蓋鄰家蓄此以供玩賞者。自布種、插苗、花開，往往經時，累一月乃至數月，花發即移去。一切雖非我有，然靜觀花草之萌生，蓓蕾之乍綻，生意盎然，亦殊可喜。而鄰兒荒戲，或蹴球以為常，或摘花而踐踏，毀瓦畫牆，令人生厭。花圃主人則範圍以鐵絲之網，若動物園之於飛禽走獸然。草木何知，勞人防禦，目之所接，時感不快，則頑童細人不知愛惜花木欣賞之故也。

328 一九五六年二月八日・范伯子集外文 [106]

去年黃稚松鈔寄范伯子集外文十一首，以示錢先生，先生閱後置架上，逾月往索，則遍覓不可得，以為遺失矣。再函黃稚松，請重寫一通見寄，半載不得復，而曾履川屢以為言，余甚愧之。今日向錢先生借書，迺在書架上翻閱，忽於亂紙堆中無意得之，為之大喜，持以歸，將寄履川，知其愉快之情，必尤勝於余也。

329 一九五六年二月十二日・《月令占候圖說》 [107]

《月令占候圖說》：

一日雞，天氣清朗，人安國泰，天下豐熟。二日狗，無風雨，即大熟。三日豬，天晴朗，君安。四日羊，氣色和暖，即無災，臣順君命。五日牛，晴朗，四望無怨氣，天下豐稔。六日馬，日月光明，即大熟。七日人，從旦至暮，日色晴朗，夜見星辰，人民安，君臣和會。八日穀，如晝明，夜見星辰，五穀豐稔。 [108]

人日（是日為丙申年正月初七日）終日陰，《東方朔占書》謂：「歲後七日，是日暗，所主之物育，陰則災。」 [109] 杜子美〈人日〉詩：「元日到人日，未有不陰時。」劉克（見《西清詩話》）釋之曰：「少陵意謂天實離亂，四方雲擾輻裂，人物歲歲俱災，

106　讀者互參日記第 343 則。

107　讀者互參日記第 194 則。

108　《歲時廣記》「占禽獸」條引《月令占候圖》與日記引文略有不同，「人安國泰」下有「四夷遠貢」一句。又次序為五馬六牛，《東方朔占書》則為五牛六馬，日記引文或本此。

109　《東方朔占書》：「歲後七日，是其日晴，主所生之物育，陰則災。」日記引文略有出入。

此豈《春秋》書王正月意耶！」[110] 是乃深得古人用心者，自我等亡人久久流浪域外者觀之，今日情勢，蓋亦未有不陰者，豈只一日氣候而已！

330　一九五六年二月十七日・記達道和尚

達道和尚三年來時在新亞聽講，去年改為正科生，荃灣鹿野苑僧也。今日特請新亞諸教授午餐，兼及眷屬。晨間，王書林來語余有此集會，以十時在佐頓道公共汽車站會齊，書林及其夫人之外，有唐君毅夫婦、楊汝梅夫婦、牟潤孫夫婦、張伯珩夫婦、郎家恒夫婦及張丕介與余，男女少長二十三人，飯罷又上山至東普陀，再上至圓玄學院，樓下祀關天君，樓上祀呂祖，道觀也。佔地極廣，有大道可通汽車，遠望有山有水，氣勢雄厚，非他廟可比，成於三年前，所植樹尚小，坐談經時乃言旋，至寓已五時。

331　一九五六年二月十九日・佳聯舉隅

有以「徐來徐來」對「胡適胡適」者，佳聯也。某年，王曉籟宴胡適，盡邀上海諸名人作陪，徐來赴宴極遲，即景生情，就有此聯。

110　《西清詩話》(明鈔本) 引劉克評杜甫〈人日〉：「少陵意謂天寶流離，四方雲擾，人物歲災，此豈《春秋》書王正月意耶。」與日記引文相異處較多。《苕溪漁隱叢話》(乾隆刻本) 收錄的《西清詩話》，文句與日記引文較相近：「少陵意謂天寶離亂，四方雲擾幅裂，人物歲歲俱災，豈《春秋》書王正月意邪。」日記引文或本此。

332 一九五六年二月二十日·訪劉百閔

訪劉伯閔於其堅尼地台寓所,上坡時頗吃力,適其已至港大授課,見其夫人,與談良久乃出。過植物園,沿坡杜鵑花盛開,燦爛可愛。曩時值余生日,常獨往斯園觀賞,兩三年來,境況日惡,無復看花興趣,今日偶遇,根觸前塵,但有老大悲傷之感慨而已!

333 一九五六年二月二十一日·談舊家藏書

比為新亞圖書館買書,往往見舊家藏印,有《日知錄》(非集釋本),李丹崖藏本也。《九家注杜詩》,李文田藏本也。諸如此類,不一而足。葉玉虎敘莫伯驥《五十萬卷樓群書跋文》有曰:「物之聚散,因乎人繫乎緣與力,力之充絀,緣之厚薄,復視乎積因與環境,謂人不能主之可也,謂人宜盡其力以持亦可也,要之,視所志之堅脆與方法之勝劣。」昔余讀趙明誠之《金石錄》而重有感,及遭東倭之難,而所藏南邨之書,幸得運滬,意謂逃過巨劫矣,孰知敗乃公事者,乃在逆子,己所藏書化為烏有!以為此生已矣,又孰知猶得於新亞守藏史也,豈非緣哉!

334 一九五六年二月二十三日·杜魯門回憶錄

杜魯門作回憶錄,其第二冊前段涉及馬歇爾使華失敗故事,杜氏曲筆迴護,似乎理直氣壯矣。《生活雜誌》(一月二十三日期)主筆造論議其後謂:美國對華政策犯重大錯誤者三事:一曰美政府不能及早認識共黨之真相而為之備;二曰美政府當時及以後未能重視中國事件;三曰忽視蔣介石之為人,因而聽任任何人並中國政府而忽視之,亞洲大陸因是而入於共黨,若前車之覆,不能引起後車之戒,我人又何必重視歷

史而繼續治之也。

335 一九五六年二月二十四日・張廉卿書訣

張廉卿（裕釗）作書訣曰：「無名得力指，能轉草發鋒。遠收鋒急落，筆輕入墨澀。」

李時珍「本草」：「交廣木棉樹大如抱，其枝如桐 [111]，其葉大如胡桃葉，入秋開花，紅如山茶。」余南來後所見紅棉，殆即李時珍所稱之木棉花，時在春末，不在秋也。

336 一九五六年二月二十五日・王韜論香港

王韜《香港略論》成於六十年前，已有住屋少、住民多、人滿為患之嘆，不知以視今日島上屋荒情狀又如何也。王氏之言曰：「港中之屋，鱗次櫛比，高下參差如雁戶……華民所居者率多小如蝸舍，密若蜂房，計一室之賃， [112] 月必費十餘金，故一屋中多者常至七八家，少亦二三家，同居異爨，尋丈之地，而一家之男婦老稚，眠食盥浴，咸聚處其中，有若蠶之在繭，蠮之蟄穴，非復人類所居，蓋寸地寸金，其貴莫名。」

337 一九五六年二月二十六日・胡適之演說辭

元旦之夕，中美學會會於芝加哥之休門旅館，胡適之致演說辭，特重中國固有文化，遂及孝弟為本，乃至尊師重道、信義仁愛之美德，與三十年前五四運動時所持推翻舊道德之議論

---

111 「如」《本草綱目》作「似」。

112 以上數句《香港略論》作：「港中之屋，鱗次櫛比，隨山高下，參差如雁戶，華民所居者率多小如蝸舍，密若蜂房，計一椽之賃……。」

相反矣。其結論有曰：「由今觀之，中國文化在中共嚴密殘暴統制之下，可能遭逢鉅大之災患，但中國文化一向父傳諸子，子傳諸孫，傳授不絕，以發揚而光大，反之在中共以毀滅中國傳統為能，至於焚燒中國典籍之不已，並屠殺知識份子，凡諸行為，亦即為中共在中國慘敗之基本因素。」余謂適之思想，以往有定型，今茲報端，若已追悔往失，適之聰明人，早應有此轉變，今竟能改，豈惟一人之幸，亦一國之福也。

338 一九五六年二月二十七日・美國所得稅

美國所得稅以一九一三年開始，是時稅率最低為百分之一，個人所得超過五十萬元則為百分之六，公司納百分之一。今日稅率最低為百分之二十，累進至百分之九十一，個人所得超過三十萬元即照此率徵收。公司則納所得稅百分之五十二，以所得撥作公眾用途而得政府核準者免稅，以是各種基金多至七千三百種。

339 一九五六年二月二十八日・大陸與香港

大陸與香港接壤之地，旅人出入，禁例綦嚴，蓋大陸香港各有關吏，無兩方官發准許出入之證，絲毫不能通融。去年廣州有俄人之物品展覽會，一度許港澳僑民，以簡略之方法入境與會，春節既屆，又許僑民北歸省親，港府亦於車站特設移民局臨時辦事處，以便行者。鄰家女僕乞假歸廣州，三日而返，言旅人歸者飲食無不便，至戚舊道故，寒喧而止，不能他及，以竊聽者多，動輒被誹謗之罪，致有意外之糾紛也。

340 一九五六年二月二十九日・日本戰前大學

日本戰前，有大學一十七所，戰後文部省不能以戰前法令

拘束新立之大學，於是私立者風起雲湧至七十八所之多，此麥克亞瑟元帥自由思想之效，然以質論，則新起大學未能如已往之嚴格，而良莠不齊之現象又比比然也。

341 一九五六年三月五日・圖書館最貴之書

牟潤孫言：張伯珩有高步瀛評注之《唐宋文舉要》甲乙篇及《唐宋詩舉要》各一部，注釋翔實，評論文章，多出古文名家之手，詩文教授之無上寶庫，雖僅區區十餘冊，以其為鮮見之本，索值殊昂。王詠祥擬為南洋大學以五百金購置，牟與張言，新亞出同價，便以相讓，縱極貴，似乎仍是情面關係，否則新亞不能有也。然在圖書館所有中西書籍以此為最貴矣。

342 一九五六年三月六日・阮文達詠杜鵑詩

鍾心煊《中國木本植物目錄》謂我國杜鵑，計共有二百十六種，另有八變種，產於我國中部及南部各省，而以雲南、四川為尤盛。

陳植《論觀賞樹木》謂全世界杜鵑花有八百餘種，而我雲南所產約有六百數十種，佔全世界總數泰半以上。

我人常見杜鵑，多紅白紫等色，為高達三四尺之小灌木，雲南杜鵑有高至盈丈之喬木。花發時，除紅白紫外，有黃色及雜色，其雜色者或稱五色杜鵑花。阮文達（元）有詩詠之曰：「處處山花鬧子規，啼紅深淺萬千枝。誰知花鳥多顏色，紫燕黃鸝白鷺絲。」附注云：「滇中杜鵑花樹有盈丈者，同一紅色，分淺深三四種，又有紫黃白三色。」

343 一九五六年三月七日・黃松鼐來書[113]

黃松鼐表兄來書,附寄《范伯子詩集》中鄉人小箋,曾履川之屬也。凡六紙,為錄副以授履川。書言邇來氣力漸衰,除持杯把卷,久疏筆墨,所為范先生紀略,粗稿雖成,猶未清繕,集外詩亦未抄寄。末言一別十餘年,相隔數千里,老年弟兄,何以為情,江樹嶺雲,悵惘彌增,蓋彼此同之矣。

344 一九五六年三月九日・林千石與王世昭

以趙戒非(戒堂)之介,訪林千石於其彌敦道寓所,同至者戒非、曾履川、王世昭。千石書能畫能詩能鐵筆,見其畫百餘件,書備四體,畫則山水花鳥及墨蘭,年才四十餘,造詣已頗不凡,罕見之才也。世昭能文,曩作《中國文人新論》行世,余投函《天文台》報正其誤。世昭復書,強半自承其不當,惟於老子之書成於戰國一節,未以為然。今日相識,言談甚歡,坐二小時餘,同至佐敦道福生樓晚飯乃散。

345 一九五六年三月十五日・日人著中國研究

哈佛燕京學社出版 *Japanese Studies of Modern China* (一九五五)坂野正高所撰也。於百年來日人研究中國之文獻,舉其重要者千餘事,書分九章:一曰概論,二曰晚清政治史,述內亂外患至庚子,三曰政治組織,四曰日俄擴土事略,五曰民國時期,六曰知識文化史,七曰經濟組織,八曰中國社會,九曰參考用書。九章之末,附以引得之類。國人病於不

知彼、不知我，觀於日人謀我之處心積慮，有若是書之所列舉者，我不當思之重思之而求所以力圖振作之道耶！

346 一九五六年四月一日・望都漢墓壁畫

大陸有中國古典藝術出版社印行《望都漢墓壁畫》一冊，空前之考古佳作也。中共黨人營發掘墳墓之業數年來頗有所獲，望都漢墓其一也。望都在京漢鐵路線之西，舊屬保定府，墓室三重，東西壁繪有人物為寺門本門亭長，伍伯，門下小吏，門下賊曹，門下游徼，門下功曹，主簿，主記等像，凡二十四人。其上則禽獸，高半於上層，其像有羊，麞子，雞，鵞，鷺鳥，白兔，鴛鴦之屬，其間亦雜繪器物。繪事始墨描輪廓，繼施朱或黃或青，顏色都為舊物，故歷二千年不變，題材簡潔，而人物衣褶剛勁有力。我人生今之世，所見漢畫之流傳者，無非武梁祠堂山石刻而已，若丹素之出於筆端者，前此所鮮聞也。曩於波士頓美術博物館見有移建一墓型，亦有綵繪，與今茲望都漢墓相較，不迨遠甚，至營城子漢墓尤不堪與望都比擬也。

347 一九五六年四月六日・學詩三書

曾履川遺我近著介紹學詩三書（〈我來介紹關於做詩的三部初學書〉），一文兩篇，極為簡賅，而獨得要領，為之分寄黃松庵、凌宴池。三書者，為陳石遺所著《石遺室詩話》，范肯堂所著《范伯子詩》，及陳散原所著《散原精舍詩》。履川所以推崇石遺詩話，為石遺雖尚宗宋，然其論詩則無所不包，無所不容，評古人嚴，而月旦今人則寬，人稱石遺為廣大教主，良有以也。

348 　一九五六年四月七日・《夢溪筆談校證》

　　《夢溪筆談校證》，今人涇縣胡道靜之所撰集也。蒐集材料甚富，惟行文每每雜以共黨術語，取媚黨人，則可厭之至。顧廷龍書耑，《夢溪筆談校證》廿六卷，補三卷，續一卷，逸文一卷，序錄一卷，冠以書影十三片，羅列明清諸刻及名家校記，末有敘錄覆刻：(一) 刊本序跋，(二) 校讀題識，(三) 諸家著錄，(四) 版刻志林，殿以夢溪事蹟、年表、著述、考略，凡一千一百七十餘葉。《四庫總目》列子部雜家類雜說之屬。夢溪博聞強記，一時殆罕其倫，書分十七門，凡遺文、舊典、文章、技藝、天文、算數、音律、醫卜，乃至小說家言，無所不包。《四庫總目提要》特取湯修年跋，稱其目見耳聞，皆有補於世，非他雜志之比，以為勘驗其書，知非溢美，亦定論也。胡道靜既為涇縣人，豈胡樸安之子姪，抑其族人耶？胡氏校證，定其全書內容為六百九條，其輯錄之逸文不與焉。胡氏引英國劍橋大學李約瑟所著《中國科學技術史》第一卷，曾將「筆談」內容，略依現代科學分析，別為一表，其大綱則人事資料二百七十條，自然科學二百〇七條，人文科學一百〇七條，綜五百八十四條，未言所據何本。今之學人恒喜引域外人評論以自重，如李約瑟所作之表，第二綱自然科學項下第一條，列舉關於《易經》陰陽五行凡七條；《易經》及陰陽五行是否應列入自然科學？是非余之所敢知也。

349 　一九五六年四月十一日・凌宴池來書

　　久不與宴池通問矣，今日得來書，言比來事事求簡，簡之又簡，遂已成默，詩亦中斷，無論信札。又言柳翼老 (詒徵) 謝世，《夕薰樓詩》「門有長者車，柳七與李大」，今皆逝矣！一日追悼會中，遇何伊榘，告伊今年七十，尚能打網球，殆是老友中最健者。夫曰最健，宴池之遜於伊榘可知已。以意度

之，宴池猶當健於老燕（作者自稱），以老燕壯年大病，壞肺一葉，宴池無是疾也。

350 一九五六年四月十六日・薛慧山乞錢先生書

錢先生將應馬來亞大學之請，赴星加坡講學，薛君慧子（慧山原名）方主《真報》筆政，偕陶壽伯同訪先生於新亞。薛君乞墨寶，錢先生書〈枯樹吟〉貽之。詩曰：「老樹無枝葉，風霜不復侵。腹穿人可過，疑剝蟻還尋。寄託惟朝菌，依投絕暮禽。猶堪持蚊火，未肯但空心。」[114] 人謂是乃夫子自道，豈不信然！

351 一九五六年四月二十日・訪趙先生

訪趙先生（冰）於其雪廠街治事之所，為言郎家恒創議經濟平行配合方案，似不能接受。新亞雅禮之合作，雅禮供給有限度之常費，而不涉院內行政，新亞據可得之款，編造預算，今增款而強我平行籌付，違反成約，不可一也。美國有各種基金七千三百餘所，香港無一焉，以極不平衡之情勢而求平行籌付，不可二也。去年耶魯大學得福特基金，贈貽四百餘萬元，耶魯未聞同時並籌四百餘萬元與之平行配合也，己所不欲，弗施於人之義，非孺子所知，然其不近人情則一也，不可三也。即退一步由新亞別籌相等之數以應，則捐款來源不出兩途，不出於台灣，即出於香港工商業，以言台灣捐款，雅禮既不能接受於前年，自亦不能接受於今茲，至於香港工商業我可指望為我之助者，惟紗廠一業，而紗廠主人幾於無不與大陸有連者，

114　《昌黎先生文集》〈枯樹〉第四句作「皮剝蟻還尋」，第七句作「猶堪持改火」。

舉厥之名，蓋無一不在美領事館黑籍之中。郎為美人，將接受之乎？抑亦援台灣之例而拒之也，若是豈非進退失據，又何取乎多此番 Watch Plan 為哉？

352 一九五六年四月二十三日・馬來亞大學

接錢先生二十四書，言離港南飛，至午夜十二時乃抵星加坡，蓋途中費時六小時又半，前聞只四小時者，妄也。抵星寄寓賀君家，鄰居為叢林，隔絕塵囂，起居未為不適，然當地情形複雜混亂，又以「馬大」（馬來亞大學）之招，頗招嫌外，是又政治信仰之殊異所造成之局面也。晚於南通學院同學敘餐，席間遇李乃煒，亦言「馬大」為英人主政，尚能維持舊觀，一般中學什九左傾，此輩長大，豈非馬來亞之主人翁？將來是否能改變傾向，不為俄并，殊難言也！

353 一九五六年四月二十八日・進一步制水

雨後陰涼，以為必有微雨，然竟無甘霖之至。

去年秋間，無颶風暴雨，入冬亦無雨，港九水塘漸涸，十一月後有制水方法，日限放水二小時三十分，行之且六月，水塘日益淺，而雨仍極少，自余來港七八年來所未前見也。今日水務局更進一步制水法，剛日九龍無水，柔日香港無水，放水之日，限以三小時，以五月一日實行，居民必預儲必要應用之水，以節其源，以待時雨。

354　一九五六年五月八日・葉雨果請假 [115]

　　校中教務處有葉雨果請假一星期之佈告，告諸生無須依時上課也。此本常事，所不常者，雨果於最近失蹤，寓中衣物曾無移取之痕跡，其所授課為英文，一日，忽以電話告丁乃通，請解教師職務，乃通告以有事有病可告假，無庸解職，雨果不顧，或疑其心疾，或疑其為人所誘，倉卒之間，無以辨其真象也。

355　一九五六年五月十日・校務會議

　　六時校務會議，歷四小時。於年功增薪一端，議論尤多。本校初立，曾無憑籍，上下師徒，無非流亡志士，錢先生作校歌，所謂「手空空、無一物」者，殆一時之實況。茲藉外來之助，稍有進步，然亦無一絲毫基金可以供我支配，而為久遠之計者，而欲於僅免饑寒之外，求益焉，爭論焉，似近於不揣其本而齊其末，在座多博聞君子，不知何以有此？

356　一九五六年五月十一日・葉雨果離港 [116]

　　柯榮欣語我，葉雨果離港之夕，曾至柯寓，垂首喪氣，詢其故？以有煩惱對，兩人素相習，雨果據案自取紙筆，作書數通，榮欣攜卷旁坐，翻閱以待之。雨果作書畢，粘郵票信封上，納囊中，而以平日用筆兩枝贈榮欣，並言將赴澳門，問其攜錢不敷用奈何？雨果言澳有友人可為己助，遂行，竟未回

115　讀者互參日記第 356 則。
116　讀者互參日記第 354 則。

寓所取行李，似疑有人加以威脅，留此且有性命之憂，柯言如此，自可怪已！

357　一九五六年五月十三日・姚莘農招飲

　　訪趙叔雍久談。姚莘農（克）吳迎璋伉儷招飲，主客十一人，丁乃通曾訪莘農，擬聘為新亞英文教授，已承首肯。客散後，叔雍與余獨留，莘農痛斥此間學校水準之低，教科書用國語則當用國語發音，然粵人以粵音讀之，故依北音與粵人言書中云云，粵人自不解，非粵人之不能了解，更無論矣。如此教授方法，寧有當乎！法莫如改弦更張，自小學起，一律適用國語，新亞負重望，自是我人責也。

358　一九五六年五月十四日・〈中國古代北方農作物考〉

　　《新亞學報》第二期，錢先生有〈中國古代北方農作物考〉一篇，大抵謂中國古代農業其最先主要者為山耕與旱作物，最早最普遍種植者當為稷，黍次之，粱又次之，麥、稻更次之。其古代中國主要之民食，西周以前決然為黍、稷，則中國遠古時代之農業文化初啟，不妨定一名號為黍稷文化，以示其特性之所在。春秋而下至於戰國，農作物之主要者，漸由黍稷而為粟麥，故此時期可稱為粟麥文化，至於稻米文化則興起更在其後矣。

359　一九五六年五月十五日・履川論詩寄太希

　　偶見台北出版之《中華詩苑》，已出至三卷五期，有鄧孟碩詩，孟碩者，家彥之子，民初同寓滬上，時與於文酒之會，曼殊、楚傖諸老友又朝夕相見，固民黨健者。今茲曼殊、楚傖、劉三（季平）之流，墓木已拱，他諸名士，多有皈依紅朝

甘為莽大夫而不辭者，但見孟碩諸詩，蓋不勝今昔之感！此冊又有（曾）履川論書一首寄（劉）太希者。詩曰：「飄然紙上渥佳姿，不作千秋萬歲思。奇氣蟠胸聊一吐，故人懸夢倘相知。龍跳虎臥徒虛譽，鼠蝕蟬鑽有夙期，便共太空摩盪去，崩雲驚電鬥酣嬉。」[117]

360 一九五六年五月十八日 · 錢先生自南洋來書

校務例會於傍晚集合，討論招收新生事，因留飯焉。

錢先生來書謂抵新加坡以來，在馬大講演五次，南大二次，南洋學會一次；尚有教師公會一次、歐美同學會一次，事畢即擬返港，約在本月二十五前後。至新亞在馬來亞設立分校一事，業已婉謝，蓋馬大學生左傾者多，情形極為複雜，即此間全體同人一並前去，埋頭苦幹三年，亦難有成績也。

361 一九五六年五月二十日 · 《清實錄》與《明實錄》

《清朝實錄》，羅振玉官滿洲國時之所督印也，底本用皇史宬原書，景印至精，外加黃色函。初行世時，滬書賈索價儲備票一萬元，合法幣則二萬元。余主新亞圖書館，求之二年不可得，今茲哈佛燕京學社屬為此書作索引，勢且求之於攝影膠片，即耗港幣二三萬元亦未易得也，奈何！

前年，錢先生自台灣回院，友人某君以《明朝實錄》為贈，是書凡二千九百二十五卷，自洪武迄崇禎朝二百七十七年，舊為南京龍蟠里江蘇國學圖書館之傳鈔本。丁丑之秋，東倭

117 　1919 年曾氏以此詩題扇，字句與日記所引略有出入，或為初稿：「飄然凌紙渥佳姿，不作千秋萬歲思。奇氣填胸聊一吐，故人懸夢倘相知。龍跳虎臥餘孤叱，鼠齧蟬噴有夙期。便共太空摩蕩去，奔雲驚電鬥酣嬉。」

沈燕謀日記節鈔及其他

入寇，不四月而京師失守，館人秘藏之複壁中。偽府既建，梁鴻志發壁，得書八百三十七種，壁中閉塞而濕，所藏書久不通風，頗多糜爛，鴻志所及見已無名槧精鈔，惟《明實錄》猶得幸存，乃出資付諸影印，閱九月而成，改訂五百冊，時則民國二十九年歲次庚辰之二月也。

362 一九五六年六月三日・張嗇公談治水

雨季既屆，港九猶苦雨少，以致制水之令，久而不解，然武漢水位以及湖南湘澧資沅諸水繼長增高，頗有成災之慮，不以人民政府高唱治水成績昭著而稍減也。張嗇公於某年生日，門弟子宴集於中公園適然亭，退公（退庵、張謇之三兄）亦在座，席間沈豹君於導淮及運河工程頗有陳述，豹君當時為運河工程局技正，而嗇公則督辦也。語稍多，退公不耐，撚長髯顧謂豹君，治水應為一勞永逸之計，嗇公曰：「不然，治水不易言也，蓋有永勞而一逸者，難作一勞永逸之計。」斯語也，得之於歷久之經驗，唯其深識此中甘苦，乃知其難，而人民政府以輕率出之，強責效能於短促時間，如之何其可也。

363 一九五六年六月七日・黃晦聞題蘇曼殊遺畫

黃晦聞《蒹葭樓詩》第二卷，庚午，〈曼殊遺畫一老僧背夕陽掃落葉。三十年前同寓江樓寫以貽予者，題語屬（鄧）秋枚代書云：寒風蕭瑟，落葉打肩，居士命畫，作此質之，居士得無有夕陽無限好之感耶？夏日展觀，黯然題句〉：「亡友殘縑三十年，西泠宿草自芊芊。掃除未了殘陽葉，依舊江樓負手前。」晦聞尚有其他關於曼殊詩，所謂調箏人風絮美人圖，其尤著者也。〈曼殊自日本寄畫，作風絮美人，題為調箏人繪，命之曰春愁，賦此答之〉：「東海遺書久未裁，殷勤緘札幾回

開。[118] 三年為別兼春暮，一紙將愁與畫來。入世蛾眉宜眾妒，向人風絮有沉哀。憐君未解幽憂疾，詎為調箏又怨猜。」〈十月十一夜月中有懷曼殊〉：「四載離惊感索居，憶君南渡又年餘。未違蹤跡人間世，稍慰平安海外書。向晚梅花纔數點，當頭明月滿前除，絕勝風景懷人地，回首江樓卻不如。」[119]

民國七年，曼殊臥病上海廣慈醫院，余往視疾，欣然道皖江同居時事。余以上人飲食不時而無節，其有胃病，理所當然，未疑有他也。余返南通不久，即聞其逝世醫院，晤言竟為死別，為之不怡者數日。今日於晦聞集中見有〈與（黃）賓虹視曼殊殯〉一詩，詩曰：「一棺江舍未經時，冒暑來尋或有知。已負死生元伯語，所哀塵露步兵詩。尺書病革猶相問（曼殊瀕死，屬高劍父報書與余），晚歲樓居不可期。（十年前與曼殊同居江上藏書樓）只有茫茫憂患意，亂蟬斜照共喞悲！」

364 一九五六年六月十日・張廣雅逸事

夢山樓記張廣雅逸事數則，似矣，然證諸年譜年月，多有不合者，錄之以供茶餘酒後談笑之資則可，不必據為典要也。

湘潭王闓運壬秋，以文章鳴於時，南皮亦雅視之，嘗在陶然亭讌談，指「陶然亭」三字命對，壬秋略不思索曰：「張之洞」；又遙望開溝者，即以「開臭溝」命對，又應聲曰：「張香濤」，南皮不以為侮，相與大笑不已。[120]

又曰：南皮十六歲中解元後，大宴賓客，自撰一聯，懸諸

118　日記引詩作「殷勤寄札幾回開」，今據《黃節詩集》改。

119　日記引詩首句作「四載殊惊感索居」，誤，據《黃節詩集》改。末句「樓」字日記引詩作「頭」，今依《黃節詩集》。

120　日記引錄未詳出處，查《清稗類鈔》「無情對」條有類似內容，作巧對者是李芍農而非日記所說的王闓運：「……張以『陶然亭』三字命作無情對，李芍農侍郎文田曰：『若要無情，非閣下之姓名莫屬矣。』眾大笑，蓋『張之洞』也。」

中庭，聯曰：「上巳之前，猶是夫人自稱曰；中秋而後，居然君子不以言。」蓋歇後語小童領舉人也。妙在不出《四書》，構思之巧，真有令人不可思議者也。[121]

365 一九五六年六月十八日・《清史稿》引得

哈佛燕京學會之贈款，希望新亞為編造索引，列書三，皆清史。一為《清實錄》，一為《清東華錄》，一為《清史稿》。錢先生復書謂先撰《清史稿》引得，擬以三人任其事，三人者，章群、何佑生及一未定新人，而屬余總其成。余之在新亞，伴食而已，已往兩年，忙於營造；目錄之事，略解皮毛，故貿然應命，今茲索引編纂，雖比較為機械性之事，然因仍燕京引得方法，頗以為不安，其勢又不得不用，能否勝任，不敢必也。昨訪唐君毅，未晤，今日又去，向借「燕京引得」二種，港大之藏書也。《莊子》、《墨子》引得，沿燕京舊例，因是而尋索以得其出處者至矣。推是例而為之，《清史稿》卷帙繁重，區區百餘冊之書，不將什百倍其量乎？是非情理中應有之象，想必別有簡易之道以處理之也。

366 一九五六年六月二十二日・少林寺大將軍

唐僧曇宗，居嵩山少林寺，佐唐太宗平王世充亂，受大將軍號。清田雯〈游少林寺記〉曰「一碑刊唐太宗為秦王時，討王世充，賜寺僧御箚，蓋當時僧之立武功者十三人，唯曇宗授

日記引錄未詳出處，查《清稗類鈔》「自稱曰不以言」條有類似內容：「張文襄公之洞發解後，大宴賓客，自撰一聯，懸之中庭。其聯云：『上巳之前，猶是夫人自稱曰；中秋而後，居然君子不以言。』蓋縮腳語也。妙在不出《四書》，其構思之巧，真有令人不可及者。」

大將軍，其餘不欲官，賜紫羅袈裟各一襲。此可補唐書之闕矣」云。

367　一九五六年六月二十五日・移書記

今日開始，從舊圖書館包紮藏書移至新居，雷一松收拾館中書，先舉西籍納諸美新處借來袋中，柯榮欣收拾錢院長室內漢籍儲木箱中，以兩小時之力，裝十九袋、四木箱、十筐，並以運貨汽車載往農圃道，書既入館，與同事諸君飯於老正興，午後取書入架，費三小時，書本雜亂，移後更亂，將來整理，必費時日。

368　一九五六年六月二十六日・校務會議

午後有校務會議，唐君毅於新校舍內外用多種顏色，大不謂然，不知此乃歐西建築師一時風氣，凡有大建築物，無不大紅大紫，一若非然者，即自儕於落伍之列。張丕介對專任教授在他校兼課頗多非議，有限制不得超過四小時之說，堅持其說始終不改，蓋有為而發也。

369　一九五六年六月二十七日・工讀生

院有工讀生，以課隙為校服務，而免繳學費之一部，良制度也。然學生惰者多而勤者少，以此工讀生之在新亞，徒具其名耳。本周校舍遷移，適當年考，圖書館原有工讀生且不能參加為包紮之工作，則請於錢先生，令研究所諸生預其事，研究所生九人，應命而至者不及半，今日尤少，蓋翻動書籍，塵灰處處，又值天熱至九十度以上，誠哉苦事，然以本師之囑付，經史之難得，而有益於身心，竟有先私而不顧及公者，是余所引為大戚也，豈獨感慨而已！

370 一九五六年七月二日・訪周銳

訪陳靜民不值，繼訪周銳，周前語余，寄寓彌敦道七四五號二樓，既至，則七四五號有 ABCDEF 之分，遍尋三處，乃得之，與談圖書館事許久。周君，趙恩德所薦，民十九年畢業北平中國大學，歷任中國大學、民國學院、立法院及廣州華僑大學圖書館事，似館事是其專長，以熟習斯事之人，為我理紛亂之絲，當可收整齊之效耶，企予望之。

371 一九五六年七月三日・購書記

胡某為本校兼任教授，亦某書店之經理人也。有商務印書館《四部叢刊》縮印本一部，余亟言於胡，為圖書館閱覽室之用。胡索價二千元，余言商務去年定價只一千三百餘元，即加二成，亦不應超越千六百元，胡不可。次日，陳汪夫人[122]來，偶與言及是書，陳汪夫人答適有是書，照定價可去二成，余言請即送來，今日持書至，標一千〇五十元，喜而納諸館中。胡為本院教授，而市儈氣如此之重，可歎也！

372 一九五六年七月六日・創辦中學

錢先生以創辦中學為言，志在必成，午後語我，晨訪教育司毛勤言，教育司可允撥地，為建校之需，建築之費，教司當為請於港政府捐助百分之七十五，故若以二十四教室為度，益以必要辦事之所，百萬元可辦，如是則校方自籌只二十五萬至三十萬即辦。余之所慮，學生來源與主持之人，皆成問題，

122　日記中「陳汪夫人」疑是「陳汪荔夫人」，待考。

此從新亞新校舍成後之雜亂無章而可知也。平常困難，固在經費，今之困難，尤在人事，必興中學，此需顧慮。

373 一九五六年七月十四日‧唐星海來院

唐星海來院，報錢先生之訪問也，對院經濟協助，有允諾之表示，惟於研究所顧問，則謝不敏，自謂一賈人耳，但知賈人之事，分外一切，素不願聞。唐蔚芝先生曩辦國學專修館，星海尊人固嘗時為資助。錢先生梁溪人也，宜有以盡力，此其責任所不能卸，則亦惟有勉強而行之而已。晤談既終，導行校舍一周，頗稱計劃之適宜云。

374 一九五六年七月十七日‧屋主施仁

余自去春離司太令道，與王朝平同賃衙前圍道今寓，各任四百金，亦平分電氣煤氣及他諸費用。客冬，港政府有移山填海興建機場之計，以寓前通衢為轉建泥石之道，範鐵網，阻行人，架橋其上，以通南北，而泥車過處，飛塵盈空，言衛生者疾首痛恨焉。王夫人尤惡之，則捨其舊而新是謀，別賃太子道為新巢，未先告余，事既成，乃知之。余則進退失據，倉卒間無以為計，語屋主人曰：留此固所願，然獨任七八百金，力所未逮，會當別尋相知來此同居，設不得當，則訪市上空屋為遷移之舉，事非旦暮可辦，請寬假時日。屋主許諾，並言萬一一時覓同居人不得，當亦可留住而任賃值之半，議就定。粵人之以餘屋賃人者大率有苛刻之條件，若余屋主，千不得一，而在盛暑中寬慰老人，尤為難得，急切之間，獲此意外施仁之舉，余心滋慰矣。

375　一九五六年七月十九日·《四部備要》

新亞擬購《四部備要》，久不得當。前月商諸叔雍，叔雍以告中華書局主事之人（吳叔同），集合五部舊刻，僅得二千四百四十八冊，猶缺兩冊，不可驟集，而計值以七折，合實價猶須四千五百元弱。今日送圖書館，以三人檢收，歷一小時乃畢，以實用而言，「備要」勝於商務書館之《四部叢刊》，為「叢刊」偏重版本，翻景舊刻，玩賞佳品則得矣，為初學計，「備要」自勝。

376　一九五六年七月三十一日·齊白石題畫

見大陸所印齊白石璜所作畫冊，印行於四年前（一九五二）五月，某頁有垂柳一枝，上端集一雀，白石自題舊句曰：「家雀家雀，東琢西剝。糧盡倉空，汝曹何著？」屈指計之，時當大陸三反五反之後，謂此語指雀而發固當，謂此語人民政府殘民以逞，亦無不當。余頗不喜白石之畫，為其題畫適存此句，知其尚有人心者，買此冊存圖書館，俾眾共覽焉。

377　一九五六年八月三日·伍子胥〈詠河上之歌〉

《真報》薛君（慧山）伴《良友畫報》伍聯德訪錢先生，先生為書伍子胥〈詠河上之歌〉以貽之。其辭曰：「同病相憐，同憂相救，驚翔之鳥，相隨而集，瀨下之水，因復俱流，胡馬望北風而立，越燕向日而熙[123]，誰不愛其所近、悲其所思者？」錢先生釋之曰：「子胥之意，豈不曰同此流亡去國，皆吾良朋，

123　「日」字日記作「月」，誤。

此情此意，使二千載後吾儕讀之，感慨無盡！」

378　一九五六年八月十四日‧南來樂事

　　陳汪荔夫人持書來，凡六十一部，千四百九十九冊，總值不出五千金，大都來自燕京，藏印有姑蘇潘鄭盦、武昌柯遜盦諸家，徐積餘、劉聚卿、張鈞衡、陶蘭泉精刻書共有七八部，擇是居叢書書品大佳，勝於余之舊藏，余所未見之書，亦五之一，司守藏之事，獲睹未見諸書，南來樂事，惟茲為最。

379　一九五六年九月五日‧面呈辭職書

　　午後渡海，晤趙董事長恩德，面呈辭職書，趙閱書後為言，彼無接受此書之權，當待下次會議提出，聽眾意以定去留。辭書文曰：「某備位校董，於今五載，以才學之疏鈍，無貢獻之可言，比來不虞之譽時聞，求全之毀滋多，譽不稱實，非所敢承，毀出無端，不外排擠，自審戇直之性，垂老不變，以致咆哮抵觸，動輒得咎，而無禮之加，尤所不堪，人各有志，不能為平勃之交懽，為免結怨，只宜效藺廉之相避，朽木難雕，析薪不荷，為公為私，允宜退讓，請賜允准，無任盼禱。」

380　一九五六年九月十二日‧左先生邀角

　　傳說錢先生今日回港，晨遇何佑森，謂昨得台北友人書，期猶未定，因未至啟德機場。晚間柯榮欣過訪，乃知先生準時返港，未改行期也。

　　午後，劉百閔以電話來，謂左先生舜生在其寓所，候余談話，促即行，余渡海僱車至劉寓，則方待余抹牌也。遂留晚飯，午夜乃歸，甚倦，負三十五元。

381　一九五六年九月十四日・老兵談張謇

有用老兵為筆名者，著《邯鄲憶夢錄》[124]，其中張謇雜談一
文，甚有見地，逐期揭諸《天文台》報，今日歷舉嗇公友好，
謂其愛重劉厚生，凡遇疑難大事，得劉一言而決，是蓋時賢之
傳嗇公者所忽，而老兵特着諸篇，又及孟心史昭常兄弟，尤重
心史之文學，其他摯友則范伯子、沈寐叟、鄭海藏、湯蟄先、
熊秉三，皆績學有為之士，顧亦齒及不佞，謂紗廠方面人才，
則推重留學美國之沈某，舉嗇公詔孝若之言以實之，（孝若原
文見於《南通張季直先生傳記》）並為諭曰：張氏父子墓木早
拱，沈某則棲遲海隅，另任教職，專家不得其所，伊誰之過云
云。不佞何人，不特為老兵列諸諸賢之後，並為惜才款贊之
語，是蓋不虞之譽，聞之而令人汗顏者也。

胡適作傳記，敘稱嗇公為失敗英雄，老兵不以為然，並謂
嗇公重要計劃，若墾荒，若植棉，若製鹽製鐵，若導淮導河，
至今有人繼行其事業，嗇公身死而其精神存在，即其志業，亦
何嘗不蒸蒸日上。古人有言，功不必自我居，由此觀之，嗇公
顯然為事業之成功者，安見其為失敗也。

382　一九五六年九月十八日・《全唐文》

陳汪夫人持書樣二十餘種來，中有《全唐文》千卷，並
其他書十餘種，留存館中，以告錢先生。先生大悅，言二十
年前，都講燕京，有開化紙初印本《全唐文》一部，已擬以
百八十金受之，某書買謂尚可略減其數，先生從之，不謂竟為
他人所得，價高不及五金也，此後或見他印本，無能及此者，

124　「老兵」在《天文台》談張謇一事，讀者互參日記第 384 則。

即亦不復備此書，今日所得之書雖遜，然猶愈於他印本也。

383　一九五六年九月二十日‧嚴復晚年之言

　　嚴侯官壯年極重西洋學術，觀其所譯諸書而可知也，及其晚年，有致熊純如書，語意之間，甚悔昨非。其言曰：「不佞垂老，親見脂那七年之民國，與歐羅巴四年亙古未有之血戰，覺彼族三百年精化，只做到『利己殺人寡廉鮮恥』八個字，迴觀孔孟之道，真量同天地，澤被寰區，此不獨吾言為然，即泰西有思想人亦漸覺其真如此矣。」此書初見之於《學衡》[125]，王蘧常作嚴氏年譜嘗採錄之。

384　一九五六年九月二十二日‧費子彬醫家筆名

　　朱甥振聲來，氣色甚佳，蓋近來為報紙寫稿，已能以所得畜其妻子矣。告以多讀書，慎取材。朱甥亦偶為《天文台》報作文，詢以老兵何許人？應曰：費子彬醫家之筆名，兵、彬音相似，不曰「老彬」而曰「老兵」者，不欲讀者知作者誰何也。費先生之記簹公事，蓋慎之又慎，余與相見，每每以若干瑣事垂詢，歷一二小時不厭，三四年如一日，宜其此記之出，愈於同時作者萬倍矣。[126]

125　此書信初刊於《學衡》1923 年第 18 期，為〈嚴幾道與熊純如書札節鈔〉第 59 札，日記引文「精化」《學衡》作「進化」，「其真如此矣」《學衡》作「其為如此矣」。

126　「老兵」在《天文台》談張謇一事，讀者互參日記第 381 則。

385 一九五六年九月二十八日・錢先生演說

大成至聖先師孔子誕辰，國定為教師節，院中照常上課，惟於十一時三十分舉行紀念會，錢先生演說，着重孔子之教人，廼教人力學，與佛教回教耶教之教人無條件信仰其教義者不同，故在中國，有佛教徒，有回教徒，有耶教徒，各尊其所信，從來無互相仇視讐殺之事。服膺孔教者，同時可以學佛，不必出家，號為居士，儒家所重在學，則以士稱。孔子一生，學不厭，教不倦，學不厭之為智，教不倦之為仁，弟子以為仁且智，則孔子自為聖人，然而孔子不居也。故論世界宗教，惟孔子之道為弘大廣博，為其學之不已，了無止境，即亦從無自是之心，而與不同道者敵對仇視，以今日泰西之事觀之，英也法也美也，大都耶教徒也，而埃及以至其他中東各國，則回教徒也。耶教在昔，與回教為世仇，務欲盡殺滅絕以為快，今日對峙，非無故也，苟在中國，豈得有此。諸生苟明力學不厭之精義，從而身體力行焉，何事不成。言簡意賅，是足以發人猛省而有得矣。

386 一九五六年九月二十九日・談《清史稿》

民國既建，設清史館，以趙爾巽為總纂，十六年趙逝世，柯鳳孫繼兼總纂，十七年，史稿垂成，未及發行也，而國民政府北伐之師至，金梁挾已印史稿走瀋陽，頗有所更動，流傳於世者，稱「關外本」；其在北京者，每冊印成，輒以分贈在事之分纂與同事，今所稱「關內本」是也。國民政府以史稿措辭，多有違礙當時國策，禁不許發行，然亦未另委能治史者從而修改，一切置諸不理，至今且三十年。當孟心史先生都講北京大學歷史系時，論及茲事，謂有一朝焉，能統一國土，能治理人民，能行使政權，能綿歷年歲，則能佔一朝正史之位置，意義全矣。余亦謂既無重纂之新史，而必禁止已成之史稿，使治史

者不得清史而一讀焉，是亦所謂不識大體者矣。

387　一九五六年十月二日・硯墨小文

曩時讀書人以紙墨筆硯為文房四寶，自國人醉心歐化，紙之為舶來品無論矣，墨則墨水，無取佳硯，筆則鐵製，不涉毛隸，所謂四寶者，今之學子無人皆解其意義。有一勺者，作〈寒窗舊夢〉小文，偶及硯墨之事，頗可喜。其言曰：「磨墨具涵養工夫，同時亦有出神入化之妙用，潔其硯，澄其水，植其墨，正其坐，手運輪囷，水暈漣漪，目注文波，耳聞清瀨，鼻臭墨香，心隨濃淡，或文思綺發，妙想陸離，或一心鴻鵠，九千里而抵扶搖，或萬軸書城，五百年而興名世，黃粱入夢，則潑墨淋漓，紫燕投懷，則童心初蕩，此短短一時代，自有其小小一乾坤，大而化之，亦足樂也。」

388　一九五六年十月七日・叔雍生日

（趙）叔雍今年五十九歲，陰曆八月十九其生日也。昨以柬來約飯，以詢章叔純，叔純為我言如此，乃知之。午後五時至麥當奴道二十二號二樓一號赴其約，其族人從衍所居也。從衍屬燕雲樓庖人治具極精好。燕雲樓前數年頗享盛名，主事志滿而怠，以敷衍出之，來客裹足。從衍夫人精明強幹，處理招待諸事，甚有條理，以故所陳諸簋，色香味俱佳，愈於樂宮樓。又與叔雍、（童）侶青及吳叔同夫人抹牌，負三十五金，子刻乃歸。

389　一九五六年十月九日・古本說文

有以汲古閣覆宋本說文求售者，東吳惠松崖批校本也，朱墨燦然，索價五百金，請於錢先生為院購置，先生許諾。惠氏

自研溪 [127]（周惕）紅豆（士奇）至松崖三世，皆以經學者。松崖亦稱「小紅豆主」，著有《易漢學》、《九經古義》、《古文尚書考》、《後漢書補注》等書。余之為院置是書，將以示諸生清代名儒讀書之勤，往往如此，我儕所當取法也。

390　一九五六年十月十一日·暴亂起因

昨為雙十節，市衢居民懸旗慶祝者，愈於十月一日，貧民粘紙旗戶外，李鄭屋徙置區尤甚，區辦事處職員莫某以港府禁粘旗戶外壁上，逐戶撕去之，居民指莫群聚責問焉。口舌爭論之不已，衝突遂起，警察彈壓，時息時發，姦民乘之，無效也，變化不已，至於交通斷絕。港府以電話通知新亞，轉請香港電台及登晚報通告友好，暫停今日舉行之啟鑰典禮，晚間宴會及國劇表演改期。

391　一九五六年十月十二日·地區擴大

今日重九，粵俗掃墓登高，水陸交通，於斯最盛，然九龍以前昨事變突起，形勢緊張，不但公共汽車暫停行駛，即港九間渡輪亦復不通，蓋旅港九年以來未之前見之奇變也。

港府新聞處公佈，自暴動開始以來，捐生者二十六人，受傷者一百七十六人，法院被控者一百七十九人，至騷動中心則西移至於荃灣郊外，地區東移至清水灣道地區，九龍全區最為寧靜者只尖沙咀一帶而已。

127　「研溪」又作「硯溪」，日記用「研」，保留。

392 一九五六年十月十三日 · 繼續戒嚴

九龍全部仍在繼續戒嚴中，昨日騷動中心由深水埗西移而至荃灣，荃灣為工業要區，各黨工人乘機惡鬥，被害工廠，有南華鐵工廠、東方醬油廠、會德豐紗廠、寶星紗廠，及一左派工會之醫療所與一福利部，旋以英軍開抵彈壓後，乃告平息，傳言如此，不知其實際損失又如何也。

所居在移山運泥鐵網之北，極為沉寂，居無無線電話，消息不靈，報紙尚可買得，其價高於平時三倍。

393 一九五六年十月十四日 · 輪渡復開

九龍半島昨日已經解嚴者兩區，尖沙咀、油蔴地是也，天星輪渡與山頂纜車皆復開，形勢漸趨緩和，然常態之恢復猶有待，蓋自交通斷絕，工廠之停工者逾千，被捕有搗亂嫌疑犯者逾三千，而在戒嚴中之地區猶廣也。今日解嚴區域益廣，十時後，公共汽車亦通，市衢行人來往，略似平時，惟荷槍實彈之英兵，與警察三五成群巡視其間為稍異耳。荃灣情形仍不佳，縱火及黑社會人物被捕者又及千人以上，猶繼續在戒嚴中也。

394 一九五六年十月十五日 · 暴動損失

此次九龍暴動至昨午為止，死者四十五人，受傷三百五十八人，財產損失，難以數計，蓋不僅動亂中焚毀之房屋物資不易有準確之數字，而營業損失其數不在兩億元下也。今日市衢熙攘往來者似已與平時無異，然武裝警察猶時時躑躅其間，與昨不同者，只無荷槍英兵結隊並行耳。

395 一九五六年十月十六日・市容復舊

深水埗、荔枝角、荃灣、深井及大欖涌諸地至今晨完全解
嚴，公共汽車之至荃灣元朗者亦皆開行，九龍市容一切復舊，
學校同於今晨開課，雙十節所起一場撕旗風波，至此復歸寧靜。

396 一九五六年十月十八日・新校舍啟鑰

新亞新校舍啟鑰典禮，原定一周前舉行，會雙十節因撕旗
事件發生騷動，一時秩序稍亂，港府屬延期，乃改於今日補
行，午後四時，教育司高詩雅來主持啟鑰，雅神會范藹爾揭紀
念銅碑之幕，同集會堂，范以捐贈校舍文件奉呈董事長趙恩
德（冰），各有演說辭，錢先生致謝詞，繼集圖書館，以茶點款
待來賓，至者三百人，晚有慶祝之宴，群會樂宮樓，主客至者
八十人，十時散。

397 一九五六年十月十九日・國劇演出

新亞放假一日，晚間有國劇研究社演出《五花洞》、《借東
風》、《三娘教子》諸劇，皆學生串演，唯一例外為《三娘教子》
劇中之倚哥，以賈元平飾，其姊賈麗妮則飾三娘，則姊權為母
而弟權為子者也。諸生演習至今才半載，居然彩排，雖不盡如
人意，亦自難能。

398 一九五六年十月二十四日・李斯上書

李斯上二世督責書中精意，全為今日中共抄襲，而以雷霆
萬鈞之力行之，謂為步趨史太林，非知言者也。

李斯之言曰：「明主聖王，所以能久處尊位，獨擅天下之
利者，非有異道也，能獨斷而督責深罰，故天下不敢犯也。

滅仁義之途，掩馳說之口，塞聰掩明，內獨視聽，則所欲無所得，君臣百姓，救過不得，何變之敢圖？」[128] 數年以來，所謂鬥爭也，清算也，三反也，五反也，檢討批評，何一而非使百姓救過不得，以此為「治」，宜乎「治」矣！

399 一九五六年十月二十六日‧重陽感賦

何敬群有丙申重陽感賦，亟為錄之：

年年客裏逢重九，縱不尋山亦沽酒。今年九日掩柴荊，靜對籬花隔虛牖。門前已斷驛車喧，耳畔惟聞播音吼。九龍氛侵高接尺，悵望南山一搔首。愁迎風雨逼佳節，遽兆洪濤出伊臼。登高欲醉嘆無由，菊酒蔓囊復何有？蓬壺原藉六鰲戴，龍伯垂綸日相繡。如何見餌不驚竿？浪激波翻被唆嗾。操蛇駭汗禹疆憂，幸未連鈎負之走。朝來僥倖臥山村，斗室安然問心口。如經噩夢乍醒時，如聽漁郎說秦後。坐輸白日去堂堂，責此良辰咎誰謀？

寫重陽，隱寓暴亂情狀，亦可謂感時詩也。

---

128 日記提及的「李斯上二世督責書」，即李斯〈上二世行督責書〉，日記引文與原文詳略不同，或為節鈔。原文相關部分如下：「明主聖王之所以能久處尊位，長執重勢，而獨擅天下之利者，非有異道也，能獨斷而審督責，必深罰，故天下不敢犯也。今不務所以不犯，而事慈母之所以敗子也，則亦不察於聖人之論矣。夫不能行聖人之術，則舍為天下役何事哉？可不哀邪！且夫儉節仁義之人立於朝，則荒肆之樂輟矣；諫說論理之臣間於側，則流漫之志詘矣；烈士死節之行顯於世，則淫康之虞廢矣。故明主外此三者，而獨操主術以制聽從之臣，而修其明法，故身尊而勢重也。凡賢主者，必將能拂世磨俗，而廢其所惡，立其所欲，故生則有尊重之勢，死則有賢明之謚也。是以明君獨斷，故權不在臣也。然後能滅仁義之途，掩馳說之口，困烈士之行，塞聰掩明，內獨視聽，故外不可傾以仁義烈士之行，而內不可奪以諫說忿爭之辯。故能犖然獨行恣睢之心而莫之敢逆。若此然後可謂能明申、韓之術，而修商君之法。法修術明而天下亂者，未之聞也。故曰「王道約而易操」也。唯明主為能行之。若此則謂督責之誠，則臣無邪，臣無邪則天下安，天下安則主嚴尊，主嚴尊則督責必，督責必則所求得，所求得則國家富，國家富則君樂豐。故督責之術設，則所欲無不得矣。群臣百姓救過不給，何變之敢圖？」

沈燕謀日記節鈔及其他

五十年代

400 一九五六年十月二十七日·趙姚招飲

叔雍莘農招飲，為朱光沐洗塵也。朱夫人（朱五小姐）及其女公子秦羽俱至，陪客楊宗翰、饒宗頤、費子彬、朱振聲及余。姚夫人新生一女，產後體不支，費醫師為診治即效，有所餽遺卻不受，姚夫人屬振聲於報端宣揚其術，故並及振聲。是夕姚夫人興趣殊高，頻頻舉杯，楊宗翰竟不支，下榻姚寓焉。叔雍與莘農長談，留至一時，乃借余同歸。

401 一九五六年十一月十一日·錢先生來

僵臥八日，今晨強起，他無所可，惟兩腳無力，頗思食，以病出腸胃，但進淡粥醬瓜乳腐而已。十時後仍倚枕而息，錢先生（穆）來，為言董之英可為新亞中學獨任二十萬元，但校董會須獨立，校董會獨立一語似不合理，設校宗旨定於錢先生理想，一旦中學董事會別有一宗旨，則事成兩歧，而新亞之為新亞，無意義，雖然今日一切，尚在未定之天，事前武斷，猶非所宜也。

402 一九五六年十一月十二日·不可解？

孫中山九十誕辰，居然港府亦列為公眾假期之日，奉孫中山為國民黨黨魁，為中華民國故總統，為國父，今日有致敬之禮，宜也。共黨報紙亦有懸旗慶祝之宣傳，則甚不可解。大陸上之中華民國，今安在耶？青天白日之旗，豈猶在神州飛揚耶？三民主義也者，抑今且為中共所信奉耶？不可解？不可解！

403　一九五六年十一月十五日·《熱風》雜誌

去年訪曹聚仁，別時貽我所著書若干種，及其主編之《熱風》，乃取之架上，奇零不全，余亦未暇翻閱，比以病後調養，不耐用心，則取數冊障眼，其中小品文章，頗有佳者，既病其殘缺，則函朱甥振聲，為致合訂之首四冊，若能如願，則有三四日消遣時光之資矣。

404　一九五六年十一月十六日·曾畫曾題

趙戒非（戒堂）得曾后希所作畫，乞曾履川為之題詩，履川語趙，詩成當授余轉交。余函戒非，以嬰小極，旬日間倥促僑寓，未遇履川也。午後，戒非來視疾，與之談藝事甚久，余於藝事，所知極淺薄，然而時復高談闊論，事後思之，且自笑其妄也。

405　一九五六年十一月十七日·《夕薰樓詩》

兩年不見夕薰樓主人新詩矣。今日書來，附有病後登虎丘詩，時則正重陽節也。詩曰：「出郭喜其近，衰齡憚遠往。小丘亦自佳，無意攀千丈。頗勞衛羸軀，移屐響隨杖。小憩呼置茗，層樓倚軒爽。遙嵐界吳越，往跡墜蒼莽。令節亦可懷，借茲極幽賞。不冠有笑言，略作晉人想。登高何為貴？滯悶得開朗。」

406　一九五六年十一月十八日·吳雨僧詩

宴池詩友中甚重吳雨僧（宓），雨僧於歐西古典文學，造詣頗深，嘗譯雪萊詩，時賢重之，其於中國文學觀，蓋與梅光迪輩相似。嘗有詩曰：「文學吾所業，痛見國無文。字體極醜

怪，音義更淆紛。託托徵征誤，有以云為雲。士習趨苟簡，世亂遂泯棼。方言與夷語，窮末途益分。創作矜白話，不讀書可焚！句調摹西法，經史棄前聞。國脉從此斬，民德何由薰？」（五十生日詩之一）

407　一九五六年十一月二十一日・張大千精鑒賞

去年，張大千以所藏景印於日本京都便利堂，卷首自為序，頗自負其鑒別之精審。文末曰：「……世嘗目我畫為五年來所無，抑知吾之精鑒，足使墨林推誠，清標卻步，儀周斂手，虛齋降心，五百年間又寧有第二人哉！」

所謂世嘗目我畫為五百年來所無，以葉玉虎稱之為趙子昂後第一人故也。方地山嘗贈以聯曰：「八大到今真不死，半千而後又何人？」以上諸語，見朱省齋《書畫隨筆》。

408　一九五六年十一月二十二日・齊白石題畫詩

齊白石繪不倒翁題詩曰：「烏紗白扇儼然官，不倒原來泥半團。將汝忽然來打破，通身何處有心肝？」

齊又作〈扶夢還家圖〉[129]，題詩曰：「老屋風來幾有意，刪除草木省疑兵。夢中大膽還家去，且喜兒童出戶迎。」

409　一九五六年十二月十二日・杜工部冬至詩

冬至，杜工部有詩曰：「年年至日長為客，忽忽窮愁泥殺

129　疑即〈白石老屋圖〉，參考原畫，題詩首句作「老屋風來壁有聲」，第三句作「畫中大膽還家去」。

人。江上形容吾獨老 [130]，天涯風俗自相親。杖藜雪後臨丹壑，鳴玉朝來散紫宸。心折此時無一寸，路迷何處是三秦？」余以民國三十七年出國，是年冬至在紐約，次年以長至前兩日抵香港。至今遂已客中九度冬至，老杜所謂「年年至日長為客，忽忽窮愁泥殺人」，不獨第一句確切不移，第二句亦不啻為我詠也。

一九五六年十二月十三日・八年前之今日

一九四八年之冬，余與黃友蘭同旅英倫，原擬由英同舟赴美，適國內惡耗連續而至，而幣制改革完全失敗，尤足使剩餘現金轉瞬間化為雲煙，乃與友蘭別，逕作歸計。及至船公司定艙位，則以須靜候四五月方能成行，不得已，商之航空公司，以十二月十七日乘水陸兩用機東歸。當日宿沙桑迫登，次宿一意島，而埃及亞力山大，而客剌亞，而卡爾克他，而曼谷，二十三午後安抵香港，則八年前之今日也。回首前塵，真如夢境。

一九五七年一月二日・中東局勢危急

赫魯曉夫今春痛斥史太林，政治動作亦隨之略變，然冬初匈牙利革命之起，蘇聯仍以重兵相加，其猙獰面目，不異於昔也。今日報載：蘇聯領袖皆為史太林主義者，正在與帝國主義者作戰，赫魯曉夫誠善變，而凡共產黨徒何莫非赫魯曉夫之流，求達目的，不問手段，固共黨之天經地義，不可改易者也。

又報載美總統艾森豪為要求國會授權在中東得隨機應變，

130　「吾」字日記作「我」，誤。

以制止共黨侵略，擬親自出席有所陳說，此不常有之行動也。

412　一九五七年一月五日・韓幹畫馬木刻

　　姚莘農近遊日本，歸時攜有張大千所藏韓幹畫馬木刻印本一卷，張得韓畫於敦煌，實為劇蹟。雖底紙已碎，而神采曾不稍減，大千寶逾球璧。有日人某，良工也，舉畫付之日工者，費三年之力完成底版，而為精印焉。予細審印本，若非預知，鮮不視為真蹟，刻費印資值美金二萬元，印止百通，懼其多而損版紋也。今畫一幅，則二百元，合此間通用之幣，值千二百金矣。迎璋夫人舉以示我，為之目眩心蕩，蓋不獨韓畫之精妙入神，而日工之技亦復見所未見，小坐移時，但有驚嘆，以為新年第一樂事也。

413　一九五七年一月十三日・鄭板橋題〈芝蘭圖〉

　　見鄭板橋〈芝蘭圖〉印本一幅，芝生石隙，幽蘭沿石而生，叢竹在其右，自題其畫曰：「昔人云：入芝蘭之室，久而忘其香，夫芝蘭入室，室則美矣，芝蘭弗樂也。吾願居深山絕谷之間，有芝弗採，有蘭弗掇，各適其茂，各全其性，乃為詩曰：『高山峻壁見芝蘭，竹影遮斜幾片寒。便以乾坤為巨室，老夫高枕臥其間。』乾隆辛巳三月，板橋道人鄭燮。」

414　一九五七年一月十四日・印度吉祥紅

　　張大千游印度，繪印度女子諸相，有於眉間作圓點若豆者，字之曰吉祥紅。余取諸象拓印之本寄（凌）宴池，宴池欣然作考證之詩若干首，亦已實諸《夕薰樓詩稿》，余曾轉鈔日

記中。[131] 頃閱張君勱所著印度共和國聞見筆記，則有「我所識印人中有塗紅色小圈於額上眉端者，我詰其所以作此之故，乃知其為每朝唸經之符號」之語，張大千吉祥紅云云，所謂想當然耳，即余之不求甚解，與宴池書函往還從而為之辭，尤可笑也。

415　一九五七年一月十七日·昭陵駿馬

　　鄰居室中，懸一複印之駿有石拓本軸，審視則昭陵六駿之一號「颯露紫」，而為美人具十二萬金易去載歸者也。昔年莫楚生有六駿圖拓本，張嗇公為之作歌，意猶未盡，又為之跋。孝若飭工用西法攝影，以印本一卷貽我，我在南灣大生三廠置案頭觀賞久之，廠經倭寇入犯，所失殊多，此卷流落何所，無可究詰。今日睹此，彷彿舊夢重尋，殊滋感慨！嗇公題跋作於民國十五年，略言「有馮國瑞者，是年見四駿之圖於長安圖書館，而無颯露紫、拳毛騧。其館長曰：民國二年，武人張雲山移二駿於舊撫院南院，既而陸建章子少文以貢袁克定；六年，陳樹藩復鬻四駿於日人，已出境，陝人爭而歸，遂置此。十三年，有美人游此，見而異之曰：此非唐昭陵物乎？吾邦曾以十二萬金易得其一，乃有人立馬側拔箭者云。按圖是颯露紫也，一耳，拳毛騧安在？其又他賣耶？抑尚在中國何處耶？」文中所記與莫楚生所聞者略異，今莫氏原卷不知安在，余之印本已在無何有之鄉，睹茲印象，追念舊事，因略錄嗇公之文如右。

　　《聽雨樓隨筆》，近人高伯雨（林熙）之所作者也。其中有一篇名〈會逢其適的狀元張謇〉，謂甲午殿試若非翁同龢力爭於張之萬之前，黃思永助彼一筆之力，恐張氏並鼎甲希望亦無。蓋殿試慣例，讀卷大臣八人，依名次推薦鼎甲，是科張之萬居讀卷大臣之首，狀元應由張薦，是時翁方秉政，又兼帝師，因聯李鴻藻請於張，張乃首肯。又謂翁弟子王伯恭作《蜷廬隨筆》，有曰：殿試之制，新進士對策已畢，交收卷官封送閱卷大臣。甲午收卷官有黃修撰思永，比張季直繳卷時，黃以舊識，迎而受之，張交卷出，黃展閱其卷，乃中有空白一字，殆挖補錯誤後遂忘填者，黃取懷中筆墨為之補書，此收卷諸公例攜筆墨以備成全修改者，由來久矣。張卷又攪頭錯誤，恩字誤作單擡，黃當於恩字上補一聖字，補後送翁叔平相國閱定，蓋知張為翁所極賞識之門生也。以此張遂大魁天下，使此卷不遇黃君成全則置三甲末矣。

　　高伯雨引據王伯恭隨筆，以為王與張季直於光緒八年在朝鮮同事，其說相當可信，然武進張維驤季易嘗撰《明清巍科姓氏錄》於光緒二十年甲午一科，於羅列會元及三鼎甲姓名籍貫外，下有小注曰：甲午科殿試，翁同龢為閱卷大臣，狀元張謇卷挖補一字，漏未填入，翁為之代填，並與同列爭定大魁。德宗詢此卷何故為元？翁對殿試向重寫，不重文，此卷寫作俱佳，允可冠冕多士，且今年皇太后六十萬壽，謇為會試六十名進士，適符慶典，乃為國家得人慶云云。

　　卷內空白一字，王伯恭以為黃思永補填，張維驤以為翁相國代填，如此詞林細故，但可供茶餘酒後閒談。張維驤「姓氏錄」成書之日在民國十四年，謇公猶健在也。王之《蜷廬隨筆》不知何時付刊，然以王與謇公同事朝鮮一語推之，其人年齡與謇公相若也，而傳聞已多兩歧，甚矣，考據學之難言也！

417　一九五七年一月二十三日・紐約瘋人

　　紐約有瘋人，以不慊愛迪生工廠，自製炸彈置廠圖炸，以求雪憤。十六年來，曾製彈求逞者三十餘次，又時以彈實戲院等處，時或一發，然不盡如意，紐約警吏明訪密探十餘年不絕，竟無所得。最近報載罪人始得，其必置於法無可疑者，其實今日獨裁國家號為首長者流，何莫非紐約瘋人，其人當其執政，以和平為名，人民為號，醞釀巨禍之根，但希一己威權，如斯大林者，比比然也。紐約瘋人真不足齒數，不足齒數！

418　一九五七年一月二十四日・送灶神

　　我家宗譜，始自趙宋南渡，始祖家句容，繼遷崇明，別一支遷南通州，則十七世祖德一公是也。至於小子（作者自稱）則第二十四世矣。一切風俗習慣猶有汴京之遺。今日為十二月二十四日，例送灶君上天，除夕後迎還，即其一例，幽蘭居士《東京夢華錄》卷之十，十二月二十四日曰：「交年，都人至夜請僧道看經，備酒果送神，燒合家替代錢紙，貼灶馬於灶上，以酒糟塗抹灶門，謂之醉司命。夜於床底點燈，謂之照虛耗。」鄉俗與趙宋時不同，乃用糖飯塗灶君口，又焚去灶馬及紙糊車馬，謂送神上天也。

419　一九五七年一月二十五日・韓國金姓

　　韓國金姓甚多，駐台北大使即為金弘一，據說其國金姓約佔全國人口五分之一。《東國通鑑》記一故事云：「新羅王夜聞金城西始林間有雞聲，遲明遣瓠公視之，有金色小櫝樹，樹梢

白雞鳴於下。[132] 瓠公還告，王使人取櫝開之，有小男兒在其中，姿貌奇偉，王喜謂左右曰：『此豈非天祚我以胤乎？』乃名之閼智，閼智，鄉言小兒之稱，以其出金櫝，姓金氏，有雞怪，改始林為雞林。」

420　一九五七年一月二十六日・韓國檀紀

　　漢城高麗大學校贈新亞書院該校出版物若干種，用高麗文字者什八九，不能讀也。紀年多用檀紀，亦所不鮮，偶於《大陸雜誌》封面見有韓國柳得恭惠風撰二十一都懷古詩，其首葉檀君朝鮮一詩，有小敘曰：「《東國通鑑》，東方初無君長，有神人降於檀木下，立為君，是為檀君，國號朝鮮。唐堯戊寅歲三國遺事：檀君都平壤云云。」去年公曆一九五六年，蓋當檀紀四千二百八十九年也。

421　一九五七年二月四日・新亞藝術系創立

　　新亞原有兼開藝術系之計劃，曩時限於校舍之狹小，未之能行也。頃以陳士文、丁衍庸之慫恿，將試以專修科導其先路，能有學生二十人即便開課，以陳士文為專科主任，丁衍庸、吳子深、顧青瑤、曾履川等授課，如投考可取之學生不及二十人，則暫緩實行，亦今日院務會議所決定也。

132　「遲明遣瓠公視之，有金色小櫝樹，樹梢白雞鳴於下」《東國通鑑》「櫝」字下是「掛」字，互參《朝鮮志》及《三國史記》，均作「掛」。又句讀疑有誤，按文理句意斷句，應作：「……遲明，遣瓠公視之，有金色小櫝掛樹梢，白雞鳴於下……。」

422 一九五七年二月二十日·曾履川作書法論

履川曾先生近為孟氏圖書館館刊作〈中國之書法〉一文，論學習書法，須解得字體具有方直樸勁四條件，以古為法。於隸主用張遷碑，於楷主用歐陽詢皇甫君碑，為初學之範本，但沈尹默教人則謂宜先之以褚遂良關佛龕碑，為其結體開張之故。林宰平主用歐陽通道因法師碑，為其接近隸書之故。履川師吳北山，北山冀州嗣君，近見冀州致其弟貽甫書有曰「歐書原刻殊少，皇甫碑亦未必果真，若習歐書自道因碑入手耳」云云，其說與林宰平適同，履川甚重其師，此說蓋未之聞也。

423 一九五七年二月二十二日·唐君毅自東京來書

唐君毅自東京來書，言到東後交際頗繁，七日之間，十度宴會，講學彼邦，文士甚多研究漢學者，即就《新亞學報》而論，所遇新知，不特知其名，抑且詳悉其內容，而與君毅上下其議論，即以此而言，港九號稱學人者所遠不及也。宜乎客歲哈佛燕京學社主席葉理綏教授之來港，有今日而求漢學深切之研究，其必與東人聯繫，讀其書並識其用功之途徑也。

424 一九五七年二月二十五日·港九專校聯合會

港九專科學院行政當局有聯合委員會之組織，將以應現實之需要，與港教育當局取得較為密切之聯絡，並供獻關於處理大專學校之法令也。參加發起之列者，崇基、聯合及新亞三院，院有代表三人，錢先生以事不能出席，屬余代往，乃與王郎二君同去，通過會章，又選蔣法賢為主席，郎為秘書。今茲流亡諸校，着重漢文，郎於中國文化，所知至淺，任斯新職，非其人也。

福特基金派員來港，至校視察，詢問周詳，知前此補助，

未嘗妄廢也。晚間就郎寓設宴，談笑甚歡。

425 一九五七年三月二日‧溥儀三度為皇帝

廢帝宣統自襁褓繼承大統，至於蘇聯入寇滿洲，先後三度為皇帝，此殆自有歷史以來所未有，今年五十一，猶在遼寧撫順戰犯管理所，至是否能以罪犯身份度其餘年，猶不可知。有潘際坰者，新聞記者也，訪此奇特罪人於撫順，歸而著《末代皇帝秘聞》一書，筆墨不佳，然其事則世人所願聞者也。溥儀之婦曰李玉琴，今在長春圖書館為館員，當溥儀稱滿洲國皇帝時，被封為福貴人，潘書錄其致若夫書四通，信端以「親愛的溥儀」開場，自署其名曰「玉琴」，與書中轉載滿洲帝國宮內府大臣沈瑞麟所著之〈皇上乾德恭記〉一文並讀，尤相映成趣。

426 一九五七年三月三日‧二十七年前之英國

英經二次大戰，國勢大衰，環球英屬殖民地且得先後獨立，其中雖尚有以獨立國資格而為英聯邦之一員，大都有貌合神離勉強依附之勢，而埃及獨立之後，繼以革命，強奪蘇彝士運河，尤使英政府左支右絀，徬徨無計，其國人以賦稅之重，生活之艱，前程之暗，多有望望然去之者。論其理想新地，以加拿大為多，次則澳洲羅特西雅，乃至新西蘭。往年英人之移居加拿大者，年約十二萬人，去年已達二十五萬人，自蘇彝士運河之變起，英人求去其國者什四，以致倫敦西區加拿大移民局治事之所，日有三千人陳請入境，治事之所不能容，則依到所之後先，列為趾踵相接之隊，到所之最先者以午夜一時。英人之謀入美國境內者，亦視前年增百分之四十，總而言之，生活艱苦群情不安以至此也。

427　一九五七年三月四日・李慈銘與樊樊山

　　麗樓圖書公司送來李蒓客《越縵堂日記》正編補六十四冊，值二百八十八元，蓋求之三載而始得者也。余初讀是書，乃向趙叔雍惜陰堂藏書借得，既而屬書買購得一部。惟時涵芬樓適有補編十三冊續出，窮日夜之力竟讀之。據平景蓀（步青）所為李先生傳，其所著書都凡百數十卷，然蔡子民謂平君列所著書，彼皆未之見，見者僅日記七十餘冊，而此日記七十餘冊中，又有樊樊山以速刻自任，借去一函，此一函八冊，始終不復能付刊以與世人相見。說者謂越縵每每月旦人物，此一函必有譏評樊山之語，而其書遂為樊山所毀，是可信也。

428　一九五七年三月五日・蘇子由註道德經

　　有鄧瀚鈞者，上書錢（穆）先生，謂藏有明萬曆朱墨套印本蘇子由註《道德經》，以東坡有「使戰國有此書，則無商韓；使漢初有此書，則孔老為一；使晉宋有此書，則佛老不為二，不意老年見此奇特」之語，頗自矜異。余檢館中藏書，寶顏堂秘笈已收此書，題曰：「老子解」。鄧君引語於子由大觀二年十二月十一日跋中，見之涵芬樓編叢書集成；又據寶顏堂秘笈本排印，是館已有兩本。鄧君以先人手澤，寶之宜也，至疑為孤本，殆不然矣。

429　一九五七年三月六日・麻沙本之優劣

　　羅君集誼介張叔通至院晤談。張言：家藏南宋嚴州麻沙

本鄭注《儀禮》[133] 十七卷，值美金五萬元，又重而說之曰：麻沙者，紙名也，輕薄如玻璃，故又名玻璃紙。余但知麻沙為地名，產木質鬆，易刻，則亦易壞，諸宋槧惟麻沙本為下乘，而張君獨創新說，矜為奇費[134]，知其於版本不精也。既為新知，唯唯而已。既而同至西貢街中英飯店喫東江菜，亦徒有虛名，費二小時功夫，殊為掃興！

430　一九五七年三月七日・香港大欖涌水塘

香港四週環海，九龍連接大陸為其半島也。在西與南三方皆海，然居民日用之水，則仰給於蓄水之塘，近十年來，人口大增，塘儲水量，無以應人之需要，則司水事者司其水管之啟閉，遇旱水淺日才二三小時，民非水火不能生活，水有限制，其為不便可知。四年以前，港府別於大欖涌營新水塘，大其容量，俾可齊於已有水塘一十三處之總和，計其用費可一億三千萬元。今日先之以開放典禮，而英殖民大臣 Mrs Laumox Boyd 夫人自英東來，主持啟用之禮，至其全部工程，期以今冬完成，以此塘與港九民關係之切，今年三月七日應為發展港九民生之重要紀念日焉。

431　一九五七年三月九日・西人重漢學

昨日傍晚，香港大學出版部 H. Vatol 魏智介美紐約 Rinehart Co 出版公司協理及義大利副領事同至新亞圖書館看《明實錄》。實錄舊藏南京龍蟠里國學圖書館，倭寇難作，主館

133　即《儀禮鄭氏注》。

134　「費」字疑作「貨」、「貴」或「異」。

事者集他諸善本書，置複壁中。未及兩年，汪精衛建偽府，梁鴻志亦偽閣員之一也，發壁取書，則霉爛已多，亟取實錄用石印縮小付刊，今本是也。惜發行無多，行世殊少。魏智治漢學有年，能讀「說文」，與友言及此書，遂同一行云。魏智見余架上有馮友蘭《中國哲學史》，謂彼書有缺葉，因借余書下冊補鈔，可見其治學之勤。

432　一九五七年三月十二日‧古書古畫

午後與羅集誼渡海至跑馬地山村道三十四號張叔通家，觀其所矜異之北宋嚴州本《儀禮鄭氏注》及南宋本《包孝肅奏議》。《儀禮鄭氏注》黃丕烈已覆刻於其《士禮居叢書》中，除譌缺破損字依別本補正，一仍原樣，並附有校記，以便讀者。張君藏本紙白如新，略翻十餘葉，未見有破損字，豈即士禮居覆刻本耶？苟得其書與黃刻對校，則真贋辨矣。又《包孝肅奏議》有蔡子民、葉玉虎、楊千里、張仲仁諸人題詩，蓋張君擬複印是書諸之請公者。二書標價每美金二十萬元，不知何人為張作此主張，可謂無聊之至。視書畢，又出號稱宋畫立軸兩幅，一為馬遠〈觀瀑圖〉，一為游昭〈牧牛圖〉。余不識畫，扣槃捫燭之說法，自知無當，則亦默爾而息。

433　一九五七年三月十四日‧梅谷博士過訪

Prof. Frauz Michael 梅谷博士過訪新亞，梅谷曾任浙江大學歷史教授四年，倭人入寇回國，今為華盛頓大學歷史教授，能華語，能讀漢文書籍，其來也，意在探問吾校研究所治學之趨向，庶異日兩校師生交互往還以收切磋琢磨之效也。導觀藏書，極注意書籍之性質，知其於中國典籍亦頗留意，與他諸外賓走馬看花者不同。

一九五七年三月十七日・陳恭尹〈木棉歌〉

陳恭尹〈木棉歌〉：

珠江二月三月來，千樹萬樹朱華開。有如堯時十日出滄海，又似魏宮萬炬環高台。覆之如鈴仰如爵，赤瓣熊熊星有角。濃鬚大面好英雄，壯氣高冠何落落。後出棠榴枉有名，同時桃李漸輕薄。祝融炎帝司南土，此花無乃群芳主。巢鳥須生丹鳳雛，落花擬化珊瑚樹。歲歲年年五嶺開，北人無路望朱顏。願為飛絮衣天下，不道邊風朔雪寒。[135]

一九五七年三月十九日・日本東京東方文化研究所目錄

日本在東京東方文化研究所藏漢籍至富，蒐集叢書尤非他諸圖書館可比，三年來求其藏書目錄不可得。今晨智源書局送來該所漢籍分類目錄[136]，附有書名通檢、人名通檢一巨冊，為之狂喜。蓋備此一書，欲檢某書在某部，或某人著某書，一索即得，雖價高至二百美金，無所靳矣。著者井上以智，吉川幸次郎跋謂「編目始於辛未（一九三一），成書於昭和十八年（一九四三）三月，海內無事之日，竣工於海外有截之時，遙遙一紀，蔚然乃成，非國家物力之盛，煦育之厚，安得如此」云云，彼其得意之甚，亦即潛伏敗象，此余今日之感想也。

135　《獨漉堂詩文集》詩題作〈木棉花歌〉，又「珠江」作「粵江」、「漸輕薄」作「慚輕薄」、「落花」作「落英」。

136　即《東方文化研究所漢籍分類目錄》。

436　一九五七年三月二十日・《廣陽雜記》作者

錢先生於演講時，稱道《廣陽雜記》，偶忘作者姓名以詢余，余但知有此書為潘文勤蒐入所刊叢書，未之讀也，則亦不能置答，退而檢閱焉。卷首有王源撰墓表及全祖望所為傳。劉名獻廷，字繼莊，大興人，生於順治五年戊子，卒於吳。歲在乙亥，為康熙三十四年，年方四十八。方年十九，親歿，挈家而南，隱於吳者三十年，其間嘗應徐乾學之聘，參修《明史》，繼參「一統志」事，又游南岳，似至吳後，北行之時亦復不少，而王源為劉知己，文中言年四十八而卒，不無可疑。繼莊之學，源稱其於禮樂、象律、醫藥、書數、法律、農桑、火攻、器製，旁通博考，浩浩涯涘。全祖望為劉傳，尤詳備。全生後於劉，於劉之生平行事，即據《廣陽雜記》而為之者，頗不以劉生四十八年為是。

437　一九五七年三月二十五日・韓退之與蘇東坡

上海諸兒女時來稟以北歸為言，偶讀前人筆記：「東坡在儋耳，因試筆嘗自書云：吾始至南海，環視天水無際，悽然傷曰：何時得出此島耶？已而思之，天地在積水中，九州在大瀛海中，中國在四海中，有生孰不在島者，覆盆水於地，芥浮於水，蟻附於芥，茫然不知所濟，少焉水涸，蟻即徑去，見其類出涕曰：幾不復與子相見，豈知俯仰之間，有方軌八達之路乎，念此可為一笑。」[137] 余每每以流浪南海為言，我思古人，則有蘇長公流竄惠瓊之事在，其實余之旅中生活，不論飲食起

---

[137]　日記云「前人筆記」，查《曲洧舊聞》、《語林》、《宋稗類鈔》三種筆記，均有「東坡在儋耳」的相關材料。「悽然傷曰」筆記均作「悽然傷之曰」、「中國在四海中」筆記均作「中國在少海中」。

居，皆極舒適，比擬東坡，實為不倫。《東坡紀年錄》曰：「公至儋州初，僦官舍居之，有司猶謂不可買地，築室於城之南，士人畚土運瓦助之，飲鹹食腥，人不堪憂，公恬然，著書為樂。」[138]《苕溪漁隱叢談》載：「蘇子由云：東坡居士謫居儋耳，家羅浮之下，獨與幼子過負擔渡海，葺茅屋而居之。日食薯芋而華屋玉食之念，不存於胸中，平生無所嗜好，以圖史為園圃，文章為鼓吹，至是亦皆罷去，猶獨喜為詩，精深華妙，不見老人衰憊之氣。苕溪漁隱曰：凡人能處憂患，蓋在其平日胸中所養。韓退之，唐之文士也，正色立朝，抗疏諫佛骨，疑若殺身成仁者，一經竄謫，則憂愁無聊，見於詩詞，由此論之，則東坡素養過退之遠矣！」[139]

438 一九五七年三月二十七日·清真寺天寶元年碑

清真寺徧天下，莫知所創，其寺有天寶元年碑，乃戶部員外郎侍御史王珙所撰，其文不過援彼道以強合於聖道，謂西域有謨罕默德，生孔子之後，居天方之國，及隋開皇中，其教遂入於中國，散漫於天下。至天寶時，命工部督工官羅天爵董理匠役，創寺以處其眾，而主其教者，擺都而立也，頗通經書，蓋將統領群眾，奉崇聖教，隨時禮拜，而祝延聖壽云云。按唐書：珙由縣尉遷監察御史，累擢戶部郎中，正在玄宗之時，列

138 《集註分類東坡先生詩》（四部叢刊本）〈東坡紀年錄〉：「至儋十餘日矣，初僦官舍居之，有司猶謂不可，買地築室三間於城之南，士人畚土運甓助之，飲鹹食腥，陵暴颶霧，人不堪其憂，公恬然，著書為樂。」日記引文句讀、字句略有出入。

139 「家羅浮之下」《苕溪漁隱叢談》作「寘家羅浮之下」、「葺茅屋而居之」作「葺茅竹而居之」、「日食薯芋」作「日啗藷芋」、「憂愁無聊見於詩詞」作「憂愁無聊概見於詩詞」、「東坡素養」作「東坡所養」。

銜雖與史合，然詞義俚鄙，字體惡劣，疑非唐人手筆。[140]

錄自錢塘韓泰華《無事為福齋隨筆》卷上。

439 一九五七年三月二十八日·劉石庵論子平課命

於《大陸雜誌》封面，見劉石庵家書，係致其兄名墉者。時墉方為蘇布政使，而石庵自身則以侍郎在上書房行走，書中於子平課命深信不疑，惟時逢國慶，大臣例有應進之貢，而作書之時，猶空空如也，自謂所持者，命耳。並謂時紛紛以命課相贈，言秋後大利，無美不有。趙四言：六十八歲窮極，果然窮極；又言六十九歲不典當，竟不典當，皆已應言。又言：七十八十存銀子，豈獨不應乎？昨者有瞽者笑云：向後聚財矣，來年直至八十歲，風光大勝從前。夢禪云：今年財利大旺，弟合而思之，必不虛謬，是以敢為兄擔任而不辭耳。總之，弟有貢品，必有兄貢，如弟不能有貢，則是命課全然無憑，理數之外，孰得而知，亦付之渺茫而已，然必無之事也，嵇師云：革官後仍不改口，定有故也云云。考石庵作書之時，年已七十有一，為京官且四十年，而兩手空空，欲備貢品而不知金錢所從來，長篇家書所持惟命。清廷之待大臣如此其輕忽，則亦無怪不肖之徒若和珅者之惟賄賂是貪至於富可敵國也。鄧之誠《骨董瑣記》謂：若趙（子昂）、若董（香光）、若王覺斯、若張得天、若劉石庵，書法非不工，特有姿無骨，皆人品限之，得天事清高宗，自居於俳優之列，石庵媚事和珅，嘗為和珅書屏條，上款「致齋尚書命書」，自署下款，極恭謹，予曾於古肆見之。

140　「御史王珙」《無事為福齋隨筆》作「御史王鉷」、「擺都而立也」作「罷都而立也」、「隨時禮拜」作「隨時禮拜以敬天」、「珙由縣尉遷監察御史」作「珙由鄠縣尉遷監察御史」、「累擢」作「擢累」。

440 一九五七年三月二十九日・于右任新刻詩草

于右任有新刻詩草於三十九年十一月有〈夜讀《曼殊大師集》並懷季平、少屏、楚傖、元冲諸故人〉之作，語不驚人，至所懷諸人，除邵元冲外，皆余舊識也。詩曰：「不見僧歸見燕歸（曼殊語），燕歸應恫舊巢非。江南師友俱零落，獨自栖栖雨濕衣。」余南來十載，時有江南師友俱零落之悲。于髯於曼殊詩，據云最愛其〈春雨〉一絕，詩曰：「春雨樓頭尺八簫，何時歸看浙江潮。芒鞋破鉢無人識，踏過櫻花第幾橋。」

441 一九五七年三月三十日・《歷代名畫觀音寶相》

半月前函桓兒，屬寄墨三五錠及《歷代名畫觀音寶相》二三部，以為未必能如願也。今午自校歸，則驪龍珠五錠、「觀音寶相」兩部同時遞到，墨將留以自用，「觀音寶相」則將以一部贈新亞圖書館，一部贈香港大學也。

442 一九五七年四月一日・愚人節故事

英殖民部遣 Sir Christopher Cox 來港視察此間教育狀況，英人之於香港，依然殖民地也，故視察教育亦以殖民地大官任之，其對教育有何真切誠懇之觀念，所不問也。蔣法賢、郎家恒諸人聞之，色然而喜，以為可以晤面與商流亡諸學院待決種種問題也，則函教育司謂將會集諸學院院長教授於新亞，以迎 Cox，教育司諭以今日下午三時三十分為晤見之時，至午寂無消息，詢 Cox 所居客舍，則以今日為四月一日愚人節，置不答。再詢教司，乃以疾辭，蔣、郎諸人，一團高興，教育司與 Cox 報之以兒戲，是誠愚人節之故事矣。

一九五七年四月二日・消夜非宵夜

　　港九多舞場，近且逾百，舞場之散，恒在午夜一時，維時紅男綠女，或有未盡之興，或已饑來逼人，則群赴所謂夜總會者，再婆娑而起舞，亦買醉而尋歡，因是較大食肆，每每兼營夜總會之業，成一時風氣焉。其夜中式飲式食者，謂之「消夜」。方岳《深雪偶談》載薛泳[141] 沂叔客中守歲詞云：「一盤消夜江南果，喫果看書只清坐，罪過梅花料理我，一年心事，半生牢落，盡向今宵過。此身本是山中過，纔出山來便差錯，手種青松，應是大縛茅，深處抱琴歸去，又是明年課。」[142] 惟此詞云云，乃守歲消夜，只喫果看書清坐，異乎今日流行之男女雜遝，永朝永夕，惟聲色酒食是務也。此間報紙書「消」作「宵」乃別字。

一九五七年四月三日・秦淮十四樓

　　鄧之誠《骨董瑣記》卷三有曰：「述秦淮十四樓者，率以風月當之，其初特酒樓也。」之誠按：「『野獲篇』云：太祖二十七年，命工部於江東門外建十酒樓，曰：鶴鳴、醉仙、謳歌、鼓腹、來賓、重譯、清江、石城、樂民、集賢。嘗賜儒臣舉子，宴於酒樓，後又增作五樓，以處侑酒歌妓，曰：輕煙、淡粉、梅妍、柳翠，其一失傳，本為十五樓也。」

141　日記作「薛深」，誤，應是「薛泳」。

142　〈青玉案〉雙調六十八字格式，前後闋各六句、四仄韻。《深雪偶談》（曹琰鈔本）：「一盤消夜江南果，喫果看書只清坐，罪過梅花料理我，一年心事，半生牢落，盡向今宵過。此身本是山中箇，纔出山來便希差，手種青松應是大，縛茅深處，抱琴歸去，又是明年話。」日記引文句讀、字句略有出入。又《升庵集》「薛沂叔守歲詞」條：「薛泳，字沂叔，其〈守歲·青玉案〉詞云：『一盤清夜江南果，喫果看書只清坐，一年心事，半生牢落，儘向今宵過。此身本是山中个，纔出山來便差錯，手種青松應長大，縛茅深處，抱琴歸去，又是明年那。』」個別字詞亦不盡相同。

　　二十年前精印之《歷代名畫觀音寶相》，以南通觀音院趙繪沈繡之樓所藏畫像佔大多數，寶相先後凡印三次，第三次抽去原通院所藏略多，而增加別處寶相（若清宮及其他私家）則遠較抽去者為夥，亦為最完好之本，通院所藏多出於杭州辨利禪院，鄧之誠有記曰：辨利禪院在杭州艮山門外皋塘鄉，俗稱井亭庵，宋時古剎，乾隆修刊院志以所藏觀音像列入志中藏珍一門，備載題詠款識。同治初年尚存五六十幀，回環莊楷，細若蠅頭，計十兆九萬五千四十八字，改革元二之際，為住持通慧竊至海上，鬻於外人，杭紳持之甚急，通慧乃更姓名張子謇，以賣餘者盡納之通州博物院，求張嗇公護庇，華嚴字塔亦與焉。杭紳吳子修屢索之不應。己未秋，嗇公改建狼山觀音院為二級樓，以辨利觀音像百餘幀張於四壁，示無璧返之意，題其樓曰趙繪沈繡之樓。趙謂吳興，沈則余沈壽，清季以刺繡名聞海外，嘗為意大利國王繡像，觀者驚為神工，嗇公聘之通州，教授生徒⋯⋯庚辛之際，嗇公令高郵承天寺僧普焌獻所藏吳道子觀音像，高郵士紳邱民、王業修至騰之訟牘，竟不能爭，嗇公有土皇帝之稱，蓋出於忌者之口，尊之者稱為張四先生而不名，若至揚州裏下河，則識與不識皆交口四先生不置矣。

　　燕謀案：觀音新院既成，其藏於趙繪沈繡之樓者，辨利院畫像之外者，他所新得之像，數幾相等，又有金玉文石細瓷良木，巨細雕刻之像，悉存樓之中室。民國二十七年，倭寇內侵，寶物散佚，張吳夫人得畫像若干幀，納之二架樑間，運往上海，費範九等聞其事，請於吳夫人，集資為之印布，廣其流傳，其後又選取精品，益以公私所藏，別行鑄版精印，余先後

附印二次，凡百五十部，日前。桓兒[143]寄來之兩部，皆第三次選取，亦最佳本也。

吳子修者，名慶坻，錢塘人，官至湖南布政使，著有《補松樓詩錄》六卷及《悔餘集》、[144]《蕉廊脞錄》，卒於民國十三年甲子，年七十有七，子士鑑、士鐈，能世其家。

鄧之誠謂余沈壽嘗為意大利國王繡像，觀者驚為神工，案沈壽所繡，實意后像，非意王也。

446 一九五七年四月七日・于右任詩詠宋亡台

宋王台在九龍城南小山之巔，東望港口之鯉魚門，去春以擴建飛機場，以便噴射機起落之用，則移山填海，余僑寓後山，十月間，已平三之一，宋王台不久亦且夷為平地。邦人有以保存古蹟為言者，港府鑿台端巨石，大書「宋王台」三字，別建小園於舊基之西，面向宋王台道，而園右則馬頭涌道。余赴新亞治事，往還必由此道，日必二次，多則六次，似乎習見，而興亡之感，每每不能自已，蓋我人今日處境，大與宋末相似，繼宋而起者胡元，繼民國而佔神州大陸者，名為毛共，實則俄寇也。

今日偶閱《于右任詩存》，有〈與陸一、愷鍾、柏生、祥麟同游宋王台〉詩，不曰「宋王」，而曰「宋亡」，尤有觸目驚心之感！詩云：「桑海遺聞剩此台，興亡轉眼更堪哀。要知地盡心難盡，留得遺民弔古來。」詩後有王陸一箋曰：「宋亡台在九龍，巨石巋存，海枯有跡，傳為宋末君臣漂泊所經，台畔即九龍城，今廢矣。余亦有小詩云：『失國山花歲盡開，潮根留

---

143 日記作「垣兒」，誤。
144 或是《補松廬詩錄》、《悔餘生詩集》。

見宋亡台。已無王業偏安地，早辨心腸蹈海來。』『飛水淪胥半島春，南音無改號遺民。荒城極土原防海，有客升堂憎[145]主人。』陳荊鴻有〈宋皇台拜石〉一絕曰：『茫茫天水碧於油，眼底三桑變未休。何必定思存塊肉，如今片石亦千秋。』」

447 一九五七年四月八日・《右任詩存》

《右任詩存》別有〈同游九龍〉一詩，詩曰：「九龍灣後灣，紅葉映青山。時憶蕭公語，傷心過此間。」注曰：「蕭佛成先生謂過此傷心。」南邨老人[146]流浪九閱寒暑，而寓居宋王台之西，亦且四年，凡此時間，蓋無時不是傷心之時間也。

于髯有〈為寒瓊（蔡哲夫）月色（蔡夫人談溶溶）題所藏曼殊畫冊〉一絕：「世人莫評曼殊畫，大徹大悟還如癡。春衣細雨江南夜，記得紅樓入定時。」有注曰：「曼殊時入海上校書家，信筆塗抹，人視之，則又入定矣。」

448 一九五七年四月十日・古劇曲文獻

民國四十一年五月，方豪游西班牙，訪馬德里國立圖書館等各圖書館諸中國文獻，歸而成〈流落於西葡的中國文獻〉一文，登載台北《中國學術》，其於聖勞倫佐館中國攝影機拓取號稱絕跡於中土之秘本若干種，牟潤孫兄亟稱道之。昨方豪寄來影片二百七十二葉，潤孫重之，依方索價美金一百二十圓予方。余翻閱一過，殊不識此類文獻之貴重，蓋皆明刻劇曲之屬，方豪文中所謂「耀目冠場擢奇風月錦囊正雜兩科全集」及

---

145 「憎」字疑誤，待考。

146 「南邨老人」下有「（作者自稱）」的補充，應是發表時後加。

《蘭花記》、《三國志》之類是也。上年《大陸雜誌》載羅錦堂所著〈全家錦囊琵琶記〉一文，即為研究方攝影片《新刻 [147] 摘匯奇妙戲式全家錦囊伯皆一卷》而作，文長六千字弱，以研究《琵琶記》專家目光，讀此秘本，皆所藏否，自有其深藏之理由，然亦嫌於方氏影片之刻工惡劣，錯字至多，又拓工不精，冲洗模糊，無由讀其全文，則其敘述亦即不能明晰，尚願他日得親至聖勞倫佐之館，翻閱一遍，再度詳校。羅氏又謂王國維《曲錄》在宋金雜劇院本之部，列有《蔡伯喈》一本，據此則「全家錦囊」之「伯皆」，似即宋金雜劇院本之《蔡伯喈》，謂為東嘉「琵琶」祖本，是亦一證也。

449　一九五七年四月十一日‧章太炎談貧與窮之分別

　　民初，章太炎入蜀，趙堯生（煦）訪之於成都。先有一客在座，似乞薦函以謁當道者，力述貧困不休，太炎有慍色，斥之曰：「汝一貧至此，若至窮境，又將如何？」堯生不解，問之曰：「貧與窮亦有異乎？」太炎曰：「異甚，所謂貧者，以其貝分之於人而已，尚不至一無所有，若窮則並家而無，孑然一身，藏身穴內，別無常物，安能與貧並論乎！」堯生出語人曰：「讀書數十年，今日方識貧窮二字也！」南邨先生 [148] 曰：由太炎之說觀之，余今日處境，是貧而未窮，苟且偷生，不亦宜乎！

147　「刻」字疑為「刊」字。

148　「南邨先生」下有「（作者自稱）」的補充，應是發表時後加。

450　一九五七年四月十二日・費子彬借書

費子彬醫師商借筆記小說，因雜取架上《虞初新志》（張潮）、《人物譚》（柳存仁）、《民國名人小傳》（唐祖培）、《聽雨樓雜筆》（高伯雨）、《辜鴻銘筆記》五種及圖書館《庵閒齋筆記》（陳其元）、《骨董瑣記》全編（鄧之誠）二種與之。

費君又問年羹堯事，亦檢《清史列傳》（第十三冊中華書局鉛字排印本）一本並與之。

451　一九五七年四月十七日・如此考據家

章實齋古文十弊之第七節，論當時治考據者有曰：「近來學者喜求徵實，每見殘碑斷石，餘文剩字，不關正義者，往往藉以考古制度補史缺遺，斯固善矣，因再行文貪多務得，明知贅餘非要，卻為有益後世推求，不憚詞費，是不特文無體要，抑思居今日而欲備後世考徵，正如董澤矢材，可勝慨乎！」[149] 余謂根據殘碑斷石，餘文剩字而為考古制度，補史遺缺，猶以中國人而治中國固有之學問，雖文無體要，有說以自解也。其拾西人牙慧，人云亦云，以自張其淺學而犯妄自大者，則真不識人間羞恥之尤者也。

452　一九五七年四月十八日・董香光論宋四大家書法

董香光論書，其論宋四大家有曰：米老與人書論帖云，開卷間雲花滿眼，此四字是米老書旨，是他人藥，亦是米老病，

149　「因再行文⋯⋯」《文史通義》作「因是行文⋯⋯」、「抑思居今日⋯⋯」作「抑思居今世⋯⋯」。

米書除艷態不盡故耳。山谷之書以人品高得名，實未有功，但質素之意在耳，雖云學鶴銘，亦不相似，子瞻有偃筆之病，特饒秀色，九華之外，天下無秀，坡公書似之。蔡君謨學顏魯公爭坐位帖、祭文二稿絕似，但不能學，送明遠太冲二敘筆法，然比之蘇黃，最為心細，蘇黃偏師取奇，以氣自豪，海內尊尚，益助筆興，非能入山陰之室也。

453 一九五七年四月十九日‧流行性感冒

近有所謂流行性感冒症，西人稱 Influneza，中醫曰是乃春溫，傳布港九，報紙謂染此症者，可三十萬人，則佔全港人口不止什一矣，中醫採用紅蘿葡與橄欖煎湯，服之可愈，致市上蘿葡橄欖值增十倍。鄰居二青年同染此症，壽兒自學校歸，輒登樓與之嬉戲，戒之則置若罔聞，自昨晚起遂病，體溫至百零四度，午後汗出熱稍退，未延醫也。

454 一九五七年四月二十二日‧惲南田論畫

《聽松廬詩話》：「惲南田畫冊論畫有云：『有筆有墨謂之畫，有韻有趣謂之筆墨，瀟灑風流謂之韻，畫變窮奇謂之趣。』余獨謂不獨畫為然，即詩家畫家之妙，俱可互參，然趣可於筆墨上求之。韻必從書卷中得來，若無韻則趣恐墮入惡趣也。」[150] 若此意境，今日畫家知之者，蓋鮮矣。

---

150 「畫變窮奇謂之趣」《聽松廬詩話》作「盡變窮奇謂之趣」、「即詩家畫家之妙」作「即詩家書家之妙」。

455 一九五七年四月二十三日・謝烏鬚藥詩

　　四年前，錢（穆）先生自台灣歸，言友人相語，彼中人有常食木瓜者，白髮漸化而玄，錢先生試之，頗效。余兩鬢早霜，無復返老還童之想，未之從也。《聽松廬詩話》[151]〈蘋村先生有走筆謝談未庵惠烏鬚藥〉詩云：「妙藥題封百感生，欲教鵠浴變烏黔。拔心草已經霜萎，半死桐難向日榮。對鏡只愁衣失素，見人還恐面光頳。休將混沌蛾眉畫，留得天真此數莖。」[152] 蘋村先生者，徐倬，字方虎，康熙十二年進士，官翰林院侍讀，嘗輯《全唐詩》者也。

456 一九五七年四月二十四日・記平步青

　　二十年前，讀《越縵堂日記》，卷首有平步青所為越縵傳，因而訪購平步青所著書，久久未得，以為一書之遇合，亦非偶然也。平著有《香雪崦叢書》[153]，為《讀經拾瀋》等四種，每種為一集，依此為甲乙丙丁四集，略同四部之分，其門人楊越所輯而為之彙刻者也。鄧之誠謂平步青書皆不甚流行，印行絕少，庚午辛未之際，始旋有蹤隨者。淪陷後，書賈從紹興得十餘部，捆載而北，人爭購之，而其引書必備出處，考證務其細微，人始知步青而稱道之。顯晦有時，豈不信然。鄧君主講大庠，多讀異書，於平書已有不易得見之感，則南邨先生[154]之不獲平書而快覽焉，固其宜矣。

151　日記作「《聽松樓詩話》」，誤。
152　「題封」《聽松廬詩話》作「封題」、「面光頳」作「面先頳」。
153　日記作「《香雪庵叢書》」，誤。
154　「南邨先生」下有「(作者自稱)」的補充，應是發表時後加。

457 一九五七年四月二十五日・鄧之誠之言

鄧之誠曰：步青早歲通籍，中年告歸，秉性恬淡，心細如髮，每考一事，必列多證，正譌糾繆之外，頗有標舉別擇之功，好觀小說雜記，不惜一一為之考證，雖疲心力於無益之地，而有為人所不能及者矣。頗自負能文，多作奇警語。李慈銘少與步青摯交，晚稍疏越，頗許步青能讀書而不及其詞翰。步青記事，每取近人筆記中所述之事，加以文采。外集中存家書九篇，委宛周至，讀之令人增伉儷之情，知其固性情中人也。

458 一九五七年四月二十六日・夫子與子之用法

李宗侗讀東周典籍，覺諸書中「夫子」與「子」之用法，因年代之先後，有顯著之變化，於是就《左傳》、《國語》、《論語》、《孟子》四書，悉舉夫子與子之文，參互比較，統計而觀，作結論曰：在《左傳》、《國語》二者中，「夫子」為第三位稱謂，「子」為第二位稱謂，絕無例外。在《孟子》則「夫子」與「子」同屬第二位稱謂，「夫子」較尊而「子」較低，其演變痕跡，可在《論語》得之，此其大略也。凡所列舉，凡百有七條。

459 一九五七年四月二十九日・少年胡適之

君揚來稟，告春假游杭州，湖上群山，足跡幾遍，南北兩高峰並登其巔，為之心曠神怡，惟腳力未健，略感疲乏。余於五十餘年前，與中國公學同學旅行至杭，同室者胡適之，當時適之名「洪騂」，余則以「翼孫」名，次年赴蘇，乃以字行，時則余年十七，適之高余一班，而年弱於余，平仄未明，居然唱酬，至可笑也。

460 一九五七年四月三十日・東方朔讀書

朱九江曰：昔者東方朔年二十二，上書自言，十六學詩書，誦二十二萬言，十九學孫吳兵法，亦誦二十二萬言，凡已誦四十四萬言，由今考之，朔六年之中，日誦二百言有奇，中人無不能也，少苟失學，何患於無年乎！

461 一九五七年五月一日・唐君毅旅美笑史

昨日，錢先生（穆）邂逅唐（君毅）夫人述二三事，頗可笑者。我人所獲之書（唐先生贈書）於既發以後，君毅自忘其曾否貼有郵票，則作書寄郵政局局長，附寄一張航空郵票，屬其檢貼，毋任原書之退還，一也。王生明一去年赴美，入華盛頓州立大學，君毅有要件，屬王生轉大學校長 Taylor，為慎重計，親往掛號，王生得書，啟之則空無所有，二也。某日，唐先生定赴紐約，先期發書致某君，屬在某時某班車站相會，顧姓名不誤而住址則誤，遲數日，某君居然得書而期皆失矣。唐夫人所述只此，以意度之，決不止此。相傳牛頓於實驗時，特備雞子麵包為鼓腹計，方聚精會神時，舉時表投沸水中，以為雞子也，良久乃覺，則已無及。唐君舉動，大類牛頓，用志不分，乃凝於神，哲人行動，如是如是。

462 一九五七年五月二日・陶淵明之真 [155]

歐陽文忠公謂：「晉無文章，惟陶淵明〈歸去來辭〉而已！」

---

155 「真」字日記作「直」，誤。

顧王摩詰不善焉。張自烈[156]曰：「王維〈與魏居士書〉云：『近有陶潛，不肯屈腰，見督郵解印綬，棄官去，後病乞食，詩云叩門拙言辭，是屢乞而多慚也。當時一見督郵，則安食公田數頃，一慚之不忍而終身慚乎，此亦人我攻中不鞭其後之累也。』[157] 嗟乎，先生賦歸去來，古今第一流禊期，王維妄肆譏評，何哉？偶而乞食，情同采薇，若有忍一慚之慮，直是後世宦路上人，展轉妻子，狡兔屢營，到底不休，何以成靖節也。」陶文毅公論曰：「言為心聲，觀維此論，所以不恥，假〈鬱輪袍〉進身而終污祿山偽命，顧亭林屢致其譏有以夫。」

　　東坡曰：「孔子不取微生高，孟子不取於陵仲子，惡其不情也。陶淵明欲仕則仕，不以求之為嫌，欲隱則隱，不以去之為高，飢則叩門而乞食，飽則雞黍以延客，古今賢之，貴其真也。」[158]

463 一九五七年五月八日・譚復堂論王漁洋詩[159]

　　（譚）復堂讀帶經堂詩，以為曠代逸才，非悠悠之口所能嗤

156　日記作「張子烈」，誤。

157　王維〈與魏居士書〉：「近有陶潛，不肯把板屈腰見督郵，解印綬棄官去。後貧，〈乞食〉詩云：『叩門拙言辭。』是屢乞而多慚也。當一見督郵，安食公田數頃。一慚之不忍，而終身慚乎？此亦人我攻中，忘大守小，不鞭其後之累也。」日記引文句讀、字句略有出入。

158　《秋澗集》、《苕溪漁隱叢話》及《歷代名賢確論》均作「陶淵明欲仕則仕」，日記缺「陶」字，今補；又三種文獻引文末句均作「貴其真也」，日記「真」字作「直」，誤。又《秋澗集》及《苕溪漁隱叢話》作「迎客」，《歷代名賢確論》作「延客」。

159　日記小標題原作「譚嗣同論王漁洋詩」，誤。查日記內容提及的是「譚復堂」，即譚獻。擬小標題者或誤以為是「譚復生」（嗣同），今據事實改訂為「譚復堂論王漁洋詩」。

點，有清一代終當以漁洋為第一。[160] 又謂漁洋「游記之工[161]，不減酈柳，小品均修潔，南宋元人之能者，《蜀道集》中，山水詩非杜非蘇，自有一境界。予服漁洋，中和敦厚，可覘世運，所謂詩可以觀化者在此云。」漁洋論詩，標舉神韻，嘗謂：「捨筏登岸，禪家以為悟境，詩家以為化境，詩禪一致，等無差別。」蓋猶宋人嚴滄浪以禪喻詩之說，其〈致吳景仙書〉有曰：「詩者，吟詠性情也，盛唐諸人惟在興趣，羚羊掛角，無跡可求，故其妙處透徹玲瓏，不可湊拍，如空中之音，相中之色，水中之月，鏡中之象，言有當而意無窮。」「論詩如論禪……大抵禪道惟在妙語，詩道亦在妙悟，且孟襄陽學力下韓退之遠甚，而其詩獨出退之之上者，一味妙悟而已，惟悟乃為當行，乃為本色。」[162]

464 一九五七年五月九日・論簡體字

有所謂簡體漢字者，倭人私行於戰後，中共席捲大陸尤而效之，而方法略異，以出於不學之妄人，故其簡略方法多可笑者，《自由中國》程天放、羅家倫一流人，其庸妄與中共土包子大可並駕齊驅，則亦大聲疾呼，而以簡體之漢字為趨時之高論焉。幸而《自由中國》尚有若干不願忘本之人士群起反抗，斯議遂息；而中共狂妄之新字體已流行遐邇矣。余自初識字於今六十餘年，經史習見之字，自謂能識，然而偶及大陸出版

160　《復堂日記》：「購得漁洋山人《帶經堂全集》。曠世逸才，豈悠悠之口所能嗤點？論本朝詩，終當以漁洋為第一。」

161　《復堂日記》「游記之工」句前有「閱漁洋文」一句。

162　日記中引錄嚴羽詩論，非引自〈致吳景仙書〉，引文出自嚴羽〈詩辯〉，《滄浪集》及《滄浪詩話》均同。日記引文「無跡可求」誤作「無蹤可求」、「言有盡而意無窮」誤作「言有當而意無窮」、「而其詩獨出退之之上者」誤作「而為詩獨出退之上者」，今據《滄浪詩話》改訂（《滄浪集》字句相同）。

之書籍，以及子女寄來之信件，則往往相見不識。今日入市，得《簡體字彙》一小冊，凡所以為我輩老朽作倒繃孩兒之計則得矣，然亦何能免於庸人自擾之譏也。

465 一九五七年五月十二日‧趙戒非新號戒堂

前年，趙戒非作畫，為言今日港肆發售之墨，質粗不可用，因檢行篋中陳墨二丸為贈，昨得趙書，言贈墨盡矣，作畫興趣不減，求墨於市，不可得佳品也。今晨取墨三丸，並所借之書，訪趙於新居，返書饋墨。近見戒非題畫作戒堂，余謂既用新號，何不用介堂，君不居梵宇，戒堂殊嫌近似也，一笑而別。

466 一九五七年五月十八日‧禽獸二字之界說

今人於禽獸二字之界說，多從《爾雅》。《爾雅》：二足而羽謂之禽，四足而毛謂之獸，然古書中茲二字之含意，不必與《爾雅》同。《小戴禮記》：「鸚鵡能言，不離飛鳥，猩猩能言，不離禽獸。」是獸亦可以禽稱也。《考工記》：「天下之大獸五，脂者、膏者、臝者[163]、羽者、鱗者。」羽者鳥類，鱗哉魚類，是禽類水族亦可以獸稱也。《國語》「水虞登川禽」，韋注「鱉蜃之屬」[164]，則並水族亦通於禽稱矣。

163　「臝者」日記引文誤作「蠃者」。

164　日記引文作「鱉蜃之族」，今據韋昭注文改作「鱉蜃之屬」。

467　一九五七年五月十九日·趙叔雍引齊如山之言

趙叔雍病胃出血，逾一周矣，往視之，則已痊復，惟食物只限於流質，若牛乳雞子之類耳。叔雍為言，比得齊如山書，謂寶島趨時是尚，芭蕾舞泰西產物也，寶島一時風行，勢將視為國舞，其於國劇，則若可有可無然，是亦變異之不可為訓者也。

468　一九五七年五月二十一日·水哉水哉

自昨日傍晚迄今，時有豪雨，淅瀝之聲，不絕於耳，午刻自院歸時，適遭大雨，雨點觸車廂之顛，琤琮[165]有聲，水濺車前玻璃，亦幾內外莫辨，行經山下，泥水下瀉，居然有奔騰澎湃之勢，多時未見之現象，亦未使非災異之一也。昨晚風雨驟至時，黃大仙、竹園村民居毀屋者二十餘家，居戶無家可以寧處，流浪街頭者百五十人以上，太子道、彌敦道、花園道一帶有大水管破裂，交通為阻者數小時，水哉水哉，何取多水也！

469　一九五七年六月三日·如此改革文字

大陸政權以改革文字為號，以法令強制人民換用簡體新字，行之亦既有年，新出書報，則別製簡體字模，非驢非馬，令人望而生厭，明明「藝術」也，別造一「艺」[166]字，借取「朮」字為「術」字之代，他若「開」去「門」字，「關」去「門」字，「殲」字，「農」字，以及「擁護」、「運動」等字，俱相見不相識，「管」

165　日記作「踤踨」，誤。

166　日記作「藝」，按上下文推測，應作「艺」。

「菅」不分，「潘」「沈」同體，捨棄書同文字之傳統文化，淪於
六朝紛亂之別體，不學之徒，一旦得意，為禍之烈，今特其發
端而已。

470　一九五七年六月五日・新亞古畫展覽

古畫展覽，今日為最後一天。午前，港督葛量洪夫婦俱
至，兼參觀校舍一過。午後港大中文系主任林仰山及劉百閔諸
君亦來，王季遷伴同說明，諸貴賓不寂寞矣。港大學生王文卓
醉心藝術，自展覽會開幕，朝夕必至，從無間斷，勤於觀摩，
期其有志之竟成，臨別舉曩時所印《歷代名畫觀音寶相》兩冊，
託王生奉贈香港大學圖書館。

471　一九五七年六月六日・儲水新紀錄

又有豪雨，達旦不休，據氣象台所測，得水四寸半以上，
水塘皆盈，統計儲水可八十六億加侖以上，自有香港以來，
斯為最新紀錄。管水務者通告，日間開放十六小時，然旬日以
來，實際日夜常開，一時制水云云，虛有其名而已。

472　一九五七年六月八日・懷曹芹溪詩

報端有序名「沁齋」者，記《石頭記》著者曹雪芹之字號，
謂清漢軍鑲黃旗人興廉[167]，著有《春柳堂詩稿》，稿中有懷曹芹
溪詩，〈題芹溪居士〉詩原注云：「姓曹名霑字夢阮，號芹溪居
士，其人工詩善畫。」詩云：「愛將筆墨逞風流，廬結西郊別樣

167　《春柳堂詩稿》作者張宜泉，又名「興義」、「興廉」，日記誤作「興康」。

沈燕謀日記節鈔及其他

五十年代

284

幽 [168] 。門外山川供繪畫，堂前花鳥入吟謳。羹調未羨青蓮寵，苑召難忘立本羞。借問古來誰得似，野心應被白雲留。」又清滿人敦誠 [169]《四松堂集》有贈曹芹圃詩，原注曰「即雪芹」，則「芹溪」之外，別有「芹圃」之字也。

473　一九五七年六月九日・施高脫夫婦

　　昨新亞同學有「國劇研究會」成立週年紀念會，師生與會者數十人，外賓至者施高脫夫婦，施高脫夫人長香港大學圖書館，今日來我館 [170] 參觀，以為三四年間集得中外書籍五萬餘冊，為事至不易易。施高脫醉心於中國戲劇，數年前俞振飛、馬連良、張君秋諸子在港時，施與之過從甚密，並為文以張之，雖理解未深，語難中肯，然其勤於探討，嚶鳴求友之志，至可嘉也。最近至台北，及見齊如山，會晤數次，仍以時促，未能盡意為憾！

474　一九五七年六月十三日・浸會書院特刊

　　香港浸會書院以所出特刊贈我館，封面用孟氏圖書館館刊為之，已有非驢非馬之感，又從而顛倒之，則並篆文「孟氏」二字亦似未之識也。浸會學院為林子豐所辦，林氏辦學多年，其培正中學、小學；培道中學、小學皆有盛譽，然為之主持學院出版物者，竟以不識字者當之，林氏熟視而無睹焉，是可怪矣！

168　此句日記誤作「結廬西郊別樣幽」，第二字失粘，今據《春柳堂詩稿》改訂。
169　《四松堂集》作者愛新覺羅敦誠，日記誤作「敦城」。
170　「館」字下有「(作者時任新亞圖書館館長)」的補充，應是發表時後加。

475　一九五七年六月十四日・分書記

　　孟氏教育基金會得亞洲基金贈書四千冊，分貽聯合書院一千五六百冊，崇基書院不足一千，新亞最少，亦得五百冊。午前，遣周君及學生五人同赴界限街領書，至則室內紛亂，莫可言狀。聯合書院派出學生三十人，群聚爭奪，絕無秩序，雖事前各校均有支配之書單，不顧也。周君等無奈，則檢取爭奪殘餘之書而歸。從可知諸校教育水準為如何也。

476　一九五七年六月二十日・Modern 之中譯

　　上燈時，與王書林渡海至更生俱樂部，出席私立各書院聯席會議，會中擬請王長齡為聯絡秘書，並議推進各書院造就中學教師會。會散後，途中遇趙叔雍，行經彌敦道太子道轉角，有電刻之肆其市招曰「Modern」者，譯文曰「矛盾」，叔雍言：「此譯大佳，蓋今日我人所見號稱摩登之事事物物，無一而不有矛盾性存在也。」

477　一九五七年六月二十四日・唐君毅來書

　　唐君毅書來，言最近雅禮年會，恭預其盛。與會美人多傾向耶教，以雅禮會所應贊助者當為耶教徒，其信仰殊異者，不值會友之支持也。凌道揚聞其說，登壇竭力呼號為崇基說法，意其當時順會友之意，可取新亞援助之金而代也。郎家恒則謂港九學校崇信耶教，無慮數百，而以維持中國傳統文化自任者，獨有新亞，其他蓋不足道。因此一語，有愛於我者竟欣然從其言。自本學年度別作五年計劃，院址未畢工程，另募鉅金，以期於最短期內完成之。郎家恒在港時，議論不脫教士面目，今乃有此轉移，殊堪驚異也。

一九五七年六月二十五日‧文人相輕

　　金息侯[171] 雜錄翁文恭、李越縵、王湘綺、葉緣督四家日記之月旦人物者，別為《近世人物志》，其於四君，則曰翁成賢相，李傷匪類，王歎無行，葉較自好，亦復多偏，而儒林文苑，胥為通儒。越縵湘綺於己所為文字，皆頗自負。王記言「笏山日記喜自罵，余日記喜自贊，亦習氣不能改者」。於越縵謂「看李老友撰潘伯寅墓誌，雖不得體，亦尚不俗」。李於湘綺，語多菲薄，記曰：「張孝達招飲，言共王壬秋論學，辭以病，壬秋之詩，粗有拍控，古人糟粕尚未盡得，其人喜安言，蓋一江湖唇吻之士。」[172] 又曰：「王闓運所作〈鄒叔績傳〉，意求奇崛，而事蹟皆不分明，支離蕪塞，且多費解。此人盛竊時譽，妄肆激揚，好持長短，雖較趙之謙稍知讀書，詩文亦較通順，而大言詭行，輕險自炫，亦近日人海傀客一輩中人物也。」[173] 文人相輕，有如是哉！

一九五七年六月二十九日‧洪承疇之母

　　潘文勤之刻《功順堂叢書》，蓋在光緒朝。是時，文字禁忌已遠非有清盛時所可比擬。劉繼莊《廣陽雜記》[174] 之記鄭延平譽為諸葛忠武、郭汾陽、岳武穆後一人而已。又記洪承疇母事曰：「洪經略入都後，其太夫人猶在也，自閩入京，太夫

171　日記誤作「金息候」。

172　《越縵堂日記》：「王君之詩，予見其數首，則粗有腔拍，古人糟魄尚未盡得者。其人，予兩晤之，喜妄言，蓋一江湖唇吻之士。」日記引文略有出入。

173　《越縵堂日記》：「閱《鄒叔績遺書》，前刻楚人王闓運所為傳，意求奇崛，而事蹟全不分明，支離蕪雜。此人盛竊時譽，唇吻激揚，好持長短。雖較趙之謙稍知讀書，詩文亦較通順，而大言詭行，輕險自炫，亦近日江湖傀客一輩中人也。」日記引文略有出入。

174　日記作「《廣陽日記》」，誤。

人見經略大怒罵，以杖擊之，數其不死之罪曰：『汝迎我來，將使我為旗下老婢耶？我打汝死，為天下除害！』經略疾足得免，太夫人即買舟南歸。」[175] 此類記事，若見於乾隆朝者，夷三族矣，文勤亦安得倖免耶！

480 一九五七年六月三十日・丁文江與群碧樓藏書

學人每有所蔽，丁文江以治地質學負重名，一時交稱其能通中外古今之變，不易多得之才也。嘗與中央研究院行政之事。鄧孝先逝世，其家人為維生計故，盡售群碧樓藏書，中央研究院以五萬元得之。某日，丁謂葉揆初曰：「研究院應興之事甚多，應革之事亦甚多，即如鄧孝先之書，研究院購之何用？乃費去五萬元，若以此金研究地質，豈非有益於國計民生。」葉氏笑語之曰：「如君言，則琉璃廠肆皆閉門，從此無肯刻中國書者矣！」余謂丁不以買鄧書為然，畢竟未加阻止，而群碧樓書亦賴以不散，是猶賢於只知崇拜科學而昌言中國線裝書應悉投毛廁坑者。

481 一九五七年七月二日・《二十四家詩選》

有以精寫本《二十四家詩選》求售者，凡入冊，所選詩則無名氏古詩十九首、曹植、阮籍、陶潛、王維、李頎、孟浩然、李白、韋應物、劉長卿、王建、韓愈、柳宗元、孟郊、張籍、李賀、白居易、溫庭筠、岑參、杜甫、王安石、歐陽修、陸游、蘇軾。首冊之前有康有為題字，文曰：「余愛讀詩，日中除研

175　「自閩入京」《廣陽雜記》(同治四年鈔本) 作「自閩迎入京」、「經略疾足得免」作「經略疾走得免」。

究孔孟春秋禮制之外，專致力於詩，自唐以下，獨嗜二十四家之詩，惟苦無善本足暢心。壬戌之春，道經北京，偶於舊攤堆中見此，以賤價購歸，審視究為何者手筆，斷為張得天照之墨跡，固其進呈御覽之稿也。」審其文義字跡，殊不類康題字，有自唐以下，獨嗜二十四家之詩，然此二十四家，先於唐者四家、唐十六家、宋四家，乃索價至二百金，過矣！

482 一九五七年七月四日・十三家言

錢基博舉近代提要鈎玄之作者，於經曰皮錫瑞《經學歷史》、陳澧《東塾讀書記》，於史曰梁啟超《中國歷史研究法》、趙翼《廿二史劄記》，於子曰陳鐘凡《諸子通義》，於集曰姚永樸《文學研究法》、張爾田《史微》、章炳麟《國故論衡》，外於此者，謂之餘藝，曰葉德輝《書林清話》「餘話」、葉昌熾《語石》、康有為《廣藝舟雙楫》。[176] 錢氏嘗以所舉十三家言於古今流變，詞中奧會，讀一通百，能得要領，願彙為一刻，名之曰「群書治要」云。

483 一九五七年七月八日・龍雲直言批蘇獲罪

中共春初，有百家爭鳴、百花齊放之宣示降人者，不知中共之用意也，居然有不滿現實之批判。前雲南王龍雲謂戰時各國向美人所借之款，戰後一筆勾銷，中共參預韓戰，向蘇聯所借之款，獨須加息歸還，是蘇聯不及美人之大方也，又當日人

176　日記所錄之書目乃錢基博在〈近代提要鈎玄之作者〉一文中所舉十三家之書目，唯「姚永樸《文學研究法》」日記誤作「姚永璞《文史通義》」，今據錢文改正。又「餘話」錢文作「續話」。又依日記所錄，只十一家，並非下文所說的「十三家」，查錢基博原文在姚著與張著之間，尚有「劉熙載《藝概》」及「章學誠《文史通義》」兩種書目。

敗北投降，蘇聯囊括東北三省工業設備而有之，是偷竊之行為也。赤徒聞之，以為龍雲敢於侮辱俄人也，群起而攻之。他諸降人敢於饒舌者，並為其同黨所不容而摒絕焉。其為赤徒所嚴辭電斥以為反革命者、罪無可赦者更無論已！

484 一九五七年七月十日・莊惠泉斥曹聚仁

曹聚仁回大陸，歸而集刊所作報告，題曰《北行小語》，其於赤朝，稱頌備至，意謂今日政府於儒家之政治條件，如孔子答子貢語，足食足兵，民信之矣，已能實行而無愧；莊惠泉非之，斥曹謬論，置足兵於足食之前，是大炮重於麵包，直希特拉法西斯精神，侵略者黷武主義，而所謂民信者，臨之以威，脅之以刑，暴力之下，何求不得，百姓但知逃死而已，信於何有？曹氏之小語凡十萬餘言，一言以蔽之，頌聖而已。

485 一九五七年七月十四日・萍客記張季直事

南來數年間，時見張嗇公軼事之文字，似乎得之道路傳聞者為多，其能一翻孝若所為傳記及嗇公九錄者蓋寡。近見署名「萍客」者作〈張季直先生軼事〉載《天文台》報，蓋嘗一讀嗇翁自訂年譜者。萍客自謂識季直先生於光緒三十年，時乃翁撫海門直隸廳，又記嗇公與袁慰庭之關係，翔實可信。光緒三十年撫海門直隸廳者閩人梁伯通，諱孝熊，余以三十一年初春赴廳試，終場為梁司馬取第十名，是歲廢科舉，余遂未得赴院試，次年乃入上海南洋中學。依前清陳例，梁司馬實為余之座師，安得訪萍客其人而與之一敘世誼焉。

486 一九五七年七月十五日・新亞六屆畢業式

晨十時，新亞有畢業式，此為第六屆、畢業者三十四人，

得碩士學位者五人。余之參加此會，至今亦第六屆，初次在六國飯店，第二次在青山道香港防軍華員俱樂部，第三次在聖德肋撒禮拜堂，第四次在協恩中學，第五次即在今校。今日中外來賓特多，臨時會堂無復空位，後至者旁立觀禮，會畢攝影，歷一小時，影機多至三十餘具，亦一時盛會矣。

487　一九五七年七月二十九日‧李石曾白髮紅顏

李高陽幼子煜瀛，字石曾，與蔡子民、吳稚暉、張溥泉從事革命，有聲於世，今惟李公存耳。李年逾八十，早喪其偶，繼娶又死，又娶又死，今又娶田寶田者，蓋年稚於石曾四十餘年，白髮紅顏，聞者以為佳話也，賈煜老景德製聯為贈，聯曰：「李下早成蹊，老尚多情呼寶寶；石人亦刮目，曾無一葉不田田。」嵌新夫婦姓名，雖不工，亦可資茶餘一笑也。

488　一九五七年七月三十日‧懷來迎駕之吳棠

錢先生誕辰，牟潤孫夫婦、楊羅先夫婦、張伯珩夫婦、翁凌宇夫婦及岫雲與余公宴於樂宮樓，十時散。翁夫人吳棠之女、曾惠敏公（紀澤）之外孫女也。方慈禧太后光緒帝庚子出走，道經懷來縣，吳公方知縣事，懷來小縣，急促迎駕，絕無豫備，然太后與帝在流離飢餓之中，得駐足之所，竟亦忘其簡忽，繼續西奔，使岑春煊主糧台而吳副之，吳紀當時事略，左舜生嘗取其文以實所謂史料者。

489　一九五七年八月二日‧徐靜老與東坡肉

東坡有食豬肉詩：「黃州好豬肉，價賤如糞土。富者不肯喫，貧者不解煮。慢着火，少着水，火候足時自然美。每日起來打一碗，飽得自家君莫管。」此煮爛豬肉遂以東坡肉為名。

曩在徐靜老（靜仁）座上，每得染指。靜老輒曰：「庖人頗能聽話，不可負此東坡肉也。」三十六年初夏，余將遠行，造靜老府辭行，主人猶欲為余治具祖餞，余以時促謝之。逾二年歸國，則靜老謝賓客矣！

490 一九五七年八月七日・「捫虱談虎客」感事詩

童時，讀梁任公所編印《新民叢報》，時見有署名「捫虱談虎客」者，甚喜其文字而以不知其姓氏籍貫為憾！頃於報端獲悉客為南海韓樹園，與康同為西樵鄉人，亦康之入室弟子也。七七事變之前一年，客年逾古稀矣，有感事詩曰：「莫問天高地厚何，剝從瑣屑及煩苛。直將抱子拋殘草，奚暇呼天賦蓼莪。鳥墜自慚飛羽短，羊傷卒見剪毛多。民間無氣應銷黨，只許劉琨共放歌。」

491 一九五七年八月十日・做詩令人瘦？

（凌）宴池月有書來，余今年只有一書報之，大紙一幅，不盡所懷，人當窮困，語多愁苦。宴池老來喪偶，情緒殊惡，余每下筆，總不能脫愁苦之語，既已自知其失，則亦不肯任筆所至，以增老友之不快。今日復有書至，詢以胡久音問寂然，又謂體重百四十磅，已恢復少年時重量，則以不做詩之故，做詩令人瘦損，是乃夕薰先生（凌別號夕薰樓主人）新發明，亦即詩料之一也，可發一笑。

492 一九五七年八月十一日・線裝木板書漲價

今年起，線裝木版書籍價值狂漲，每冊平均多在港幣四元以上，繼而不但木版書高漲不已，即鉛字排印之線裝書亦競稱名貴。黃公度遵憲所著《日本國志》於光緒二十二三年出版，

原印大字並不稀見，別有「圖書集成」小字排印本，已往每本不過二三角耳。今日書賈蘇記持此書來，共凡四冊，索價八十元，殆已趨於瘋狂之境，他諸來書亦如之，余惡其無理取鬧也，斥之去。

493　一九五七年八月十五日‧記楊聯陞教授

楊聯陞來院，蓋受哈佛燕京學社之託，至此視察也。明年起，學社有改組之計，其注意之範圍，不與前同，其經濟來源乃至如何支配方法，亦因此而異。錢先生有新計劃，楊君之至，可與共同商略，使我研究所今後三五年可有較為穩定之希望云。

楊君長於辭令，人亦風趣，偶及大陸鳴放之後，繼以整風，楊君言是乃《東萊博議》開卷第一章之義也。

494　一九五七年八月十七日‧吳俊升歸台經港

吳俊升有事於歐洲，以歸台之便，經港小作勾留。吳為新亞舊教授，長於治事，錢先生嘗擬倩吳屈任總務長，會有教育部次長之命，遂不果來。今日至院巡視一周，至感興趣。吳君曾居通平潮市，似知余從事酇公事業之久者，酬酢之間，推崇備至，愧不敢當也。午宴於樂宮樓，特客原為楊聯陞，今並吳為二矣。

495　一九五七年八月十九日‧譚復堂題聾者詩

譚復堂〈為姚季文題畫聾者〉詩，別有寄託，見日記鈔，未入集也。詩曰：「反觀內視卻無差，意匠何殊色相加。雨夜長懸胸次月，歲寒不落霧中花。」「邯戰一枕夢游仙，醒後依然混沌天。不是兒童燃爆竹，只知寒盡不知年。」「楊朱歧路

總艱難，傴僂循牆步自寬。憑仗一枝笻竹杖，安危留與百僚看。」「扣槃捫燭費沉吟，好手金鎞何處尋，五色難迷真識在，妙明原有不盲心。」「與父言慈子言孝，橋頭日者遇通神。烏鯨鵠浴仍無定。畢竟誰為明目人？」

496 一九五七年八月二十三日・王韜預測英衰俄橫

天南遯叟王韜，以能文著，余求其詩文，除小說若干種，竟不可得。譚復堂日記稱其「普法戰紀」，鷙勁略似《漢書》。往見《日本外紀》，平秀吉微時，養馬以至當國，則神似孟堅。「戰紀」書海國兵事，魚龍曼衍，譎道慘鬥，人命如草，文告緣飾，疑皆中土人藻繪之。王韜者，吳人，習歐羅巴事，亦具深識，於普法事外，既知英吉利之將衰，又知俄羅斯之必橫，以戰國之秦楚視俄英，情事最合，言外之意，恒為海內發，題粵張芝良同譯，殆多出於韜。《普法戰紀》余所未見，不知視新城王樹枏所為《希臘春秋》、《歐洲列國戰事本末》諸書，其高下為何如也。至於所記預測英吉利之將衰，俄羅斯之必橫，直至八十年後，方有端倪，不得謂因見普法之事，遂聯想而作此論斷也。

497 一九五七年八月二十六日・越劇梁祝彩色片

大陸以民間盛傳之梁山伯祝英台越劇，攝為彩色影片，去年在港九放映，歷二月餘，觀者絡繹不絕。錢先生亟稱之，為余言此片可一觀也。余以疏懶，迄未一行。近日又有新印之片，錢先生垂詢已看否？余以未觀對，則復促往觀。今日午後五時，赴仙樂戲院，幕前字出雲間白蕉手，甚秀逸，片中布景，根據新式舞台，彩色至艷，所唱詞句，字字顯於幕上，即閩粵人方言互異者，亦能了解，賣座之盛，此其一端已。余曩時曾見馬連良演《借東風》、張君秋演《蘇三起解》，亦以舞

台劇而以彩色電影為之紀錄者，殊無可取，今日所見之梁祝故事，視前則遠勝，然亦未能盡善盡美也。七時二十分出劇院，遇大雷雨，立院門廊下，逾一小時，道上洪水橫流，挾泥沙以俱下，余無雨具，即有亦不可以徒涉，候有汽車至，特僱以旋至家，雨亦止，以意度之，又可積水二三寸矣。

498 一九五七年八月二十七日 · 李越縵詆趙撝叔

李越縵醜詆趙撝叔不值一錢，然撝叔頗自負，今日見日人精雅堂景印之《悲盦手札》，其中有一箋致華亭人顧子，自得謂其文非俗尚唐宋八大家一派，切勿示人。超又一札，略云「十八子」來亦謝之，可為不謀而合。荄甫謂此公不如河陽，真確論也。總之人至都下群推，可想而知矣。所稱「十八子」殆指越縵，惡聲必反，趙李胸襟正相似耶！荄甫者，胡澍，績溪人也。

499 一九五七年八月二十九日 · 蘇聯完成洲際飛彈

莫斯科宣佈蘇聯業經完成洲際飛彈，是可襲擊大地任何目標而無抵禦方法者，列強為之大驚失色，美國內方以減稅及減削軍備諸端反復辯論，而倫敦亦集合大國作長期之裁軍討論。蘇聯乃為此突如其來之宣佈，前此資本國家與共產國家可以和平共存之高論，美人似乎自恃其物質經濟力量之充實而深信不疑焉。爾今何如者？將迎頭趕上與蘇競勝，抑視蘇消息為大言欺人而置若罔聞也。

500 一九五七年八月三十一日 · 馬來亞獨立

馬來亞以今日獨立，為不列顛聯邦之第十國，第二次大戰之後，亞洲之為英聯邦獨立國，有印度、巴基司坦、錫蘭三

國，今並馬來亞則四國矣。今年非洲之根那亦獨立，為聯邦之第九國，至馬來亞南方之新嘉坡，獨為英之殖民地，與香港等。新嘉坡早有合併馬來亞之議，顧以種種民族政治諸問題，一時難有合理之解決，合併云云，猶有待也，馬之首都為吉隆坡。

501　一九五七年九月六日‧左舜生作《萬竹樓隨筆》

左舜生以新版《萬竹樓隨筆》一冊贈圖書館，蓋重編前此出版之《中國現代名人軼事》、《近三十年代見聞日記》及初版《萬竹樓隨筆》又增益新著諸篇而成今書者也。左君近作，偏重中國文學，其三年前再版自序自以晚年興趣已移轉文學方面，今後十年中幸得不死，猶當賈其餘勇，繼此有作，以補其因「不得已」而犯下一種偏向之過失，所謂「不得已」，殆指不能用世，而所犯過失，則指移轉於文學方面而言也。

502　一九五七年九月七日‧左舜生推崇梅蘭芳自述

左舜生隨筆於近年大陸出版諸書中，亟稱梅蘭芳自述許姬傳筆記之《舞台生活四十年》，以為偶閱《毛澤東選集》、宋慶齡《為新中國奮鬥》輒昏昏欲睡，而於梅之自傳，則工作之餘，盡其目力，一氣看完。自謂在其目中，集一大獨裁者之毛，與已革職國母之宋，價值總和，乃不及中國四大名旦之一之梅蘭芳，於此亦可見中國政治之糟糕與中國政治人物之無聊也。

左君甚怪如梅此書，中共何以許其出版，書中除偶然沿用今日共黨常用辭語之外，實無半點共產黨素具之氣息，而梅氏敘述其家庭生活，確實充塞一種溫情，可謂與中共不倫不類，豈非因毛氏素喜觀劇，或因梅之群眾太多，遂爾破例允許其出版，然亦不能不為梅氏憂也。左君又曰：梅氏此書，必傳之作也。

503 一九五七年九月八日・明月明年何處看

晨間有陣雨，歷一小時，不久便霽，晚間月出，薄雲障之，繼又小雨，不能有「月到中秋分外明」之感也。東坡詩：「碧雲散盡溢清寒，銀漢無聲轉玉盤。此生此夜不常好，明月明年何處看？」[177]「此生此夜不常好」，當為多數人所同感，明月明年之在老夫[178]，則猶是南海流民，可以斷言。一九四八年中秋之夜，與黃友蘭同在挪威首都奧司洛，見月而不明，次日在赴 Bergen 道中遇雪，以來歲中秋，必在故鄉望月，豈知嗣是九載，年年在獅子山下度其流民生活乎！

黃晦聞有中秋寄友詩云：「去年今日談詩地，明月高樓世已遙。萬影接天惟自俯，一舟臨水不堪招。故人顏色疑秋夢，往事淒迷有落潮。剩欲緘愁寄東海，露深回雁正蕭蕭。」[179]

504 一九五七年九月十一日・王充《論衡》以〈逢遇〉冠篇首

王仲任著《論衡》以〈逢遇篇〉冠於八十五篇之首，蓋深感於操行之有常賢而仕宦之無常遇也。其實豈必仕宦之無常遇，即處社會而期於用其所學，何獨不然。仲任之言曰：「昔周人有仕，數不遇，年老白首，泣涕於塗者，人或問之：『何為泣乎？』對曰：『吾仕數不遇，自傷年老失時，是以泣也。』人曰：『仕奈何不一遇也？』對曰：『吾年少之時，學為文德成就，始欲仕宦，人君好用老，老主亡後，主又用武，吾更為武，武節

沈燕謀日記節鈔／五十年代日記

177　〈答李公擇〉，《蘇文忠公文集》首句作「暮雲收盡溢清寒」。

178　下有「(作者自況)」的補充，應是發表時後加。

179　〈中秋讌集黃園與述叔譚詩并寄樹人日本〉，《黃節詩集》第四句作「不堪招」，日記作「不堤招」，誤。

既成，武主又亡，少主始立，好用少年，吾又年老，是以未嘗一遇。」[180] 又有演漢武帝故事者，謂：「上嘗輦至郎署，見一老翁，鬚髮皓白，衣服不整。上問曰：『公何時為郎，何其老也！』對曰：『臣姓顏，名駟，江都人也，以文帝時為郎。』上問曰：『何其老而不遇也？』駟曰：『文帝好文而臣好武，景帝好老而臣尚少，陛下好少而臣已老，是以三世不遇[181]。』上感其言，擢為會稽都尉。」

余謂生今之世，處今之境，先之以雜亂無章之政體，繼之以朝令夕更之法律，權力所在籠罩一切，卓越之學問，精深之技能，受制於毫無知識之黨人，馴至於茲，且以馬恩列史之邪說，引之以治國焉。太平之世，安居樂業，蓋非所望，仲任遇不遇時也之論，豈不信然。

505 一九五七年九月十七日·齊白石之詩與文

畫家齊白石以昨日卒於北平，年九十七歲。十餘年前，胡適之黎劭西鄧恭三為編年譜，商務書館精印行世，左舜生隨筆撮舉概要，以代小傳，文曰：「老人湖南湘潭人，名璜，白石山人其別署也。幼貧，無力讀書，隨家人耕種牧牛，十五六以後，學為木匠，繼乃能雕花，因選花樣，得《芥子園畫譜》，酷好之，遂一一摹繪，年二十七，始從師習畫，且學為詩文，三十七乃以詩文為贄，師事湘綺。湘綺謂其文尚成章，詩則似薛蟠，其實老人不獨以畫與刻印名，偶作詩文，亦天才橫溢，其記民八避難北游時心緒云：『臨行時之愁苦，家人外，尚有春雨梨花。過黃河橋時，乃幻想曰：安得手有嬴趕山鞭，將一

---

180 「學為文德成就」《論衡》作「學為文，文德成就」、「老主亡後」作「用老主亡後」、「武節既成」作「武節始成」、「吾又年老」作「吾年又老」。

181 《漢帝故事》此句下尚有「故老於郎署」一句。

家草木同過此橋耶。」七十四游川，有過巫峽詩云：『怒濤相擊作春雷，江霧連天掃不開。欲乞赤烏收拾盡，老夫原為看山來。』又有客成都留別余生詩云：『不生羽翼與身仇，相見時難別更愁。蜀道九千年八十，知君不勸再來游。』均足表現其獨有之風格。老人在抗戰八年中，均居北平，雖不得已仍為人作畫，然避不與敵偽兩方接觸。赤潮泛濫神州，齊猶賣畫自給，嘗以期頤之年，身膺全國人民代表大會副主席及中國繪畫學院院長之榮銜，兩年前並獲國際和平獎金云。」

506 一九五七年九月二十日・國際漢學會議

牟潤孫回港，謂此次參加西德東方學術漢學會議者，除本院牟先生外，台北有李濟、方豪、張貴永，香港有羅香林、饒宗頤、劉若愚、柳存仁，新嘉坡有潘重規、賀光中，劍橋王鈴，牛津方召麟，倫敦大學賴寶勤、劉殿爵、劉程蔭，漢堡大學趙榮琅，華盛頓大學楊覺勇，日本山本達郎，西人則劍橋、牛津、倫敦、哥倫比亞、慕尼黑與主辦國西德均有代表參加，未有中共出席之人，殊出意外，惟下次集會，將在列寧格拉舉行，則董澤之蒲且彌望皆是矣。又謂原有遍游倫敦巴黎，博觀英法博物館所藏中國舊籍，乃至敦煌遺珍，則以旅資未充之故，並予放棄，而西德會中與書肆中頗有可取之書，亦以資斧之乏，不克挾與俱歸，尤可惜也。

507 一九五七年九月二十五日・小名與小字

先君誌墓之文，為夏劍丞師（敬觀）所作，先母一文則張菊老之椽筆，誌有母呼不孝小名。余謂費君範九，盍不易「小名」為「小字」，菊老以「小名」與「小字」殊異，且「小名」二

字見於《宋史》[182]，不為不典，余未讀《宋史》，唯唯而已。繼見徐積老所贈景印之《寶祐登科錄》，為宋理宗寶祐四年丙辰科之登科錄，是科狀元為文天祥，二甲第一名則謝枋得，第二十七名則陸秀夫。人之重此錄，重宋之三忠，同出是科，而積老之景印此錄於科舉已停之後二十年，則意在科舉之得人也。案錄文天祥字宗瑞，小名雲孫，小字從龍，號文山，年二十歲，五月初二日丑時生，本貫吉州廬陵縣人。謝枋得字君直，小名鐘，小字君和，年二十，三月二十四日亥時生，信州貴溪縣人。讀此則「小字」「小名」顯然殊異，至如何應用，則非考證不明。

508　一九五七年九月二十七日・清代之文字獄

清代起自長白，入主中原後，凡文字夷狄虜寇，皆所深諱，亦因罔識忌諱，而興文字之獄者累累，若莊氏明史案，其尤著者也。為史案而罹禍者七十餘人，死者戮屍，生者斬殺，妻孥充軍為奴。張菊生先生自潘博生家得殘寫本兩冊，讀其殘卷，則未見於清室有訕謗之語，然而竟觸帝王之怒，釀成慘獄。張先生之跋《明史鈔略》，以為帝王之量殊隘，夫以雷霆萬鈞之力，加諸無拳無勇之輩，自可以為所欲為，且必謂經此懲創，自今以往，當無有稍敢干犯之徒，即凡受庇宇下者，亦皆可無所忌憚，同享諱尊諱親之利，於是人人低首，家家頌聖，專制之樂，其樂無窮。豈知今日國有人民共和之稱，而權操媚外無賴之手，昔日專制皇帝猶有顧忌而不敢為者，今日代之以千萬暴民，肆無忌憚，而斷然為所欲為焉。張先生以九十高齡，身處水深火熱之神州，不知尚能賈其餘勇以評論當代暴

182　《宋史》「藝文誌」有《小名錄》、《古今小名錄》及《侍兒小名錄》三條書目。

民政府否也？

509　一九五七年九月二十九日・曾履川上陳散原書

　　曾履川以所著書為贈，其所作晚清四十家詩鈔序，盛推
通州范伯子，其言曰：范先生卓然起江海之交，憂時憤國，發
而為詩歌，震蕩翁闓，沉鬱悲壯，接跡李杜，平視坡谷，縱橫
七百年間，無與敵焉，洵近古以來不朽之作也。自范先生沒，
當世負盛名者多，能與范先生同源一趣而軌轍較近，感發較
切，示天下學詩者所從入之途，固莫捷於是矣。又上陳散原書
有曰：「竊嘗綜丈及肯堂先生詩比量而觀之，則范詩如窮冬嚴
凝，北海積雪，峨峨層冰，天柱欲折，悲風怒號，玄黃慘裂，
極目茫茫，萬里一白，其悲壯蒼涼之境，淒厲沉痛之音，蓋得
於杜公為多；而丈詩則如盛夏鬱蒸玄雲起伏，暮景沉沉，萬象
森鬱，金蛇蜿蜒，雷霆間作，慘慘天地，自為翁闓，其沉鬱蒼
莽之致，瑰奇雄偉之觀，似得於昌黎為多。」陳散原極重范詩，
固嘗見之於交游唱酬文字者，清末論詩者，每與海藏並稱而忽
視伯子；姚叔節亦謂伯子詩雖至工，真知其意者無幾人，數世
之後，又孰能測君之用心乎，然巴比倫埃及之古碑，希臘印度
之詩，西方好古者搜釋之不遺餘力也，以吾國文字精深微妙，
實有不可磨滅者存，意必有魁桀之士寶貴而研索之，殆可決也。

510　一九五七年十月四日・美國黑白人之爭

　　北美之初期，皆英法諸國殖民地也，地廣而人稀，力役開
發，有待於人力，則運囚徒及買非洲黑人，以供牛馬之使，黑
人之買賣殆於雞犬同，呼之為奴，役使如牛馬。合眾國成立未
久，即有南北之戰，是為解放黑奴之戰，治史者以義戰目之。
戰事既止，人口買賣法所不容，而白人自有其優越之感，人種
歧視之成見，不能破也。十年前，余游美，至南方，則車站客

室黑白男女各有專用之處，客舍門戶不能通用，飲食之所理髮之肆，各有其處不相混合，公共汽車乘客，白前而黑後，學校則白人入白人之校，黑人入黑人之校，一切界限，判然分清，不能一一舉其例也。近年聯邦法院嘗依據憲法，命令各地學校，不分黑白種族，同時收容，南方諸州多有陽奉而陰違者。今秋學年開始，重申前令，美利堅合眾國者以自由平等民主等等崇高德性揭櫫，為舉世示範之法治國家也。顧南方諸州猶沿襲其傳統之意識，不變歧視黑人之態度，而阿坎沙斯州州長福巴斯，託辭黑白同校，將生意外之變，故預召州軍駐於小石市，市有中央高級學校，本年已准許黑人男女生九人入校，開課之日，福巴斯利用州軍，借保護之名，以阻止黑人上課，聯邦法院指福巴斯為違憲，總統艾森豪亦視為危害人權，因此出動聯邦軍隊千人，空運小石市，以阻止州軍之行動，同時下令將阿坎沙斯州軍編入聯邦軍隊，以解除州長所運用之武器，擾攘至今，已且一月，而解決途徑猶未開闢，南方諸州長咸認小石市事件為美國政體上最危機，誠哉，其美國政體上最大危機也。

511 一九五七年十月六日・俄製人造衛星

繼越洲飛彈不久之後，俄人又以人造衛星射入太空，數日以來，以每九十六分又五之一環繞大地一周，世人為之感嘆驚異，而一二十年來，自以科學成就雄據世界第一位之美國人尤為之太息奪氣。據俄人自稱所製衛星，號為史普脫匿克者Sportnick，權之可一八四、三磅，其行駛軌道與赤道平面為六十五度之傾斜，而去地面五百六十英里；美科學家計劃之衛星，才重二十一磅半，今尚未達完全成功之境，他日放射運行之時計，可時速九百一十四英里，遜於史普脫匿克者遠甚。又史普脫匿克所製之衛星自繞地開始運行以來，舉世科學家皆已觀察，證明俄人陳說之非罔，而美國人之成績之如何，則猶待

試放後實事之證明也。

512　一九五七年十月八日・閏中秋

　　一中秋已過，又值一中秋，前中秋晚間，月色本為薄雲所
障，但覺其分外暗昧不明，繼之以雨，則並失此暗昧不明之
月。今晚望月，則纖雲悉盡，萬里長開，苟曳杖以尋，誠梯雲
可取，較諸一月以前，相去懸殊矣。說者謂百年以來，僅有閏
中秋三度，光緒二十六年（一九〇〇）庚子，猶為老夫所及見，
再前乎此，則為同治元年壬戌（一八六二），去今蓋九十有六
年矣。

513　一九五七年十月九日・曾紀澤日記中之嚴復

　　院購舊書有《曾侯日記》一小冊，曾惠敏公紀澤之所作
也。紀澤被命為駐英法欽差大臣，事在光緒四年，日記起是年
九月初一，迄次年三月二十六，非全文也。去今才八十年，
當時所視為海外奇談者，至今已極平常，而為一般中學生所能
了解者。光緒五年三月十三日，有記嚴侯官一節，文曰：「核
改答肄業學生嚴宗光一函，甚長。宗光才質甚美，穎晤好學，
論事有識，然頗有狂傲矜張之氣，近呈其所作文三篇，曰〈饒
頓傳〉，曰〈論法〉，曰〈與人書〉，於中華文字未甚通順，自
負頗甚 [183]，余故執其疵弊而戒勵之，愛其稟賦之美欲玉之於成

─────────────

183　《曾侯日記》句首有「而」字。

也。」[184] 按：王蘧常所著《嚴幾道年譜》：嚴先生以十九歲畢業馬江海軍學堂，光緒二年，以駕駛學生，與劉步蟾、薩鎮冰等十一人，派往英吉利格林威治抱士穆德大學院，時先生二十五歲，至光緒五年，卒業東歸，即為船政大臣吳贊誠，聘為船政學堂教員，先生方二十七歲，蓋即上書曾侯之年也。[185]

514　一九五七年十月十四日・梁寒操國慶感懷

梁寒操今年作國慶日感懷，調寄〈金縷曲〉，詞曰：「八載流亡矣，又今年雙十來臨，憤悲何似，為念同胞淪鐵幕，淚自心流難已。更還顧，人間萬事，內聖外王誰復識，似群鴉，亂噪殘陽裏，無限恨，寄流水。　囚龍奴鳳非長蟄，正有人，揭竿怒吼，成仁漢市，跡踏黃花崗上血，豈少仁人志士。漫輕量孤臣孽子，千萬華僑仍海外，佐中興不任黃魂死，聞雞舞，中夜起。」

515　一九五七年十月十五日・柚有輕瀉之性

陳存仁醫生謂柚有輕瀉之性，與香蕉之潤腸略同功能。余近苦便秘，而前日族姪搏九與志奇同來，饋台灣產柚二，試剖食之，未有奇效也。李時珍《本草綱目》稱，柚能消食快膈散鬱滿之氣，未有滑腸之明文，豈余進食過少之故，致不能見效耶？

184　日記引文是引自《曾侯日記》，讀者互參曾紀澤《出使英法俄國日記》：「十三日晴陰半。辰正二刻起，茶食後，核改答肄業學生嚴宗光一函甚長。宗光才質甚美，穎悟好學，論事有識。然以郭筠丈褒獎太過，頗長其狂傲矜張之氣。近呈其所作文三篇，曰〈饒頓傳〉，曰〈論法〉，曰〈與人書〉；於中華文字未甚通順，而自負頗甚。余故抉其疵弊而戒勵之，愛其稟賦之美欲玉之於成也。」

185　讀者互參日記第 697 則。

516 一九五七年十月十八日 · 英譯四書五經

麗樓（圖書公司）陳兆熙君為我覓得 James Legge 所譯之「四書」及《書》、《詩》、《春秋》、《左氏傳》八巨冊，蓋求之數年而未得者，其值四百餘金，雖為石印景本，以未縮小，文字甚明晰，絕不糢糊，可讀也。夏間，唐君毅在英倫時，曾於舊書肆名 Lnzac 羅若克者，覓得一部原刻本，索價至一百鎊，則千六百金矣。James Legge 尚有復出之《易經》，亦已購得，茲於五經中只缺《禮記》而已。

517 一九五七年十月二十日 · 閏月祭孔祝文

舊俗以夏曆八月二十七日為孔子誕辰，國人之旅居是邦者，亦有集加路連山孔聖堂會祭者。今日為閏八月二十七日，本港孔教四團體仍會孔聖堂行禮，是在耶教流行之英殖民地，似為異數，告朔犧羊，我愛其禮，有祭聖祝文曰：「三百有六旬有六日，剛置閏於中秋，二千零五百零八年，祝無疆之聖壽。秋月重圓，此際敢忘釋奠，所願香江，泗水遙接淵源，海澨山陬，都成鄒魯。人能弘道，毋為獨善之身，聖不虛生，佇進大同之瑞。……」文中三百有六旬有六日，成語也。以二千零五百零八年為對，二千之下多一「零」字，則不成語矣！

518 一九五七年十月二十一日 · 梅蘭芳之言

左舜生讀梅蘭芳《舞台生活四十年》，記譚鑫培民國六年之死，實因當時北洋軍閥為歡迎陸榮廷，曾強譚出演《洪羊洞》，致演畢力竭，蹌踉而歸，遂至一病不起，梅於故事之後，曾致其憤慨之辭曰：「一個七十一歲的老藝人，在病中還要壓迫他表演，唱成這麼狼狽的樣子，這那兒是愛好藝術，尊重藝術，分明是摧殘藝術，莫怪當時外邊有『歡迎陸榮廷，氣死譚

鑫培』的傳說，從這兩句話裏，足夠表示一般的輿論，因為同情這位老藝人的遭遇，不自覺地對惡勢力提出了抗議」云云。余謂梅氏之言，蓋自歉也。譚氏一老藝人，在《洪羊洞》所串角色，猶是老人身份，即以七十一歲高齡為此，猶可言也，若梅氏今日，年逾六十，平昔獨擅乃為旦角，而赤徒必強其所難，以老人而串演嬰宛女兒，是豈愛好藝術、尊重藝術，亦分明是摧殘藝術而已。

519 一九五七年十月二十三日・嚤囉散人

從新亞書院中國古代名畫展覽之後，香港藝術節亦有中國名畫之展覽，以量而論，各有六十件，以質論，則仁者見仁，智者見智，觀覽斯畫者，各有不同之見解。有祝妙生者，為文揭諸《熱風》半月刊，以為新亞所展，不及最近香港藝術節之所展也。因藝術節所展較有系統，如明四大家，如明末四僧，如揚州八怪，四王吳惲等，無一不全，不僅其中尚有超水準之傑作而已。新亞之畫，王某任蒐羅選借之責，此在當時，蓋慎之又慎，然香港鑒賞家之於王，頗有微辭，祝妙生之言曰：「僑居美國攜有美國護照之中國畫家某，去冬來港辦貨，一時嚤囉街古董舖中所存唐宋元明之寶貨，悉數為之一清，本港藝術界中人驚其獨具隻眼，遂錫以『嚤囉散人』之尊稱云[186]。」

520 一九五七年十月二十六日・蝸牛在法國

蝸牛之在法國，列為珍貴食品，猶之多年以前，甲魚為法國食譜之名品，而為遊人所欣羨而嘗試者也。或作估計，法人

---

186 「遂」字日記作「逐」，諒誤。

每年所食可六億隻，而用之於巴黎，什一而強。煮蝸牛方法逾百，法人珍秘煮蝸牛之訣，英人不喜食蝸牛，即在倫敦，亦數家而已。我人每問而異之，其實寧波海門，多食泥螺，熟食田螺海絲，尤為江南所習見，正不必因聞食蝸牛而以為怪也。

521　一九五七年十月二十七日・蘇共內部鬥爭

蘇聯國防部長朱可夫以突被免職聞，繼之者馬連諾夫斯基元帥，自史太林之死，蘇共內部之鬥爭亦烈矣。秘密警察，史太林所恃為重要工具者也，然而貝利亞最先死。馬倫可夫，舉足輕重之黨魁也，則被斥逐。莫洛托夫，掌蘇聯外交者至久，今且退而為外蒙大使，此其尤大者，為世人所共見共聞者。朱可夫於二次大戰中立殊勛，赫魯曉夫陰謀之得遂行，朱可夫紅軍之力為多，爾今朱可夫亦不得免，赫魯曉夫運用手段豈不甚可畏哉。

522　一九五七年十月二十八日・張之洞逸事

有以「夢山樓」筆名記南皮張文襄公逸事者，謂當其十六歲中解元後，大宴賓客，自撰一聯，懸諸中庭，聯云「上巳之前，猶是夫人自稱曰；中秋而後，居然君子不以言。」蓋歇後語，小童領舉人也，妙在不出四書，構思之巧，至矣盡矣。又有一條謂合肥李鴻章與南皮不甚融洽，庚子年東南互保時，合肥居京師，當外交之衝，日與德將瓦特西周旋，南皮貽書譏之。合肥語人曰：「香濤做官數十年，猶是書生之見也！」語聞於南皮，乃忿然曰：「少荃議和兩三次，乃以前輩自居乎？」時人以為天衣無縫之聯也。

523 一九五七年十一月一日‧諾貝爾獎金得主

　　哥倫比亞大學教授李政道、普林斯頓大學高級研究院教授楊振寧，因推翻物理學基本定律宇稱守恒定律，得一九五七年度諾貝爾物理獎金，國人之得諾貝爾獎金者，李、楊為第一人，李政道今年才三十一歲，楊振寧長於李四歲，皆甚年輕，自此孟晉不已，前途誠未可量。東亞人先於李楊得物理獎者，有日人湯川秀樹，時則一九四九年也。亞洲尚有一人，為印度之拉曼，此外，歐人佔大多數，美洲只美利堅合眾國，南美諸邦不預焉。

524 一九五七年十一月二日‧曾履川教人學詩 [187]

　　曾履川教人學詩，舉《石遺室詩話》、《范伯子詩》、《散原精舍詩》三書為初步用功之門徑，其於范先生節姚叔節所為墓誌曰：「范君起江海之交，太息悲傷，無所抒洩，一寓於詩，其詩震蕩開闔，變化無方，讀者雖未能全喻精微，無不愛而好之，以一諸生而名滿天下，何其盛也！」又曰：「方海壖學術紛起，雲變川增，治斯事者，材力已患不給，而我國文至繁奧，習之尤費時日，識者乃欲更張之，求淺易，君詩雖至工，真知其意者無幾人，數世以後，又孰能測君所用心乎？」履川自舉范詩特點，一曰氣體沉雄，大抵能雄者必不能深，能深者未必能雄，彼所謂深，即深沉之意。二曰句律雅馴，同光諸家如江弢叔、金亞匏用字未能盡雅馴之致，鄭子尹敢於用俗字俗語入詩，因其深於經學，作古詩甚當，律詩即不然。范詩出風入雅，無有怪字僻典，雅正清醇，真非易事。三曰寫狀深刻，古

187　讀者互參日記第 989 則。

人能及此者，只少陵一人，餘者至多具體而微，或僅三五分而止，范先生能道人所不能道，寫人所不能寫，所以可貴。四曰用筆矯變，既不人云亦云，而能獨出心裁，又能馭繁就簡，縮千言而以一語出之，如人用舌，伸縮靈活，變化自在。履川總括大略如此，並舉范作三詩為例，其一〈除夕詩狂自遣〉詩曰：「歲歲年年有更換，不見流光可稍玩。惟獨今年除未除，雄詩百篇長為伴。人言詩必窮而工，知窮工詩詩更窮。我窮就無地可入，我詩遂有天能通。」其二曰：「我與子瞻為曠邁，子瞻比我多一放。我學山谷作遒健，山谷比我多一鍊。惟有參之放鍊間，獨樹一幟非羞顏。逕須直接元遺山，不得下與吳（梅村）王（漁洋）班。」〈過赤壁下〉詩曰：「江水蕩蕩五千里，蘇家發源我家收。東坡下游我上溯，恍惚遇之江中流。不遇此公一長嘯，無人知我臨高秋。公之精靈抱明月，照見我心無限愁。」

525　一九五七年十一月十五日・雅禮新亞合作之關係

　　郎家恒自美來港後，八九日間，未嘗以院事相商，亦未與錢先生（穆）言之。頃以下周末將有董事會議，以所作書面報告示余，綜合報告大意，雅禮會仍願繼續支持新亞，惟關於擴充計劃，則福特基金既不肯資助海外事業，而雅禮董事多有教會中人，在新亞已有鮮明表示，不能變更宗旨側重耶教之推行，即亦不願出大力籌款為我之助，所可動用之金錢，厥惟中日戰爭中雅禮先事募集之恢復長沙校舍設備之準備金，惟此款原有指定用途，非經聲請法院得其核准，移作香港新亞應用，不能任意變動舊案，據說此事已在進行中，但此款為數無多，即使如願以償，第二期建築費用依然不敷甚鉅，而郎氏本人業已辭去專任新亞教育事務之職，仍其原定計劃，為推行耶教之牧師。郎氏下問余，語以雅禮會議記錄，既無書面文字寄到，則此報告只能視為郎氏私人觀察之表現；至於其自身辭職，在繼任人員未經派定來港之前，似不必見之文字，最為妥善；余

又語以余私人對於此事之感想，約歷一小時，郎氏乃去。照此情形，雅禮新亞合作之關係，最近殊難樂觀也。

526 一九五七年十一月十六日‧張薔公作六十四琴齋銘

姚莘農夫婦招飲，座上客有邃於操琴之吳浸陽，默坐一隅，饒宗頤亦能琴，挾器俱來，兩人先後各鼓二操，旁坐靜聆雅音者李栩庵，他客似與余同，震於雅音之名，而莫能解會其意者也。三十餘年前，吳嘗以自製之琴贈張薔公，薔公為作六十四琴齋銘，銘曰：「兩儀肇制，曰陰與陽。天地以位，山澤以彰。雷風水火，或變或常。形形色色，巧曆弗詳。其造其化，聲音神明。假器假物，發蘊揮藏。物為之客，器為之房。聖人昔者，神農師襄。弦五而七，斯帝斯王。古冢掇櫬，大野刊桑。峨嵋風雪，聽松簡良。吳君師之，近取無方。包含太虛，經緯宮商。師曠可作，萬靈在傍。」

527 一九五七年十一月二十一日‧錢先生走告

錢先生走告，聞之李濟，哈佛燕京助款，本學年終了後，恐難為繼，哈佛燕京兩年來助萬五千美金，合之港幣且九萬元而弱，名為出版研究及購置圖書各佔三之一，實際上如圖書館常費，即賴此款支持，他所未列入學院預算者，悉移哈佛燕京之款挪用，明年少此來源，新亞行政經費且大受影響，宜錢先生亦見其張皇無措矣。

528 一九五七年十一月二十四日‧人名對

有人以「左舜生姓左不左，易君左名左不左，二君胡適？其于右任乎！」徵下聯者，粉嶺熊一鷗應之曰：「梅蘭芳伶梅

之梅，陳玉梅影梅之梅；雙玉徐來，是言菊朋也。」[188] 下聯全用藝人四名字，對上聯四學者文人，匠心獨運，易君左亟稱之。頃又見一自稱記者者，別擬下聯曰：「白崇禧真白之白，瞿秋白假白之白；千秋喬木，惟何柱國哉。」記者自謂借此機會湊湊熱鬧，以余觀之，仍以熊聯為佳也。

529　一九五八年一月三日・柯榮欣來言

上燈時，柯榮欣來言，南洋大學事至今未定，薦柯之余雪曼寒假中亦有還港之訊，傳說南洋（大學）內部派別繁多，而閩人潮籍人似佔優勢，余非閩潮同鄉，難期水乳，似在情理之中，由此觀之，柯之南行已成問題，今夕枉顧，無非商取出路，此君自信才長，視事甚易，以余朽腐，知不能有所贊助也。

530　一九五八年一月四日　鄭海藏詩詠月當頭

農曆十一月十五日有「月當頭」之稱，今晚月色皎潔，以天氣驟寒，又余傍晚歸時，下車傷足，不良於行，未克下樓於中夜一賞此景也。鄭海藏（孝胥）庚申（民九）有詩云：「霏霜蝕日月魂寒，可奈當頭隔霧看。宮闕天高歸已晚，江湖夜永夢將殘。未斜何礙懸銀漢，自轉休疑失玉盤。白髮丹心人漸老，繞枝烏鵲待誰安？」滿腹牢騷，借題發揮，老詩人當時心情可知也。

188　讀者互參日記第 941 則。

531　一九五八年一月五日 · 杏花樓

午前，柯榮欣復來，道其所道，意在主辦新亞中學，至新亞本身應籌之二成現款，除董之英二十萬元外，謂餘可由承造之營造廠家捐助。夫以十二萬之鉅款，而謂營造廠家可以捐助，欺人語耳，豈有成事之望，與之剖析人情事理，亦置若罔聞，時已午後，乃與出同飯於金巴利新街之杏花樓，樓其名平房其實，蓋襲上海一粵菜館之舊名也。治餐甚佳，有家鄉風味，為之飽啖而返。

532　一九五八年一月七日 · 商務廉價書

見商務書館有廉價書籍發售之廣告，撥冗往觀，則列架纍纍者，多破舊之書，及過時教科用書，而至者雲集，凡桌上之所陳必排擠乃得取閱，與曩時滬上總發行所所見大異也，徘徊逾時，遇牟潤孫、張伯珩，皆與余有同感者，空勞渡海一行，殊不值得！

533　一九五八年一月八日 · 奇芳茶樓之野雞大王

方余初入南洋中學時，同學於星期之晨，每至福州路茶館曰奇芳者，銅圓一枚，可展轉閱當日報紙四五份，茶資不過二角，有坐近樓階一中年人，案上陳革命刊物，書肆所不敢公然出售者，此君多有之。同盟會諸領袖所辦而在日本東京出版之《民報》其一也。少年好奇，則亦時時雜購《民報》，懷之而歸。方余家居從李師虎臣讀書時，只知有梁任公主編之《新民叢報》及前乎此之《時務報》而已，既讀《民報》，知尚有與維新派對壘之革命議論，少年無定見，甚愛其文墨之犀利也。次年轉中國公學，所聞又多，公學組織有民主作風，學校不能以學生兼治也，則內部政見分歧，風潮時起，初有健行公學之

分立，繼有新中國公學之分立，明明學校，乃有政爭，不及一年，余自動退學，此一年中，余之學業未有寸進，則固其宜；次年乃返蘇省，以為讀書與革命不能兼有也，然亦甚愛《民報》諸主筆政者之文章，其人非他，章太炎、汪精衛、胡漢民等等皆是。故《民報》之與余，嘗一度有極深刻之印象，當時所購凡十餘冊，皆得之奇芳茶樓之怪人號稱「野雞大王」者，歸而藏之書櫃，每值暑假歸家時，於曝書時偶一見之。今日在院為院置大陸景印之《民報》全份，凡二十八期，分訂為四巨冊，蓋辛亥革命此報鼓吹之功實不為細，於今迴憶前事，遂已五十年，宜余兩鬢如霜而感慨之無窮也！

534 一九五八年一月二十六日・梁財神之婦

弘法精舍例於冬間舉行水陸道場，以臘八日功德圓滿，余於昔年曾參追薦先祖父母、父母及亡妻，嗣後精舍輒沿故事，每屆舉行道場，以柬來邀禮佛，明晨館中有事，乃以今日往，亦以不晤老友吳蘊齋年餘，可藉此詢故人起居也。清談逾時，李北濤亦來，為楊管北致緣千金，為其先人祈冥福，因留午飯。席間有梁夫人者，梁燕孫之婦，人稱八太。梁氏逝世，家業繼傾，其婦因葉玉甫之介，依東蓮覺苑為居士，長齋禮佛，於今十數年矣。梁氏自甲午通籍後，舉經濟特科，初試第一，有人以其姓梁而名士詒，又為廣東省人，是與梁啟超、康祖詒有連，訴於西太后，梁氏聞其事，至不敢覆試，而其魁首遂為他人所奪。嗣後一帆風順，官至極品，與袁世凱尤相得，迨掌度支，管五路，勢盛名高，一時有財神之目，豈知逝世不久，至不能庇其室人，不得不逃禪念佛以了餘生矣！

535 一九五八年二月二日・何敢妄評詩人詩

久未與（凌）宴池通信，前日又得一書，以評判所為夕薰

樓詩為請，謂彼此交誼，不宜有嫌。余實不能詩，不願膽大妄為，以評詩人之詩，今日作書報之，以丙丁兩集宜及早寫定，其甲乙兩集，不可改而又改，少壯之作，自有少壯一番氣象，似應一切仍舊，以存當年之真，古之編詩，所以有編年一格，正以存一時之背景，與一時進退功力之痕跡，若一集之中，始終一致，非所宜也。[189]

536 一九五八年二月七日·《續高僧傳》

院中研究生每每向館索閱《續高僧傳》，余為之轉求諸港九書賈，及今三年，未之獲也。日前訪蘊齋為言其事，蘊齋語我，某寺藏書或有之，當代索也。今日應姚莘農之約，赴其晚宴，入門而迎璋夫人持《續高僧傳》十冊授予，謂晨間省乃兄（蘊齋為迎璋之兄）於弘法精舍，屬以是書轉交者也。三十餘年前，當余大病後，江易園丈、吳寄塵丈勸余念佛，並讀《高僧傳》，憶其刻於金陵刻經處，茲展所得惠書，則為江北刻經處，惟行款適相同，殆余記憶之誤耶？

537 一九五八年二月八日·王植波賣文賣字

王植波近年賣文賣字，境況殊佳，初冬迎養乃翁於其僑寓，今晚設宴款諸戚友，余亦被邀，蓋不能無所感焉。植波習二王帖最勤，將於後日舉行第四次書展於香港萬宜大廈香港圖書藝術館，今夕寓中四壁所張，皆其最近作品，四體畢具，余喜其小真書及所臨王帖；有素師狂草，植波頗自負，余未之許也。別印小冊二，其一以正楷寫蘇學士詞，其一則寫朱柏廬家

189　讀者互參日記第 622 則。

訓，真草各一通，今人多用鐵筆寫漢字，能舉毛筆者已鮮，真賞書法者能有幾人耶！

538　一九五八年二月九日・趙叔雍贈詩王植波

　　前年之冬，植波以所書鋼筆字帖來，乞轉懇錢先生作介紹之詞，適錢先生有台北之行，行色匆匆，未克應其求也。越旬日，余邂逅趙叔雍，亟稱植波之能，叔雍為題七律一首歸之，詩曰：「繞指真成百鍊鋼，漆書不廢兔毫長。用夷變夏吾猶取，以古非今自有方。直使銀鈎工鐵畫，試持北勝轉北強[190]。家雞野鶩君家法，更創簪花別樣裝。」當時曾謂植波，詩非我作，而作者不欲以姓字示人，故未用詩箋寫致也。頃者植波將有書展，今日《星島日報》副刊有書道一幅，植波自為長文，乃指趙詩為余作，余不敢掠美欺世也，乃書其事，以實我記。

539　一九五八年二月十日・范成大〈爆竹行〉

　　港九耶教教堂，處處有之，學校中至有以新舊約諸書列入正課者，然禮佛祀神之家，所在多有，歲時佳節，奉行舊時風俗，或勝於今日大陸，觀於年市之擁擠而可知也。除夕歲初，則爆竹聲聲，振耳欲聾，至勞殖民官吏，出示限制，有市民燃放爆竹，以除夕午後四時至初二午後四時止，平時須事前陳報警署，取得准計之狀，否則有罰。宋人范成大〈臘月村田樂府〉有爆竹行一首，其小敘則曰：「歲朝爆竹，此他郡所同，而吳中特盛，惡鬼蓋畏此聲，古以歲朝，而吳以二十五日，詩曰：「歲朝爆竹傳自昔，吳儂正用前五日。食殘豆粥掃罷塵，截筒

五十年代

190　「北強」「北」字失粘，疑是「南強」。

五尺煨以薪。節間汗流火力透，健僕取將仍疾走。兒童卻立避
其鋒，當階擊地雷霆吼。一聲兩聲百鬼驚，三聲四聲鬼巢傾。
十聲連百神道寧 [191]，八方上下皆和平。卻拾焦頭疊床底，猶有
餘威可驅屬。屏除藥物添酒杯，盡日嬉游夜濃睡。」

540 一九五八年二月二十二日・記羅維德長老

昨日錢（穆）先生枉顧，謂雅禮會已另派一老學者某君於
今秋來港，繼郎家恒為代表。今閱二月二十四日《時代周刊》
教育欄，知其為羅維德 Sidney Lovett，羅君年六十八，任耶魯
大學長老牧師有年，當一九三二羅之初履新任，耶魯宗教之
課，只有一門，大學生選是課者，只三人，迨羅以一九五四不
再授課，學生乃至三百人，生徒雅愛羅之為人，輒以息特叔呼
之。生徒之上羅君課者，可吸煙，可飲可樂，其昏昏欲睡者，
羅語之曰：「子毋然，欲睡則睡，但宜循禮。」觀於周刊之所描
畫羅君舉止，殊近人情，可喜也。

541 一九五八年三月二日・鳳陽丐者

趙甌北《陔餘叢考》卷四十一，「鳳陽丐者」條云「江蘇諸
郡每歲冬必有鳳陽人來，老幼男婦，成行逐隊，散入村落間
乞食，至明年二三月始回，其唱歌則曰：『家住廬州並鳳陽，
鳳陽原是好地方。自從出了朱皇帝，十九到有九年荒！』以為
被荒而逐食也，然年不荒，亦來行乞如故。《蚓庵瑣語》云：
『明太祖時，徙蘇松嘉湖富民十四萬戶，以實鳳陽，逃歸者有
禁，是以托丐潛回，省墓探親，遂習以成俗，至今不改，理或

然也』云云。明太祖以帝皇之威嚴，令出必行，強安土重遷之小民以所惡，然猶不能強制小民之托丐潛回省墓探親。今日里巷戶口，編制有籍，管理有人，一出一入，隨在有嚴密之稽查，市民一入田間，恐求為乞丐逃避而不可得也！

542　一九五八年三月四日・宋李嵩〈西湖圖卷〉

書賈持大陸精印精裱宋李嵩〈西湖圖卷〉來，清宮舊物，為龐萊臣所得，今歸上海博物院者也。《虛齋名畫續錄》有小記曰「圖紙本，高八寸五分，長二尺五寸二分，水墨山水，山嵐縹緲，煙樹迷濛 [192]，六橋如帶，雙塔對峙，湖濱屋廬櫛比，樹裏梵閣參差，小艇游舫，往來無數，西湖風景，宛然在目 [193]，筆墨高古，神韻超逸，誠為精品。左邊小款二字，隱約可辨」云云。卷首有我家（沈）石田翁題字，後有兩詩。所謂小款者，「李嵩」二字，在清宮白文「壽」字之下。

543　一九五八年三月五日・《韓昌黎文集校注》

上海古典文學出版社新印《韓昌黎文集校注》，校注者桐城馬其昶通伯，其孫馬茂元敘例言，乃祖嘗欲為韓集作注，今茲付印之稿，乃錄取當年寫注於徐世泰東雅堂韓集書眉隙處者。最初點讀錄張廉卿、吳至甫評語，文中圈點，則以私意，衷取二家，不盡依原本，又博採明清諸家之說，補綴舊注，增益十倍於前，蓋融會群言，自具爐冶，凡所甄錄，並刊落浮詞，存其粹語，凡訓釋文字，考據名物，疏證史實，評量文字，

192　「迷濛」《虛齋名畫續錄》（龐元濟自刊本）作「濛濛」。
193　「宛然在目」《虛齋名畫續錄》（龐元濟自刊本）作「宛然在目前」。

辨析分明，雖非定稿，其用功之勤，不失前輩規範，為今茲必讀之書也。

544 一九五八年三月七日・沈葆楨撰延平王祠聯

於唐君毅寓所，見沈文肅公葆楨所為台南延平王祠聯之拓本，文曰：「開萬古得未曾有之奇，洪荒留此山川，作遺民世界；極一生無可如何之遇，缺憾還諸天地，是創格完人。」

唐景崧亦有一聯，今不見於祠中，聯云：「由秀才封王，掙柱半壁舊山河，為天下讀書人頓生顏色；驅外夷出境，開闢千秋新世界，願中國有志者再鼓雄風。」

或曰：延平侍妾名瑜者，有哭延平王詩句曰：「赤手曾扶明日月，丹心猶照漢乾坤。」大可製為門聯云。

545 一九五八年三月八日・嶺南特產木棉

木棉為嶺南特產，高可三五丈，仲春花發，赤若珊瑚，廣州以為市花。今九龍公路道路傍，頗有植木棉者，亦有植鳳凰樹者，十年而後，必有可觀。屈翁山《廣東新語》有詩曰：「十丈珊瑚是木棉，花開紅比朝霞鮮。天南樹樹皆烽火，不及攀枝花可憐。南海祠前十餘樹，祝融節裏花中駐 [194]。蝎龍銜出似金盤 [195]，火鳳巢來成絳羽。收香一一立花鬚，吐緩紛紛飲在乳 [196]。參天古幹爭盤拏，花時無葉何紛葩。白綴枝枝胡蝶繭，紅燒朵朵芙蓉砂。受命炎州麗無匹，太陽烈氣成佳實。扶桑久已摧為

194　「節裏」《廣東新語》（水天閣刻本）作「旌節」。

195　「蝎龍」《廣東新語》（水天閣刻本）作「燭龍」。

196　「吐緩紛紛飲在乳」《廣東新語》（水天閣刻本）作「吐緩紛紛飲花乳」。

薪，獨有此花擎日出。」

546　一九五八年三月十日·《玄覽堂叢書》

　　叢書有以「玄覽堂」為名者，其中景印諸書，悉出名家舊藏，不詳其主人為誰何也？蓋當倭寇內犯之年，上海以租界猶存，國人僑居於間者，幸有有限之庇賴，外此則淪陷區域，日益加廣，古籍流散，自在意中，界內賢傑，頗有志於故國文化之保存，請於當年教育部長陳立夫、中英庚款董事朱家驊，籌款收書，既得，請由張壽鏞、何炳松主持其事，先後得吳興張氏、劉氏、江寧鄧氏，杭縣宗氏，番禺沈氏諸家藏書，其尤為珍貴者，悉蓋王福庵所刻「中樞玄覽」朱文牙章，意謂是乃國立中央圖書館之所有也。景印叢書，字曰「玄覽」，俾廣流傳，亦當時辦法之一，一面以所得善本，郵寄香港，留港裝箱，以為寄美存入美國國會圖書館之備，書未集而香港陷，書為日寇所得，日寇納降我國，軍事代表團根據藏章，索還所劫物，未幾又遭赤禍，再運部分善本書赴台，據聞運台編目諸事，屈萬里、昌彼得出力最多，此又讀《玄覽堂叢書》者所應知之掌故也。

547　一九五八年三月十四日·姜竈港同里

　　姜竈港同里之流寓於此間者，朱甥振聲與營革履之黃君外，張君蘭生其尤著者也。張以營薄荷晶赤手起家，積資百萬，赤潮泛瀾，舉家南遷，置宅加拿芬道，既而改建崇樓，高達五層而己居其巔，在滬亦有化工事業，次男仲桓被僱為技師。春間，桓兒以觀音寶像懇君攜港，張君枉顧寓廬者再，余未答拜，殊為無禮，昨晚乃造訪，並見其眷屬。君才五十一，其長公子已娶婦，有孫男女各一，一家之內，融融洩洩，視余之流離四方，不寧厥居，依人作嫁，相去遠矣！

548 一九五八年三月十五日 · 《庚子西狩叢談》

翁龄雨以《庚子西狩叢談》贈圖書館，其外舅吳漁川口授而劉治襄筆記以成是書者也。曩時嘗於時人筆記中偶爾及之，而大陸神州國光社所印之《義和團》一書引載尤多，然於是書，未之前見，今日得此，快讀二卷，將以一二日間畢其書。首有吳北江序，成於戊辰三月，序末有拳匪雖陋，尚知憤外侮之侵迫，同心以衛國家，特苦其智不足耳！縷指二十年來之事變，吾未嘗不歎此輩之影響，猶為未可厚非也。

549 一九五八年三月十六日 · 讀叢談有感

終日偃臥胡床，閱畢《庚子西狩叢談》五卷，當慈禧光緒微服西奔之日，吳漁川知懷來縣事，迎駕道旁，匆促為帝后進饘粥，備供帳，因而得慈禧之歡心，行旅之中，日必進見兩三次，以是因緣，宜可驟驟大用，顧吳氏伉直自將，不肯隨俗枉尺而圖直尋，坐是終后之世，官只道員，並陳臬開藩亦不可得，吳氏嘗以民間疾苦及鄉閭凋敝情狀，上奏慈禧，聞之輒為嗟歎！因諭執政，以為聞所未聞，執政切責吳氏，以為非所宜言，不當直告，吳氏自敘其故事，述昌黎貶山陽令前，有疏言事，謂此皆群臣之所未言，主上之所未知，用是為執政者所惡，而遭貶謫，以今擬古，蓋有同慨！以吳氏之忠誠得君，而鉅瑙貴冑同惡相擠，終於不得一試長才，清社之屋，豈無故哉！

550 一九五八年三月十六日 · 項貢甫代金冬心畫梅

余求雲間沈學子先生《學福齋集》二十年終不可得，潘景鄭書跋云：「嘗得其稿本，為文二冊、詩六冊，稿本以朱筆標明，應選應刪，所刪蓋大半有為項貢甫題畫梅短歌，有句云：

『我聞冬心老狂客，一幅一縑索畫值。豈知皆出兄手中，可憐贋鼎無人識。』自注云：『金壽門在日，嘗倩兄畫梅，而自署其上，今集中已刪此詩。』」世稱冬心畫梅，而不知都出項氏之手，是亦可添藝林故實矣。先生刪而不存，蓋篤於友誼而諱之也。

551　一九五八年三月二十三日‧日人辻政信之言

比來時聞外國人稱譽大陸之聲，尤以英國人為甚，英人重行商，用以推銷其工廠所出之製成品，其欲得大陸之歡心而獲取實在交易之便利，其譽焉固宜，然試問此類人物之議論，是否得之於深入民間嚴密合理之觀察，抑或為彼輩甘言密語所左右，而為遠離事實之結論，恐彼走馬看花諸名流，什九將無辭以對也。日人辻政信於其所著《中蘇紀行》中記其在蘇之感想曰：「這三星期旅行中，我們所到之處全是蘇聯人所要我們看的地方，我們想看看的地方卻不能去，在這次旅行中，我們所見的並非無分貧富的平等社會，卻只有豪華的宮殿建築、豐富的宴會，至於在零下六十度嚴寒中掙扎的中農和俘虜，我們就看不見了。」又曰：「蘇聯舉國一致的高唱和平，無論對內對外，都訂了新的政策，但是戰爭結束了已經十年，卻還不能對我們被俘的同胞，採取些人道的態度，看這一點，我是無法相信其有甚麼善意的。」辻政信之言如此，彼英人中未必無同有如斯感想者，然而為獲取商業上之便利，何妨但述其可稱之一面，英人如此，日人又何獨不如此，慕尼黑精神之必然復活，即此可見。

552　一九五八年三月二十九日‧陳濟棠與張宗昌

陳伯南濟棠主政廣東時，嘗以尊孔讀經為號，吳道鎔者，

清庚辰進士，翰林院編修，時方隱居番禺，編輯《廣東文獻》[197]
成，是書網羅道光以後作者凡三百餘人，人各繫傳，有獨傳，
有合傳，有彙傳，有寄傳，有附傳，俱依其人著作年代為次，
彙傳則以門類師承為分，粲然可觀。陳伯南曾發起為之刊印，
而由姚秋苑為之整理付梓。民二十四年，吳歸道山，稿存姚
處，其後姚亦離省他適，稿交張漢三（學華），其明年，陳復
下野，《廣東文獻》遂為未刊之書。二十年來，時移世易，文
獻稿本，不知流落何處矣。其實陳氏之當年，獨力可以刊此書
也，然而陳氏竟未出資自任，以視張宗昌之精刻唐開成石經，
是則張宗昌賢於陳濟棠多矣。

553　一九五八年三月三十日‧新亞古典音樂會

新亞古典音樂會，有琴、有箏、有簫、有琵琶、有獨奏、
有合奏、有崑曲、有京戲，而徐亮之登壇為來賓作簡短介紹
於每節之前，濟濟一堂，一盛會也。音樂會畢，又就圖書館請
嘉賓略進茶點，六時許方散。壽兒亦同去，聞所未聞，見所未
見，愈於觀電影一片遠矣。

王世昭聽樂記，繫一小詩曰：「為問琴鼓爾許年，多云草
昧到羲軒。手揮口唱尋常事，尚有餘音播管弦。」

554　一九五八年四月十日‧李麗華拜曾后希為師

名女優李麗華近學畫，就教於曾后希，旬日前且在翠華樓
謁師，友好至者二十餘人，諸文士多有書畫，志一時之盛，曾
履川亦成七絕三首，詩曰：「吾宗墨妙撼蓬瀛，曾見飛瓊兩兩

197　日記提及吳道鎔的《廣東文獻》疑是指《廣東文徵》。

迎。今夕翠華親授記，絳箋大署女門生。」「驚才麗質奪春星，仙女風華映八暝。銀幕四垂霓采爛，看渠凝黛寫娉婷。」「長傍妝台影亦嬌，眼波伺了拂生綃。莫愁妙筆檀郎竊，眉憮須教着意描。」

555　一九五八年四月十三日・蓮娜端納之女

蓮娜端納（Lana Turner）名女優也，先後已四嫁，四次離婚之後，則與尊史東（Johnny Stompanato）由相識而相戀，復相偕作歐游，作墨西哥游，既返好萊塢，恒至蓮娜家，戲謔無度。方蓮娜為克倫夫人時，生一女名久利兒（Cheryl），今十四歲矣，方久利兒以春假歸省抵家，聞史東與其母詬詈，語之曰：「我必得汝，或一日，或一月，或一年，我將割汝，我將置汝於死地，設我力不足以制汝，將覓強有力者為之。」久利兒聞其聲，入廚取割肉之刀，長可十寸，返入其母臥室，謂母曰：「母不必忍受此非禮之加也！」懷刀刺史東之胸，負創墜地，瞬息即斃。端納攜女赴警署自首，警吏留女數日，法院審問此案，以久利兒意在衛母，又未成年，判為無罪，然端納與其前夫皆未能盡兒女教養之義務，則判以久利兒由端納之母任今後管護之責云。五年前好萊塢有女記者名何柏（Hedda Hopper）撰文論蓮娜端納曰：「男子之於蓮納，猶新衣也，視其好惡，取之衣之棄之，蓋與物同；偶見男子之姣者，蓮娜之求之也，彷彿小兒女之於新奇木偶人也。」何柏之言，可以論蓮娜，亦可以論其他名女人。蓮娜四嫁四離，其在好萊塢尋常事耳。今茲之於史東猶在玩弄之中，未及嫁也，然以斯人性暴，故得之而擺脫不能去，亦不料遂借愛女之手而刃之也。

556　一九五八年四月十五日・帶書難

張蘭生以電話來，謂兩周前由滬返港，在滬時，桓兒以

《歷代名畫觀音寶相》兩部奉託帶下，蘭生知關吏之多方留難，僅攜一冊以行，然仍不免於關吏之反覆盤詰。蘭生語以彼奉佛教，日必誦佛號，行李中有佛像，不犯法也。其別一冊，則須俟其夫人南來，方可帶來，其能否通過，猶在未定之天。余以自印之書，宜以一部贈今日服務之新亞圖書館以為紀念，不知困難之至於此極也。

557 一九五八年四月十七日·創立中學之議

錢院長（穆）久思另辦一中學，教育司謂以備有二十四教室及其必要設備，大約須款百四十萬，其中百分之二十必須自備，蓋益豐公司董之英近方擬移廠於荃灣，力勸設校於荃灣，而自認籌填二十八萬元，院長亦以設校遠市為佳，乃據此意函教育司，請領地十萬方尺，而以曾辦上海中學之沈君（沈亦珍先生）為之長。余意荃灣為工廠區域，居民雖稱十萬，而各廠職員多賃屋九龍，教育司借款，年籌百分之五歸還，學生不多，未見其可也。

558 一九五八年四月十九日·今日日食

今日，日有食之環食也，廣東舊式曆書載稱，初虧辰正二刻十四分三十秒，食甚巳正一刻十分三十五秒，復圓午正一刻九分十二秒。此間天文台預測，環蝕完成於十一時五十四分，港九行夏令新時，視平時早一小時，則與舊曆書相似也。舊曆書又曰：廣東見食九分四秒，此與天文台所公佈之太陽被遮蓋約百分之九十四，亦正同環食，不常見。據天文學家言，本世紀中，此間不能再見云。

559 一九五八年四月二十五日・趙叔雍觀舞作詩

趙叔雍有觀吉賽爾名舞後感作二絕云：

五陵公子擅輕狂，博得蛾眉幾斷腸。驀地罡風起天末，者番垂淚識行藏。

霄深倩女舞天魔，一往情深奈若何。最是離魂心不死，丹誠終自勝修羅。

560 一九五八年四月二十六日・涂公遂嫁女

涂公遂有女名蝶，去年畢業新亞，今日于歸，以奉天主教，故就太子道聖德列沙教堂，依教儀成禮，禮畢，設茶會於半島酒店之餐廳，男女賓至者逾三百人，會時，主婚者致謝詞，乃先之以英語，以有外賓故也，繼之以國語，余與曾履川、劉百閔諸君同席，百閔言：「就教堂結婚，簡短而莊重，猶愈於今日流行之所謂婚禮。」余言今日賓主，國人不止什九，而必先之以英語，無禮甚矣。

561 一九五八年四月二十七日・寓所前街道

寓所前通衢曰衙前圍道者，前年春初，以移山塹海、營造新飛機楊之故，別樹鐵網於道中南北兩旁，任由運輸泥石之車，通行不絕，其行人南北之交通，則架橋上空以貫之。嘉林邊道之橋，上下六十有二級，寓所名為二樓，然依山建屋，沿坡而登，不啻四樓也。二三年來出入滋苦，今聞移山工程可以稍休，門前鐵障亦可拆除，老夫涉降之勞，或可稍節乎？

562 一九五八年四月二十九日・香港圖書館協會

錢先生為言，香港圖書館協會之組織，雖由施谷脫夫人提

倡，其幕後似別有主持之者，港大退休之馬某與夫左傾顯然之陳某，其尤著者，今為臨時秘書之吳女士，陳某弟子也，所邀與會者，不止圖書館主持之人，書舖經理亦與焉。茲聞孟氏圖書館提出建議五項，而美國文化館雖受邀請，不擬參加，本院得此消息後，宜加慎重，因作書致施谷脫夫人，暫時謝絕參加。

563 一九五八年五月一日・談近時書價

陳兆熙持粵東刻本聚珍版叢書來，書凡八百冊，索五千元，即去值什二，猶須四千八百元，每冊可六元。此書訪求於市肆者，於今三年，會哈佛捐款下年即無後繼，因謝之。商務書館《叢書集成》初篇已將是書收入，惜自日寇侵我，所謂叢書集成者，集成而未有印成之全書，商務書館連遭兵燹，損失不貲，遂亦無力續印初集，俾成完璧，尤可恨也。

564 一九五八年五月二日・身在圍城中之陳垣

倭寇侵我統治北平之年，陳援庵（垣）先生身在圍城之中，目睹漢奸依阿苟容，助紂為虐，心情惡劣，自無待言，乃以三年時間，成《通鑑胡注表微》二十篇，前十篇言史法，後十篇言史實。凡對胡身之之生平處境，乃至胡氏所以注「通鑑」及其所以表達其意志者，詳哉言之，成書之年月，則倭寇投降之年月也。去年春暮，又復印是書，後敘自謂除稍刪動個別字句外，仍按原稿不動，以為我學識之計里碑。

余讀其書，竊以為當年著書為受異族迫害而致此，今日重印，豈非再度身受異族迫害威脅，而思借身之筆墨以表達其自身之意旨耶？

陳先生重印「表微」後記有曰：「胡三省（身之）親眼看到宋朝在異族的嚴重壓迫下，政治還是那麼腐敗，又眼見宋朝覆滅元朝的殘酷統治，精神不斷受到劇烈的打擊，他要揭露宋朝

招致滅亡的原因，斥責那些賣國投降的敗類，申訴元朝橫暴統治的難以容忍，以及身受亡國慘痛的心情，因此在『通鑑注』裏他充分表現了民族氣節和愛國熱情。」

沈南邨[198]曰：陳先生之語，蓋有為而言之耶！

565 一九五八年五月三日・胡三省注「通鑑」

「通鑑」後晉齊王開運三年：契丹入汴，帝與后妃相聚而泣，召翰林學士范質草降表，自稱孫男臣重貴，后亦上表，稱新婦李氏妾。張彥澤遷帝於開封府，頃刻不得留，宮中慟哭，帝與太后皇后坐肩輿，宮人宦者十餘人步從，見者流涕。胡三省注曰：臣妾之辱，惟晉宋為然，嗚呼痛哉！又曰：亡國之恥，言之者為痛心，矧見之者乎，此程正叔所謂真知者也，天乎人乎！

陳垣「表微」曰：「人非甚無良，何至不愛其國，特未經亡國之慘，不知國之可愛耳！身之親見之，故其言感傷如此！」

陳先生於民國三十四年七月「表微」付梓時，作小引，特據後晉紀開運三年胡注，謂讀竟不禁悽然者久之。

余讀陳氏書，為之經夜不眠。今之人乃有以通儒自舉，而呼史大林爺爺者，燕豫齊魯之人以呼其大父，此與孫男臣重貴同，然重貴持降表，亦實逼處此，與今日無恥文人，出之於歌頌文字，大有區別。若爾人者，陳先生之所謂漢奸，更依阿苟容，助紂為虐者也！嗚呼嗚呼！

198　下有「(作者自稱)」的補充，應是發表時後加。

566 一九五八年五月十日‧《老子》專家嚴靈峰

　　嚴靈峰治《老子》有年，先後著《老子章句新錄纂解》、《老子眾說糾謬》、《老子新傳》諸書，及見王重民《老子考》而善之，則為之刪繁補缺，正其失誤，成《中外老子著述目錄》，蓋所著錄中外古今專著論文都凡千六百餘種，其每種著述之下，分記書名卷數、作者姓氏略歷、著作或出版年代，乃至內容概述，別為上中下三篇，前兩編為中國之部，下編為日本及外文之部，佔三百八十葉之多，以五千餘言一書，而著述考證議論文字如許之廣，抑亦目錄中別開生面之著作也。

567 一九五八年五月十一日‧天后誕辰

　　三月二十三日，俗傳為天后誕辰，天后司海運事，凡漁民及有事於海上者，皆敬禮天后無失，而濱海之地獨多廟宇祀天后。余舊家姜竈港即有天妃宮、龍王廟各一所，大父惠愨公嘗運土布，賴民船運輸關外營口，在滬有紗布公所，公所所祀為天后，每年值天后誕，必至滬，與同業奉祀以為常，亦藉此交換營業情報，劃一營業方法。自東倭鯨食關東，通海土布之利漸失，以至消滅，蓋終惠愨公之世，所謂關莊者，亦與之俱廢，今日值此令節，追念往事，感慨無已！

568 一九五八年五月十五日‧外文《紅樓夢》

　　《紅樓夢》最初有英人 Bancroft Joly 之譯本，以 *Dream of the Red Chamber* 為名（1892－1893 Kelly and Walsh, Hong Kong），所譯才得原書之半，嗣後國人王君（Chi Chen Wong）重譯一過，刪節滋甚，殆不及原書四之一，出版者倫敦 Geroge Ronthedge and Sons，無歲月可記。近年德人 Franz Kuln 博士譯為德文，名曰 *Der Traum der roten Kannuv*，英人 Flovence and Isabel

Mchugh 根據德文譯英，由倫敦 Rontledge & Kegan Paul 出版，今日以四十五金得一冊，略翻一過，Kuln 以其人物之多也，男用音譯，如「士隱」之為 Shih Ying，「寶玉」之為 Pao Yu，女用意譯，如「黛玉」之為 Black Jade，「鴛鴦」之為 Mandarin Duck，寧榮兩府謂之 Palace，稱賈母曰 Princess Ancestral，鳳姐曰 Madame Phonenix，妾曰 Secondary Wife，不以 Concubine 稱，為其嫌於西文含義之不甚同於華俗也，至於其他異於常譯文字者，小引中略述之。書有插圖，蓋改七薌所為，取之於漢文原本者也。

569　一九五八年五月十八日・曾履川過訪

曾履川過訪，言曩時授課文商，每週才五小時，所得可五百金，益以新亞兼課，除旅中之需，家人之留舊京者，月可匯款以資其日用。今年文商緊縮，收入大減，新亞以重文史為號，顧所授課程重史不重文，抑文學亦無專任者，僅（牟）潤孫並領其名而已，意在研究所兼講文學，為導師。余觀於研究所諸生之筆墨，有時至無文理可言，治史之外，並及學文宜也，得暇當試為錢先生言之。

570　一九五八年五月十九日・張君勱之近作

讀張君勱《辯證唯物主義駁論》一過，學人之著述也，君勱主辦學校者三，三度被封，初設政治大學，未及四年，為國民革命軍所封，繼因講學於明德社辦學海書院，則為余漢謀所封，又次辦民族文化書院於雲南之大理，復為政府所封閉。為大學教授者再，始在燕京大學，吳雷川以其演辭中有毀謗中央政府之言，則免其教授之職，後在廣州中山大學授哲學，以唯心主義為立場，其時胡思敬則講唯物主義，某日，校長鄒海濱謂南京有人來，將不利於張氏，於是又被迫而出走。又發行報

紙，先辦「新生」，亦為軍警集烈火而焚之。至今寄身加利福尼亞之斯丹佛大學講學著述，亦撰文陸續登載於香港復刊之「再生」，自謂自政大以來，早有意為文以駁之，疲於播遷，困於外患，延而未作者三十餘年，茲以數月功夫，完成此稿，亦平生之素願也。又謂民主國家中，此類書籍，所見不過兩本，則張氏之作為時雖晚，然尚不失其為屈指少數之中之一書也，張氏年已七十，跋文所道如余上述，亦可知其為傷心人也。

571　一九五八年五月二十日・東西世界事變多

旬日間，東西世界事變滋多，尼克遜作南美友好訪問，幾度受辱。黎巴嫩之內亂，中東數處美新聞處圖書館之被焚，乃至阿爾及利亞及巴黎之暴動，其尤著者也，法國潑林朗才為首相，而首都動亂，於是乘機向國會要求非常特權；所謂非常特權者，拘捕任何嫌疑犯之權，任何時間進行搜查工作，放逐暴亂之區任何居民；對於電影戲館餐室施行檢查及封閉。法議會即日以四六二票對一一二票通過此特案，亦自二次大戰以來所僅見也。

572　一九五八年五月二十一日・郎家恒夫婦

郎家恒夫婦以行且離港，故今晚宴集錢唐二先生及諸生之行且畢業者十餘人，宴畢，錢唐二先生皆致辭，略述感謝之義，為郎君夫婦言，亦所以為雅禮會言也。辭畢及余，未能有所增益，乃謝之。

573　一九五八年五月二十二日·羅福頤古尺圖錄

　　羅福頤集歷代傳世古尺[199]，合以今世流行之公尺，互為比例，成圖錄一書，書備原器之拓本，所以存真也。羅書引用拓本，有依原器真形者，加注曰：「圖此實物縮短」，末附「歷代古尺長短比較圖」，備列所取七十二尺形，首具公尺形，而每尺之上，分注公尺若干，然皆縮短，若依圖製實物，只能取其數字，而用今世通用公尺以為準，名其書曰「圖錄」，頗與實不相稱也。

574　一九五八年五月二十四日·新亞圖書館之印

　　新亞圖書館之印，市肆間刻工所作，皆奇劣，余掌館事先後請張伯珩、林千石、雷浪六諸君各治一印，亦都不稱意，以語曾履川，履川謂其友曾紹杰，工鐵筆，且舉所作印存見贈，印存得四百四十餘印，張大千稱其追琢秦漢，不落文何皖浙，雍容大雅，佩玉垂紳，有趨蹌廟堂之致，不為過譽。印存中余所不喜者宋元官印，然亦少匠氣，即懇履川為代求作圖書館印兩方。

575　一九五八年五月二十六日·沈雲英將軍傳

　　蕭山沈補堂豫《蛾術堂集》有沈雲英將軍傳，文曰：「雲英氏沈豫之族祖姑也，系出北莊，父鎮乾公，明道州守備，維時赤眉肆虐，鴟特梟張，雲英隨任左右，密贊兵務。會萬策賈公任都司，中年喪偶，來求匹，鎮乾公以賈籍四川，且齡齒懸

五十年代

199　即《傳世古尺圖錄》。

絕，似難之，懇再三，字焉。未幾就成婚，方匝月，值烽煙四起，將軍歷陳戰守利弊，以深溝高壘為上計，而賈公以先軫之勇，深入敵師，其沒其存，絕無音信，而鎮乾公亦遭羅谷吉之害，將軍披鐵衣，突入重圍，奪父屍而出，忠勇之聲，溢於兩湖南北。上即命領守備事，錫爵將軍，旋念靖邊譙洗廨署，究屬夫人，佐命平陽虎劍，卻嫌公主，遂解職，向西遙祭其夫，文辭淒惋，杜鵑之血，點點皆殷，湘竹之痕，斑斑是淚，慟哭之下，即扶父柩回里，喪葬後設館村左。將軍素通春秋學，吾鄉西河毛鴻博嘗欲從馬融受書之禮而不可得。今集中所載忠貞節孝，四德俱全，所謂雲英將軍傳者，即此也。下簾十餘年，忽一日至白洋觀潮回，曰：吾大命至矣，言迄而逝，年三十九。嗟呼！將軍之行述，志乘載之，廟宇祀之，公卿奏之，即綴文傳奇家無不奪筆而揚勵之，以視木蘭之從征，韋母之隔絳，不啻霄壤矣！」[200]

576　一九五八年五月三十日‧關內本《清史稿》

為館求原刻《清史稿》三年，今日麗樓圖書公司以書來，索值九百元，翻閱一過，則關內本也。第一部為章群等為編製引得之用，所費才三百元，別置聯合書店印之小字本，其值乃逾於第一部之關外本者幾百元，不謂無意中得此難得之本，如其值予之。

---

[200] 「鴟特梟張」《蛾術堂集》（蕭山沈氏漢讀齋，道光十八年版）〈雲英將軍〉作「鴟突梟張」、「而鎮乾公亦遭羅谷吉之害」作「而鎮乾公亦復羅谷吉之害」、「旋念靖邊譙洗廨署」作「旋念靖邊譙洗辟署」、「即綴文傳奇家無不奪筆而揚勵之」作「即綴文傳奇家無不奪筆而揚厲之」。

577　一九五八年五月三十一日・孟心史論《蒙兀兒史記》

　　孟心史（森）先生之〈論《蒙兀兒史記》〉有曰：「史之為
史，六代以前，史家多以一心經緯史實，以鑄一代之史，唐以
後惟歐陽新五代為然。屠敬山（寄）先生此書所得[201]，固多出
於舊史，然其參訂舊史以綜合新材，無一字不由審計其地時
日，而後下筆，故敘述皆設身處地。作者心入史中，使讀者亦
不自謂身落史後，較之心不與全史浹，而以其剪截補飣之文詔
後人[202]，不免孟子所謂以其昏昏使人昭昭矣。」余以請益於孟
先生之後，訪購《蒙兀兒史記》，初得八冊，最初印行不完之本
也。繼得十四冊，檢閱一過，仍為不完之本。倭寇犯我，廠業
被佔，則時以讀書自遣，又得二十餘冊，有孟先生序文，知終
屠先生世，此書未逮完具，書凡百六十卷，有目而缺文字者，
本紀一卷，列傳九卷，表二，卷志存地理一卷，其餘制度，蓋
缺如也。及掌新亞館事，訪求三年，僅乃獲一部，書賈索值至
四百二十元，而只二十冊，絕貴矣，如其值予之，不欲負宿諾
也。既得書，知為新印本，依定價，不能高於二百，未與爭論，
為始求此作，固不限價故也。

578　一九五八年六月四日・姚莘農跋《詞學叢刊》

　　姚莘農（克）過我，示我重刻《詞學叢刊》跋文，辨析音
律，細入毫芒，友好中知言者，饒宗頤、趙叔雍而已。余語莘
農，盍不以實《新亞學報》，莘農首肯。莘農又言，蘊齋妻弟
包成德，擬承接新亞校舍工事，余之於包，嘗聞其名，未之識

201　孟森《蒙兀兒史記》序無「屠敬山（寄）」四字，諒是後加。
202　「補飣」孟森《蒙兀兒史記》序作「飿飣」。

也，亦不知其經營營造業也，無已，請先晤見。二期校舍因原定地形，經已改變，前此擬就圖樣須全部重繪，昨方向港府請地，經始工程，猶有待也。

579 一九五八年六月五日・《黃氏逸書考》

張廣雅《書目答問》卷五，列黃奭《漢學堂叢書》，范希曾補注曰：經八十五種，緯書五十六種，子史七十四種，附高密遺書十四種，皆逸書所輯者。光緒十九年，甘泉黃氏補版本，又注有石印小字本云云，余昔求之十餘年不可得，自掌新亞館事，又以語常見之書賈，今日陳君持《黃氏逸書考》一部，為冊百六十，考其目則有漢學堂經餘一百十二種，通緯七十二種，子史鈎沉八十四種，通德堂經解十七種，後附王鑒父子所著詩稿若干種，蓋即三十餘年來夢想而未見之書，而為揚州朱長圻於民國二十三年至二十六年間，屬葉仲經、周雁石校刊補刻者也。據朱氏之敘，黃右原書成甫竣，即遭洪楊之亂，版寄僧廡，日就於失。有人請右源仲子澧，為之略事整理，捨其不完整及蝕漫過甚者，存二百二十餘種，號《漢學堂叢書》，此殆范希曾所稱光緒十九年黃氏補刻之本，其後輾轉售之邑人王鑒，復為之陸續搜補，兼得江都秦更年鈔目，共增益五十九種，正名曰《黃氏逸書考》，惟王氏疏於校勘，又匆促竣事，缺版斷葉，舉未補正。民國二十年，江淮大浸，版坵於水，展轉歸於朱君，檢點之後，殘失千片，及謀之友人葉仲經，為任校刊之事，歷時二載，書復舊觀。周雁石於揚州故家獲得黃右原手稿二十餘冊，藉以補訂偽謬不少，於王鑒印行之二百八十五種外，復得謝承《後漢書》，曹嘉之《晉紀》二種，並以付梓。周雁石南通人，葉序作於民國丁丑，即倭寇侵我之年也。

580　一九五八年六月七日・王鑒懷《荃室詩存》

王鑒有懷《荃室詩存》，附刻於《黃氏逸書考》之後，有〈登紫琅山支雲塔〉五律曰：「浮圖插雲裏，危絕此躋攀。放眼海天闊，披襟俗慮刪。微陽盪孤影，暮靄鎖群山。歸鳥一何急，吾生任往還。」又〈望海樓臨眺〉曰：「饒有登臨興，危樓倚夕陽。望中辨雲水，山外轉帆檣。海國波難靖，鮫人思正長。乘風在何日，搔首對蒼茫。」引起鄉思，為之愁絕！

581　一九五八年六月八日・我之趙無極觀

陳士文張藝術系趙無極所繪油畫，遍邀友好來院欣賞，以余目之所觸，則粉紅駭綠，采色爛漫，非人非鬼，非樹非木，非鳥非獸，非山非水，非蛇非虺，非蟲非豸，既無形可象，尤無意可會，然而就趙之所成就，謂曾得國際高納琪藝術獎金，謂嘗震驚國際藝壇，被選為世界十大名畫家之一。不知子都之姣者，無目者也，余之於趙無極，自甘於無目者流而已。以其為故人漢生之子，故記之。

582　一九五八年六月十三日・惡五月

西俗以十三日同時為星期五為惡日，多疑者至終日家居不敢外出。國人則以五月為毒月，百事多禁忌，釋氏羽流勸人修善月齋，謂之善月者，諱惡字之刺耳也。《荊楚歲時記》：「五月俗稱惡月，多禁，忌曝床薦席及蓋屋。」[203] 潘榮陛《帝京

203　《荊楚歲時記》「蓋屋」前有「忌」字。日記引文乃轉引自《清嘉錄》。

歲時記略》：「京俗五月不遷居不糊窗格，名曰惡五月。²⁰⁴」顧祿《清嘉錄》：「五月朔日，人家以道院所貽天師符貼廳事以鎮惡，肅拜燒香，至六月朔始焚而送之。有貽自梵氏者，多以紅黃白紙以朱墨畫韋陀鎮兇²⁰⁵，則非天師符矣。」

應姚莘農伉儷之邀，飯於德成街寓所，特客為吳蘊齋，迎璋夫人兄也。迎璋之歸莘農，家人以莘農前娶婦在室，弗善也，勸說百端，迎璋不聽。莘農與前婦離異，繼娶迎璋，吳府兄長鮮與往還。蘊齋之赴宴，今晚猶為第一次，而莘農夫婦有齟齬，不日且分居。莘農移寓翠華樓，迎璋同子女別賃亞皆老街某公寓。人生離會，在此亂世，尋常事耳，獨夫婦之間不能相忍而處，尤令親友所為痛惜者也。

583　一九五八年六月十五日・南通紡科同人

南通學院紡科諸君燕集於高華酒樓，而荔枝角諸廠同學為主人。林承伯、王元照今年正六十，先期有擬為之祝壽者，二君堅辭謝之。駱仰止念老年同學，事不可已也，特置禮品，假今晚燕集之際，舉以贈二君，並屬余致介壽之辭焉。林王二君皆嘗從余習西文，餘則駱君弟子。回憶授課唐閘，今遂逾四十年，而世變之亟，亦無有如此半世紀中之烈者，可念也。

584　一九五八年六月二十日・劉厚生作張謇傳記

七年前於江上達寓所，初見劉厚生所為張嗇公傳記目錄之稿，因借錄實我日記，叔雍聞之，向余索目，余別錄一紙予

---

²⁰⁴　《帝京歲時記略》「名曰」作「名之曰」。日記引文乃轉引自《清嘉錄》。
²⁰⁵　此句《清嘉錄》(清道光刻本)作「亦多以紅黃白紙用朱墨畫韋陀鎮凶」。

之，因其中有南洋路惜陰堂為辛亥革命，拉攏南北之待合所，而叔雍尊公竹君先生則其產婆等語，余為略易文字，忽忽七年，不但不聞劉先生消息，並不聞上達消息，傳記之成否，已在不可知之數？而論近代之政事，明國際之關係，識當世之人物，雄辯馳騁，莊諧雜陳，曩時所嘗親炙，聲音笑貌，往來余心，蓋無時不懷欲得劉先生之著作而供我快讀也。傍晚至三育書肆，有龍門聯合書局出版之《張謇傳記》，正為劉先生近作，亟購而歸，喜可知也。

585　一九五八年六月二十四日 · 柳亞子死矣

　　閱報，知柳亞子死矣[206]。章行嚴、柳亞子皆革命先進，嘗為國人所重，自毛冒民主共和之名，稱霸神州，兩人者，受毛豢養，為文學侍從之臣，蓋毛之在延安，亞子寄以七絕，有「工農康樂新天地，革命成功萬眾和。世界光明兩燈塔，延安遙接莫斯科」之句。毛至重慶，以〈沁園春〉一詞相和唱，報紙宣傳，知者猶眾，書生從賊，不待後來詠落魄書生戴二天之辭矣，嗚呼！

586　一九五八年六月二十五日 · 朱甥振聲來言

　　朱甥振聲來言：自由出版社請余撰張嗇庵先生傳，期以六月完成，約六萬字，酬千二百金，自讀劉厚生先生新著，凡余所知所見所可筆之於書者，十九已詳於劉書；所不詳者，我家與張氏之關係及余私人之感想與余對淮南發展計劃而已。

206　柳亞子卒於 1958 年 6 月 21 日。

587 一九五八年七月一日・《紅樓夢書錄》

銀行結賬日，亦公眾假期。學校放假，余以館中積牘紛如亂麻，赴館竭半日之力，略加整理，然求案頭井然有序，殆非半月不為功也。新書中有《紅樓夢書錄》，號「一粟」者編集，「一粟」不知何許人？其所蒐集有關作品約九百種，分列其目曰版本譯本，曰續書，曰評論，曰圖畫譜錄，曰詩詞，曰戲曲電影，曰小說連環畫，凡七類，較之嚴靈峰編集老子書錄至千餘種者，無多讓也。

張春陔（皇藻）之稱「紅樓」有曰：「《石頭記》一書，味美於回，秀真在骨。自成一子，陋搜神志怪之奇，不仿秘辛，軼飛燕太真之傳，其可讀久而聞其香。……」

588 一九五八年七月十日・新亞行政會議

十時，有行政會議，所議着重應屆畢業生成績，今年始有論文，文高尺許，外文系諸生皆用英文，其不在外文系而用英文者，有徐匡謀，徐文鏡之子，而從唐君毅研究哲學者也。外文系之孫述宇，今年得耶魯大學獎學金美金三千元，其論文題目為 A Study of Geroge Orwell。

589 一九五八年七月二十七日・威尼斯漢學會議

孫國棟得亞洲協會經濟援助，今日行赴意大利，參加威尼斯漢學會議，孫提論文題為「唐宋智識份子之意態與風度之研究」，會期始八月三日，以一週畢事。

前江蘇省立上海中學校長沈君亦珍亦將赴威尼斯之會，錢先生宴之於樂宮樓，陪客有董之英、胡建人諸君，治饌極精，十一時乃散。沈君已應錢先生之邀，允任新亞中學校長者也。

590　一九五八年七月二十八日・藝專師生書畫展

　　晨有雷雨，冒雨至校禮堂，有藝術專修科師生繪畫書法展覽會，諸所陳列曾履川四體書四幅，張碧寒國畫山水兩幅，乃我所喜。趙無極贈畫一幅，莫名其妙，他則自鄶以下，無譏焉。二十世紀之初期，西方有所謂 Morden Arts 者，名目繁多，花樣百出，若未來派、抽象派、印象派之類，余謂人物不能抽象，現世難及，未來未敢隨和，人云亦云也。

591　一九五八年八月三日・桑簡流《西游散墨》

　　珍珠出版社以桑簡流新注《西游散墨》一冊見贈，桑簡流者，水建彤之筆名也。水成此冊，頗自負，謂為梁任公《歐游心影錄》之後所僅有，自此以往亦恐絕後。第二一四葉有葛萊博士引觀倫敦大學所藏漢文書籍：「僅《水經注》即有五種不同版本，原刻楊守敬注疏也在內。」《水經注》版本何止五種，即行素堂所有，明刻有吳琯、黃省曾、朱謀瑋各一，清則戴震、趙一清、全祖望及王先謙合注諸本，繼又得景印之永樂大典本，至楊守敬《水經注》注疏，雖稿成於楊氏生前，當時困於資力，先刻《水經注疏要刪》，未能刻全文也。原稿本有兩份，有熊會貞會疏，一存台灣，未有景印或排行之本，一存大陸，去年才有景印之本，安得有所謂「原刻楊守敬《水經注》注疏」者，且注、註今古字，其字重出，文理之謂何？楊守敬有《水經注圖》，朱墨套印，名著也，似亦倫敦所未有。水君書中，每於西北地理，引申引據《水經注》，似嘗肄業酈書者，然而有此疏忽，殊所不解。

　　又水書言（葉二一五）：「太平天國以後三十年間最大一批，要屬薩陀 Ernest Satow 所藏高麗日本所刻漢文經史子集及佛經布萊克豪斯 Blackhouse 藏書的明版善本孤本有一部《玉海》、一部《二十四史》」，今世所稱二十四史，合《明史》而言

之也，《明史》成於清代，安得有明版二十四史？此蓋可比美宋版《康熙字典》，同堪發笑者。如水君者，年少英俊，於西北地理、英國文學皆有得，而下筆之時，乃自詡自此以往恐亦絕後之語 [207]，何其輕視當世天下士耶？太史公〈魏其武安侯傳〉述景帝語魏其者，沾沾自喜多易，難以相持為重，正可移贈水君。

592　一九五八年八月八日・今日立秋

今日立秋，繼前兩日風風雨雨，迄未終止，據聞香港水塘，無不盈溢。九龍最大之大欖涌尚需十四五萬億乃可滿，說者謂前此大欖涌建造失之周密，漏水過甚，至有今日現象，已經修理有可保不漏之說，是否可靠，有待事實之證明也。

593　一九五八年八月九日・蘭宮酒店

午刻，丁長森來院言，承建部分工程之蘭宮酒店，已於日前開幕，樓高十一層，全部用冷氣流通於所有百三十餘客舍中，邀往午餐，因攜壽兒同去，並約郁鴻鐸同來，治膳平平，惟起坐殊適耳。飯畢觀其樓上華麗之室，用法式佈置者，稱路易十五，套房用華式者，則曰 Mandarin，曰 Dynasty，用現代流行式者曰摩登，賃資日百金，又有蜜月套房，頂舖色磚，陳籐椅，日落閒坐其間，港九全景在望也。

594　一九五八年八月十日・《韓昌黎柳柳州集》

昨得二十餘年前，羅振常景印之南宋世綵堂本《韓昌黎柳

207　「自詡」日記作「自翊」，諒誤。

柳州集》，適唐端正至，余以韓柳集首冊示之，語之曰：「試閱是書，告余誰為兩書集註者？」唐持書出，良久還書告余，廖瑩中作柳集集註，韓集殆出朱子手？方羅氏景印時，卷首紀錄各家題跋至詳，唐即不知檢閱「四庫提要」，寧不能一讀羅列韓集前端諸家之題跋？（唐）君毅舉「參也魯，回也似愚」語評唐生，今若此君毅為失言矣，為之憮然！

595　一九五八年八月十一日・邂逅唐六三

　　為張元和匯寄兌到之款四百九十元於蘇州凌海霞，歸途邂逅唐六三，六三言：此次回港，已逾半年，行前其長姊施伯安夫人，堅屬來余寓訪問，以途中失去記事小冊，不果來，鄰人情重，其意可感。六三離港且五年，久不相見，約與往德輔道牛奶公司小坐，詢滬寓及大陸情形極詳盡。去年曾見亦兒，以黨派故，未有隻字寄乃翁，諸兒女有事可做，即有平淡生活可享，他則不可說、不可說者為多矣。

596　一九五八年八月二十日・久不晤劉百閔

　　久不晤劉百閔，今日邂逅於辰衝書店，原擬邀與俱至金鳳樓頭茗話，劉夫人言今日之來，應費子彬之約，飯於賓閣酒店也，何不逕赴賓閣，坐待主人之至，費君亦熟友，則與偕行，後至者有賓師及律師王君，王與賓師、彬老皆總角交也。賓師言傳世韓集為其弟子李漢所編，柳集則劉夢得所編，李劉為韓柳高第，弟子豈不知師之為文起衰振墮，安編集師文於韓首，感二馬賦於柳首，平淮夷雅者，以理度之，李劉原編兩集，先後次序，決不若是，是則有待於好學深思之士，搜尋證據，以是正其舛誤者也。

597　一九五八年八月二十一日・余漢謀廣廈

　　姚吳迎璋夫人招飲於其新居，屋主余漢謀，前廣東省主席也。予前侷處司丹令道屋頂小室中，正與此屋東西相望，每當夕陽下山，閒步亞皆老街太子道間，時過余氏廣廈之前，閱時五年，乃得一登此樓，樓南樓西，並有寬廣之廊，朱欄繞之，主客雜坐，茗話廊下，極目遠眺，青山雲水，亦塵囂中罕有之居處也。莘農別賃翠華樓為著作之地，不與婦同居，豈所謂穀則異室者耶？今晚來客則費子彬、趙叔雍、柳存仁、饒宗頤、曾履川、楊宗翰諸君子。有劉君，劉烈卿之猶子，自謂曾從敬禮丈服務於大生，事在余離大生之後，宜相見而不相識也。能手相，飯後相余手，謂余於事業應有大成，然而性剛直，不肯與人委蛇周旋，故所主張，恒不能如我意，換言之，實謂余氣度之狹窄，無容人之量，此語正道着余病，今垂垂老矣，即自知其病，無能改矣。末又言今夏心思正惡，入秋漸入佳境，冬夏有意外之發展，大勝從前，其為諷耶？其為過譽耶？姑妄聽之而已。

598　一九五八年八月二十二日・《篛園日札》

　　新書中有《篛園日札》，清人成瓘撰，已往所未見也。成山東鄒平人，與俞理初為至友，日札前冠以俞序，推崇成氏讀書有得，能為深沉之思，其尤深用功者有《易》有《書》有《詩》，有「三傳」「三禮」，有「四史」及六朝諸書，有群書隨筆，就諸書之中，掇拾漏義，考別真偽，刊定訛舛，間以獨得之新義，商務書館複印是書，抑復古之一義耶？

599　一九五八年八月二十五日・駱仰止愛少子

　　駱仰止之少子，才畢業於培正初中，仰止遣之遊學美國，

昨來辭行。今日午後三時，攜壽兒至啟德機場送之。原定三時三十分啟程，以氣象台報稱東海有颶風，遲一小時，候前途消息，則風不甚大，乃行。仰止之愛其子，甚矣，既欲其子之赴美，又恐其忘本國文字，請余為定應讀之書，余為代購《經史百家雜鈔》及梁任公「文集」「專集」予之，曾書有音註，梁書所包者廣，有意於本國文字，二書未嘗不能導入門徑也，特不敢好高騖遠如適之之歷舉四部書至百種以上之夥也。

600　一九五八年八月二十六日・人間世之小滄桑

衙前圍道極西端，有座北向南之十層崇樓三所，皆匯豐銀行行員寓所也。自港當局就九龍灣移山填海新建機場之計實行，啟德機場有劇烈變動，凡來香港之機可用鯉魚門缺口處逕落九龍灣之新跑道，然遇強烈之東風，仍須飛向西方轉東，逆風而降落焉。九龍獅子山南之天空，為東向航行要道，故於岑樓高廈建置，有嚴格之限制，匯豐公寓竣工才十年餘，以過高之故，有拆除之必要。今日午後，閒步及此，則十層已去其七，而巨錐托托，塵土飛揚，似非盡去餘屋，工不止也，沿路至西盡處又折而北，再折而西，猶以衙前圍道稱越喇塞爾道，則與九龍塘新闢之蘭開夏道 Lancashire 直線相連接矣。再西為南北通衢窩打老道，固昔年出入必由之道也。自離沙福道寓所久不經此，新屋累累，多非素識，蓋亦人間世之小滄桑也，如夢云乎哉！

601　一九五八年八月二十九日・舊書之聚散得失

陳兆熙攜舊書十餘種來館，皆余在前寄書目圈出備購者。其中有丁福保（仲祜）藏書一種，陳壽祺（星南、保之尊翁）藏書一種，而蓋有「行素堂藏書」朱印及他諸姓氏別號印乃佔

十之七八 [208]，至此知三十年中心血之累積已蕩泯焉，悉非我有矣！陳君開價亦高，於余當年購入之價五六倍至十倍，聚必有散事之常也，乃余身親聚而復見其散，於我心未嘗戚然以悲，然又為親收而藏之新亞之庫，蓋以新亞之章，常焉而又不常，黯澹神州，政事翻復，波譎雲詭，乍陰乍陽，累變而不一變，愈變愈棘，亦愈棘而愈變，耳之所聞，目之所睹，事事物物，莫不然矣，胡獨於一書聚散得失之失常而戚然！

602 一九五八年八月三十日・胡定芬手相

前中央社記者胡定芬，擅手相術，朱甥振聲曾為從軍記者，與胡相善也。四年前伴余訪胡，胡告余過去事頗有合者，而談余性格尤其中，又謂次年當失足墮地。余行時頗慎，然次年於下公共汽車時，竟失足傷膝，踰月乃愈。今年朱甥來院，意欲入研究所肄業，余為言第一年齡不合格，次則從未習外文，所章早定，不可能以意變更也。余以日來拂逆之事，不一而足，尼甥再訪胡定芬，試占休咎。胡為言在一九五〇年至一九五四年，情形最惡，其時則逆子方得意，營進出口業，設上海進出口行於仁行，偶博微利，便爾趾高氣揚，狂嫖浪費，醞釀破吾家也。自是厥後，處境頗平，今年秋冬間應有一好轉變，機緣之至，須把握牢固，其勢必愈於往年。明年有小小波折，而為時甚暫，即使好轉，從此當有一段佳境，至七十五歲，此其大略也。竊意身任新亞守藏之事，胡能有進境之望，而七十以後，老境中尤難有佳勝可言，胡君如如云云，在余只有靜以待之，不敢謂姑妄聽之以重辱胡君也。

208　「行素堂藏書」下有「(本文作者藏書印)」的補充，應是發表時後加。

603　一九五八年八月三十一日・梁任公書誡徐志摩

今日於童寓又遇張幼儀女士，張君勱、公權之妹，而徐志摩離異之元配也。徐為梁任公弟子，當其離異之前，任公書誡志摩曰：「萬不容以他人之痛苦，易自己之快樂，弟之此舉，其於弟將來之快樂能得與否，殆茫如捕風，然已先予多數人以無量之痛苦。」又曰「嗚呼志摩，天下豈有圓滿之宇宙……當知吾儕以不求圓滿為生活態度，斯可以領略生活之妙味矣。……若沉迷於不可必得之夢境，挫折數次，生意盡矣，鬱悒侘傺以死，死為無名，死猶可也，最可畏者，不生不死而墮落至不能自拔，嗚呼志摩，可無懼耶？可無懼耶！」云云。志摩不從，逕與張離，又三年逕與陸小曼結合，數年之後，任公病逝於北平協和醫院，又二年志摩又乘機北行，橫死於濟南黨家莊，而小曼不耐寡鵠辛酸之味，別嫁一人，染煙霞癖，真至不生不死而墮落至不復能自拔矣。日前閱《真報》黃京者，所作〈梁啟超與徐志摩〉一文，余重有所感，今見張女士已為蘇家婦，徐翁申如先生離異後愛之如女，為之組織女子商業銀行，而使張為之長也，而今茲又如此，世事之劇變，此其一端也，惜乎任公之不及目睹也。

604　一九五八年九月一日・左舜生論梁任公

左舜生有論梁任公語，極精當，其言曰：言宏博與深思，任公不及其師康長素，對國故所下功夫似遠不及章太炎，融會中西不如嚴幾道，對某一方面或某一問題之精闢見解，有時乃不及王靜安，然任公在近代中國人精神上所起作用，卻遠非康、章、嚴、王諸公所能相提並論，其所以如此，乃由於任公熱情洋溢，文字暢達而有條理，而又興趣多方，經歷三十餘年，從未間斷其工作，彼之為中國啟蒙時期大師之一也，決非倖致也。

605　一九五八年九月二日・打風不成三日雨

昨日時有細雨，入夜尤甚，潺潺達旦，氣象台報告三十六小時間，得雨四寸以上，各水塘所儲遂達九十七億加侖。今日上午下午，各有豪雨數度，有此沾漑，塘水盈科，殆非難事。昨日傍晚，氣象台原有颶風警報，高懸台巔，黎明即去，俗有「打風不成三日雨」之說，今茲滴瀝不已，古老傳言，儻非虛語耶？本年初夏，旅居此間者多以雨季少雨為慮，今可安度旱季，不愁無水用矣。

606　一九五八年九月四日・徐瑞南過訪

徐瑞南偕其兄過訪，知為靜老之幼子，前月投考新亞經濟系，以英文不及格，錄為試讀生，略道家事，並及陳滋生，言自其尊公得罪，家遂中落，貨寓中所有物易米。某次，賣櫥一具，不知其中有暗格藏手槍一枝，既為警吏所知，追詢主名，得滋生，審問久之，不獲實情，警吏以私藏軍火罪判刑七年，今猶在縲絏之中也。

607　一九五八年九月五日・《出版月刊》一文之謬

鄧君者，識何家驊，日前訪余館中，詢館內儲書，余與之周旋良久。今日見《出版月刊》有一文，記當日談話，而用筆名，稱「田重文」，所記事頗有錯誤，余雖不學，猶不至荒唐至此也。余謂歐美各國，治漢學者日眾，各大都會與學術機構多有手儲中國書籍之庫，其在美國華府國會圖書館收藏繁富不必論，就余所知，如哈佛、耶魯、哥倫比亞、潑令斯登、芝加哥、史丹佛、加利福尼亞、華盛頓等等，皆有甚多中國舊籍，哈佛即有十八萬冊以上，而鄧君所言乃為「美國國會圖書館單是中文書有十八萬冊」，毋乃相差太甚；又中國地方志據朱士

嘉前年重編綜錄，則全國各圖書館所藏方志即有七千四百十三種，十萬又九千一百四十三卷。美國國會圖書館前數年編印所藏中國地方志亦朱士嘉所為，列入目者三千種弱。今茲朱氏新編綜錄稱有四千種，此在朱氏為專門之學，決其無誤，朱氏二錄皆館所有，何至有八千冊之說，此其尤謬者，當告何君為余轉語。

608 一九五八年九月六日・偽造美紙幣

亡友朱貢三之元配，生二子，長慶曾，次康辛。葉楚傖主蘇省政，創立農民銀行，而亡友過探先為之長，慶曾與楚傖為姨表兄弟，則介入銀行佐理組織之務，至常熟，始設分行，且進一步而長常熟行事焉。數年後，調長蘇州行事，自是厥後，慶曾遂為知名之金融界人物，嗣後貢三之病之逝，醫藥身後之需，其家人恒求助與余，其時慶曾居移氣，養移體，有養親之財力，而於尊親不啻路人，余不能無憾也。今日小歡來，為言乃兄以偽造美紙幣案，捉將官裏去，雖在其寓所及衣服中，未能搜得半紙，其同時被捕之女子某，堅持慶曾為要犯，臨時保釋，法院謂須二萬金，而美領事館尤重其事，以理度之，未易即解也。

609 一九五八年九月八日・輕微寒熱

連日有輕微寒熱，今晨視昨尤甚，以館員人數不敷，勉強至校，十時檢理應行登記編號書籍，才三百冊，事畢而汗出如瀋，自感不支，乃離校就診於陸潤之，潤之為測體溫，詳詢經過，並言昨日傍晚在童府，已覺氣色不正，異於平時，以余未告所苦，即亦未發一言，繼為注射退熱針藥，附以內服藥兩種而歸。午後四時及上燈，各進粥兩盂，中夜有痰嗽，為時不久，能安眠。

610 一九五八年九月十日·謝問病

周銳、李素、何家驊諸君，以余兩日未到館，同來視疾，告以入秋後晚來受涼，醫言至多三五日可愈云。

611 一九五八年九月十一日·洛基菲勒基金會

洛基菲勒基金會代表 Charles B. Fales 及 Boyd R. Compton 訪問新亞，錢院長及諸系主任咸集。院事大概，院長答覆；研究所大概，張葆恒答覆；圖書館大概，余任答覆。Compton 一一記入小冊，談話既畢，參觀校舍一周，而於圖書館尤為注意。晚間宴之於樂宮樓。席間 Compton 又詢藝術系事甚詳。二君之來，事先曾有函約，當我院務日益擴展，而經費來源日益短絀，甚望洛基菲勒基金會之有以為我大力支持也。

612 一九五八年九月十二日·雅禮會代表來港

雅禮會遣 Sidney Lovett 羅維德博士來港，繼郎家恒代表之任，今晨九時，偕其夫人同附威爾遜總統號抵埠，院長以次十餘人，齊集天星碼頭，候總統號舶岸，登舟歡迎焉。羅以七十高齡，不遠萬里而來，於我新亞，當有至鉅援助。羅之在耶魯大學，任職二十五年，素為諸生所愛戴，呼之曰錫德叔，其人有此口碑，其所以異於郎家恒者自可見，此余今日之望也。

613 一九五八年九月十三日·院行開學禮

院行開學禮，新舊諸生已在四百人以上，臨時禮堂已不能容，今日即有侷促之象。羅維德亦來，見此當有所感。院長訓辭於見諸文字者已登載《新亞生活》雙周刊外，今日別舉在院變遷諸事詔諸生，而於提高國文水準尤鄭重導說，終結二語

曰：「學校所能為諸生謀者，一為慎選導師，一為充實圖書，而此二點皆為諸生所當各個努力自奮，以期日進有功。」羅維德亦有簡短演詞，用英語，諸生能了解者，恐不及半數也。

614　一九五八年九月十五日・為羅維德洗塵

新亞校董會午間設宴於香港金城酒家，為羅維德夫婦洗塵，諸董事惟王岳峰未來，岳峰自經營營造事業失敗，遇事退縮，每值董事會之召集，亦輒缺席，新亞建造新校之始，猶偶爾一至，舉其工程心得，為諸董事告，董事會亦推為顧問，希共相助為理也，今則並此一晤亦不易得！岳峰出資為得桂林街幾間屋，使創辦人有所拱手，此德不可忘也。

615　一九五八年九月十七日・新生之會

晨早九時三十分，集諸新生於會堂，伍鎮雄為講學校組織及他諸學生應知各事項，約半小時，余繼講如何應用圖書館，並誠諸生細讀館內閱覽及借書規則，庶各瞭然於公眾應守之秩序，而保全新亞良好之校風。

616　一九五八年九月十八日・九一八紀念日

九一八者，倭寇侵我因而導致第二世界大戰之紀念日也。校中適以是日正式上課，莘莘冑子，祈祈學生，知此意者，有幾何人？雖然我之責人，亦失之嚴。瀋陽之變，去今已二十七年，即退而言，盧溝橋之變亦二十一年，凡此莘莘祈祈者，正當初生，如何了解此種種慘痛紀念日也。然不知此等慘痛紀念之日，又如何能認識新亞之所以為新亞，而寄生於此外國殖民地之尤可警惕而知奮勉自勵也。

617　一九五八年九月二十日・哀江南

老友王象五之子師旦，畢業南通學院農科，以不勝服務通鄉農場之痛苦，奔逃至港，謀以小事糊口，歷時三月不可得，今日得間為言天堂謀生，大是不易；半年中，乃翁已四易其位，局長委員主席之類，不一其號，而所得纔人民幣百餘元，不能供一家需要也。又言：最近自八月十五至九月五日間，上海知識份子之被捕者五萬餘人。又言：大儲棧曾一度為碾米工廠，某夜工人之被捕者十一人，翌日遂不能開工，諸如此類，言之不盡。至其自身所任農場之責，一在東門外，一在狼山附近，每日四時，天猶未明即起，治事兩處相去三十五六里，日必往返，而無舟車代步，體力之不勝無論矣；場號畜牧，有羊豬雞鴨之屬，而飼料不繼，或竟缺乏，是誠所謂無米之炊也。又言江北導淮，一遵俄人所派工程師之方法，主蓄儲水庫之建立，而忽於宣洩，每值桃花水發，或值時雨，立即泛濫，小民無所居息，報紙猶侈言治淮功績，似乎為神禹之所不及也，可哀也！

618　一九五八年九月二十一日・身份證

壽兒從母南來，於今九年，比以香港法律，凡年達十二歲以上，皆須至人口登記局登記，隨即發給身份證。嚴格言之壽兒早二年即須登記，人事紛繁，未暇理也。夏間，託院長室秘書伍君，先期函告登記局，得印就表格填註聲明事項，約期於昨午由岫雲伴兒同去。局中人以壽兒身體過高，以為非十四歲所常見，幸前年冬間，已得法院宣誓年齡之證書，乃順利登記焉。

一九五八年九月二十二日‧第二期校舍

　　午前十一時，羅維德約談第二期校舍建築事，柯克、伍鎮雄亦列席。柯克語余，日前與土地局商洽，知靠背壟道西首高地，須俟兩年後方有機會劃出，協恩北首計議之運動場地，可與另一家學校合用，平山之費，約在十萬元左右，因靠背壟道不可得，擬改科學教室為書畫展覽之室，而添建圖書館屋頂為大會堂。屋頂添加一層，原為圖書館擴充餘地，今茲改變計劃，支持力量能否勝任，此須與專家等商討者也。

一九五八年九月二十三日‧左舜生評劉書

　　劉厚生所著張扶海傳記，左舜生亟稱賞之，所不愜心者，謂劉書結論謂張非政治家，非文學家，且非實業家，則為近於唐突。張之一生，確不以政治文學實業家為限，而確確實實為清末民初四十年間一極有關係之人物。劉好高論，其作此結論，適見其出語驚人之積習耳！左謂張公一生自有重點，甲午之後，其口號為實業救國、教育救國，而着手在其本縣南通，入民國後則以棉鐵政策為號，是即實業救國之具體化，即至今日，其認識仍為不誤。張所用力最勤者，左稱其導淮與墾荒計劃，其事雖成敗互見，而其性質自是十分重要。劉書敘述張公生平，着眼多在其有全國性而忽其有地方性者，因此，對於張公在南通一地之建樹，着墨太簡，是一失也。左先生特提此點，適與余意契合無間。張公常以村落主義為言，則我策既已不能施於國，則當用之於村落之意也。

一九五八年九月二十五日‧兒女債

　　駱仰止夫人自美還，今日持金腿月餅諸物見贈，蓋以季女將產，去美者四閱月，茲又以長兒婦將產而歸，是所謂勤於還

兒女債者。勞人草草,借此一出國門,一觀新世界之所以為新世界,略開眼界,未始非一樂事也。

622 一九五八年九月二十六日・宴池詩集

宴池書至,言匯款已收到,並言此款擬部分還債,伊因前知可能有此事,而未知其何時可來,故未以告我,恐又失約也。《夕薰樓詩》甲乙集正倩人清繕中。余於宴池之反覆修改潤飾,頗不以為然,曾語以不宜改者,意在存一時之真,若一字一句而如彼晚年之意也,則又何取乎有甲乙丙丁之分,宴池未以余言為否,不知清繕之稿,又有幾許存當年面目也。[209]

623 一九五八年九月二十七日・自岫雲之歸我

自岫雲之歸我,今為二十中秋,而流亡南海之時間半之,國事家事之變化,蓋不勝道,其實亦不足道!

六十年代日記

624　一九六一年一月一日・香港・月當頭

元月天陰，上午渡海，遊工展會，今年會場在舊海軍船塢，佔地較廣，曲折緩步，十餘街亦歷一小時有餘，以微雨故，遊客不多，展出之品，頗有新穎者。傍晚至（童）侶青僑寓抹牌，同座陸潤之、蘇記之、賴志泉，十一時畢。出門時，雲破月見，瞬息又逝，今日在太陰曆為十一月十五，所謂月當頭者是也。余等不先不後獲見，亦云幸矣。

625　一九六一年一月五日・以下俱在香港所記・金宗城招飲

金宗城招飲，席間多舊友，金君長於治生商賈，居處未能寬宏，而器皆精好，四壁所張，悉近時名畫家馮超然、蕭屋泉、陳半丁諸人之外，尤多吳子深中年作品。吳今流寓此邦，垂垂老矣，偶爾舉筆，但為蘭竹之屬，青綠山水久矣不見，豈其煙霞之癖損人過甚，遂感精神之散而不復能聚也。新亞之增藝術一系，嘗擬延為教授，以素書（錢賓四先生別號）院長未能踵府敦聘，但致聘書如例行故事，吳亦竟不來，斥院長為嬤云。

626　一九六一年一月六日・港大成立五十年

香港大學成立五十年，舉行紀念典禮，英聯邦大學協會執行委員十九人集體來港。今日午後四時半過新亞訪問，校長與蕭約諸君導遊一週，即在圖書館舉行茶會，聯合書院亦以主人地位來校相助接待，七時乃散，又聚餐於樂宮樓，是日與余接談最久者，加拿大 Maegill 大學副校長 James 博士而已。

627　一九六一年一月七日·牟潤孫與豐澤園

　　館同事周銳君將於月內赴歐美參觀圖書館，期以六閱月歸國，其行途費用，由洛基斐陸基金會供給。今晚七時，館員齊集赫德道豐澤園為之祖餞，余至時，邂逅牟潤孫，即就其席間小坐，並託轉語園主，選取適口而值不過高之品，園主原為牟先生故人，得其首肯，舉凡席間所陳，大致無不佳妙，皆稱口福之不淺也。

628　一九六一年一月八日·梁敬錞筆名「萍客」

　　近年於《天文台》雙日刊中，時見「萍客」文字，此君留寓美洲，其談政治，情事深入，而以淺顯文字表達之，此固異於尋常談瀛者流。比又為現代史作考證，諸所引據，有本有源，如珍妃投井事，尤最近之長篇大作也。考其身世，則我師梁伯通（孝熊）之長君，名敬錞，字和均，萍客其筆名也。余年十五，初應廳試，梁師方為海門廳同知，豫試者逾千，拔置第十名，先大父甚喜，以為家孫可希青其衿矣，其秋科舉罷，次遂入南洋中學，去今五十六年矣。

629　一九六一年一月九日·香港大學慶祝銀禧

　　香港大學慶祝銀禧，以今晨開始，港督以當然校長資格，授予劍橋大學副校長 H. Butterfield 以文學博士，侯寶璋教授及馬來亞大學副校長 Oppenheim 為理學博士，Rending 大學校長 Lord Bridges、倫敦大學校長 Douglas Logan、Madres 大學副校長 Sir A. L. Mudaliar、香港教育司高詩雅及崇基校長容啟東等五人為法學博士。英制大學校長類推有爵位或行政首長任之，而副校長實為主持校政之首領，今日牛津大學校長，首相麥美倫實尸其名。港大校長，港督居其名，而萊德博士以副校

長掌實權。此次英聯邦大學協會來此參預大會者，多擁副校長之號，知英人傳統方法者，則類知其為首長人物也。

Lord Bridges 為名詩伯 Robert Bridges 之子，亦 British Council 之首長，今日午後由 British Council 之香港代表 R. F. Lawry 伴同來訪新亞，亦至圖書館巡視一周，極承其稱道云。[210]

630 一九六一年一月十一日・新年美國國會

美新總統之競選，甘迺迪以甚少之多數勝尼克遜，新年，國會開會，例由參眾兩院諸議郎聽取主席之官式宣佈總統與副總統之當選，主席人則上任副總統尼克遜其人也。尼氏之言曰：「百年以來，以總統候選人而宣佈誰當選總統，今茲為第一次，事為民意之歸，未當選者自應順從輿情，而贊助當選之人，本人同時致其最高敬意。」眾院議長雷朋及諸列席者皆鼓掌雷動，雷朋語尼，自為議長以來，聞言而鼓掌，茲為第一遭。

631 一九六一年一月十三日・安南四分五裂

安南在秦漢時已為中國郡縣，後號自立，亦為中國藩屬，其政府制度、通行文字、考試方式，大都依據中國，今日存在之文獻，有足徵也。自為法人據為殖民之地，猶存王室之舊。第二次大戰以後，所謂交趾支那者乃剖為三國，沿東海岸之區，猶稱越南。其西北曰老撾者，稱寮國。其南曰簡蒲賽者稱高棉。迨越共起事，又分越南之北為越盟，胡志明為之首長。其南猶仍越南名，吳廷琰為之首長。越南自稱為大南，吳氏未

210　此則日記下有「編者」補充文字：「編者按：本文作者其時方任新亞書院圖書館館長。」

632　一九六一年一月十五日・棉貴紗賤

　　晚八時，參加南通大學同學會，聚餐於遠東飯店，至者五十人，同席左右為楊之漢、李文立、楊錦谷、程詒孫諸君，偶及紗廠近來營業，皆以棉貴紗賤為慮！凡成立較久諸廠積有盈餘，一時紗賤之現象影響尚輕，新辦之廠則樹基未定，廠無餘儲之棉，若無充份之流動資金，自不免於捉襟而肘見，一般新聞紙之報導，猶未能言之中肯也。

633　一九六一年一月十六日・華僑廠之前身

　　程詒孫所主之廠，以華僑為名，其前身則李申伯創建之新生布廠也。方李掌大生一廠時，好為大言，諸所興革，或利或不利，其最堪稱道者為重建天生港電廠一事，後為吳積咸得罪嚴惠宇解職，心不能平，託故謝去。日寇投降後，由重慶東還，長中紡工務處，意氣甚豪。未幾赤禍至，則南下自營新生，不數年虧負累累，不得不捨而之他。余嘗遇之於途，李謂信服真主，儼然修道之士口吻矣。

634　一九六一年一月十九日・稽哲君過訪

　　稽哲君過訪，言南洋大學之創立，原為華僑子弟高等教育造就之地，自星洲獨立，一切官文書側重英文巫語，雖以華僑之眾多，未能佔政治優勢，或且謂即治漢文，白話已可應付，不必耗有用之精力於傳統之古文也。抑新邦肇始，他日各界人才，應就地而取，不必外求，工商界然，教育界何獨不然，稽君以為即此而觀，國學之學習研究於南大無望，已歷任四載講師，至此不得不姑捨是而挈眷返港矣。

635　一九六一年一月二十二日・甘迺迪就任演辭

美新總統甘迺迪就任演辭,頗為舉世所稱道,甘氏呼籲美國人民保持強大準備犧牲,其所主持之政府將不問任何代價以保衛世界自由,又謂將邀共產國家攜手爭取和平,毀滅核子武器之威脅,置於國際管制之下;同時警告各盟邦,我人不可示弱於共黨之前,不因恐懼而協商,亦不恐懼協商。又告國人,毋多求備於國家,但當各盡其力以供獻於國家。全文才千四百言弱,言簡而意賅,為人所稱宜也。書言:知之匪艱,行之惟艱!今後四年中,我人將拭目以望之。當艾森豪之就任時,嘗有解放鐵幕後人民之豪語,在職八年,成就如何?共產專制手段今愈於昔者幾何?甘氏之言善矣,且靜觀其力行之如何耳?

636　一九六一年一月二十四日・農圃道郵政分局

與新亞望衡對宇,有農圃道郵政分局,今日投書至其地,則局內小包堆積盈室,詢其物,為油、為糖、為其他食物,投寄之地多為大陸,而粵省尤多,蓋大陸糧荒日甚,待留寓於茲之親屬依時寄發,略濟鄉人之不足。說者謂總港僑所寄食物包件,日可十萬磅,所謂人民政府者,亦承認一九六〇年食糧生產,未符預定計劃,正擬向澳洲購小麥三十三萬噸,向緬甸購米三十五萬噸,向加拿大購買大麥十二萬噸云。

637　一九六一年一月二十六日・唐君毅宴客

唐君毅宴周銳於其寓所,同座李素、王佶、蕭約夫婦及余,又主婦與其女公子,凡九人。席終人散,已鐘鳴十聲,循街北望,則新亞南北大樓上下燈光通明,兩處高樓為男女宿舍,此時諸生尚未就寢,猶可說也;然所有教室此時無課也,而亦處處光明,則不可解矣!適蕭約同行,亦言應責主庶務者

前後巡視，應熄者熄，以減浪費云。

638　一九六一年一月二十七日‧香港中文大學命名

香港中文大學創興之號，洋洋盈耳者數年於茲，或謂崇基、新亞、聯合，三院聯而為一大學，可於一二年間實現，英人遇事遲緩特甚，此時此地多一學府，期與香港大學並駕齊驅，必不為港當局所喜，微特教育費用因此大增，於今港府加稅聲中可知其難關正多也。本日有校務會議中擬具大學校名，以供各院採用，賓四校長輒取「東方」二字，眾皆贊同，余曾以「九龍」為言，校長言聯合地基在港，決不同意，故遂捨棄云。

639　一九六一年一月二十八日‧趙叔雍星洲歸來談

趙叔雍兄歸自星洲，傍晚枉顧，暢談別後種種，歷二小時不倦。叔雍主馬來亞大學漢文講座三年矣，然以國人之久留彼邦者，非賈即工，以言故國文化，正是難得解人，故雖身處大庠，而有寂居寡歡之嘆！又舉一事謂我，今年歲首，當地某名士著論載諸報端，稱建安一小縣耳，而人才輩出，文人之成大名者，有建安七子云云。後漢有縣以建安名，清為建寧府治，民國廢府之號為建甌縣，此名士為閩人，或知有建甌縣，而以漢獻帝年號與建甌縣混合為一，是並《三國志演義》亦未寓目者，何其孤陋寡聞至於斯極，是可嘆矣！

640　一九六一年一月二十九日‧曾履川感事詩

曾履川君於同光詩人中，推崇我鄉范伯子，四年前屬余為集范先生遺事遺墨，余乃函乞表兄黃松庵代訪。日前得松庵書，謂編次范先生行年紀事成，苦於繕寫之人乏資供給，余

以松庵書示曾，曾則寄二十金予之。履川成一詩，詩云：「長公天人姿，詩炳如皦日。哀吟動九州，算僅過五十。迆遭了一世，佳傳嗟未出。黃侯誠好事[211]，搜討善乘隙。行實紀編年，羅羅見今昔。學詩獲餘論，往侍延陵席。微傳承未能，愧咤思面壁。」

　　履川又有〈大陸親故索寄食物感賦〉一詩，詩曰：「愁雲彌赤縣，驚風飄白日。飴膏煩郵致，達八苟寄十。芳洲珍錯積，一一神皋出。政苛虎出柙，食盡鼠逃隙。道殣痛相望，彼昏瞀仍昔。政巢及闓獻，大盜例相席。援拯問何方？萬家餘立壁。」兩詩皆用東坡壁字韻，疊叔雍自海南寄詩，上詩十疊，此詩二十五疊云。

641　一九六一年二月一日・訪王植波東南亞歸來

　　王植波離港九月餘，昨於報端新聞中悉其言旋，今日往訪之。植波言：此次出遊，意在鬻字，時亦為學術之講演，初至菲列賓之馬尼剌，繼至越南之西貢，最後至泰國之曼谷，各留三月。越南之行，則以杭立武大使之聘請，為文化之宣揚，在曼谷乘車與人相撞，車幾毀而己亦傷，就醫經旬乃愈，受驚而幸免於難，猶為幸事也。

642　一九六一年二月六日・明李卓吾自贊

　　明代李卓吾才高而氣豪，其自贊一文，殊率真可誦，亟轉錄之，以實我記，贊曰：「其性褊急，其色矜高，其詞鄙俗，其心狂癡，其行率易，其交寡而面見親熱，其與人也，好求其

211　「侯」日記作「候」，諒誤。

過而不悅其長 212，既絕其人又終身欲害其人 213，志在溫飽而自謂伯夷叔齊，質本齊人而自謂飽道飫德，分明一介不與而以有莘藉口，分明毫毛不拔而謂楊朱賊仁，動與物忤，口與心違，其人如此，鄉人皆惡之矣。昔子貢問孔子曰：鄉人皆惡之，何如何 214？子曰：未可也，若居士其可乎哉？」

袁簡齋亦有自嘲一聯曰：「不作公卿，非無福命都緣懶；難成仙佛，為愛文章又戀花。」215

643 一九六一年二月九日·宋范成大樂府〈祭灶詞〉

宋范成大樂府〈祭灶詞〉：「古傳臘月二十四，灶君上天欲言事。家有杯盤豐典祀，豬頭爛熟雙魚鮮，豆沙甘鬆粉餌圓，男兒酌獻女兒邀，酹酒燒錢灶君喜，婢子鬥爭君莫問，貓犬觸穢君莫嗔，道君醉飽登天門，杓長杓短勿復云，乞取利市歸來分。」216 以余少時，目睹歲以二十三日夜間，送灶君上天，猶彷彿范成大樂府之所云云也。自留寓上海，已不復有祭灶之事，鄰居戚友之家尚有行之者。今者石油鋁鍋，一切簡易，祀神之舉，淡焉忘矣。

212　「好求其過而不悅其長」《焚書》（明刻本）作「好求其過而不悅其所長」。

213　《焚書》（明刻本）此句前尚有「其惡人也」四字。

214　「何如何」《焚書》（明刻本）作「何如」。

215　「又戀花」《楹聯叢話》（道光二十年桂林署齋刻本）作「及戀花」。

216　《石湖詩集》（愛汝堂本）：「古傳臘月二十四，灶君朝天欲言事。雲車風馬小留連，家有盃盤豐典祀。豬頭爛熟雙魚鮮，豆沙甘鬆粉餌團。男兒酌獻女兒避，酹酒燒錢灶君喜。婢子鬪爭君莫聞，貓犬觸穢君莫嗔。送君醉飽登天門，杓長杓短勿復云。乞取利市歸來分。」與日記引文略有出入。讀者互參第1010條。

644　一九六一年二月十二日・可驚之言論

英人經二次世界大戰，雖皆勝，元氣大傷，其最難堪者，
所有殖民地大都獨立，昔所恃為外府者，於今不復能予求，保
守自強之艱苦，惟盼世間和平之永久。其所謂政治家者，知自
力無可伸張，則抱姑息主義，以圖一時之安逸。近日外長賀謨
聲言，如願一九六一年避免世局之緊張，唯有讓中共參加聯合
國，此意經與美諮商得其同意，其在美國，國務卿亦言，美願
中共參加裁軍會議，凡此言論，皆可驚也！

645　一九六一年二月十三日・夏書枚來訪

館友為港大五十週年紀念冊徵文信稿排印竣事，晨訪劉
百閔，持印件歸之。返館見夏書枚，相候已久，閒談間知與系
主任某君頗有違言，書枚亦輕之，謂某君學問盡在書目答問表
面功夫，與書中內容隔膜殊甚，而乃自詡專長，責人無已，心
不能平，蓋牢騷之情，溢於言表。余以埋頭書庫，校中人事糾
紛，初無所見，更無所聞，好言慰之而已。

晚應叔雍之召，飯於遠東飯店，繼復茗談於美麗華，文藝
掌故，無所不及，十一時返。午前繁悶之情，一掃而空。

646　一九六一年二月十八日・叔雍用東坡壁字韻詩

曾履川以叔雍寄詩，用東坡壁字韻和詩疊韻至三十四首
之多，已用聚珍版排作《頌橘廬詩存》二十一卷。日前詢叔雍
繼曾酬答成詩幾何？叔雍謂已成十六首，俟返馬大，當續成
若干，不讓履川佔先也。叔雍原作題曰〈南來輒作午睡，用東
坡贈海南息軒道士韻〉，詩曰：「夜睡初不遲，晝寢猶半日。惡
癖不能成，歷歷逾六十。偶然破曉起，坐擁晨曦出。金雞搏
玉兔，信以駒過隙。心澄萬念杳，酣癡了今昔。圖南誠異人，

安能與奪席。且試師達摩，窮年面山壁。」此詩載入馬大中文
學會學報——珍重閣集外詩，詩前有小敘曰：南天邂跡，春
秋三度，寂寥牢落，竊附於東坡之居儋耳！興有所屆，每事吟
詠，則和蘇詩，亦知蘇多和陶，將為習靜進德之資耳云云。

647　一九六一年二月二十六日・語言種類

　　美國首都喬治華盛頓大學研究近代語言學者謂，今世行用
之各種語言，計凡三千至六千種，其中每一種人操其方言逾百
萬人者佔二十九億人，語言種類亦百三十七，此百三十七種語
言中，中國國語佔數四億六千萬人，英語佔二億五千萬人，印
度斯坦語佔一億六千萬人，西班牙語佔一億四千萬人，俄羅斯
語佔一億三千萬人，德語佔一億人，日語佔九千五百萬人，亞
刺伯語佔八千萬人，畢加利語 Bangali 佔七千萬人，葡萄牙語
亦如之，法語佔六千五百萬人，意語佔五千五百萬人。

648　一九六一年二月二十八日・香港調查戶口

　　香港政府開始本年份調查戶口，參加調查工作者，取材於
中上各校諸生為數什九，總凡萬二千人，去冬分別受訓，新亞
諸生之報名參加者且百人，故校中自今日始放假十日，但各單
位辦事人仍須以上午到校辦事，如寒假期內之例，下午則以一
人輪值。

649　一九六一年三月四日・羅維德為校謀者忠

　　今晨以本校依本港新頒上專學校法令，應重行辦理註冊手
續，集會研究校章，其大體須遵教育司前年擬發之草案。與議
者錢校長、吳俊升、蕭約、王佶、楊汝梅、伍鎮雄、張丕介
與余，而蘇明璇為任紀錄，歷三小時未畢，將以下星期二午前

繼續研究。當前年夏間初議此項草案時，集會六次，費時四小時。其在教育局署會談者亦六次，有錢校長、羅維德諸公出席，余未預焉。羅長於余一歲，冒暑從事，會議始終不倦。一日會後，耳轉聾不己知也，詢賓四校長曰：君等尚在接談乎？校長曰然。羅曰：胡余無所聞？靜息良久，乃復聰，於此可見羅之為校謀者忠也。

650 一九六一年三月十六日 · 曾履川詩詠杜鵑花

南國初春，紅棉盛放，余每日經亞皆老街，沿通衢必見之，此邦特有之花也。他則杜鵑花開，亦早於江南。香港兵頭花園，花叢累累，紅白與藍，各色畢備，此時尤燦爛可觀。曾履川以杜鵑花命題，課學詩諸生，又自為擬作二絕，其一曰：「飄飛十載客無家，海墮春風拂鬢斜。故國魂迷歸未得，蠻山紅老杜鵑花。」其二曰：「老對名花意每慵，如花人遠渺難蹤。枝頭點點啼春血，化作蓬山夢萬重。」

651 一九六一年三月二十三日 · 香港 · 孟心史之言

近世學人，余所信服者不過二十人，常州孟蒓孫先生，其一也，所著《心史》（叢刊）尤多發明，反覆讀之，蓋不下三五遍，其於清代科場案輒發感慨，如諸凡汲引人才，從古無以刀鋸斧鉞隨其後者，至清代乃興科場大案，草菅人命，無非重加其罔民之力，束縛而馳驟之。又曰：漢人陷溺於科舉至深且酷，不惜借滿人屠戮同胞，以洩多數僥倖未遂之人年年被擯之憤，此所謂天下英雄入我彀中者也云云。若蒓孫先生生今之世，不知執政者借人民之名而實加其罔民之力，草菅人命，感慨又何如？

652 一九六一年三月三十一日・香港・陳寅恪《論再生緣》

　　陳寅恪名詩人散原先生之子，長於史學，其著作之已出版者，有《唐代政治史述論稿》、《隋唐制度淵源略論稿》、《秦婦吟校箋》、《元白詩箋證稿》等書。當今淹留大陸史學名家，或與陳援庵垣並稱，或以為尤勝於北陳，觀其撰述，輒以稿名，則其撝謙美德，殊非其他學人所可幾及。惜乎抗戰末期，雙目失明，赴英求治，迄未痊復。頃又見其《論再生緣》一書，藉放翁趙莊之故事，舒胸中抑鬱之情，諸書中所謂衰年病目，廢書不觀，唯聽讀小說消日，偶至《再生緣》一書，深有感於作者之身世，遂稍稍考其本末，草成此文。承平豢養，無所用心，忖文章之得失，興窈窕之哀思，聊作無益之事，以遣有涯之生云爾。又自述其讀《再生緣》之感想曰：有清代，乾隆朝最稱承平之世，然陳端生以絕代才華之女子，竟憔悴憂傷而死，身名湮沒，百餘年後，其事跡幾不可考。江都汪中者，有清中葉極負盛名之文士，而又與端生值同時者也，見其作吊馬守真文，寓自傷之意，謂榮期二樂，幸而為男，今觀端生之遭遇，容甫之言，其在當日信有徵矣云云。

653 一九六一年四月三日・以下俱在香港所記・《知堂乙酉文編》

　　書肆送校書中，有《知堂乙酉文編》一冊，周作人著作，近年幾乎絕跡，其為某君作序，自謂方譯日本十世紀時隨筆曰《枕草子》者，可二十萬言，猶未殺青，十餘年來，此為聚精會神之品，成書之後，宜有可觀。其零星簡短文字，集為草葉集，不久或可付印。乙酉文編之成，時在一九五二年，其文字大都為乙酉之作，其年為民國三十四年，則倭寇投降而周君為華北教育督辦身被縲絏之年也。卷首冠以致人書，談論民間信

仰，甚有所得，蓋所謂邪教，其初每每出於農民痛苦之呼號，及其壯大，往往變為聚財漁色之行為。卷末〈日本管窺之四〉與〈日本之再認識〉相為表裏，亦為着力之作。文中指出日本國民性是宗教的，其行動往往感情超過理性，近於瘋狂，實為其失敗之原由。知堂自謂：關於日本民族之矛盾現象疑惑不解？日人愛美，其於文學藝術、衣食起居，皆可引證，何以在中國之行動又如此其奇醜？日人甚巧，觀其工藝美術而可知也，然於行動又如此其奇拙？日人喜潔，國內浴池之多，他國無有也，但其行動又如此其髒，卑劣之象，使人不堪，是真天下之大奇事。舉例言之，如藏本失蹤，如河北自治，如成都、北海、上海、汕頭事件，如所謂特殊貿易，如公開賣毒，皆其明證而非誣也。日人五十嵐力謂日本民族喜明淨，如上所舉諸例，則其在華行動，無非黑暗污穢歪曲，此又何說也？知堂作此文時在民國二十六年六月，大規模軍事侵我正將發動，當日情形，知堂視為一反動局面，分析言之，一為反中國文化，即是對於文化革新之反動，二為反西洋文化，即是對於明治維新之反動。凡人未嘗不推重日本文化，自有其獨立之地位與價值，其以中國及西洋文化為根本，要為事實，而漢文化影響又大，蓋年代久遠，所入者深，所及者廣也。日人常以書畫美術等中國系統文化示西人，又以機器兵械等西洋文化示中國人，於其所特有之神道教精神反提不出，人亦鮮有顧而問之者。實則此正需要發揚表彰，求為右傾運動之靈魂，唯此為宜，則亦不妨視為日本之國粹，斯為知堂旁觀之見解，謂日本文化之清談可也，謂為日本國民性真有認識，則謝不敏矣！

654 一九六一年四月八日・上書校長請款充實圖書

大陸政權，長於羅雀掘鼠之技，為充實軍備，舉凡民間可以易取外匯之物，必盡心竭力而致之。近來因紙張缺乏，出版物漸少，甚至已成交之紙版，亦運香港，囑所屬書局付印行

世。國內書局以生機日蹙，則建議向民間尋覓舊書入官，名為利國，實亦便己。日內香港之某某齋偶有舊書，不乏舊家珍藏之本，其來有自。余因上書校長，請於豫算之外，設法提出二萬元，專供圖書充實之用，俾劫後殘餘之典籍，猶可及時保存，故國寶貴之文獻，免於流落異邦，計從權宜，爰建斯議，以意度之，校長必能採及此策，不致坐失此偶然之良機也。

655　一九六一年四月十五日・朱甥振聲來校

新亞友好知余生日者蓋鮮，兩週前，朱甥振聲來校，請以生日晉一觴為余壽，未之許也，朱甥至今未諒余不欲多事之故，迺語何君家驊，何君又以告在館諸同仁，諸同仁則面約會餐。本月二日，以先期有王植波預約謝，改期至八日，又以郁鴻鐸之招謝，前日又以請。余與諸君固朝夕共事者也，不可以拒人於千里之外，乃勉應焉。今午會餐於西貢街大元飯店，至者李素、吳庫田、蘇啟森、徐子貞、王光一、何家驊、蔡致蘭、羅夢冊、赫世英及振聲夫婦，主客十二，盡歡而散。大元為東江菜館，李素君與其女店主有舊，故所治諸品多可口。

656　一九六一年四月十六日・李北濤之日本觀

一週前，偶與李北濤談日本人性格，亦繩知堂老人乙酉文編涉及觀察日人之議論，頗多可取者。北濤不以為然，並申其說曰：半世紀前，中國留日學生漸多，日人則於其所入之校，別為中國留學生另設一班，甚且別設學校以容之，俾與日人不相雜處。故儘有國人在東多年，而於日本風俗習慣文化等等認識不清，或竟懵然無知。知堂或勝人一籌，然於評論中肯猶有所未盡也。

657 一九六一年四月二十三日・蘇東坡居上巳紀事詩

今日休沐，意欲渡海登山，又值細雨濛濛，行不得也。東坡謫居儋耳，上巳修禊，無可與侶，曾遇一老秀才共飲，有詩記其事，詩前有小敘曰：「海南人不作寒食，而以上巳上塚，余以一瓢酒，尋諸生皆出矣，猶有老符秀才在，因與飲至醉，符蓋儋人之安貧守靜者也。」詩曰：「老鴉銜肉紙飛灰，萬里家山安在哉？蒼耳林中太白過，鹿門山下德公回。管寧投老終歸去，王式當年本不來。記取城南上巳日，木棉花落刺桐開。」

658 一九六一年四月三十日・孟心史先生遺著

館存《清史講義》一冊，孟心史先生森之遺著也，原為鉛字排印，脫誤至多，余喜心史文字，極愛重之，意將為之校補而重印焉。今見台北正中書局有吳相湘校讀之《清代史》，吳君，孟先生北大弟子，即仍《清史講義》之舊而校補其脫誤者。講義原本無第六章光宣末造，吳校《清代史》亦然。然吳書增清初三大疑案（即太后下嫁、世祖出家事考實、世宗入承大統考實），海寧陳家與香妃考實，猶孟先生《心史叢刊》之遺意。海寧陳家一篇，成於民國二十六年八月十九日，時則倭寇侵我，人心皇皇，而孟先生猶從容作此文，以存清代掌故一節，於以見信道學人之態度為難幾及也。文後附言：「同人謂南北消息不通，傳者謂北方教授多微服出奔，屬余作一文如期出版，且證明在平之不棄所業，以示國人，故樂為之書。」其香妃考實一篇，亦成於二十六年之春。是年孟先生政七十，北大師生共慶壽辰，先生於篇端有注曰：「森以年齒日增，老將至而耄及，方切愧悚，乃蒙同仁同學，獎飾逾恒，無以為報，願作一較有興趣之文，以供撫掌。特拈此題，冀承刮目，惟題佳而文恐不稱，尚祈垂諒。」

上月，英聯邦諸教育家及港禮聘之 Sir Duff Dr. Mellenby 到新亞視察，每以外文書既少而陳舊者多為言。或應之曰：校之創始，端賴數窮書生者熱誠集合，豈但無書，抑一切日用必要生活之具而無之，賃廉貧民之窟，居於是，食於是，講學於是，治事於是。竭累年之勞，乃得外援，始亞洲協會，繼以雅禮會，又繼以哈佛燕京學社，於是乃有新建之校舍，必要之漢籍，初無餘力購置外文之書。其有捐贈者，以牛津、港大開其端，耶魯、亞協繼之，來書必珍視而藏焉，敢以新舊為挑剔之準繩乎？自前年獲港府之資助，乃有三千金之豫算，然港府實撥之款，全年不足二萬元，而圖書館一切開支，咸取給於此僅有之二萬元弱。及至去冬，方有洛基法洛基金贈予之美金萬元，指定購置人文科學圖書，今春乃函託耶魯圖書館代負就近購買之責。書且踵至，非復陳舊捨棄之物。先是英國文化協會捐助英金百鎊，校請專置數學諸書，以備新開數學系之用，次又捐二十五鎊，專供英普通雜誌七種之用。今又獲悉駐港代表勞萊君來書，謂文化協會擬捐贈三千鎊，任由新亞選擇所欲得之書，惟著者必須限於英人，此點與洛氏大異；然以英人願以三千鎊贈一華人學校，至可感也。

李孤帆過訪，持所著《勺廬自傳》一冊為贈，孤帆為天主教友，嘗欲集清代教案彙為一書，惜新亞館藏鮮有宗教性之著述，無以應其求也。孤帆又語我，林語堂近治《紅樓夢》甚勤，新有造述，余亦未有所聞。由日前左先生舜生出售所藏小說，余為館得其一部分，其中關於「紅樓」之書，蔡子民、俞平伯諸作咸在，蔡書後附〈董小宛考〉，孟蒓孫先生所著者，文長萬七千言，余最初於「叢刊」見之。

661 一九六一年五月二十二日・先王父百二十歲生忌

浴佛日，亦先王父惠愨公百二十歲生忌也。小子流浪南海，遂已十有三年。當宣統二年餘德堂落成之日，先王父政七十，嗇公贈壽聯有「視我諸兄十年以長；與佛四月八日同生」之語。不及逾年，王父棄養，家亦中落。小子才學，俱不足道，未嘗不興重振家聲之念，而數十年中，變故多端，倭寇侵略之後，繼以赤禍滔天，餘德堂夷為平地，王父墓園亦被發掘，洪水猛獸交流於禹域，邪說暴行之作，使民無所安息，值茲史策前所未有之大亂，豈獨小子一人一家之憂而已！迴憶往事，悲傷何極，書此數行，聊志我痛！

662 一九六一年六月二日・周士心枉顧

周士心枉顧，為言上週余所請願，已得董之英君同意，除故宮名畫大片之外，並可為校再購日人之《南畫大成》一十六冊，特《南畫大成》雖為舊製，而書肆索價高至千九百餘元，即一月以前，智源書局報價亦只千二百元，轉瞬之間，相去七百金，殊可駭異耳。

663 一九六一年六月三日・中文大學籌備委員會

今日晚報有港督委任中文大學籌備委員會之消息，以關祖堯為主席，三院校長為僅有之代表，餘則教育司唐露曉、華民政務司麥道軻、港大註冊主任梅樂和、中上學院顧問毛勤、署理副工務司摩頓、港大副校長賴德、助理輔政司羅維，李耀祥、諾頓、尹耀聲，而以輔政司署韋碧福為秘書。人事安排，大抵為毛勤個人之主張，有中文大學之名而籌委會人物中國人居少數，亦一奇也。

664 一九六一年六月四日‧歐人諷甘迺迪傳單

甘迺迪就任總統時，自言爾今而後，對外交涉將往常外交途徑是賴。意謂一國元首無取大權獨攬，如艾森豪去年受辱於巴黎之會，前車之可鑒也。既而麥美倫來訪問，德總理愛登諾繼之，甘亦北會加拿大總理，昨又訪戴高樂於巴黎，又東飛維也納，與赫魯曉夫相會，自食前言矣。歐人真願和平者多，亦有惡甘多事，作為傳單以諷刺之，其文曰：「一九四一年雅爾達，羅斯福出賣東歐於斯太林；一九六一年，甘迺迪將出賣西歐於赫魯曉夫；我歐人不忘雅爾達！」余於新聞中覺此語最有意義，亦但願維也納不為雅爾達第二。

665 一九六一年六月十一日‧麥克阿瑟致辭

日前，紐約工業家聚餐年會中，麥克阿瑟致辭，謂美國在韓戰中未有決勝之志，以致中共遂為強大之軍事巨人，依當年美國軍事力量，可以徹底摧毀中共武力，果能遂行此計，則本世紀內遠東和平可以確保，越南之分裂、寮國之危機不致發生，我人可勝而不求勝，徒使中共坐大。昔日無端放棄勝利之機會，自不免有苦果之隨至，我人今後決不可再犯此類錯誤，前車之覆，後車之戒，韓戰教訓及其必然之後果，我人所當深念也。

666 一九六一年六月十四日‧陶蘭泉景刻古書

毘陵陶蘭泉湘，仕於清末光宣之交，以鄉誼與盛杏蓀交最密，先後獲優差不絕，因是宦囊至豐，而雅嗜縹緗，四十年中，積藏綦富，傅沅叔（增湘）亟稱之，以為鑒別之精，蒐采之富，有推倒一時豪傑之概；尤喜景刻古書，余之所得者才二十餘種，不能盡其流傳之佳槧也。某日，偶與其嗣君蔭承相

值，因舉涉園所刻為問，蔭承不甚了了也。頃由曾履川轉到陶先生當七十時自撰之「涉園年略」，翻閱一過，為之欣然。

667　一九六一年六月十六日‧新亞精神之命運

午後又有校務教務聯席會議，於十二日議決之案別有所補充，出席諸公各有意見發表，歷三小時未見有切實可通之折衷辦法也。就目前形勢觀之，聯合書院一盤散沙，賴毛勤之發號施令，聯合低首下心，凡事必諾而存在，崇基為各外國教會所支持，本無中國文化保存之思想，毛勤之所可，聯合、崇基同聲可之，所否者否之；有主張者獨一新亞，新亞既不唯毛勤之命是聽，則勢成孤立，新亞今後決意願為所謂中文大學之成員，則新亞精神之命運可知矣。

668　一九六一年六月十八日‧南韓政變之亟

大韓民國去年驅逐年事已高之李承晚，而以張勉繼任，今年張勉又為張都暎所逐。都暎以軍委主席掌國事焉。又未幾而張都暎仍不能安厥位，則以被控陰謀反革命及圖刺現任軍委會主席朴正熙之故，翻手為雲，覆手為雨，政變之亟有如此者，豈新邦之福耶？

669　一九六一年六月二十四日‧錢賓四少時同學

錢賓四師少時同學之旅居於此者，費子彬與王振群二老，今年彬老政七十，賓師於今午於豐澤樓設盛饌為彬老祝壽，費王二老夫婦外，並邀劉百閔、潘重規夫婦及愚夫婦作陪。入席時，彬老謙讓未遑，於是論齒，則愚長於彬老一歲，乃群推愚首席，以陪客來而忽佔首席，殊感不安。盛饌為牟潤孫安排，而園主人吳語庭入廚主持，其號京菜同也，其款式則殊異，大

體極佳，筵終客散已三時三十分矣。

潘重規字石禪，昨見賓師所為知單乃知之。國人傳統習慣既冠而字，稱人用字不名，惟尊上師長得呼名。今人習於夷俗，稱從簡易，時加先生姓名之後，可謂絕無禮貌，雖庠序中人亦復如此，蓋已習非成是變於夷矣，中國文化云何哉！

670 一九六一年六月二十六日・董之英惠我髦士

周士心為覓複製之故宮名畫來校，凡一十二幅，其中七幅已在東瀛裝裱，可以隨時取懸，為諸生臨模之用，其未裱之五幅，皆山水大幅與文與可畫竹，市上已少存者，其二得之於台北，空運來港，賓師重託士心，代飭裱工為之裝池，總計所耗費用，已逾港幣三千，悉由董之英於捐款下支付，惠我髦士，至可感也。

671 一九六一年六月三十日・某少年

某少年，小有才，能書畫，在某校教授國畫，顧恃才傲物。一日，入予治事之所，取予面巾拭塵埃。見案頭置一日本書目，卒然問曰：汝能為我購置日本書耶？應之曰：諾。又曰：日金當港幣幾何？則出篋中銀行匯兌單示之。某率然取紙，選三書擲以示予曰：為我購之，遂行。先聖有言，如有周公之才之美，使驕且吝，其餘不足觀焉已，惜乎其少年之質美而未學也！

672 一九六一年七月十三日・黃季剛軼事

有自署壼公者，記章太炎弟子黃季剛軼事，頗趣。黃氏主講舊京大庠，座無虛席，旁聽者甚至擁立窗外，以獲聞講演為幸，然亦不矜細行，每與諸生或策蹇郊外，或釀飲韓潭，太炎

先生亦謂其睥睨調笑，行止之不甚就繩墨也。其遊八大胡同，有〈采桑子〉一闋云：「今生未必重相見，遙計他生誰識，他生縹渺纏綿一晌情，當時留戀曾何濟。知有飄零，畢竟飄零，便是飄零也憶卿。」又舞場所見〈臨江仙〉云：「夜飲蠻街寒雨歇，相邀舞榭閒行，乍看燭滅乍燈明，恍同觀秘戲，曾不降雲屏。俱是戲忘天上客，未須酒面微醒 [217]，鬱單洲上更投生，單夷混合，跳月撇蘆笙。」

673　一九六一年七月十五日・新亞書院畢業式

　　新亞本日有各學系第十屆、研究所第五屆畢業式，余之參加此儀式，於今亦第十次。此次之異於往時者，來賓多為諸生家屬而極少校外人，則以聯合文憑考試之結業，將與崇基、聯合二院并合擇期舉行故也。禮成攝影後，就圖書館茶會，與會者逾六百人，蓋為館中空前盛會矣。校長於授予證書前，勉諸生善用今後時間，為個人，為學校，為國家，為歷史文化，為人類前途各自努力。又為來賓報告，自下學年起，即成立物理化學兩學系，合現有之生物數學為一完全之理學院，已定聘請新教授鍾盛標博士、張宗澤博士授物理；潘璞博士授數學；張儀尊博士授化學，陳克彥博士佐任國榮博士授生物，理科重實驗，爾今校舍範圍已無隙地可建築實驗室之用，而龍翔道新地所謂五十萬尺新地尚無確定之消息，設計布置，殆非三五年後不易觀成也。

217　「酒面」日記作「洒面」，諒誤。

674 一九六一年七月二十六日．以下俱香港所記．新亞校務會議

校務會議議決，聘任新舊職員，唐君毅辭教務長兼職，以吳俊升兼，訓導長程兆熊及其助手孫國棟皆辭兼職，已登報徵補缺之人。又依政府定章，凡年事已高在六十以上者，例須退休，諸教師若楊汝梅、曾克耑、黃華表，經校務會議決議留任，職員以不才為長，今日會中亦提出，決議留任。

675 一九六一年七月二十七日．觀察新大學校址

午後四時，偕錢賓師、唐君毅、蕭約、牟潤孫、程兆熊、吳俊升、蘇明璇會於校中，駕車同赴沿龍翔道及沙田四區可能選為新大學校址諸地觀察，最後至沙田酒店進茶點。沿龍翔道最東一區，在黃大仙徙置區西端盡處之道北，今有木屋若干所，實為一谷，低於大道，又近市區，殊不相宜。其西兩區，一深廣約二十萬方尺，又一深廣三十萬方尺，在道上遠望，氣象雄壯，然地在谷中，一旦夷平巨石，建立校舍，有局促卑下之勢，非理想界也。其在沙田一區，位於九廣鐵道隧道出口之東，有一百英畝，新亞即得三十英畝，亦可有一百三十萬方尺，捨舊謀新，惟此較為適當，同事多有同意此意者。然與港府謀事，恒極遲緩，即使及茲決定新計，觀成當在五年後矣！

676 一九六一年七月二十九日．如承大祭

主聯合書院圖書館之魯君忠翔，柬邀至灣仔高士打道東來順京菜館晚飯，其特客為毛勤夫婦，座上相識者殊少，凌道揚夫婦、熊式一及主人而已。魯君婦英人，近方來自倫敦，用京菜而以西法出之，主客皆衣冠端莊，如承大祭焉。

677　一九六一年八月二日・高麗參愈耳聾

竹淼生亦年逾六十，苦耳聾，劉百閔言余久進高麗參而復聰，則因百閔邀集豐澤園午膳會談。余告以過去一年有半之經歷，並言至今猶日飲參湯代茶以解渴，至冲淡則並渣滓而吞之，蓋初飲半斤參末而見效，繼是取用不斷。中醫初戒余以熱體不宜參，余違戒進食，竟見奇效，亦莫明所以然也。

678　一九六一年八月十日・梅蘭芳逝矣

北平消息傳來，梅蘭芳逝矣！[218] 梅之為人，不特藝有獨長，譽為前無故人而無愧，而待人接物，尤非流輩所可及。倭寇犯我之年，彼則蓄鬚不肯演戲，民族情操保持無失，頗為人所樂道。然自赤禍橫被大陸，梅之遭遇尤慘於淪陷暴敵之時，蓋在前時，猶有蓄鬚不演戲之自由，而當所謂人民政府治下，勞軍下鄉，有命必從，年齡在花甲以上，猶不免於強作小兒女柔順之態，至其生活之苦，每待港友食物之寄贈，時日盍喪，及汝偕亡，梅又安得不死！

679　一九六一年八月十二日・張南通為梅蘭芳題箋牘

伶官梅蘭芳逝矣！古人有蓋棺定論之語，棺蓋之後可有定論乎？其然豈其然！張嗇公嘗為梅題所寄箋牘有文曰：「畹華溫潤縝敏[219]，饒識事理，不甚措意家人生計，而能任人，其於世間可喻之物，則赤水之珠、瑤華之玉，庶幾伯仲，世之稱之

218　梅蘭芳於 1961 年 8 月 8 日逝世。
219　「畹華」日記引文作「浣華」，諒誤。

者或雜以猥下褻視之意，罪過罪過。」此跋作於民國九年，去今逾四十年，自不能視為梅之定論。孟子有「子誠齊人也，知管仲晏子而已矣。」余通人也，聊舉通人之語，以實吾記云爾。

680 一九六一年八月十四日·《世載堂雜憶》

劉禺生嘗為《洪憲紀事詩》三百首，余讀其詩，不得其解者什六七，聞有簿注四卷，歷年求之不可得。昨有書賈以《世載堂雜憶》一冊來，記新華宮舊事者累累，雖非為注解紀事詩而作，然時或一提，即此可知詩意之何。書號雜憶則悠謬之語、耳食之談所不能免。所記張扶海（季直）先生軼事若干條，文字地點事實錯誤，即已數數見之。其記入泮受訟累一條，謂扶海先生尊公潤之先生，潤之長者也，賣錫為業，「錫」字必「餳」字之誤，「餳」音「唐」，飴也，即今之麥芽糖，至於訟累云云，則扶海先生所著歸籍記記載綦詳，可為實錄。又女紅傳習所初借女子師範學校之屋，繼造新校舍，則在濠陽小築之西，不在濠南別墅之傍。通有五山，曰狼山，居中，其東軍山、劍山，其西馬鞍山、黃泥山。西山村廬在西山盡處，沈壽一度養疴於是，歿則葬其地。東奧山莊建於五山極東，與徐又錚晤談之地，非沈壽養疴處也。凡人記憶不能無誤，信史之難如此。

681 一九六一年八月十七日·七夕終日雨

午膳時回寓，及門而大雨驟至，午後復附公共汽車返校，未及天光道口又逢大雨，雖持蓋不可以下車步行也，乃隨車達尖沙咀，轉五號車折返至館，五時半出校，又遇大雨，僱車而歸。《荊楚歲時記》稱：「七月六日之雨曰洗車雨，七月七日之

雨曰洗淚雨。」[220] 昨今兩日皆有雨，洗車洗淚之雨兩備矣，然昨日雨小，以之洗車固不足，今日雨大，以之洗淚則過多，抑今時大陸人民勞苦至矣，終歲勤動而不能望衣之豐而食之足，過量之雨，蓋猶不足以洗淨六億餘人之淚也。噫！

682 一九六一年八月十八日‧中國版刻圖錄

書估持大陸新出《中國版刻圖錄》八冊來，值五百七十六金，蓋集全國圖書館、博物院現藏各種精槧而為之者。其一冊為總目，次刻板各書，凡四百六十種，次活字版凡四種，最後一冊為版畫采繪詩箋，皆依原樣複印，極精美可玩。喜版本者，備此一篇，置諸案頭，閒時摩挲，亦可消遣無聊之歲月也。經始其事者鄭振鐸、徐森玉。

683 一九六一年九月一日‧周游子能文

周游子，武夫也，然性風雅，頗精書畫鑑別，所藏亦不少，自號其居曰「餘不足觀齋」。今年春天，以所著聯話，連載登諸《天文台》，猶梁章鉅之《楹聯叢話》也。昨報記一事殊趣。周謂嘗聞惠州鄧鐵香侍御官北京時，與李越縵晤見，李詢鄧曰：「嶺外於楹帖亦有佳製否？」其意蓋輕嶺外文風之遜於江浙也。鄧則舉杜蘇樓集句聯以挑之曰：「安得廣廈千萬間？天下幾人學杜甫；日啖荔枝三百顆，平生最愛說東坡。」李聞之瞠目言曰：「嶺外真有此作家乎？」鄧曰：「山陰人所作也。」

220　查《荊楚歲時記》（寶顏堂秘笈本）無此語。《事文類聚》「七夕」條轉引《荊楚歲時記》：「七月六日有雨謂之洗車，七日雨則曰灑淚雨。」或係《荊楚歲時記》的佚文。又《歲時記》「灑淚雨」條引《歲時雜記》：「七月六日有雨謂之洗車雨，七日雨則云灑淚雨。」日記引文或係轉引。

李籍山陰，知鄧之戲己，即答曰：「余亦知為山陰人所作，但聯句次序已為嶺外人顛倒，不肖山陰人口吻矣！」鄧驚問故，李為改誦曰：「『平生最愛說東坡，日啖荔枝三百顆；天下幾人學杜甫，安得廣廈千萬間？』此山陰人集句手法，君謂與嶺外人較孰愈？」鄧氏為之絕倒，且驚其才思縝敏云。

684 一九六一年九月三日・澳門秘密外交

當倭寇大張武威之年，侵我之外，兼及東南亞諸地，獨於澳門幸而得免。劉禺生雜憶中謂嘗與澳門向葡國辦理外交者詢及此事，則曰：「南美有巴西，舊為葡人所得，其人民則葡人也，其語言則葡語也，其為國幅員之廣，埒於中國。半世紀前，其人口才三百萬，農工發展，有待眾民。嘗遣員與清政府商移民之策，惟願往者必須年壯有力，能從事農工，而又攜眷俱行，肯入巴西籍者。清政府拒其請，而日人允諾，與之定約。及至倭寇犯我，日人之在巴西者且有三百萬，葡人既為巴西宗邦，與巴西友誼最密，懼日人之侵澳門，則照會日本，謂日如圖澳，巴西必盡遣舊為日籍所移之民，故抗戰時期日未加兵於澳，為此一段秘密外交之故也。」

685 一九六一年九月九日・楊聯陞大作

哈佛大學中國史教授楊聯陞君集其所著之見於哈佛《亞洲學報》之文九篇，別為 Studies in Chinese Justification of History 一冊行世，列為哈佛燕京學社特刊第二十種，大體皆為探索明辨中國政治社會經濟組織形態及其獨特之意義，甚便於西人之治漢學者，抑國人鄙薄我國固有之文化，並捨置聖賢相傳之典籍不觀，偶涉故國文獻，即瞠目不知何所措手足，則如楊君之文，以異國文字，述中國制度文物，或亦有助於此輩全盤西化而又一知半解者萬一也。余於某次師生成績展覽案頭，見某生

詩經研究一文中，引用經文，句讀錯誤，層見疊出。嘗為唐君君毅言之，唐君略觀原作，亦復搖首撟舌，相視太息！今日翻閱楊著，猝然有感，憤而書此。

686　一九六一年九月十三日・機場迎吳經熊

一九四八年之夏，余與黃友蘭兄同遊羅馬，時吳德生（經熊）方為教廷公使，余偕黃君順道往訪，劇談達旦，引為平生一快。吳氏近以出席陽明山會議返國，事竣取道香港，復至美國，度其教授生活。午後至其將至，赴啟德機場歡迎焉，相見握手，互道想念之意，一別十餘年，德生風采猶昔，惟華髮盈巔，略異曩時耳。晚間李孤帆設宴北角四五六菜館為吳洗塵，余亦預會，同座吳、李家屬之在港者及其老友林醫生世熙夫婦。

687　一九六一年九月十四日・吳德生自傳

十餘年前，吳德生嘗撰自傳曰《Beyond East and West》，余於一九五〇年之際，得此書於九龍書肆，愛其質直而道，無所隱諱，而文筆蘊藉窈要，劉彥和所謂情與氣偕，辭共體並，以喻吳文，不為過譽。

688　一九六一年九月十五日・吳德生與余同日生

余以光緒十七年辛卯二月十七日生，德生之生後於余者八載，而生日同為二月十七。德生自傳之十頁、十一頁記其生日殊趣。相傳老子以二月十五日生，觀世音菩薩以二月十九日生，一為道教之祖，一為釋家之宗，彼乃適介二哲人之間以生。又先代成例，以仲春之丁釋奠於先師孔子，中國素有三教之稱，而同會於二月，天之惠我者至矣。其所引為慶幸者，不啻為不才道也。

689 一九六一年九月十九日·聯合國來日大難

聯合國行將開幕,秘書長韓馬紹以剛古及非洲他國事亟待料理赴非,不幸座機在天空爆炸,韓氏與同行者死焉。韓氏繼賴伊任職為聯合國秘書長,於今八年,其於中華民國似有甚深政見,然其奔走和平,盡力竭志以赴,則為世人所共見,亦因此而不慊於赫酋,去歲赫酋聲言,必欲去之而代以三人委員,今韓不幸遭橫禍,聯合國之為聯合國,來日大難可知也。

690 一九六一年九月二十三日·費子彬集龔定庵詩

費子彬彙印所集定庵句,成古玉虹樓詩卷一冊為贈[221],午後得聞往訪,貽以高伯雨《聽雨樓隨筆》、劉成禺《世載堂雜憶》各一冊。子彬與高為素識,時人之談近代掌故者,高較翔實,劉則多道聽途說。曩時子彬過余,亦喜借閱筆記小說之類,故今日持此二書為報。

691 一九六一年九月二十八日·孔聖誕辰

今日為國定孔聖誕辰,放假一天,依西俗為教師節。又去年港府禁我校懸旗為雙十國慶,並及同日舉行之校慶,則由同人議定,以孔聖誕為校慶日。午前十時,齊集會堂,向聖像行禮,蔡君貞人、素書先生、唐君君毅、蕭約君皆致辭。午刻,全校教職員聚餐於校園,用西方 Buffet 式行之,各擇所喜,人稱其量,奉盤取饌,任其所至而式食式飲焉。或以「自助餐」譯意,余試以「布飯」二字為音譯,嫌其似釋家之乞食,未為

221　即《古玉虹樓集定庵詩》。

他人言也。

692 一九六一年十月一月・瘟君夢

館友何君家驊三年來為《自由人》三月刊及《祖國周刊》草一諷刺小說名《瘟君夢》者，凡所以狀大陸群醜之言行政策者，刻畫至工，以視清末《官場現形記》、《二十年目睹怪現狀》，無多讓也。友聯出版社既為發行單行本，何君舉二冊為贈，書凡五百餘葉，持歸翻閱，燈下盡五之一。徐東濱昔為《祖國周刊》撰之社論，題曰「十年一覺瘟君夢」，何君截取其三字以名其書，蓋群醜有生之年，流毒方長，難乎言覺已！

693 一九六一年十月十九日・皇極神數

壺公《九夷居雜談》：吳門隱士言叟，潛心凝慮，精究易理，擅皇極神數。歲在辛未，叟為張漢卿推算，評語中有「山河終變色，不堪問前程」句，至九一八而事驗。去歲，壺公與叟同客吳門，叟為壺公婦推算，又有「寶婺星沉憾，灰飛至立春」之句，壺公以為不祥，以木材之難得也，預市一棺，婦逝，乃得安葬。比叟南來，為壺公言，當愁苦無聊中，曾為大陸政府卜休咎，其兆則甲辰之年，殆將不免。傳曰「多行不義必自斃」，叟言而幸中，中國之福也。

694 一九六一年十月二十日・花果飄零？

三月前，唐君毅著論曰「說中華民族之花果飄零兼論保守之意義與價值並敬告海外人士」，載《祖國周刊》，文長萬言而弱，今日何家驊為覓得一冊，翻閱一過，語重心長，多為余所懷於衷而未出諸口者。如君毅言：台港青年，近年頗多竭力謀留學外國，其原在外國者，且迫切謀取所在國國籍，以遂其成

家立業子孫久遠著籍之願。觀乎今日諸生傾向於攻習外國語文，而於國文則忽略殊甚，余私衷尤為痛心。孟子有言：「國必自伐，而後人伐之！」若此現象，抑亦自伐之一端已。

695　一九六一年十一月一日・梁萍客博采諸家記載

梁萍客（敬錞）博采諸家記載，撰次珍妃事，前有小敘，文曰：「前屆庚子光緒廿六年七月廿一日，北京大內，重演馬嵬坡一幕，當時八國鏖兵，六飛出狩，麥飯猶虛，珠襦誰問。其冬和議漸展，景陽宮監稍出秘聞，江海詞人爭鳴野獲。於是珍妃沉井之事，遂喧於萬口。夫玉環之死，由於兵驕，珍妃之沉，出自姑惡，以環比珍，珍誠更酷，然玄宗返蹕，不聞崇祀蛾眉，光緒迴鑾，即見追封良娣。丙寅（民十五年）予偕眷屬瞻眺故宮景琪閣左，曾撫井欄，精衛軀前，猶供祀案。然則馬前井底，孰較恩榮？華清瀛台，誰果薄倖？猶是千秋一公案也！」

696　一九六一年十一月四日・邵邨人藏書畫

日前在新華茶居小坐，見壁間有扶海先生一聯曰：「文章西漢兩司馬，經濟南陽一臥龍。」作書者似為曹舜欽，一望而可知其為贋品也。月底晤邵邨人，為言所見及余鑒別之意，邵君即去曹聯，易以伊立勳八言聯，伊為墨卿後人，學其先人所為，生硬不中繩墨；又室高不能容巨幅對聯，截其首尾之箋，置木框中，局促不雅觀，國人書畫宜於舊式裝裱，此間西式屋宇，類皆矮小，小件書畫，尚可應用西式裝入木框，其於較大之件，用削足適履方法，無當也，況惡札如伊立勳者乎！

697 一九六一年十一月十一日・曾紀澤為嚴復改文章

偶閱曾侯日記，曾惠敏使英法時所作文字也。其光緒五年三月十三日有曰：「核改肄業學生嚴宗光一函甚長[222]，宗光才質甚美，穎悟好學，論事有識，然頗有狂傲矜張之氣，近呈其所作文三篇曰〈饒頓傳〉，曰〈論法〉，曰〈與人書〉，於中華文字未甚通順，自負頗甚[223]，余故抉其疵弊而戒勵之，愛其稟賦之美欲玉之於成也。」[224] 宗光者，侯官嚴幾道復，以清同治六年入馬江學堂，十年卒業（一八六七—七一）。光緒二年，從李丹崖鳳苞赴英，入格林回次拖次穆德大學深造，五年卒業（一八七六—七九）東歸。當其持所謂文晉謁曾侯，尚在大學肄業，年方二十有七。館藏日記小冊為上海著易堂仿聚珍版印，冠以小敘，末一行曰光緒七年，歲次辛巳日長至，尊聞閣主人識，與所見申報館印行諸書行款相同，字體扁小，有《古今圖書集成》、《二十四史》等書，每用同一字模，此記至己卯三月廿六日而止，未為全璧，王蘧常為嚴造年譜未有提及也。[225]

698 一九六一年十一月十四日・日人撰《左傳會箋》

為館購置日人竹添光鴻所撰《左傳會箋》兩部[226]，皆台灣

222　「核改肄業……」《曾侯日記》作「核改答肄業……」。

223　《曾侯日記》句首有「而」字。

224　日記引文是引自《曾侯日記》，讀者互參曾紀澤《出使英法俄國日記》：「十三日晴陰半。辰正二刻起，茶食後，核改答肄業學生嚴宗光一函甚長。宗光才質甚美，穎悟好學，論事有識。然以郭筠丈褒獎太過，頗長其狂傲矜張之氣。近呈其所作文三篇，曰〈饒頓傳〉，曰〈論法〉，曰〈與人書〉；於中華文字未甚通順，而自負頗甚。余故抉其疵弊而戒勵之，愛其稟賦之美欲玉之於成也。」

225　讀者互參日記第 513 則。

226　「兩部」即指上下冊。

廣文書局影印之日本鉛字排印本。竹添光鴻字漸卿，其撰《會箋》，全用漢文，以其御府舊藏唐鈔卷子金澤文庫故冊為底本，而用四種宋本對校，其一曰闕民字本殘存第二十卷及第二十九卷，避自民字至徵字諱；其二曰正中覆宋本，卷內有正中二年己丑釋圓澄重刊記字樣，正中二年當元泰定二年；其三曰江公亮本，為嘉定六年江氏所刻，卷末有江跋，最後有嘉定六年閏月上澣三衢江公亮謹記字樣。凡宋代弘殷玄匡筐恒貞等至南渡後構覯敦字，皆闕末筆；其四曰興國軍學本，嘉定九年刻於興國軍學者，行款避諱與江公亮本同。卷子本遇重文作二畫以識之，恒見異字，開卷「春」作「旾」、「禮」作「礼」、「蓋」作「葢」、「隨」作「隋」之類，不勝枚舉，我人常見六朝碑版，別字繁多，隋唐沿襲之，蓋一時風氣實然。竹添於異字初見，一仍其舊，而據開成石經及宋本箋於句下正其同異，而唐代帝諱則多不闕，清趙之謙有《六朝別字記》手稿，似為未成之書，儻用《會箋》錄其異字，效趙氏之作，藉以溫理《春秋左傳》，未始非娛老方法，惜乎困於饘粥之謀，料理館事，日不暇給，並此區區亦不能如願以償為可嘆也！

699 一九六一年十一月十七日・以下俱香港所記・百樂酒店

　　傍晚至漆咸道百樂酒店，參觀其開幕典禮，店主許讓成亦新亞校董之一，經營事業，旅館為多。據聞最初創金華旅店，二十五年前，繼之以彌敦道之新新酒店，未幾，又繼之以柯士甸道之樂斯酒店。日寇來犯，百事頓挫，納降以還，又建新樂酒店。三年前乃經營百樂酒店，樓高十七層，備客房四百五十，其中有套房五十餘，設備內飾，各異其形，在今日港九大旅館中，無有出其右者，許君魄力與其目光，殊足驚人已！

700 一九六一年十一月十八日・新亞國劇社

新亞國劇社成立五年,前三次皆在本校會堂演出,今日假座華人書院為第四度公演,以女生馬文瓚飾《拾玉鐲》之孫玉姣、周麗如飾《貴妃醉酒》之楊玉環、鄒慧玲飾《人面桃花》之杜宜春,其生丑諸角以習藝者補充,亦即諸生之導師也。大體皆好,勝於往時,課餘游藝,有此成績,良不易易。曩閱許姬傳為梅畹華筆述《舞台生活四十年》,其敘演習《貴妃醉酒》一節,蓋逾萬言,不但修辭合理,動作緻細,絕非踏襲故常、步趨惟謹而食古不化者,殊佩其習藝之精勤而盛名之非妄得也。今茲周生所得於其導師者,大致本諸畹華自述者為近似[227],其唱詞念白之字句,歌舞動作之表現,適合情理,自是難能。《人面桃花》一劇,為歐陽予倩所編,時予倩方主南通伶工學校事,同時以自編諸劇在更俗劇場演出,用《石頭記》故事編成之劇尤多。畹華至通,扶海先生特造梅歐閣於劇場之前端,有聯語曰:「南派北派會通處;宛陵(梅聖俞)盧陵(歐陽修)今古人。」回憶往事,不逾四十年,而人事大變,可勝慨哉!

701 一九六一年十一月二十日・莫洛托夫

莫洛托夫者,蘇俄共產老黨員,在史大林時代為外交部長,縱橫捭闔,為勢張甚,大有一怒而諸侯懼、安居而天下息之態度。近來赫酋清算史魔,至移屍出列寧之墓,別為安葬,一時凡與史魔為舊黨徒者,不特被擯,抑且獲罪。莫初被調為外蒙使者三年,繼又派赴維也納為商略核子廢除之會,日前又為赫酋痛斥。或告莫氏,盍不出亡,自著回憶錄,以存當年史

227　「畹華」日記作「浣華」,諒誤。

績，並許鉅額金錢為報，莫氏不願，逕爾返國，蓋既身為赫酋所嫉，不論國內國外，必死無疑，無可逃也。

702　一九六一年十二月十五日・置硯記

渡海觀溥心畬書畫展及王履剛瓷器展於康樂大廈青年會所，置一硯，其值百五十元，以為流浪南海十三年之紀念。

703　一九六一年十二月二十日・蘇東坡硯

午後五時，署上週所置硯值券送交王植波，並一觀其所陳號宋代蘇東坡硯而曾為明王陽明所有者。硯後有東坡刻字，其側則陽明刻字及印記，標價六百金，其為真贗無從懸測，以好奇故，一度撫觀而止。又見雞血石章一對，植波言極鮮明，標價三千六百金，諦視則所謂雞血者才得其半，較之黃松髯表兄所有私章尚遠遜也。震於報章宣傳，遠道而來，殊虛此行。

704　一九六一年十二月二十四日・二十年前之今日

港九居民於歡娛興奮中慶祝耶誕之日，大都不復記憶二十年前之今日，適為香港軍政當局向倭寇投降屈辱可恥之紀念。香港防衛軍今日猶有公告一紙，其文曰：謹向一九四一年為防衛本港作戰陣亡被俘捐軀及其他前線殉職之香港皇家海軍義勇後備隊、香港義勇軍及其他義勇人員敬致哀悼。至於殉國軍民之公墓則未有致祭獻花一類之禮，似於紀念亡者猶未盡心也。

705　一九六三年一月一日・當年史實

元日陰，入夜有微雨，不久即止。

駱仰止過訪，持金雄白著《汪政權之開場與收場》四冊歸還[228]，蓋自始借第一冊至今，已四踰寒暑，不特仰止詳閱一過，展轉為戚友傳觀亦反復幾度矣。仰止夫婦在倭人入寇時遠走華西，於倭人在淪陷區域之肆威，國人身受之痛苦，偽政權號稱和平之經過，與夫戰後劫搜之慘酷，審理漢奸之壞法，其所耳聞者不盡完，其所目睹者不可解，得雄白書讀之，亦可略見當年史實之一斑。

706　一九六三年一月三日·臘八粥

　　故鄉是日有臘八粥，方余旅居上海，寓中猶仍舊俗，每值是日，雜取果子多種，煮粥與子女聚食以為樂。及至南海，則粵人似無此俗，家人離散，生計維艱，則亦無復雅興及此矣。吾宗在北宋之末，避金南下，今觀《東京夢華錄》及《夢粱錄》，知甚多風俗多沿宋代之舊，粵人於北宋之末，自北南來殊眾，不知何以不與我鄉相同也。《夢華錄》載：「十二月八日[229]，街巷中有僧尼三五人作隊念佛，以銀銅沙羅或好盆器，坐一金銅或木佛像，浸以香水，楊枝灑浴，排門教化諸大寺，作浴佛會，並送七寶五味粥與門徒，謂之臘八粥，都人是日各家亦以果子雜料煮粥而而食也。」迨宋遷都武林，《夢粱錄》亦謂：「十二月八日寺院謂之臘八[230]，大剎等寺俱設五味粥，名曰臘八粥，亦設紅糟，以麩乳諸果筍芋為之，供僧或餽送檀施貴族等家。[231]」《武林舊事》曰：「八日，則寺院及人家用胡桃、松子、乳蕈、柿、栗之類作粥，謂之臘八粥。」凡此諸書，皆以導源

228　書名日記作「《汪政權之開場及收場》」，諒誤。
229　「十二月八日」《東京夢華錄》（四庫全書本）「十二月」條作「初八日」。
230　「十二月八日……」《夢粱錄》（學津討原本）「十二月」條作「此月八日……」。
231　「貴族」《夢粱錄》（學津討原本）「十二月」條作「宅貴」。

佛寺為說，今日香港，耶教諸堂遍於通衢鄉野，崇佛者人數極少，若居民而知臘八粥之出於僧寺，則此風之不行於此，無足怪矣！[232]

707 一九六三年一月六日・《周佛海日記》

因事渡海，於天星輪渡報攤，見有《周佛海日記》單行本出售，以二元五角得之。

金雄白云：周氏日記自民國二十八年至三十四年，凡七冊。勝利後，周氏存諸國華銀行保管庫，為軍統所沒收，而中央信託局逆產處處長鄧寶光據為己有。一九五〇年，鄧投中共，曾來香港，隨帶民國二十九年「周記」一冊，以供途中消遣，至港為陳彬龢所見，向鄧借閱，及鄧北歸，忘未索還。陳彬龢以港幣三千元售於創墾出版社，一度分期載《熱風》雜誌，又有單行本行世。今日所得，已為吳興記書報社印行之冊，非創墾之舊矣。周氏與汪政權相終始而瘐斃獄中，日記當為偽政權頭等史料，然竟為鄧寶光私有，而無或追問及之，若以為牽涉國民黨政要太多無論收毀或密封不發，應有處置方法，何以任其歸入私囊而無有顧問及之者，異矣！

708 一九六三年一月十日・徐一瓢記范伯子

徐益修先生之弟一瓢嘗撰〈記通州范伯子先生〉一文[233]，黃松髯表兄一度於來函提到，惜山河遠隔，未能一讀也。日前曾履川得一鈔本見示，歸寓後就燈下讀之，於我鄉一代詩人更進

232　讀者互參日記第 1034 則。
233　徐文原刊《古今》1944 年 55-57 期，日記引錄有誤者據此本改訂。

一層認識，轉錄數節，以實我記。

先生嘗大病，自志生平僅數語以貽其弟秋門曰：范氏之先，以儉德世其家，至當世而儉德衰矣！善為時文，自謂當今第一。古文師事武昌張裕釗，兄事桐城吳汝綸，而曾國藩私淑弟子。中年頗好聲妓，妻死後，不復為，繼妻姚頗賢……兄千秋後志墓加生卒年月可矣，即以煩吾弟，不必學子由之瑣瑣也。

先生病逝上海，鄉人張扶海、劉一山、白振民經紀其喪，里人追慕遺行，私諡曰「孝通先生」。顧殍谷（曾烜）先生為之啟曰：「范肯堂先生，代席清德，長都雋聲，翩然盛府之元僚，卓彼群賢之先覺。豆籩妥侑，副先公孝子之名，干籥縱橫，擅並世通儒之目。育英才即穎封人之錫類，念舊典如戴侍中之解經。許季長讓弟立名，王福疇譽兒成癖，降緋衣於海上，迎丹旐於江干，引虞歌而歸喪，準周解而製諡。正月十九日，諸生數百人，集於庠門，致之私邸，素車會葬，豈惟門生要經之情，玄石勒名，更有閭史口碑之作。」

沃邱仲子費行簡《近代名人傳》列范先生於文苑云：「工為詩，菲薄唐賢，發為篇章，兀傲健舉，沉鬱悲涼，匪獨超越近时學宋諸家，其精者直掩涪翁。文亦高簡蒼堅，台隸桐城。不善治生，終身困匱。錫良、端方交致幣聘，卒不一應。標格清俊，惟天際孤雲、絕嶺喬松，差足擬之。自其既歿，而浮薄文人競作，肥遯堅貞之誼，遂不復見於國中矣。嗚呼！」

黃稚松表姪寄范姚夫人所著《滄海歸來集》一冊，其前半冊猶《蘊素軒集》之舊，題簽亦范先生生前所為，後半冊諸詩，成於范先生逝世之後，而女子師範諸生集資為之付印者。前有姚仲實先生、曹今覺、顧怡生諸公之序，顧序道及吳至父先生作介，伯子先生就婚安福事。稚松言：徐一瓢記伯子先生一文，部分資料亦得自顧君云。

稚松又寄伯子先生集外文九篇（題為〈與袁生書〉、〈報仁卿書〉、〈報邱履平書〉、〈致蔡延青書〉、〈上徐石漁先生書〉、〈送張季直渡江序〉、〈與顧延卿書〉、〈祭趙太恭人文〉、〈曉山

達公墓誌銘〉)。又〈范伯子行年紀略稿〉,似為稚松所撰,其來書中有擬為博訪周諮,徵文考事,述纂年譜,以成先人未竟之業云云。得書後,以來件交曾履川,履川方為范先生重刻全集,此時已在排印中。稚松年譜之作,未能嗟咄立就,只有異時為之單行出版,不及附入范先生全文矣。

709 一九六三年一月十九日 · 葉遐庵談筆

自清末科舉制度既廢,新式學校代興,昔時所重,漸次轉輕。曩年學者皆於文房四寶,由必要工具轉趨於精研以入於玩賞之境。半世紀以來,紙必機製,筆則金屬,墨用染色之筆,硯更無所用之。致學書學畫者從摹仿以進精進,並良好之工具而缺焉之備。近年葉玉虎(恭綽)撰《遐庵談藝錄》,即以書畫工具為題,略論紙墨筆硯,紀其知見書籍及其所藏與心得,凡十四篇。自前代專門著作之外,斯為僅見矣。葉氏談筆有曰:吾國之有毛筆,莫詳所始,所謂秦蒙恬造筆,實不確當。蓋殷墟甲骨已有塗朱,長沙木簡更多墨寫也。三十年前(時當民國初元),西北科學調查團於居延見漢代毛筆,馬叔平(衡)曾有記漢居延筆一文,述吾國筆之歷史頗詳,其文甚詳,茲略形漢筆之狀如次,……團員貝格滿於蒙古額濟納舊土爾扈特旗之穆兜倍而近地方,發現漢代木簡,其中雜有一筆,完好如故,今記其形制如下:筆管以木為之,析而為四,納筆頭於其本而纏之以枲,塗之以漆,以固其筆頭,其首則以銳項之木冒之。如此則四分之木上下相束而成一圓管筆,管長公尺二寸九釐,冒首長九釐,筆頭露於管外者長一分四釐,通常二寸三分四釐,圓徑本六釐五毫,末五釐冒首,下端圓徑與末同。

管末纏枲兩束,第一束近筆頭之處寬三釐,第二束寬二釐,兩束之間相距二釐,筆管黃褐色,纏枲黃白色,漆作黑色,筆毫為墨所掩作黑色,而其鋒則呈白色,此實物之狀態也。

710 一九六三年二月二日·曾履川教學生作詩

午刻，約趙叔雍飯於國際酒店，邀曾履川、陶蔭承作陪，履川攜新亞諸生課室內試作舊詩諸卷，頗有傑出者，以示叔雍。叔雍翻閱，亦為欣然。履川言：避秦南疆，遂逾十年，藉課徒自給，以其餘暇，成詩文雜記百六十餘萬言，付印行世。而於新亞教諸生作詩，先後印有「心聲」兩集，諸生之作，其中雖有改削，其一字不易者正復不少，初頗怪若爾人者，平昔習於白話，何以指授半載，即能成詩，有時且為甚佳之作，既而思之，自以為已得其解。第一：諸生皆為畢業高中而會考及格，其於國家社會，乃至一般常識，類有相當認識；第二：此間中學教師頗有根底，諸生先有六年國文訓練，其於文言着手較易；第三：諸生初未學詩，未有俗師惡習之先入，純潔之紙，着色不難；第四：青年相當聰明，了解力高，我所講授，易於接受；第五：集諸生於一堂集體教授，一有能者，群恥於不能而求勝，則能者亦能，所謂疆勉學問是也。或有疑於師長捉刀，三院顧問毛勤再度徵詩，皆當場交卷，而請校外教師評閱，履川本人且不在場，斯可證捉刀之說為無稽也。

711 一九六三年二月十日·蘇閩兩興化

午前，趙叔雍枉顧，劇談半日，頗慨於今日高談國粹治學之疏！鄭振鐸有學者之名，其著述中以鄭板橋為閩人，曾不知鄭隸籍興化，為江蘇揚州府屬之興化，非福建之興化也。

712 一九六三年二月二十日·衡量學校三標準

第三期校舍之建築，經過無數周折與稽延，今日得港府主管官驗看，認為合式完成，先後歷時凡十月，耗費亦逾於豫算。

第二學期開始，午前十時，集會堂行開學禮，校長致辭，

以「衡量一所學校三標準」為題，演述其意，歷時九十分鐘，第一為建築以及內部教室、圖書館、實驗室、辦事處一切設備；第二為教授人數、所開課程，乃至師生在學術思想上著述之表現；第三為試考學業之成就，亦即為學生所顯示之成績，而其尤要者，則為大學生之氣象與格調。由今觀之，自開始創辦新亞以至於今，皆難夠格，皆不符理想，此則有待於我人群策群力以日求進步者也。

713 一九六三年三月五日‧大學之名

香港建立中文大學之聲，洋洋盈耳者有年矣。富爾頓委員會既來再度調查，會集眾見，著為建議之文，亦已陳送港府執政，兩三月來寂然未有發表之明文，甚至大學名稱，擬者逾一二十，終之三校同意，用「南海」二字，亦未聞有接納之消息，此尤可怪！校名之立，何須浪費如許精神。英國之牛津、劍橋舉世聞名，方其始作，直以所在地之名名之，及其人才輩出，歷數世紀不絕，於是牛津、劍橋遂為人所樂道，言學府者輒重二校，其實校以學術人才著，自始不以名重也。今日中文大學之名既不可用，校在九龍，何嘗不可以九龍稱，乃有不學之徒，以為九龍音似狗籠，甚非所宜；但以音論，何不可以久隆代者。引牛津、劍橋為言，則沙田、梅谷、紅谷何所不可，校名之立，乃費如許周折，校成之後，其周折必且千萬倍於此，是則尤可慮也。

714 一九六三年三月二十二日‧寐叟詞話

《菌閣瑣談》沈寐叟談藝之作，前此所未見也。頃得大陸出版《李清照集》，卷末錄寐叟詞話，亟轉錄之。

易安跌宕昭彰，氣調極類少游，刻摯且兼山谷，篇章惜少，不過窺豹一斑，閨房之秀，固文士之豪也。才鋒太露，被

謗殆亦因此。自明以來，墮情者醉其芬馨，飛想者賞其神駿，易安有靈，後者當許為知己。漁洋稱易安幼安為濟南二安，難乎為繼。易安為婉約主，幼安為豪放主，此論非明代諸公所及。

弇州云溫飛卿詞曰「金荃」[234]，唐人詞有集曰「蘭畹」，蓋所其香而弱也，然則雄壯者固次之矣。此弇州妙語，自明季國初諸公瓣香花間者，人人意中擬似一境而莫可名之者，公以「香」「弱」二字攝之，可謂善於傅色揣稱者矣。皺水勝諦，大都演此。余少時亦醉心此境者，當其沉酣，至妄謂午夢風神，遠在易安以上，又且謂易安倜儻，有丈夫氣，乃閨閣中蘇辛，非秦柳也。

寐叟以易安被謗，由於才鋒太露，可知再嫁讕言，謬妄不可信，小人不樂成人之美，此其一端。清人自盧雅雨、俞理初、陸剛甫、李蒓客、況蕙風諸公皆有說，以證改嫁之誣，而蕙風謂易安如嘗改嫁，當在建炎三年明誠卒後，紹興二年張汝舟編管以前，因歷舉易安汝舟此四年間行實，決其無嫁娶之事。李佩秋考定建炎間知明州之張汝舟，乃毘陵進士，與編管柳州張汝舟實非一人，況氏所舉毘陵進士之事與易安無涉。夏承燾謂建炎三年十二月，易安依弟遠於台州，四年十二月又偕弟至衢州，此兩年姊弟相依，當無改嫁之事。次年為紹興元年三月，赴越卜居土民鍾氏宅，若改嫁當在此時。至明年九月間，因汝舟九月除名，十月行遣故也。考《宋史》，張九成舉進士，即在紹興二年三月，易安為詩誚之，所謂「桂子飄香張九成」也。設易安於此時改嫁，是以四十八九歲之名門老嫠為駔儈下才而墮節，方且匿恥掩羞之不暇，其敢為諧笑刻薄之辭，誚科第新貴以自取詬侮哉。以情理度之，必不致有此。李越縵書陸剛甫儀顧堂題跋後，論易安事亦引桂子飄香之語，謂

234　「云」字日記作「之」，諒誤，據《菌閣瑣談》改訂。

足證其鰥居無事，若方與後夫爭訟仳離，豈尚有此暇力弄狡獪乎？然誚九成詩作於三月，汝舟涉訟則在九月，夏唐謂即在涉訟之前亦不致為此，卻非因為無暇，此與越縵之說義可相補也。

今本李集並取詩文詞、〈打馬賦〉及圖經，後有黃盛璋撰〈趙明誠李清照夫婦年譜〉及〈李清照事蹟考辨〉，書錄序跋，題詠評論，蓋易安平生有此一集，可以一覽無餘矣。

715 一九六三年三月二十七日·章太炎家書真蹟

得《章太炎先生家書真蹟》影印本，民國二年至五年六月間，先生為袁世凱扣留於京師時，致湯國梨夫人及第三女家書八十四通。夫人藏諸篋中垂五十年，而於前年歲終付中華書局付印行者。夫人言：珍重是集，所以留示子孫，使知先人富貴不淫、威武不屈之氣節，傳之社會，可覘專制統治者之蠻橫暴戾，雖家書亦史實也。余翻讀一過，蓋重有感焉。即舉書中一小事觀之，其於袁氏，最初亦稱袁公，繼而曰當塗，又繼曰袁棍，曰腐敗官僚之魁首，曰逆渠，無所隱避，是固先生戇直之性，臨難不變使然。然而身被禁錮，書疏往還，必經警署檢查，其於家書尤為嚴密（湯夫人序言中語），而此八十餘通家書，竟能為湯夫人所得，終未散失，則以人民首長與彼專制統治者之橫蠻無理獨夫袁世凱相較，猶不能不令人生彼善於此者萬萬也。[235]

235　此則日記下有「編者」補充文字：「編者按：此八十四封太炎先生家書全文請參閱本刊第二十六期、二十七期。」「本刊」即指《大成》。

716 一九六三年三月二十八日・澳洲荷花樓聯

粵人有在澳洲坎培拉創建酒館，以「荷花樓」為名，請曾履川作嵌字聯，履川集工部句以應之。聯曰：「荷淨納涼時，置酒張燈促華饌；花嬌迎雜樹，金谷銅駝非故鄉。」

717 一九六三年三月二十九日・香港・與張融武茶話

與張融武茶話，語以沈雪君（壽）軼事殊難着筆，以其生平已有扶海先生之墓表，及其他見於九錄之文字，而其用針（繡針）絕技，則有雪君口授扶海先生筆受之繡譜，文章爾雅，敘述精詳，如愚拙筆，隻字亦贅。又扶海先生日記之後半部，大陸已有影印之訊，諸凡時人題外議論，不久將有當時之紀實文字公之於世，毋庸愚喋喋為也。至孝若丈小傳在其生前，早有適之為寫身後文字之命，愚承命轉達，幾經浹恰，適之首肯。徒以外寇侵陵，適之出使，寇既納降，繼以內亂，稽延二十餘年，適之未踐宿諾，末命之至，乃以愚為世界上最適執筆之人，曾不知孝丈最為着意之府上家事，儘可出之於適之筆下，在愚則以兩家關係之深，無能為役也。

718 一九六三年三月三十日・以下俱在香港所記・廣東之由來

南海李鳳坡景康以一九一五年畢業港大文科，一九二六年香港開辦官立漢文中學，繼之又設官立漢文師範學校，李皆被命為校長，嘗著廣東疆域沿革提要，其述廣東一名之由來云：「稽諸史乘，廣東省名實先得廣字於前漢，後得東字於唐代，蓋漢武分置南海、蒼梧、合浦三郡，皆統治於交州刺史，而續漢書郡國志既謂蒼梧郡廣信，劉昭注漢官後云：刺史治縣名廣信，且有廣布恩信之訓釋，且交州刺史治在廣信，可無疑

義。迨東吳黃武七年，割南海、蒼梧、鬱林、高涼四郡，立廣州、交趾、日南、九真、合浦為交州。永安七年，又分立交、廣二州，其命名廣州者，緣刺史治在廣信，故取縣名廣字以為州名。迨及唐代，分嶺南為東西道，始有東字之稱。其後北宋分置廣東、廣西兩路，乃取法於唐，而元明清三朝因之，廣東名稱遂爾成立。再考漢之廣信，即今之封川縣地，交州刺史所轄三郡，今屬粵東、粵西兩省，封川以西為廣西，封川以東為廣東，明改廣東行省，蓋淵源於此也。」

719　一九六三年四月六日・李書華著《中國印刷起源》

李書華久居海外，近著《中國印刷起源》一書，說明我國唐代以前，無有雕板印刷之書，而屬新亞研究所為之印行。其所引證之史實，合中外古今而一之。素書（錢賓四先生別字）為之序，則多引證全唐文所載文字，其結論謂：唐代開始有雕板印刷，有明文可證確屬無疑者，最早應為馮宿之「奏准禁印曆日板」一文，[236] 後引劉禹錫集〈為淮南杜相公謝賜曆日面脂口脂表〉，又〈為李中丞謝賜鍾馗曆日表〉、〈為淮南杜相公謝賜鍾馗曆日表〉三文及白居易集〈謝賜新曆日狀〉。可惜劉白及同時高官所得曆日印表，已無實物留存，今日可據之現存印刷物則為敦煌發見唐咸通九年王玠施印《金剛經》雕板全文（AD868）。去年，我館得英國文化協會所贈敦煌遺珍保存於倫敦博物院者，具備唐代印件十二本，王玠《金剛經》其一也，發篋展覽，心胸為之一廣。

236　即〈禁版印時憲書奏〉，見《全唐文》。

720　一九六三年四月七日・唐代以前詩歌形式的演變

　　何家驊贈《文學世界》一冊，其中有以「唐代以前詩歌形式的演變」為題，首行曰：「我們作詩，第一必先有題，有了題然後才可以運思，下筆自鑄偉詞，其次便要講究句法與聲韻。」其著者則文學博士羅錦堂也。此君號稱博士，曾未讀《尚書》，初不知有「詩言志」一語，或者曾見《紅樓夢》「老學士閒徵姽嫿詞」一回，賈蘭作七絕一首，賈環作五律一首，繼及寶玉，乃有「這個題目，似不稱近體，須得古體，或歌或行長篇一首，方能懇切」之言，於是眾清客從而和之，都站起身點頭拍手說：「我說他立意不同，每一題到手，必先度其體格宜與不宜，這便是老手妙法，就如裁衣一般，未下剪時須度其身量，這題目名曰『姽嫿詞』，且既有了序，必是長篇歌行，方合體式，或擬溫八叉〈擊甌歌〉，或擬李長吉〈會稽歌〉，或擬白樂天〈長恨歌〉，或擬詠古詞，半敘半詠，流利飄逸，始能盡妙」云云。羅博士襲取其意，造成宏論，此其所以為博士而能都講於大庠也。

721　一九六三年四月八日・《北江詩話》一則

　　《北江詩話》卷一：同里錢秀才季重 [237]，工小詞，然飲酒使氣，有不可一世之概。有三子，溺愛過甚，不令就塾，飯後即引與嬉戲，惟恐不當其意，嘗記其柱帖云：「酒酣或化莊生蝶，飯飽甘為孺子牛。」

237　「季重」日記作「寄重」，諒誤，據《北江詩話》（光緒授經堂刻洪北江全集本）改訂。

722 一九六三年四月九日・大陸精印山歌

今日見大陸以狹長仿宋字精印線裝明馮夢龍編集之《山歌》一冊，其值三元，其內容則所謂田夫野豎矢口寄興之所為，時不免於穢俗，薦紳學士之所不道也。馮氏以為桑間濮上，國風刺之，尼父錄焉，以為是情真而不可廢也；山歌俚甚，鄭衛之遺，且今雖季世，而但有假詩文，無假山歌，則以山歌不與詩文爭名，故不屑假，苟其不屑假，而吾藉以存真，不亦可乎！抑今人想見上古之陳於太史者如彼，而近代之留於民間者如此，儻亦論世之林云爾。十餘年來，大陸盛行破體字，以為筆簡則便於用，次則別鑄鉛字，凡新書皆用之。人自造字至互不相識，余之所見亦夥矣，若此冊者，出辭穢鄙，乃耗費鉅資為之精印精裝，焉得無主事者以變態心理出之耶？噫！異矣！

723 一九六三年四月十一日・與青衣島無緣

學校以耶穌復活節放假至下星期二為止，今晨師生僱船作春遊，目的地為青衣島與容龍，將盡一日之歡，余近來頗憚跋跉，雖有從遊之志，未之成行也。後聞是日有風，舟發九龍公共碼頭，東行出鯉魚門，波濤洶湧，諸生多嘔吐者，及轉西入香港仔，方略定，進午餐，然師生已有登陸避風中途散歸者數人，飯後北行，未至青衣島，即赴容龍，是時風亦稍定，乃上岸作片刻稽留，館友何君暈後頗不適，在寓靜息二三日乃已。余初意以十餘年留港，足跡從未及青衣島，從遊目的在此。及歸來諸友為余言及，未至此島，若前知余與青衣島無緣者，佛說因緣，豈不然哉！

沈燕謀日記節鈔／六十年代日記

724　一九六三年四月十四日・蔣夢麟愧對胡適

蔣夢麟任台灣農村復興委員會主任委員有年，今已七十有六。四年前喪偶（婦為陶曾穀），既而識中央信託局任職之徐賢樂，徐一度畢業上海光華大學，而武夫楊杰之孀婦也。遂以炳燭之年，忽起續弦之想，胡適逝世之前聞其事，以相交五十年，不欲老友陷於青年戀愛之淵，投書勸以懸崖勒馬，忍痛犧牲，否則此後餘年，決無精神上之愉快，或者竟有莫大之苦痛。蔣以陷溺已深，未之許也。則以民國五十年七月結婚，去今才一年有餘，而報紙已宣傳蔣委律師王善祥提出向法院提出離婚之訴，蔣有致徐分居書面，託友代致，言自結婚以來，兩人生活習慣、思想志趣無一相同，相處愈久，隔閡愈深，迨去年折骨就醫，彼此意見更多不合；又其於三月二日致徐一書，則謂分居考慮業已決定，不會動搖，所以如此，徐應自知，己身忍耐，自受傷住院療治時已達頂點；又知遠在去年七月，徐已將戶口遷出，並將蔣之存款過入己名，在病情最嚴重之際，置蔣不顧，而繼續實行財產移轉之計劃，即蔣氏子女之存款股票，亦復過戶，凡此皆為棄蔣而去之圖。觀蔣氏之書，知徐孀意圖特重金錢，徐得蔣書，復以長文，洋洋三千言，所為己身辯護者無不至，在旁觀者視之，蔣非工於心計之人，徐所表現之愛，不過虛情假意，唯一目標，只在金錢而已。蔣徐往來信件，既已公諸報端，我人於徐氏行為甚難作寬恕之辭也。蔣此時深悔未聽胡適之忠告，貽禍至今，致受人生不能受之痛苦，宜其有愧對故友，因此而生糾正錯誤請求仳離之舉矣。

725　一九六三年四月二十五日・保全善本孤本之法

艾新博士（Dr. Lester Asheim）美國圖書館協會國際關係組長也，此間亞洲協會傅德燊伴同來館參觀，與之走視書庫，晤談良久。余所最為注重者，無論中美大學需要中國典籍至多，

而已往板刻之書，因其初既非大量印刷，流傳無多，益以兵禍連接，水火不時，現存數量，微乎其微，若今美國大學，多有專開漢學一門，訪置書籍，每苦難得，不特價值突高，逾於曩時倍蓰，或且什佰而已。為今之計，除普通應用之參考書必須複印外，其較為專門而非日用必要者，莫若由協會以集體力量製為顯微膠片，凡有需要，隨時取印，或者價值稍大，而孤本善本書可以流傳，便利學者，殊非淺鮮也。

726 一九六三年四月二十六日·陳垣撰《中西回史日曆》

陳援庵垣撰《二十四史朔閏表》之後，繼以《中西回史日曆》二十卷，本館既得「朔閏表」，繼求《中西回史日曆》一書不可得。今日中華書局複印本出，無意得之，喜可知已。陳氏書備列二千年日曆，月之第一日，西曆用寬壯亞剌伯字體表之，中曆用紅色漢字注當日數字之旁，回曆用紅色亞剌伯字注當日數字之旁，最上一格用紅色記西曆年份，次甲子，次則歷代皇帝年號，如西曆一一二〇年在第一行，庚子二字在第二行，宋宣和二年為第三行，遼天慶十年為第四行，金天輔四年為第五行。書末卷有日曜表、甲子表及年號表，年號之下，復注其元年當西曆幾年，治史者考稽年月必備之書也。

727 一九六三年四月三十日·書淫癖

王漁洋《居易錄》記官都二十餘載，俸錢所入，盡以買書，嘗冬日過慈仁寺市，見孔安國《尚書大傳》、朱子《三禮經傳通解》、荀悅袁宏《漢紀》，欲購之，異日往索，已為他人所有，歸來惘悵不可釋，病臥旬日始起。古稱書淫癖，未知視予何如？自知玩物喪志，故是一病，不能改也，亦欲使我子孫知之。朱翰林竹垞嘗為予作〈池北書庫記〉，余中年搜集典籍，其癡獃情形，彷彿昔賢，諸兒頑鄙，何知乃翁心事，凡嘗翻過

之書，嘗屬次兒蓋經眼之印，嫌其煩累，並此細事亦不能終。自余流亡於外，所藏舊籍一度被封，旋即散失，次兒竟未以隻字稟告，蓋兩地之隔，不啻天淵，積書貽後，結局如斯，濡管記之，為之長喟！

728　一九六三年五月一日‧哀集體逃亡流民

四月初八日佛誕，亦先大父惠愨公生忌也，而五月一日，又歐人所定為勞工節者也；獨美國不用是日，而以九月第一星期當之，一般公立中小學以此時秋季始業，其在香港曾有工人集會遊行之舉，因遊行而生動亂，於是港府嚴加戒備，並派軍警巡邏通衢，以防騷動。獨去年今日，中英邊境有大隊集體逃亡之流民，東自沙頭角，沿擔水坑、白公坳 [238]、蓮麻坑、打鼓嶺，西達於落馬洲，以梧桐山之高峻，深圳河之阻隔，流民晝伏夜行，冒風雨之苦，荊棘之叢，跋山涉水，幸而入境，自謂天助，不幸而為軍警所截獲，解回來處，又賈鼓其餘勇，乘機再試，至三至五，其或日食力竭，倒斃山谷間，死而無悔也。日居月諸，遂已經年，回憶此舉，但有太息！

729　一九六三年五月二日‧孟森著作

孟心史先生森考史雜文，最初見於民國十年前後各種定期刊物，蔣竹莊、惲鐵樵二先生彙刻二次，號《心史叢刊》，商務印書館印行。第三冊由大東書局代印，來港後曾為院館得全三冊，在此猶為孤本。頃有中國古籍珍本供應社依原書複印，值美金二元五角，亟置二份備用。孟氏其他文史著作，有《明元

238　即「伯公坳」。

清系通紀》、《清朝前紀》、《明代史》、《清代史》[239]、《周易王弼注》[240] 及《明清史論著集刊》，集刊及附於《清代史》後文三篇，皆與《心史叢刊》性質相同。孟氏治學，樸實精細，自謂清代史實初遭禁錮，焚毀改竄，甚於暴秦，既而禁弛，復多污衊不經之談。吾人今日之於清代，何必加甚其愛憎，傳信傳疑，責在吾輩，雅不欲隨波逐流，一任是非之顛倒誣罔而莫之或正，故偶舉一事，不憚羅列舊說，詳厥原委，非敢務博貪多，期於參互作證，析衷眾說，以明其真相也。夫惟如此，所以其著述可信，而其史實可以傳後也，余甚重之。

730 一九六三年五月四日‧丁福保著作

無錫丁仲祜先生福保，窮三十年之力，成《說文解字詁林》，蓋彙聚許書有關之著述一百八九十種、一千餘卷，條分縷析，即就各種原書，截長補短，裱若碑帖，付之影印，無翻刻排字之煩，免魯魚亥豕之譌，書經裁剪，猶存原式，自古撰集，斯為創始。繼「說文詁林」正續之後，又為《古錢大辭典》，先之以總論，而析圖片與考釋文字為上下編，終之以補遺，彙集歷代圓法著作，斯為最完之本矣。其稿本編集，一似詁林方法，方其付印，適逢倭寇侵凌我疆之年，余困於舊業，未及購置，而書印才及百部，迨余訪購，已不易得；留港十餘年間，從未得見是書，昨經九龍某書肆，有台灣複印之縮印本，已合原書十有三冊為五，而原書圖片幾乎全用錢幣墨拓本而用玻璃版複印者，大小尺寸悉存其真；台灣縮本自是不同，雖每卷右

---

239 日記作「明代史清代史校」，查無此書，孟氏著《明代史》及《清代史》，「校」字疑是衍字或錯位。

240 《周易》，王弼、韓康伯注，通行善本有撫州本及建本。建本有一九二八年影印本，附孟森校記。日記提及的「周易王弼注」也許就是這書。

側印有公分單位，惜乎一經改動，面目已非，置此一書，取備觀覽而已。

731　一九六三年五月五日・柳州諸記

今日休沐，余雜取柳州八記復誦 [241]，怡然自得。四十餘年前，大病之後，偕亡妻龔夫人休養莫干山賃廬，篋中但有登善「蘭亭」一冊，逐日臨摹，《古文辭類纂》一部，隨意檢讀，甚愛柳州諸記。山間多雲，時經我室，故亦頗潮濕。一日，冰塵灰粉，成片下墮，無地可移，乃下山走西子湖濱，逾月而歸。茲誦西山諸文，前塵夢影，一一復入腦際，而亡妻久逝，北旋無日，既痛逝者，行自念也。柳州以僇人而具閒適之性，成此大文，我思古人，豈勝敬慕。

732　一九六三年五月七日・馬君武謁岳王墳詩

當光緒朝廢止科舉後，余一度遊學上海中國公學，同學頗有能詩者，余亦時復效顰，亦步亦趨，不自知其醜也。諸師則胡詩廬、楊千里、馬君武、夏劍丞先生，偶有見聞，時或獎借，迴憶往事，已逾半世紀。今日偶翻報紙，得馬先生九一八及抗戰初期詩數首，其展謁岳王墓云：「西湖衰柳映朝霞，自結花圈謁岳爺。國會冤刑蘇拉地，敵軍威脅漢尼巴 [242]。君臣昏瞶河山恥，父老遮留將士譁。正氣銷沉君莫問，黃龍今日屬誰家？」

241　即柳宗元的〈永州八記〉。柳宗元即柳柳州。

242　「威脅」一作「威懾」。

一九六三年五月八日・馬君武〈抗日記事詩〉

　　馬先生〈哀瀋陽〉二首，久已膾炙人口，所謂趙四者，為張學良所眷，自張歸罪事敗，趙四始終從侍，至今猶然。朱五為朱桂莘（啟鈐）之女，與乃姊朱三，皆擅交際，名動京師，後歸朱光沐。有一女，能編劇，間亦登銀幕，有藝名曰秦羽，今適某醫為婦，港九有盛名，蓋港大文學士也。又馬先生〈抗日紀事詩〉一首，作於二十六年之秋，詩云：「如斯諸葛方為亮，十萬雄兵受指揮。力戰屢窮羅店敵[243]，會攻又解寶山圍。遂令學就萬人敵，徒使縫成千女徽。松井石根真豎子，難民車上示皇威。」松井石根倭大將，其侵我也，所謂皇軍者，皆窮兇極惡，上海南站、松江站難民車為寇飛機炸死難民逾千，不如此不足以顯皇軍之神威也。

一九六三年五月九日・錢先生誠意

　　素書先生召見，語予港府為余任館長事有違言，第一，年事已高，依新例，退休年齡以六十五歲為度，今余逾例多年，殊難久留。第二，余習自然科，未有圖書館訓練，亦不及格。素書先生與之陳說多端，終以年高而從事於辛苦工作，體氣尚能支持與否為言，則請醫師檢驗，具證為憑。余已再度具陳年高與未有學校圖書館教育為言，先生慰勉有加，申之以同進退之語。今茲留此，未為戀棧，故聞先生所詔，深感其誠而未有不自量之憾也。

243　「敵」一作「寇」。

735　一九六三年五月十五日・碩士論文

　　港大有畢業生呂君、李女士將作碩士論文，來館借書。呂以清代前期用科舉為選拔人才為題，李以庚子拳亂時東南和平為題，各開具書目求助。呂於科舉源流初未深究，科場累次風波之背境更不明瞭，語以清代之考試制度，莫詳於商衍鎏之書，而科場案之始末，應讀孟心史之叢刊，關於牧令幕僚制度，亦為略舉參考要籍。李女士於近世史似亦未有根底，所言新寧、南皮，不知其為何許人也。求讀惜陰記事，亦不知其為趙竹君鳳昌也。適案頭有劉厚生所著扶海先生傳記及孝若丈所著傳記，因翻示有關保衛東南幾段文字，令其細讀，俾知閱盛愚齋、張文襄、劉忠誠諸公公牘文字，不及劉傳記載之簡潔通貫也。

736　一九六三年五月二十一日・金石補正

　　陳汪荔夫人受友人之請託，以木板書數種來詢，其中潘來原刻《日知錄》及劉翰怡所刻《八瓊室金石補正》，皆極有價值，而二書索值二千五百元，苦於館金不敷，未之能應也。今見補正，又逢囊空，不克捨資，置為我有，其為失意，蓋可知已！

737　一九六三年五月二十三日・脂硯齋甲戌本《石頭記》

　　胡適之以治《石頭記》負盛名，民國十六年之夏，得大興劉銓福舊藏《脂硯齋甲戌抄閱再評石頭記》舊鈔本四冊，書為殘本，僅存十六回，然適之極重之。十七年二月，為作報告一篇，長達一萬七八千字。三十七年之冬，適之離平南下，隨身攜帶之書止於胡君先人遺稿清鈔本及此甲戌本《紅樓夢》。四十年既就哥倫比亞大學為此書製顯微影片三套，以一套存哥

大圖書館，一套贈翻譯《紅樓夢》之王際真，另一套贈林語堂。後於五十年二月屬台灣中央印製廠影印五百部，余得其一。去冬與姚莘農（克）偶談及此，許舉以為贈，老來疏懶，未之踐諾也。今晨遇吳（迎璋）夫人，附其車到館，因取是書請為轉贈焉。

738 一九六三年五月二十六日 · 兩當軒詩

余與亡友沈子石皆甚喜兩當軒詩，書估幾度為謀佳槧，終不適意，後置舊刻本，視前已有者略勝，為惡客以墨筆圈點所污耳。洪北江謂黃詩「太白高高天尺五，寶刀明月共輝光」、「獨立市橋人不識[244]，一星如月看多時」，豪語也；「全家都在秋風裏，九月衣裳未剪裁」、「足如可析似勞薪⋯⋯」[245]，苦語也；「似此星辰非昨夜，為誰風露立中宵」、「買得我拌珠十斛[246]，賺來誰費豆三升」，雋語也。

739 一九六三年五月二十八日 · 香港 · 顧復平生壯觀

顧來侯復《生平壯觀》今見複印本，字大悅目，不遜一般木刻，白紙書也。余紹宋《書畫書錄解題》有曰：「來侯行履未詳，據所記述，與王煙客、吳子敏、王石谷為友，宜其精於鑒賞，惜其書畫造詣如何，未得見其遺跡也。明末死難諸臣，特為編次，又詳其殉節事，每篇均有敘說，其惓懷宗國之情，溢

244　「獨立」，《兩當軒全集》作「悄立」。

245　「似」字日記作「如」，據《北江詩話》改訂。又《兩當軒全集》作「足如可析是勞薪」。

246　「拌」字日記作「拚」，據《北江詩話》改訂。《靜娛亭筆記》「綺懷」條作「買得我拚珠十斛」。

於辭表,而於龔開、錢舜舉、鄭所南、趙孟頫諸人,評語亦時露慷慨悲憤之談,其為明之遺民當無疑義。獨怪清代諸書及著錄家皆不及其生平行事,今遂無可考也。」顧復於法書中甚重米襄陽,有曰:「米海岳天分高朗,學力湛深,鑒賞精絕,故其為書也,無一筆非古人之神奇,無一筆蹈古人之蹊徑,其書有出鋒者、有藏鋒者、放縱者、謹守者、肥者、瘦者,皆左右逢源而不逾距者焉。論其書,上繼顏魯公於五百年後,下開董宗伯於五百年前,一人而已。昔人評米元暉畫云:虎兒筆力能扛鼎,五百年來無此君,吾欲題海岳之書曰:元章書法空今古,千歲之中惟此君,請教當世之知書者。」

740 一九六三年五月三十日・以下俱香港所記・徙置區

　　加拿大女記者一行,來港遊歷,至徙置區,史迺達夫人慨然興歎,謂在加之狗,猶有遊息之所,不圖此間之人,乃擁擠困乏若此!莫尼基夫人亦謂:余若舉此處情況,率直以告我邦之人,或且以余為妄,余非目睹,決難信有斯境云云。二夫人有此感想,蓋猶未知今日群居於徙置區者,昔時自有其田宅恒產,赤徒肆虐,乃不得不輕捨厥居,流亡來此。彼加政府以麥售於中共為得計,豈非助紂為虐者哉!

741 一九六三年六月四日・蔣百里名言

　　重翻曹聚仁著《蔣百里評傳》,後附蔣氏文一,首題為「日本人——一個外國人的研究」,文成於二十八年八月,蓋自抗戰至此,已歷二年,既刊載於漢口之《大公報》,未署作者姓字也。善讀者驚其觀察深刻,思維周密,大異於一般宣傳文字。當時友人舉以語我,余以不獲一讀原文為恨,今茲讀之,猶覺蔣氏論斷之深摯為不可及。其緒言有曰:古代悲劇,多出於不可知之命運,現代悲劇,乃主人公性格之反映,蓋由於

自造；目前悲劇，則兼二者而有之。又曰：日本陸軍之強，世
所鮮有，海軍之強亦然，合二強而一之，乃等於弱，是可視為
不可知之公式，亦可謂為性格之反映。又曰：孔子作易，終於
未濟，孟子謂生於憂患，死於安樂，此中國文化，非日本人所
知，然而日本乃自負為東方主人翁，何也？蔣氏文字，托之於
柏林近郊無意中遇仙所得，臨別之時，以勝可，敗亦可，但不
可與之講和，簡單一二語作結。余於蔣氏文字最初見其《國防
論》，繼又讀其《歐洲文藝復興史》。歐洲第一次大戰巴黎和會
之後，以梁任公赴通會晤扶海先生之便，有百里等從行，與之
同舟，幸獲晤見，然百里沉默寡言，在更俗劇場歡迎會席上任
公致辭時，百里昏昏入睡，客散後又以酬酢不絕，賓客眾多，
終未能得間一聞蔣氏之高論也。

　　曹聚仁未嘗不能文，然其傳蔣，殊瑣碎，不能盡蔣氏生平
也。書中偶及扶海先生，以孝若傳記未道沈壽故事，謂孝若為
尊者諱，舉《曝書亭集》不廢〈風懷〉詩為例，此曹氏不讀《張
季子九錄》之故也。文錄之外，詩錄有惜憶詩四十八章，左舜
生稱之謂最為纏綿悱惻者，獨不能與〈風懷〉並稱耶？

742　一九六三年六月九日・華德醫生

　　英國陸軍部長蒲洛福謨，畢業哈路牛津，以二十五歲當選
為議郎，未及三十，晉階為陸軍准將。倭人納降，從英國軍事
外交團赴日，為參謀，其後歷任殖民部、外交部次長，又晉而
長陸軍，娶婦梵麗拉赫本，女伶也。繼而邂逅以色相為畫家模
特兒之姬勒者，於按摩醫生華德家。華德居室，賃貴族阿斯特
夫人舊業，堂皇富麗，泳池備焉。惟時姬則新浴初罷，以巾障
體，池水着身，淋漓未已。蒲氏驚艷，相識相友，往還不絕，
游絲牽惹，便成好事。顧姬舞肩拈花，人盡可夫，華德之外，
前有面首艾治高，以與姬鬥，被判入獄。復有黑人哥頓，自以
面首嬲姬毆姬判刑，法院審問詞中，初涉蒲洛富謨之名，下院

工黨質詢，蒲以為妄，實遁辭也。麥相從而辯護，局外人但以桃色新聞視之而已。會哥頓毆姬事發，姬於諸面首中，吐露蘇聯海軍武官伊凡諾夫之名，謂蒲每訪姬，其後接踵而至者，輒為伊凡諾夫中校，蒲聞此訊，倉皇辭部長職務，然工黨領袖威爾遜以事關國家安全，執政當局責任攸關，將於下院提起辯論，根究間諜問題。麥相素以鎮靜從容著聞，此案興起風波，將會大損保守黨之令譽，不獨麥相一人之進退而已！

報紙又傳，華德業醫，所識貴人至多，貴人者亦以華德社交之廣，女友尤多，其貌為閨秀陰實私娼者，依華德之介，輒得所欲。言其人數，殆逾二百，秘密既發，倫敦警吏乃以因娼為利之罪加於華德，已拘捕警署待法判治云。

743 一九六三年六月十一日・同學少年

晚約惠斯康新舊同學吳覺生及其夫人飯於白宮飯店，岫雲同行，並為介見兒子君揚。自吳蘊齋逝世，五十年前舊識日稀，覺生之至惠校，先於余一年，以一九一三年畢業，至今適為五十年。余因遭逢家難，費用不繼，回國一年有半，故直至一九一六年畢業。覺生言，家中猶存當年中國學生惠校同學拓影，影中人存者無幾，歷歷道諸同學遭遇得失，逾兩小時不盡。

744 一九六三年六月十二日・洋同學

午後五時後，頃在香港大學出席之亞洲太平洋科學情報會議群賢來校（新亞）訪問，既入圖書館導遊一周，與之集教員休息室參加茶會。旁坐 Pafrosimio Valenzuela 博士，菲列賓大學退職老教授也，今為菲列賓科學及人文科學院秘書會計職務，而充聯合國文教委員會駐菲委員副主席。嘗攻化學於惠斯康新大學，以一九二六年得博士學位，言談間，知余為同學，握手起立，高唱校歌，余從而和之。舉室來賓注目余二人，在

余亦不啻舊友之重逢也。與之語惠校種種，頗覺親切有味。昨日與覺生會，今日與初未相識之同學高歌劇談，殊感快意。

745 一九六三年六月十六日・荔枝詞

余幼侍母歸寧外家，外家天星鎮，田間有倉房，多植枇杷樹，仲夏果熟，輒獲飽嘗。迨於役滬上，得洞庭山、塘溪諸產，其值雖貴，然果殊甘美，每當芒種小暑，未嘗不念念於枇杷也。南來十餘年，嶺海所產殊劣，則偶以荔枝易之，荔枝之勝，遠非枇杷可比，自古經文人描畫，遂為絕世佳品。歐陽公〈浪淘沙〉詠荔枝云：「五嶺麥秋殘，荔子初丹[247]，絳紗囊裏水晶丸，可惜天教生處遠，不近長安。往事憶開元，妃子偏憐，一從魂散馬嵬關，只有紅塵無驛使，滿眼驪山。」詞詠荔枝，實亦詠史之作也。明人徐某[248]〈浪淘沙〉云：「高樹錦蒸霞，朱實清華，一丸寒玉裏紅紗，萬顆纍纍閩海上，不數三巴。西域枉乘槎，馬乳休誇，剖開瓊液碎丹砂，異品即今誰第一，猶記江家。」[249]

746 一九六三年六月二十二日・錢竹汀手簡

大陸《文物》雜誌發表錢竹汀手簡十五通，蓋尹石公寄示陳援庵（垣），援庵從而為之考釋者。十五通悉為家書，其前五通則當乾隆三十九年，竹汀由河南鄉試正考官，轉任廣東學政時致其妻子者。余於書中所述行旅，所費時間之艱長，不能

247　「荔子」日記引文作「荔枝」，諒誤，據《歐陽文忠公集》改訂。

248　作者是明代人徐熥。

249　「清華」日記引文作「青華」、「紅紗」日記引文作「紅沙」、「碎丹砂」日記引文作「散丹砂」，今據《幔亭詩集》改訂。

無言。竹汀自汴至粵，始九月十五道出皖省，十月初三渡江至九江，十七過梅嶺，十月二十七日至廣州，途中所歷才四十餘日，則以身被國家使命，沿途州縣例為先事豫備之故，平民行旅未能得此優待也。當時竹汀眷屬尚留京師，次年南赴廣州，則如竹汀函中所述，耗時至久，蓋家人男女老幼，為數略眾，益以隨帶行李之屬，從京師僱船至嘉定或蘇州，可四五十日，由蘇至杭可五六日，由杭至常玉山可七八日，在常起旱一日，又易船至江西可七八日，在江西換船至南安府，以上水故須十七八日，過梅嶺一日，再換船至廣州，順水不過七八日。全程起旱時少，乘舟時多，即無阻礙，已在三月以上，幾逾百日矣。又竹汀既至任所，於其第四通書中有「再承差回時，要買奏摺幾付，白奏摺十個，黃奏摺五個，俱要封套，黃綾夾板四付，一並交彼帶來。」以廣州為廣東省會，而無箋紙製造合適之所，至須遠道求之於京師，此尤甚不可解者也。

747 一九六三年六月二十三日・羅振玉善掠人美

鄭振鐸《劫中得書記》、《敦煌石室真蹟錄》在今為罕見之書，書凡五卷三冊，清宣統元年石印本，鄭記曰：「此書亦為敦煌書目所據，為伯希和所攜來及所憶及者，甲卷上載石刻拓本三種，以後各卷亦多錄原文，惟王（仁俊）序未及羅振玉，羅氏諸書亦未一及王氏，不知何故？」當敦煌石室發現消息由伯希和傳出時，仁俊正任學部編譯圖書局副局長，傳錄敦煌寫本，當以王氏為最早，而其名為羅氏所掩，今知之者罕矣，而此書亦不甚易得，誠有幸有不幸也。鄭氏所謂甲卷，上載石刻拓本三種，為唐太宗溫泉銘、歐陽詢《化度寺碑》殘片及柳公權《金剛經》，羅振玉嘗為精印而以「墨林星鳳」字之者也。前有序文，成於丙辰九月，則民國五年，序文有「予往歲見敦煌三刻，既喜遇天壤間之墨皇，又喜墨本之出於唐代，得此益可徵信。」又謂「聞西陲寶藏尚未盡啟，斯坦因博士曾再渡流沙，

所得尤夥。」民國五年後於宣統元年,而斯坦因之所收集,今藏不列顛博物館中者,有木刻印本二十事,無有墨拓本三事也。且王仁俊之所得,原出伯希和,伯氏收集今藏巴黎圖書館,王重民曾為編目,客歲商務印書館已有《敦煌遺書總目索引》,檢索至便,柳書《金剛經》拓本列伯希和四五〇三號,溫泉銘拓本四五〇八號,化度寺塔名拓本殘片四五一〇號。羅氏序不着伯希和一字,不着王仁俊一字,而謂化度寺銘斯坦因博士更得一葉藏之英京,不知何所據而云然?此君善掠人美,曩時老同學許君先甲言之再三,觀此益信。

748　一九六三年六月二十九日‧《清代通史》述評

蕭一山為《清代通史》,戰前但見上中兩巨冊出版,閱二十餘年,始見其下卷二冊,附表一冊。方當戰時,先有清代學者著述表行世,學者先後以逝世之年排列,今茲七表中之著述表,則以學者生年先後為序,其中前表已列今忽刪去,如吾鄉周彥昇先生家祿即為其中之一。一人聞見有限,煩舉有所不能,然如周先生其人,既見而又刪之,則非予所能索解者已。周著《三國志》、《晉書》校勘記列於廣雅叢書中,其《海門廳圖志》、《壽愷堂集》皆屬數見之書,蕭氏以治史自負,而失之眉睫,尤可異也。

749　一九六三年六月三十日‧周彥昇著作等身

《南通縣圖志》有范鎧所著周傳曰:周家祿字彥昇,一字蕙修,晚自號奧簃老人,海門廳優貢生,世居通之川港沙,為人淵懿簡默,往往疇人廣座中,意有所不然,輒倚坐不語,然性善酒,醉後清辯滔滔,間雜豪宕偏激之辭,於世無忤也。先後遊於諸名帥間,未嘗以榮利自為,然亦不斥訐責人,以為名高。與張謇、范當世、朱銘盤、顧錫爵等自弱冠即結深契,

其後交遊率海內英奇，然卒莫與此五人者並也。銘盤、當世先後卒，謇自中年後即專意於農工商諸業，獨家祿與錫爵以文字老焉。家祿卒，而錫爵為銘其墓，因頗論斷其文，敘所著書凡十三種百有二卷，曰《經史詩箋字義疏證》，曰《穀梁傳通解》，曰《三國志校勘記》，曰《晉書校勘記》，曰《海門廳圖志》，曰《朝鮮國王世系表》，曰《朝鮮載記備編》，曰《朝鮮樂府》，曰《國朝藝文備志》，曰《反切古義》，曰《公法通義》，曰《壽愷堂詩文集》。民國元、二年，范鎧為《南通新志》，於古今志不欲有所襲，獨引《海門廳圖志》，資效法焉。周生於道光二十六年丙午（一八四六），卒於宣統元年己酉（一九〇九）。

750 一九六三年七月三日・〈上水出土古錢考證〉

予撰〈上水出土古錢考證〉，[250] 雖登《新亞生活》雙周刊，署名但用「易生」二字而已。于肇怡見此文稿於何家驊案頭，借去載入《華僑日報》七月一日第二三二期文史欄，別為作者介紹，推崇逾量，殊深愧怍。于之言曰：某為早期留美學生，數十年來，佐南通張季直孝若父子興辦教育實業事，有聲於社會，但彼平日對於中國古史之興趣尤濃，造詣更深。此在往時，知者殊少，南來以後，由於環境轉換，某已不再從事工商業務，而繼續在學術方面更為努力，其於中國文化在海外播種

250　此文已收入本書「沈燕謀文字材料」。

工作貢獻殊多云云。[251]

751 一九六三年七月四日‧匪夷所思之破壞競賽

美商多金，每值新計劃，輒有不測之舉動，藉引世人之注意，而為推行策略之一助。紐約 Delmonico Hotel 原有餐廳號帝國廳，其主人 S. Joseph Tankoos Jr. 正在擬起一新餐室，唯恐大都會仕女之莫聞，乃於舊廳張宴，宴賓三百，宴罷作破壞之競賽，名女優某舉承玻璃杯之盤擲地碎之，時裝設計某名家夫人持三十磅重錘，破紅色天鵝絨為飾之支柱擊而斷之，某國會參議員夫人殊文弱，僅取香檳酒一瓶破之而已，顧維鈞夫人執斧趨壁，繼取一椅，破椅而下落於一沙法，以其設想殊不簡單，而所毀諸物亦非主人之所欲毀也。競賽既畢，顧夫人被推為冠軍焉。匪夷所思，此類事是已。

752 一九六三年七月二十二日‧香港‧台北‧夜遊碧潭

晨起，知颱風信號三號猶高懸天文台山巔，走詢民航公司執事，以不知本日班機是否能依時開出作答，乃赴校。十時得機場信息，謂可準時飛出。王光一駕車送余返寓取行李，冒雨同家人至啟德站，館同人七人、周月亭、平兒亦至。以雨

251　《華僑日報》1963 年 7 月 1 日刊佈〈上水出土古錢考證〉，附作者介紹，全文如下：「關於上水出土的古錢，近已引起各方學人的注意，本刊編者特懇請名歷史學者新亞書院校董兼圖書館主任沈燕謀先生在百忙中以〈上水出土古錢〉一文見賜（筆名易生），這是我們應該向他感謝的，並望讀者注意！（按：原文此處分段。）燕謀先生是早期的留美學生，數十年來佐南通張季直、孝若父子興辦教育實業事，有聲於社會；但他平日對於中國古史的研究興趣尤濃，造詣更深，這在以前是許多人不知道的。南來以後，由於環境轉換，燕謀先生已不再從事工商業務，但卻繼續在學書的領域內作了更大的努力，對中國文化在海外的播種工作貢獻殊多。讀到這篇〈上水出土古錢〉，可以知道燕謀先生治學的態度是何等認真！即此一端，已是為目前研究考古學者的師法了！」

故，遲開半小時，機行殊穩且速，余之乘噴射機，今茲尚為第一次。出發後漸入高空，所見多雲霧，偶於雲隙，略見大海而已。才逾一時許，便在台島上空，抵松山機場，則敬德、冰兒、齊兒、曉銓、謝公起、蘭孫等咸至。尚有他客，老來健忘，不能列舉姓名也。即從敬德至其寓所息焉。晚間謝公起約遊碧潭，碧潭在台北南郊，車行可二十公里，潭上有鐵索橋，日人所建，聞潭景殊佳，蕩舟潭上，於時為六月初二，極暗，只見燈光映水，未能盡遊觀之樂也。午夜還奚寓。

753　一九六三年七月二十四日・花蓮・身入畫圖中

與冰兒乘飛機至東海岸花蓮，機飛不高，並海而行，可以平看群山，以天氣至佳，彷彿身入名畫家青綠山水中也。至花蓮寓第一旅館二〇五室，僱車遊橫貫東西公路之東段，自太魯閣至天祥，穿山洞二十餘處。山為白石巖，歷時億萬年，凡當水流之谷，大率冲洗玲瓏，彙為奇景。隨時下車，欣賞久之，乃復前進，止於天祥招待所，所蓋新建，遊客只西人夫婦一家四人，地殊幽靜，客廳蘭方盛開，香溢滿屋，即留所午飯，飽餐後闢室稍休，午後三時許東還，又遊正在建築中之新花蓮港，乃回第一旅館，晚飯於武陵春菜館，方飯而地震，不久即止，未至走通衢以避也。

754　一九六三年七月二十五日・台北・退役士兵建設公路

晨起與冰兒同赴機場，九時登機返台北，機場有小規模商店出售土產，此間既多產白石，石製花瓶、煙罐、筆筒、水盂之屬，種類繁多，冰兒買小瓶一，亦復玲瓏可喜，所以志茲遊之可樂也。台灣東部之山，既高且峻，主政者用退役士兵，遵工程師計劃開鑿而成，公路工程艱鉅，崇山峻嶺間由土崩失足

而喪命者往往而有，道旁或建祠祀死事之士，或立碑紀建功之事，所以詔遊人於觀賞佳景之時，毋忘獻身通道者豐功焉。偕奚甥冰兒奉謁素書先生胡夫人於羅斯福路胡寓。

755 一九六三年七月二十六日・台中・日月潭涵碧樓

午前十時，又上飛機赴台中，冰兒偕行，預約王道將軍為嚮導，候於市肆，飯於沁園春菜館，有乾絲肴肉之屬，大有鎮揚風味。一時，附省辦公共汽車至日月潭，車中設備大類飛機，坐位雖略褊狹，然椅背可後移，行時可小睡，亦有報紙供應乘客需要，車行二小時三十分，不覺其累也。至日月潭，留宿於教師會館三百零六號，本日教會年會，中西人士咸集，若非王將軍事先安排，旅中不能有安適居所也。本年患旱，潭水不高，然山光水色，正復致佳。素書先生屬居涵碧樓舊樓，據樓遠望，殊堪快意，惜乎會逢其適，樓無隙地，即欲強留，亦難相容。上燈後飯於涵碧樓，餐廳窗前，於樹隙見潭，環列窗前，則繁花芳草，時當季夏，乃有杜鵑，座上閒談，良久乃散。

756 一九六三年七月二十九日・高雄・大貝湖

午後四時許，吳瑞森以車來，遂偕冰兒齊兒二外孫同遊大貝湖，高雄名勝之一也。湖為公園，佔地極廣，湖水亦為食水之源，環河有亭榭嘉樹，湖上則植荷盈頃，設計經營，頗具規模，徐步園中，心曠神怡，夕陽西下時，出院有微雨，虹見東方，上燈入市，飯於愛河沿岸之圓山飯店。飯後登高雄忠烈祠，蓋因日人神社而改建者。祠據山頭，東望為高雄市景，西則大海，有美軍艦一艘駐泊於是。瑞森言：高雄市區大於台北云。

757　一九六三年七月三十日・台南・嘉南古圳水庫

偕冰兒齊兒二外孫乘車赴台南，先至烏山頭之珊瑚潭嘉南古圳水庫，農家資以灌溉者也，小山頭有亭翼然，下望潭水，曲折有致，若加以人工經營，植以嘉樹，可成郊外公園，為四民遊憩之所。行車道旁，適值閘門乍啟，激湍奔流，不需汲水之器，農田自得浸潤，米產日增，良有以也。至台南，飯於粵人所張之羊城小餐，飯後遍遊赤嵌樓、文昌閣、文廟數處，台南舊為台灣首府，意謂文廟必有規模，決不遜於海門學宮，一經參拜，則大殿兩廡外，絕不依定法安排，殊為失望！

758　一九六三年七月三十一日・高雄・平民市場

吳瑞森以三輪車來，導觀高雄市景，有架石下水道，貫穿通道若干處，比戶而建之平民市場，其中物價，大都廉於一般市肆。經一小攤，以台幣百十五元得清代制錢七，無開國之順治，亦無光緒、宣統兩朝。又得古錢十，有唐代之開元一品，宋代太宗淳化、英宗治平、神宗熙寧、哲宗紹聖、徽宗大觀各一品，明代成祖永樂、宣宗宣德各一品，又洪化通寶一品，吳三桂孫世璠所鑄，景興通寶一品，則安南黎維瑞所鑄，黎氏生當乾隆時，嘗受清命為藩邦者也。繼至金馬車喀啡店，內部以玻璃器盛熱帶魚為障，間隔各坐，閒坐清談，情趣殊佳，若此布置，港九台北所未見也。

759　一九六三年八月二日・高雄・張孝若長女

八月二日晨，攜外孫延平，沿成功路步行一公里許，道旁有郵局，以一書寄揚、壽二兒，一書寄台北程欲明。余於一九四七年識欲明於紐約，其婦張非武，孝若丈長女，當年欲明服務於中國資源委員會，聞余至紐約，枉顧逆旅，因請觀揚

子江上游水利規畫，既而訪其所居之 New Rochelle 僑寓，至今就十六閱寒暑，政治變幻，不料遂至於今，非武聞余來台，轉展探詢行蹤，故作書以告之。

760　一九六三年八月四日・高雄・處處有飲茶

　　粵人習俗，恒就餐室小食，謂之飲茶，茶以外，輒儷以點心。港九每僱少女，懸盤項際，客取所喜者食之，時則晨午為甚，遠至美洲，僑民聚居者必有此類餐室，高雄亦然。今晨至豪華旅館餐室會食，食罷偕齊兒等驅車遊蓮池潭，潭畔多垂柳，塘邊有蓮菱，其中多魚，其上建有四重塔二，號春秋御閣，岸有祠，一曰啟明堂，祀先師孔子、武聖關羽、岳武穆、鄭延平王，鄉人焚香膜拜，祈禱祠前，繼續而至，雖雨不止也。次至岡山，山道崎嶇，體力不勝，稍坐即返高雄市，飯於狀元樓，亦蘇北人主持，樸質無華，味尚不惡。繼至威姪家，自置產也，階前有曇花，不日可發，五時許，又應威姪之招，就宴於華園餐廳，廳外小園，環池植樹，芳草如茵，布置楚楚，繞園而行，得稍佳趣，逆旅中難得者，最感姪意，惟煩費過多，至用歉然！

761　一九六三年八月六日・高雄・限時專送郵件

　　此間郵局，有限時專送之例，其值二元，[252] 隨到隨送，猶美國之 Special Delivery 信件也。今日作書致台中顧志成（傳玠）夫婦，言將以明午到達，又寄一書致冰兒，告明晚到台北。發信後，元閣姪至，託向車站定購明晨北行之觀光號車票兩

252　此句下有「編者」補充文字：「編者按：今調整為五元」。

張，以齊兒謂將伴余至台北，余執不可，乃商威姪隨行故也。

762 一九六三年八月七日・高雄・台中・台北・鐵路兩旁

　　午前九時赴車站，齊兒母子之外，葛瀏清、維培昆仲，吳則理夫婦，陸純勇夫婦，陳佩鑫夫人，姚德羅夫人，元閣姪及威姪婦子女，咸集站送行，友好情重，衷心至感。九時車發，午抵台中，顧志成迎候車站，伴同至其家，晤張元和夫人，不相見者且二十年矣，一子隨侍，年殆與壽兒相若，晤談凌府蹊徑，數年瑣碎，逾三小時。四時復赴站北上，鐵路兩旁，凡日前空中所不得見者，今日飽覽，惜其猶多未盡也。七時至台北，敬德、冰兒、曉銓同來相迎，與威姪下車後，同赴峨嵋飯館進晚餐，來客至多，久候乃得入座，菜物甚佳，聞價亦不貴，宜乎就食於此者趾踵相接矣。

763 一九六三年八月八日・台北・科學館與中央圖書館

　　午前同威姪曉銓遊建築宏偉、略似北京天壇祈年殿之科學館，館中陳列製成之模型與實物之標本為數不少，惜主其事者管理無方，儀器亦多殘破不能用而不加修繕，四周亦欠整潔，以科學為號而管理極不科學化，殊為失望！至藝術館，無藝術品可觀。

　　至中央圖書館，巡覽展覽室一周，有甲骨漢簡、敦煌寫經、宋刻圖書、六朝寫經、《永樂大典》殘存之冊、清儒寫稿及評校諸書，雖一室之中存件不多，至其價值殆無可估，是誠所謂國寶也。以時且近午，館人將散，不及往訪館長請益，然在極短時間獲睹海內至寶，眼福不淺矣！

764 一九六三年八月九日·台北·陽明山

　　程欲明、張非武以車來邀遊陽明山，攜曉銓同行，先至新蘭亭，台灣以蘭產著，種類甚繁，時非蘭花盛放之季，而花房猶存已發之蝴蝶蘭數十種，別有一處，儲花待售，定值不太高，有花癖者，可量力置備矣。繼至依山而建之公園，園多櫻樹，春來花發，必有可觀，亦日人所植，登小山頭有潭，蓄五色魚，愈於西湖之玉泉，投以麵食，群集爭食，園甚整潔，或謂與毗連元首私邸有關云。飯於圓山旅館西餐廳，三時回奚寓。途遇豪雨，下水污塞不通，積水巷中逾尺，僱車徒涉，乃得入門。

765 一九六三年八月十日·台北·台灣土地改革經過

　　李國柱以車來，敬德冰兒約王道同至新港，謁老同學胡適之墓園。適之族姪名頌平者出迎，導遊紀念館，亦即適之先生生前住宅也。宅不大而佈置井然，舉凡書室、寢室、會客室、浴室之屬畢備，中國公學老友又弱一個，既傷逝者，行自念也！歸途經李君焦炭公場，為我道創始時期艱困情形至詳，李嘗任教滬上，恒兒曾從受業，飯於第一飯店粵菜廳。

　　午後，王道導遊桃園土地改革圖表展覽館，數十分鐘時間，獲知本省土地改革經過及其現況，勝讀印刷文書累日也。土地改革之最高準則為耕者有其田，其實施以和平漸進為宗旨，自一九四九年第一步推行三七五減租，第二步舉辦公地放領，第三步消除出租耕地制度，達成農有農耕農享之土地政策。在其過程中，引導地主以土地資金投資工業，擴大自由企業，促進工業建設。據稱自政策完成，有自耕農十九萬四千八百二十三戶，放領耕地十三萬九千二百四十九公頃，農民收益較土地改革前增加百分之一百六十八云。

　　次至石門參觀水庫，其辦事處有鄭君就壁間巨型水庫地域

圖，略有說明，繼及塑膠山川水庫模型，表示其高下以及防洪灌溉之區，其河谷形成面積為八‧一五平方公里。登展望樓，可得水庫局部之外型。歸途折至廣州街龍山寺，廟貌殊壯，畫棟雕樑，僧徒正作晚課，設有擴音器，所以便外客之來遊者。

766 一九六三年八月十二日‧台北‧台北文廟

十時敬德借車來，適族姪思陶過訪，因與偕行，恭謁台北文廟，以此與台南文廟較，則此地為勝。廟堂兩廡皆甚整潔，豈以國際觀瞻所繫，市府特加重視耶？其右有新築層樓，亦以明倫堂稱，戶閉不得入，廟前泮池之外，圍以高垣，垣外更無下馬牌之屬，猶遜於南通海門之學宮，清代制度不若是也。以意度之，廟南以築路之故，已去其固有形式，明倫堂之重建，出於私人捐款，賈景德有碑記。聞孔子誕辰有隆重之祀事，禮樂畢具，八佾舞庭，甚有可觀云。

767 一九六三年八月十三日‧台北‧台北市博物館

後至台北市博物館，以已往土著民族模型及其動態一般為佳，其他陳列自然博物，殊不見佳，管理尤為不善，頗有虛此一行之感。步入衡陽路相近書肆，其間複印西書為多，見複印之《和漢大辭典》十三巨冊，久聞其名，以囊中餘錢無多，將屬奚甥代購設法寄港，又以台幣百元得英譯本《老殘遊記》及景印本《Rise and Fall of A Hitler》二書以歸。

宋達庵枉顧，以朱昌竣所著《嗇公與大生紗廠之創立》英文本及其所著水利書若干種為贈。

768 一九六三年八月十六日‧台北‧台北北投溫泉

午後四時，公起邀往北投溫泉沐浴，泉水琉璜氣極重，與

日本諸溫泉相似，以較黃山之硃砂泉遠遜矣。晚就中國之友社
同飯。

769 一九六三年八月十八日・台北・香港・由台北返香港

晨起，敬德舉家送余至松山機場，程欲明、謝公起夫婦及
其子女、思陶姪已先我而至，桃花潭水深千尺，不及汪倫送我
情，至可感也。登機後才逾一小時十分，即達啟德機場，岫雲
率揚、壽二兒，平兒率三孫暨外甥朱振聲皆到場迎候，僱車二
輛，返寓稍休，復同出就七喜茶廳午飯，至則來客滿座，久候
乃得一席，點心之外，又增油雞燒豬三五碟，備飯飽食既畢，
至廳西照一旅港全家之影。八年以來，離久會難，今日瞬息之
聚，已為難能可知！

770 一九六三年九月八日・香港・能任亭紀念吳蘊齋

蘊齋既逝，即就大嶼山火葬，友好擇慈興寺旁為建紀念
亭，以「蘊齋」為榜，林康侯諸老非之 [253]，以齋為燕居之室，繫
亭字於其字後，固不可通，即以為亭榜亦不適宜。余言用亭字
加吳君二字似乎可用，同座諸人未有一致之表示也。既而潘志
文來，為言蘊齋生前有法名曰能任，請以「能任」亭名，而屬
余作榜書。今日到校試書，三易不能如意。余之惡札非不自
知，知其惡而猶強為之，則感於志老之誠，蘊兄交誼之厚，不
可不強顏一試也，書成自覺其不堪，行當函表姪稚松代為之。

253　「侯」日記作「候」，諒誤。

771 一九六三年九月九日·香港·新亞精神

新亞開學。午前十時，會堂有始業儀式，素師述往事，勵來茲，略舉當年經營新亞之艱辛，集合同志，人納二金，才得八百金，初期全校開銷，不及今日一高級講師，校歌有「手空空，無一物，路遙遙，無止境」，記實也。持此而抱必成大學之心志，篳路藍縷，以啟山林，確乎其難，而所謂必成之心志者，新亞精神是也。十餘年來，凡所為世人所共見，則校舍先後三期之建築也，圖書之日積月累也，教員職員人事之漸即於充實也。而所謂精神者，視無所見而聽無所聞，一旦忽焉略焉，而以香港中文大學之名為滿足，是非我人所望也。保持前進之志向，期為學之日進而有功，永永不忘刻苦之精神，是所望於諸生而時刻以此自勉者也。

772 一九六三年九月二十日·香港·黃季陸等來港

校長導黃季陸、李熙謀、酈壆厚、陳可忠來參觀圖書館，四人者為中華民國出席國際原子能第七屆會議代表，昨晚才抵港，明晚聞須離港飛維也納云。

773 一九六三年九月二十六日·香港·司馬溫公真率齋銘

四十餘年前於蔣雅初滬寓，見鄭海藏所書司馬溫公〈真率齋銘〉字屏，甚愛其文，因借紙筆轉錄，乞姨丈黃益吾祖謙為書一屏，張南灣邨舍座右。倭寇內犯，村舍器物散亂，遂失黃書。頃於報端朱省齋介紹日人酒井康堂篆刻巨印，溫公原文俱全，頓憶舊事，不勝感慨，再錄一遍，志我於舊物之精好不能去心也。

吾齋之中，不尚虛禮，不迎客來，不送客去。賓主無間，

坐列無序，真率為約，簡素為具。有酒且酌，無酒且止，清琴一曲，好香一炷。閒談古今，靜玩山水，不言是非，不論官事。行立坐臥，忘形適意，冷淡家風，林泉高致，道義之交，如斯而已。羅列腥羶，周旋布置，俯仰奔趨[254]，揖讓拜跪。內非真誠，外徒矯偽，一關利害，反目相視，此世俗交，吾斯屏棄！

774 一九六三年九月二十八日・香港・新亞校慶日

今日為國定先師孔子誕辰，又為教師節，亦本校校慶日也。午前十時，會堂有慶祝儀式，校長致辭，重申諸生應勤讀《論語》，並謂孔子之道，絕無時間之限制，而社會之變遷尤不致影響孔子教人之對於家庭社會政治教育一切教訓。中國社會自有其特質，亦所謂傳統之方式，在孔子思想薰陶下，我人將來亦必有其特出之民主方式，我人學習孔子，應從小處做起，行之以敬，持之以恒，能小乃能及大，能服從乃能領導，孔子有言，言忠信，行篤敬，此為最基本功夫，任重道遠，願與諸生共勉之。

775 一九六三年十月一日・香港・林琴南畫〈雙忽雷圖〉

民國七年之夏，余被調至大生紡織公司滬事務所，為吳師寄塵之佐。張孝若丈於《張季子九錄》卷端嗇公年譜着余授職之年始此；其實先此二年，已掌教紡織專門學校，嗣是而後，以滬所為南通實業總匯，凡嗇公事業不論紡織、鹽墾、教育、公益、慈善等等，凡屬寄師之所承辦者，無不有小子參預其間，即嗇公友好交際慶吊之微，亦每見余之時一襄贊焉。八年

254　「仰」日記引文作「伊」，諒誤。據《吳興藝文補》（崇禎六年刻本）改訂。

午節，寄師赴戈登路劉聚卿丈私邸賀節，余幸獲隨從，得登玉海之堂，壁間書畫，無不與端節有關，而几席之所陳列，都鐘鼎彝器及諸骨董不知其名者，一時在余心目之中，大有河伯望洋興歡之感！於茲有物焉，厥號「忽雷」，當時但知其為樂器，他則奇器羅列，目迷五色，未暇請益辨識也。閩縣林琴南曾為劉葱石製〈枕雷圖〉，又撰記曰：「北平袁珏生太史為余文字之契，一日寓書於余，以劉參議葱石所藏唐建中小忽雷，請余為〈枕雷圖〉，參議淵雅通贍，名聞當世，余心折久矣，圖成歸之。參議遂集飲於小忽雷閣，因得觀所謂小忽雷者，長僅逾尺，駢二軸於左，雙弦，撥之鏘然發奇聲，木質作深紫色，軸上刻曲阜孔君詩，余因詢大忽雷所在？則云已屬之瑞山張君，張君今年七十有五矣，精於胡樂，能為秦王破陳諸曲，願以病莫至，時庚戌九月九日也。逾兩月，再面參議於忽雷閣，則大忽雷亦歸參議家，狀如常用之琵琶，髹文甚古，二軸軒輊為左右，聲洪壯而清越，余惜不能得張君而彈之。參議笑曰：前圖無大忽雷，今二雷駢隸吾錦囊中，畏廬當於水邊林下，補一鬚眉蒼皓之老翁遠來歸雷，足成吾家韻事可耶？余諾，為更製一圖，……參議獨抱古懷，摩弄二雷，不勝太息，且約明年人日，將大集詩流，賦詩紀之，今預更閣名雙忽雷，屬余為紀其顛末如左，宣統二年長至日。」

776 一九六三年十月十七日・香港・中文大學成立

定名為「香港中文大學」者，以今日為官式成立日，學校放假一日。午前十一時，大會堂音樂廳有隆重之典禮，港督以大學監督名義，主持典禮儀式，來賓千五百人，事先就座。時屆，三校校長及專任高級講師被原有學位制服，左右魚貫入，

次第登主席壇，以監督終焉。儀式開始，由董事會關君 [255] 報告大學之籌備經過，次以立法局大學法案呈監督，監督致辭，以法案付副校長容君，容君致辭禮畢，壇上群公退，眾賓皆退，禮成。

777 一九六三年十月十九日‧香港‧王韜記龔半倫

曾孟樸著《孽海花》於龔定庵之子字半倫者，刻畫淋漓，極無行文人之致。天南遯叟王韜《淞濱瑣語》記半倫之軼事有曰：「龔孝拱名公襄，仁和人，其名屢改而益奇僻，曰刷剌，曰橙，曰太息，曰小定，曰昌匏，湛深經術，而精於小學，性嗜酒，與余交最善，晚間賦閒，必詣其寓齋，與之作康駢之劇談，為劉伶之痛飲，上下古今，逾晷罔倦。孝拱謂飲酒須先知酒味，申浦絕無佳品，故從杭城運來，味極醇厚，試之果然。孝拱為闇齋方伯之孫，定庵先生之子，世族蟬嫣，家門鼎盛，藏書極富，甲於江浙，多四庫未收之書，士大夫未見之本。孝拱少時，沉酣其中，每有秘事，挑燈鈔錄，別為一書，以故於學無所不窺，胸中淵博無際，後燬於火，遂無寸帙，殆遭造物之忌歟？孝拱生於上海觀察署中，後隨其先君宦遊四方，居京師最久，兼能滿洲蒙古文字。在京與靈石楊墨林相稔，墨林素有豪富名，設典肆七十餘，京師呼之為當楊，揮手萬金吝嗇色。孝拱嘗與刻叢書，未成，中多秘籍。孝拱固淡於仕進，性冷雋，寡言語，倜人廣眾中一座即去，好作綺遊，纏頭之費數百金，輕於一擲。中年頗不得志，家居窮甚，恒至典及琴書。旅居滬上，與粵人曾寄圃相識，時英使威妥馬膺參贊之任，司翻譯事宜，方延訪文墨之士，以供佐理，寄圃特以孝拱薦，

255　「關君」下有「編者」補充文字：「編者按：關祖堯，已故」。

試與語，大悅。庚申之役，英師船闖入天津，孝拱實同往焉，坐是為人所詬病，晚節益頹唐不振。居恒好謾罵人，輕世肆志，白眼視時流，少所許可，世人亦畏而惡之，目為怪物，不喜與之見，往往避道而行。舊所得書帖物玩，斥賣殆盡。始納一妾，覓屋同居海上，寵擅專房，時繩其美於客前，而尤着意於雙彎纖小，後又新購一姬，則其愛漸移，棄置別室，不復進矣。與妻十數年不相見，有二子自杭來滬省，輒被逐，論者擬之陳仲子之出妻屏子之焉。有弟曰念匏，以縣令侯補江蘇，亦不和睦，卒以發狂疾死。時出所愛碑本其值五百金者，碎剪之無一字完，生平著述無人收拾，散佚不存。余所見有《元志》五卷、《漢雁足燈考》三卷，不知尚在世間否？」

778 一九六三年十月二十三日・香港・大陸來書

黃華表以老友盤斗寅致其姪寶臻書見示，謂日前偶得新鮮扁豆及白米煮飯，以平時難得之故，食時便覺美而逾量，豈知食後遂覺不適，腹脹而便秘，移住醫院，每日注射青莓菌針劑者八日乃愈，出院七日已能痊復，治事如平時。白飯新豆非名貴之品，身居京都，並此亦不易見，大陸物資之缺乏，可以想見。管子有倉廩實而知禮義，衣食足而知榮辱，大陸景象若茲，宜乎禮義之為眾所棄而榮辱之顛倒，是非之難言矣！斗寅書中，言涉下走，故黃君舉以相示也。

779 一九六三年十月二十七日・香港・張謇與沈壽公案

有錢佚樵者，為余冰臣（覺）弟子，三十七年之秋，將赴台灣，訪師於滬西。冰臣示以沈雪君（壽）之髮繡，及其他諸文稿紙片語錢，凡此種種，為當年彼與張謇之間一段因賓主而結為親家，由親家而變為冤家，後來又由冤家恢復為親家可供參證之資料。錢君據此資料，成「張謇與沈壽」一文，分載《暢

流》雜誌，繼續四期，似尚未盡，其記前此作者有關張沈事者，有冰心之《西樓清話》、左舜生之《萬竹樓隨筆》、邵鏡人之《同光風雲錄》、芝翁之《古春風樓瑣記》（〈張狀元與繡聖之戀〉）等等。錢氏以為各家記述，大多為輾轉傳聞之片段，或有關此事資料之部分，絕非公案之全豹，故此類記述中之錯誤與渲染，自亦在所不免云云。以余觀之，錢氏文字亦僅據冰臣付託之零星紙片，似尚未見《張季子九錄》一書，故其評論他書諸作者之失，仍不免躬自蹈之，否則其傳沈壽，何至有「張驟聽了她的話，覺得很以為然，於是不殫瑣屑的將沈壽學繡的經過，詳為書記，並且反覆諮詢，三易其稿，歷時三月，成余沈壽繡譜若干卷，可惜這部僅有的繡譜沒有刊行問世，現在更不知散佚到何處去了」之語。嗇公筆錄沈壽之語而加以潤飾之經過，已詳繡譜序中，而書成之後，即由翰墨林書局鉛字排印出版，成書之年，則民國七年十一月也。陶蘭泉見而異之，嫌翰墨林書局傳刻之未精也，於二十四年收入喜詠軒叢書甲編《雪宧繡譜》一卷，署「沈雪宧女史」著，次於陳丁佩女史《丁氏繡譜》一卷之後。張孝若集印九錄時，仍用「雪宧繡譜」之名，初刻本印行無多，自是難得，若九錄似非難得之書，何以余冰臣竟未之知，而錢侠樵知有其稿而終未一度探求也。

　　錢氏評論前此作者凡涉張沈之事，每得諸輾轉傳聞之片段，絕非公案之全豹，因此不免錯誤，而有文字上之渲染。今就《暢流》已發表之四節而言，其蹈襲文人之失，憶測當年莫須有之情況而為之渲染者隨處可見，如（一）張府僕役人數極多，至有專司家務管理，專任接待賓客，以及其他種種，女僕各分派系等等說法，則殊異乎我所聞見。（二）而當嗇公七十壽辰，余冰臣撰書「江北土皇帝；極南老壽星」一聯，親自懸掛於壽堂中央，直是嚮壁虛構；既有壽堂，假定賓客未集，豈無管理以及僕役一類人物，余冰臣亦來客，胡能越俎而為僕役代謀乎？（三）至記沈壽死後，嗇公於百日卒哭之餘，在當年為沈壽所建之濠陽小築、東奧山莊、西山村廬、倚錦樓、

介山樓、梅垞等處，分懸沈壽之遺象，象前日供鮮花，早晚香燭，而嗇即在沈壽曾居之樓垞杜門謝客，守廬守墓，每幀遺象為之親筆題詩云云。測錢氏文義似張氏別墅皆為沈壽而建，題詩遺象誠有其事；而嗇公竟在沈壽曾至之地，為之杜門謝客，守廬守墓，置一切地方手創無數事業於不聞不問之列，錢氏想像力之偉大，竟然超人數等，豈余冰臣曾有是言，而錢氏追記之乎？舉此三端，略見余冰臣之對於髮妻但知其善繡而已，於繡事之精微，知有繡譜其書未及細讀，而凡所託付錢氏者，不但不盡抑且不實也。

780 一九六三年十月三十一日・香港・香港之文武廟

台省每每有文武廟合祀先師關侯，香港亦有以文武廟稱者，關侯之外，所謂文者，乃祀文昌。文昌星名，《史記・天官書》斗魁戴匡六星，曰文昌宮者是也，後世或以為神，名曰文昌帝君，亦稱梓潼帝君。《明史》禮志：梓潼帝君者，姓張名亞子，居蜀七曲山，仕晉戰歿，人為立廟，唐宋屢封至英顯王，道家謂梓潼掌文昌府事及人間祿籍，故元加號為帝君，而天下學校亦有祠祀者，歲以二月三日生辰遣祭，清代州縣多有文昌宮，列入祀典。余籍海門，幼時赴廳試，從先君至茅家鎮，借宿於文昌宮，宮在文廟之西。昨日此間東華三院有祀於文武廟，不解何以有取於九月之望也，而並祀關侯文昌，尤不可解？

781 一九六三年十一月三日・香港・劉聲木壽之兄弟

見台灣景印小字本廬江劉聲木十枝所撰之《萇楚齋隨筆》五筆，筆各十卷。聲木原名體信，弟有名體乾字晦之者，印書甚夥，類多金石學，流傳頗廣。其父劉秉璋，咸豐庚申翰林，由編修官道府巡撫而至四川總督，因教案罷免，歿後溥儀謚為

文莊者也。聲木入民國後以遺老自居，隨筆所及，自謂遇有可驚可喜，合於己意者，記為若干卷。雜說家體例至廣，漫無限制，古人已有其類，固無施而不可。辛苦讀書之餘，千慮一得，間亦自信，尚不背名教，無大疵謬，或可為觀覽之助。後世如有置其書於南宋趙彥衡《雲麓漫鈔》、陸游《老學庵筆記》、周密《癸辛雜識》、葉某《愛日齋叢鈔》四者之間，則其心大慰云云。

782 一九六三年十一月二十九日・香港・與錢穆先生一席談

素書先生召見，語我辭去校長之原由，我以重聽，故先生細語不盡詳也，然略明其大意，亦以己意答之。大致則今日新大學之以「中文」二字為號，豈不所重在中文，不必師長授課以中文已也，若所重為中文，則我新亞當為主要之基本學院，深言之，大學本科而外，繼以研究之所，因研究所之成立，歷年有學報之編印，有其他學術之刊物，而出版書報亦頗為日本及諸注重漢學學者所重。凡學院為經費所限不能任用之名師，研究所從而助其成，延聘而為諸生訓導，研究所以經費出於哈佛燕京學社、雅禮會、亞洲文化協會及他隨願出資贊助之人，其所以樂於贊助研究所者，豈不以掌所之首長以先生故，先生一旦去職，若某某其人云何能繼？即繼矣，而後來經濟之支持即成最大之問題，先生之創辦新亞，無非以大陸赤徒輕捨中國傳統之文化，而盲從馬恩列史之異端，以溺我民於水深火熱之中。故開宗明義有沿襲宋明書院舊制之呼聲，書院在未有新制學校制度之前，其造就人才之成就，蓋甚有可稱者。若杭州之詁經精舍，以俞樾為之山長，則有通經能文之士若干人；若保定之蓮池書院，以張裕釗、吳汝綸為之山長，則有冀燕既成之才若干人；若廣州之廣雅書院、菊坡精舍、學海堂諸院，而以譚瑩、陳澧、梁鼎芬等為之山長，則有南粵成就人才若干

人，江陰之有南菁書院，南京之有鍾山書院、惜陰書院、文正書院，有諸名師，從而產諸人才，他諸微小不必論，凡此略舉二三處，可以着其大概；然山長多出聘任，猶不似明代之自關山堂也。先生之於新亞，用力逾十四年，今已見其由萌芽而漸可望其茁壯，一旦捨去，又後繼之無人，經濟支持之且斷，先生又何忍而出此耶？弟子知先生以著書立說為重，而學校事業為輕，不知先生一走，新亞之為新亞，將不復保其原有面目，先生十四年來辛苦經營之一片苦心，豈不從茲而有隨風而消逝之必然結果矣！佛以出世修道，猶不免於桑下三宿之留戀，願先生之易其已定途轍也。

783 一九六三年十二月二十五日·香港·袁安圃訃告

閱報，見袁安圃訃告，殊為驚駭，安圃年才花甲，平時相見，知其健旺，不解何以忽然遂逝也。午後渡海至北角萬國殯儀館往弔，遇南通熟友數人，方知其死於車禍，觸車在德輔道文華酒店相近，傷後送瑪麗醫院急救，及家人聞訊往視，已不省人事。安圃之來港為求生也，豈知竟死於求生之地，人事無常，為之黯然！

784 一九六三年十二月三十日·香港·王陽明先生家訓

「兒女輩，聽訓示。勤讀書，敦孝弟。學謙恭，循禮義。節飲食，戒遊戲。毋說謊，莫貪利。毋任性，莫鬥氣。勿責人，但自治。能下人，是有志。能容人，是大器。凡做人，在心地。心地好，福可冀。心地惡，禍難避。譬樹果，心是蒂。蒂若壞，

果必墜。我教汝，即此意。諦聽之，須切記。」[256]

785　一九六四年一月一日・香港・齊白石畫〈發財圖〉

　　朱省齋據黎錦熙、胡適、鄧廣治合編《齊白石年譜》，齊生於清同治二年（一八六三癸亥）十一月二十二日，其地則湖南湘潭杏子塢星斗塘老屋。齊氏口授、張次溪筆錄之《白石老人自傳》，出生之年月日亦同。考其陽曆適為一八六四年一月一日，以故今日實為齊氏誕生百年紀念日。此君生而貧苦，初為牧童，繼為木工，由雕刻而畫，而詩，而書，而鐵筆，終為舉世聞名之藝術家，余讀其自傳而深感其樸實誠摯，異於世之一般藝人也。省齋記其所為水墨大算盤，甚趣，文曰：「丁卯五月之初，有客至，自言求余畫〈發財圖〉，余曰：發財門路太多，如何是好？曰：煩君姑妄言之。余曰：欲畫趙元帥否？曰：非也。余又曰：欲畫印璽衣冠之類耶？曰：非也。余又曰：欲畫刀槍繩索之類耶？曰：非也，算盤如何？余曰：善哉！欲人錢財而不施危險，乃仁具耳！余即一揮而就，並紀之。時客去後，余再畫此幅，藏之篋底，三百石印富翁又題記。」

786　一九六四年一月三日・香港・小學功夫

　　書賈選大陸新出圖書，有上海博物館所藏彝器款識拓片景印單片二十餘事，其中近代金石學者多為著述，單片之印行，便於研究臨摹，以言收藏，必粘貼成冊乃可。片凡二十封，

256　家訓另見於明代龐尚鵬《龐氏家訓》（清嶺南遺書本），名為〈訓蒙歌〉，字詞略異：「幼兒曹，聽教誨。勤讀書，要孝弟。學謙恭，循禮義。節飲食，戒遊戲。毋誑言，毋貪利。毋任情，毋鬥氣。毋責人，但自治。能下人，是有志。能容人，是大器。凡做人，在心地。心地好，是良士。心地惡，是凶類。譬樹果，心是蒂。蒂若壞，果必墜。吾教汝，全在是，汝諦聽，勿輕棄。」

自殷商、西周、春秋、戰國款識為大篆，秦之銅權、新莽嘉量為小篆，秦權嘉量猶能讀迄不遺一字，古籀則所識之字十才六七，未有小學功夫，病未能卒讀，是亦少壯不努力之故也。

787　一九六四年一月十一日・香港・集杜詩贈曾履川

曾履川集其先世詩人，自明迄今，歷十二代四百載，彙印為《曾氏家乘》，分贈海內外圖書館及並世友好，亦以我通范氏累代詩人，歷世歷年，可相比擬，因集杜三首以張之。

吳葉班姑史，巴箋染翰光。歌謳互激遠，裘馬頗清狂。浩蕩風塵外，提攜日月長。貫穿無遺恨，中道許蒼蒼。

鴻寶寧全秘，馨香遠不違。未辭炎瘴毒，永息漢陰機。一覽眾山小，高懸列宿稀。沖融標世業，衰白有光輝。

神物有顯晦，蒼茫雲霧浮。故園當北斗，大火復西流。江國踰千里，乾坤到十洲。兩家誠款款，不待致書求。

788　一九六四年一月十八日・香港・安儀周《墨緣彙觀》

中國書畫著錄之作，朱省齋（樸）極重清初安麓村之《墨緣彙觀》，安氏名歧，字儀周，朝鮮人，舊書畫時見其鑑賞印章，清末端午橋（方）為「彙觀」作序，有曰：「安氏之《墨緣彙觀》，出於高（江村）卞（令之）之後，所事納蘭太傅，聲勢赫奕，熏轑天下，安得依倚以鬻鬸，往來淮南津門兩地，為南北之府奧，買販以書畫求售，往往湊集於此。安氏素負精鑑，又力能致之，一時所藏，遂為海內之冠。」朱省齋以為安氏業鬸，財富勝人，既非飽學之士，烏能素負精鑑，既而讀《雲自在龕隨筆》，乃知安氏所以獲得精鑑之名，實得力於王石谷之助，因之多年積疑，為之釋然。繆氏之記曰：「曲沃仇氏，書畫之富，甲於山右，其所藏千有餘種，在松江時，所得皆董宗

伯、陳徵君為之鑑定 [257]，故往往有二公題字，可稱好事家。按鈐山堂所藏，文氏父子鑑定，麓村所藏，石谷師弟鑒定，[258] 均少贗品。」

789 一九六四年一月二十一日‧香港‧閩廚林庖

閩人林貞焜，良庖人也，善治具。曩為王光一夫婦祖餞，館友設宴，曾先生履川屬林庖主之，座客食而甘之，每一器至必盡。今晚校同人復啟履川告林庖備食，借洛克道四海大樓某俱樂部為會宴之所，凡十餘簋，大體俱佳。尤以多進魯粵之菜，不免生厭，人人以得膳夫佳製為快也，十時歸。

790 一九六四年一月二十六日‧香港‧中國書畫有連帶關係

周士心能花卉，兼及其他繪事，居恒服務於董之英治事之所，以餘時任新雅教科，並授徒多人。自前日起，集師徒近作若干幅，展覽於大會堂，今晨往觀，諸生學畫未久，不能求全責備，為苛刻之評論，惟國人談畫，每以書法為根底，今日所見，幾無一幅能署名端正者，無論其他題字矣。因語士心，諸生既有學畫之興趣，同時最宜着重臨碑，書法有進步，作畫程功自易，中國書畫自有其連帶之關係，不能與西人盛行之舉帚狂刷，浪費油脂顏色以塗沫為能也。

---

257 《雲自在龕隨筆》（稿本）無「之」字。

258 《雲自在龕隨筆》（稿本）此句下接「近世薛覲堂中丞所藏，則秦誼亭、華篋秋等鑒定」。

　　有自號「一粟」者，錄自乾隆至民國初年百六十年間有關
《紅樓夢》作者及他諸評論考據種種著述，為古典文學研究資
料彙編之一，稱「紅樓夢卷」。第一卷為有關曹雪芹、高鶚之
材料，第二卷為《紅樓夢》各種版本序跋續書戲曲之類，第三
卷為專門評論考據之作，第四卷為雜記，第五卷為詩詞，第六
卷為文論，收羅宏富，一時號稱紅學者所欲遍觀而難得會集
一讀者也。李蒓客讀書評論，輒多譏彈，其於是書，似甚醉
心，稱其私情蜜語，描寫獨真，其記曰：「是書出於乾隆初，
乃指康熙末一勳貴家事，善言兒女之情，甫出即名噪一時，至
今百餘年流風不絕，裙屐少年以不知此者為不韻，凡智慧癡愚
被其陷溺，因之繭葬艷鄉者，不知凡幾，故為子弟最忌之書。
予家素不畜此，十四歲時，偶於外戚家見之，十七歲後，洊更
憂疢，又多病，雖時得見此書，不暇究其首尾，而書中之一二
事、一二語，鏤心銃腎，錮惑已深，十年以來，風懷漸忘，
人事亦變，遂有禪榻鬢絲之懺，要亦非學道所致也。」余謂此
公字裏行間，已見其深愛此書，惜乎道學困人，言不能盡其意
也。易宗夔《新世說》：乾隆時小說盛行，其言之雅馴者，言
情之作莫如《紅樓夢》，譏世之書莫如《儒林外史》，曹以婉轉
纏綿勝，思理精妙，神與物游，有將軍欲以巧勝人、盤馬彎弓
故不發之致，吳以精刻廉悍勝，窮形盡相，維妙維肖，有箭在
弦上不得不發之勢，有謂各造其極也。王靜安以哲理談《紅樓
夢》，長篇大文，最稱傑作。始人生及美術之概觀，次《紅樓夢》
之精神，次《紅樓夢》美學上之價值，又次《紅樓夢》倫理學上
之價值，而終之以餘論。故曰美術之所寫者，非個人之性質，
而人類全體之性質也。美術特質貴具體不貴抽象，於是舉人類
全體之性質，置之個人名字之下，譬諸副墨之子，洛誦之孫，
亦隨吾人之所好名之而已。必規規焉，求個人而實之，人之知
力相越，豈不遠哉！是論最獲吾心。

792　一九六四年二月五日·香港·沈尹默索還書冊

今日國人能書者不數覯，沈尹默之在大陸，直同鳳毛麟角，而十餘年來，沈書僅見大陸出版物署籤。姚莘農（克）一度獲其楷書論書一巨冊，擬為印布，沈以書冊印本，流傳海外，且招獨裁首領之大忌，急書索還。頃書賈送來《歷代名家學書經驗談輯要釋義》之上冊，首唐韓方明授筆要說，取材於《佩文齋書畫譜》，沈以楷書轉錄，至其本人釋義則用語體文，而以行草出之。所以先之以韓說者，以學書特重執筆使用方法，又推其本以明書法傳授源流也。包慎伯《述書》下篇有曰：唐韓方明八法起於隸學之始，傳於崔子玉，歷鍾王以至永禪師者，古今學書之機括也。今茲印行者既為上冊，可能仍即當年在姚寓所見之冊，未可知也。

793　一九六四年二月六日·香港·洪承疇與沈廷揚

我族宗譜有新譜舊譜，卷端皆載明末五梅公事至詳，五梅公諱廷揚，適見有「顓齋」者於報端撰洪承疇與沈廷揚一文，亟錄之以實我記。

清太宗問鼎中原，發兵攻錦州，守將祖大壽屢卻清兵，相持兩載。已而太宗親征，大舉進攻，大壽告急，薊遼總兵洪承疇、巡撫邱民仰統兵十三萬，由蘇州東指，直抵寧遠增援，為清兵困於錦州城南十八里之松山，及糧盡援絕，城破，曹蛟、王廷臣兩總兵戰死，邱民仰拔刀自刎，洪承疇解帶自縊不及，為清兵所執，太宗欲置為己用，幽於別室，遣人勸降，承疇剛強不屈。太宗以色誘之，不惜命西宮莊妃親往勸降，承疇天性好色，竟投誠焉。昔有詩諷之曰：浩然千秋別有真，殺身才算是成仁，如何甘為蛾眉劫，史傳留遺號貳臣。時明崇禎帝仍以承疇必與邱民仰等忠臣一併殉國，輟朝三日，賜祭十六壇，正御製祭文將入親奠，適承疇密書已到，略言暫且降清，勉圖

後報，始命罷祭。相傳承疇本簔人子，有沈廷揚者，號五梅，家甚富，遇承疇於客舍。時承疇年僅十三，相貌不凡，沈以為非池中物，見其窮困，亟招之至家，並延其父為西賓，使課承疇，父子衣食無缺，一則專心課子，一則專研經史，承疇感德，恒稱沈為伯父。承疇既貴，值魯豫大飢，流寇蠭起，盜賊橫行，淮河糧運屢阻，京師糧食不繼，主事者束手無策，承疇薦沈，沈盡散家貲，不請帑藏，運米千艘，改由水道抵京，思陵召見，授戶部山東清吏司郎中，加光祿寺。越數載，清兵入關，承疇歸順，沈則脫身走海外，以圖結援，為清兵所獲，承疇親往諭降，沈深惡其負己負國，詐作不識曰：我目已瞎，汝為誰也？承疇曰：小姪承疇，伯父豈忘之耶？沈大罵曰：承疇幼受我栽培，壯受國厚恩，其必殉節久矣！汝何人斯，欲陷我於不義乎！乃揪承疇衣襟，大批其頰，承疇不以為辱，笑曰：鐘鼎山林，各有天性，不可強也。竟執沈至江寧戮於淮清橋下。承疇之狠，肉不足食。沈妾張氏收其屍，盡鬻衣裝，得瘞葬沈於虎邱東麓，廬墓二十年而死。並傳沈初結援時，得死士五百人，沈遭害後，哭聲震天，一時同殉，其壯烈有甚於齊之田橫，清虞山錢泳梅溪所輯之《履園叢話》凡二十四卷，道光間付梓，卷一所載曰舊記清初軼事，備野乘也，誌其事頗詳，所傳固有自，非虛構也。

794　一九六四年二月八日・香港・雞湯瀹塌窠菜

　　歲盡矣，午刻約圖書館同事敘餐於雪園，猶滬海流行之年夜飯意也，不卜夜而卜晝者，中午館務既畢，群集同行，較易於上燈後散而復聚也。先一日，余已語雪園之人，為備日常可口之饌，不具魚翅，代以魚唇，必用大陸運來之塌窠菜，置瓦缶入雞湯瀹之，具缶以進，座上客試嘗以為佳製，讚賞良久，三時乃散。

795 一九六四年二月九日・香港・老友盤斗寅

老友盤斗寅來書，謂余日前寄京小影，猶用民國紀年，以為十五年來第一次看到，爰作二絕，抒其憤慨，詩云：「梅城滬瀆學同師，昔日交游念舊知。金玉其相今喜看，英姿不減少年時。」「翰札喜頒從海外，字妍詞妙燦華箋。端莊玉照標風采，更喜看君特紀年。」

詩非斗寅所長，中及梅城，謂惠斯康新大學梅笛聲城（Madison）之所在也。當年專攻農事，尤長農業化學，曾得碩士學位，歸國後佐馬君武博士任廣西大學副校長，一度為廣西教育廳長，馬君武逝世，繼長大學，蓋其一生從事於教育事業者時間最長，而兼及農事。初至北都，猶令管一農場，既而以年老退休，其實今茲八十歲，健康不遜青年，近來研《易》，求得朱子《易學啟蒙》，不能獲單行本云。

796 一九六四年三月十四日・香港・汪精衛最後之心情

金雄白以新著《汪政權開場與收場》[259] 第五冊見贈，蓋補前四冊所未備，及近三年偽政權中人之所轉告，與他旁證，陸續寫寄《春秋》雜誌彙集而成者。其最後一篇為汪精衛逝世前口授其婦陳璧君筆錄，而屬必俟死後二十年方能發表者也。文長四千餘字，以最後之心情，道一己之政見，自亦言之成理，即不能據此錄入國史，要之以殿金書，則亦軼事，庶幾可備也。

何家驊舉所製《蘭花幽夢》第一冊惠我，蓋彙集九一八時事與其前因後果所聞之史蹟，而以似於小說體裁出者者，書凡三巨冊，其二猶在排印中。曰「蘭花」者，日人以是為滿洲國

沈燕謀日記節鈔／六十年代日記

259　即《汪政權的開場與收場》。

國花，而「幽」「蘭」二字，出自《莊子》。相傳〈猗蘭操〉有「何彼蒼天，不得其所，逍遙九州，無所定處」之語，正所以道出於板蕩離亂之世之溥儀情況，何君每以「岳騫」筆名著書，是書獨以「鐵嶺遺民」自號者，以其先世原宅鐵嶺，三百年前從清入關，今居皖北。沿用遺民，亦數典不忘厥祖云爾。

797 一九六四年三月二十一日・香港・辜鴻銘譯《論語》

蘇明璇以辜湯生所譯《論語》抄本來，略讀一過，知複印時頗有困難，蓋引用外國文字，德、法兩種尚可校勘，偶雜用希臘拉丁語，則一生肄業所不及，非請通希臘拉丁學者求益，不能免於錯誤也。

辜先生之為英譯《論語》，為不滿於理雅各之初譯中國經典故也，理氏 James Legge 以英人譯中國古文典籍，事屬首創，雖偶獲國人如王韜者為之解說，誤譯仍數見不鮮，辜先生病之，乃窮十載之力畢其事，時則一八九八年，愚生八年矣。又十年而獲見先生顏色於姑蘇教室中，起立為禮，略聞數語，不知其淺深也。先生《論語》譯文，原為歐西人而作，為國人之姓名不易記憶也，輒以孔子弟子四字代之。首章有子曾子之名，以及其他弟子、友人皆然，或值不能避免者，亦舉其姓名而隨時加以注釋，如顏子之類。其中國故事成語，直譯不易為歐西人了解者，則雜取英法德人典籍中事實或文字以為比擬，亦猶嚴又陵翻譯西書，時引中國故事文字，取便於國人易解之意也。[260]

260　讀者互參日記第 952 則。

798 一九六四年三月二十二日・香港・鄭孝胥辭官詩

岳騫以《蘭花幽夢》第二冊為贈，窮一日之力翻閱一過。當張景惠繼鄭孝胥為偽滿內閣總理大臣，由溥儀舉行就任典禮後，鄭孝胥成五古一首，題曰「辭官得允」，詩曰：「行年七十六，自詡好身手。雖曰非健兒，亦未齒贏叟。今朝得辭官，快若碎玉斗。屈伸數張臂，噓嘯頻撮口。千秋酸寒徒，豈易覓吾耦。營營此窟中，莫復論誰某。造物此何意，留此老不朽。知我者天乎，問訊堂下柳。」抑鬱之氣，充塞行間，蓋從此已知畢生經國大計與所望於故主者，終無實施之年矣。早知今日，何必當初，海藏寫此詩時，其傷心可知也。

799 一九六四年三月二十四日・香港・良友一言

白樂天〈問友詩〉有曰：「種蘭不種艾，蘭生艾亦生。根荄相交長，莖葉相附榮。香莖與臭葉，日夜俱長大。鋤艾恐傷蘭，溉蘭恐滋艾。蘭亦未能溉，艾亦未能除。沉吟意不決，問君合何如？」少時，與盤斗寅同留惠校時，以某俱樂部所居之人，龍蛇混雜，頗有厭惡之意。斗寅謂：「我子在此社會中，社會實先子而存在，不能因子之來，另造一社會當子之意，即使身遊動物園，環顧四周，無非虎豹禽鳥之屬，子以欣賞目光視之，可廣其識見，不必有嫉視之觀念也。何況人性不同，各如其面，可友則友，否則避之，不以蘭艾並植為嫌，我人之於人生觀不當若是耶？」良友一言，足以發我猛省。

800 一九六四年三月二十九日・香港・史可法祠墓聯

梁章鉅《楹聯叢話》記史可法祠墓聯有曰：「揚州梅花嶺

下史忠正公可法祠，蔣心餘太史士銓聯曰[261]：『讀生前浩氣之歌，廢書而歎；結再世孤忠之局，過墓興哀。』又墓柱聯云：『心痛鼎湖龍，一寸江山雙血淚；魂歸華表鶴，二分明月萬梅花。』[262] 謝蘊山啟昆知揚州時，修葺史閣部祠墓畢，夢閣部來見，因問：為公修葺祠墓，心知之否？[263] 曰：知之，此守土者之責也；然要非俗吏所能為！問己官位？曰：不患無位，患所以立。問將來有子否？曰：與其有子而名滅，不如無子而名存。因問：公祠中少一聯，應作何語？曰：『一代興亡關氣數，千秋廟貌傍江山。』謝為書丹立石[264]，今存祠內云云。余謂謝夢史公，未必有其事，然以今日大陸，為仰望北狄、絕不知廉恥為何事者所統治，則「一代興亡關氣數」一語，誠哉其為確論也。

801 一九六四年四月一日・香港・張菊生先生故事

一九五六年，張菊生先生年九十矣。顧廷龍集錄張先生群書序跋為一卷，壽諸墨版，用申介祝，而以「涉園」冠其卷首。友人陶蔭承，蘭泉先生文郎，偶過書肆見是書，未及展卷，狹之而歸，蓋蘭泉先生生前，亦以「涉園」為號，未審張氏涉園始於有明，菊生先生之先人累世耕讀，增葺故園林泉台榭，極一時之勝，園中藏書極富，嘉道間江浙名流如吳兔床、鮑淥飲、陳簡莊、黃蕘圃輩猶時至其家借書校讎。張先生繼志述事，方其經營商務印書館，數十年間，以流通古籍為己任，

261　「聯曰」《楹聯叢話》(道光二十年桂林署齋刻本) 作「題聯云」。

262　此句《楹聯叢話》(道光二十年桂林署齋刻本) 下接：「又不知姓名一聯云：『殉社稷，只江北孤城，剩水殘山，尚留得風中勁草；葬衣冠，有淮南抔土，冰心鐵骨，好伴取嶺上梅花。』」

263　「心」《楹聯叢話》(道光二十年桂林署齋刻本) 作「公」。

264　「立」《楹聯叢話》(道光二十年桂林署齋刻本) 作「勒」。

涵芬樓既為日彈所毀，仍竭其所學散布典籍，後生小子得其嘉惠，良非淺尠。適承蔭承下問，略為道菊生先生故事，知不能盡其百一也。

802　一九六四年四月七日‧香港‧麥克阿瑟之死

第二次世界大戰，太平洋統帥美麥克阿瑟病臥醫院兩週，迭施手術與病魔搏鬥，卒以八十四齡高年逝世。麥帥一生之勳業，彰彰在人耳目，無煩我輩之褒揚，其平生參加之戰爭即有微細頓挫，而若第一第二次世界大戰，皆有輝煌成就，其最後之高麗戰場，若當年原計得行，則所謂韓戰者早已結束，北韓共黨早已消滅，無奈杜魯門以庸才挾總統之尊，行使大元帥之權，馬歇爾及親共者流反對於國內，英國工黨首相阿得里謁杜，堅持不能投彈鴨綠江之北，以阻遏中共兵械之南下，從而罷免麥帥，以張敵人之氣焰，無形中扶植共黨之成功，貽害至今，人謀之不臧耶？氣運之難逃耶？余於麥帥之逝，蓋不勝人之云亡，舉世同悲之感也！

803　一九六四年四月十一日‧香港‧麥克阿瑟秘聞

麥帥既逝之五日，赫司特通信社康斯丁與斯克里浦斯霍華德系統訪問員各以十年前（一九五四年一月）訪問麥帥之紀錄公開。盧卡斯述麥帥迴憶，歸咎於英人之背信與本國當局之困擾與干預，以是己身雖綜領東方師干，竟不能一舉擊潰共軍於韓國，麥帥深信已為此種陰謀所犧牲，其故則美國務院隨時將統帥部上達華府之文書向英人透露，而英人將其轉知中共。英大使館聞說，當即否認其指責，謂當年英聯邦軍隊同在韓國作戰，若英政府以情報告中共，而危及本身部隊生命之危險，殆為不可思議之事。康斯丁之報道謂：當麥帥計議在韓獲取決定性之勝利，原定出動中華民國軍隊五十萬，並在鴨綠江北中

共空軍與補給基地大施轟炸，沿邊界散布一片廣闊輻射性鈷地帶，以隔絕韓國滿洲之邊境。麥帥繼述其意曰：「在予一生所有戰役中，以此次計劃最有把握，然竟不能行其志。」又言：「原可獲取全勝，為時不逾旬日，戰時傷亡，決大遜於後此所謂停戰時期中之總數。此計遂行，則中共軍力可以毀滅，抑亦非一時之毀滅已也。」盧卡斯之報道提列要點謂：麥帥以為一、韓無永久和平之望，但不至再如當年之爆發。二、二十五年內，中共不致發動侵略。三、由於國務卿鑄成之大錯，美之於亞已告喪失。四、艾帥由韓撤退兩師士兵，為向英退卻計劃之一部，亦為自身再度當選總統之步驟。五、將領中以華爾克為最佳，李奇威為最差。六、一九五四年再度晤見時，彼猶存復歸遠東之意，但非即在斯時耳。七、麥帥最為驚人之事件，乃為下令干預韓戰。康斯丁引述麥帥語，謂一九五二年十二月十七日會晤艾森豪時，已說服其採用未經宣露之結束冷戰計劃，但為杜爾斯所破壞。凡此種種，康盧二氏所以不在當時發表者，以麥帥生前切囑必於死後乃可語人故也。

804 一九六四年四月十四日・香港・唐君毅之母終七祭

唐君毅之母陳太夫人逝世終七，午後四時，從潘重規、莫可非、王道諸君驅車赴元朗[265]附近妙法寺唪經禮佛致敬，從而識洗塵、敏智和尚，皆江蘇江都人也。寺有學校，敏智以內明學院院長主持校事，比丘尼皆住寺內宿舍。樓上佛象三尊，為本師釋迦牟尼佛、觀世音菩薩、地藏王菩薩。樓下為大教室，地址不小，以無力經營，有荒廢之感，門沿公路，正在建築牌坊，乃有宏偉莊嚴之外表。敏智導觀一過，並言寺屋中時有鬼

265　即今屯門藍地。

物，人居室內每受騷擾。某西人持無鬼之論，以為荒謬，一日入室，無形中左右頰忽有批之者，四顧無人，莫能申訴也，諸如此類，不一而作，今改為佛寺，怪亦遂絕云。傍晚，研究所諸生至者十餘人，上燈後備素齋，返寓已九時三十分矣。

805 一九六四年四月二十日・香港・莎士比亞誕生四百年

英詩人莎士比亞以一五六四年四月二十三日生，至今適為四百年，此間英國文化協會就大會堂展覽廳為莎翁展覽會，先期以今日下午五時半請英名教授 Edward Blunden 到廳講演，柬邀及余，應焉。至則仕女群集，以學校教師及有文學興趣者為多。余以重聽故，又忘攜帶助聽器與俱，Blunden 之演辭才十得二三而已，枯坐逾一小時，無聊甚矣。

806 一九六四年四月二十五日・香港・澳教授推崇《台灣通志》

前年，有澳人名高德 W. G. Goddard 者，偶為牛津大學諸生言台灣近狀，諸生方治遠東歷史，然於台灣之史地，大都悃悃，以乃是太平洋中一卷石、一撮土而已。其於中國，若即若離，略求甚解者，知其為割讓於日人之為一八九五年。稽諸教科之書，其中厚可二冊，而關涉台灣者先後兩次，才文字四行，則亦無怪專治遠東之史而於台灣認識之疏也。高德為言台灣先民之愛國與自由戰士，聞者欣然，乃因是陸續講演，自明代鄭芝龍成功父子、吳鳳、劉銘傳、邱逢甲、連璜、劉永福，降至今之蔣介石、陳誠。又申之以三事：一曰台灣人者，中國人也。二曰在已往之台灣人何莫非自由戰士。三曰台灣人之視其本島，為收復祖國驅逐患難根據之地，在昔為然，在今亦然。就第一事而言，固已無可否認，第二事則檢閱台灣歷史而

可證也。以第三事言，英國歷史明載查理二世登陸杜浮，以復英倫王國，其人其事，正復國之圖，與鄭氏之期為明帝復辟，何以異乎！

高德之講演辭，敘文之外，凡九篇，彙集一書，名「Makers of Taiwan」，高德極推崇連璜，謂其所著《台灣通志》為台灣最重要之文獻云。

807 一九六四年四月二十七日・香港・鄭孝胥羅振玉交惡

見清遜帝溥儀所為自傳名《我的前半生》者，窮一日之力讀畢，其在宮中生活，瑣瑣碎碎，多有宮史所不及者。當時著名中外之清室忠臣若干人者，溥儀每有微辭，其尤著之士，若鄭孝胥，若羅振玉，恒以爭奪名利，造成無數明爭暗鬥之事跡。鄭氏《海藏樓詩集》中，〈十一月初三日奉乘輿幸日本使館〉一詩曰 266：「乘日風兮載雲旗 267，縱橫無人神鬼馳。手持帝子出虎穴，青史茫茫無此奇。是日何來蒙古風，天傾地坼見共工。休嗟猛士不可得，猶有人間一禿翁。」極為得意作也。在當年溥儀之所目擊與事後之證明，事實並不如此簡單，海藏豈非貪天之功，以為己力者乎？而羅鄭之積怨從此愈益加甚。羅著《集蓼篇》於溥儀入日使館未及只字，羅氏主張東幸，而鄭自負能說段祺瑞恢復清室優待條件，未能實踐其承諾之語也。

266　「一詩」，《我的前半生》說這是「兩首七言詩」，諒誤，〈十一月初三日奉乘輿幸日本使館〉應是一首七言古體詩。

267　日記引詩轉引自《我的前半生》，首句「乘日風兮載雲旗」「日」字誤，查《海藏樓詩》此句應是「乘回風兮載雲旗」，係借用《楚辭》〈大司命〉句。

808 一九六四年五月十四日・澳門・辜譯《論語》下半部

辜鴻銘所譯《論語》,十年前見前半鈔本,歷年訪諸書肆,無有知其書者。蘇明璇以辜譯下半貽我,終以未睹原本為憾!既知澳門有其書,乃以前晚赴澳,昨訪澳(圖書)館,遇其館長高慕士,舉書示我,乃知此書在一八九八年上海別發洋行出版,別發在港,至今仍張書肆,為之翻印,未必遂能如願,將與深明英律者商略,未可草率從事以自蹈於法網也。書端漢文三行,第一行辜鴻銘先生集譯,第二行《論語》譯英文,第三行崧生梁敦彥。次葉第一行有「斯文在茲」四字。書已破碎,未加重裝,辜之重譯,特重傳譯方法,以便於西人,豈知流傳未廣,微特西人未見重視,即國人亦鮮有知之者,可傷也!

809 一九六四年四月二十八日・香港・金梁之怪劇

溥儀避居日本駐京使館之年正二十,是歲元旦,有至日館朝賀者,方第三班臣僚跪拜行禮之時,有一人號泣於其間,未久即且號且奪門而出,眾皆愕然,不知所措,識其人者知為前內務府大臣金梁也。次日,《順天時報》登金之詩,方覺金殆先成此詩而自導自演此怪劇者也。金之詩曰:「元旦朝故主,不覺哭失聲。慮眾或駭怪,急歸掩面行。閉門恣痛哭,血淚自縱橫。自晨至日午,伏地不能興。家人驚欲死,環泣如送生。忽夢至天上,雙忠下相迎。攜手且東指,彷彿見蓬瀛。波濤何洶湧,風日倏已平。悠悠如夢覺,夕陽昏復明。餘生唯一息,叩枕徒哀鳴。」溥儀記其事於《我的前半生》,知元日怪劇之演,為作此詩而苦心準備者也。以忠自命而有欺君之舉,在盛世而有此類事,不將被大不敬之名而終於殺身耶!

810 一九六四年五月九日・香港・奇女子亞司託夫人

亞司託夫人 Lady Astor 近傳逝世，年八十有四，夫人生於美之浮勤尼亞，初嫁波士頓貴人，其人縱酒無度，六載而仳離。再嫁亞司託，英貴族也，一九一九年翁死，所天為眾議員，以襲爵入貴族院，勸夫人競選為眾議員，夫人能言善辯，平時鼓吹女權尤有聲，允參競選，遂亦得償所願，為英帝國眾議院女議員第一人。嗣後七度改選，夫人則七度當選。英眾院者，男人議政之所，夫人初臨眾院，諸議郎嫉視，不與交語，邱吉爾嘗謂夫人利口，夫人語之曰：設汝為我夫，我且置酖咖啡以飲汝，邱吉爾答曰：汝若為我婦，我且舉杯飲焉。某次，邱謂夫人是眾院者，傳統為男人之世界，今汝闖入，使我有方浴裸身，所可以障我體者，才擦身海綿一方而已。夫人則應之曰：汝非英俊之至，尚不必有此顧慮也。夫人連任議郎，自謂懷抱中唯一任務為使斯會活潑有生氣，在其任內二十五年悠長歲月中，所以抨擊工黨者無不至。果爾，當是之時，工黨只能大言炎炎，空許惠政而無一事成就。英首相張伯倫夫人，老友也，為其對希特拉謀和，至德侵挪威，夫人惡之，在院中投票逐張，則聲言曰：低能之流，必須擯棄，不能問其往日交誼之深淺矣。方德機轟炸英倫時，夫人向納粹挑戰，謂盡若所能，可殺我人，但不能威脅我人使低首下心也。夫人所居第宅至廣，大戰期間，易為加拿大傷兵醫院，容病床千六百架，雖多金而輕視富人，美人文德比爾特積財至數千萬鎊，夫人諷之曰：是乃貧兒暴富者也。若亞司託夫人者，不愧為當今之奇女子矣。

811 一九六四年五月十日・香港・《唐詩三百首》之編者

蘅塘退士所編《唐詩三百首》，曩時家弦戶誦，童而習焉

者也。退士為何許人，知者蓋寡。《疇隱居士自訂年譜》記事一節曰：蘅塘退士所編《唐詩三百首》，風行全國，在百年以上，為之箋註疏釋者，不下二十餘家，而均不識退士為何許人，故遂避而不加考證。余查得有清乾隆時，有孫洙者，字臨西，號蘅塘，晚又號蘅塘退士，為江蘇無錫人，曾中乾隆某年進士，歷官盧龍、鄒平等縣知縣，後改江寧府教授，卒年近七十，著有《蘅塘漫稿》，編《唐詩三百首》行世云。

812　一九六四年五月十六日·香港·朝鮮詩人金滄江

有周振甫者，選輯侯官嚴又陵（復）詩文，加以註釋，卷端景印嚴先生奉送朝鮮通政大夫金滄江君歸國詩墨跡一幅，時則宣統元年二月也。今錄其第一首，詩曰：「避地金通政，能詩舊有聲。濕灰悲故國，浩氣貫餘生。筆削精靈會，文章性命輕。江南春水長，魂斷庾蘭成。」

金滄江名澤榮，朝鮮進士，我通鄉先生張嗇公於光緒八年從吳武壯公（長慶）軍幕朝鮮識其人，嗣後朝鮮為倭人強奪，金君避居南通，嗇公聘任翰墨林書局編輯。朝鮮選舉制度同於中國，考試亦重經義詩賦，金君不通中國語言，而文字至優，不獨嗇公相見商略文字，即與故鄉文士詩酒遊宴，亦時作筆談，其所著詩文集亦在翰墨林出版，卒於南通，葬狼山之麓，碑題朝鮮詩人金滄江之墓。

813　一九六四年五月二十三日·香港·龔半千論畫品

周亮工集名家山水冊，於程正揆所畫泉石林壑，對開有龔半千評騭畫品一文，說者以為其論殊警。文曰：「今日畫家以江南為盛，江南十四郡以首郡為盛，郡中著名者且數十輩，但能呢筆者奚啻千人。然名流復有二派，有三品，曰能品，曰神品，曰逸品，能品為上，餘無論焉。神品者，能品中之莫可測

識者也。神品在能品之上，而逸品尤在神品之上，逸品殆不可言語形容矣。是以能品、神品為一派，曰正派，逸品為別派。能品為畫師，神品稱畫祖，逸品散聖，無位可居，反不得不謂之畫士。今賞鑒家見高超筆墨，則曰有士氣，而凡夫俗子於稱揚之詞，寓譏諷之意，亦曰：此士大夫畫耳。明乎畫非士大夫事，而士大夫非畫家者流，不知閻立本乃唐宰相，王維亦尚書右丞，何嘗非士大夫耶？若定以高超筆墨為士大夫畫，而倪黃董巨亦何嘗在縉紳列耶？自吾論之，能品不得非逸品，猶之乎別派不可少正派也。使世皆別派，是國中惟高僧羽流而無衣冠文物也。使畫止能品，是王斗顏觸皆可役而為皂隸，巢父許由皆可驅而為牧圉耳。金陵畫家能品最夥，而神品逸品亦各有數人，然逸品則首推二谿，曰石谿，曰青谿。石谿，殘道人也，青谿，程侍郎也，皆為寓公。殘道人畫粗服亂頭如王孟津書法，程侍郎畫冰肌玉骨如董華亭書法，百年來論書法即王董二公應不讓，若論畫筆，則今日兩谿又奚肯多讓哉。」

814 一九六四年五月二十四日・香港・逯耀東作張傳書評

逯耀東研究嗇公事業，作關於三本張季直的傳記書評一，首謂孝若傳記內容最為豐富，以數月短促時間，成三十餘萬字，故其全書多堆砌之材料，少事實之分析，劉厚生一書每及其一生經歷，輒詳敘一事之來龍去脈，舖陳史實，全書兩百八十七葉，寫張公本人，僅佔全書五分之一，使閱者得一印象，書中主角非張而為袁世凱、李鴻章、西太后、恭王充其極。至於共黨宋希尚書最後出，不同於張、劉二氏以年繫事方法，而用歸納方法，將主角平生事蹟分類敘述，書分九章，始家世苦學，次張氏對於國家之貢獻，全國水利之策劃，地方之建樹，本人文學及其人生觀，而終之以著者追思及張氏家書及年譜。書中材料，轉錄為多，幾佔全部三分之二，宋習水利，

敍水利處特多，水利不宜單獨成章也。水利可則工業、教育、鹽墾及地方自治何以不可分佔一章？至我的追思為宋氏一人之幻想，何能為「張謇之生平」一節，此說極是。去年余函宋氏，商略取材，特重教育，為教育而興工業而辦鹽，而並及於地方自治，後與宋氏相見，宋氏曾為余複述往事，多及追思，而尤詳於臨終目睹瑣屑。余之所重，意不在此，甚願逸君亦用歸納方法擴大而成別一新傳也。

815 一九六四年六月十日・香港・傳奇人物陳彬龢

　　李醒吾先生壽八十，此間千歲宴同人以柬啟致友好，午刻，備祝敬至赫德道豐澤園祝賀。賀客中有陳彬龢，此君於汪政權時主持《申報》，為文醜詆當道。倭寇投降，自審不免，則走杭倚佛寺，既而又從天主教士獲其庇護，間關走數千里，最後抵粵而之港，《春秋》雜誌有陳自記逃避行蹤甚詳，蓋一富有傳奇性人物也。園備麵食，略進少許，乃辭去。

816 一九六四年六月十三日・香港・曾履川教諸生作詩

　　近年新亞為鼓勵學生國文之習作，輒舉行詩文競賽，曾履川教諸生作詩，時有可觀者，本年以悼麥克阿瑟將軍為題，限在教室交卷，而聘校外能詩者，為之等第其甲乙，計取十名，第一唐安仁，詩曰：「愁雲彌大宇，東西起狐豻。英姿何坦蕩，颯爽來登壇。風急旌旗黑，月冷寸心丹。一呼倭奴懼，振臂韓人歡。狼煙掃野穴，提劍萬邦安。將軍百戰老，功高勇退難。怒濤連天湧，嗚咽繞故灘。斯人雖已沒，江海水猶寒。」第二名謝正光，詩曰：「大勇撼山岳，妖氛纏巖壑。甲兵日月昏，橫戈效龍躍。集義以為裳，遺芳蘭杜若。魚鱉怪惶惑，妖魅肆淫虐。天帝付靈光，仗劍清狐貉。瓊英蒙污垢，朔風傷絳萼。老邁猶能飯，廉頗悲戎幕。厲鬼如有情，斜倚遙歡謔。」第三

名黃耀烱，詩曰：「星殞山川慟，天地忽迷濛。縱橫數十載，止戈真元戎。武穆風波亭，公幸得令終。蚊蚋乘時動，魚龍惶惑中。精靈信不滅，幽都亦稱雄。迴睇大宇間，遠山起白虹。橫卷塵埃靜，草木常青葱。生殺成宇宙，雲海變不窮。」

817　一九六四年六月二十一日・香港・王植波飛機失事

　　閱報知民航公司班機在台中附近失事，機炸之後，旅客及隨機駕駛執事同歸於盡者五十七人，電懋董事長陸運濤夫婦、友人王植波等，又西人二十餘，皆粉身碎骨，誠奇禍也。

　　余初識王植波，事在十年前。某日，余至思豪酒店，植波方以書件展覽，略觀一週，私意書法若此君，年齡當在四十以上，雖偶失於稚弱，而時見臨帖功深。及平兒識其人，又從而授以所營出口行文書，乃知植波畢業上海聖約翰，年未逾三十也。平兒行業既敗，植波以寫電影劇本、小品文、教授書法治生，其婦翁木蘭為電影演員，亦能繪事，以此年有夫婦書畫展覽，遍及東南亞，若馬來亞、暹羅、南越、菲律賓諸國。前年，方就電懋之職，余偶過其寓所，則上有高堂，下有二子一女，女名旦旦，稚齡而能學畫，楚楚可觀，生活所資，悉賴植波一人辛勞所得，今乃遭此不幸，後願茫茫，可傷尤可慮也！

818　一九六四年七月四日・王湘綺誡易實甫書

　　王闓運呼曾重伯、易實甫為仙童，又語易實甫不可以「哭庵」為號，今日翻閱湘綺箋啟卷一，獲見致實甫書二通，其一曰：「有一語奉勸，必不可稱『哭庵』，上事君相，下對吏民，行住坐臥，何以為名？臣子披昌，不當至此，所謂『可惜函樓無板櫈』者，此之謂也。若遂隱而死，朝夕哭可矣，且事非一哭可了，況又不哭而冒充哭乎？闓運言不見重，亦自恨無整齊風紀之權，坐睹今代賢豪流於西晉，五胡之禍，將在目前，因

為君一發之，無以王夷甫識石勒為異也。」

819 一九六四年七月七日・香港・錢校長辭職

校長辭職之事，眾口紛紜，而各種地方報紙之中，每有責備中文大學校長處理未為適當之語，今日《新生晚報》題有「中文大學依然英語世界」之標題，而申斥明明中國人而動輒作英語之一般名流為買辦洋奴，尤為沉痛！

820 一九六四年七月十一日・香港・錢校長的理想

午前十時，新亞舉行第十三屆研究所第八屆畢業式，董事至者，校長正、副外、蔡貞人、許讓成，沈亦珍、蕭約及余為七人，僅及三之一，而余之參加畢業禮，至今為第十三次。中文大學之於退休年齡，素持嚴格執行之旨，余之應行退休，為不容爭辯之事實，猶於今日一觀嘉禮之盛者，幸也。校長致詞，於辭職事略有申說，然於最關重要之事實方面，不着一語，但舉私人理想言，以為辭今日職務，就做人之原則而言，理應如是。凡人應從現實世界中完成其人生理想，在現實之人生中完成一階段，然後努力完成另一個理想世界。本人於十八歲時開始教師之工作，當時一方面教書，一方面寫作，如是者經歷甚長之時間，及至來港創辦新亞，事務較繁，即亦不能安心從事於著作，於今十五年，宜可解除學校行政事務而遂我初願。有若英前相邱吉爾於長期執政之後，以其餘年盡於著述，以供世人研究之資料。有若虛雲法師一時在某地興一道場且成矣，又去而之他復成道場，如是周而復始，成就之偉大罕有堪與相比者。老子言為而不有，如是如是，蓋其決心去職，無可挽回矣。趙董事長（冰）未至而有致詞，由孫國棟宣讀，簡略言之，謂我人尊重中國文化，非出於狹隘的民族主義主義心理，而為重其為世界文化中最有價值的人類精神創造與累積，

大學以中文名，其意義當在於此，此不限於使用中國語言文字作為教學之媒介——這只是最起碼的條件——而更在於尊重中國文化的價值與地位，而後用教育的力量加以保存和發揚。

821　一九六四年七月十四日‧香港‧英製汽車

英製汽車以 Rolls Royce 為最佳，值亦最高，中共首領以無產階級自豪，三年前曾有座車二，悉出該廠所製造，近又增購十八部，英製造廠頗張其事，聞《泰晤士報》首葉作諷刺畫，繪一壯夫駕車，手持旗幟，大書打倒帝國主義，而車號為毛字第一號。英人長於營商，而幽默自負若是者，豈所謂善喜謔兮，不為虐兮者，非耶？

822　一九六四年七月十八日‧香港‧一代藝人之悲劇

電影明星林黛，昨午用煤氣自殺於其大坑道寓所，林原姓程，名月如，其父程思遠，舊為廣西政要，一九四八年隨母來港。主長城影片公司事者袁仰安於沙龍影室見程拓影，因影室主人宗維賡紹介相見，邀林從事於影藝，由是成名，四度被亞洲影展會選為最佳演員，所謂影后者也。既而歸雲南省主席龍雲之子名繩勳者為婦，生一子，今才十五月，其始主演《翠翠》一片成名，先後以《金蓮花》、《貂蟬》、《千嬌百媚》、《不了情》四片，四度被推為影后，及今已完成而未映出者有《妲己》、《王昭君》二片，一代藝人竟以悲劇結束，命焉夫？

823　一九六四年七月二十一日‧香港‧錢校長辭職書

新亞校董會下午五時集於香港棉紡業公會之議事室，至者賓四先生而外，趙冰、吳俊升、蔡貞人、董之英、王岳峰、凌道揚、許讓成、郭成達、岑維休、梁季彝、李祖法、劉漢棟、

蕭約、梅樂彬及余，凡十六人。校長於書面之外，在場別有報告，謂中文大學之設計委員會時以不公平不合理之態度相待，雖經辯論，終不見納，投票結果，以一敵三，必歸失敗，一二次如是，多次亦復如是。本人折衝無能為力，故決意言辭，以為對不公平不合理之抗議。諸校董經甚久會談，決不接受校長之辭職而予以十一個月之長假，假期內以吳俊升代行校長事。校長手書之文字，今日方得一見，其文曰：「某創辦新亞書院十五年，在董事會諸公督導扶掖之下，幸無隕越。去年因中文大學成立，新亞校務告一段落，特提出辭職申請，蒙董事會諸公挽留，勉暫留任。半載以來，形勢已變，事非昔比，穆意志灰頹，情趣全失，若再戀棧尸位，不僅昧於進退之幾，亦復窮於應付之方，為公必有失職之咎，為私又非素志所願，惟有懇請董事會諸公本其平素對穆之愛護，諒其衷曲，解其困阨，准予辭去現職，迅定繼任人選，實屬公私兩便，穆情辭迫切，義無反顧，是非既所不爭，毀譽亦所不計，惟求去別無他慮，特此瀝陳，惟乞鑒原」云云。七時三十分散會。

824 一九六四年七月二十六日・香港・宣統自傳第三冊

清遜帝宣統自傳，以《我的前半生》為書名者，今又有第三冊單行本。冊中所敘自被解至蘇聯，後至滿洲一節罪犯故事，而洗腦改造時所得之感應，尤瑣屑而道之。蓋歷史上從古至今，帝王無有自為傳者，其所經歷亦可謂前無古人而可必後無來者，翻閱一過，雖文字蕪雜，要亦史料之不可多得者也。

825 一九六四年九月二十八日・香港・孔子誕辰

今日為國定至聖先師孔子誕辰，以代曩時八月二十七日，學校放假一日。又本校校慶原為十月十日，以港府干涉，遂易以孔聖誕之辰行之，亦且四年。又以孔聖誕為教師節，午前

十時，校有慶祝。賓師謝事以來，極少與友好之接觸，今日與會，舉先聖之旨，論為人之道，歷一小時許不倦。余以重聽，雖時參集會，而聲瞶不能得什一，今日具助聽之器，居然字字清晰，不遺半語，知數千金一器之置，不為浪費也。會後繼以校友會，余以篤老，無復參與盛會之興趣，退至校長室外客座謁賓師，為言此次赴美觀感甚詳，尤以坐無他客，得從容陳辭為幸，若斯清談，得之正復不易。

826 一九六四年九月二十九日・香港・賓師近作四絕

案頭見最近出版《人生雜誌》，卷末有賓師近作四絕，題曰海濱閒居，亟錄之。

海樓一角漫閒居，雲水蒼茫自豁如。擺脫真成無一事，好效年少日親詩[268]。

禍難奔忙歲月侵，居然賞樂有如今。商量碧海青天事，俯仰前賢古籍心。

山作圍屏海鏡開，鳶飛魚躍亦悠哉。從容鎮日茶煙了，夜聽濤聲入夢來。

風月宵來醉欲醒[269]，雲山長護日閒清。無情都作有情客，卻費有情無着情[270]。

末繫小箋致王貫之者，箋曰：「謝事以來，屏居青山灣海濱，轉瞬逾月，偶成四絕句，錄呈吟正，儻無酌改處，即為『人生』補白可也。」

一九六四年九月三十日・香港・吳東邁記乃翁書法

《藝術大師吳昌碩》小冊，吳公子東邁所作也，其中記缶翁書法，甚為中肯，文曰：「先生的書法以摹寫石鼓為主，但能突破石鼓之界限而發揮他的創造性。他經常臨摹的是明拓石鼓，所用的是行草筆法，並將歷代鐘鼎陶器碑碣文字的體勢揉雜其間，因此寫出來的石鼓文字，凝練遒勁，不主故常，隨時有新意表現出來，無論運筆結體，或者分行布白，都有獨到之處，尤其是晚年所作，更達到疏可馳馬，密不通風之境地，他經常集石鼓文字為對聯，頗饒古趣。」

一九六四年十月十日・香港・張狀元外史之誤

費子彬作《邯鄲憶夢錄》，中有一節，題〈南通狀元張謇外史〉，刊於一七四期《春秋》雜誌，比較時賢諸作為翔實，然亦有顯然傳誤者。文中有曰：「謇在遜清與民國交替之時，貢獻獨多，其時武昌起義，觀望者尚夥，謇急勸江蘇巡撫程德全，奏請清室退位，而繼起者不絕。這篇著名奏疏，乃謇口授雷奮、楊廷棟兩君執筆者。後來楊君將這奏疏裝裱起來，謇為賦詩留念……。」先於費君，高拜石《古春風樓筆記》第三集第七十七頁亦有類似之記載，文曰：「武昌起義，清廷簡張為農工商大臣兼江蘇宣慰使，不就，反勸蘇撫程雪樓奏請清廷退位，疏草是季直口授，雷奮、楊廷棟二人執筆的。後來楊將這奏疏草裱起來作為紀念，張為賦詩」云云。

高君雜談張季直一文，落筆亦殊審慎，然此節開端謂武昌起義，清廷簡張為農工商大臣兼江蘇宣慰使，則事在九月之末，袁世凱被命為內閣總理大臣之時，不與武昌起義同時。而為蘇撫程雪樓所草之疏，乃為請求清廷速佈憲法開國會之議，絕非請求遜位，所與同作此疏者，雷楊二君，其初乃薔公自書。薔公自訂年譜記載明白，至程氏奏疏實與魯撫孫寶琦

會銜，原文見《張季子九錄》之政聞錄，可覆按也。茲節錄嗇公年譜宣統三年八月（陰曆）有關此事片段，以證費、高二君之誤。

宣統三年辛亥（一九一一）五十九歲，（紀年月日陰曆）。（上略）八月十八日夜十時後，漢口獲革命黨人二，因獲名冊，激夜閉城大索。十九日十時城啟，余即過江，六時，甬友邀飲於海洞春，八時登舟，見武昌草湖門工程營火作，橫亙數十丈不已，火光中時見三角白光激射，而隔江不聞何聲，舟行二十餘里，猶見光熊熊上燭天也。二十日至安慶，應巡撫朱家寶約，議導淮也。次晨見時，知武昌即以十九日夜失守，總督避楚豫兵輪，安慶籌防無款，新軍率不可信，勢處大難，無暇更說導淮事矣，是夜即行。二十二日，江寬船中遇諸宗元，益知十八、十九兩日之情狀，知禍即發於大索，自黃花崗後，革命風潮日激日厲，長江伏莽殊多，終有暴烈之日，大索但促之而已。二十三日至江寧，即詣將軍鐵良說亟援鄂，一面奏請速頒決行憲法之諭，鐵囑先商總督張人駿。二十四日詣張，張大詆立憲，不援鄂，謂瑞能首禍，自能了，不須援，余謂武昌地據上游，若敵順流而下，安慶又有應者，江寧危矣！張曰：我自有兵能守，無恐。余度再說無益。嗚呼！大難旦夕作矣，人自為之，無與於天，然人何慣慣如此，不得謂非天也。二十五日至蘇，巡撫程德全甚韙余請速佈憲法開國會之議，屬為草疏，倉卒晚膳，回旅館，約雷生奮、楊生廷棟二人同作，時余自書，時屬二生書，逾十二時，稿脫。二十六日至滬。二十七日旋寧。三十日由諮議局迳電內閣請宣佈立憲，開國會。江寧自鄂來者，盛稱革命軍人之文明，謠言大起。張督又猜防新軍，令駐城外，而人各給槍彈五枚，新軍乃人人自危，余知之，先請藩司樊增祥，白張言其不可，於是人又告增給十枚。

自民國成立至今，遂已五十三年，以言憲法，未嘗無紙面文字，而施行者蓋寡，為優為劣，更不待論。以言革命五十餘年，紛擾多矣，而民生疾苦，國勢不兢，猶甚於滿清末造。易

言物窮則變，變則通，通則久。過去種種不能不謂之變，既變之後，竟通焉耶？我於生民之水深火熱，救死不遑，而立國今世，一切後人，似不足以言通。值茲國慶之期，一人思潮起伏，其於天下太平，蓋沒世而永不得復見矣。偶讀費、高二君之作，依張譜為之正誤，涉筆記此，益知歷史之顛倒紛亂，自有其必然之性，費、高之誤，正不必斤斤較量而推敲其是非焉。

829 一九六四年十月十六日・香港・趙冰董事長之喪

唐君毅以趙蔚文（冰）董事長逝世消息見告。

十七日，十時，錢賓師到校，會同校中高級教職員議趙蔚文董事長治喪諸事，趙先生身後蕭條，喪事必要用款先由新亞墊付。另由同人捐贈趙夫人一時家用，賓師、君毅、汝梅、張儀尊、牟潤孫及余各贈五百金，伍鎮雄三百，蘇明璇二百，餘轉其他同人，分別認贈。十八日午後三時，就香港殯儀館公祭，校遣周月亭、陳萍、伍鎮雄、趙潛等七人明午至香港殯儀館相助為理。

趙蔚文先生之逝，賓師為校同人及唐君毅同署製輓聯各一，其為校同人聯曰：「惟先生身在局外，心在局中，不着跡，不居功，艱難同其締造；願我黨利恐趨前，義恐趨後，無渙志，無餒氣[271]，黽勉宏此規模。」

賓師與唐君毅同具名聯曰：「肝膽共崎嶇，畢義顧志[272]，惟茲情其永在；氣骨勵堅貞，清風峻節，何斯道之終窮。」

---

271 「氣」日記作「志」，諒誤。錢穆《八十憶雙親師友雜憶》：「是年十月，新亞董事長趙冰逝世，余特撰兩聯，一為學校公輓，一為余個人之私輓。學校公輓之聯云：『惟先生身在局外，心在局中，不着跡，不居功，艱難同其締造；願吾黨利恐趨前，義恐趨後，無渙志，無餒氣，黽勉宏此規模。』」

272 「畢義願忠」日記作「畢義顧志」，諒誤。錢穆《八十憶雙親師友雜憶》：「余私輓之聯云：『肝膽共崎嶇，畢義願忠，惟茲情其永在；氣骨勵堅貞，清風峻節，何斯道之終窮。』」

830 一九六四年十月二十七日．香港．譚嗣同仁學思想

左光煊有譚嗣同仁學思想探源之報告，為研究所第五十四次學會，賓師亦來會，精神為之一振。譚嗣同自言，凡為仁學者，於佛學當通華嚴及心宗之書，於西學通新約及算學格致社會之書，於中國當通《易》、《春秋》、《公羊傳》、《論語》、《禮記》、《孟子》、《莊子》、《墨子》、《史記》及陶淵明、周茂叔、張橫渠、陸九淵、王陽明、王船山、黃梨洲之書。唐君毅評左文以「探源」為題，何以不據嗣同所題諸書逐一舉例，以明思想所從出，即不易全舉，亦當以讀書見到之處，略申其說，否則殊與題目不稱。賓師陳詞尤多，其淺易處，若文中忽而譚嗣同，忽而譚復生，忽而譚氏，忽而僅言「譚」字，此非著述恒徑也。語多不及詳記。

831 一九六四年十一月四日．香港．周法高贈書

中文大學教授周法高以所著《漢學論集》、《中國語文論叢》二書為贈，作小箋謝之。「論叢」三部，上編為語文學，中編為文學，下編為讀書記。末列周法高著作目錄，分專書論文及編輯，為目逾七十，似富矣，節取精華，何妨字之曰「札記」。「論集」首列趙元任手書一通，用原書景印，首行曰「迪呀法高」，不以先生或足下稱，而先之以西語「迪呀」[273]，是真亡國之兆也。書末亦有周法高著作目錄，較之「論叢」附表又多十四篇，其附錄之漢學家傳記選，又附錄三西人原名漢譯對照表，極有用。

273　「迪呀」，即「Dear」。

832　一九六四年十二月九日・香港・《開羅會議與中國》

午刻，梁啟釗約飯於樂宮樓[274]，他客有曾履川、牟潤孫二君，梁君以《開羅會議與中國》一書為贈，亦乃兄和鈞所著也。前曾分段連載於《天文台》雙日刊，今方合併彙印成冊，書凡百五十四葉，文中事實，逐條舉其來歷而為之注，書凡八章，始以概論，終以結論，其首二章歷陳會前世局，次及會前準備，次及會議內容分析，又次為閉幕與宣言，第六章列舉中國議案之發展與失敗，第七章則開羅精神轉變之經過。記開羅會議之文獻亦多矣，惟梁和鈞之作為能從中國立場道開羅會議之關係，亦惟此為能稱史實，蓋並世治國際史者，能如梁君之取材求真者，蓋鮮也。

833　一九六四年十二月二十五日・香港・無懷葛天世界

午後渡海，將與齊兒偕，擬出遊港島近郊也。既至有微雨，遂中止。港九近五十餘日未有雨，亢旱未久而火災時見，居民之望雲霓，蓋若是其殷且切，今雨雖微細，然通衢塵灰之飛揚可以略減，亦足慰也。渡海食蟹，余盡團臍二，尖臍一，號稱陽澄湖，遠道運輸，一蟹值五金，在今歲猶為平價云。猶憶三十年前，偶遊大有晉公司之三餘鎮，寄宿吳寄師家，晚燃燈立沿河田隴間，河蟹闇索而來，只取投所攜竹籃中，不及一小時盈筐矣，論其值，則一燭而已。回憶當年，彷彿盛世，蓋無懷葛天世界也。

274　日記中提及的「梁啟釗」，疑是「梁敬釗」。

834 一九六四年十二月二十七日・香港・書畫命運

檢理行篋舊物，意在尋索伊墨卿所作字屏，存篋中且十年，猶未被害蟲作蛀，以為大幸。雜存沈劍知作〈南邨勘書圖〉及柳翼謀字聯，皆完好。他則如陳曼生字聯等等，悉被蟲蛀，至粘合不可分離，只有捨棄一法而已。伊屏陳聯，同實一器，時經十載，或壞或否，理不可解，豈有命數之存乎其間耶？

835 一九六四年十二月二十八日・香港・嚴又陵評點古書

昨於履川海威大廈齋中，獲睹台灣景印嚴又陵評點《老子》、《莊子》及《王荊公詩》朱墨套印本，大有明代閔刻意味，而嚴君手蹟悉存，原樣則又勝之。履川語我，此三書初印本係用洋紙，正擬裝訂，猝遭狂颶大水之浸襲，一度被災，盡付東流，乃別取台產棉料紙重印，加以紙面線裝如閔氏之式，今茲所見是也。履川笑言嚴先生在天之靈，當不慊於洋紙印本，藉狂颶大水以敗之，我人今日得此，幸也，亦嚴先生默相之也。

836 一九六五年一月二日・香港・黃晦聞題《蘇曼殊畫冊》

黃晦聞（節）蒹葭樓詩只存四百篇，其捨棄未收者至夥，頃於其集外詩涉及亡友曼殊上人者二首，亟錄之。

〈殘春雨夜題曼殊畫冊〉：

浮雲終日隨游子，南北東西各一天。供眼江山同脈脈，看人鶱狗復年年。尋常況狀吾猶昔，寥落朋儕地亦偏。剩欲畫中尋曩昔，殘春微雨到燈前。

〈曼殊南歸見過，一醉而去，追寄以詩〉：

五年別去驚初見，一醉殊辜萬里來。春事陰晴到寒食，故

人風雨滿離杯。拈花眾裏吾多負，取鉢人間子未回。自有深深無量意，豈堪清淺說蓬萊。

明担當和尚山水冊，曾藏蔡寒瓊所，有曼殊題七絕一首，不見於曼殊遺集。詩曰：

一代遺民痛劫灰，聞師從聽笑聲哀。滇邊山邑俱無那[275]，迸入蒼浪潑墨來。

837 一九六五年一月三日・以下俱香港所記・蘇聯之新發現

蘇聯考古學家亞歷山大蒙蓋特所著《蘇聯考古學》一書，記一九四〇年至一九四六年，蘇聯在貝加爾湖西北阿里堪城南八公里處，發現華式泥屋一所，幾經發掘，獲見屋頂有瓦舖陳，瓦上有「萬壽無疆」及「千秋延年」漢隸文字，屋內地面之下，有導勢之孔道，爐中生火，可通全屋，中央有堂，有七門貫達四周。遺址內有銅製門環，作獸耳牛角人面狀，他諸器物，舉為中國匈奴之式，據其推測，殆為公元一世紀前中國降匈奴將軍李陵故居云。

《漢書》李陵先後留匈奴二十餘年，元平元年（公元前七十四年）病死。蘇武牧羊北海上，亦貝加爾湖也，留匈奴十有九年，其間單于王愛武之才，賜衣食，賜穹廬。以陵、武流亡時間之久，所居處皆絕北，蘇聯新發現之泥屋，似難決其屬陵屬武也。

---

275 「山邑」一作「山色」。

838 一九六五年一月五日・與胡適之劇談二日

民國五年初秋，余將返國，道出紐約，訪胡適之赫貞江上寓廬，劇談二日，飢則取麵包塗花生醬和水食之，亦翻閱適之日記讀之，其記是年六月初，馬君武先生方從德東歸，歡晤五日，於其去也，記曰：「先生留此五日，聚談之時甚多，其所專治之學術，非吾所能測其淺深，然頗覺其通常之思想眼光，十年以來，似無甚進步，其於歐洲之思想文學，似亦無所心得。先生負國中重望，大有可為，顧十年之預備，不過如此，吾不獨為先生惜，亦為社會國家惜也！」余語適之，馬先生在柏林專攻工科，孳孳不倦者有年，豈不以已往談革命參政事有所厭棄，轉而為富國必重農工基礎着眼耶？君之初來，原在農科，稍久忽悟於本身性格不宜，則改攻哲學；吾為化學則同情於馬先生之易轍，君何相責之甚耶？適之默然。今日閱李敖所為《胡適評傳》，其第一冊一九三—四頁[276]，引適之日記及此，頓憶前事，蓋同夢境矣。

839 一九六五年一月八日・清宣統帝遜位詔

治中國近代史者，以清末帝遜位之詔，出於南通張先生之手，公認無異辭。吳相湘留心過去百年史料，用力至勤，然而仍不免踏想當然耳之積習。頃見吳氏《近代史事論叢》〈三韓扶桑所見袁世凱關係史料〉一文謂：「例如清宣統帝遜位詔，是結束中國數千年君主專制一大文獻，南通張季直先生傳記指稱，這一文件乃張謇手筆，電報北京核定發佈者，此後各書如三水梁燕孫先生年譜諸書，多因之而無較詳說明」，遂舉日本

276　「一九三—四頁」即原書一九三頁至一九四頁。

靜嘉堂所藏「袁氏秘案中發見遜位詔」一稿，有袁氏批改之跡，而着重袁為資政院所舉及以全權與民軍組織臨時共和政府兩點，明白在批語中視為「所謂張氏手筆，不過文字的簡鍊或潤飾，重點固仍一本袁意」云云。此處所稱傳記，自為孝若之文，吳氏作上舉肯定之辭，證明吳氏未嘗翻閱傳記原文，及（張季子）九錄中之政聞錄第三卷第四十二葉至四十三葉張氏致內閣電與附印內閣復電，此復電者即為張氏原稿，吳氏百密中有此疏，是宜指出以存事實之真相者也。

840 一九六五年一月十四日・沈曾植談書法藝術

曾履川謂：清代書家，漢隸推伊墨卿，行草推沈寐叟，其他名家，各有臧否，其論似乎失之於偏。余讀《海日樓札叢》第八卷及其碑帖題跋，知寐叟談藝，其持論深入精微，不同凡響。謂右軍筆法點劃簡嚴，心儀古隸章法，歐虞為楷法之古隸，褚顏實楷法之八分，謂六代清華，沿於大令，三唐奇峻，胎自歐陽。論南朝書法，略分寫書、碑碣、簡牘三體，分析行草用於寫書和用於簡牘之殊異。錢仲聯稱沈氏早精帖學，得筆於包世臣，壯年嗜張裕釗，其後由帖入碑，融南北書流於一鑪，錯綜變化，純以神行。最後二語，亦豈履川心儀寐叟之所以然耶？

841 一九六五年一月十六日・吳昌碩借貸捐官

吳昌碩入室弟子王个簃（賢）效其本師書畫篆刻，直可亂真，作石鼓尤肖，僅篆刻略遜耳。嘗為本師作傳略，殊審慎，然其中不免有誤；宰安東故事，其一也。傳略有曰：「其時生活異常清苦，筆墨收入，不足以瞻生計。友人曾替他納粟，捐個小官（佐貳），從此有了一些掛名差使的收入，但其數亦微。先生五十一歲時，正值甲午之役，吳大澂（吳湖帆的祖父）邀

他去參佐戎幕，前往山海關。五十三歲，同鄉丁蘭孫保舉他任
江蘇安東縣（現漣水縣）知縣，先生本無意仕進，做了一個月
就辭去，自刻『棄官先彭澤令五十日』印，邊跋云：『官田種秫
不足求，歸來三徑松菊秋，我早有語謝督郵』，可以窺見其旨
趣了。」然吳昌碩有致吳彥復一書，王乙之於《大公報》藝林
欄表而出之，其言曰：「……弟碌碌無可短長，以酸寒尉終身，
即亦已矣。乃不自知其酸寒，而人視之者代為酸寒；二三知己
竭力慫恿，勸以加捐縣令，蓋知弟捐有縣丞，且樂為之助，現
集款已至千五百之譜，查縣丞捐升知縣，須實銀二千五百兩，
刻托徐子靜觀察由廈門砲台捐上兌，再打八三折，只須實銀
二千兩有奇。夙蒙雅愛，當亦以此舉為然，唯是七級浮屠，尚
賴大功德為之結頂，可否概借朱提，數唯四百，計完趙璧，期
在三年，倘蒙許我，敬乞五月中旬賜匯滬寓，因急上兌，局促
如是……。」從吳氏本人一札，可知其初捐縣丞，繼捐知縣，
雖有知己之稱貸，未必非有心作宰，否則即使有人慫恿，何必
處酸寒之境地，猶存作官之企圖，及至嘗試失敗，乃翻然致力
於藝術。个簃所稱先生本不樂仕進，似非昌老之原意，而其一
心書畫篆刻吟詩，則以仕途不利，從而轉向自求多福之故也。

842 一九六五年一月二十二日·書畫價目

集古齋書舖於每歲之終，例有大陸所集書畫展覽，大都近
代名家作品為多，午前渡海觀之，溥心畬、張大千昆仲、齊白
石、陳師曾等所作，為數略眾，而齊畫標值尤高，粗枝大葉，
動輒千金。字屏中，沈寐叟四幅甚佳，值六百。玉堂中人，鮮
可觀者，館閣之體，束縛成性，宜難出色。曾滌生真楷字屏及
名臣群公，大率平淡無奇，而標價亦低。嗇公有楹聯二，一標
八十，另一標一百。當年鬻字之作始，才二金，後有增益，亦
只十金。翁叔平以狀元宰相，名滿天下，而精楷大幅楹聯，只
值二百。慈禧皇太后畫蘭一幅，不知何人捉筆，御璽皇然，設

在當年，或萬金不易，今標三百金，觀者望望然去之矣。

843 一九六五年一月二十四日・王國維與通俗文學

今世談文學改良者，群推胡適，其實以導夫先路言，應推王國維。王在早年，治元明以來通俗文學，其見於著作者，有《曲錄》，有《宋元戲曲史》，靜安以為文學之內含為情感，目的為刻劃人生，故特標自然為文章之鵠，有曰：「古今之大文學，無不以自然勝，嘗讀元人雜劇而善之，以為能道人情，狀物態，詞采俊拔而出乎自然，蓋古所未有而後人所不能彷彿也。元曲之佳處何在？一言以蔽之，曰自然而已矣。元南戲之佳處，亦一言以蔽之，曰自然而已矣。申言之，則亦不過一言，曰有意境而已矣！何以謂之有意境？曰寫情則沁人心脾，寫景則在人目前，述事則如其口出是也。夫文章既以自然為實，則凡一切格律、典故、對偶、浮詞、綺語足以拘束自然者，皆在排除之列，而造句遣詞，俗語必遠勝於古語。靜安以為古代文學之形容事物也，率用古語，其用俗語者絕無。又所用之字數亦不甚多，獨元劇以許用襯字故，故輒多用俗語，或以自然之聲音形容之，此則古文學所未有也。」又曰：「元劇實於新文體中使用新言語，在我國文學中，於《楚辭》內典外，得此而三，其寫景、抒情、述事之美、所賴於此者實不少也。」凡此皆靜安早年議論，推是說也，豈非文學改良先路之導，實源於王氏，然王氏尊俚辭而不薄雅，故迨後擯棄前學，專攻經史，致所得之富，創獲之多，並世無兩，或突過前賢，而其於文學應重自然之論，既引其端而未能自竟其緒也。

844 一九六五年一月二十五日・邱吉爾逝世

英戰時首相政治家邱吉爾逝世，壽九十，有一子三女，子蘭杜夫為新聞從業員。長女黛安娜初嫁約翰卑里，不久仳離，

嗣嫁桑地斯，歷二十五年又離，前年服毒自裁。次女莎拉，先後三嫁，最早奧理法，次布湛普，又次奧德禮勛爵，奧死，今猶寡居。幼女瑪莉，嫁宋姆斯，為國會議員內閣部長。邱翁老病，自初起至死歷十日，綜其一生，當世界多事，為議員，為政要，雖終於成功，而失意事亦多，其尤著者主持大戰獲勝而繼任首相者乃為工黨艾德禮，然翁以冷靜之頭腦，深思熟慮，堅忍不拔之勇氣，俾祖國自危難而即於安定，謚曰偉人，不為過也。

845　一九六五年二月一日·《能靜居日記》

　　歲盡矣，座右書架，雜物凌亂，略加檢理，得劉厚生所草張謇公傳記初稿之目，以校前年付刊行世成書之冊，頗有取捨改易之跡，蓋初稿之範圍，僅憑胸中回憶，當其撰次，則參考材料已從上海圖書館獲觀，而新朝文字之禁例又不能不有所曲從也。劉書五十頁，舉趙烈文日記光緒元年所斥李鴻章幕府之無人及淮軍之不可恃，以一時號稱中興，而合肥處優養尊，不為未然之計，而將習巧宦，士有離心，海疆多事，隱憂至切一節，有注曰「趙記五十四冊，皆烈文手鈔，在淪陷時代，其子因生活無着，以五百金售與漢奸陳群。勝利後，書歸南京中央圖書館，在出售前，其子請陳乃乾據記成《陽湖趙惠甫先生年譜》一卷，出版行世。讀此知趙烈文之大識與其人格，確為咸同年間絕無僅有之知識階級也」云云。劉先生所見陳書點滴耳，設今日獲睹台灣複印之《能靜居日記》，其於同光政局大勢，必有更深一步之觀感與認識，無可疑也。

846　一九六五年二月十九日·《桐城吳氏古文法》

　　曾履川病今之國文教師忽於諸生之習作，而徒講說大義之無當也，特取其師吳北江先生評點韓非、《史記》諸文及李

剛己承張廣雅之旨，取周漢以降辭約義顯之文三十六篇所為評識，彙為一編，錄而布之，顏曰「桐城吳氏古文法」，序言略謂文字至難，然苟得從入之途，升堂入室，亦非甚難。摯父先生父子課其及門，輒取古文，自至淺至近，為之博徵而詳說，曲譬而罕喻，以造夫至精至微之域，俾千古文章不傳之秘，得無飾無隱，傾筐倒篋而出之。承學者獲所津逮，從而效法，自可亦步亦趨以期於古作者之林，不致徬徨無所適，望洋而興嘆也。余嘗見履川之課詩矣，以人人易曉之義，為諸生循循而誘之而入其門，諸生自忘未之前聞，未之前作也。每能啟發潛在之機，鼓勇而成文言之詩歌，或且為驚人之作焉。新亞國文系諸導師有能從而效之者耶？企余望之。

847 一九六五年二月二十日・陳寅恪讀黃秋岳遺書有感

抗戰之初，行政院秘書閩人黃濬秋岳，以通敵伏誅，文人無行，甘作虎倀，其自致殺身之禍，永貽士人之羞者宜也。余初讀黃詩於王揖唐所撰之《采風錄》，趙叔雍亟稱之。當吳師寄塵六十，叔雍倩黃撰書壽序，駢四儷六，聲調鏗鏘，文殊不佳，蓋未能道寄師佐薔公辛苦支持南通事業之百一也。其所為筆記名《花隨人聖盫摭憶》者，連續登載南京《中央時事週刊》[277]，敘述當代掌故，大都信而有徵，與道聽塗說者殊趣，文字尤雅馴可誦。黃既棄市，為之集印成冊者未之前聞，既而有為之者，流傳極少。余既好之，舉以詢相識書賈，久久不可得。比聞此間龍門書店將有複印本，訂價甚高，入市求之，尚在印刷中，未可即得。有楊竹樓其人，截取黃記為文載《春秋》雜誌，謂陳寅恪先生讀「摭憶」於北京，頗為感嘆，有詩題其

277　即《中央時事週報》。

後曰：「昔聞被禍費疑猜，今日開編惜此才。亂世佳人還作賊，花隨人聖有餘灰。法嚴一死總難貸，名毀千秋倍可哀。太息暘台春又動，魂游應悔不多來。」暘台為西山勝處，黃記時及之，故以為言。

848 一九六五年二月二十四日・香港・愛德華誠多情人

英前王喬治五世之逝，威爾斯王子即位，號愛德華八世，年四十未娶。既為英王，識美女子辛伯森名華立施者，與之友，未幾論嫁娶。華立施有夫曰辛伯森，則赴法院判離異。英皇室無娶棄婦為后之例，蓋歷代傳統所不許。愛德華以語包爾溫首相，首相患之，與諸大臣集議，皆以為不可。包以群臣公意上陳，愛德華情之所鍾，非得華立施為妻不可，而眾意難犯，則遜位以避之，立往法都巴黎，與華成婚。當時，其母瑪麗皇太后尤惡之，誓終身不願復相見，英人歸溫莎公爵之後，加遜王焉。近年，溫莎公爵撰自傳，稱君王故事，邇來又且攝為電影。人謂愛德華多情，不愛江山愛美人，結髮為夫婦，及今年七十，情愛不變，誠多情人哉！

849 一九六五年二月二十七日・以下均香港所記・花木劫

僑寓左鄰，庭有大樹，可十圍，每值春夏間，紅花齊發，燦爛可愛，以枝之長，葉之密也。烈夏苦熱，穠陰廣被，其幅逾畝，遊人過之，輒駐足焉。鄰居改建新廈，此鳳凰樹者遂被斧斤，且不幸斷而為薪。余之臥室南面，原有木蘭花，時有幽香撲鼻，伸臂可取其花葉也，前年颱風為災，遂被摧折！今獨西窗鄰家小園猶有綠葉可賞，其南其東，則人事天時，不容一花一木之存矣。

850 一九六五年三月四日 · 美新處出版書籍

美國新聞處以近十年來美國出版有關遠東社會經濟政治文化書籍四百七十餘種送校，請為陳館（新亞圖書館）展覽，以地域分為十二單位，若中國、朝鮮、越南合而一之，若冲繩、西藏區以別之。十二類中，中國佔二百一種，次則日本一百二十二種，餘不及二百。原以亞洲為字，籠蓋一切。余以西人所謂近東中東，若沙地亞剌伯、伊朗、伊拉克、印度、錫蘭等等，皆不在叢集之中，易以遠東，似較適合。中國有關書籍出於國人之手者，往往而是，馮友蘭著《中國哲學史》譯本、張君勱《新理學王陽明》、張嘉璈《通貨膨脹》諸書皆是，然如陳榮捷《中國哲學史大綱》乃未收入，亦見其收羅之未廣也。

851 一九六五年三月五日 · 牟潤孫就職演講

傍晚，牟潤孫在大會堂講演，所謂講座教授就職講演者是也。當入座時，與所識點首為禮，未顧地滑，竟爾失足，是日以略寒，故御外褂，順勢而墜，未傷毫末，可謂幸事。牟君講述大意，謂經學自兩漢之末，學者漸厭章句，至東漢末而捨棄家法，魏晉以後，玄學漸甚，流風所被，儒家說經，側重談辯而趨名理。當時經學既異，漢代名理求真之學，日以增盛，言其儀式方法，大似沙門。釋氏講經，有都講、有升座、有解題、有講疏，儒生說經，彷彿似之。其時治經者重辯，治經者辯名理以求義，治史者辯事實以求真，此在中國學術史上為一光明時期，言其影響理論，科學頓現異彩。劉徽、祖冲之諸賢，為人艷稱，固有由來，即宋裴松之注《三國志》，考證精詳，亦殊卓絕千古云。

　　三十年前，海外大學之列中國文字為專系者蓋鮮，私人專習限於傳教士、外交界人士而止。二次大戰間，美國將有事於東方，士卒乃有學習中日語言之科，而耶魯、哈佛、密昔根、加省諸校為之訓練中心，接踵而有研究東方文化之舉，於是先之以語言，次及白話文字，又進而及文言。今則美國大學之有中文專系，為數且四十。以中西文字殊異之故，從學文言者，輒異其授受方法，其中芝加哥大學 Creel 教授主編中國文言教科用書，首舉《孝經》，逐字推其源流與其構造，至釋以六書之基本意義，以至應用之變，乃至楷書之臨寫，每筆先後，次第圖畫以明之。合字成句，則沿中國虛實之主義，而以外文文法言之。書末，別以書中已識之字，羅列成句，詔學者譯為素習之語。教授方法之周密精詳，觀此深有所感，以語曾君履川，亦為首肯，謂法密而拙，而了解根本源淵，非浮泛釋義所能及也。繼《孝經》之教科，有《論語》、《孟子》，《論語》已有印本，《孟子》則猶有待也。

853　一九六五年三月九日・瞿蛻園論畫

　　有舉《補書堂詩錄》為贈者，長沙瞿宣穎蛻園之所作也。詩稿作小行楷，全書先後一致，用此景印成冊，甚可愛賞。其中論畫一詩，有敘冠之文曰：「六朝以前古畫，止於人物故事，顧寧人嘗備論之，王貽上且比之漢儒之學，故彩取濃重，筆取勁拙，形專一物，意無餘寄。自王右丞詩畫兩通，始創意在彼而言在此之境，宋以後人大抵從此悟入，於是墨餘於彩，筆餘於墨，趣尚每變益新，然猶未嘗全廢重彩。元人於詩則稍採唐律之秀整，於畫則以淺絳救粗重，蓋趙承旨之在藝苑，尤為古近顯然分途之始，近人特有取於清華朗潤之格，而古人濃重勁拙之態全泯矣。時代為之，雖賢者無容獨超象外，然揆之先河

後海之義，濃重勁拙，中國藝文之源也，清微淡遠，其委也。世有作者，探其源而極其變，固當傑然有以自樹，僕粗知其意，力不能至，來軫方遒，吾見其人矣。」瞿君能詩而錄中無題畫之詩，其議論則觀賞有得之語也。

854 一九六五年三月十四日・百花生日

花朝，《誠齋詩話》：「東京以二月十二日為花朝。」[278] 俗所謂百花生日也。我族南遷時，當北宋之末，相傳風俗，每可於《東京夢華錄》中求之。當余童時，恆於是日就先公小書屋曰「睫巢」者前小園，以紅紙條三四十遍粘花枝，及於修竹梧桐，迴憶前塵，遂且六七十年。自移餘德堂新居，足跡乃絕。今茲新堂既已夷為平地，小園之存否不可知，其修竹梧桐之被伐，自在意中。老來憶舊，失望者為多，此其一端而已。

855 一九六五年三月十五日・嚴幾道論王荊公變法之失

黎玉璽景印侯官三書，失於校對，印竣又失於檢查，今翻荊公詩，因侯官朱色評語，有時筆端着紙過細，印後失其原形，遂成破字，不易辨識，詳推乃得之，以視曩時張菊老為商務複印舊籍遜色多矣！荊公詩經侯官批點者，自多勝處。其論荊公變法之失，謂其大弊有二：一不知政之宜於一郡一州者，不必宜於天下，猶今日之法其宜於甲國者不必宜於乙國也。一不知人之攻我而立異者，不必皆姦人；而其助我而和同者亦不必皆吾利，微論吾所主者準也，就令而是，而智量相殊，吾之

278　「東京以二月十二日為花朝」一語未直接見於《誠齋詩話》，唯《春駒小譜》、《格致鏡源》、《事物異名錄》、《月令粹編》及《廣群芳譜》諸書均有此語，皆云出自《誠齋詩話》。日記引文或係轉引。

所及知及見者，復有不及知不及見也。至於學術不同，信守互異，由是憤好之趣，煩然大殊，吾出死力亦與之爭，幸勝而所失眾矣！是故西人有言，將為宰相，必知其國，而調停眾異之際，尤必有操縱動靜之術焉。相時而後可得人，而後行，徒自信吾道而任眾人之洶洶，吾未見其能濟也。

856 一九六五年三月十九日·三位卯字號人物

偶於《傳記文學》六卷三期，見楊亮功小文，以「三位卯字號人物」為題者，言民國五十年五月，于右任壽登八十有三，胡適之致書道賀，謂當民六，適之初到北大，同事蔡子民、陳仲甫、朱遏先、劉叔雅、劉半農及胡皆以卯年生，而校中教員休息室有以「卯」字編號者，因有「卯字號三代」之謔。于亦卯年生，故引「卯字號」稚弟稱呼，為于大哥祝壽。楊氏申說：蔡（元培）生於民前四十五年，清同治年丁卯、一八六七年一月十一日生；于（右任）生於民前三十三年，清光緒十七年己卯、一八七九年三月二十日生；胡（適）生於民前二十一年，清光緒二十九年辛卯、一八九一年十二月十七日生，皆以卯年生，故以為題。余之生年同胡而先十月，當同學中國公學時，胡以生日為詩徵和，余亦冒昧應之，胡於自傳曾以同學詩友相稱，屈指計之，遂已五十八年，老大無成，愧我亡友矣。

857 一九六五年三月二十五日·李幼椿治學可敬

昨宴李幼椿（璜）先生於雪園，何家驊為介，不期而會者柯榮欣偕友周君，周孝懷先生嗣君也。余初不識李先生，近讀其所著《杜松人考》及四川寧屬烏蠻考證文字而善之。杜松人者，北波羅州土著，恃農產為生，與在沙勞越邦之土著達雅人以漁獵為生者不同，且達雅婦女無上服，豐臀隆乳以為常。李以為當元代越海南征，必多服役之杜松人，其祖先為擺夷降

虜，而擺夷又為我西南夷一族也。寧屬為清代寧遠府屬，旋稱為建昌道。抗戰之第三年，李以參政員偕冷遹、林虎奉命巡邊，遍及寧屬八縣，歷時二月，親訪周諮，以所得記寧屬烏蠻及其與白蠻相處生活情況為文。李嘗遊學巴黎，治社會民族之學，凡所目睹與其所聞，證以法人著書、國人典籍，而後下筆造述，大有顧亭林、徐霞客之遺風，與時人偶涉蠻荒，不加考證而輕忽着墨者大異其趣，是可敬也。

858　一九六五年三月二十六日‧家國恩怨一旦消

　　不列顛帝國君主愛德八世之將立后也，華立施辛伯森夫人實且為偶，國人嫉之，瑪麗皇太后深惡之，邱吉爾以議郎為閣員陳辭國會，以國王納配，不取后稱，嗣貳不承王統為言，諸議郎不顧，愛德華乃遜位而承溫莎公爵之號，亡法納歸，幾與祖國絕緣，若是者且及一世。今年政七十，以年邁病目，就醫倫敦，若婦不登王室之籍，亦與偕行，為之左右焉。今女王伊利莎伯二世於溫莎為女姪，自幼喜嫟其猶父，溫莎入醫院治目，伊利莎伯乘間往省，並及其婦，其於家人二十九年來猶為初見。繼女王而至者王室大長公主，次則根德公爵太夫人，公主於溫莎為妹，太夫人則弟婦也。嗣是溫莎出院，女王再度走訪，歡晤半小時，於其離逆旅曰克剌列治者而別也，笑語侍從，為狀至樂，一世間家國恩怨，似已淡然忘之矣！

859　一九六五年三月二十八日‧長夜飲與不曉天

　　《老學庵筆記》記「長夜飲」，或以為達旦，非也。許昌〈宮詞〉云：「畫燭燒蘭煖復迷，殿帷深密下銀泥。開門欲作侵晨

散，已是明朝日向西。」[279] 又「宋景文好客，會賓於廣廈中，外設重幕，內列寶炬，歌舞相繼，坐客忘疲，但覺漏長，啟幕視之，已是二晝，名曰『不曉天』。」以上二事，皆古代王公貴人，方其燕集嘉賓，幕張四壁，炬列華堂，旨酒嘉餚，娛以歌舞，窮奢盡歡，永朝永夕，殆非一般平民所敢希冀，於是「長夜飲」與「不曉天」之詞，遂有留傳之故事。然今歐風東漸，華奢成習，新建逆旅，美侖美奐，每設聚飲之所，亦備歌舞之場，幕繞四週，白日閉光，無待華燈之上，即便俾晝作夜，盛暑嚴寒，引電為助，氣候調節，快意適體，千金一擲，不為浪費，惟恐不能竭歡縱慾，以凌駕古人之上，文明之進步歟？道德之墮落歟？見仁見智，我又何說以解之。

860 一九六五年三月三十日 · 屈翁山談木棉

亞皆老街者，九龍東西橫貫通衢之一，余僑寓衙前圍道，而校館在農圃道天光道間，逐日往還，每經是街，此處沿路多植木棉，俗呼紅棉或英雄樹者也。自樹初植，適當建校之年，屈指計寒暑，逾十年矣。而春仲盼花之發，輒負我期，不如屈翁山所稱「歲二月祝融生朝，是花盛發，[280] 光氣熊熊，映顏面如赭」也。他處偶見巨木盛發之花，亦不易得。翁山《廣東新語》有曰：「木棉高十餘丈，大數抱，枝柯對出，[281] 排空攫拿，勢如龍奮，正月發蕾，似辛夷而厚，作深紅金紅之色[282]，蕊純

279　讀者互參《老學庵筆記》(明津逮秘書本) 卷四：「古所謂長夜之飲，或以為達旦，非也。薛許昌〈宮詞〉云：『畫燭燒闌煖復迷，殿帷深密下銀泥。開門欲作侵晨散，已是明朝日向西。』此所謂長夜之飲也。」

280　《廣東新語》(天水閣刻本) 此句下接「觀者至數千人」。

281　「枝柯對出」《廣東新語》(天水閣刻本) 作「枝柯一一對出」。

282　「之色」《廣東新語》(天水閣刻本) 作「二色」。

黃六瓣，望之似億萬華燈[283]，燒空盡赤，花絕大，可為鳥窠。」
又曰：「花時無葉，葉在花落之後，葉必七，如單葉茶未葉時，
真如十丈珊瑚，尉佗所謂烽火樹也。予詩：十丈珊瑚是木棉，
花開紅比朝霞鮮。天南樹樹皆烽火，不及攀枝花可憐。」余在
港九所見木棉，高者亦才三四丈而已，花雖大不中鳥巢，文人
筆下不免誇張，然翁山之狀物自佳，因亟錄之。

861　一九六五年四月三日‧麥帥懷舊紀事

去年夏秋間，余於壽兒僑寓，翻閱《華府郵報》，獲麥克亞
瑟之懷舊紀事片段，書作於為杜魯門強迫退役之後，敘其五十
餘年，從軍海外所籌遠大之計，輒為主政所擯棄，挹鬱之情，
時露筆端。是時書稿猶在排印間，頗以未得一窺全豹為憾，歸
語素習之書估，書成必以一冊致我，久久未報，似經遺忘。日
前至辰衝舉以為詢，則赫然在架，懷歸讀之，則皇然巨冊，頭
緒紛如，所包至廣，亦不克一覽而盡也。麥帥短序自謂此書之
作，非史非傳，亦非日記之屬，而實存史傳日記必備之事，涉
筆之處，偶有遺忘，輒檢舊檔，復查得證，務不失真，蓋其慎
也，亦盼他日治史者尋求線索，可得當年著者苦心孤詣用意之
所焉。

862　一九六五年四月四日‧香港‧舊曆三月初三

舊曆三月初三，明日又為清明，我鄉舊俗，亦即我族習
慣，以今日上姜竈巷左近墓祭，清明則闔族同赴鎮場墓祭遷通
始祖以次，例僱二舟，同行具車者聽。自經倭寇之侵，赤徒之

283　「似」《廣東新語》（天水閣刻本）作「如」。

擾，祀事亦廢，兒女中除平兒孩提之時曾一參加，今已無有識此掃墓之故事者。余年已七十有五，不知及生猶有王師北定中原之日，復還故鄉，一預參告家祠之舊典否也，佳節思鄉，惆悵獨悲！

一周間，波恩政府就西柏林召集國會，蘇俄嫉之，以軍事演習為名，阻塞西德柏林間陸空通道，美空軍至，以軍車軍機任德人交通之務，而俄人之阻塞騷擾如故。迨德人會畢，俄乃復其常態，德人東西統一之圖，歷二十年不變，然以共產黨國策堅定不移，雖和平共存之聲洋洋盈耳，剖分之東西德，即再歷二十年，似難實現統一之希望也。今茲之事，是其一證。

「通大」同學會港會註冊完成，即晚會宴於金馬倫道之國際酒店，至者四十餘人。

864 一九六五年四月十日・恒生擠兌風潮

恒生復有擠兌風潮，昨自午起，存戶群集行外，雖隨至隨理，而來者或益加甚焉。恒生求助於匯豐，以其股權半數以上出讓，星夜請於港府得准，通告港九居民，今日午前，猶有聞風而至，提取所蓄挾持而去，處理迅速，幸而平復。蓋自上次一度風潮，人心不靖，銀行亦懷戒心，收縮放款，致一般中下工商業皆受莫大之影響，以今日情勢觀察，本年港九經濟，殊未易保其平靖之發展也。

865 一九六五年四月十一日・張南通日記

曾履川為言於友人座上，聞來自大陸懷嗇公日記俱至者，喜甚，詢以能否借閱？則謂當續訪得之。後知《天文台》報有

報道，歸寓屬揚兒於報攤覓之，僅得八日十日二日之報，為署名「若韓」所作小記之半，幸文中所及二三事，皆為事實而為余所習聞者，不同近年嚮壁虛造所稱逸事，亟謀之書估，不識能如願以償否也？其記嗇公督教孝若，謂當年往還函牘，內容廣泛，就中引用典故，公輒用筆勾出，俾孝若檢查出處，增其學識，孝若奉命惟謹，故其詩文書法頗有可觀。又記某年生日張筵，座有沈豹軍，時掌運河工程，席間及治河事，退公言應求一勞永逸之計，嗇公不以為然，謂天下無一勞永逸之事，言此者必為懶漢，尤其涉於治河，只有永勞，或有一逸，其實治河然，治他事又何獨不然。若此見道之語，余所聞者不少，若韓所舉亦不只此，惜未得其全文，而其出處或出於日記之外，未可知也？

部分嗇公日記之景印，余已久有所聞，嘗舉以詢張融武（嗇公文孫），融武謂日記之前半部現為伊保存，在大陸景印發行者為後半部，則其妹所保管，至何人主持印行發行，伊亦不甚明瞭，據聞原稿為南通地方文物保管會所有，事無佐證，莫之能詳也。余又謂融武既知後半部業經景印，盍不並君所保存之前半部亦就此間景印，俾書成完璧，治史者亦得從著者自敘明其一生治學經歷，與其事業發展之源淵，亦以斥一般嚮壁虛造無稽謊言之妄人也。融武置不復，再三以是為問，始終未有以報，亦不解其何以久久沉默不着一語之故也。三十年前，大生紗廠職員某，得日記中一冊，嘗轉錄以實南通某日報，經月不息，其後此君因事解職，持此冊懇余為之安插一事，會當廠事維艱，未有以應，久之此君來函，索取舊物而去，將以干陳養廬，求噉飯地。十年前，陳以事敗捐軀，遺產入官，並此冊下落亦莫能根究矣！

866　一九六五年四月十四日·楊彥莊來館訪問

中文大學新任圖書館編目員楊彥莊來館訪問，意在請益，

先以梁敬釗之介紹，楊曾留美四年，氣息殊溫文有禮，與之語逾時，恭讓謙抑。余告以中文大學新館似應於科學外注意漢文及大學所屬三院圖書館漢文編目現行方法之大概。楊請示應讀之書，略舉大者要者語之。

867　一九六五年四月十七日・「打」字

偶與友人談謂我人日常用字之最為奇特者，宜莫如打字，論其原義，物物相擊謂之打，然用時於本義之外，往往絕不相干，而又不待繁言知其命意所在，如打量，打趣、打發、打點、打尖、打扮、打算、打坐、打官話、打電報、打秋風、打主意、打圓場、打照會、打饑荒之類，不勝枚舉。近人陸澹安編俗語辭彙，以「打」字列舉明清近代說部中文字一百六十餘條，逐條試為釋義，繁矣富矣，其未見於說部者不錄，知其未盡也。[284]

868　一九六五年四月二十三日・楊管北豪爽可愛

午後五時，渡海訪楊管北於其僑寓，為言大陸已有嗇公日記後半部之印行，余以語融武，宜就港景印其前半，俾成完璧。書之廣狹裝訂，悉仍大陸之式，設大陸本式樣不合，則併大陸底本一並翻印，融武唯唯，未作肯定之辭。今日舉以告管北，管北聞言，即以全部印行之資，一人承之。管北年逾周甲，豪爽一似少年時，可敬可愛。將返見大霧，戶外海面及近處房屋一無所睹，乃留飯，稍愒，與童侶青同車而歸。

284　所說或是陸氏《小說詞語匯釋》。

869　一九六五年四月二十四日・《梅景書屋雜記》

　　近年名書畫家日稀，而賞鑒家尤稀。大陸自張蔥玉之逝，吳湖帆最為能者。湖帆有《梅景書屋雜記》，其論書畫着墨不多，而議論之發，出於真知卓識，難見之作也。吳謂羊毫盛行而書學亡，畫則隨之；生宣盛行而畫學亡，書亦隨之。試觀清乾隆以前書家，如宋之蘇米蔡、元之趙鮮、明之祝王董，皆用極硬筆；畫則元之六大家（高趙黃吳倪王）、明之四家（沈文唐仇）、董與二王（煙客、湘碧）皆用光熟紙，絕無一用羊毫生宣者。筆用羊毫，始於梁山舟，畫用生宣，盛於石濤、八大，自後學者風靡從之，墮入惡道，不可問矣！然石濤八大有時亦用極佳側理，非盡取生澀紙也。又謂石濤畫人物最佳，遠勝山水，山水則愈細愈妙云。

870　一九六五年四月二十五日・吳保初軼事

　　「星島」報端有林熙〈吳保初軼事〉一則，記事周詳，然於吳之身世，似有傳聞之誤。如謂保初以舉人在北京刑部做主事云云。康有為所為墓誌，言吳公長慶駐兵全州，彥復年十六，渡海刲股療父疾，朝旨褒孝授主事，未有舉人之記。吳弟子陳詩為撰家傳，亦言武壯既卒，直督李文忠公鴻章具刲臂療親事以聞，朝旨褒嘉授主事，既除喪入都，分兵部學習。乙未春，補授刑部山東司主事，明法勵職，既任貴州司主稿、秋審處幫辦，平反裕董氏之獄，有聲當世。光緒丁酉，應詔草陳奏事疏，世所稱萬言書者也。尚書剛毅格不達，遂棄官走滬，後此尚有清西太后歸政一疏，林記未及。《北山樓集》中姬人具姓名者二，一為許君男，另一王威子。許君男舊養李侍郎府，侍郎南旋，以贈彥復，事吳五載而逝，年才十九，葬北山樓畔，集存許君男詩五、詞一、哀辭一，有序長達千言，記結合始末，亟稱其賢，才士文章，不易得也。侍姬王威子曾生一子，

字曰子虎，幼殤，彥復有偶書示姬人王威子一詩，豈即林記所稱王姪，方地山輓吳聯所稱「魂歸何處，嫣紅姹紫太匆匆」者耶？至於彥復納金菊仙為妾，更姓名為彭嫣，余頗有所聞，林記陳灝一記事，佐以陳散原先後所為詩，至為詳盡，然檢北山樓詩文中，竟不得彭嫣隻字，殊為可異！

　　民七之冬，余方在上海佐吳公季誠掌大生事，嗇公寄吳昌碩刻石章十二方，古泉數百品，大率精品，屬致北山寵妾彭嫣，儷以小箋，言若印若泉，吳彥復舊物，原擬永儲南通博物苑，以誌久要不忘之意；彭嫣既喪府主，傾其積資，函通道意，得酬未償所欲，堅請歸璧，措辭不遜，隱刺豪奪，嗇公憤而舉苑藏印泉歸之，箋中至有吳彭彭吳一類貨皆不了者之語；彭吳者，通人彭小池遺妾，彭既多財，身沒之後，家庭多故，嗇公為平停其事，嘗著於年譜者。二事發見密邇，筆下遂連類及之。有關石章古泉，陳詩書北山樓後三絕句，其二曰：「瘻廬墓拓有藏泉，佳貝名刀記燦然。竟與缶廬花乳印，相隨羽化不知年。」首二句下自註：「先生旅京日，喜購古泉以自娛。庚戌秋，余入都，見先生拓有《瘻廬藏泉》四卷，如王莽金錯刀及小泉、宋廢帝景和錢、遼天贊錢、明建文錢，皆世所希有者。先生病中，江都方爾謙地山假觀，遂不歸。」後二句註曰：先生官京師日，買昌化雞血圖章十二方，吳倉石為鐫之，載於《缶廬印譜》。[285] 先生既寓滬，貧甚，以三百金質於合肥龔心銘景張，約期二年贖，越數歲居津，積金欲贖，龔持不可，泗州楊文敬公慨贈千元，自為居間，乃得歸。先生既沒，此印歸張季直，今季直及子孝若皆逝，此印不知歸於何所矣云云。歸璧公案為余目睹，並以吳刻遍蓋案頭，松禪手札石印本五份，並古泉一小囊，待彭姬領取而去，則非陳子所知矣。五十年前

285　「雞血石」始末，讀者互參日記第 1038 則。

一段小掌故，為林熙記事而發，知世間知此事者鮮矣。

871 一九六五年四月二十九日‧嚴又陵之言

日前錢胡美琦夫人枉願，以台灣草蓆為贈，今午就國際酒店餐廳會讌，劉百閔、費子彬、王傳璧等，余偕岫雲同至，賓主十二人，蓋酬去歲七十生日之宴。座上，賓師談西俗男子婚後，即與父母別居，所謂敬老奉親之事，在我國傳統為必然之道，絕非西人所知，因述遊美時所見二三事，為之慨然！其實今日少年，事事摹仿西化，婚而別居視為當然，自所謂新文化運動者起，於是有打倒孔家店、打倒舊禮法，禮法之上，冠以吃人。歲月催人，若我輩白髮老人，童年回憶，事事皆成隔世。嚴又陵先生逝世之前，手書遺後人，有須知中國必不滅，舊法可損益必不可叛。又曰：須知人要樂生等語，豈知嚴先生之死，去今才四十五年，而中國人前途竟何如者？此觀於今茲殖民地教育之卑劣不堪，與夫大陸之暴民專制，滅絕天理而可知也。至於樂生云云，亦如天樂鳴空，人皆求死之不瞻，而何有於樂生也，以余個人感想而論，豈止慨然而已！

872 一九六五年五月八日‧香港‧先大父生忌

四月初八，大父惠愨公一百二十五歲生忌，亦佛誕也。我宗之遷通宅於姜竈港，於今且十世，余於世次為二十四，蓋自北宋末年，自汴京避金亂，南遷句容失其宗譜始。嗣是以後，由句容而崇明，別支由崇明而海門、南通，南通一支，其在白蒲者與我族為近，先公為小子言如此。其移海門者族至繁，宅於姜竈港者，有居所四，在市中者三所毗連，其四在市南河西。大父居西宅，稱三近堂，方其營闔莊布業，賃市南河西宅之前半為店基，市宅前有藥肆，號誠意堂，何時經始，不可知？然進藥必大父赴滬親置，務期道地。大父宅心仁厚，以

藥物有關人命，不可不慎，計其終歲營業之數，才千金左右而已。大父壯歲入庠，賴課徒為生，清苦自持，忠誠聞於鄉間，及營布業，乃有積餘。及張嗇公初任大生廠事，有商股六董，未幾，滬董三人、通董二人相繼去，大父獨為其難。佐嗇公治廠以內事不懈，益勤收棉，需款自僱小舟日許扣者，逐日至通城萬昌福錢肆取現金以資應用。小子之生，當大父五十一歲，方大生之始創，大父終歲客居大生小樓，攜小子與俱，延師教讀，得閒訓督，望孫有成，至深且切。小子童騃，未嘗不感大父之辛勤。嗇公撰縣志有曰：「紡廠甫興，謇由書生入實業，未為眾信，其時公（指作者祖父沈敬夫先生）已業布，布商感公減捐之勞惠，信望過謇，謇於營廠至頓極窒之時，賴公為之轉輸慰藉，未嘗對謇作一語無聊，亦未嘗藉廠有一事自利，既大著效，以不慊於同列，又不欲傷新事之氣，乃堅決引退，自營布業，名大噪於奉黑吉三省。謇為人言通紡織之興，歸功於公之助，謂與共憂患，屢瀕危阻而氣不餒、志不折、謀不貳者，公一人而已。」蓋紀實也。歲乙巳，小子赴廳試，廳尊梁伯通師孝熊拔取第十，入秋，科舉廢，小子竟不獲青一衿，大父為之廢然，則遣小子遊學上海，嗣至美，入惠校，猶冀小子卒業大庠，得參部試也。不幸辛亥之春，大父竟棄養，小子亦以遊旅乏資，中途罷歸。迨後畢業返國，勉任通教育實業事者幾三十年，大父不及見矣！因公生忌，迴憶往事，不覺縷縷，又念微公養育教誨，小子不克成立以至今茲也。

873 一九六五年五月十日‧談古籍書價

自余初有知識，歲值盛暑，先公輒命為曝藏書，初未嘗不以家藏自多，及見張廣雅《書目答問》，所舉至二千餘部，猶謂目中所列為告語生童而設，凡所著錄，並是要典雅記，各適其用而已。繼見《四庫全書總目提要》，以為富於張目，然廣雅乃言編中所錄，出於四庫之外者十之三四，而校注本晚出勝

前者十之七八，益悟國人古今著述誠如河漢之無極而小子見聞之孤陋也。及於役上海，間治承祚之書，節省所得，陸續買書，積至充棟，才五萬餘冊，以視張舉之目與四庫之目，略涉一隅，猶不足言體要也。其間張菊生先生選印《四部叢刊》、百衲正史，慎選精印，最稱冠冕，但論書值，亦便學者。同時私家著作與叢書編校，亦極一時之盛，不因內亂連年而妨文化之發展也。及倭寇侵我，騷擾滋甚，為禍我邦，烈於秦火矣。逐秦嶺海，承命典庫，十餘年間，為館置書而價值日高，初期之值視今才五之一、十之一耳。即以《四部叢刊》、百衲正史言，較館買時已十倍。頃見哈佛大學屬 Johnson 複印公司重印兩書，乃值美金三千元，視港市值，只及其半，中國書乃勞外國代印，可為太息。

874　一九六五年五月十三日・《遐庵清秘錄》

書估持《遐庵清秘錄》來，葉恭綽所著也。二十餘年前，余於（黃）髯翁滬寓，獲睹書畫文物，充架盈案，大率精好，主人語吾，此累累者，葉玉虎侍妾物，以揮霍無度，至拙於貲，不必待善價而沽者。「清秘錄」中所記，未有余當日所見諸品，知玉虎盛時收藏之富。錄前有玉虎自敘，略謂凡人雅好書畫，供一時之觀賞效法，斯可矣，必竭資勞力，羅列所得，形諸筆墨以自誇耀，為計殊左。此壯年得意時議論，迄後連遭拂逆，杜門無俚，亦復詮次舊物以自遣日，及年八十，徇親友請印錄為壽，取視所記，蓋不及原存之半，其中什九已非自有，則念存此一篇，終勝於灰飛煙滅，或亦聊可解嘲，非同玩物喪志云云。近時達官，玉虎自是能書一流，若斯自序，拙劣殊甚，蓋伴食舊京，晚景頹唐，即此文字，可知今昔思潮之不同，而書法之銳退，特其一端而已。

一九六五年五月十八日・敏求精舍文物展

敏求精舍集舍友所藏為文物展覽，劉漢棟具柬致所識，今日午後渡海往觀，有書畫名瓷，分列四室，皆前此所未見。別陳珍本書四種，結一廬友林一稿在焉。此冊余曾得景印本，茲見原刻，目為之爽。明刻《玉台新詠》，徐積餘先生有景印本（寒山堂仿宋小字）曾舉以相贈者，積老督工諸刻，無一不佳，老眼不花，尚解欣賞。他則毛鈔二，其一仿宋，墨色如漆，紙白如玉，繕寫工致，與余舊藏袁寒云一本相似，不能與往年中國書店石印毛鈔相比也。餘一冊僅僅抄本而已，雖藏印累累，余無取焉。座中來客素習者有楊宗瀚、馬積祚、張頌周（碧寒尊人），而陶蔭承接待周至，尤為可感，七時與陶君同返。

一九六五年五月十九日・以下俱香港所記・敏求見黃寶熙

與越千談敏求所見，並及邂逅黃姓持扰石田西法所拓山水卷，雖縮小已甚，而精采不減，其論石田畫，語不多，殊中肯，以為難得；又毛鈔《弟子職》以為此間十餘年來所僅見。越千言：此君當為黃寶熙，久任太古洋行船務買辦，多財，有收集古書之癖，於書畫尤有鑒賞獨到之譽。有子習國畫，嘗有個人展覽，賓四師且為小文以張之，一日謂黃君，盍不以藏書移新亞？寶熙聞其言，未之許焉。據聞此君所收範圍較廣，不似怡和洋行潘明訓專尚趙宋舊槧，不吝萬金以求也。八年前，新亞有中國古代名畫展覽，王季遷主其事，據聞黃君惠然肯來，然於所陳諸品，鮮所許可。藝術欣賞，原非易事，所謂仁者見仁，智者見智，人物之月旦，書畫之優劣，目光淺深，造詣不同，黃君持論，未必可稱銖兩之悉稱，然王季遷湊集相識藏品，即使有高度品鑒之能力，其不能盡如人意，宜也。

877 一九六五年五月二十二日‧與費彝民談張氏日記

張融武以書來，言嗇公日記後半部之在大陸景印者，明日午後可取回，屬以六時至其洛克道寓相見，此與晨間平兒告余者兩歧。平兒言：前傳嗇公日記有兩部，已為人攜至香港者，已蹤跡得之於費彝民所。費主香港《大公報》事，平時為大陸文化使者，曾兩度偕章叔淳至其治事之所，陳設華奢，彷彿王者之居。費承已得張記，並言書非賣品，國內圖書館中有分佈，備研究近代史之參考，未許以貨取也；語以書之前半，珍藏某氏，苟能得其後半，則延津之合可期，費聞言，頗驚異，其結語則允可互相交換，而大陸為任繼續景印之責。余續有所詢，平兒言融武已許以書付費，憑此交換，今得融武短箋，未及叔淳平兒隻字，但欲余往就一觀，如此情形，大有可疑，行且舉此以告平兒，藉得事實之真相焉。平兒又言，費處尚有沈壽繡件二事，一為耶穌像，一為女子像，耶穌像並無嗇公所為像贊及馬相伯拉丁譯文，其女子像以意度之，殆為半世紀前美名女優某，李祖法嘗以張之於紐約南通繡織局，標以高價，女優本人見其像而未肯破費以歸己有者，斯二繡件，費謂可售，索價港幣二十萬元云。

878 一九六五年五月二十三日‧錢賓師病目

錢賓師將赴吉隆坡，應馬來亞大學講學之聘，整裝待發而病目，初未介意，既而知視線不清，就陸潤之診視，潤之以為嚴重，不亟治且盲，乃入醫院為之奏刀，今逾一周，潤之謂可返寓養息，今日晤潤之，詢病狀，潤之答奏刀之前，以明致病之原由，即治可保，決不致盲，及今更可安心，惟休養之期，須時經日，馬大講學，不能不留以有待，亦幸而事先發覺，否則馬來鮮專家，勢必就醫英倫，費錢費時，所失猶小，因而延誤，則關係甚大，難以金錢計數矣！

879 一九六五年五月二十四日·扶海日記原稿

渡海至平兒寓，知融武所謂昨日可得之扶海日記景印本十五冊未能如願也。融武方作網球戲，候至七時許，乃偕其婦挾扶海日記原稿之上半部俱至。記凡一十有四冊，用紙大小不齊，日記字跡或極工緻，或草率至不可辨，雜以詩詞文稿之屬，即用景印方法，未易明顯可讀，試印四葉，皆不佳，就稿讀之，殆非學有根底者不能勝清繕之任，耗時費力，猶在其次；記中紀年，因避家諱，輒用古字，非有校勘工夫不能讀也。未見原文，以為景印即可依樣，今知其不然，平兒以初版景印自任，亦感困難，思索良久，未有決定。

880 一九六五年五月三十一日·《柳西草堂日記》

平兒以電話來，謂已借得大陸出版之《柳西草堂日記》一十五冊，亟渡海往觀其大略，書之廣袤劃一，自書面形式原文，所有文字不論逐日所記、備忘留字或詩文草稿，隻字不遺，而覆以統一之表面，題名曰《張謇日記》，用機械紙略似毛邊者，稍失厚重，其冊數亦仍舊，封面上端右角數字不改，首第七冊，次第十五至二十八冊，江蘇人民出版社第一次印膠板紙本一千部，宣紙本五十部，據聞原書存南通文物保管委員會，即以濠南別業為會所。一週前所見融武珍藏原稿十四冊，合此當為二十九冊，依樣複印，以此間今日印刷設備而論，恐難與大陸已成景印之書全似也。飯畢，攜張記十五冊而歸。

881 一九六五年六月三日·翻閱《柳西草堂日記》有感

日來逐日翻閱《柳西草堂日記》，凡所記事，簡略者多，詳盡者少，余於近代史以嗇公生時關係之深切，求甲午先後所傳主戰之謀，庚子東南自保奔走之效，乃至辛亥革命時間周旋

於當時南北偉人卒草隆裕遜位之詔，大都極少文字之載於日記中者，簡略太甚，即綜其一生，設當七十之年不自為年譜者，後人欲依記撰譜，恐亦力有未能。觀於民國十二年二月二十三日所記，謂自訂年譜據癸酉以後日記，惟日記有缺失者。又同年五月三十日（陽曆七月十二日）記與趙竹君（鳳昌）信，屬補余年譜之脫略兩條，可知東南自保與辛亥革命兩大事，必徵諸趙公為之訂補，且不能回憶己所身歷之境，詳實以傳之，其慎也，抑其歸功同謀朋儕而不願己尸其名也。苟無惜陰老人記事，後人之治近代史者，欲明此事因果，恐亦徒為隔靴搔癢而已！

882 一九六五年六月五日・張嗇公與先祖父

上月當大父惠愨公誕降之辰，余雜記童時所能記憶者，略述二三事。近讀嗇公日記，多有函札往還之紀錄，歷久不絕，而於佐營大生紗廠時間，涉筆尤繁。當時嗇公既領江督廢置上海楊樹浦之官機，凡購地建廠裝機乃至開始營業，置辦原料，一切費用，全由商股董事六人，大父為六董之一，其他則劉桂馨、陳維鏞、潘鶴琴、郭茂之、樊時薰，始事在光緒二十二年之春，未幾，五董者相繼辭謝去，竭智盡能，左之右之，獨大父一人當其艱困。至光緒二十八年年終，以與同事不洽堅辭。余嘗集嗇公致大父手札一小部分彙裝成冊，嗇公題跋，特著大父助成大生勞績，後為南通縣新志作傳，以為通州實業之成就，大父要居首功。其於光緒二十四年十一月二十一日有記曰：「與（大父）訊告急，訊屢至，至云盡其自有之花布運滬抵款，以濟廠之窮，可自關門，不可令廠停秤，令人感泣！（大父）平日但覺其樸誠可恃，而忠勇又如此，非等輩朋儕所可同日語也。」二十五年四月十四日：「大生開車，召客觀出紗，至此始可免於決不出紗之口，（大父）始終忠勇可敬。」先期半月，嗇公記：「紗廠機裝成，試引擎有日，有客私語：廠卤

雖高，何時出煙？茲復私語：引擎雖動，何時出紗？蓋創始實業，如此其不易也。」以微薄之工資，舉萬鈞之重，大父以一身支持其間，其艱忍辛勞，蓋難以筆墨記述也。辛亥孟春，大父棄養，嗇公往弔，時有傷痛不已之語，輓聯曰：「州敢云實業開幕之先，方其作始，將伯助予，瀝膽相扶資老友；世已墮大廈崩榱之會，脫更不幸，我屬且虜，招魂一慟望神皋。」[286]

883　一九六五年六月六日·南通興辦紗廠之線索

　　《張文襄公年譜》初稿出無錫許溯伊手，方南皮總督兩江，為時才一年有餘，而任內興舉當時所稱新政者，不一而作，大都洪鉅非常，而經費所從出，無通盤之籌計也。馬通伯作清史傳所謂涖官所至，必有興作，務宏大不問費多寡，蓋為切實之論。許君歷舉事實中，在光緒二十一年季冬，有招商設紡紗廠於通州一條，有小注曰：在湖廣本任時，招商集股，定購紗機，及運滬而商股無着，機價九萬磅，合運費凡銀六十一萬餘兩，時陸文端方在籍，公屬集股承領，文端允而復辭，乃以灘地變價及湘鄂增票引指撥機價，並屬在籍翰林院修撰張謇集股開辦，修撰嫌機貴本重，商款必虧，旋作機五十萬兩，與盛京堂各認其半，上海通州各設一廠，設通州者曰大生紗廠，南通州工廠實業肇基於此。《柳西草堂日記》光緒二十二年三月七日記以紗廠事與新寧南皮呂巡道訊，得敬夫訊，寄來紗絲廠章，隨答隨以函送新寧。同月十日，與新寧訂定，通廠不復聽人攬溷，其間記與大父往還之訊，三五日必一通，而詳述廠

286　《小說月報》1919 年第 10 卷第 6 期〈嗇庵聯語〉中所記輓聯與日記所錄詞有出入，或是初稿：「走豈敢云實業開幕之先，方其始作，將伯助予，振臂相扶資老友；世已頹於大廈崩榱之會，脫更不幸，吾族且虜，招魂一慟望神皋。」句首「走」字應是誤字。又，讀者互參日記第 15 則。

事者甚少記錄，設無年譜之重提舊事，殊不易覓興辦大生之線索。據自訂年譜是年三月記：與兩江總督新寧劉坤一議興通州紗廠，此下詳始事之感想曰：「先是南皮以中日馬關約有許日人內地設工廠語，謀自設廠，江南北蘇州通州各一，蘇任陸鳳石潤庠，通任余，各設公司集資提倡，此殆南皮於學會求實地進行之法。余自審寒士，初未敢應，既念書生為世輕久矣，病在空言，在負氣，故世輕書生，書生亦輕世。今求國之強，當先教育，先養成能辦適當教育之人才，而秉政者既闇蔽不足與謀，擁貲者又乖隔不能與合，然固不能與政府隔，不能不與擁資者謀，納約自牖，責在我輩，屈己下人之謂何？踟躕累日，應焉。」

884　一九六五年六月九日・張季直詩嘲吳彥復

　　光緒二十年，柳西日記有嘲吳彥復兩絕，謂「彥復藏昌化石甚富，曾為題匣，時方納姬，詩以嘲之」。詩曰：「幾年京國吳公子，買石揮金肯就貧。亦幸尚饒花乳艷，不愁壁立對佳人。」「才能筆印偏工懶，日日高春為愛眠。只恐他年韓約素，人間無限印文傳。」以時考之，此時納姬為許君男。[287]

885　一九六五年六月十日・張廉卿勤於習字

　　柳西日記有題張廉卿（裕釗）字冊，為張公叔子會叔作也。文曰：「右濂亭詩杜詩三首，從容洞達，真吾師晚年筆也。往時從學江寧，見師坐右積舊葉寸許，每晨蘸墨壺宿汁作書，或今隸或分或草，必十餘紙，既滿則書背之空行，幾於反復皆

287　讀者互參日記第 1038 則。

六十年代

沈燕謀日記節鈔／六十年代日記

黑。庚辰秋（光緒六年）侍杖履由江而淮，至濟南舟中，晨起作書如故，登輿則懸牙管於襟扣，撮管運腕，空中作書，亦未嘗輟。癸卯春，遇師第三子會叔於江寧，出示此冊，珍重審玩。二十年前，吾師懸肘憑几之精神，如復見之，惜弟子鬢髮已華，而會叔亦薄官未成，此則相對而不能無累欷太息者也。」嗇翁自訂年譜於光緒六年四月，從張先生往濟南時，特記先生騾車中輒握牙管懸空作書，老輩之專勤如此。嗇公日記少壯亦逐日記寫字之課，一藝之成，其專精不懈若斯，安得不效？可敬可法，錄其文以自警也。

886 一九六五年六月十四日・毛姆求見辜鴻銘

本日《天天日報》林語堂「無所不談」，記當代英文豪毛姆在成都求見辜鴻銘事，頗趣。辜氏治英國文學，深造有得，國人治外國文學，至今無出其右者。語堂尤稱其所譯《中庸》，以為文字見解，至為難得，進而求其《論語》譯本，歷久不可得。約當民國十年左右，毛姆遠訪辜氏於成都，面懇英商某為介，英商則草一紙囑傭工致辜，令其往見毛姆，久之，辜之蹤跡寂然。毛姆審為某賈人不知辜氏為何許人，持其平時狂妄態度，以凡華人者皆可招之即來揮之即去也，退而自作短簡，致其景仰求見之忱，辜氏許諾，遂獲晤談。今正中書局出版《部定大學英文選》收入此文，即記毛辜會晤故事云。

887 一九六五年六月十九日・香港・同文版《康熙字典》

八年前，中華書局用同文書局原版景印《康熙字典》，同文版源出康熙初印本，素著精審，中華複製，並及王引之考證，則前此所鮮見也。考證成時，奏章連帶附及王奏，略謂道光七年八月，前任總裁玉麟奉諭，原刻《康熙字典》內間有譌字，重加刊刻，自應詳查考據更正，王引之等於校刊完竣，

又奏自聖祖欽定，是書體例精密，考證賅洽，誠字學之淵藪，藝苑之津梁，其引據諸書，蒐羅繁富，自經史諸子以及歷代詩人文士之所述，莫不旁搜博證，各有依據，凡閱五載，全書告成，惟是卷帙浩繁，成書較速，纂輯諸臣迫於期限，於引用書籍字句，間有未及詳校者；臣等欽遵諭旨，細檢原書，凡字句譌誤之處，皆照原文逐一校訂，共更正二千五百七十八條，謹照原書十二集，輯為考證十二冊，分條註明，各附按語，恭繕進呈，伏候欽定。以帝王欽定之書，各省刊刻悉遵定本，無敢更動，自為當時應有之矜持，其間雖經道光七年王引之等奉旨校訂，聞只有廣東局部補入王氏之考證，他無所聞。其以外國人渡部溫而成考異，國內即使有人耳聞其事，其不敢牟然引用，自在意中。前日得見台北校正之本，自為今日我人幸事可知也。

888 一九六五年六月二十一日・以下俱香港所記・致吳相湘函

晨九時三十分，教務委員會有集會，歷三小時許方畢，諸案中惟群推錢前校長為研究所之特約講座，最有意義，餘多辭費，浪費時間而已。

席間，試擬致吳相湘函曰：比讀尊編《中國現代史叢刊》第五冊，於張季直昆仲致袁慰廷書繫朱銘盤之名，蓋據《桂之華軒詩文集》朱先生手書景印書稿，遂斷為原文出於朱手，朱集最初有通州翰墨林書局排印本，題「桂之華軒駢文」，先於全集之付印二十餘年，駢文之外，不及其他。而張季子文錄第十一卷列致袁一書，標題為「與朱曼君及叔兄致袁慰廷書」，某見朱全集質諸張孝若，謂此函豈朱先生所為耶？孝若笑謝謂不然。殆劉厚生撰張君傳記，亦以致袁書為張公文字無異辭，某懷此疑問者三十年。頃讀大陸依照原稿景印之張公日記第十冊末葉，則當年張公草稿及添注塗改痕跡，全出張手，赫然

斯在，因是多年疑團盡釋。治史不易，此戔戔者，費時若是其久，乃得物證，素仰執事撰述矜慎，敢以奉告。

889 一九六五年六月二十三日・公讌劉百閔

上燈時，赴大會堂，公讌劉百閔，百閔主講香港大學中文系十三年，今亦以限於年事，依英人常例照章退休。英人恃工商立國，從事工商業者，年老力衰，猶有退休可言，若治學各有專門，不獨年富力強，可以有為，即至六十以上，依理學問益見成熟，固不容強人之退休。國人有老師宿儒之美稱，清代書院山長，大都延年高德劭者主其事，入國問俗，英人今日，猶視此間為荒野無文化之殖民地，不知中國之國俗，不解儒師之尊，牟然以施於百工者加於儒師，其為荒謬已不待言，國人和之，乃創退休為榮休之號，抑何可笑！今晚之會，有牟宗三所作一序，蓋仿古人臨別贈言之意，而饒宗頤以行草書之，參預斯會者各為列名，我當以壽敍文字視之。歸途遇豪雨，雖攜一蓋，衣履盡濕。

890 一九六五年七月三日・梅貽寶夫婦

梅貽寶夫婦來校訪問，館備清茶以待之，同赴會者，諸教師及研究諸生。梅君基督教徒，本日談中國無特重之宗教與孔道之不能成為宗教，其言至詳，列舉《論語》及他諸儒家語，想見平時研習有素，其能主愛我華大學東方文化中心，頗異於貌為專家而中無所有者。午刻同飯，余坐適鄰其婦，梅夫人久主圖書館事，為言近年國人往學於美，每每專習圖書館學，為其不甚艱難而謀事較易也。人數略多，美婦女惡其妨己職業，頗有煩言，坐是主校事者有阻止國人專習館事之舉，其實美大學今茲多中國文字語言系，有其系必有藏書，而從事館務知將中國書分別部居不相雜廁者蓋寡，是則能知館務之一般理論而

於國學欠缺根底之故也。但就表面而論，國人群趨圖書館學，預為在美就業之便，誠非所宜；苟國學稍有基礎又從而肄業習之更進一步焉，美校或且歡迎禮遇之不暇，何嫌於人眾之為患也。

891 一九六五年七月四日・錢賓師南遊講學

賓師病目，陸潤之治之逾月，謂此時雖遠走南國，可以無慮。則以午後二時三十分空航赴吉隆坡，應馬來亞大學講學之請，群赴啟德機場送別，至者友好及校中師生逾二百人，及時登程，相視一握手，誠有黯然銷魂之感！

892 一九六五年七月六日・趙叔雍逝世

前日於麥當奴道楊寓，聞趙叔雍起居不適，叔雍今年六十八，平時殊健，初不意其疾之鄭重也。今晨章叔純以叔雍逝世告，為之傷痛無已。最近得叔雍書兩通，其一告我趙烈文為甌北一系，雖同族已屬親之疏者，於世次為大父行，惜後嗣不振，所居宅歸盛宣懷，捐為清涼寺下院，藏書散佚，不可究詰。其二書中論嗇公辛亥秋冬間史實，以逯耀東所述才及一端，引申己說可千言，蓋惟通儒為能因事制宜，孟子稱孔子時中之聖，最為知言，其尊時君、貶世臣，同時又為湯武革命，順乎天而應乎人之常道。嗇公談立憲久，必不得已，乃有革命之行動，正是因時制宜，合乎時宜者也。余方擬作論與之研討，而今不可得矣，傷哉！

893 一九六五年七月八日・汪榮寶編清代史講義

光緒甲辰乙巳間，元和汪榮寶授京師譯學館國史課，自編講義，成清代史三編二十六章，終同治年間粵匪之亂，未及光

緒一朝。宣統之初，有排印本，已去尾章陳說時弊語觸忌諱一章，然其書猶為當時所禁，流傳甚少。有黃大受者，於無意中得之書估手，以告汪君之子名公紀者，用原書影印，舉一冊贈校館，略翻一過，敘事簡要，文字條暢，即就興學初期教科書中，要為不可多得之書。汪氏之書，收入館庫者，僅《揚子法言義疏》一書，至其思玄堂詩集及釋韓詩猶待訪求也。汪公紀今奉使馬拉加西，能書，於景印清史前記見之。

894 一九六五年七月十三日·大生紗廠廠徽圖

范伯子詩卷十二有題張季直所繪四圖，嗇公自題曰「廠徽圖」，蓋舉創建大生時期辛酸歷程，語畫師單竹孫，以意畫圖，以紀其事次。其事曰「鶴芝變相」，曰「桂杏空心」，曰「水草藏毒」，曰「幼小垂涎」，張於大生總辦事處樓廳壁間。余侍先大父每值登樓，輒望見之，而其含意則未之識也。迨後讀嗇公紀事書牘，四圖中得其三圖寓意，所不知者「水草藏毒」而已。曰「鶴芝變相」，謂初創六董中，潘華茂、郭勳二人中途退出，不克終事。潘字鶴琴，郭字茂芝，各取其字之一以識其變也。曰「桂杏空心」，謂桂嵩慶、盛宣懷初承籌集新股活本二十五萬兩，訂立合約以為紳領商辦，而終於食言，盛字杏蓀，故曰「桂杏」云爾。「水草藏毒」猶待考證，至「幼小垂涎」，謂廠已開工而經營所需，難濟一時之急，擬以已成之廠估值，取得現金，而朱幼鴻嚴小舫市儈之尤，固蘄其值，終於無成，嗇公所謂不賄市而蘄通，不彪外而暴窮者也。興廠至今才七十年，凡此故事，知之者鮮，伯子之詩，誰復能通其意者？伯子「鶴芝變相」詩曰：「氣至誰能外，將迎有苦心。摩天惜高翮，拔地礙重陰。骨采猶能壽，埃塵迥不侵。蓍龜爾同類，欲變尚沉吟。」「桂杏空心」詩曰：「后土無全力，春秋不汝培。從來大木死，只在寸心灰。好日乘天逝，嚴風動地來。猶虞歲寒友，難復共深杯。」「水草藏毒」曰：「昔我行天下，都謀城郭居。寧知為

世患，不必與人疏。物濕應難滅，行危更易狙。何當萬馬踐，昭曠俾無餘。」「幼小垂涎」曰：「得餅朝朝樂，爭梨處處啼。如何令幼稚，真不羨唐餅。嗜至天猶聽，機深業盡迷。未妨傾汝實，一笑看排擠。」

895 一九六五年七月十七日・新亞十四屆畢業禮

新亞書院第十四屆畢業典禮以今晨十時舉行，余自高士打道六國飯店參加第一次畢業典禮至今，遂凡一十四度。第一次立案成立之董事會共凡五人，趙冰、賓師、王岳峰、蔡貞人及余，今次趙既仙逝，賓師遠遊南國，王岳峰、蔡貞人未至，與後補諸董參預行列者，舊董獨下走一人而已！吳俊升致辭，略舉新亞十六年來沿革，繼則董之英以臨時董事長致辭，謂畢業為求學一段落，而學以致用，今後更應在學問上技能上繼進不已，以樹入世治世之基礎。又謂新亞創始艱難，經十餘年辛苦奮鬥，期於在此海隅保存我國數千年傳統文化之精神，又加以發揚光大，其在社會人士亦於新亞畢業生有異常之要求與期待，故諸生須於具備知識技能之外，在道德生活保持新亞精神，為他人表率，在社會上可就所在地為社會移風易俗一支生力軍，做到見利思義，汎愛親仁，犧牲小我，完成大我，念茲在茲，致力於同胞之福利與人類之幸福云云。

896 一九六五年七月十九日・柳無忌夫婦

柳無忌夫婦來校訪問，無忌，亡友柳亞子棄疾之子，民國初建，余見之於上海，猶未十齡。曼殊與亞子友善，時與柳氏家人相見，誤以無忌為女子，致書有「無忌女弟」之稱，友好舉以為笑談，曼殊落落，一笑置之。當民國十五年，余方掌大生工事，無忌時已遊學北平，就學清華，將編曼殊詩文集，書來徵曼殊詩文，余以篋中可得者報之，不能盡舉也，然與無忌

通尺牘自此始。集成，先後以五巨冊為報，文字之外，兼及當年偶拓小影若干幀。行素堂舊藏雖經赤潮席捲而去，自主新亞，頗置書籍，無意中得蘇集，亦即無忌所編也。飯後導遊圖書館，於架上獲睹蘇集，柳夫人亦謂印第安大學所藏三萬五千冊中國書中所未備也，無忌亦為欣然，午後三時乃別去。

897 一九六五年七月二十一日·李宗仁投共

李宗仁以一級上將被選為中華民國副總統，一度且為代總統焉。十六年來，家居美國，日前捨其僑寓，飛赴瑞士，昨乃自投赤營，以七四高齡不能保其晚節，恥辱孰甚，是可哀已！

898 一九六五年七月二十三日·趙叔雍垂死之詩

趙叔雍娶於王，閩縣王仁東先生女也。仁東兄仁堪，丁丑狀元，先後任鎮江蘇州知府，卒於吳。仁東光緒末年任通州直隸州，曾至我家塾，余及見之。叔雍生二子，典堯典舜，三女，文漪其長也，適譚二子，早世。文漪聞父病，亟赴星加坡省親，以簽證遲緩，故三日晚抵星，則叔雍以是日丑刻逝世，竟不克見。叔雍易簀前，許所居醫院以己身頭目，院中人以院例必得家人為證，未之能行也。叔雍病劇時不能舉筆，猶以一律口授友人，其詩曰：「病魔鬥藥事何如？萬苦千辛備一茹。夜擁重衾猶觳觫，晨看疏雨待朝蘇。危時擲命尋常事，垂老珍生是至愚。大好頭顱吾付汝，此中頗有未完書。」傷心人別有懷抱，讀叔雍垂死之詩，豈不然耶？

899 一九六五年七月二十五日·翻生陳眉公

二十餘年前，獲交湯定之滌，君子人也。定之能書畫，

善相人，亦長篆刻，美鬚髯，因以「雙于道人」自號，所畫松尤佳，其繪松針自成一家，余尤愛之。凡茲所舉，亦為定之家學。繆筱珊筆記謂近來四王吳惲之外，以湯戴二公最重，武進湯雨生將軍詩詞美富，善畫工書，精音律傳奇，不啻湯徐，篆刻直逼秦漢，輕薄兒詆為翻版陳眉公，休官後僑寓白門者三十年，有印文曰「六橋臚胥將軍」，又曰「六朝花月騷人長」，人望之如神仙中人。癸丑二月，金陵陷，公朝服辭闕，投屋前池死。絕命詞云：「死生輕一瞬，名義重千秋。骨肉非甘棄，兒孫好自謀。故鄉魂可返，絕筆淚難收。藁葬毋予慟，平生積罪尤。」疆吏入奏，賜諡忠愍，陳眉公一經翻版而如是之精彩，真不可及矣。

900 一九六五年七月二十六日 · 《曼殊全集》中之葉楚傖等詩詞

翻閱柳亞子喬梓所編《曼殊全集》，其第五冊中涉及我事數見，歷時半世紀，一切都成夢影，偶以無忌之至，抽閱及之，書中人物不止強半之登鬼錄也。附錄三百六十四頁有葉楚傖一詩，題曰〈曼殊行矣，作一律送之，兼示燕謀〉，當作於壬子初冬赴皖之時，詩曰：「薔薇落盡浮槎去，地老天荒渡海來。曲巷宵傳扶醉夢，中年文盡劫餘灰。一時泉石皆勳戚，曠世因緣寄酒杯。西去江頭諸舊友，為言我馬已虺隤。」沈尹默誦曼殊紅葉疏鐘語，感而賦詩曰：「雨散雲飛夢未成，多情畢竟是無情。疏鐘紅葉當時語，爭信人間有死生。」又曰：「紅葉每從吟際落，疏鐘更向斷時聞。葉色鐘聲自惆悵，於人何事惜離群。」既而又為〈浣溪紗〉詞曰：「紅葉疏鐘有夢思。行雲脈脈意遲遲。此情唯有自家知。　晴雪遠山光暗澹，疏枝曉日影披離。荒寒時節倍憐伊。」又為〈采桑子〉詞曰：「憑誰寫出相思夢，紅葉疏鐘。紅葉疏鐘。葉落鐘休夢轉空。　而今夢也

無從做，何處相逢。何處相逢。除是秋林葉再紅。」[288] 尹默善書，今老且失明，當年友好如尹默者已無多矣！

901　一九六五年八月四日・香港・梁和鈞招飲

梁和鈞招飲，屬五時許偕弟集富都，至則劉百閔先在，乃同出步行至美倫攝影館合拓一影。和鈞稍稚於余，語余童年方春廳試，侍其尊公伯通師盛服高坐堂皇，胥吏持籍，次第呼諸生名，聞者應話，師以朱筆點正籍。和鈞言：遠望諸生群中，有微矮於同儕，應聲接卷，趨而覓座者，非子也耶？日居月諸，遂已六十年，否則為廳庠生今年重遊泮水矣。迴憶舊事，相與大笑。飯時，同座有費子彬，四十年前，與和鈞初識，其婦亦然，他客有牟潤孫、何家驊、劉百閔。

902　一九六五年八月六日・以下俱香港所記・二十年前之今日

二十年前之今日，廣島轟然一聲，遂使窮兵黷武之倭寇，好夢頓蘇，其天皇且決依盟軍宣言無條件投降焉。嗣是而後，能造原子彈而見諸試驗成功者，有蘇俄（一九四九）、英倫（一九五二）、法國（一九六〇）、中共（一九六四），可能造原子彈在不久之將來行見於事實者，有印度、以色列、埃及、西德、加拿大、瑞典、南非、日本，滋生日繁，隱患無窮，近日內瓦雖有解除軍備之集會，而東西對立之勢，無可即解，同床

288　日記引錄〈浣溪紗〉：「紅葉疏，有夢思，行雲脈脈意遲遲，晴雪遠山光暗澹，疏枝曉日影披離，荒寒時節倍憐伊。」日記引錄〈采桑子〉：「憑誰寫出相思夢，紅葉疏鐘，紅葉疏鐘落葉簾，休夢轉空。　　而今夢也無從做，何處相逢！何處相逢？除是秋林葉再紅。」兩個作品在內容、斷句及分節上都有錯誤，今據《秋明詞》及《曼殊全集》「附錄」改訂。

異夢之象，尤為顯然。主共產者，蘇與中共未為同路，言資本者，法尤獨樹一幟，形勢若此，全球騷亂之局，正未有艾焉。

903 一九六五年八月七日‧孤立思想之不當

李普邁 Walter Lippmann 者，美著名政治評論家也。先後二次世界大戰時，其國人主張閉關自守之孤立派，輒以不預美洲以外諸邦糾紛為號，李蓋其尤著者。目前，李頗不慊於今茲執政諸公之大計，時時著論言其無當，其意若曰美人自承世界警吏，天下安危，厥職在我，又安知本洲之內若多明尼加者若干國，亞洲之中若越南者若干國，此之不省，豈非自欺，抑且自恃其武力之無限耶？《紐約前趨導報》New York Herald Tribune 主筆惡之，反唇質李曰：如若所言，亞洲類於越南者，究有幾何？今日面對赤燄威脅，而莫之或止，一任蔓延，此後相似事變繼續發生，將何以善其後？且中共開疆拓土之政策顯然明白，不有自承世界警吏者出與周旋，所謂他諸國家猶有獨立自由之主權者，將何所恃而無恐？前國務卿艾契遜 Wham Acheson 著論《週六晚報》，亦曰：苟曩日歐人治歐之說而可從，歐之為歐，今作何狀？其為大錯，不待繁言！本世紀間，曾由美兩度出師，助定歐局，既定之後，今之德之分裂，列強軍備之減縮，高度破壞性彈藥之限制或其消滅一類問題，何莫非美人所應顧問，不論戴高樂言論如何，吾人為參預歐局軍政一份子，其責實無可委卸，變故既多，要為時代所驅使，消息之傳，瞬息萬里，處今之世，猶存新孤立之想，自外於世局，何可復得！

904 一九六五年八月八日‧駱仰止過訪

駱仰止過訪，饋水蜜桃一器，大陸產也，海門沿江尤富，滬市恒以奉化龍華詡之，猶枇杷之稱洞庭山，西瓜之稱平湖

也。仰止名景山，少於余六年，在港通紡校諸生中，最為前
輩。婦王，通女師範生，有子女各三，強半成室遣嫁矣。前
年王逝，友好媾仰止續娶者，項背相接，仰止以年事已高，鮮
當意者，今日語余，自妻死移家界限街，以居室面東，炎暑酷
熱，殆不可耐，已相宅滑鐵廬道山顛高廈 [289]，遠眺多佳山水，
無城市之囂，較為安善，其實以仰止今日經濟情形論，相宅云
者，似為遁辭？私測仰止意中有人，今且別築新巢以居之，含
笑望其顏色，知余所度之非妄也。

905 一九六五年八月十五日・「妞」為古文之「好」字

溥心畬《華林雲葉》記詁，王忠慤公國維，學通古今，問
余曰：見內務府宮女籍曰「某妞某妞」，「妞」為古文「好」字，
此何取義？余對曰：此假借也，關東呼女子之未嫁曰「妞」，
故宮女曰「妞」。纂文曰：高麗有妞姓者，關東本三韓地，或
亦用方言為訓耳。亡婦龔夫人生於河南開封覃懷書院，蓋外王
父紹康公需次寄寓之所。夫人未生，外王父冀得男孫，豫名曰
「績」，字之曰「覃宜」，以為夢熊之祥；既生為女，未之或易
也。北方土語呼女嬰為「妞妞」，家人從俗，則亦呼我婦曰「妞
兒」云云，遂以為小名。迨我婦之歸，鄰里猶稱其小名而繫以
小姐以示敬意焉。

906 一九六五年八月十八日・美國黑白人之爭

去今百四年前，林肯佈解放黑奴之令，唯時國內政見紛
歧，以是有南北之戰，歷四年乃定，而南方黑人之為奴猶是

---

289 「滑鐵廬道」即「窩打老道」。

也。以余目睹，則居處異區，就學異校，車舟異廂，出入異戶，凡白人所視為常，至黑人而區以別之，階級顯然，蓋經一世紀而差別至微。近年人權之爭，漸就解決，第八十九次國會且特制為法，約翰生已簽署矣；顧洛山磯乃猝然大暴動之報，殺人劫掠，縱火橫行，蔓延益廣，洛山磯警吏不能平也，越三日，乃由州長陸續召州防軍備武器入助，動員自千至萬，自事起至北行且一週，死傷人數逾百盈千，財產損失至十億，因違警而被拘禁者三千五百。昔日之爭為謀人權之平等，今茲既有人權之保障，而集眾生事，視國法如無物焉。共黨國家至有聲明以助其烈焰者，以余觀之，亂未已也，彼高談和平而忽視赤徒肆暴若英哲羅素者，將何說以解之？

907 一九六五年八月三十一日·錢賓四師來函

得吉隆坡錢賓四師來函，略謂此次留南國，半年之內，願將以往新亞十六年舊事從腦海中澈底洗淨，盡情忘卻，譬如一場春夢，醒後只求不再有絲毫痕跡，明春重返舊居，或可作一新人，稍得晚年樂趣也云云。前此流亡嶺南，賓師始創新亞，篳路藍縷，艱苦備嘗，經十六年之久，乃頓悔舊業，視為芻狗春夢，至今但祈忘卻一切，別成新人，豈非昔日之行動，先有知其不可為而姑為之，今日晤道，乃有出世間法之想耶？

908 一九六五年九月五日·作詩以三山為師

寶應王樓村教人作詩，以三山為師，一香山、一義山、一遺山也。于晦若式枚因之，但改香山為虞山。張潤于佩綸亦有三山，則義山、半山、遺山也。

一九六五年九月十日・訪唐君毅

中秋節校有例假，終日天陰，入夜亦然，無月可望，與一年前在舊金山東京途中伴皓月同西度其一生中最長中秋一夜者，今昔心情大異矣。

晨訪唐君毅於其施得福道七號寓所，晤談逾二時，略道十五六年來與新亞因緣，及余所能認識素師之心境。釋家有四劫之傳說，今茲於成、住、壞、空，當屬壞劫，壞劫為世間起火、水、風三大災，環顧大地，多陶醉黷武之獨夫，日以擴疆萬里、殺人盈野為主政良策。是則天災之外，附以人為之禍，其不幾於壞者幾何！此類狂人，安知文化為何物？素師又安得不疾首痛心於所遭之境，而捨棄一切而求為新人也。

一九六五年九月十五日・李敖論李濟氣燄震主

時人李敖，少年好事，見其所為攻訐台灣大學文學院院長沈剛伯、中央研究院歷史研究所所長李濟之文字，不遺餘力，蓋所謂雌黃出其唇吻、朱紫由其月旦者也。中有一條，關於胡適之提名錢穆為研究院院士，前此未聞。敖之言曰：李濟氣燄震主（胡適、王世杰四月廿一日在台北逝世）之行徑，蓋不勝舉。民國四十九年院士提名會議之前，胡適以私資搜集錢賓四先生著作，提其名競選院士。先一日，李濟負責審查，言錢某反對胡適，我人不能提錢某名競選院士，胡適釋之曰：我人今日選舉院士，以其平日學術著作為根據，與個人恩怨無關。李濟又言：錢某未在正式大學畢業，不符定章之資格，遂爾否決，其與薩孟武不能被選為院士，以及他諸所惡，為事相似。當時胡為院長，而李濟好惡從心若此，此李敖之所以有氣燄震主之論云。

911　一九六五年九月十六日・「小姐」之稱

《陔餘叢考》卷三十八「小姐」條:「今南方縉紳家女多稱小姐,在宋時,則閨閣女稱『小娘子』,而小姐乃賤者之稱耳。錢惟演《玉堂逢辰錄》記營王宮火起於茶酒宮人韓小姐謀放火私奔,是宮婢稱小姐也。東坡亦有成伯席上贈妓人楊小姐詩。《夷堅志》傅九者好狎游[290],常與散樂林小姐綢繆[291],約竊而逃不得,遂與林小姐共縊死;又建康女娼楊氏死,現形與蔡五為妻,一道士來,仗劍逐去,謂蔡曰:此建康娼女楊小姐也。此妓女稱小姐也。」按今日香港九龍多舞榭,榭僱女子伴舞,皆稱小姐,凡往榭受僱者曰做小姐,是以舞女而稱小姐,亦猶宋代妓女稱小姐相類。

912　一九六五年九月十八日・梁著《九一八事變史述》

自民國二十年九月十八日瀋陽事變至今,已三十有四年,有關此變之零星記述,蓋不勝舉,然能徵引事實之經過,為明確之考證而綜合以記此吾人所永不能忘之慘痛史跡者,我友梁和鈞敬錞所著《九一八事變史述》一書,無有堪與抗衡者。此書引用私人著述,與夫公家檔案,計凡中文四十六種,日文六十三種,英文四十三種,其間原始史料,若日本外務省自一八六八至一九四五年檔案顯微膠片之存於美國會圖書館及日本納降東京戰犯裁判之訴訟紀錄,與有關附件之類,非待日本戰敗,即亦無從取得。於此文獻中獲悉當年日軍閥之跋扈,肆無忌憚,以強施其種種處心積慮、陰毒惡狠之陰謀,乃至日

290　「傅九」日記作「傳九」,諒誤,據《陔餘叢考》(乾隆五十五年湛貽堂刻本) 改訂。

291　「散樂」日記作「制樂」,諒誤。據《陔餘叢考》(乾隆五十五年湛貽堂刻本) 改訂。

政府之軟弱無能，制變乏術，真令人生參互錯綜，不可思議之感！善夫劉彥和之言曰：載籍之作也，必貫乎百氏，被之千載，表徵盛衰，殷鑑興廢。中日兩國間恩怨，數十年中事耳，然而前此諸作，限於見聞，剖析事端，才及片面，以視和鈞茲書，綜厥因果，得其要領，誠如自序所言，儻今日治史學者，持其新知之柳條溝陰謀，以校李頓報告書所具事實，未有不驚嘆調查團之茫昧無知，粗疏可笑也；亦即和鈞之書之所以可貴也。

913 一九六五年九月二十一日・回道人

梁敬釗來書，附以上月四日同在美倫所攝小影，影後錄乃兄和鈞所贈二絕，詩曰：「圓榜藍衫隔代香，重遊盛典幾能詳。趨庭猶記簪花鬧，粉面爭看第七郎。」其二曰：「黃金散盡為收書，掌故君家儗石渠（用沈思本事）。一事卻從通海問，齋翁遺概近何如？」有小序，文曰：「燕謀尊兄，先君子海門公所取士也，香江把臂，泮水重遊，合影誌別，即希存念。沈思者，字持正，號東老，宋武康人，趙文敏嘗為之傳言，其好蓄書，過三萬軸，又得老子玄虛之秘，延方士造十八仙人酒。熙寧間，有稱回道人，至其廬，揖東老：君家旨釀，能不惜數斗，一醉道人乎？東老留與飲，酣暢竟日，因取榴皮題一絕曰：『西鄰已富憂不足，東老雖貧樂有餘 [292]。白酒釀來緣好客，黃金散盡為收書。』俄而別去，過舍西石橋，失所在，東老驚詫，始悟回氏二口，即純陽呂翁也。後捨宅為回仙觀，鄉人復肖其像，與呂翁並祀焉。」

292　「貧」字日記引文作「病」，諒誤，今據《全唐詩》〈熙寧元年八月十九日過湖州東林沈山用石榴皮寫絕句於壁上自號回山上人〉改訂。

914 一九六五年九月二十三日・張南通篆書聯

應吳俊升召晚飯，至者蔡貞人、李祖法、唐君毅、張儀尊、楊汝梅、張葆恒、謝幼偉、王佶、馬達人、陳佐舜，凡主客十二人，是殆餞別之宴，余既璧帖，又舉嗇公所書篆文「行己有恥、博學於文」聯贈校。蓋當光緒十九年，張退庵宰貴溪縣時，興建象山書院成，嗇公既為之記，又用顧亭林先生論學語，大書以詔諸生，款署兄名，實出嗇公手者也。

915 一九六五年九月二十五日・《時代週刊》論戰爭

《時代週刊》本週有論戰一文，略謂五年前挪威某統計學者試以計算儀統計，自人類有史以來五千五百六十年間，發生戰事大小萬四千五百三十一 [293]，平均其數則有次半以上（二・六一三五），以三十年為一世，其一百八十五世間可以稱太平者才十世。以目前論，本週即有戰爭十處，小者不過戴羽冠持毒矢之初民，大者乃有駛行大海上下之艨艟與 B52 型噴射飛機，一機載彈，重可十噸。法外部某戰略家言，今世何所謂戰鬥和平，國際間堅持對抗而已。美軍部統計，自一九四五年至今二十年中堪稱戰事者四十，猶較史載平均之數為希，《時代週》報表而出之，略加分析，四十戰爭中涉及赤黨者二十三，反抗殖民政權者八，鄰國交惡者六，其強國牽連而及者，英法之於蘇彝士，蘇俄之於匈牙利，美國之於古巴，亦且三度。顧教宗保羅六世乃謂我人猶可望見不必流血之太平，太平果有望乎？美參謀總長約翰生區別戰爭高下之度為三級，首曰高度強戰，盡一切海空核子飛彈、最新武器之能為最大決戰，以必克

---

293 「萬四千五百三十一」即「一萬四千五百三十一」。

為歸。次日中級強戰，捐棄高度武器為有限度爭鬥，並保留局部城市區域，而不作全勝之圖。其下曰低級強戰，旨在防禦，收復已失，求保原狀，不謀進取。美之於朝鮮越南，自有其道德之主旨，號曰保持自由與人類之尊嚴，則不惜爭地以戰，殺人盈野而不辭。從今日世變觀之，此後半世紀或更遷延不能決，此類堅持對抗之局面且繼續未已，太平云者，託諸夢想而已！

916　一九六五年九月三十日·香港·圖書館交代儀式

日本慶應大學畢業生木村宗吉去年來研究所，從陳荊和治寮國史，本日有報告，用漢文作簡短論文，略謂寮國史之研究，至今尚無值得參考之信史，論其時代，略分為五：自上古至十四世紀中葉為發王之萬象王國建立之時期，自十四世紀中葉至十八世紀為萬象王國之建立及其演變，自一七〇七至一八九九為分裂時期，自一八九九至一九四九為法屬時期，自一九四九以後為獨立時期。由此觀之，寮國史之概要，僅為年代之紀載，亦即在法人侵入以後，方比較確定，在此以前，文獻鮮徵，須從泰國、越南、中國諸鄰邦關係上求其史實，乃有逐漸明瞭之史蹟，蓋未易期之於旦暮之間也。

余之服役於新亞圖書館，至今日為一段落。延陵派王佶兼代，午後四時，由馬達人伴同到館，余導二君周巡館庫上下，歷舉應行興革諸端及人事，必要補充若干事，並以所刻館用石章交王佶，亦所謂舊令尹之政必以告新令尹，應有之傳統儀式也。

917　一九六五年十月二日·以下俱香港所記·《北平箋譜》

鄭振鐸有聚書之癖，景印傳佈於世者，其功不可沒。典

籍中一度頗留心板畫之搜集，套版彩色，尤所心儀。其中明萬曆間五色彩印程大約所編《程氏墨苑》，精好可貴。聞原藏陶蘭泉所，陶嘗付諸景印，亦施彩色。余得初印本，頗可愛，曾不十載，已非舊觀。若為新亞所得，去年才四十年，如原印書着金部分，竟難辨識，遠非陶氏督印宋李誠《營造法式》可比。陶氏晚年，景況平常，及身都散，此明刻墨苑者遂歸振鐸。此外《十竹齋箋譜》鄭氏付北平榮寶齋景印，余為館備置一部。當民國二十三年鄭與魯迅集北平箋紙肆所出詩箋，選取三百三十幅，輯印《北平箋譜》，分訂六冊，蓋猶明代《十竹齋箋譜》之遺意，逐葉彩繪，分別層次，施以水印，凡畫家姓名可考者、刻工姓名可考者與印刷之肆，為表評列，明其所從出。凡此在昔文人書疏之往還，詩詞之錄稿就正友好知音，固為習用之詩箋。今則曩時所謂文房四寶者，已非一般少年所能知，鐵筆一枚，洋紙一幅，蟹行文字，習焉而成自然，中國典籍之不讀，烏知有時代落伍之詩詞而以毛筆書之於彩繪之箋者。余以老朽，腐化中人骨髓，又從而對箋欣賞，頗快瞬息之目，不意游目騁懷間，乃有蕭立聲從容入吾室，攘我箋冊同觀焉。及至第一冊淳菁閣張啟和所刻羅漢十餘幀，以為筆路頗似任伯年，略及面相，乃至題字，則曰以意度之，當是臨陳老蓮，語畢，操鉛筆取紙鉤畫大概，並及題字，謂將取作稿本，以施其練習功課云。

918 一九六五年十月五日·李北濤過校

李北濤過校，平兒隨行，皆從未前至者。與之略觀庫藏，語以南邨晚年光陰，盡耗於是。聚書原為平生嗜好，既盡亡二十餘年積存滬寓之書五六萬冊，居此文化沙漠之境，而能為新亞集中國典籍至八萬餘冊，且能冠冕凡在港九所有之圖書館，論其實用愈於香港大學，雖經大學命令，以年老勒令休致，此心慰矣。北濤長余一歲，近年學佛，語以館藏有大正正

續藏，楊仁山金陵刻經處所刻經多種，玄奘法師全部譯文在焉，其所聞知，證以今日目睹，知余言非似河漢之無極也。

919　一九六五年十月六日・陳伯莊卅年存稿

陳伯莊留美攻化學，適與余同，年亦相若。既歸國，逐漸轉向社會科學，更泛而及於文藝哲學，晚年集所撰述日卅年存稿者行世，有節譯愛因斯坦《科學與宗教》，茲取譯文片段曰：「科學只能對『是什麼』作答，而不能對『該怎樣』作答，科學與人們以知識以達所企求，而不能示人們該有怎樣的最終目的與企求，此最終目前假手於偉大人格之媒介由啟示而得之，不由舉證而得之，人生得此感召以充沛其情懷生活，此乃宗教之功能，此乃詔示『該怎樣』的。權威何自來，不可證，只宜簡易明白的理會其為若固有之者。凡健全的社會莫不有宗教為其具有偉力之傳統，如必求證，即以此證。」

920　一九六五年十月十二日・胡慶餘堂鹿圈

有杭人見鹿圈蓄鹿無數而怪之，又識字無多，每見市招鹿茸而詢「鹿耳」何物也？余初聞其語，未有以應，彼人以余為聾瞶，既而悟彼所謂「耳」者，「茸」耳。為言鹿圈為胡慶餘堂藥肆產，其創始者胡雪巖，嘗佐左宗棠，運籌軍費，權傾杭城，縉紳官吏知前清咸同年間掌故者，類詳其故事，其人豪富不待言，所營藥肆，規模宏遠，雄視江浙，劑藥配方，選精道地，群眾信賴。人參鹿茸皆關東產，為國藥中名貴補劑，值高不易得，故蓄群鹿備採取。鹿角之初生者稱鹿茸，切片入藥，及製百補全鹿丸之用。「茸」如容切，字書謂草生貌，蓋草初生之狀謂之茸，角之初生，有細毛覆之，若草之初生，故引申曰「鹿茸」云。今人徐文鏡〈西湖百憶〉有句云：「如許神農百草方，慶餘胡氏有斯堂。而今最憶堂前鹿，不問焚身鬥角長。」

　　留寓翻閱《星島日報》，見林熙所為蘇曼殊詩冊一文，詩冊為蔡哲夫舊物，今歸羅某。[294] 羅請曼殊老友章行嚴（士釗）、包朗生（天笑）題跋。章成七絕二十首，包繼其後，成七絕五首，各有小注，略述詩中本事。曼殊詩自作二十三首，譯詩四首，另附陳仲甫詩十首，鄧繩侯詩一首[295]。仲甫即陳獨秀，繩侯完白山人嗣孫，余與曼殊教授安徽高等學堂時為學堂監督，逝世後以馬通伯繼者也。冊中詩三十餘首，大都見於坊刻蘇集，其中有兩絕，未見林熙補錄入所為文，一曰〈久欲南歸羅浮不果，因望不二山有感，聊書所懷，寄二兄廣州，兼呈晦聞、哲夫、秋枚三公滬上〉：「寒禽衰草伴慈顏，駐馬垂楊望雪山。遠遠孤飛天際鶴，雲峰珠海幾時還？」另一首曰〈游不忍池贈仲兄〉：「白妙輕羅薄幾重（日人稱裏衣之袖曰白妙），石欄橋畔小池東。胡姬善解離人意，笑指芙蕖寂寞紅。」

　　包詩成於章詩後，特錄之兼及題跋：其一曰：「渡海東來是一癯[296]，芒鞋布衲到姑蘇。劇憐秋扇遭捐棄[297]，難覓兒童撲滿圖。曼殊自日本渡海東來，即到蘇州，神清貌癯，穿一破舊之布衲，我等延之於吳中公學社教書，時君喜作畫，為我畫一兒童撲滿圖，爾時清季，我輩正競談革命，撲滿者，撲滅滿清之意，惜此扇已失。」其二曰：「松糖橘餅又玫瑰，甜蜜香酥笑

294　曼殊詩冊為一手卷，手卷中各頁曼殊手跡，乃羅孚（承勳）得諸蔡哲夫張傾城處，筆者曾兩觀於羅孚家。

295　「鄧繩侯」日記作「鄧繩候」，誤，今改訂。下同。

296　「東來」日記作「東南」，誤，據〈曼殊上人詩冊〉改訂。按：羅孚曾以「文芷」筆名，在香港《大公報・藝林》上發表〈曼殊上人詩冊〉，詳細介紹這個詩冊手卷的內容，此文後來輯入《藝林叢錄》第五編（1964 年），日記中與詩冊手卷相關的內容，應是節鈔自〈曼殊上人詩冊〉，本書編者以〈曼殊上人詩冊〉為據，改訂日記中部分錯誤的引文。

297　「遭」字日記作「始」，誤，據〈曼殊上人詩冊〉改訂。

口開。想是大師心裏苦，要從苦處得甘來。君喜甜食，自號糖僧，贈以采芝齋松子糖、橘餅等等，君頗甘之。」其三曰：「調箏靜女畫真真，風雪天寒念故人。玉指鳴聲思百助，展圖猶是美人身。君在東京，寄我以日本百助眉史彈箏一小影，附以詩云：無量春愁無限恨，一時都向指間鳴。我已袈裟全濕透，那堪重聽割雞箏。又云日來雪深風急，念諸故舊，鶯飄鳳泊，衲本工愁，云何不感！此百助小影，我曾載之所編小說雜誌，後為瘦鵑借去景印，不知今尚在否？」其四曰：「散花不着拈花笑，漫說談空入上乘。記取秋波春月夜，萬花簇擁一詩僧。海上友朋喜作冶遊，君出入青樓無忌，群呼之曰蘇和尚。一日，倚虹觴之於惜春家，座有楚傖、鴇雛等，所有箋召之妓，悉令圍坐君側，而君能周旋自如，席散，君蕭然踏月歸[298]，或亦如孤桐詩中所云：萬緣先了色成空歟？秋波者，倚虹所嬲妓。」其五曰：「出家可笑本無家，踏遍天涯又水涯。入世寧為出世想，蓋棺曾未着袈裟！曼殊在廣慈醫院疾革，我以朱少屏之電話，急往視之，則已逝矣。一友言宜以僧服殮，然治喪者仍以西服進，君平日亦不穿僧服，我僅得君一身披袈裟之小影，曾登雜誌，現亦不知何往矣[299]？詩後有跋云：壬寅八月，某先生出示曼殊遺詩遺墨[300]，迴念前塵，至深愴惻，就所記憶，率題五絕，思窒手顫，幸恕我頹廢也。包天笑時年八十七。」

922　一九六五年十月二十九日・中國四大美人

俗舉西施、王昭君、貂蟬、楊貴妃為中國四大美人。西

298　「蕭然」日記作「肅然」，今據〈曼殊上人詩冊〉改訂。

299　「現」字日記作「今」，今據〈曼殊上人詩冊〉改訂。

300　「某先生」，〈曼殊上人詩冊〉以兩個「□」號以示隱諱，其實向包天笑「出示曼殊遺詩遺墨」的人就是羅承勳。

施、昭君、楊貴妃皆有史實可稽，獨貂蟬為冠飾之稱，乃亦化為美人，則羅貫中《三國演義》造型之績也。陳書〈魏志〉〈呂布傳〉載董卓常使布守中閨，布與卓侍婢私通，恐事發覺，心不自安，司徒王允因使布為內應以殺卓，演義取貂蟬為布傳中侍婢之名，故事流傳，乃至家喻戶曉，以為若爾人者，誠驚心動魄之神人也。字書引《後漢書》輿服志：「侍中中常侍冠武弁大冠，加黃金璫，附蟬為文，貂尾為飾，謂之趙惠文冠。」徐廣注：「蟬取其清高，飲露而不食，貂紫蔚柔縟而毛采不彰灼[301]。」

923 一九六五年十一月一日・學詩必備教科

　　曾履川枉顧，余以近日偶翻石遺詩話，與之語同光詩人，略及所識者，並為道石遺散文。履川在校授課，舉我鄉《范伯子集》、贛人《陳伯嚴集》及《石遺詩話》三書，為學詩必備教科，然謂石遺詩文非其至者；至其詩話，歷舉一生所見聞，隨時略加評論，最具啟發作用，近代同類作者莫與比倫。推范伯子詩為有清第一，於陳散原則謂得之祖訓，陳詩不易索解，為艱深故也。履川受散原集於厥祖，讀之乃感文從字順，不惟能解，並稱有味，故於陳集首數卷七律，幾乎首首成誦，繼又得本師吳北江為之講授范伯子詩數十篇，於是仿效作詩，又獲師長獎許，因此盡力自是，以為途逕不誤，乃以受之於親師者授從學諸生，論諸生頗有可造之才，數年實驗，成績俱在。顧在今日教育方針之歧誤，雜學蓁多，科類滋繁，莫能就其所長而專攻焉。曾不數年，已得者荒廢不學，難言成材，即有明師，今後亦將無所施其技，教育云何哉？欺人而已！

301　「縟」字《後漢書集解》作「潤」。

924　一九六五年十一月三日・朱省齋賣書

　　朱省齋有所藏日人撰印美術類若干種圖書，比以生計之
拙，擬以出售，其中頗多可取者。適以已離新亞之館，無力為
助也。笑謝之，茲留其目，以備覽觀。

　　《大東美術》八冊

　　《國華雜誌》三十四冊

　　《八大山人畫撰》一冊

　　《王建章扇面》一冊

　　《日本美術名作集》四函

　　《靜嘉堂宋本書影》一冊

　　《日本畫大成（支那畫）》兩冊

　　《泉屋清賞》一冊

　　《澄懷堂書畫目錄》十二冊

　　《御定歷代題畫詩》二十四冊

　　此外尚有省齋所編《古今》五十七期全份，余藏滬寓首尾
完具，自經喪亂，今已散失。日前遇朱君，偶舉此詢之，朱以
只有一份為言。席間陳彬龢聞之，遂以高價挾之而去。此中保
存二十年前史料不少，陳許儻有所需，隨時可以借閱也。

925　一九六五年十一月十三日・張南皮與張南通

　　侯官陳衍久在張之洞幕府，宣統元年，張既逝世，衍論之
曰：傳云：長國家而務財用者，必自小人，此大一統之言也。
今不能與列強閉關絕約，人富強而己貧弱，猶為此言，非驗則
狂易耳。中國士大夫諱言財用，見之洞用財如糞土，從而百般
訿病之，然其家固不名一錢也。三十年經營財用，與外國理財
家較絜短長，去之尚遠，而中國居高位者遂未有其人。闈姓籤
捐之類固不規於正，鐵廠紗布絲蔴各廠亦折閱相繼，然一易商
辦，則贏利巨萬，一擊不中，謗者引為大戒，不亦誤乎！獨銅

圓鈔票暢行時，衍請以中國所自有金鑄造金幣，以數百萬建織呢大廠，可支三十年國用，遲回審顧，未之能從，滋可惜耳！為專制之說者，至謂開學堂遣派遊學練兵造械為亂階，彼驪山囚徒又何嘗負笈之學子耶？陳為張之洞傳，自編文集置第一篇，文成，自注謂望溪守退之義法，文士不得私為達官立傳，然列傳創於司馬子長，《史記》即文士私作，多同時人。張廣雅相國在清末最有關繫，見聞之真，殆無如余，特援子長例為之，冒望溪之不韙所弗恤矣云云。余謂吾通鄉先生張嗇公於廣雅不無微辭，論其平生行事，實與廣雅有極相似之處，所創之業千頭萬緒，其間中途失敗及所謂折閱相繼者亦然。當光緒二十三年三月往見廣雅，兼及其所設施，若鋼鐵軍器諸廠未嘗不欣賞，有「南皮要是可人」之語，形諸筆墨，然於當年答周彥升先生問廣雅旨趣一書，則曰：承問嗇與某公交不深，聞人之言曰：某公有五氣，少爺氣、美人氣、秀才氣、大賈氣、婢嫗氣。又云：某公是友君子，為其費而不惠、怨而不勞、貪而不欲、驕而不泰、猛而不威，然今天下大官貴人能知言、可與言者，無如某公；若好諛不近情，則大官貴人之通病，不足怪，足下久與處，亦能自知之也。書中某公云者，實為廣雅。

926 一九六五年十一月十八日‧聯合國大會

為中共謀入聯合國，戴高樂竭力主張引而進之，共黨諸國與號稱不結盟國家從而和之，其勢勝於往年。昨日大會有認為去國府而進別一國，關於要案必需有出席國三分之二多數通過，乃為適宜。主席以此先付表決，結果以五六對四九票通過。繼及安置中共，則表決結果為四七對四七，棄權者二十國。中共雖不能順利入會，然每年票數逐漸增加，亂世人心，誠不易測！自有蘇俄動輒施行否決權，聯合國創建之議已失，他日中共之加入，其必有尤甚於今茲者。

927 一九六五年十一月十九日・香港・俞理初著作

戴文節《習苦齋筆記》云：「予識理初先生於京師，年六十矣，口所談者遊戲語，遇於道則行無所適，南北東西 [302]，無可無不可，至人家談數語，輒睡於客座。問古今事詭言不知，或晚間酒後，則源源本本，[303] 博雅無出其右者。」葉名澧《橋西雜記》云《癸巳類稿》初名「米鹽錄」，王菽原禮部藻釀金刊行，存稿為張石洲孝廉校刊，理初曾為孫淵如撰《古天文說》二十卷，又為問經堂孫氏輯《緯書》[304]，皆未刊。晚年為張芥航河督輯《續行水金鑑》若干卷、彭文勤元瑞《五代史記補注》，粗具條例，以付劉金門侍郎鳳誥 [305]，侍郎延理初卒成之。鄧之誠《骨董瑣記》記之如此。南通顯宦前清後期知名者，王藻而已。《古天文說》一書未之前聞，至《行水金鑑》續編及《五代史記補注》，皆出俞理初手，則治目錄學者所當知也。

928 一九六五年十一月二十日・以下俱香港所記・集藏舊書

興化李審言筆記：俞理初先生《癸巳類稿》存稿兩書，原名「米鹽錄」，見葉潤臣《橋西雜記》。道光癸巳，理初會試不中，通州王菽原禮部藻釀金為刻類稿十五卷，其後張石洲穆又取理初未刻之稿刊入連筠簃藏書即存稿兩稿皆以「癸巳」署名，以始於癸巳寫錄之故。菽原得理初卷，薦而未售，時曹文正鏞主會試，儀徵阮文達副之，文正深抑理初為迂誕之學，

---

302 「南北東西」《習苦齋筆記》（同治十一年刻本）作「東南西北」。

303 「則源源本本」《習苦齋筆記》（同治十一年刻本）下接「無一字遺」。

304 「問」字日記作「同」，誤，據《橋西雜記》（同治十年滂喜齋刻本）改訂。

305 「誥」字日記作「浩」，誤，據《橋西雜記》（同治十年滂喜齋刻本）改訂。

捆束諸卷,不付文達一觀,文達後知之,惟有太息而已。菽原有詩四首賦此事,中有云:「如是我聞真識曲,最難人說舊知名。」又:「冥鴻已分翔寥廓,暮雨瀟瀟識此心。」其為理初惜者深矣。

南邨舊藏俞著《癸巳類稿》存稿,及彭劉合撰《五代史註》,又劉著《存悔齋集》咸備。自掌新亞館事,得《癸巳類稿》,其存稿則有徐乃昌等景印之安徽叢書本,《存悔齋集》求而未得,幸於無意中得《五代史注》,殆為香港各館中獨有之孤本。今既被放,不知何人能繼聚書之業?所幸台灣以海外留意我國文獻者,多為大庠之館訪求古籍不已,因而景印之業大盛,挹彼注此,時見秘籍之復顯,較諸余主館事時尋尋覓覓,易於着手多矣。

929 一九六五年十一月二十一日·清算上海錢莊

見報,知大陸政權又有清算上海錢莊主人之罪惡,其說大致謂:一九四九、五〇年以前,上海有不少錢莊資本家,從事貨幣經營及存放款業務,所僱職工只二三十人,而往來對象,限於工商行號及剝削階級個人客戶,從表面觀之,似乎彼等偌大財富,未嘗取之於廣大勞動民眾,此輩自道則通商惠工,博取微利,艱難創業,辛苦積累,乃有所穫,其實不然。究其底蘊,其主要業務為低息吸存,高利出貸,而從中攫取巨大差額收益,在早年放款對象,以商業為主,一般商業資本家倚恃錢莊資金之通融週轉,一方予錢莊以重利,轉瞬之間,即移至廣大民眾肩上,蓋以各式土產行憑藉貸款,至產區勾結當地土豪惡霸壟斷產物,或以青苗方式施以預購,以進行種種殘酷剝削。又舉永豐、滋康等莊放款客幫,獲取重息,迨客幫貨運內地,則提高物價,而廣大消費者受其害,自第一次大戰之後,民族資本主義工業始有廣大發展,錢莊對工業放款之比重隨而增加。以福源錢莊為例,對申新、振華、中紡、統益、慶

豐、和豐等紗廠，章華、元豐、保豐等毛紡廠，元益、禮和、新益等花紗廠，每年經常有大量放款，在一九三五年一年中，該莊對鴻章紗廠一家放款即有二百三十七萬元之多，通過工業放款，獲得鉅額利潤收入，構成錢莊每年驚人盈餘之主要來源。如永豐錢莊對南通大生紗廠因放款關係，聯合金城銀行組織永金公司，接管該廠，派該莊資方代理人之子，主持其事，並在廠中安插許多高級職員，作為壓迫工人之助手。又如恒隆錢莊，通過放款，派員擔任大生三廠經理及財務主管人。此外在繅絲方面，如福康錢莊之於瑞順、瑞綸、恒昌、元元等絲廠，順康錢莊之於大利、瑞元、寶經等絲廠，每年各放款數萬至數十萬元不等，此其大略也，文長不備錄。

永豐代表謂李濟生，其子李申伯。恒隆所派為三廠經理者費善本，會計則薛偉臣。

930 一九六五年十一月二十三日·為蘇曼殊募建塔疏

何家驊枉過，舉台北新出雜誌曰《藝文誌》者，謂有芝翁記亡友蘇曼殊一文，涉及曼殊與余同編辭典事。事在民二，謂維時當民元，又不及鄭桐蓀，皆有脫誤。又謂孤山蘇塔今為大陸政權移至風篁嶺。據云孤山墓地為福州林寒碧妻姊徐自華置生壙義讓，自華與陳去病亦為深交，曾為曼殊建塔院墓啟[306]，文云：「曼殊大師，妙造玄微，空色諸相，英年解脫，湼而不淄，以中華民國七年五月二日示寂於上海廣慈醫院[307]，吁其悲矣！夫天地生才，由來非偶，既畀付以特殊，將期許而無已。

306　即〈為曼殊建塔院疏〉。

307　曼殊示寂日期《曼殊全集》所輯錄之〈為曼殊建塔院疏〉作「五月二十二日」。查大師示寂之日，陰曆為三月二十二日，陽曆則為五月二日，陳疏所記不確，日記所記正確。

現復翱翔瀛喬，眷戀神皋，定交杵臼之間，側定顧廚之列，頭角嶄露，卓爾不群，因已逐龍虎於風雲[308]，隨幾復通聲氣矣，而乃心性湛然，忘情物我，慈祥愷悌，磊落光明，若吾師者，可不慕哉[309]！特是人間污濁，未可溷其清高[310]，一旦委形，影絕塵鞅，無罣無礙，飄飄而直遙游者[311]，固亦宜然。顧或者曰：此非所以妥其靈也。西湖之陽，孤山之陰，林和靖之偕梅鶴以棲遲，石臼翁之藉歌詞以清響者[312]，固吾師當日所嘗徘徊凝想，心焉摹寫而不去者也[313]。今若舉其遺蛻，建塔於茲，誅茅數楹，以奉香火，庶幾引三竺之祥光[314]，繼蓮池而不朽乎！眾皆曰善，爰為之疏，以告十方，冀共圖之。師名玄瑛，俗性蘇氏，表字子穀，粵之香山人也，行誼世多知之，茲不具。」

931 一九六五年十一月二十七日·〈張黑女誌〉

余初見上海精印〈張黑女誌〉，傳為何道州舊藏，道州所為跋及他諸能書者所言，皆盛稱之，余不能書，隨眾附和而已。在滬於蔣雅初寓道之，雅丈以為是乃道州所為，原志不若是也，余聞而驚異，雅丈則出架上舊拓原本示我。雅丈伯兄孟蘋，習書有年，鄭海藏亟稱其能，亦與當時諸前輩周旋，習聞論書之說，不敢以為妄，尤不敢致疑，後見涵芬樓景印寐叟題跋，有涉及《黑女誌》者二事，一曰上虞羅叔韞（振玉）影拓某

308 句首「因」字〈為曼殊建塔院疏〉作「固」。
309 「可不」〈為曼殊建塔院疏〉作「不可」。
310 句首〈為曼殊建塔院疏〉有「原」字。
311 「直遙游者」〈為曼殊建塔院疏〉作「作逍遙遊者」。
312 「石臼翁」〈為曼殊建塔院疏〉作「石白翁」。
313 「心焉摹寫」〈為曼殊建塔院疏〉作「心摹口寫」。
314 「引」字〈為曼殊建塔院疏〉作「暎」。

氏張黑女墓誌舊片，是真面目，筆意風氣，略與劉玉、皇甫驎相近，溯其淵源，蓋中岳二靈廟碑之苗裔，海王村本，出自道州，蓋以己意少加筆力矣。光緒庚子閏月，持卿識於廣陵耀貞珉館。又一跋曰：辛丑二月於汪叔帶觀察處見徐叔鴻所藏楊聾石本，知原石舊拓，世間尚多有之，道州矜奇，一時興到語耳。余於書學，未嘗問津，寐叟所稱劉玉、皇甫驎者，且不識其姓氏，無論目睹此碑，竊幸平生所見聞，每出於大人長者，而吾友曾履川尤稱沈曾植者，蓋集帖學之大成，與伊秉綬之能集清碑之大成而自成其一家者也。寐叟云云，自為真知卓見，其言今日行世之本，出於道州一時興到，以己意少加筆力，自為「改良之本」者，可信。

932　一九六五年十二月九日・鄭板橋畫蘭

閒步至金巴利道智源書局，主其事者仍為王承龍。惟今日主要業務為日本新舊出版物，偶亦有日譯中國舊籍及流行說部，複印明清鮮見之書，往往有之，而中國書畫名蹟碑帖，尤為易得，其景印技術勝於我國技工，若台灣所藏故宮名畫，張大千作品等冊，類出倭工之手，皆其例也。十年前兼營中國舊籍，當時余為新亞主收集，館藏得之於智源者可數百種。購景印鄭板橋畫蘭一幅以歸，喜得畫中九花，一叢數五，一叢數四，適如余之五男四女，而蘭又余之小名也。

933　一九六五年十二月十日・香港工展會

香港華商工業會年有展覽之舉，初在尖沙咀半島酒店路東空場，繼移香港營房拆遷空場，近三年來，又移紅磡沿海灣新填之地。今年華資工業出品之外，兼及外商，亦不以工為限；又佔地之廣為從來所未有。午後僱車赴會策杖環場步行，費三時，從容場間，得其大略而已。簡言之，則各業所成出品，可

於中央展覽大廳得一具體印象；至於工商業大概，可於匯豐、恒生銀行展覽之室得之。恒生有中國歷代貨幣，自貝、刀、布、制錢至於清末、凡數百標本分代陳列，略具簡單說明；次則外國金幣、匯豐歷來紙幣樣本；又陳本港經濟圖表說明，佐以與各國貿易品出入口之大概，隨帶所行用之貨幣，羅列諸盒之中，眉目明晰，一覽無餘，深感主其事者安排之周密，而余三小時之瀏覽不為浪費光陰也。

934 一九六五年十二月十五日‧鄭海藏日記

林熙有記名伶汪笑儂一文，因及鄭海藏日記一節，謂記起光緒八年，終於一九三七年，即民國二十六年也。原跡今存中國歷史博物館，近日有一小部分刊佈，余猶未之見，節錄一節，事在民國六年丁巳四月初七，文曰：與吉甫（前陝甘總督升允，溥心畬之岳父）同至拋球場買雜物，就至別有天共飯，賦秋（姚文藻）、怡泉、大七（鄭垂小名）、小七、小乙皆來。吉甫與小七引滿各數巨觥，呼為小友。食畢，往丹桂第一台聽戲，汪笑儂演《哭祖廟》，為北地王殉國之狀，觀者皆感動。俄有巨響震於樓左，濃煙迷漫，乃炸彈。戲止，眾皆奔散，此革命黨仇視忠義之說，故作此惡劇耳。余與諸兒翼吉甫出，至大馬路，僱一小車歸，已十二點矣。又記樊樊山集諸名士為詩鐘，笑儂與焉。樊山以八股文、東三省為分詠格，笑儂略一沉思，答曰：「能使英雄皆入彀，可憐帝子已無家。」樊山為之擊掌，座中遺老感懷身世，幾為之號啕大哭云。

935 一九六五年十二月二十五日‧王啟宇逝世

王啟宇逝世，紀年應為八十三、而訃告乃稱八十六歲，蓋依粵俗之所謂積閏增益三歲，他諸地區無是法也。晨間渡海至香港殯儀館往弔之。啟宇創業始達豐染織廠，繼辦中紡紗廠

及大偉布廠，倭寇入侵，事業猝遭停頓，方圖戰後復興，舉其餘資，購買新機，將以運滬，謀所以改進舊業者，不幸赤寇繼起，已置之機乃留港別營香港紗廠，與之同時興建者則有唐星海之南海，榮氏之南洋，榮氏舊人之偉倫，江上達之上海及劉國鈞之東南等組織，於是香港以一戰前轉口自由港，逐漸而變為工業新區矣。因啟宇之逝，連屬而記此。

936　一九六五年十二月二十八日・影星莫愁之自殺

以「莫愁」為藝名之王麗貞，繼去秋七月林黛服大量安眠之劑，自殺於其遠東大廈之寓所。其父蘇人王仁卿甫於旬日前終於台灣。嘗歸譚姓為婦，生二子，曰恕，曰想，猶從乃父賃居香港。莫愁與所天既離，隻身來港，一度參加香港小姐之選舉，得蒙季軍之稱。由是浮沉影壇者累年，出現國泰影片者先後不下十次，而日用豪奢，所入無多。另識楊姓者，往還最切，時為經濟上之資助。然或時感夫婦之仳離，影壇之不克償所願，雖以莫愁為號，愁終不能去懷也；年才二十八歲，一時忽有所感，遂棄塵世而去，平時素識，但見言笑晏晏，初不料其竟以平安之夜有此預謀，為自裁之企圖也。

莫愁前夫譚濟安，長沙人，軍階少將，先娶李氏，生二子，繼娶莫愁，時年才十七，數年未有所生，又娶其妹，生一女曰慰。未幾，莫愁即生二子，本日殯殮於九龍殯儀館，譚濟安率一女二子臨其喪，依禮服斬衰，由其二子訃聞親友，自撰一聯曰：「天何錯鑄鴛盟，脫輻黯離魂，忍容溝瀆埋清影；我最怕看兒輩，繞棺索慈母，欲揭重泉返落暉。」上款作「麗麗靈鑒」，下款署名，無稱謂。有楊某者，莫愁生前時以金錢資助，譚稱其存心協助愛護，不在玩弄，楊無娶莫愁之意，莫愁亦無歸楊之圖，楊名瑞龍，莫愁歸葬之日，午前自置花圈於空墓，又致二千金於青山寺住持，俾任以時掃墓焉。

一年容易，又屆除夕，回憶過去，其動盪不安之情，彷彿與第二次大戰前夕相似，若越南戰事，若印巴交惡，若印尼政變，若羅德西亞之於英聯邦，若印尼之於馬來西亞，其間雖有一二端震動，當時暫息，然若越南一局，恐以頑劣政治惡魔之堅強態度持久不變，終且發展另一次世界巨災也。

本年偉人之逝世者，始邱吉爾、李承晚，繼之英二大文學家，則詩人艾里奧特，名作家毛姆，美名歌者珍妮麥唐納，而尤為世人所感念者，則史懷惻醫師 Dr. Albert Sohweitzer 是也。史以一八七五年生於阿爾薩斯之凱薩堡，年三十，為德國史特拉斯堡之神學院院長，兼有哲學博士與音樂博士兩學位。三十一歲，辭神學院院長職務，放棄素習，開始攻讀醫學，七年之後，得醫學博士學位，已三十八歲，是年偕妻遠走赤道非州之加邦行醫，自謂歐人之於非洲人民，罪惡多端，為良心所驅使來非為非人服務，決心為非人解除昏睡、風濕、瘧疾、痲瘋諸病，初至之地，為加邦之林巴倫尼，氣候之劣，冠絕非洲，潮濕酷熱，無所謂季候，史則建立茅屋為醫院，被棕櫚以蓋屋面，雞鴨之欄即為外科手術之室，其婦兼助手、護士、藥劑師而一身任之，坐是得土人之信仰，有不遠百里就史求醫者。第一次大戰，曾一度為戰俘，其後赴法，為醫院籌募基金，未幾即返，積五十餘年醫治經驗，醫治土人五六萬，自施手術者歷數千次，至一九四八年，醫院所佔地二百餘英畝。一九五二年，獲諾貝爾和平獎金，即以所得，建痲瘋住宅，至本年九月逝世前，醫院病床已增至四百張強，醫生護士至三十六人，以備具充實學問，捨安適之位，入蠻夷之邦，恃堅忍不拔之志，盡人類博愛之心，時閱半世紀，不懈益勤，若史懷惻者，可謂聖人也矣。歲盡之日記此，志我崇敬斯人之誠！

嗇公自弱冠即文采斐然，每值赴試，主試者每暗中摸索，以取中門人為幸，然六赴鄉試，於光緒十一年乃獲北幃南元，時年已三十有三。當其往拜潘鄭盦尚書，尚書至謂論學我當北面，徒以一日之長，抗顏為師，一第在子不足輕重，朝廷得人，殊可賀耳。嗇公自謂：聲聞過情，惕然若砭於肌也。然而後此五赴禮部試，乃成進士。其間兩度且誤取無錫孫叔和、武進劉可毅以為張卷也。光緒壬辰，方年四十，其四月十一日聽錄拜罷，記（《柳西草堂日記》）曰：於是會試四次，合戊辰以後凡大小試百四十九日在場屋之中矣。前己丑既不中於潘文勤師，而今之見放又值常熟師主試，可以悟命矣！次日，沈子培往晤，語以誤中故事，為之增感。蓋常熟於江蘇卷上堂時，無時不諭同考細心校閱，嗇公卷在第三房馮金鑑所，金鑑吸鴉片時多，以嗇公卷詞意寬平斥落，四川施某以策問第四篇中歷乎箕子之封語以為張卷而薦之，其實是卷出劉可毅手，袁爽秋以文氣跳蕩辨其非，沈子封請觀某卷，以孟藝及詩秦字韻力決其非，常熟嘆謂無可如何，乃置劉卷第一。及見其非，為之垂泣，壽陽亦歎息不已！可毅原名毓麟，其更名頗秘密，平日亦能文，為瑞安所賞，而蘇龕之故交，然此次呈瑞安文稿易後比中堂廉字為樞廷，以瑞安深忤樞廷也。未至朝鮮而曰歷箕子之封，是直作黎邱之鬼矣，其居心吾不知之？比與煙丈書，己丑為孫叔和所冒，今又為武進人冒頂，可謂與常州人有緣，自顧何人，乃屢以文字福及儕輩，慚悚無地，抑亦可以安命矣。乃盡屏試具，常熟命留管國子監，南學盛伯熙述南學諸生願為捐納學正留管學，儀徵阮引傳李智儔國子監官也，復來為說，並感而辭。是歲會試總裁翁同龢、祁世長、霍穆歡、李端棻等。翁為乙酉座師，祁覆試一等師，李國子監受知師也。仲魯、子封、爽秋並同考，朱桂卿福詵、徐研甫仁鑄亦與焉。

939　一九六六年一月八日・以下俱香港所記・《人往風微錄》小序

趙叔雍於二十年前，偶作《人往風微錄》，雜敘往來惜陰堂賓客故事，朱省齋為宣之所編雜誌。南來以後，余請繼作，叔雍笑謝。余舊存《古今》雜誌全份失散動亂中，上年與省齋共飯，舉以為詢，則以僅存一全份為答，既而知為陳彬龢所得。今日見《春秋》二〇四期，則趙著唐少川傳復見，以知陳之所藏，今且陸續佈印，為之大慰！叔雍自為小序，以冠《人往風微錄》者亦同發表，序曰：「余不好學，仰荷蔭庇數十年，抗塵人海，不屑用世，而又未嘗不為世用也。頗憶垂髫時，敬侍庭訓，一時豪俊文學之士來往惜陰堂者，輒獲請益。丈人輩行無不以進德修業相勗勉，少長學問，又嘗得名師承授。旋者於役南北，交遊益廣，長揖公卿，間治文酒，乃至藝流卜隱，無不引與相共，見聞日廣，造詣亦漸進，竊欲排日作記，稍存往跡[315]，苦未得暇，滋可慨已！退食以還，偶獲清暇，往事重疊，歷歷在目，發奮為記先哲嘉言[316]，識其小者，用備史官之旁證，追疇日之歡悰，小園花木，曾見驚鴻，年光倒流，庶幾華表傷逝之私，固有不能已於哀樂中年者，抽管之餘，不勝為之神往已！」

940　一九六六年一月九日・劉渭平為劉伯襄之子

吳于達邀飯於雪園，為介劉渭平夫婦，渭平為伯襄仲子，今執教雪尼大學，為中國文學高級講師。李文立開春將赴澳

315　「稍」一作「少」。
316　「發奮為記……」一作「發憤為紀……」。

洲，求識鄉人，故于達並邀同席，席間晤談甚歡。伯襄冠而留學於法，歸為外交官，渭平之生在北平，其後乃父歷任外交職務，則亦隨侍赴任，嘗留思明（廈門）為駐在交涉使，亡友沈紫若與焉。渭平沿其父業，從事於外交，一度赴澳洲，累移任所，習於外國風土而昧於鄉黨鄰里，至不知其叔母張孝延夫人之為我表妹也。他諸戚友之在通海者識者蓋鮮，因語以乃翁及其姑丈黃鑑平為海門人留法之先驅，魏渤同姪立功為留俄之先驅，予之留學美洲，亦未有先於予者。諸如此類，盡兩小時不能畢也。渭平謂且留港至月底，現居北角逆旅，當渡海訪之。

941 一九六六年一月十三日・《新世說》與人名對

易君左記旅港文人趣事，其中一事及錢賓四師。謂賓師既辭手創之新亞書院校長，拂袖去南洋馬來西亞大學講學，行時適有目眚，送行戚友有問先生目疾所自來？先生微哂謂只以余有眼不識人云。余以先生此語，蓋《新世說》上品資料，正合談言微中之意。

有舉「左舜生姓左不左，易君左名左不左，二君胡適，其于右任乎？」徵下聯者，冠軍聯為「梅蘭芳伶梅之梅，陳玉梅影梅之梅，雙玉齊來，是言菊朋也。」[317]

又有「章士釗、王世昭，姓不同，名不同，韻相同，音相同，同是文人分左右」徵下聯者，應之者曰：「仇碩父、易實甫，時難並，地難並，詩能並，詞能並，並為才子別明清。」易君左亟稱其美。

317　讀者互參日記第 528 則。

一九六六年一月十四日‧藏書舊家

　　余生也晚，雖聞藏書舊家有天一閣、海源閣、鐵琴銅劍樓、皕宋樓之富，未之能訪也。及於役上海，雖嘗登烏程蔣氏密韻樓、南陵徐氏積學軒、貴池劉氏聚學軒諸家之堂，然以僑居租界之故，所儲典籍，每多深鎖箱篋，堆置屋隅，未能取書架上一飽眼福也。諸家每各有精刻之書，若南潯劉氏嘉業堂，刻書尤富。有記其舊樓者曰：「劉氏世席豐華，雅嗜儒素，蒐書六十萬卷以上，建樓鷓鴣溪上，佔地二十畝，與第宅小蓮莊毗連，環樓有水，面南向池，池中疊石為小山，有亭台花木之勝。池上有樓七楹，其中為門，置宋槧四史於東三楹，以劉氏父子所編清朝正續詩萃於西三楹，齋室北向，齋樓實以舊鈔精鈔，室樓則宋元槧本。再進，亦樓七楹，左右兩廡各六楹，樓下為廳事三楹，分列甲乙兩部，上為希古樓，庋殿本官本及內府秘籍，樓東西上下各兩楹，雜置書五百七十餘箱，左右兩廡則各省郡縣志，廡樓儲叢書，縹緗滿架，都為珍秘。」幾經喪亂，初移上海，繼以經商失敗，田宅既亡，所藏所刻之書，亦盡入人間，聚散無常，可勝太息！

943 一九六六年一月二十四日‧杜負翁近作《歲時鄉夢錄》

　　小除夕，何越千舉江都人杜召棠所撰聯語及《歲時鄉夢錄》二小冊示我。杜號負翁，與余同歲生，皆七十六，同為大江北土著，所謂「鄉夢」，頗似通海景象。自序言頗覺似錦繁華，渾如隔世，有時疑為春婆之言，而非其筆墨，以之為幻，則記憶猶新，信以為真，則情景安在？亦迷離，亦惝恍，銷魂蕩魄，一至於斯。余唯蟻穴南柯，再尋非易，邯鄲一枕，胡堪復醒，喪亂孔多，史記不絕，然而紅潮汎濫，桑田既成滄海，即使幸而故國復還，豈尚有曩時城郭可見？舊俗可尋？夢乎夢

乎，如露如電，只能作如是觀已！

944　一九六六年二月三日‧武昌兩湖書院

武昌兩湖書院為光緒十六年湖廣總督張之洞創建，院在都士湖上，環湖為齋舍二百間，之洞集句作聯曰：「主恩前後三持節；臣本煙波一釣徒。」張以文學侍從之臣，以光緒七年翰林侍講學士，補授內閣學士，兼禮部侍郎銜，其冬即補山西巡撫。光緒十年四月升任兩廣總督，十五年七月調職湖廣總督，九年之中，三次持節為疆臣，故上聯云云，又以書院在都士湖上，四面皆水，有煙波之致，故云。

945　一九六六年二月五日‧西片《成吉斯汗》

西片有以「成吉斯汗」為號者，展影於新聲戲院，午後偕岫雲往觀之。故事編集，甚少歷史根據，一意誇大宮殿服飾，務取悅目，庸俗已甚，無足觀也。奇渥溫鐵木真以勇武善戰，襲父職為蒙古部族之長，先後平定韃靼、奈曼諸部，遂受成吉斯汗尊號。嗣是掃平西遼、西夏諸部，破俄羅斯聯軍，威震殊域，及其車轍馬跡，遍被東歐，乃約宋攻金，未及功竣而中道卒。其西伐南征之所接觸，才及遼夏，然片中已見中國城郭宮殿，摹畫表面而忽其內容，服裝略襲滿洲之制，其去余所嘗目睹者大異。人物出現，修其爪，怪其飾，步趨離奇，直似我國舊劇中丑角。群宮女湧女主出浴，乃有近世半透明護乳與極短褻袴之屬，遠而望之，彷彿裸裎，似乎此類發明早於中國六七百年前見之，取悅庸俗之目，而作此狂妄之想，是可慨已！

揚州杜召棠撰《負翁聯話》三卷,猶長樂梁章鉅規範,選錄諸聯,有至工者,有極平易者,讀者知其本事,則佳者自文情相生,着墨不多而刻劃深透,精采自顯。揚人方地山在近代自是能手,此卷略有所采,我鄉張、周、范、顧諸先生深於文學,佳著累累,而負翁只取嗇公中公園宛在堂一聯,可見讀書未廣,同處蘇北,不知蘇北才人不限於揚州一隅也。尤可異者,冊中多采輓徐寶山諸聯及徐園楹聯盈紙,其於徐寶山本事則曰:將軍俗呼徐老虎,本為鹽梟,儀徵陳重慶上書鹿芝仙中丞、黃少春軍門,以招撫為請,書凡十餘上,然後果,遂弭巨患。陳徐從未謀面,揚人服其高風巨眼,非常人所能及。民國既興,徐任第二軍軍長,其人固矗豪,然知禮文士,明順逆,袁氏將稱帝,遣密使諷徐勸進,並提挈淮海人士繼之,徐婉辭謝卻,袁憾甚,良久,徐以為莫予毒也已,然卒遇害。陳輓以聯云:「草澤識英雄,憶當年探虎穴,入龍潭,交訂杯酒間,得意書生誇隻眼;梓邦資保障,嘆此日屬豺牙,吹虺毒,圖窮匕首見,驚心巨蠹壞長城!」云云。查招撫徐氏,事在光緒二十六年庚子五月,建此議者張公嗇庵,采此計者劉制軍坤一也。時則有拳匪之事,張公乃建議劉張(之洞)二督為保衛東南之計。嗇公自訂年譜於庚子五月下旬有「言與新寧(指劉坤一),招撫徐懷禮,免礙東南大局」一行,而九錄政聞錄卷一第二十四、二十五頁並載為招撫徐寶山致劉督部函,文曰:「撫徐之說,荷賜施行,內患苟弭,可專意外應矣。此輩如亂柴,徐則約柴之繩也,引繩太緊,繩將不堪,太鬆亦不可,宜得有大度而小心之統將處之,俾不猜而生嫌,不輕而生玩,若予編伍,餉額宜檄統將發,原封令徐自給;但給銜不可踰守備以上,不可使單紮,且令一善言語、有計略之道員前往宣示誠信以開諭之,令專鎮緝沿江諸匪,若請來謁,宜即聽許,不請勿遽強,此人聞頗以膽決重於其黨,控馭得宜,安知不有異日之

效。宮保歷軍事久，必有勝算，惟須有識時局心、公心者神明節度，念此為難耳！抑有請者，尅餉缺額近二十餘，軍營之通病，兵疾其將，奚能用命。願宮保嚴勅諸將，痛湔積習，戮力時艱，較量二弊，則尅餉之患尤甚於缺額也。一得之愚，陳備采擇，惶恐惶恐！京師尹日內廬已有變，如何如何？」

947 一九六六年二月二十二日·羅孝明問曼殊遺事

有羅孝明者，因柳無忌之介，書來詢曼殊大師故事，並及曼殊、鄭桐蓀及余所編之漢英英漢字典，所謂字典者，余等三人在民元二年以八閱月時間倉促成初稿，自審非經五年以上長期整理，未易就緒。金猷澍知其事，以語劉成禺，時當癸丑第二次革命之後，劉營一書局於南京路之西，聞有曼殊新著字書，索觀是稿，舉三千金為酬金，留三之一，以二歸余等，未以其書付印也。亦幸而未印，否則以草率之作，流傳人間，徒貽我等之羞耳。羅言已得蘇著《斷鴻零雁記》、《絳紗記》、《焚劍記》三書日譯本。又言曼殊尚有橫濱大同學校舊同學數人居港。以余所知，曼殊舊侶之在港者，包天笑、章秋桐及余，才三人，包章八九十以上老人，大同舊友若存，亦必老大無疑，此不待探詢而可知也。[318]

948 一九六六年二月二十六日·袁子才致羅兩峰書

清代羅兩峰為袁子才繪像，成而不肖，子才歸像附以書曰：「兩峰居士為我畫像，兩峰以為似我也，家人以為非我也，

318　沈燕謀與羅孝明之往還書信，部分輯錄在本書中，讀者可參看本書「沈燕謀文字材料」。

兩爭不決。子才笑曰：聖人有二我，[319] 我亦有二我。家人目中之我，一我也。兩峰畫中之我，一我也。人苦不自知，我之不能自知其貌，猶兩峰之不能自知其畫也。畢竟視者誤耶？畫者誤耶？或我貌本當如是，而天生之者之誤耶[320]？或者今生之我[321]，雖不如是，而前世之我、後世之我，焉知其不如是，故兩峰且捨近圖遠，合先後天而畫之耶？然則是我非我，均可存而不論，雖然家之人既以為非我矣，若藏於家，勢必誤認為灶下執炊之叟，門前賣漿之翁，且拉雜摧燒之矣！兩峰居士既以為似我矣，若藏之兩峰處，勢必推愛友之心，自囊其畫，將與鬼趣圖、冬心龍泓兩先生像共薰奉珍護於無窮，是又二我中一我之幸也。故於其存也[322]，不敢自存，轉託兩峰代存，使海內之識我者、識兩峰者共締視之。」

簡齋此書，滑稽突梯，非夷所思。即以我言，人之視我與我之自視，同耶不同耶？不特畫師若羅兩峰其人莫由繪我像，即如今之新法拓影，亦僅拓其影而已，使翻我早年中年晚年有一一切相似者耶？我於此不能不書此以自嘲，人苦不自知，古人已先我言之，自嘲云何哉？

949　一九六六年三月一日・再與羅孝明談曼殊遺事

羅孝明在橫濱出生，既冠曾就學嶺南大學，今任事橫濱美總統輪船公司，自言其母與曼殊之母河合氏相知甚深，曼殊父蘇傑生既逝，其母改嫁一日商，曼殊生前亦曾與後父相會。曼

319　《小倉山房尺牘》此句下接：「『毋固毋我』之我，一我也；『我則異於是』之我，一我也。」
320　《小倉山房尺牘》此句作：「而當時天生之者誤耶」
321　《小倉山房尺牘》句首有「又」字。
322　「存」字《小倉山房尺牘》作「成」。

殊早期所撰《梵文典》，太炎集中曾收一序文，原書是否尚有存稿，不復可知。即如《文學因緣》，羅雖勤於訪求，至今未得！羅謂曼殊圓寂，至後年一九六八年適為五十週年，擬集印成一紀念冊，將請柳無忌及余各撰一文以實之云。

950 一九六六年三月七日·香港·楊管北談柳西日記

楊管北來港，為景印柳西日記有所商略，並屬余以讀記感想作為長文，附印記後。舉嗇公平生有關國家大事，如佐吳武壯平定韓亂，甲午中日戰爭所與翁文恭計議，庚子拳亂東南互保之策，及辛亥革命趙惜陰堂幕後決策，最後擬隆裕清帝退位之詔，無論年譜日記，絕少明顯筆墨，最少應以余聞見稀薄之資料，略加補充，俾書出之後，讀者可以稍解國史缺文一二事也。李北濤在座，以曹潤田所撰《一生之回憶》彙印本相贈，此書先後曾登《天文台》及《春秋》雜誌，夫以耄耋之年，但藉記憶成此巨冊，要是不易。讀者毛舉細微時間之錯誤以相庇病，不知其去家數萬里，參考無資，寧當刻意加以責備耶？

951 一九六六年三月十六日·以下俱香港所記·錢賓師過訪

賓四師自吉隆坡東歸，余未前知，以是未預往迎之列，又艱於登高，至今未克驅車奉謁，今日午後，適應陳章二君之招，往飯於國賓餐廳，聞談近年史事，而賓師偕胡夫人惠然顧吾僑寓，垂詢余之體氣與所以消我歲月者，岫雲以所知者奉告。賓師言旋後極少外出，今日適有友好見招，以是抽閒來訪。至其目疾，殆以年齡逾七，其一似盲，其一亦不能盡其用，然偶讀古書一二行，涵詠其意，亦殊適意。尊長枉顧，禮無不答，異日當奉約茶話，乘間請益也。

952　一九六六年三月二十三日・辜鴻銘譯《論語》

　　前於報端見林語堂訪求其鄉先賢辜鴻銘所譯《論語》，多年不可得。十餘年前，余受錢師課《論語》，入堂輒取英文譯本，且傾聽且對檢，求中外諸家解說之異同。既而錢師授辜鴻銘所譯抄本之一部分，病其非全璧，則分函舊書舖購求，不可得，繼訪各家之藏書者，亦無所得。以質蘇君明璇，答謂澳門圖書館有其書，於是赴澳訪問，問役於館者，不知也。卒詢主館者一老人，略加思索，舉原印本示我，喜其有所獲，取所攜紙片，略記扉葉梁敦彥所題「斯文在茲」及其款字。尤要者，一般譯文多以 Analects 字譯「論語」，而辜先生析而二之，曰 The Discourses and Sayings of Confucins。前年，錢先生正七十，原擬複印是書以志師恩，事未舉而師有堅辭校長之紛擾，七月以後，且自罷居和風台，不復來校，在校舊友，皆以失其主宰為慮，惺然若喪，至所以壽師者遂棄置不復道之。[323]

953　一九六六年三月二十四日・致林語堂書

　　月前，聞林語堂來港，未知其住所，則致書轉林女曰太乙者，於其漢文本《讀者文摘》治事之所，書曰：「前於此間報端雜文中，有涉辜譯《論語》一事，謂左右訪求此書，久未得當。某於役新亞圖書館逾十年，平時亦嘗留心國人譯撰名作，曾得轉錄辜書副本，頗思重為印佈，以廣流傳。會聞辜先生文孫在台彙印其先人遺著，以為此中必有《論語》，顧友人曾君為言，雖得彙刻辜集，有《中庸》，無《論語》，屬循原計複印《論語》。頃值左右返國，不審此時宿願已否所償，若仍在尋訪

323　讀者互參日記第 797 則。

中，願持書奉謁，祈進而教之。」逾月得復，今晨渡海晤林，
則知伊所願得為辜書原版，並言若決複印，不妨一面印辜譯，
一面附以原文與附加之注，庶辜氏所忽，或為外國人說法者一
覽可明也。余語以原本久覓不可得，當再赴澳門借書，用拓影
法得其真相耳。林之所居，倚山面海，港九灣際，宛若畫圖，
其婿黎明及女兒太乙之居也。

954　一九六六年三月三十一日・國際倉庫開幕

　　國際倉庫及國際英坭公司以座落官塘海濱道國際工業大
廈落成開幕，午後五時，驅車前往道賀。長其董事會者楊管
北，總理其事為童侶青、李平山，聞雖以公司為號，其實為合
資組織，資本童任其半，楊李各四分之一，他諸列名為董事者
朱如堂、李震之、嚴欣淇、李冀曜，侶青子次瀏，合出資者凡
八人。大廈高十三層，倉庫佔其五，六樓以上將別賃為小工業
用途，有酒會，以諸董集金融紡織航運諸業為一集團，凡所接
觸，不少外賓，故亦沿西人雞尾酒會以娛賀客云。

955　一九六六年四月五日・天星小輪加價風潮

　　昨行經天星輪埠，見一少年，皮衣短襖，背塗白漆字，文
曰「絕飲食反對加價潮」，附以英字，立於輪埠長廊，手持英
文《星報》，當風處，行人大都息足注視，不肯道姓名，有與之
語者，則謂支持響應葉錫恩議員呼籲市民從速反對天星小輪
加價，言論殊簡單。余聞葉錫恩曾集市民二十萬人簽字上書
政府，政府調案經交通諮詢委員會研究通過，准予與否，尚在
考慮中云云。葉在諮詢委員中，為唯一表示不贊成加價者，以
二十萬人之同情，政府未有答覆，謂一少年之絕食表示，而能
迴執政者之意，我知其難也！

956　一九六六年四月六日・天星小輪加價續聞

昨在天星輪埗絕食、反對輪渡加價之青年，在上船入口久立，以阻街罪被拘控，姓蘇名守忠，本日西區裁判署提堂，蘇不認罪，准以五十元現款保釋，候續審。其老父到署備款具保乃出。此人二十七歲，家居黃泥涌道四十三號，曾畢業英文中學，以翻譯謀生。

繼蘇守忠為反加價示威遊行於九龍，自天星輪埗，東向入彌敦道，北行至麗聲戲院，又折南行，有四青年被捕，今晨南九龍裁判署提審，三人認罪，法官判每人簽保二百元，守行為六個月，其一不認罪，定四月十二日續審。

957　一九六六年四月七日・由遊行至暴動

由較有秩序之列隊遊行，變相為不逞之徒假端暴動，不幸於昨晚上燈後發見於九龍通衢，其越規行動之尤為粗魯表示，則有旺角快富街亞皆老街間之邵氏大廈一區北端瑞興公司佔有地面及樓面，不但窗戶盡被擊破，屋內貨物多為暴徒劫掠，全部散亂，或被劫取，或被焚燒，而延彌敦道西向一面自北至上海商業銀行門窗之有玻璃為飾，十不存一，又南至匯豐銀行玻璃窗亦破，以有軍警出現，暴徒未及入內，快富街彌敦道角正在修繕中，有停留機械車一二十架全部被焚，他諸停留之汽車，無不遭損害，不焚即破。迨宵禁令下，自一時三十分至今晨六時，九龍最繁華之彌敦道，其破損之見於外者，雖颱風猶難與相提並論，暴徒與違犯宵禁令之被捕者至四百三十三人之多云。

958　一九六六年四月二十八日・「三寶殿」之妙語

《星島晚報》副刊有一欄以「三寶殿」為號，執筆者「上官

大夫」，為文短小精悍，時亦滑稽突梯，着墨無多，善嬉譃而不為虐，昨以港府核准天星小輪加渡輪之價，依此中人語，列十大理由以張之：

一、不致影響物價上漲及生活安定。二、如欲保持服務水準，只有增加票價。三、目前利潤過低，必須提高。四、若將加價申請仲裁，可能收費更高。五、加價將對乘客有利，且能改善公眾關係。六、各方反對加價意見，表達未見具體。七、反對理由即使充足，半年之後亦必淡然若忘。八、二人同行合付輔幣一角，可免找付之煩。（編者按：當時天星小輪漲價為二角漲至二角五分。）九、加價之後，頭等艙有加裝冷氣希望。十、藉此反證遊行示威，乃屬多此一舉。基於上述原因，天星小輪收費豈可不加，而絕食抗議等等，則徒見其愚不可及而已。

959　一九六六年五月七日·潘重規留意出版

潘石禪重規來新亞主中國文學系事，頗留意出版複印諸有用書籍，既先後印行《顧亭林集外詩》、黃季剛侃《文心雕龍札記》附己所為補記、高步瀛《孟子文法讀本》、羅常培所記劉申叔師培《漢魏六朝專家文研究講義》數種之外，近又影印俞正燮《四養齋詩稿》及滿洲宗室《裕瑞軒文稿》兩種，皆新式朱墨套印。俞理初文字之行世者，只《癸巳類稿》，為南通王菽原藻所刻。又《癸巳存稿》木刻本外，徐積餘乃昌又為收入安徽叢書，至其詩稿三卷，據聞咸豐二年初刻，即遭亂板佚，其為鮮見，今茲印本，猶是手鈔。石禪治紅學至勤，自胡適之、俞平伯考證《紅樓夢》，旁求博訪，舉凡有關曹書資料，無不彙集採用，兼及當時滿人詩文雜著。裕瑞有閒筆之作，論曹雪芹及《紅樓夢》脂批者，書稱《棗窗閒筆》，有文學古籍社依稿本影印之本。石禪得裕瑞文稿鈔本，歡喜無量，視其文字，出一時滿人文士之上，尤愛其書法，以為裕瑞手書，饒有晉唐人筆意，益以張問陶、法式善、吳山尊諸名士評語，用是鄭重

其事，亦精印以公諸世。竊為石禪今茲之舉，殆出癖好，與前此廣印治學諸書，用享諸生，殊異其趣，翻閱一過，誌余所感如此。

960　一九六六年五月八日・林語堂談小品文四要

林語堂上年歲終論碧姬巴鐸亂髮，謂若斯散亂鬢影，似雨餘花、風後絮，其亂也，有至理，可以英語 Studied Disorder 當之，小言詹詹，是謂林語。末段論小品文，意謂小品文應有清、真、閒、實四字之意。清者，清新之意，不落窠臼，不拾牙慧，所言不必句句至理，而世道人心亦可於偶言中道得款曲，切中要害。真者，所抒必由衷之言，所發必真知灼見之話。閒者，閒情逸致之謂，即房中靜嫻，切切私語，上好白話文應有此種語調，《朱子語錄》所談雖為正經義理，卻也是用平平常常字句說出，無廢話，無無聊話，無門面話。實者，充實飽滿之謂，故言有盡而意無窮，必也充實博厚，而能以平易言語出之，充實容易平易難，此即所謂深入淺出功夫。林文見於《現代文摘》第一期，余喜其清新，節其原文，以實我記如此。

961　一九六六年五月十二日・《藍與黑》

此間邵氏影片公司以《藍與黑》影片獲本屆亞洲影展會最佳影片獎，據聞此為彩色片，邵氏費二百五十萬成之，西文《星報》謂邵氏破費一元得王藍以同名一書攝影權。昨過天星輪渡，見報攤陳王藍原書印本，已二十版，以五元取書攜歸，窮一日之力，翻閱五百餘面，猶餘百五十面，以燈下目昏未能畢也。書中時代背景，自日寇入侵，抗戰開始，至最後勝利，大陸陸沉期間，各種人物眾生相，以男主角張醒亞，女主角唐琪、鄭美莊貫串全書，而其敘述唐琪，以孤女為護士，為歌

女，專心愛張，雖荊棘滿途，始終誠壹不貳，近來新小說中難得之作品也。片中唐琪以林黛任之，林黛之死，片猶未完也。代林黛完成最後部分為杜蝶，本姓涂，畢業新亞，取其貌肖林黛云。

962 一九六六年五月十九日·潘重規演講紅學五十年

香港筆會邀請潘重規演講，潘以紅學五十年為題材，發表其治紅成績。余之初讀《紅樓夢》，遠在就學北四川路橫浜橋中國公學之年，喜其為言情傑作而已。民國六年，蔡子民作《石頭記索隱》，視為清初政治小說，作者持民族主義甚摯，本事在弔明之亡，揭清之失，而痛惜漢名士之仕清者。民國十年，胡適之作《紅樓夢考證》，持是書為隱去真事之自敘，傳所謂甄賈寶玉為曹雪芹本人化身，甄賈兩府亦即當年曹家影子，其說甚辯。潘君非之，以為是書作者時時於流露行間對賈府惡意仇恨，若焦大、柳湘蓮之當面明罵，尤三姐託夢時從旁控訴，及於父子兄弟之聚散，曹雪芹身為滿人，安有詆譭列祖列宗若是不堪者？然潘君以寶玉影射傳國璽，引據不相牽涉文字，不厭求詳之盡其說，又惡能免於一套穿鑿附會猜笨謎索引式之所謂紅學乎！

963 一九六六年五月二十一日·朱昌峻著《嗇公傳記》

向（新亞圖書）館借朱昌峻著英文《嗇公傳記》，朱君此冊為哥倫比亞大學博士論文，前曾於《清華學報》讀其所謂嗇公創辦大生事跡一文，敘事翔實，頗異一般耳食者流。今茲此冊，取材至宏，本文大凡九章，一曰總論，二曰早年生活，三曰大生及南通實業，四曰國政參議，五曰教育改革計劃，六曰鹽墾事業，七曰導淮計劃，八曰南通新建設，九曰新建設家張嗇公。凡所敘次，大都確有根據，偶爾之疏，時亦不免，

有若第二章述嗇公早年生活，知嗇公之生於海門常樂鎮，於第四行即謂嗇公自童時便回南通，似朱君未明籍貫與居宅之辨。嗇公一生以常樂鎮舊居為家，不特尊親生時，育養侍親，必在常樂，其居所則敦裕堂，時人所稱東宅者也。即在通籍以後，先有敦裕堂東家廟之建，及至光緒二十九年，年逾五十，始於敦裕堂而營扶海垞，曰西垞，垞榜為翁同龢所書，其堂以尊素名，是時昆仲析產，然歲時伏臘，必歸常樂祀先，省視通海墾牧以為常，以所營事業及所有社會國家事務之繁，在通但居大生總辦事處大樓師範學校總理樓及校西別建之花竹平安館。迨民國四年，方營濠南別業，時年正六十三歲。民國十二年之冬，年逾七十，其年譜猶書：「余自少作客以來，必歸常樂度歲，至是以實業多未了事，怡兒又遠出，孫兒女天寒往來不便，故先歸致終歲之祀，而回通度歲於濠南別業，留通度歲自此為例外。」度嗇公之意，常樂之居為本宅，為家，在通所居且稱別業，其在通籍以前作客他鄉，隨在為寓，其曰歸者必在常樂。朱君記公早年事輒曰回南通者，妄也。又朱君於第十四葉上端記自朝鮮歸來，助其嚴父振興蠶桑之業於南通尤為錯誤。張父業農，足恒不出海門，安得於居宅之外，擴展其所業於南通？朱君若讀年譜，光緒十二年八月所記有曰：「先君謀為鄉里興蠶桑，集資購桑秧於湖州，賒於鄉人，並送蠶桑輯要。」次年三月又曰：「在家與家人育蠶。閏四月，購柏秧六百餘本，槐秧二百餘本，分給鄉人。」又從袁恕堂乞得油桐子千粒下種備給等紀事，則知張氏喬梓經營農業之區域，在海（門）不在通，記載明白，毋庸別具證明矣。他如此類，事涉瑣碎，或者有待於愚文之明辨，未可知也。

964 一九六六年五月二十五日·香港·《容庵弟子記》

《容庵弟子記》雖署沈祖憲、吳闓生二君姓名，世傳為袁世凱自著。比讀《嗇公日記》，則容庵記中其所敘從慶軍東渡、

平定朝鮮亂事，與當年事實大異。袁記光緒六年冬，慶軍統領
吳武壯公長慶幫辦山東海防，知公才調，赴登州置之幕中，
嗣委會辦營務，倚如左右手。實則光緒六年二月，吳被浙江提
督之命，覲見兩宮，不數月，復有幫辦山東海防，調補廣東水
師提督之命，而袁之往見吳公，事在七年四月，嗇公年譜記其
事略曰：「四月，項城袁慰廷世凱至登州，吳公命在營讀書，
屬余為之正制藝……慰延為篤臣嗣子，先是以事積忤族里，
眾欲苦之，故挈其家舊部數十人赴吳公，以為吳公督辦海防，
用人必多也，而防務實無可展布，故公有是命，旋予幫辦營務
處差。」是袁所謂調赴登州，不僅時日不符，抑屬無中生有，
誣妄顯然！次及朝鮮定亂事，袁記謂日人發兵入韓京，韓官
金允植、魚允中因事在津，乞援於直督張樹聲，樹聲入告，
朝命吳長慶督師東渡，公奉檄赴津謁張督，商度部署調兵運械
各事，七月，偕水師統領丁公汝昌率各船回防濟師，復偕丁公
先赴韓境沿海一帶云云。張譜云：「八年六月二十四日，丁提
督至登州，持北洋大臣張總督振憲樹聲書，告日干涉朝鮮內
亂事，次日，吳公往天津與偕，吳公奉督師援護朝鮮之命，五
日即回防屬，余理劃前敵軍事，時同人率歸應鄉試散去，余丁
內艱獨留，而措置前敵事，手書口說，晝作夜繼，苦不給，乃
請留袁慰廷執行前敵營務處事。」自此袁記所及，不着嗇公隻
字，至定亂之後，袁記乃有韓人交涉事繁，操防多故，吳公延
通州張謇入幕，寄以內事，而外事悉委之公，令諸將及韓官造
謁取決焉。袁在登州已師嗇公，而嗇公之在吳幕，早在光緒二
年三月，邀往吳幕則劉筱泉長蔚也。

965 一九六六年五月二十七日・以下俱香港所記・大生
紗廠創辦史

　　朱昌峻敘述創辦大生紗廠初期歷史至為翔實，始一八九五
年嗇公邀集潘華茂、郭勳、樊芬、劉桂馨、陳維鏞及先大父

為六董。次年，樊芬、陳維鏞退出，其冬，舉蔣錫紳、高清補其缺。郭勳一度至通相宅，至滬即函薔公，市面不佳，宜遞遲一年。是年，以潘、郭、劉三人為滬集團，蔣、高、沈為通集團，各任招集廠股二十五萬兩，未幾，潘、郭又謂各任八萬兩為十六萬兩，劉仍歸通集團，為三十二萬兩。一八九七年三月於會上海，通團已集資五萬九千兩，滬團只二萬兩而已。嗣是集資變化，不一其數，而除先大父困苦支持之外，他董徒有其名，若即若離，有瞬息千變之勢，無和衷相襄之實。一八九八年，薔公呼籲大吏富人，終於無效！一度入京，不久即歸。盛宣懷在官場中號為雄材，然於大生始終未盡絲毫之力，其間薔公之所依賴，以竟成大生一局者，獨先大父一人，大生始創經過，莫詳於第一次股東會總理報告，朱君能舉其大要，今日適值大父生忌，小子得見朱君所詳，尤感其治史之矜慎也。

966 一九六六年六月五日・納蘭性德廻文詞

納蘭性德《飲水詞》有廻文詞三首，詞寄〈菩薩蠻〉，其一曰：「客中愁損催寒夕，夕寒催損愁中客，門掩月黃昏，昏黃月掩門，翠衾孤擁醉，醉擁孤衾翠，醒莫更多情，情多更莫醒。」其二曰：「研箋銀粉殘煤畫，畫煤殘粉銀箋研，清夜一明燈，燈明一夜清，片花驚宿燕，燕宿驚花片，親自夢歸人，人歸夢自親。」其三曰：「霧窗寒對遙天暮，暮天遙對寒窗霧，花落正啼鴉，鴉啼正落花，裛羅垂影瘦 [324]，瘦影垂羅裛，風剪一絲紅，紅絲一剪風 [325]。」

---

324 「裛」《通志堂集》（康熙三十年徐乾學刻本）作「袖」。

325 「風剪一絲紅，紅絲一剪風」日記引文作「風剪一線紅，紅線一剪風」，誤，《通志堂集》（康熙三十年徐乾學刻本）改訂。

967 一九六六年六月十八日・輓文廷式兩聯

於「星島」報端見林熙記輓文廷式兩聯，其一為楊士琦所撰，袁世凱之謀士也。聯曰：

凌雲獻八斗才，東觀校讎，誰教憎命文章，翻為海外乘槎客；

乘風破萬里浪，南州冠冕，並惜明時鼓吹，剩有人間折桂詞。

又：王存善一聯曰：

追思往事，感不絕於余心，同學少年，北邙過半，曹子桓有言：既痛逝者，行自念也；

歷溯生平，士固憎滋多口，文章千古，東海流轉，韓昌黎所謂：動而得謗，名亦隨之。

存善為王克敏之父。

968 一九六六年六月二十一日・梁任公宋詞集聯

日前，柯榮欣過訪，見案頭有精印彩色箋，今日書來索字，余自審惡札，又不能書，無以稱其意也；且箋以詩名，詩又非余能，則雜取梁任公所為宋詞集聯數則寄之。其一曰：

泣殘紅，誰乎掃地春空，十日九風雨；

舉大白，為問舊時月色，今夕是何年？

又一曰：

燕子來時，更能消幾番風雨，

夕陽無語，最可惜一片江山！

閱時四十年，當年所慨嘆於國情時勢，不謂今日環境，一切依然無所變易也。又一聯，頗能刻劃徐志摩性格，兼及志摩故事，聯曰：

臨流可奈清癯，第四樓邊，呼棹過環碧；

此意平生飛動，海棠花下，吹笛到天明。

志摩曾伴印詩人泰戈爾遊西湖，別有會心，又嘗留海棠花下，吟詩達旦，借古人文字，寫友人故事，而能盡性達意，是又中國文字之工麗佳致已。

《洪憲紀事詩本事詩簿注》有蒲圻、但燾所記，及《後孫公園雜錄》同載袁世凱微時醜德，謂當光緒初年，曾投北洋大臣李鴻章幕，李囑師事于式枚。考之扶海先生年譜，袁就吳長慶幕，事在光緒七年四月，扶海言其以事積忤族里，眾欲苦之，故絜其舊部數十人赴吳公云云。尋檢《容庵弟子記》則言：光緒六年，吳公幫辦山東海防，稔知袁才調，赴登州，置之幕中，嗣委會辦營務，倚如左右手。在光緒六年以前，別無隻字及曾赴李幕一段事實，「弟子記」之於世凱，張皇袁事，即就從吳赴韓平定亂事，與扶海日記、年譜多所差池，史家求真，蓋是至難，此其一端。「洪憲本事詩注」有曰：唐先生紹儀曰：予光緒初葉，列李文忠公幕下，時桂林于晦若式枚為北洋大臣總文案，文忠遇以優禮。項城落魄來津，少年無行，文忠以故人保慶子（篤臣嗣子），留居署內，差薪甚微，使師事晦若，日課漢文，教改章句。項城好邪辟，多醜行，晦若患之，然知其梟雄有為，能成大事，遂舉其逐日行動，隨筆詳錄，曰「袁皇帝起居注」，每寫一條，手示項城，在宴會廣場中，必大呼袁皇帝到了……世凱將稱帝，忽憶微時醜德，曾在晦若手記「起居注」中，欲消滅之；知滬商會董事王子展與于最善，屬其謀得原稿，子展受命，說晦若遊青島、濟南，諸遺老勞玉初等文讌多日，再說其過北京，出武漢，順長江回滬，晦若亦動京津舊遊之念，抵北京，騎驢徒步，遍遊郊內外寺廟，世凱請宴甚恭，託人諷居南海，世凱書至，晦若曰：是欲章太炎我也。遐遊花之寺，遁往天津，遂歸上海，「起居注」終不可得。後晦若應子展之邀，遊崑山途中，以霍亂卒崑山舟中。余謂《容庵

弟子記》蓋承袁命而作，世凱多才而無德，未嘗不自審平生作惡之夥，為此生前長篇行狀，圖自掩其不可告人之醜而已。

970　一九六六年六月二十六日・袁寒雲輓況夔笙聯

袁世凱次子袁豹岑克文，從學於方地山，方擅製聯，豹岑效之，頗能似方。頃於某雜誌見袁輓況夔笙一聯，文曰：

繼夢窗、白石宿老成家，儘低唱淺斟，一代詞人千古在；

溯漚厂、缶廬殷勤共話，愴小樓清夜，十年江國幾回逢！

注云：夔翁詞頗自負，然佳固佳矣，特比漚厂終輸一間。方之兩宋，半塘，耆卿也。漚厂，美成也，翁則白石也。今工倚聲之學者，予所心儀，僅漚厂丈一人耳，傷已！予識翁於缶廬，平生一面耳！

我友趙叔雍，夔翁弟子，自叔雍之逝，相知中能此道者鮮矣！

971　一九六六年七月十一日・蘇東坡與琴操

前人有記蘇東坡守杭軼事者，謂杭有名妓琴操，頗通佛理，雅善言辭，子瞻喜之。一日，遊西湖，戲語琴操曰：我作長老，汝試參禪，琴操敬諾。子瞻問曰：何謂湖中景？對曰：落霞與孤鶩齊飛，秋水共長天一色。又問：何謂景中人？對曰：裙拖六幅湘江水，髻挽巫山一段雲。再問何謂人中意？對曰：隨他楊學士，鱉殺鮑參軍。[326] 琴操大悟，遂削髮為尼。子瞻一言，能令歡場女子悟澈色空之理，斯蓋所謂中國傳統文

326　《能改齋漫錄》卷十六此句下尚有：「琴又云如此究竟如何？東坡云：門前冷落鞍馬稀，老大嫁作商人婦。」下接「琴大悟即削髮為尼。」

化，非西人亦非今之不讀中國書者所能瞭解。清末，辜鴻銘著一書曰《春秋大義》，敘中評論英、美、德人思想，謂美人難懂真正中國人及中國文明，其人博大、單純、而不深奧；英人不能懂中國人及中國文明，其人深奧、單純而不博大；德人亦然，深奧、博大而不單純；法人異於是，無德人之深奧，無美人之心地博厚，亦無英人之思想簡易，但能認識真正中國人及中國文明所最需要之靈性——妙悟（delicacy）是也。蓋中國人備具三項特徵，更須增加一項妙悟，此種靈性，除古希臘人及其文明之外，為各國所無，林語堂以謂辜氏之言，或是妄自尊大，或是具有至理，因人所得深淺，斷其可否，毋庸與辜氏辯，辜氏亦不必與人辯。林氏又謂：美人頭腦簡單而欠深奧，德人思想艱深而欠爽利明曉，大凡讀其文者，易於同意；至謂英人思想門面不夠闊大，林氏頗不以為然，多讀英國文學，不能承認彼等思想腳踏實地，直截了當，切近事實，近於中國思想。余不憚轉錄陳言，所以證琴操因東坡一言，便爾悟澈色空，削髮為尼，是正辜氏所謂妙悟也。

972 一九六六年七月十八日・《孤桐雜記》袁氏世系

《洪憲紀事詩本事簿注》有劉成禺錄章士釗《孤桐雜記》記袁氏世系，謂較他人所記為翔實，章記略曰：廬江吳武壯公長慶，愚妻祖也，與項城袁氏締交最密。項城既依武壯成名，愚外舅北山先生暮年潦倒，亦居項城幕中，依其月錢為養。北山先生兄弟物故，汐湖山（北山樓所在）之子弟齒稚家居，未明祖德，昨述之先生以項城家集全部見貺，就中略窺一二，輒記於此。蓋項城之本生父名保中，因其弟保慶無子，用撫為嗣。保慶字篤臣，仕至署江寧鹽法道，家集中號中議公。項城之祖名樹三，與端敏公甲三，兄弟也。端敏之子保恒，字小午，庚戌翰林，累遷刑部左侍郎，卒謚文誠。保齡字子久，壬戌舉人，直隸候補道，家集號閣學公。武壯夙隸端敏部下，

中議、文誠、閣學三人皆以子侄相從征役，爭立功名，因與武壯同軍，相友善，又兩家各重名節，以宋儒義理之學相砥礪，故其相與之誼，至非尋常。同治十二年，中議卒於寧，項城孤鶩，武壯方駐軍江浦，既經紀其喪，復令項城依己，為任教養之責。南通張季直，武壯之客也，今為項城董理文事，當時光緒八年，朝鮮內亂，武壯率慶軍六營，東渡援護，而閣學亦奉直督張樹聲檄入韓，兩人合謀，韓亂以定，時項城亦隨武壯在韓，武壯初易之，後立奇策，大見信任。閣學返國，項城仍留吳營。閣學致武壯寒報，乞擲付凱姪，肅毅必欲留凱姪朝鮮。又上曾氏書，從姪世凱，練朝鮮兵，朝之君臣極稱之等語，可見項城事業，卒以在朝鮮之所建樹為第一期，則武壯始終提挈之力也。述之名世傳，閣學子，號七先生，候補四品京堂，自項城當國，即隱於鄉，奉母命，教其餘財，宏獎學術，天津南開大學之科學館號思源堂者，為其所建，世論高之。考此家集刻於辛亥夏間，篇中所記與民國十五年間之歷史了不相涉，通德之家，允宜貴盛，不謂為項城一人發露太過，極盛難繼，今袁氏子孫為集內所載者，八九俱存，乃讀其書恍若追尋史跡，不勝滄桑今古之情者。

973 一九六六年七月二十五日・毛澤東游泳新聞

毛澤東新聞見於報端者，無非共產論調，今見新華社報導，謂上月十六日午前十一時，毛在武漢長江游泳，以一小時五分，游程至九英里，及抵武漢鋼鐵公司，復登快艇。社報狀謂精神煥發，毫無倦意。英游泳選手戴維斯女士，澳籍人也，為文發表於墨爾本，謂世界游泳速度，每英里紀錄差近二十分鐘，毛僅以八分鐘強游一英里，竟不克與世人共同幸睹此自古以來最偉大游泳家為一大損失；非然者，彼等所御之錶可能停止。說之者曰：江流湍急，毛之浮於江面，順流而下，速度之高，在於水流，不在游泳；又引李白「朝辭白帝彩雲間，千里

江陵一日還」，以證事理之偶然，其然；豈其然歟？

974　一九六六年七月二十七日・記朱甥振聲

朱甥振聲遷居彌敦道，日前一過其新居，未及晤見也。今晚肆筵設席於平安酒樓，以酬往賀戚友，蓋亦所以自壽，是日政五十三歲生日，余雖苦於痰嗽，為之一行。當抗戰之年，甥方為湯恩伯記室參軍，余見之上海，知其意氣之盛。及紅潮泛濫，避禍南來，隻身之外無常物，十餘年艱苦自持，賴文字以為養，妻子數人，侷處斗室，余再過其居，未嘗不為惻然。自顧家破不能為將伯之助，而朱甥於至困極艱時，偶有小數借貸，近年所入略豐，盡歸其子母，不爽銖累，誠篤不苟，今世不數遘也。

975　一九六六年八月一日・香港・清末人名詩

《大華》第十期有筆名「文如」轉錄人名詩兩首，頗趣。其一曰：

> 搔首莫問藍天蔚，辛亥革命時都督。
> 福報綿綿徐世昌，清大學士，袁世凱時國務卿。
> 誰獻靈芝陳國瑞，咸同間招降總兵。
> 自移修行伍廷芳。清侍郎，民國外交總長。
> 來窺繡戶張之洞，清大學士，湖廣總督。
> 入握蓮鈎許久香，名鼎霖，清道員。
> 月上梢頭問楊度，洪憲帝制中心人物。
> 貌為莊重態端方。清總督，辛亥革命時被殺。

短文中有舉「圖陳秘戲張之洞、煙惹御爐許久香」句，余憶當光緒三十二年，蘇人爭收回蘇省鐵路自辦，群眾推許鼎霖晉京，向張之洞請願，因有文人撰此聯載諸報章，亦謔而傷雅者也。

976 一九六六年八月六日・以下俱香港所記・中西花園之不同

匯豐銀行總行倚山面海，大廈之前，有地一方，在英帝國全盛之時，中鑄金為維多利亞女王像，覆之以亭，號曰后像方場。二次大戰，港為倭佔，像頗損壞，既經戰後修補，移像置銅鑼灣新公園，亦名園以維多利亞焉。銀行前舊地以鉅金重新佈置，若小園然，出自名手，然頗異於國人心中園林，惟幾處人工噴泉設隱處，機械時變其狀為可取，他則區以大小不等方形，有矩而無規也。西人營園自有西法，以西人而幾乎全施以中國方式者，一生所見，只上海英籍猶太富人之愛儷園而己。惜乎歷時不及六十年，嘉樹奇花，畫棟雕梁，遂已夷為平地，蕩然無存焉。亡友曼殊，識主建此園之烏目山僧黃宗仰，嘗伴余導遊是園者再，園林景色非余拙筆所能描畫，借引成文，用志夢影，有紀之者曰：「柳眼舒金，占陽春之已返，荷錢貼水，徵長夏之將迎，桂移月窟之香，帶來秋意，梅暎清溪之雪，短入殘年。至若疊石為山，送青排闥，引泉作澗，泛綠縈廊，倚翠袖而生寒，篔簹滿谷，疑巴山之欲雨，蕉葉翻風，石塔梵影，清涼世界，竹籬茅屋，村落風光，高閣凌空，遠眺龍華之勝，重簾迎地，近離車馬之喧，錦織繁花，茵舖碧草，猢猻戲檻，蜂蝶過牆。凡茲眼底安排，都出胸中邱壑，區區數行，曾未盡園中三堂二樓六橋十八亭之勝。」然在國人心目中，園林景色，即此已見一斑，是不能與匯豐方場中小園相提並論也。

977 一九六六年八月二十五日・文革與紅衛兵

大陸近有高層人事之變動，同時推行所謂無產階級文化大革命，主要目標去舊謀新，舉凡舊思想、舊文化、舊風俗、舊習慣，悉在掃除擯清之列，推行之者假手於紅衛兵，始自北平，繼以上海，又繼以廣州，其勢非舉國騷然，四民無所逃罪不

止。今日又見紅衛兵發出通告，凡非共政黨在週二午夜開始，七十二小時內自動解散，故凡人民政府初立時，一切靠攏政黨如中國國民黨革命委員會、中國民主同盟、中國民主促進會、中國民主建國會、中國農工民主黨、中國致公黨、九三學社及台灣民主自治同盟人物如蔡廷錯、程潛、張治中之流，以及自謂識時務之俊傑，皆須受命於後生小子之紅衛兵，而毛澤東所許之民族資本家亦必捐棄物業並停止收取定期利息；不特此也，紅衛兵似有無上權力，其在所謂首都，隨時闖入民家，搗毀門窗器具，自謂革命者，造反也。亂象若斯，何以為國？哀哉！

978 一九六六年八月二十九日・諸家論錢基博

　　為《現代中國文學史》者，以無錫錢子泉基博所作為最佳，新亞館藏缺新文學最末一節，亦無基博自傳。去年，龍門書局複印增訂本出版，以離館之故，未為代置也。錢著多採各家代表之作，選擇得當，極便參考，今日入市，以九金懷此冊以歸。錢氏文字余所欽佩，彼亦自謂：敘事學陳壽，議論學蘇軾，務為抑揚爽朗，他諸論說序跋，碑傳書牘，明融事理，出之以典雅古道，跌宕昭彰，蓋頗自熹，至引當代能文之士，平論以證其非妄。鄉先生張嗇公讀其文而嘆曰：「大江以北，未見其倫。」吳江費樹蔚曰：「豈惟江北，即江南寧有第二手？」而嗇公尤廣為延譽，聞者或擬阿其所好，初不知基博未瞻一面，未通一書。興化李詳論文不囿風氣，好稱子部雜家之學，並且文人少所許可，尤力詆林紓，以謂所譯小說，重在言情，纖穠巧麗，淫思古意，三十年來，胥天下後生盡驅入猥薄無行，終以亡國，而獨甚推基博，貽書謂所重足下者，能多讀書而下筆軌古，畏廬債於豚上，可畏耳！若足下之虎，且相率而辟易，自此不敢輕量足下矣！基博復曰：桐城之文尚澹雅而薄雕鏤，林則刻削傷氣，纖穠匪澹，於桐城豈為當行，故基博撰此文學史，平情而論，不作惡聲，於是詳服其有度。侯官陳

衍，老師宿學，謂基博曰：「四部之學，以能文為要歸，而文章獨以昌明博大為上，題事繁多，而措之裕如者，畫家之層巒疊嶂也。後賢可畏，獨吾子爾。其徒以簡潔幽峭稱者，皆力之有未逮，抑或其題之只以止此也。」基博謝以雖不能至，不敢不勉，基博自謂撰文取詁於許書，緝采學蕭選，植骨似揚馬，駛篇似遷愈，雄厚有餘，寧靜不足，密於綜覈，短於疏證。即其語氣，蓋自負若此。

979 一九六六年九月一日・紅衛兵為禍益烈

旬日來，共黨之紅衛兵，由北平散佈各大都市，舉國益為騷然。久居海隅，家鄉遠隔，所聞廣州近狀，暴戾淫放，蓋前世所未有，即證外國革命之史，無有若斯之甚者！但以廣州言，大佛寺五百羅漢及諸佛像，既被搗毀，繼之以火，歷三日不息，歷史悠久之六榕寺亦同被毀。名勝古跡之外，凡有價值之歷史文物，不論公私，同歸於盡！孫中山銅像粵人以國父故，尊若天人，北平南下之紅衛兵視為資產階級之革命家，欲碎其像而以毛澤東代之，廣東紅衛兵群集衛像，至與北兵鬥爭，則為兵兵之間一大糾紛！僑眷返國，例予優容，意圖久居，且為安頓，今乃視為鬥爭對象，凡所以侮辱損害之無不至，攜歸外匯之積存銀行，時取以供饘粥之資以為養，則絕其子金。偶歸省親之僑民，服飾冠履自異祖國，則務奪而毀焉；即資購於港市大陸百貨商店者亦不例外。其尤堪哀矜者，宗教既廢，寺觀教堂悉被沒收，依此為生之僧尼教士皆惶惶無所歸，露宿通衢，形若乞丐，此其命意，殆將驅天下之人盡入無產階級，此之謂共產主義？此之謂社會主義！

980 一九六六年九月九日・越南文字之興廢

兩年來越南戰事，時縈吾心，每閱報紙，於人名地名轉譯

糾紛，目為之眩。上年語蘇明璇，盍不於所編《現代評論》登載越南地圖，漢英並記，以省讀者之力，言之再三，未之能應，蓋言之者易，而為之者難也。交趾之屬中國，遠在秦代，降及有清，其政府組織、考試制度，一以中國為歸，與三韓無以異，通行文字依用漢字，而讀以越音，差似華夏方言，及為法人殖民地，遂一變舊制。近人馮承鈞譯《占婆史》敘文有曰：自法據越南，推行所謂安南國語，以羅馬字傳越語之音，漢字遂廢，今日不特中國人讀音不知其義，即越人亦數典而忘厥祖，三十年前，曾將越南漢文地理考刊之《東方雜誌》之中，顧今日昧於越事如故，二千年華化成績，殆將為羅馬化所代！馮君所言，至為痛心，新亞研究所有東南亞研究部分，而陳荊和主其事，獨不於茲事勤加整理，嘉惠國人，何也？

981 一九六六年九月十八日・可笑摩登義和團

又一九一八，倭寇着手鯨吞中國第一聲之紀念日也。嗣是三十餘年，人民流離，四海困窮，炎黃子孫無復安居樂業之可能，今年乃有八一八，一月以來，國人都有分奔離析求生不得求死不能之象，一聲立新破舊，便爾其豆相煎，昔時拳匪被害冀魯，區區二三省而已，今則遍及全國，而發蹤指示出自最高當局，紀其事端，豈特億萬。有自署「溫犀」者，成紅衛兵竹枝詞若干首，詩不必佳，然着墨處則今日史實也。略抄數首，以存其真，殆可以詩史視之：

萬歲聲中簇擁來，沐猴無語笑顏開。紛紛鬧劇從頭演，且看人民大舞台。

石破天驚鬼哭頻，伊川被髮聽來真。傷心七億炎黃胄，都是紅羊劫裏身。

偶像游街死豈休，數來十罪笑聲浮。後生可畏真成讖，革到先師孔子頭。

話到紅巾膽已寒，匹夫奪志古今難。念來語錄似符咒，可

笑摩登義和團！

富貴空悲春夢婆，力強難挽是頹波。林家舖子毛公鼎，足折其如覆餗何！

暴君當令史無前，一陣罡風下九天。吹散繁華吹皺水，恍如舉國飲狂泉。

煮鶴焚琴豈偶然，如毛群盜罪通天。先民文化從根拔，共產乘時有特權。

深池夜半霧迷濛，瞎馬盲人闖蕩中。絕似前人題壁詩，一團茅草亂蓬蓬。

難辨中央與地方，箇中真偽費端詳。葫蘆依樣猢猻小，知是南強與北強？

共喜嘉名欽定來，一聲呼嘯入樓台。翻箱倒篋強梁甚，毀物毆人更劫財。

萬流歸海向紅京，少小離家扮衛兵。倒瀉一籮毛腳蟹，不分南北只橫行。

鬧罷天宮第幾遭，又翻跟斗教兒曹。萬千跳擲人間世，只是靈猿一撮毛。

翻天覆地劇倫常，賊義殘仁有主張。廿四史中無此筆，坑儒手段邁秦皇。

口號沿街攘臂呼，貼來大字是靈符。修羅千萬幢幢影，一幅天然鬼趣圖。

982 一九六六年九月二十二日・裘開明來港

昨日午後赴新亞會時，胡美琦夫人告岫雲謂：中文大學新聘圖書館長，以裘開明任之。裘主哈佛燕京圖書館事且三十年，自為此中魁首，至今美國之有漢文書籍者，其處理方法，大率一從裘制。此次裘之來港，即以訪問賓師及余為第一要事，既晤賓師，則為之設席仙宮樓為之洗塵，屬余作陪。今晨赴大學辦事處，探詢裘居，知其在百樂酒店，即驅車往訪，

裒赴香港大學，與裒夫人略談數語，約以午後六七時繼訪，至是又去，把晤甚快。裒言：到此數日，歷訪大學所屬三館，甚驚異各館制度之紛歧，人事之不齊，尤以新亞收藏較富，而主其事者，既無圖書館通常訓練，亦無中國典籍之認識，主此一局，深堪太息！至三館有一通病，則於近代大陸政經有關出版物疏忽太甚，以此主觀態度處理館事，如何其可，話多不及備記，被邀至楓林小館同飯，歸寓且十時矣。

983 一九六六年九月二十四日・楊管北重修慈興寺

亡友吳蘊齋之南來，習靜荃灣弘法寺精舍時，則倓虛老法師實為精舍之長，法師老矣，傳法談禪，聲若洪鐘，能近取譬，終以正法，持戒又嚴，非一般住持所可比擬。蘊齋後移大嶼山慈興寺，佛殿僧舍顯有圮廢，創議重修，信徒雲集，而左右之者楊管北，出力最多，成就至大，頃撰重修慈興寺記，屬為修改，余非長於文事者，敬其不恥下問，即以己意潤飾，飭送童侶青懇為轉交焉。

984 一九六六年九月二十四日・何家驊《古今》雜誌選輯

當倭寇侵我之年，朱樸之就滬編行雜誌曰《古今》，汪精衛、周佛海、陳公博等皆有文字，不時流傳。（趙）叔雍當時有人往風微錄之作，敘次唐紹儀、張謇（孝若附）、熊希齡、莊蘊寬、朱祖謀、屠寄、鄭孝胥（垂附）、沈曾植、嚴幾道、徐潤，凡十篇，嗣後中止。及與余晤談南海，余輒以繼撰為請，叔雍再三遜謝，終於無成。民國十六年後，余試取陳志，效王益吾補註班書方法為纂箋，先後於《古今》雜誌中獲見冒鶴亭《疚齋日記》中讀《三國志》〈魏志〉部分，及瞿兌之讀《三國志》筆記，為之大喜，蓋當時蔣丈孟蘋兄告，已知有盧氏補

註稿在商務書館，求觀而不可得也。亦節取冒瞿兩家之說，實我箋中，其他見聞所及，或就藏家借觀，或令書賈訪購，同時呂貞白亦勤治陳志，余架所存，任彼翻閱，然有所請益，恒遭白眼。杭世駿補註見於廣雅叢書之目，余之所藏不見其書，後知北京大學有景印之本，翻讀一過，未之意也，乃為貞白取去，尤傷我心！《古今》行世不多，十餘年間訪之港肆，終不可得。朱樸之尚有全璧，向來秘不示人，近為陳彬龢以巨價得之，何家驊借書選輯，景印成冊，前日舉以為贈，冒瞿兩家《三國志》筆記，以及叔雍文字具在，彷彿舊友相逢，喜可知已。

985 一九六六年九月二十四日 · 沈子培《治城客話》

沈子培《治城客話》謂左氏傳：「務財訓農通商惠工，敬教勸學授方任能。」前八字是用，後八字是體，無後八字功夫，前八字一件行不得。授方而後能可任，敬教而後學可勸，後八字又有本末焉、先後焉。又曰：生聚教訓，復讎之實事也，臥薪嘗膽，其志也，有其志而無其事，則亦無如之何矣。

986 一九六六年十月一日 · 香港 · 清代之幕府

清代軍政長官，幕府率有賓僚，大之如曾國藩，規恢宏闊，豪彥從風，有若薛福成所為〈曾公幕府賓僚〉一文，具備兵事、餉事、吏事、人才都八十餘人，蓋不多見。小之則若駱秉璋之於左宗棠，名主筆政，實長參謀，尤為治史者所習知。咸陽李岳瑞於所著《春冰室野乘》記田文鏡幕賓鄔某，見事明確，得主極專，正是難得。李記曰：田文鏡在雍正朝為河東總督，得君之專，與李敏達、鄂文端為鼎足，一時大臣無與倫比。世傳其幕客鄔某事，頗奇秘。鄔紹興人，習法家言，人稱鄔先生。一日，謂文鏡曰：公欲為名督撫耶？抑僅為尋常督撫耶？文鏡曰：必為名督撫。曰：然則任我為之，公無掣肘。文

鏡問將何為？曰：吾將為公草一疏上奏，疏中一字不能令公見，此疏上，公事成矣！許之，則疏稿已夙具，因署名上之，蓋參隆科多之疏也。隆科多為世宗之舅，頗有機幹，世宗之獲繼大位，隆科多與有力焉。既而恃功不法，驕恣日甚，上頗苦之，而大臣中無一敢言其罪者，鄔先生固早窺知上意，故敢行之不疑。疏上，隆科多果獲罪，而文鏡寵遇日隆。已而文鏡以事與鄔先生齟齬，鄔憤而辭去，自此文鏡奏事輒不當上意，數被譴責，不得已，使人求鄔，以重幣聘之返，鄔索以每日餽銀五十兩，許之。鄔再至大梁，不居撫署，每入，見几上有紅箋封元寶一錠，則欣然命筆，一日或缺，即翩然去，文鏡益嚴憚之，聖眷漸如初。時上亦知鄔在文鏡幕中，文鏡請安摺至，有時輒批朕安，鄔師爺安否？其聲動九城如此。[327]

987　一九六六年十月三日・以下俱香港所記・驅帝城

　　近來報端，據聞見所及，雜記地名市肆道路舊名之更易者，不可勝數。香港之改稱為驅帝城，主郵遞事者至謂通信地址不改舊稱，依然投遞，而左傾報紙直斥為妄。今日，《真報》

327　李岳瑞《春冰室野乘》（關中叢書本）所載與日記引文略異：「田文鏡在雍正朝，為河東總督，得君之專，與李敏達、鄂文端為鼎足，一時大臣，無與倫比。世傳其幕客鄔某事，頗奇特，因撮記之。鄔某者，紹興人，習法家言，人稱之為鄔先生。文鏡之開府河東也，羅而致之幕下。鄔先生謂文鏡曰：公欲為名督撫耶，抑僅為尋常督撫耶？文鏡曰：必為名督撫。曰：然則任我為之，公無掣我肘可耳。文鏡問將何為？曰：吾將為公草一疏上奏，疏中一字不能令公見，此疏上，公事成矣，能相信否？文鏡知其可恃也，許之。則疏稿已夙具，因署文鏡名，上之。蓋參隆科多之疏也。隆科多為世宗舅，頗有機幹，世宗之獲當璧，隆科多與有力焉。既而恃功不法，驕恣日甚，上頗苦之，而中外大臣，無一敢言其罪者。鄔先生固早窺知上意，故敢行之不疑。疏上，隆科多果獲罪，而文鏡寵遇日隆。已而文鏡以事與鄔先生齟齬，漸不用其言，鄔先生憤而辭去。自此文鏡奏事，輒不當上意，數被譴責。不得已，使人求鄔先生所在，以重幣聘之返。鄔先生要以每日餽銀五十兩，始肯至，文鏡不得已，許之。鄔先生始再至大梁，然不肯居撫署中，辰而入，酉而出。每至，見幾上有紅箋封元寶一錠，則欣然命筆，一日或偶闕，即翩然去。文鏡益嚴憚之，聖眷漸如初。是時上亦知鄔先生在文鏡幕中，文鏡請安折至，有時輒批：朕安，鄔先生安否？其聲望見重如此。」

得大陸某姓攜回廣州紅衛兵所佈傳單原件，號曰「勒令」，此則平常公文書中訓令、指令等等外，別具一格者也。首行自左至右為「一九六六‧九‧八勒令」，「勒令」二字雙勾，次行為「香港立即改名為驅帝城，凡有香港字樣的商品牌號，一律鑿掉刷盡，任何人不許再稱香港，一律改稱驅帝城。上述勒令，即日執行，違者查出嚴辦。」末一行為「北京紅衛兵工程兵學校南下戰鬥小組定。」文字多雜簡體。

988　一九六六年十月二十二日‧重九習俗

　　重九嶺南風俗，是日特重登高掃幕、登高尋醉，自唐宋以來，相沿成習，見之古人詩歌者，往往而是。童時誦王右丞「獨在異鄉為異客，每逢佳節倍思親。遙知兄弟登高處，遍插茱萸少一人。」余生男五人，明日穀兒來港，昆仲五人，可得其四，亦十八年來得一度好會，至仲子留滬，其為赤徒鬥爭，自在意中，萬方多難，蓋非一人一家之大不幸矣。涉筆及此，云何不思！當秋掃墓，故鄉習慣則固定十月初一，謂之十月朝。考之故事：《武林舊事》記會當重九，遣使朝陵如寒食儀，都人亦出郊拜墓。[328]《清通禮》有云：歲，寒食及霜降節，拜掃壙墓，屆期素服具酒，剪草木弓器，周眠封樹，剪除荊草。[329] 此言霜降，既非重陽，則亦異於鄉俗之十月朝，然一年兩度掃墓，猶存春秋祭祀以時思之之經義，自經喪亂，往古舊俗且將一掃而空，亂民狂妄，可謂空前，猶名之曰「文化革命」，直是不知所

328　「武林舊事」日記作「武陵舊事」，諒誤。《武林舊事》(景明寶顏堂秘笈本)「開爐」條：「是日御前供進夾羅御服，臣僚服錦襖子夾公服，授衣之意也。自此御爐日設火，至明年二月朔止。皇后殿開爐節排當，是月遣使朝陵，如寒食儀，都人亦出郊拜墓，用縣毬楮衣之類。」

329　「清通禮」日記作「清通例」，誤。日記引文與《清通禮》(四庫本)略異：「歲，寒食及霜降節，拜掃壙堂，屆期素服詣墓，具酒饌及芟剪草木之器，周胝封樹，剪除荊草，故稱掃墓。」日記引文疑有誤字。

云，可歎可悲！故鄉是日，搏粉作糕[330]，剪紙作小旗，插於糕端，謂之「重陽糕」，其製法殊簡，不合舊籍所傳。《乾淳歲時記》云：重九都人各以菊花糕遺贈，以糖、肉拌麵雜物為之。《東京夢華錄》云：都人重九各以粉麵蒸糕相遺，附以果實石榴子粟黃銀杏之類。[331] 又《風土記》云：民間九日，糕上置小鹿數枚，號食鹿糕。[332] 而《清嘉錄》亦云：居民食米粉五色糕名重陽糕[333]，自是以後，百工入夜操作，謂之夜作，蔡雲吳歌云：蒸出棗糕滿店香，依然風雨故重陽[334]。織工一飲登高酒，篝火鳴機夜作忙。

989　一九六六年十月二十七日·曾履川來書

　　久不晤曾履川，今日得手書，作懷素狂草，龍飛鳳舞，今日殆無第二手，可寶也。書曰：「燕謀先生左右，多日未晤，惟尊體康勝為祝，昨託岳騫兄奉上敝鄉《黃氏三先生儷體文》一冊[335]，未審入覽否？辜先生譯《論語》，不知公何時能赴澳借來影印，至盼撥冗一行，為先聖效命也。肯老全集已由台灣黎參謀總長（玉璽）斥萬金印行，真可謂豪傑之士矣。專此，敬頌道綏，弟崽頓首，十月二十六日。」履川授詩新亞，特舉散原、伯子兩集，及《石遺室詩話》三書為教科書。[336] 其於伯子，

330　「搏」疑是「摶」字。

331　《東京夢華錄》（四庫本）：「各以粉麵蒸糕遺送，上插剪綵小旗，摻飣果實如石榴子、栗黃、銀杏、松子肉之類，又以粉作獅子蠻王之狀，置於糕上，謂之『獅蠻』。」

332　日記引文見《格致鏡原》（四庫本）「糕」條。

333　《清嘉錄》（道光刻本）「居民」作「居人」。

334　《清嘉錄》（道光刻本）「故重陽」作「古重陽」。

335　即《左海黃氏三先生儷體文》。

336　讀者互參日記第 524 則。

徵詢及其身世遺文，歷十餘年，勤勤懇懇。嘗語我必悉以所得，彙已經行世詩文，並成全集。黎君武人，能斥萬金成君之志，喜可知也。松庵前逝，不及目睹所寄文字，而稚松身陷賊中，亦難與有魚雁之通，尤可憾已！

990 一九六六年十一月十三日・紅衛兵焚書

陶蔭承來訪，謂得家書，乃翁蘭泉先生所刻書，盡為紅衛兵抄出，焚如棄如，為之唏噓長太息者久之。焚書出諸黃口小兒之手，人間何世耶？與之同飯仙宮樓以慰之。

991 一九六六年十一月十四日・潘志文八十壽

潘志文枉過，謂將以月之初九具素齋宴集諸友好於雪園，潘翁長余四齡，今年正八十，其誕降之辰為十月初十，所以先期一日，以其星期休沐，取便來者。余之獲交潘翁，遠在二十年前，惟時髯翁方為取沒入敵偽滬市之紗以易棉，俾停工之廠復工製紗，以其羨餘鑿故鄉通海河，而推沈豹君主工程之事。時潘翁營紗布之業，業中人多有儲棉以待價者。然貨物經商業統制，非經官家不能買賣，髯翁計售，群賈大悅。潘翁則介浦東棉商持棉易紗，以舒其湧塞，迨交易事畢，而倭寇納降，國軍東下，接收所有入官，鑿河竟不成；髯翁由是獲咎，終殞其身，適有所感，略記如此。

992 一九六六年十一月十八日・從古以來未有之橫禍

中共推行無產階級文化大革命，蘇聯、捷克、南斯拉夫、保加利亞、義大利共產黨同聲譴責，同時蘇聯及東歐諸共黨政權駐在北平大使，相率離平。事在九月之初，既而遣蘇聯留華諸生全部回國，蘇聯例無不報，亦並遣留蘇中國學生回國，

近則匈牙利亦驅逐中共留學生出境，世界革命，共黨同一之旨
也，今則派別分歧，各有所宗，東歐諸國中附和中共者，亞爾
伯尼亞之外無聞焉。上月中旬，莫斯科有蘇、波、捷、保、羅、
匈、東德、外蒙、古巴九國元首會議，中共、亞爾伯尼亞不預
其列，近日保加利亞共黨全國代表大會且以中共領袖放棄國際
共黨運動，主張逐出中共於世界共產組織之外，捷克又從而和
之，而北平執政者且禁止紅衛兵自下周一以後，不得不費分文
自由佔用交通工具，若火車船隻之類，如過去兩月間故事，紅
衛兵本身則在天津市中心以大字報指責劉少奇、鄧小平等行
反毛澤東之資本主義路線，舉國紛紛黨同伐異，兩月中殺傷無
數人民，毀壞無數物資與歷代相傳積存之書畫文物美術雕刻，
以及其他寶物我人視為中國文化精華者，乃被億萬黃口小兒
於朝夕間一切破壞毀棄，自為從古以來未有之橫禍，彼獨夫之
肉，其足食乎？

993　一九六六年十一月十九日‧懷古書其罪

《今日世界》三五三期羅潛〈在文化大革命中的北平〉文中
末段謂：天津市副市長周叔弢被紅衛兵抄家時，曾跪求來兵
曰：把我殺了都不要緊，這些線裝書千萬燒不得，它們不是屬
於我們周家的，而是國家的，千萬不能燒！來者冷酷答曰：管
他是誰的，我們才不要這些臭東西，燒不得？偏要燒！周氏身
為啟新、開灤、耀華、仁立諸廠大股東，所謂大資本家，懷璧
為罪，不為紅衛兵所喜，宜也；然以收藏善本孤本典籍聞名之
版本學專家，又申明為國家所有，而竟不免於烈火之焚，彼身
為國家首長而獨裁其行者，謂非萬古罪人，其可得乎！

994　一九六六年十一月二十五日‧宋達庵惠書

宋達庵以嗇公逝世四十周年紀念冊見惠，冊首冠以曹文麟

張先生傳，紀事雖簡而一生事業言行網羅無遺，文學約而敘紀不漏，佳作也。遺著選輯有〈通州師範始建記〉、〈師範學校後記〉、〈改革全國鹽法意見〉，年譜自序凡四篇，愚意竊謂師範學校二記為嗇公教育代表作，存之誠是也；〈大生紗廠第一次股東會紀事錄〉、〈大生紗廠廠約〉二篇宜選入，為其實業代表作；〈南通縣圖志〉、〈通海墾牧鄉志〉為其墾鹽各公司代表作，悉出嗇公之手，允宜輯入斯冊，以志始事艱苦終於有成之部分史實，以選輯稱而遺其一生大事，並水利計劃亦復忽諸，就小子私見而論，有達庵在，不應有此失也！

995 一九六六年十二月三日・張贛萍〈命運奇談〉

江西萍鄉人張贛萍從軍日久，自大陸淪陷，避秦南來，自記平生遭遇，賣文自給。近著〈命運奇談〉一篇，言其鄉上栗市人曰柳文端者，家境小康，兒女成行，以病瞀，治命理，稱梅花數，極靈驗。為人評命，於生年月日時刻八字之外，兼及生地之所在與時刻之先後、生時之方向等等，不止高樓平地床上下而已。所評時期，限於五年，謂梅花五瓣，惟五數為宜，張自言所得於柳者，在二十六歲至三十歲間，凡所判斷，事前不能信，或竟為事理所必無，而五年以後，事與時間變化多端，竟無一不驗，因記述經過，詳哉言之，謂之奇談，確乎其為奇談也。近代閩人林庚白，雖為馬列信徒，而喜談星相之學，嘗為廖仲愷批命，斷為歲在乙丑，必死於非命，廖果於一九二五年八月二十日被刺斃命。又為遜帝溥儀批命，時猶在紫禁城，乃言不及十年當復帝位，及偽滿立國，被擁稱帝，預言驗矣。當民國三十年，林方避居重慶，重慶陪都也，時遭倭寇轟炸，林自評其命理在必死，則偕婦南飛香港，未幾而日人據港，港遂不復為樂土！一日，林夫婦偕出散步，倭卒以口令為詢，倉卒間林探手囊中，倭卒以為取兵器也，銃發竟死，婦亦被創。林庚白所著《人鑑》，記曾為識與不識命理之記錄也。

一九六六年十二月四日‧老友陳光甫

老友陳光甫倩上海銀行旺角分行經理王宗鰲者來寓，代邀赴其港寓，方當中午，同車渡海，意謂相交五十餘年，舊好日稀，或且互道多年陳事，聊解寂寞而已。至則光老以傷風，故時有所苦，實則為言一生經歷中，除盡瘁於所創銀行及一般國內金融事業外，其在第二次世界大戰前，有一段絕不平凡費盡心力為國家服務數事可紀者，其大致情形，事先已以篋中文書陸續檢交樂俊鏞為之整理編集，其間貫串，時就記憶所及，指說以明之。今日為余略道所憶而樂補陳其所未備，所望於余者，從歷史觀點參加撰文意見。余於經濟之學，從未肄業習之，此為備戰之前準備工作，繼之而起則有向美借債任務，皆光老所負國家大事而不為時人所留意者。余非其人，不能為適當之撰述，行當請問樂君，得其始末事實，冀有毫末之貢獻而已，成敗與否，未可知也。

一九六六年十二月八日‧兩個一二八

「一二八」三字在流亡人士之自北而南者，有絕不雷同而有因果性者二義，一為民國二十年繼瀋陽被寇之年，倭人在滬生事之一月二十八；其第二義則民國三十年倭人發動世界大戰，轟炸珍珠港之十二月八日，此在美國為十二月七日，東半球為八日，香港被寇，同為此日，於今遂已二十五週歲，倭人好亂，幾至亡國，然而美人當年，大度寬恕，戰後扶植，不遺餘力；今茲倭人在東亞，復為經濟充實之盛大強國；反觀祖國，八年抗戰之後，繼以赤禍，大陸同胞日處水深火熱之中，繼受不可理喻之專制魔王暴政壓迫，釋氏有所謂阿鼻地獄者，而究厥首禍，東倭無可逃罪，半生在離亂之境，太息而已！

998 一九六六年十二月十日・圖書館事之難

余掌新亞館事，曾以淺學所及，為校謀置中國文學、歷史、哲學各方面圖書，徒以香港僻在海隅，向有文化沙漠之佳譽，香港大學立校逾半世紀，藏書未嘗不富，至今漢文冊籍，號稱十三萬，然以友好舉棄置不讀之書，悉為餽贈；而為之編目者，但知西方分類方法，於國人所謂目錄、校勘等學，懵然不解，而主館事者，每為西人，即使略識漢字若干，未嘗知有真實中國學問也。港大藏漢籍之所，舊在馮平山助建之圖書館，今移新成之總館，以某女士主其事，稱副館長，以其具有外國圖書館專門訓練及治事之經驗也。去年曾撰中國醫藥書類一文，行之以英語，其舉中國圖書集成，不知著者為陳夢雷而以蔣廷錫尸之。又舉中國醫藥書籍從乾隆四十七年壬寅所成《四庫全書》之所列名，合諸存目，雜並其數而言其數，不知壬寅當西曆一七八二年，去其撰文之歲，已兩世紀有餘，彼蓋不讀中國書之故也。

999 一九六六年十二月十一日・沈雲龍治史

沈雲龍治史甚勤，授讀台灣，所著史事文字，頗有可觀者。前於左舜生所初知其姓字，未識其人也。近日彙集近代學人撰述，景印成叢刊兩編二十冊，《邊疆叢書》三輯及《袁世凱史料叢刊》十一種，固史家應盡之責，然亦不失為有心人也。

1000 一九六六年十二月二十二日・香港・冬至

冬至故鄉最重祀先，此邦習染西俗，先期即有餽遺，分致所善，而於所識則致賀柬，萬篇一律，曰「恭祝聖誕，並賀新禧」，言祝耶穌誕辰，無關冬至之為令節也。我國自古重冬至，謂至是日則一陽生。《史記》〈太史公自序〉有曰：「遷為太史

令，紬史記石室金匱之書五年，而當太初元年十一月甲子朔旦冬至，天曆始改建於明堂，諸神受紀。[337]」至冬至賀冬之俗，似自漢始，及宋代而盛。周密《武林舊事》謂：「朝廷大朝會，慶賀排書，並如元正儀，而都人最重一陽，賀冬車馬皆華整鮮好，五鼓已填，擁雜遝於九街，婦人小兒服飾華炫，往來如雲，嶽祠城隍諸廟，炷香者尤盛，三日之內，店肆皆罷市，垂簾飲博，謂之做節，享先則以餛飩，有冬餛飩、年餛飩之別，貴家求奇有百味餛飩云。[338]」降及清代，舊俗不廢，《清嘉錄》謂：「冬至日，士大夫家賀尊長，又交相拜謁，細民男女亦必更出相揖，謂之拜冬。吳中竹枝詞云：相傳冬至大如年，賀節紛紛衣帽鮮，畢竟勾吳風俗美，家家幼少拜尊前。」[339]

1001 一九六七年一月一日・以下俱香港所記・旅港一十八度

　　余以民國三十七年耶誕前自英倫來港，未及旬日，遂逢旅居此間第一元日（一九四九），至今一十八度，鬢髮皤然，垂垂老矣，所業無成，室家離散，雖以世亂環境惡劣為說，歸之於命，而主新亞書藏逾十年，未嘗無書可讀，復有明師[340]可以請益，竟無文字可觀，謂為不負此生，不可得也。

　　傍晚偕岫雲、揚兒同赴快樂戲院，觀華德狄士耐舊作《仙履奇緣》，以彩色繪畫，運用幻想，佐以配音，刻劃人類善惡

337　「紀」字日記作「祀」，誤，據《史記》（乾隆武英殿刻本）改訂。

338　「享先則以餛飩，有冬餛飩、年餛飩之別，貴家求奇有百味餛飩云」，《武林舊事》（寶顏堂秘笈本）作「享先則以餛飩有冬餛飩年餕飩之諺，貴家求奇一器凡十餘色謂之百味餛飩」。

339　《清嘉錄》（道光刻本）「拜冬」條：「至日為冬至朝，士大夫家拜賀尊長，又交相出謁，細民男女亦必更鮮衣以相揖，謂之拜冬。徐士鋐〈吳中竹枝詞〉云：相傳冬大如年，賀節紛紛衣帽鮮。畢竟勾吳風俗美，家家幼小拜尊前。」

340　此句下有「編者」補充文字：「編者按：指錢賓四先生」。

之性，巨細動物生活之情，採童話為題材，發平易之思維，製片之後，風行一時，及今時更二十寒暑，猶能使觀者無問老少，為之解頤，真傑作也。

1002　一九六七年一月二日・吳漁川與劉治襄

庚子拳亂之年，西太后偕光緒帝出奔西行，道出懷來縣，吳漁川（永）時知縣事，倉卒迎駕，所可供應主上者，豆粥舊衣而止，隨即奉旨辦理前路糧台，護駕入陝，以至還鑾。閱二十七年至民國丁丑，偶以庚子經歷，為國務院同僚劉治襄（焜）言之，治襄筆記成七萬餘言，曰《庚子西狩叢談》。劉焜為光緒二十八年壬寅浙江解元，明年以貢士朝考一等二名入翰林授編修。「叢談」之為書，筆墨暢達，自是拳亂中重要文獻，然其成書，略有周折。吳漁川為劉道故事時在己未山東省署席間，中途為來客就宴所阻，越八年，二人者在潘復總理幕府，乃得重繼往事始末，劉氏自敘所記，謂：「此次所談，余既溫舊聞，復償新願，胸藏宿塊頓爾消解，欣慰殆不可言喻。最可異者，區區一夕談，發端於八年之前，而結束於八年之後，假設當時稍延片刻，一氣說盡，亦不過曉此一段歷史，茶前酒後，偶資談助，反不覺如何注意，乃無端劃成兩截，神山乍近，風近舟開，偏留此不盡尾聲，懸懸心坎，直至今日，言者聽者乃復無端聚集，完此一樁公案。地隔數千里，時閱六七年，以萬分渴望之私，當十九難償之願，本非絕對必需之事，已作終身未了之緣，成日蓄之意中，而一旦得之意外，便覺得一字一語，皆成璚寶，奇書殘本，忽然足配完篇，一如蕩海萍花，既離復合，西窗聽雨，重話巴山，此豈非人生難得之快事耶？」

1003 一九六七年一月四日・張蔭桓開復與以昭睦誼

　　劉治襄筆述西狩事，自謂：「率意急就之篇，文無剪裁，體無義例，莊諧並逞，雅俗雜陳，殊不能律以作家繩尺，惟事事翔實，在漁川為親見，在予即為親聞，耳入而筆出，未嘗增減緣飾[341]，取悅觀者。」然而時亦徵諸可考之文獻，用補漁川所未及。自敘所謂：「暇中更將關係此次遺聞軼事，就傳說親切與他書所記載者，探賾索要，拉雜別成附錄兩卷[342]，用資印證」者是也。余惟劉君以隨記所聞，倉卒成書，已足盡其敷陳演繹、剴切周詳之能事，如第五卷記載上諭：「奕劻等奏美國使臣請將張蔭桓開復等語，已故戶部左侍郎[343]張蔭桓着加恩開復原官，以昭睦誼。」劉氏按語，張蔭桓「並未革職，『開復』二字，實無根據，但此猶不過前此上諭中文字之疏漏，中國之官何以由美使奏請，即使徇美使之請，上諭中亦何必敘明，結尾『以敦睦誼』四字，尤為多贅，開復本國處分人員，於睦誼上有何關係耶？從前因其與外人相識而殺之，殺固殺得無理由；此時又因與外人相識而復之，復又復得無根據。吁嗟張公，何不幸而與外人相識，抑又何幸而與外人相識耶！」查「叢談」卷一十五葉至二十一葉[344]，詳述張蔭桓初被遣戍新疆，並未革職，至於身受重戮始末；至此又因美使之請，奉旨開復，轉載諭旨原文，以全呼應，亦見諭旨文字，大失國體，以示戰敗自卑心理，躍然紙上，所謂皮裏陽秋者是也。

341　《庚子西狩叢談》句首有「初」字。
342　「拉雜別成附錄兩卷」《庚子西狩叢談》作「拉雜補著別成附錄兩卷」。
343　「左侍郎」日記作「右侍郎」，誤，據《庚子西狩叢談》改訂。
344　「叢談」即《庚子西狩叢談》。

　　報載張大千有近作展覽，《明報月刊》十三期、《今日世界》俱有文字並景印所繪之畫以張之。大千近年病目，不耐作工細之畫，則取高麗羅紋紙多為潑墨，水墨交融，極瀋鬱迷濛之致，所為〈招隱圖〉巨幅，彩色墨韻之渲染，大似夏雲之多奇峰，已縮小幅之畫面，能得其雄渾之大概，不能觀其究竟也。大千名其所造之法曰「破墨」，名詞其新，不能道其解釋，則渡海登大會堂畫廊一覽其原作，曾履川從而為辭曰：「中國文學與藝術之演變，略可析謂三階段，初求其清新俊逸，次進於瑰偉雄奇，後達於蒼渾淵穆，是謂必然之歷程。大千三十以前，屬第一階段，五十以前屬第二階段，六十以後飽經世變，人畫俱老，學問深邃，氣質淳化，萬象羅胸，一心獨運，筆墨之痕與之俱化，是為藝術高峰，歷來畫家朝夕追求，皓首難躋之最高境界也。」履川又曰：「世人知大千作畫，自始即憑着一種空無依傍、獨往獨來之精神，謂為摹擬某代某家固不恰當，謂為毫無淵源，自我標奇亦未見其可，總之大千能融化古法，再造新境，實為劃時代之人物也。」余謂以余如豆之目光所見大千作品，凡藏家展覽之會，乃至先後景印之畫冊，蓋不下五百幅，其中摹繪之品，往往而在，最為世人所樂道者，則仿石濤之畫、石谿之畫、八大之畫，乃至臨摹敦煌壁畫，先後能使黃賓虹以假亂真，能為溥心畬歡喜讚嘆，徐悲鴻稱為五百年來第一人，葉玉甫譽為趙子昂後第一人；大千尤自負，至謂最長精鑑，足使墨林推誠、棠村卻步、儀周斂手、虛齋降心，五百年間，又寧有第二人哉！虛齋者，龐氏元濟，有「名畫錄」[345]，殿有清一代書畫記者也。

345　即《虛齋名畫錄》。

1005　一九六七年一月十七日·港丁未郵票繪三羊

英人保守性特重，凡事援據陳例，不易變更，謂之傳統。近來新建之國峰起，以國幣之不繼也，投世人集郵癖好，創製新票以炫人，而取不費於信札投遞之財，雖為數微細，銖積寸累，終且匯為巨額。其始圖形取帝王元首以實之，繼且以歷代君后故聖群賢代之，小國無甚史蹟可資，則取物產之在本國者，於是鳥獸草木蟲鳥，莫不采集，都市山川風景，不遺一物，推而至於政治變化，體育活動，幾乎目之所睹，萬象畢備。又慮其形之窮也，則取木必盡其類，取獸亦然，廣及一花之繁，圖形什佰，若菊若蘭，別其種而異其色，一魚之微，辨其產地而別其異象，有彙集舉世古今郵票之巨冊，有辨析流變真偽之研究，不及方寸之小物，居然以專門學問稱焉。香港英殖民地，前時郵票依君主生卒而成，極鮮新圖，近數年應順潮流，亦復移其風而習其俗，本年初有邱吉爾票，今且有歲次丁未票，圖繪三羊云。

1006　一九六七年一月十二日·同生共死姊妹

美國麻省 Holyoke，有 Gibb 氏者，孿生女而合其體，蓋具人體五官四肢獨連其腹下至股之上端而合一肛門，醫生謂宜剖而二之，合體之女不能降心以從，且不願聞其事；然二人性格殊異，字曰瑪麗者，軀重性和易，字瑪格烈者，體弱多憂，以貧為慮，年十六，能為歌舞鬢技謀生，既而咸就馬戲團黎丘鬼群焉。後張小肆，以微細紀念小品求售於其鄉，迨一九四九年收閉所業，隱居終其身。病理學家 H. Paul Wakefield 謂兩人合體之處，只腹下至股上端，血液循環似各獨行，其微處未克詳測血肉互連之處，以其遺命，不能割取組織以察其究竟。瑪格烈致死之由在癌佈及肺臟以達於心，以血液之不免於交流，瑪麗雖健，才二分鐘極短時間，姊妹同逝。世有同體同生，同在世間五十四年之久，又同死同棺共葬者，Gibb 姊妹是已。

1007　一九六七年一月二十二日・英國熊貓合歡失敗

　　詩多有鳥獸草木之名，識其名未必能因名而辨物也，後見日人所為《毛詩品物圖考》，日人所著，表兄黃松庵有上海景印小冊，童時獲觀，猶謂名物悉具，不必盡屬幻想之所產。後遊日本歐美諸名都大邑，大都有動物植物之園，固名物產地具備，而所繫學名，以其於《詩經》名稱，因從未肄業習之，則亦無從識其同異。歲一九四七、四八間，嘗於紐約、倫敦動物園中先後見所謂熊貓，皆我國政府所贈，產地在蜀西、西康高山峻嶺叢竹中，若灌縣、平武、汶川、天全、寶興等各山區間偶一見之獸類珍品，竹笋嫩竹為其主要食物，食量宏大，體重不過一百三四十至五六十公斤，而一晝夜間食笋可十五至二十公斤，外形茁壯，聽覺視覺皆遲鈍，而嗅覺特別銳敏，遍體長毛而色白如雪，其殊異處則兩耳及目暈黑色，四肢烏黑光潤，前肢黑色，連至肩後，背成環形，略似熊然絕不似熊之猛，體雖笨重而攀援叢樹若猿，敏捷非凡，以其嗅覺之敏銳，每覺有異，立即迅速飛遁，恒獨行踽踽，絕無伴侶，為其稀見，得者珍之。今此獸之流於外國，英俄各居其一，在英者名曰「芝芝」，厥性為雌，在俄者名曰「安安」，性雄，二國慮其老而絕也，互商使二者交配，英人檻獸運莫斯科，園吏與動物學者伴飛東行，初至列檻，使二獸相識，久則啟使交往，園吏與學者更番窺視其動止，歷半載以上，終不見其交媾也。英獸往返乃至留俄期間，時時舉行動電信普告世界，若政治上使節之行動焉。然而合歡繁殖之圖，終無結果，英人不得已，伴獸西返。聞今歲尚擬繼續試行二獸之合歡，所費雖鉅，無所惜也！

1008　一九六七年一月二十八日・洪憲女官制度

　　民國初期，袁世凱因利乘便，私計帝制自為，長子克定希被立太子，慫恿乃翁，謂為天下歸心，違天不祥，左右大官盡

其諂媚阿諛之能事，冀他日為佐命元勳以自便，於是有籌安之會，繼以改元洪憲，叛跡顯著。余時留學惠校（美國惠斯康辛大學），國聞不詳，未及究心政變而為史蹟之尋索也。五年之秋，以拙於資斧，不克進研，則亦東歸，後此留心洪憲，瑣碎殊甚，未有史筆能詳述其始末者。劉成禺舊為湖北官費生，留學日本成城學校攻軍事，光緒二十九年，就公使館賀年之際，發為推翻滿清之諭，為蔡鈞所斥，自辦雜誌，曰《湖北學生界》，繼主舊金山《大同日報》筆政，因以知名。嘗為《洪憲紀事詩》，孫總理為序，其中收集洪憲故事，比較為富，然七絕一首，裁二十八字，詩中本事隱約為多，終難得其詳情也。舉例言之，洪憲既頒女官制度，詔令熊希齡夫人朱其慧為之長，劉詩曰：「龍髻鸞環教六宮，繡衣垂縷感玄紅。儀同僕射標雙貴，稱拜山妻女侍中。」設無金台遺事紀事，誰者能解之者？遺事轉載當時詔令原文曰：「蓋聞母后宮中，翟服九御，昭容戶外，紫袖雙垂，宮廷尊閨範之師，妃嬪明家人之禮，是以開國典制，定叔孫通之朝儀，內殿規模，奉曹大家之禮教，洪憲開基，更新滌舊，罷除宮妃采女，永禁內監供奉，特設女官，掌理宮政，以女官長冠冕宮闈。茲特任中卿前內閣總理熊希齡賢婦本朱氏為宮中女官長，儀同特任，位視宮內大臣，贊襄后德，掌領宮規。諸葛家之女，禮法異於常人，富鄭公之妻，進退式為國婦，此令。」又女官、女官長朝服之別，十二女官着金紅緞衣繡服長裙，女官長背備錦綬，佩玉章、長服下緣四圍縷纚下垂，衣色玄紅，縷綴黃絲，女官縮鸞環，女官長縮龍鳳環，女官長侍立后側，女官則行列妃嬪左右而已。茲所轉錄，猶有刪節，若仍原文，長蓋倍之。

1009　一九六七年一月二十九日・東坡生日

十二月十九日，世傳為東坡生日，前清民初，文人雅士每以是日會集同好為紀念之會，亦輒寄之吟詠，其見於各家詩文

集者，實繁有徒。坡公詩文之外，尤精圖繪，嘗以朱筆畫竹，人或譏其世間豈有朱竹者？公以世無墨竹為言，問者既非強調，答者亦具至理。

1010　一九六七年二月三日‧祭灶日

今為陰曆十二月二十四日，往時以夜間祀灶送神上天。唐陸龜蒙謂灶神以時錄人功過，上白於天，古人神道設教，自非無理。宋范成大有送灶神詞曰[346]：「古傳臘月二十四，灶君朝天欲言事。雲車風馬小留連，家有杯盤豐典祀。豬頭爛熟雙魚鮮，豆沙甘鬆粉餌團。男兒酌獻女兒避，酹酒燒錢灶君喜。婢子鬥爭君莫問[347]，貓犬觸穢君莫嗔。送君醉飽登天門，杓長杓短勿復云。乞取利市歸來分。」亦敬亦狎，迨以近故，抑亦多神之由。清王闓運有〈乙巳送灶〉詞云：「烹得黃羊，喜廚中酒熟，甌裏糕香，團圞無饞涎，兒女有家當，五窮辭去去東洋，依然那時燈光燭光，消得我七十次香花供養。　惆悵，休更想，要識世界苦樂常相傍，范釜常寒，梁炊不熟，他日歡情無量。勘破流年似四環，只愁霜鬢明朝長，誰思量，紫姑神，如願酬餉。」[348]乙巳[349]為光緒三十一年，湘綺正七十，與神互語，若近習然，可知老人風趣。

346　「范成大」日記作「宋成大」，誤。

347　「問」《石湖詩集》(愛汝堂本)作「聞」。讀者互參第 643 條。

348　此詞日記引文與原作有異，原作〈換巢鸞鳳乙巳送灶〉：「烹得黃羊。喜廚中酒熟，甌里糕香。團圞無饞，聽兒女、有家當。五窮辭去去東洋。依然那時、鐙光燭光。消得我、七十次，香花供養。　惆悵。休更想。要識世間，苦樂常相傍。范釜常寒，梁炊不熟，他日歡情無量。勘破流年似迴環，只愁霜鬢明朝長。誰思量。紫姑神、如願酬餉。」

349　「巳」字日記作「己」，誤。

1011 一九六七年三月二十二日・香港・三花朝

陰曆二月十二日，俗稱花朝。柳西草堂丁丑年正月二十七日記事曰：家君命撰祝陳丈七十壽聯：「生日百花同，羨是翁杖履春多，歷盡冰霜猶矍鑠；論交十年長，願吾輩壺觴趣永，招將風月共婆娑。」丈以二月二日生，世皆引宋楊誠齋詩話，以二月十二為花朝，不知《提要錄》二月十五亦謂花朝，《翰墨記》洛陽以二月二日為花朝，當是所傳各異，則三說皆通也。

1012 一九六七年八月三日・台北・台灣小記

CAT 起飛遲一小時，當午方起飛，台灣時間十二時抵松山機場，敬德、孝銓、朱家鶴夫婦，大霈夫婦攜曾孫同至，即寓敬德所。謝公起過訪久談。

1013 一九六七年八月四日・以下均台北所記・訪嚴靈峰

同敬德訪嚴靈峰，出示新刊《老子集刻》、《論語集刻》初集，皆袖珍本，堅邀飯於石家飯店。

1014 一九六七年八月五日・喜晤沈雲龍

訪王崇岳，故表兄詠薰甥也，並見詠薰嫂黃夫人，年八十四，白髮皓然，及茅聲烈，松庵甥也。繼訪沈耘農雲龍，與談景印《柳西草堂日記》事甚暢。

1015 一九六七年八月七日・錢賓師租地建宅

公起等伴余至益祥訪楊管北。當午，飯於三和樓，朱家鶴作東。飯後，謁錢賓四師於自由之家，師定租地建宅，毗連東

吳大學，今日將訂約。

1016 一九六七年八月九日‧沈雲龍過訪

沈耘農過訪，示以《柳西草堂日記》前半手稿，及大陸出版之後半，今陸續轉載於《大華》半月刊者。與之商景印事，逾一小時，謂稍遲當約文海出版社主人來詳談細節云。

1017 一九六七年八月十一日‧楊管北枉顧

管北枉顧，約與會餐，治饌豐美之至，座間晤李北濤、嚴宗謹等。管北居室為日人舊宅，極寬廣，範以小園，別時舉所印書為贈。

1018 一九六七年八月十九日‧文海李振華

沈耘農偕文海李振華過訪，與之續談景印《柳西草堂日記》事，即以日記原稿一至五五完冊、六至九殘缺本四散冊，十一至十四四完冊交耘農持去，請翻讀一遍，編次付李振華。

1019 一九六七年八月二十日‧賓四師枉顧

賓四師偕胡夫人枉顧，言已簽租地約，別建新屋，約須台幣四十萬元云。別時力勸早日遷台為佳。

1020 一九六七年九月一日‧柳西日記拓影備印

沈耘農持柳西日記偕李振華同來，言檢理柳西日記畢事，別擬作記詳其大略，余同意以記付李振華，拓影備印，期以兩週。

1021　一九六七年九月三日・故宮博物院

久慕故宮博物院所藏書畫重器，由敬德駕車出遊，窮半日功夫，亦難言觀其大略，地處群山環抱中，此處建築，遠勝台中臨時之居，然以儲物美富，仍有局促之感耳！

1022　一九六七年九月十三日・盜印書籍

壽兒以鍾泰著《中國哲學史》為余障眼解悶之備，作者為前之江教師也。曉銓亦舉《中國思想史》兩冊進，才翻卷首，知其為馮友蘭之哲學史，成書在三十年前，此間書賈乃竟去作者姓名，又易書名曰「思想史」，明目張膽為盜版以欺世，豈以馮之附逆並廢其著述耶？

1023　一九六七年九月十四日・複印舊書

台北複印舊書，由來已久，此於大陸毀滅古籍，自有其偉大功績。王雲五重掌商務書館，於複印數種叢書節本之外，又主編人人文庫，以小冊廉價為號，其意未嘗不善，惜乎學者名著，若陳寅恪《隋唐制度淵源略論稿》及《唐代政治史述論稿》等，印有其書而節取其名曰「陳寅」，以陳君至今掌教廣州故也。以左右為是非標準，不可通也！

1024　一九六七年九月十五日・李振華來告

李振華來告：拓柳西日記畢事，已以原件交沈耘農，持擬用印書紙類若毛邊及白色紙請擇。語以白紙用於普通冊子，其線裝三十部以略深色者為妙，時限無差，其言可信，士人所鮮，不圖於無意中得李君。

1025 一九六七年九月二十八日‧先師聖誕

先師聖誕，此間學校官署乃至工商業皆得休假一日。黎明前，文廟祀典，與祭者被袍褂，且有佾舞，以居所過遠，僱車未易，不能攜壽兒一往觀禮也。

1026 一九六七年九月三十日‧訪劉百閔

昨見報，知錢賓四師偕夫人以昨晚抵台北定居，將探其寓所往謁焉。今日午前謁賓師於大同之家，知行李已至基隆，今明日即可提取，坐談逾時，因知劉百閔亦在台北，寓自由之家，即往訪焉。百閔至此，苦氣喘，而有定居意，將覓屋台中。既告辭，走訪沈雲龍，以他出未晤。

1027 一九六七年十月一日‧沈雲龍之言

沈耘農、李振華攜《柳西草堂日記》原稿全份，及印成書樣四葉；又沈著柳西日記之前半篇之載於《傳記文學》者，翔實可誦，亦即余擬舉筆而未成之章。耘農言後半部兼及張沈兩家姻世交誼，言必有徵，取材於「日記」、《張季子九錄》，可謂美備，始願不及此也。

1028 一九六七年十月四日‧留台兩月

到此適兩閱月，除張記能景印成書外，他無所就，日居月諸，終我身適成為無用之人而已，老大無成，自咎立志不堅而已！

1029　一九六七年十月十二日・台北登高

重九相傳有登高避災舊俗，余逃秦且二十年，登高苦於腰腳不健，登樓在此亦限於官家規程，十層而止。[350] 未必有窮遠之目，杜門讀書，想望高遠而已。張大千以今年所繪新作展覽，約凡五十幀，走往觀焉。從而登國賓十二樓，約見落日於塵灰煙霧中，雖略高，聊以應節而已。

1030　一九六七年十月二十日・溥儀之死

清遜帝夷為平民，名溥儀者，據報以本月十七日逝世。一生三號帝王，兩度被囚，卒為平民，蓋自古以來，亡國之君遭遇最富傳奇性者，此君一人而已。

1031　一九六七年十月二十三日・一大收穫

赴國賓茶廳，沈耘農、李振華攜印成後加線裝之柳西日記四巨冊來，歡喜無量。為此行一大收穫。

1032　一九六七年十月二十四日・香港・台遊歸來

後赴松山機場，敬德、壽兒、曉銓等同車遠送。二時三刻起飛，一路天朗氣清，白雲朵朵，影照海面，近港方稍模糊，四時五分抵啟德，岫雲攜揚兒來迎，抵家略息，入浴，夜睡甚酣。

350　此句下有「編者」補充文字：「編者按：此例今早廢除」。

1033 一九六七年十二月二十一日・九九消寒始冬至

國曆今日冬至，《帝京景物略》云：冬至日畫梅一枝，為瓣八十一，日染一瓣，瓣盡而九九出，則春深矣，云九九消寒圖。[351] 按冬至後八十一日，皆屬寒令，故云。又清宣宗道光為御製詞曰：「亭前垂柳珍重待春風」，凡九字，字各九劃，雙勾詞中字，日畫一筆，八十一日而盡，說見《清稗類鈔》。[352]

1034 一九六八年一月七日・臘八粥

臘八日（十二月初八日）江南習俗，例集果物煮粥會食，或以餽鄉黨鄰里，追其淵源，蓋逾一二千年，嶺海間乃無所聞。自昔陸生所記，南越之境，五穀無味，百花不香，從古不同中原風俗，百年來多尚西法，宜臘八粥之不行於此邦矣。[353]

劉百閔逝世，午後攜揚兒赴九龍殯儀館往弔焉。戚友至者甚眾，大都坐候，公祭既畢，有送柩至荃灣公墓者。余以不良於行，先歸。百閔苦喘，與予晤見台北自由之家為予言，患時至不能安臥，將至台中覓宅，以便療養。回港未再見，不意其竟至此也。

1035 一九六八年一月十二日・致沈時可書

作致沈時可書，附以乃翁當年乞為黃勵生丈夫婦作傳一

---

351 《帝京景物略》（崇禎刻本）：「冬至畫素梅一枝，為瓣八十有一，日染一瓣，瓣盡而九九出，則春深矣，曰九九消寒圖。」

352 《清稗類鈔》：「宣宗御製詞，有『亭前垂柳珍重待春風』一句，各句九言，言各九畫，其後雙鉤之，裝潢成幅，日九九消寒圖……自冬至始，日填一劃，凡八十一日而畢事。」

353 讀者互參日記第 706 則。

書。豹君兄生前在日寇陷蘇之時，自署己名曰「靜觀」，此書獨用本名「秉璜」，書中字體亦復工整，備見恭敬之致，不見皓首高年老態，蓋其慎也。又印劉伯英丈所為黃府君傳，南通排印原稿景印本，正反面有松庵表兄添注字若干，以歷年三十有餘，紙色轉黃，不利於複印，試印三次，字跡勉強可辨，試取付郵，用踐劉采繁夫人之請。去書中為言何妨轉錄此文，並合扶海先生所為哀辭，倩善書者楷書作帖，複印千本，分贈戚友，用資紀念，亦示後昆，不知其能否采取此建議也。

1036　一九六八年一月十六日・老來健忘

高伯雨聞余有西文扶海先生傳記，請借一觀，今日午後，取架上書渡海，意在晤談。因誤記其住處為希慎道，既至，則盡希慎道無此號，徘徊良久，就近登敏求精舍，意在小憩，適遇陶君蔭承，語以訪友失所在，陶則為余走覓其地，亦不可得，乃相將入利園茶座，余告以必出老來健忘，只有歸寓檢視明白，明日復來。陶言彼為職務所牽，日必至此，何妨以所挾張傳予之，返寓得高寓確實住所，藉電話通消息，陶則據此持書訪高，亦省重來之繁，余從其言，歡喜同還，謝其良策焉。高寓實在希雲街，非希慎道，誤記一字之差，遂虛此行，人言老朽昏庸，以今事而論，豈不信歟！

1037　一九六八年一月十七日・朱振聲著《扶桑行》

費子彬囑朱甥振聲招赴東英大廈底層新張茶餐廳共飯，值雖平而治饌未佳，蓋在子彬兄亦聞友推薦，初次試食，未識其究竟也。余進食無多，充腹而已，不能適口，無所悔，尤不能贊一辭。振聲以所著《扶桑行》一冊為贈，蓋一九六三年秋間，參加就日舉行第四屆國際文化精神會議紀遊之作，旅行才匝月，歸時費百六十有五日排日補記，分載《星島晚報》，綜集其

文乃至二十萬，雜書目之所睹，耳之所聞，證以日人史籍、國人著作，其中採取黃公度《日本國志》及《人境廬詩》者又夥，讀其文字，彷彿身歷其境，雖引書證事，稍欠剪裁功夫，然其用力之勤，亦可取也。

1038 一九六八年一月十九日 · 羅孝明來書

羅孝明書來，促以曼殊遺事寫寄，其尤所注意者，則曼殊、桐蓀與余合撰《漢英辭典》原稿之編集經過與付印結果。去年心臟不健，醫誡靜息，即逐日記事，亦多不着一字，無論舉筆作文矣。今似略健，當迴憶陳事，作短文以慰其意也。

高伯雨書來，謂已得陶蔭承轉致之朱撰扶海先生英文傳記，惟以事繁之故，讀書鮮暇，屬借觀時日許以略長而已。又詢吳彥復舊物雞血石章一十有二方，經吳昌碩篆刻者，既歸扶海先生後一段經過，願知其詳。當紀民國七年秋冬間，彭嫣至法租界公館馬路口大生滬事務所索還石章古錢，為余所知者告之。[354]

高書稱吳彥復藏石曾由吳昌碩治印者，以貧故，質於龔心湛，期以二年，逾期往贖，龔不予。楊士驤贈吳千金，取原物，吳死，印乃歸張。予始見是物於濠南博物館中，隔玻璃未能逼視也。及扶海歸璧於彭嫣，倉促之間，取案頭松禪墨跡印本，用平常印泥急蓋三份，始見其大概。後聞石章為日人所得，值八千金云。

扶海先生詩錄卷三有嘲吳彥復詩，詩前有小啟曰：「彥復藏昌化石甚富，曾為題匣，時方納姬，詩以嘲之。」「幾年京國吳公子，買石揮金肯就貧。亦幸尚饒花乳艷，不愁壁立對佳

354　「雞血石」始末，讀者互參日記第 870 則。

人。」「才能摹印偏工懶，日日高舂尚愛眠。只恐他年韓約素，人間無限印文傳。」[355]

1039 一九六八年一月三十日・香港・王荊公元旦試筆

王荊公元日試筆詩：「爆竹一聲一歲除，春風送暖入屠蘇。千門萬戶瞳瞳日，總把新桃換舊符。」客居嶺海，賃屋作寓，桃符更新，殊鮮其事，猶幸爆竹聲聲，點綴易歲，而自去年暴徒作亂，政令禁止，即至年終，未有解禁之文告，則亦終夜靜寂，不復聞震耳之聲，此之一變，豈所謂破舊一端耶？

1040 一九六八年二月五日・以下俱香港所記・黃天石人日詩

人日，亦立春，天陰，時有細雨，寒意如昨，比來惡寒，枯坐竟日，梁任公有〈人日立春〉詩曰：「人日立春興有餘，園梅齊放柳初舒。倦游懶作安仁會，望治猶懷寬大書。詩裏歸心知定處，花前愁思苦相於。南藩亦有風塵客，不用東山怨宿居。」今日《星島晚報》有黃天石〈戊申立春逢人日〉一詩，黃君老矣，時撰說部，以「傑克」為號者也。詩曰：「笑上春台待立春，從頭人日更為人。重迴萬劫乾坤轉，一雨千山草木新。羊去應思牢可補，猿騰想見道通神。冰河漸淺寒流退，舊燕歸來意倍親。」國人重農，二十四節令之中，多有涉於耕種者，童時習聞喜得立春晴，一日農夫不用力耕田之語，今日立春而雨，本年可期大有耶？抑本年南北異地，土宜不一，中原習俗，尤難偶合耶？

355　「嘲吳彥復詩」讀者互參日記第 884 則。

一九六八年二月十一日・上燈落燈

在鄉習俗，以正月十三為上燈，由此至十八夜落燈，六日之間，號為燈節。時屆落燈，除夕在堂上所懸祖先影像，從而撤除。回憶童時，侍先大父取道通城，至唐家閘，輒於西門萬昌福錢莊小住一二日。時於上燈日，從年長者導觀城廂內外各寺觀廟宇各式花燈，多有係陳所藏玩好，以娛觀眾，易代而後，斯俗遂寂，追想佳節舊事，蓋已七十年矣。

一九六九年二月十日・張贛萍自比張陶庵

張贛萍來，舉所著《彈雨餘生述》單行本首三冊為贈，是書初載《星島晚報》，自道經歷，質直可賀，張為武人，不能求其文字之造就勝人，然有慕於明人張陶庵自為傳記，事事求真，不借文飾，引其言曰：「蜀人張岱，陶庵其號也，少為紈袴子弟，極愛繁華，好精舍，好美婢好孌童，好鮮衣，好美食，好駿馬，好華燈，好煙火，好梨園，好簫鼓，好古董，好花鳥，兼以茶淫、橘虐、書蠹、詩魔。」又記其後半生遭遇曰：「勞碌半生，皆生幻夢，年方五十，國破家亡，避跡山居，所存者破床碎几，折鼎病琴，與殘書數帙、缺硯一方而已。布衣粗食，常至斷炊，回首廿年前，真如隔世！」張君自以年青時愛好及中年後遭遇與陶庵相差不遠，即其經歷性格，每有與之相近相似者。

一九六九年二月十六日・唐明皇命史青賦除夕詩

農曆十二月三十日謂之除夕，言除此夕則另一新年也。唐開元中有史青者，承明皇命賦除夕詩，詩曰：「今日今宵盡，明年明日來。寒隨一夜去，春逐五更回。氣色空中改，容顏暗

裏催。風光人不覺，已入後園梅。」[356] 今年有閏七月[357]，立春早成過去，又入冬來氣溫失常，忽溫忽涼，為來港二十年中所鮮見，史詩「寒隨一夜去、春逐五更回」二語，獨不適於茲歲之終耳。

1044　一九六九年二月二十三日・我國以農立國

我國以農立國，一年節候，均甚重視，而在新年，尤望其日暖風和，庶可豐稔有年，今人但以迷信為言，要非先民重農之意。歷來相傳，以初七為人日，《荊楚歲時記》載：「正月七日為人日[358]，以七種菜為羹，剪綵為人，或鏤金箔為人，以貼屏風，亦戴之頭鬢，又造花勝以相遺，登高賦詩。」又「魏東平王翕七日登壽張縣安仁山[359]，鑿山頂為會望處，刻銘於壁，文字猶在，銘曰：「正月七日，厥日為人，策我良駟[360]，陟彼安仁。」余謂集菜為羹，剪綵為人，徒沿故事，殊鮮意義，惟以春光明媚，駕言出遊，借踏青之名，作登高之舉，亦殊快人意耳。惜余苦於氣喘，步履維艱，又值天陰欲雨，氣候失常，雖有此心，難如我意也。

1045　一九六九年三月三日・志文有孫治易

老友潘志文，相識逾三十餘年，以今年一月三日，壽終大

356　史青詩《全唐詩》作：「今歲今宵盡，明年明日催。寒隨一夜去，春逐五更來。氣色空中改。容顏暗裏回。風光人不覺，已著（一作入）後園梅。」

357　日記寫於一九六九年二月十六日，即農曆己酉年十二月三十日，正是除夕，日記「今年冇閏七月」，「冇」字諒誤。查己酉年有閏七月，據此改訂。

358　《荊楚歲時記》（寶顏堂秘笈本）無「初」字。

359　日記「壽張」缺「縣」字，今據《荊楚歲時記》（寶顏堂秘笈本）補訂。

360　「良駟」日記作「民駟」，諒誤，今據《荊楚歲時記》（寶顏堂秘笈本）改訂。

嶼山東涌羅漢寺。此間佛教光明講堂及浦東同鄉會等團體，將以月之九日五虞，就跑馬地藍塘道一一八號三樓佛教光明講堂誦經設奠，隨即舉行公祭。余以久苦氣喘，艱於步行，不知屆時能否前去致我最後之敬禮否？潘君長余三歲，卒時八十二歲，二十年來，時相過從，近年山居，禮佛茹素，亦嘗邀余遊山靜息，以疏懶，又腰腳不健，未之能應也。有孫勤治周易，時以所學稟告大父，志老每以示余，余則雜取架上友好論易著述為報，當此末俗，乃有攻治舊學之少年，志老有後矣！

1046　一九六九年五月九日・范伯子製天后廟對聯

香港舊為漁村，居民多依出海捕魚為生，虔祀海神，幾成天性，而尤崇天后，以我所知，舉凡江浙閩粵沿海諸地，蓋無不盡然，以我舊家姜堰港彈丸小鎮，為廟者四，其一祀海神，曰龍王廟，其祀天后者二所，稱天妃宮，又稱天后宮，其神相傳為閩莆田林氏女，宋時人，海洋間既著靈異，明代即有天妃封號，清代晉封天后。通海商人經營關莊布業，大都出入上海牛莊間，其在上海，有通海紗布公所，所中即奉天后，每年三月二十三日為神誕，先大父以業布故，必以是日赴滬禮祀如儀，神座有聯，為州名士范伯子所製，文曰：「沃產九州，喜江路為家，便與仙居爭富貴；明神千里，異海天作客，每依靈眷得平安。」范先生於世間流傳天后故事不甚重視，讀其所作詩題曰「於三山會館觀所謂天后宮者」而可知也。題下自為注曰：「緣其兩楹大書天后傳，謬延縉紳，故有此作。」詩曰：「賈舶沿江不惜錢，閩人於此益拳拳。神靈備著千萬應[361]，譜牒猶能一姓傳。何但生男讓生女，須知如帝又如天。沒身一樣分喧

361　「萬」字疑誤。

寂，愁絕當時謝自然。」港九人士例以神誕賽會，每每空群而赴，而水上人家尤盛飾所有船舶，樹幟奏樂，彩色紛如，恭敬焚香，遠非我鄉廟宇陳設從事所可比擬者也。

1047 一九六九年五月十一日・澳門之為地

澳門之為地，南州土著輒呼為「馬交」，而《廣東新語》稱香山故有澳，名濠鏡，有南北二灣，海水環之，蕃人於二灣中聚眾築城，澳有南臺北臺，臺者山也，以相對故，謂之澳門。[362]《廣東通志》謂濠鏡澳在香山縣東南一百二十里，突出海中，明初，蕃舶往來，率擇海中地之灣環者為澳，若新寧之有廣海，東莞之有虎門、屯門，香山則有浪白、濠鏡。嘉靖初，諸澳盡廢，惟濠鏡為泊藪。萬曆初，於澳口設關，關外割為諸蕃住所。「通志」又曰濠鏡澳有奇石，相傳明萬歷時，閩賈巨舶被颶殆甚，俄見神女立一山側，一舟遂安，立廟祀之，名其地曰娘媽閣，娘媽者，閩女天妃也。於廟前石上鐫舟形及「利涉

362　日記引錄「香山故有澳，名濠鏡，有南北二灣，海水環之，蕃人於二灣中聚眾築城，澳有南臺北臺，臺者山也，以相對故，謂之澳門」各句，乃節鈔自《廣東新語》：「香山故有澳名曰浪白，廣百餘里，諸番互市其中，嘉靖間諸番以浪白遼遠，重賄當事，求蠔鏡為澳蠔鏡，在虎跳門外，去香山東南百二十里，有南北二灣，海水環之，番人於二灣中聚眾築城，⋯⋯澳有南臺北臺，臺者山也，以相對故謂澳門。」（引文據天水閣刻本）

大川」四字，以昭神異。[363] 在當時初未有天妃、天后之稱，水上人家，統尊之曰「娘媽」，或曰「媽祖」，廟之在其地者稱「娘媽廟」、「媽祖廟」，澳門於土人口中習慣稱「娘媽角」，葡人至其地問地名，則以「娘媽角」對，葡人據以譯「馬交」。各地天后廟多有門聯，嘗從筆記中見某地聯曰：「自神禹而後一人，善德在水；由大宋以來千古，宏祀配天。」出語不凡。又有一四言聯，集句曰：「天之所覆，后來其蘇。」冠以「天」「后」二字作鶴頂格；特別於後來之後，借用天后之「后」字，尤具巧思。

1048 一九六九年五月十八日·張季直謁翁松禪

光緒二十五年二月，張嗇公赴常熟，晉謁翁松禪於老塔前寓室九日，老人約遊虞山興福寺，遇費坦懷於連珠洞前瞻廬，同觀興福高僧伏虎圖，在寺中有邵齊燾柏謙題宋以前畫羅漢者，數皆十六，降龍伏虎二尊者，即元代寺僧也，遂增為十八，邵詩云：「白額猶知出鏃恩，高僧遺跡在山門。卻防後世傳奇行，故作斯圖示子孫。」

363　日記引錄「濠鏡澳在香山縣東南一百二十里，突出海中，明初，蕃舶往來，率擇海中地之灣環者為澳，若新寧之有廣海，東莞之有虎門、屯門，香山則有浪白、濠鏡。嘉靖初，諸澳盡廢，惟濠鏡為泊藪。萬曆初，於澳口設關，關外割為諸蕃住所」各句，乃節鈔自《廣東通志》：「濠鏡澳山在縣東南一百二十里，突出海中，明初，番舶往來，泊無定所，率擇海中地之彎環者為澳，若新寧則有廣海，望崗東莞則有虎門頭、屯門、雞棲，香山則有浪白、濠鏡、十字門，皆置守澳官。嘉靖初，諸澳盡廢，唯濠鏡為泊藪，萬曆初，因於澳口設關，關外割為諸番住所。」(引文據道光二年刻本) 日記引錄「濠鏡澳有奇石，相傳明萬曆時，閩賈巨舶被颶殆甚，俄見神女立一山側，一舟遂安，立廟祀之，名其地曰娘媽閣，娘媽者，閩女天妃也。於廟前石上鐫舟形及『利涉大川』四字，以昭神異」各句，乃節鈔自《廣東通志》：「濠鏡澳又有奇石三，一洋船石，相傳明萬曆時，閩賈巨舶被颶殆甚，俄見神女立於山側，一舟遂安，立廟祀天妃，名其地曰娘媽角。娘媽者，閩女天妃也。於廟前石上鐫舟形及『利涉大川』四字以昭神異。」(引文據道光二年刻本)

1049　一九六九年五月二十四日·張季直與我祖沈敬夫

　　宣統二年四月，大父年政七十，嗇公贈聯曰：「視我諸兄十年以長，與佛四月八日同生。」其明年正月之晦，大父棄養，時小子（作者自稱）方在美遊學，為惠斯康新大學一年生，又遲數月，乃聞凶訊，未之能歸也，然而旅中資斧，便而中斷，以當時餘德堂新宅正在經營中，旅學之資，取諸大父所得大生紗廠董事會年贈大父養老常款，大父既逝，款遂不繼。大生創始，困於集款，疆勉支持，時病枝梧，大父為始事六董之一，及五人者先後散去，大父奮其餘力，為嗇公助，歷時五年，尚難期此局立足之穩。有關大生創業艱難之歷史，其第一次股東會，總理有極為詳盡之報告，嗇公重之，以筆記排印成冊，與賬略合訂分布到會多士。凡此艱辛紀錄，不知何以從未收入九錄，而談論南通實業史者，都未錄取及之，今之僅存事蹟，只有嗇公九錄、零星文字及簡略年譜若干條，推而求之於日記，亦復如此，此可惜也！年譜下卷戊戌、己亥二年中，稍露端倪者，若戊戌十月條下有「通廠集款仍無增益，求助於南皮（張之洞）無效，告急於新寧（劉坤一）亦委謝不顧，乃辭廠，辭商務局，答委蛇慰留。」次年三月二十九日條下：「廠紗機裝成試引擎，始有客私語，廠卤雖高，何時出煙？茲復私語：引擎雖動，何時出紗？」四月十四日開車紡紗，召客觀之，同日日記詳言：「開車，召客觀出紗，至此始可免於決不出紗之口，敬夫始終忠勇可敬！」然至五月，仍有廠終以本絀不支，僅有之棉，不足供紡，賣紗買花，時苦不及，留滬兩月，百計俱窮，函電告急於股東者七次，無一答，不得已，有以廠出租三年之表示，慈谿嚴小舫，涇縣朱幼鴻必欲短折租價為四十三萬兩，嗇公請照五十萬兩論租，嚴朱堅執不肯加一分，事終不諧，然款不繼，非白手所能進取，而又不可中止，惟有忍氣待時，堅志赴事而已。自是強支者凡四五月，至九月，以紗價日起，展轉買棉供紡，得不停輟，蓋此段情況，最為困心衡慮，

沈燕謀日記節鈔／六十年代日記

即如上年十一月二十一日日記有曰:「敬夫告急信累至,至云盡以其自有花布運滬抵款,以濟廠之窮,可自關門,不可令廠停秤,令人感泣!敬夫平日但覺其樸誠可恃,而忠勇又如此,非等輩朋儕所可同日語也。」當年小子無知,但望大父愁眉不解,而又僕僕道途,日坐許扣小舟運錢以濟收花處不時之用也。

1050 一九六九年五月二十六日 · 趙叔雍之詩與詞

久不晤曾履川,今晨往訪於其寓廬,坐談兩時,臨別貽我趙叔雍詩一冊,其女公子文漪所刊者也。原名「高梧軒詩」,而題簽乃作「高梧軒詩全集」六字,殊不可解。叔雍學詞於臨桂況先生,治之甚勤,文漪亦於其尊翁遺篋中得珍重閣詞,不知何以不克同時付梓,則可怪矣。

叔雍以從況先生學詞逾十載,亦兼通崑亂,丙申春初,與饒固庵、姚莘農同研詞樂,成《白石旁譜新詮贅語》、《玉田生謳歌要旨八首解箋》、《魏氏樂譜讀記》三篇。莘農彙集固庵以及自作,成《詞樂叢刊》,他日儻有文集之編,此文在所必備。而當竹君先生(趙鳳昌)在世之日,以其交遊之廣,政要車馬不絕於庭,三四十年中,叔雍趨庭之所見聞,往往有關國家大計,庚子辛亥尤其彰彰在人耳目,惜陰(堂名在上海南陽路)喬梓之所記載,似宜珍拾集中,用備治近代史者之參考焉。

1051 一九六九年五月二十九日 · 香港 · 致何家驊書

檢具前向新亞書庫所借書,託何家驊代還,附以小札曰:「檢奉館藏四種書,煩點收入庫,計凡《癸巳類稿》十冊、《癸巳存稿》一冊、《東觀餘論》二冊,《廣川書跋》一冊。理初先生以治經方法治史,值有疑問,輒為提出,讀書有得,別為疏記,歲月之積,證據週編,自成宏文,絕非愛奇逞博可比。比以先大父生同佛誕,俞書詳取群籍,佛藏紀載,演成五千餘

言，立論精審，無懈可擊，可敬可佩。足下論水滸集團云云，沉着痛快，為蒙莊盜亦有道語下一注腳，若以今日談說部者統而言之，唯觀堂先生王國維之論紅樓，差可相擬，餘子無可道者，弟體衰退，雖經久息，腕力難復，書不成字，幸恕無狀，家驊吾兄足下。」

1052　一九六九年六月四日・亡友凌宴池詩稿

亡友凌宴池，能書善畫，兼能為詩，其婦賀啟南，尤善小楷，效晉唐人字帖，幾可亂真，嘗見景印小冊，當時名書家贊嘆以為難能。宴池中年一度以所作詩編次甲乙二集付剞劂，以印本無多，未及十年，已難復得。倭寇投降後，余謂宴池，君詩由賀夫人精楷清繕，飭工影印，豈非雙絕，宴池以婦體弱力衰遜謝，未之許也。余自海外東歸，避紂嶺南，又申前請，宴池函答，舊作有須刪改者，則隨改隨請陸續付郵，歷時十年，而反復修改，不能盡存稿之半，余以已定之稿，先付手民試印，寄滬之外，懷另一紙示宴池長子佳白（Gilbert），時佳白旅居費城，而出版之資，他日且負其全部，佳白許諾。及余飛航歸來，宴池於試樣殊不愜意，亦未函示選取何式，則一任舊貫，先任修改，以竟未畢之功。如是者又三年，而宴池歸道山，其隨侍之次子至不知滬寓留存原稿及已改之定稿所在，連函追詢，消息寞然，及問海霞，則謂姑姪失和，竟不克更進以求完璧也。今日檢理館存，則夕薰全稿乃至故人函札，紛然具在，自愧學術荒蕪，文字為余夙好，知好之而未能勤以治之，終亦無成！於今耄矣，雖願為亡友盡我心焉，編其遺集，蓋知其不勝任也，是可恥也，抑可悲也！

1053　一九六九年六月八日・費行簡作范伯子傳

近人費行簡，自號沃丘仲子，所為《近代名人小傳》，以

我鄉先生范伯子殿文苑傳，其言曰：「范當世字肯堂，南通州人，工為詩，薄唐賢而思力深銳，發為篇章，兀傲健舉，沉鬱悲涼，非第超越近世學宋諸家，其精者直淹涪翁，清末詩人歸然靈光，文亦簡奧蒼堅，臺隸桐城，不善治生，終身困躓，中年流徙江湖，客死旅邸。張謇、陳三立、鄭孝胥皆與篤交，錫良、端方等交致幣聘，卒不一應，標格清峻，唯天際孤雲，絕嶺喬松，差足擬之，自其既歿，而浮薄文人競作，肥遯堅貞之誼，遂不復見於國中矣，嗚呼！」

1054　一九六九年六月九日·以下俱香港所記·新事物入詞

曩年余為凌晏池編寫夕薰樓詩，戲謂何不取今世新事物分詠，庶免因事感慨，亦存一時知見，晏池初亦許可，舊稿中有調寄〈高陽台〉，賦室中冷氣機者曰：「水殿初回，蘭房乍啟，相逢三伏生秋，不待風姨，寒生肌栗颼颼。冰絲雪藕渾忘卻，便置身，姑射山頭。誤須臾，推褐袁安，假寐黔婁。　　從今高會宜長繼，更無勞九九，屈指凝眸，垂柳亭前，春風遲上簾鈎，栽桃嫁杏都餘事，儘耐看，梅萼頻抽，怎消凝，緩噪鳴機，濃壓香篝。」

1055　一九六九年六月十六日·趙叔雍《珍重閣詞集》序

承學之士，或視詞為至尊，申以意內言外之文，重以美人香草之喻，又或視之至卑，以為倡優狎邪之所吟歌，狂奴蕩子之所托意。然唐宋以還，文章志節之士，以詞傳者，何止千百，豈其有托而逃於詞，抑詞本不卑，而不工之詞，轉有以坐詞於卑歟？夫文章固無宋體，能鈎其玄奧，出其智慧，斯得文心，即崇詞學，蓋不當以尊卑相黜陟也。時丁歌酒之盛，抒至性以發為文字，身際山川之媚，選秀句以發其韻雋，乃至

盛衰之際，幽情綿邈，慨當以慷，有不能自已於言，而必以詞傳其蕭騷抑鬱之致者，則詞實出文心之至微，亦文體之至美，不待言已。余生十九年，初不知詞，童子時偶侍先公朗誦二張詞選，漸讀漸發，固莫能明其指歸也。既受家室，始與靜宜夫人同讀《花間集》，神與文會，微吟賡迭，又進取兩宋名家之作，含嗜之至不去口，積以旬月，或有所作，更數月，纔得十餘首，以呈先公，則詔之曰：試上古微先生削繩之，先生當代宗匠，所刻叢書即汝捧誦終日不釋者也，遂欣然投謁，復承介就臨桂況蕙風先生，且曰：吾固好詞，特不工啟迪之道，先生則吾所切磋而事者，師蕙風必傳詞學。遂執贄敬謹受教焉。先後十載，頗有所作，蕙師嚴為去取之，又語以正變之所由，塗轍之所自，乃至一聲一律之微，陽剛陰柔之辨，詞人籍履，詞籍版本，罔不備舉，又督余刻書摹書，至殷且摯。遂次第雕刊《蓼園詞選》、《夢窗詞》三校本、《蓉影詞》、《蕙風詞話》，及自定詞《和珠玉詞》、及拙《和小山詞》，所輯刻明詞四百家詞籍考總集部、《金荃玉屑》詞話，凡此承先啟後之資，蓋盡出於先生之緒餘也。比諸蔡先之於稼軒，許以他日當擅詞事者，庶有類焉。維時海宇雖不靖，東南尚翛然在事外，壺觴幾於無日不盡其樂，家園五畝，花事特盛，千紅萬紫，閒情歡雅，故一托之詞，遍和小山，亦差謂得其身世耳。厥後兩翁相繼捐館舍，先公亦見背，國是日益淩夷，身與艱屯，戒途南北，未能有所匡益，閒拈聲譜，所作日變，非性情筆墨之不同，蓋景地實有以變之。於是向之為小山、為清真者，乃漸而趨於玉田、花外，初歲頗不自量，欲進於南唐五代，病未能至，則天賦有以限之耳。自來百越，孑然一身，妍唱既罕，雅音難繼，遊程所居，閒多愁苦之音，屢省所學，益滋顏汗。自計生平涉獵，百不一專，衡之文藝，固不敢盡廢法度，然亦不率秉師承，好以適性之言，取資怡悅，終無所成，獨治詞一秉師法，未嘗緬越，蕙師之見課至精，自信承學亦至篤，舉凡心目之所領略，與夫神味之所倉茹，可以自範，兼以授人者，盡詳金荃詞話

中，而流連行歌之作，則多載《和小山詞》、《近知詞》諸集。嗟夫詞景之變，儼如電駟；詞心之微，通於天地。迄至今日，百劫無遺，猶幸葆此吉光，留供尋味，於以可覘畢生困學之所屆，亦庶為四十年來行誼之證訂，如魚飲水，冷暖自知，方其呼嘯商量之時，又詎知即為日後迴想深思之地耶？董校粗竣，屬之梓人，因書所以受詞學之淵源，冠之於篇，海山有靈，素雲黃鶴間，倘以茲道相期許者，繼或有作，亦不敢不戒不工之詞，以污詞體，兼辱長者之明教也。

1056 一九六九年六月二十三日‧柳西日記序題

辛亥三月初十柳西日記有補錄葉氏刻翁書《金剛經》塔拓本敘曰：「此漢陽葉氏所刻翁書之搨本，精神骨力，遠勝原書，字固有摹刻而精彩益著者，可勿深論。陶齋尚書屬渠卿複刻千萬本，俾每梵宇處皆有此蹟，為無量功德。睿謂以是廣文人之韻事則可耳，若論導揚佛教，則須人人心中有一佛，佛自充滿於天人一切世界，譬之一國人民，人人心中有此一國，唯恐為人輕蔑損壞，則此一國自然永久堅固存在於世界，此須具龍象力者，在漸修、頓悟二宗說法上注意，非徒文字之蹄筌也，願更與陶齋參之。」別有為劉葱石參議題翁覃溪書《金剛經》塔云：「藏海紛綸徵妙義，闡者大半南朝人。當時易代若兒戲，兵革烽火連江津。盜賊自作富貴孽，溝壑塗炭何辜民。祈福來世作妄想，蓼蟲自慰生不辰。佛言我亦歷億劫，方其劫時無怨嗔。不然種種極樂事，享受何必金剛身。國初自經文字獄，刀筆毒螫紳與紳。學風一變事考據，或逃於佛皈世尊。寫經釋典博雅譽，覃溪學士尤殊倫。今觀此書證葉刻，巧慧頗亦勞精神。寰海清夷日月曙，官家自數乾嘉春。藝東璪細即有道，士有餘暇寧不真。吁嗟小雅詩人生死早，不知有佛乞命歸陶輪。」

1057 一九六九年六月二十五日・新亞校史

　　新亞經始於民國三十八年（一九四九）之冬，至今蓋已二十年，校友將有慶典，且集印校史以為紀念。余以檢理舊物之故，並獲創業時期文字，其中大都出諸賓四夫子之筆墨。賓師去校，自言於校無復留戀，私度今年即便函請筆述建校往事，不復可得片紙隻字，因往晤王吉，並示以賓師手書，請其知此經過，至紀念冊中應否具備翔實史蹟，只有靜待之而已。

1058 一九六九年六月二十六日・香港隧道之興建

　　香港為東南亞大港，至今居民號稱五百萬，然其在港島者才三之一，其餘留九龍，而兩地交通全賴船隻；越海底而以隧道貫通之議，言之十年，以工鉅費大，實行為難，遷延至今，方克成事。總舉大業之集團，稱香港隧道公司，馬登為之主席。除英美商人外，尚有甬人車家騏[364]。隧道長可一英里，寬可百尺，有車道四，其高十六尺，可通雙層公共汽車，其北自紅磡始，越維多利亞海底，南達銅鑼灣，期以三年竣工，費約二億七千三百五十三萬元強，股東之在香港者為會德豐公司、和記洋行、香港政府、香港上海匯豐銀行及嘉道理父子洋行。

1059 一九六九年六月二十九日・致亞洲協會裴奇書

　　檢理校館卷宗，什棄其九，僅留創業期間賓師手蹟較要之件，乃至夕薰樓詩稿與其附屬再三更易文字，至於私人書疏，

364　此句下有「編者」補充文字：「編者按：車君為蘇浙旅港同鄉會前副會長車炳榮之公子」。

捨棄至多，其中偶見為館求書文字，雜取其一，則致亞洲協會
裘奇書，原用漢文，文字無足存，惟留下當年興建館業辛勤痕
跡一端而已。書曰：「敝院自創辦以來，歷承貴會白朗 Brown
艾維 Ivy 諸先生暨愛護敝院中外友好大力支持，俾流亡士子有
聞道習儀之所，嶺海都會，興詩禮絃歌之盛，挽神州墜緒於將
湮，維華國流風於不抹，高誼大德，感荷無極。惟為學之術，
端賴時習，而研討之資，存乎典籍，將東西之通貫，必兼資而
並重。敝院自新舍落成，儲書有庫，閱覽有堂，舊邦巨帙，既
仰賴宏施，略備大概，而泰西圖書，分科滋多，新著日繁，一
切置備，苦於資力之微薄，僅恃譯本，亦多失真之詬病，今茲
所得，不逮漢文什一，以言應用，難免左支右絀。敝院創立旨
趣，以人文主義之教育為宗旨，圖溝通大地東西文化，為人類
和平世界幸福謀前途，以區區數人之微力，抱移山填海之宏
願，一炳外援，難期集事，用是不辭煩瀆，繼請貴會以新世界
徵集圖書，嘉惠髦士，文字不限於英倫，德法刊物皆所歡迎，
範圍不限於人文，理化博物亦所願得，冒昧陳言，敢祈一諾，
敬上亞洲協會裘奇先生。一九五七年九月三十日。」

1060　一九六九年七月一日·查理斯王子晉位為親王

　　查理斯王子以今日晉位為威爾斯親王及王位繼承人，香港
亦定此日為公眾假日，加冕儀式在凱納溫堡舉行，英女王伊利
沙白主之。既以金冠加嗣君之首，繼予指環以及權杖，女王與
親王互吻，又繼以效忠演辭，由威爾斯教育家湯馬斯宣讀，親
王先後以威爾斯及英語作答。堡內貴賓四千，然行禮時一切儀
式，皆可於電視中見之，報紙估計觀者可五億。王室群貴有甲
冑之士五千為之衛，而不逞之徒，炸彈時有所見，以老夫紀憶
之差，尚知伊利沙白二世加冕時，群眾興趣絕難與今日相衡，
故凡今日攝影紀錄，適成英帝國末造之一份紀錄而已。

1061　一九六九年七月二日・新亞創始與王岳峰

　　新亞陳佐舜以電話來稱，現任董事中所謂社會人士之蔡貞人、王岳峰、沈燕謀、劉漢棟、何鴻毅等五人，將於本月底任期屆滿，前經來函請先行考慮繼任人選，今日午後四時在校中會議室集議，推定新董辦法。余以本人有此名義，為時已久，繼與不繼，則為多事，以是不願出席，即以去年舊例施用，簡捷省事，亦在同意之列，因五人之中，蔡、王及予悉為第一屆舊人。新亞創始，王岳峰用力最勤，耗費尤多，及後私營事業不振，精神墮喪，雖預董事之中，幾乎遇會缺席，論對校功績，不宜捨棄。就事論事，似非妥善之道，今日事關本人，決定不復出席，亦有感於二三瑣事，黑白莫辨，故以默爾而息為得也。

七十年代日記

1062 一九七一年一月一日・元旦聞喜訊

中華民國六十年元旦，在太陰曆為庚戌年十二月初四，陳元直以次女將出閣，持柬來請，以月之十一日赴港大同酒樓會宴，其甥馮姓，就讀於澳洲，治生物化學，新孃治醫，同校相識者也。

1063 一九七一年一月二日・周策縱著《五四運動史》

周策縱著《五四運動史》，漢譯本為其徒就學於惠斯康辛大學研究所合譯，今方陸續刊布於《明報月刊》，其第一章有定義，文曰：「五四運動為一複雜現象，包括：新思潮、文學革命、學生運動、工商界罷市罷工、抵制日貨運動，以及新知識分子所提倡各種政治和社會改革，此類活動，大都由於兩項因素：其一由二十一條要求及山東議決案所引起之愛國熱情，其一為知識分子提倡學習西洋文明，並冀依科學與民主來對中國傳統新估計以建一新中國，絕非一種單純不變組織嚴密之運動也。」惜文字支蔓，殊欠簡要。

上燈時，館友吳庫田持前借《王靜安年譜》來歸，譜為台灣大學研究生王德毅所著，先於此者有趙萬里所撰年譜及著述目錄，可並觀也。

1064 一九七一年一月六日・應章叔純之約

應章叔純之約，與之茶話於半島酒店茶廳，高伯雨隨至，攜女名湘齡同至，方學於加拿大，治圖書館學，擬訪新亞書庫，乞為之介，乃署一名片，致周銳予之。伯雨探詢《范伯子全集》新刻本何處可得價值若干，答以將為轉告曾履川得復為報。

1065　一九七一年一月七日‧童侶青以中國算學家為問

童侶青來電話，以中國算學家為問，小子未之學問，未之能應也。既而翻閱《書目答問》，列天文算法於諸第七，有注謂「算書與推步，事多相涉，今合錄」。又曰：「推步須憑實測，地理須憑實驗[365]，此兩家之書，皆今勝於古。今日算學家習中法者，以《算學啟蒙》、《九章圖說》[366]、《九數通考》、《四元玉鑑》為要，兼及西法者，以《數理精蘊》、《梅氏叢書》、新譯《數學啟蒙》、《代數術》、新譯十三卷《幾何原本》為要。」《書目答問》，成於光緒之初，為繆藝風之稿，去今且百年，即後此范希曾補正之作，亦且四十年，由今之術以視當年所知，何止漏略而已。小子主新亞書庫時，凡醫算一類書悉置不錄，良有以也。

1066　一九七一年一月十日‧曾履川以真書寫近詩

曾履川應其宗人紹杰以真書寫近詩，得六十四葉，付印成冊，以其一貽我，柯榮欣見而愛之，隨取而歸。陶蔭承為我購於市肆，今日並攜景印拓本吳稚暉所作真楷《蔣金紫園廟碑》一冊俱來，稚老善小篆，楷亦鮮見，文成於二百餘年前全祖望之手，蓋碑以文重者也。

1067　一九七一年一月十五日‧包天笑寫史量才

胡憨珠〈望平街憶舊〉，記《申報》與史量才事，揭諸《大

365　「實驗」《書目答問》（光緒刻本）作「目驗」。
366　「九章圖說」《書目答問》（光緒刻本）作「九章細草圖說」。

人》雜誌，窮數萬言不絕。包朗生（天笑）年九十五六矣，知量才與席子佩間訴訟案甚詳，以為胡氏所記，得諸傳聞為多，別寫一短文，用筆名「老兵」載《大華》雜誌第七期，才數千字耳。

1068　一九七一年二月五日・香港・平兒病故

偶翻本日《星島晚報》有上官大夫（范基平筆名）所著「三寶殿」平兒（孟平）病故之報。范氏謂日寇香港時，銀座老友又弱一個。又曰：善人善終，嘆三十年相知，能以肝膽相照者，能有幾人云云。所謂「銀座喫茶」者，店座在彌敦道加連威老道轉角藍彼得故址，今已重建為東英大樓者也，以語家人，同聲驚嘆！

1069　一九七一年二月六日・以下俱香港所記・探聽消息

屬揚兒以長途電話試接奚敬德，詢平兒後事，不得。岫雲憶周松如曾於新年一度赴台北，乃與松如通話，知平兒以除夕去世，侯大彬奔台治喪，以余年老，隱不以告。

1070　一九七一年二月十二日・敬德來書

敬德書來，述平兒後事，由敬德、謝公起、彬孫夫婦等會商數事，大體依平兒遺意，用通行佛教儀式，不發訃聞，登報通告同學，別告熟友，侯馨孫奔台，以十日大殮，隨即火葬，骨灰存石盒，寄善導寺，並設靈位，遵俗延僧念經，喪費三昆仲負之，其逝世日為一月二十六日，亦除夕也。

1071　一九七一年二月十六日・美國留學生

　　報載本年投考中文大學學生，為數逾七千人，他日被取能入學者，什一耳！國際教育協會稱：一九六九-七〇年度，美國所收外國學生五十三萬五千名左右，中以加拿大居首，其次為印度，皆在萬名以上，中華民國居第三位，有八千五百六十六名，香港第四，有七千二百〇二名。

1072　一九七一年二月二十一日・曾履川先生來

　　午前，曾履川先生來，持還我父我母傳記裱本，冊中姓字之下，書一「傳」字。曾先生謂姚惜抱以傳乃史官所列，私人只能用「家傳」二字，其曹先生文字原為家傳體裁，作書者少作「傳」字，似於文字無礙。曾先生商諸老友，以「家傳」為允，今茲題簽，增一家字，蓋其慎也，前輩風度若此，可敬可敬。

1073　一九七一年二月二十二日・自古無子女輓親文字

　　復敬德來書，因其中敘及孫輩三兄弟具名，有輓父一聯，姑不問何人代筆，聯語若何，子女遭親喪，總在哭泣悲哀之中，決無運思作聯之可能，故自古無子女輓親文字，不必言禮也。所以以是為言者，余意台灣尚多讀書明理人，舉首閱聯，設有指以為詢，俾敬德有辭以對，此世俗無禮之表現也。

1074　一九七一年三月十日・王貫之喪禮

　　午後二時，赴九龍殯儀館向王貫之（道）致最後敬禮，至者新亞素識，大都先我而至，座無虛席，有客讓座，適當曾履川之右，羅香林之前。未久，公祭開始，何敬群撰祭文，並高聲朗誦，無僧道之夾雜，後見靈柩，經柩前敬禮各退，吳庫田

駕車來，附車回寓，簡單莊重之至。

1075　一九七一年三月二十三日・《釧影樓回憶錄》

包天笑先生所著書有《釧影樓回憶錄》，前曾分載於《大華》雜誌，凡諸史事，大都目睹，文字尤平實可誦，《大華》至四十二期停刊，聞有續見於某日報者，余未之見。天笑今年九十六矣，今聞有並合全書，另出單行本，發行之日，當購取以實我架，藉此以助我一身之所經歷，未嘗非快事也。

1076　一九七一年四月五日・今日清明

今日清明，照例族人咸赴鎮場舊墳祭掃，事先僱用船二，其以人力車行者聽，船行殊緩，姜竈港去鎮場墳地，不及十里，然全程行駛時間，恒及二時以上，群祭畢事，即集祠堂聚餐，已當下午四時矣，並記及此。諸子中，惟平兒尚及隨眾拜祭，時關半世紀，其他子孫不知此故事矣。

1077　一九七一年四月六日・鎮場先墓祭掃

鎮場先墓祭掃，其祭器及致祭之饌，悉由我家置備，余少時嘗舉以詣先公。先公謂：原有祭田，由五房輪流管理，祭器祭饌亦然，歷時稍久，貧富難齊，貧者至不能及時預備。先大父謂：房可分，祖先不可分，因是自動負其全責，他房來祠，隨同行禮，他諸祀事，不必問也。今值大亂，一切荒廢，留記故事，靜待變化而已。

1078　一九七一年四月十日・黎玉璽景印古書

侯官嚴幾道先生評點老莊及《王荊公詩》三種，原藏曾履

川家，黎玉璽借出景印。《老子》用南昌熊元鍔日本原印朱墨套印本。《王荊公詩》猶存嚴先生朱筆評點之手澤，惜複印人技術較差，頗有模糊難辨處。《莊子》用集處草堂馬其昶《莊子故》本，其中批校係過抄嚴先生原書，抄書人書法太差，字跡幼稚，最無可取。

1079　一九七一年四月十二日‧夏令時間

第二次大戰時，英人提前日常時間一小時，謂之夏令時間。香港為英殖民地，因之歲以為常。今晨起提前一小時，自夏以至初冬乃止，余平時七時起身，今日依舊，則晨色猶迷濛也。

1080　一九七一年四月二十二日‧錢穆著《史記地名考》

賓四師著《史記地名考》，余於受課時聞其事，以詢賓師，則知書成後付上海開明書店排印，當時猶及自校，迨四十九年大陸變起，賓師脫身南來，未待梓成，亦未及作應有之序與著作之體例，事後函促書店主事，亦無答覆。閱時二十餘年，香港某書肆忽有排印之本，而無著者姓名，當時余方主新亞圖書館事，案頭見有此書，以示賓師，賓師逐頁翻閱，默爾未發一語，他日語余，書為師著，然須補寫序例發明緣起，乃至編纂大旨。未幾，賓師謝新亞事，至一九六七年移居台北。昨在文藝書屋架上覓取新書，是書在焉。則已具師名，附有序例總目索引，由香港龍門書店印行，文藝僅為代售，價值二十五元，喜與他書挾之而歸。

1081　一九七一年四月二十五日‧賓師有關史地之作

賓師在著《史記地名考》之前，有〈周初地理考〉、〈古三

苗疆域考〉、〈黃帝故事地望考〉、〈西周戎禍考〉等諸文，《史記地名考》蓋繼前意，其中所敘次第，則以上古有此地名，後遂湮滅不見者；或上古無此地名，於中古近古始見者；有上古中古有此地名而向後因襲常見者，亦有本屬一地而地名則先後有異者，羅列引證，備此成書。

1082　一九七一年五月三日·萬宜淡水湖

港九飲水，悉恃雨水，自 Plover Cover 水池完工，以為可以苟安一時，然居民日增，預計必又感不足，於是港府又決建造萬宜淡水湖，期以五年，至一九七七年畢工，容量可六百億加侖云。

1083　一九七一年五月九日·母親節與父親節

此間又自今年始，以五月第二星期日為母親節，六月第三星期日為父親節，我國往時之人，入學識字讀書，雖不必以《孝經》開始，然所教特重倫常，倫者五倫，四子書之所見，五經之所授，童而習之，考試授官，於焉取材，豈必終歲為定一二日哉！

1084　一九七一年五月二十二日·《大人》雜誌

近閱《大人》雜誌，頗有可取者。昨見曾履川所作〈鄭孝胥其人其事〉，其於書法詳哉言之，非於此中深入有得，不能道也。至於評論海藏，謂於政治上絕對失敗，於詩於字則絕對成功。並言其五十歲前，雖字有筆力，平平而已，嗣後學張遷碑及北魏諸碑，顯然成功，所寫碑志榜書，尤遒美峭拔，獨出冠時云。

1085 一九七一年五月二十五日 · 復沈葦窗書

《大人》雜誌缺第九期,試以小柬致沈葦窗,託檢寄一冊,
即蒙惠寄。其中有賈訥夫〈沈寐叟章草書訣〉一首,影印寐叟
手書兩通,謂詞人朱古微嘗稱沈書為天設神授,雖託體安吳,
而晚年一變而為森聳,與倪鴻寶、黃石齋合體而冶。張廉卿
謂沈書學篆隸諸法,一切入之楷書中,其言可味也。沈葦窗屬
寫新亞圖書館事,告以新亞創始,錢賓四師特重漢文,余主館
事,亦偏重漢文舊書,初期三年,得線裝書可五六萬,某博士
方掌校款,立法限制,余所主張,便爾中斷,追憶往事,惟有
太息痛恨,殊不欲再舉此半截故事為外人道也。[367]

1086 一九七一年五月二十七日 · 錢賓四師返港

閱報,知錢賓四師應港大之聘,將為參加諸生學位考試校
外試官,屬何家驊告我居處,隨即僱車至漆咸道百樂旅館,登
樓拜謁,留晤逾時方還。

1087 一九七一年五月三十日 · 包天笑記蘇曼殊

包天笑回憶錄有記曼殊初還中國時事,謂當吳帙書昆仲自
日東歸,伴同在札幌學醫相識之蘇子穀回蘇,蓋子穀雖父華而
母倭,從未至中國。時適有吳中公學社之組,而子穀習粵語,
不解吳語,以其解英語,即以英語一課,使安厥位,其時無過
二十一二歲,沉默寡言,與余初識曼殊相似也。

---

367 沈燕謀致沈葦窗書,見本書「沈燕謀文字材料」。

一九七一年六月三日・悼張贛萍

閱報知張海山贛萍逝世，今午就香港殯儀館殯殮，以電話約朱振聲、何家驊同行，家驊止余毋渡海，轉懇為余致奠儀百金，張君治事切實，而計劃分明，即以其主編之《萬人雜誌》言，自最初發行至每週之四，郵遞必至，先後歷時且四年，從不脫期，與美人出版之《時代週刊》極相似，即此一端，尤可敬已。

一九七一年六月五日・與錢賓師論學

賓四師與美琦夫人並以茶葉、銀耳為贈。余感於《史記地名考》成書之深刻，試以得青年諸生中有研攻地理專門，費十年工夫為地名分繪地圖，使讀此書者可易於了解，猶若清代名儒楊守敬之《長江圖》、《歷代地理沿革圖》之類，豈不更善，師善其言，而以人才難得為慮！

一九七一年六月六日・童侶青遣車來迎

童侶青遣車來迎，渡海至其家，同集有楊管北、李北濤、劉丕基夫婦、章行嚴夫人、鄭夫人等，座中與管北晤談甚久，探詢薔翁門下諸人尤詳，相識中絕無他客留意薔公事業若管北者，遂留中晚飯，備餐極豐，上燈時有豪雨，仍御原車冒雨而歸，至寓已十一時。

一九七一年六月十日・段玉裁《說文解字注》

曩在南灣，獨居前樓，嘗試讀段玉裁《說文解字注》，不及書之十一，即便中斷，昨過書肆，有新出複印本，附有索引，用《康熙字典》分部方法，而按筆劃多寡次序排列，每字下方

並列二數字，右為本書頁次，左則段書分部頁次，尋檢之字，一索即得，字印明顯，所值才一十二元，喜而取之。

1092 一九七一年六月十四日·晨起暈眩

晨起就盥，暈眩墜地，不自知也。及蘇，猶坐地上，倚壽兒抱中，稍息，壽兒抱我安置床榻，靜臥終日後，背骨節間酸痛不已。能進食物，視平時才半耳，不可謂非幸事也。

張宗義、朱振聲先後來視疾，商略延醫事甚久，未得其當，遂即中止。後背骨節間酸痛未已。

1093 一九七一年六月十七日·唐星海逝世

三號風球。唐星海逝世，先是趙冰亦以新亞董事會主席卒於任。

1094 一九七一年六月二十日·老年人注意失足

駱仰止來視疾，仰止與屾雲語：老年人足力大損，宜注意失足，入浴宜用塑膠為墊，浴池中應備小凳。

西俗以今日為父親節，揚、壽二兒進白色恤衫為壽。

1095 一九七一年六月二十八日·是日先生逝世[368]

368　此標題下有補充文字：「全文完」。

其他

此部分收錄與沈燕謀有關的材料，分為「文字材料」、「圖片材料」以及「生平材料」三個部分。

「文字材料」收錄十五篇沈燕謀的作品，包括書信、題辭、散文、雜記、演辭、講錄、論說、考證。

「圖片材料」收錄五十一張圖片，包括沈燕謀及其核心家庭成員的照片，也有若干手跡、剪報、印蛻，盡量讓讀者從不同方面認識沈燕謀。

「生平材料」則包括舊報、同學錄、時人致沈燕謀書信、簡傳以及新亞師友的回憶文字。

以上提及的材料，本書編者除了作必要的重新點校以及統一部分異體字外，還做了一些必要的整理，交代如下：

1. 部分原為直排的材料，本書一律改為橫排。

2. 部分手寫字體材料經本書編者清繕過錄，標點斷句。

3. 圖片附「*」號者由本書編者提供，其餘均由沈同華提供。

一、沈燕謀文字材料

書信、題辭

沈燕謀致柳無忌書

　　兩奉手翰，聆悉種種。〈《潮音》跋〉考證兩篇，亦經拜讀。曼師中年以後，好弄玄虛之習，與日俱深，假名臆造之事，隨處發生。尊著直認飛錫為「烏有先生」，實為確切不移之論斷。茲因尊著，回憶前事兩則，可為假名臆造之旁證。（一）曼師詩中〈吳門依易生韻〉詩二三十首，作此詩時，實在盛澤桐兄家，「易生」則燕謀別字也。燕謀初未作詩，偶與曼師談得高興，曼師竟以「依易生韻」為題。後在上海報紙發佈，友人乃有向燕謀索原詩者，燕謀無以應；告以原因，相與一笑而罷。此一事也。（二）《燕子龕隨筆》之著，實在民二以後，此亦燕謀所目睹。燕謀識曼師在民元之秋。其年十一月，即同赴安慶。年底在上海度歲。次春，又同去皖。夏初東歸。四月以後則在盛澤，與桐兄等三人共編《漢英辭典》（尊書《粵英辭典》，疑即此書），歷四月而畢事，復至上海。所謂《燕子龕隨筆》者，在此時期中着筆最多，中有三四條頗涉及燕謀（一梅、燕君等名稱，皆是也）。先於二年，在上海報刊佈。三四年又在日本某雜誌登出全部。登出後，曼師曾裁剪寄我。今茲〈《潮音》跋〉在一九一一業已著成，此時安得有《燕子龕隨筆》耶？即使有之，此「隨筆」者，亦決非我人今日所知之「隨筆」，有斷然者，此又一事也。以此推論，不但「飛錫」是曼師臆造之人物，即〈《潮音》跋〉所舉自著之書，最少亦有一部分有名無書，足下儻不以為武斷耶？燕謀與曼師前後同居一室者，凡六七月，恒見一小皮箱中，儲有種種零星著述；偶向索觀，則曰：「無足觀，無足觀。」其有時強奪以去者，多在滬報登出。時葉君楚傖同居逆旅，每有所得，輒為任刊佈之責也。《埃及古教考》、《泰西群芳譜》，從未見過，當是民三以後之著述。與曼師同著《粵英辭典》之羅鳳，並非燕謀之號。《漢英辭典》之稿，為劉成禺買去，頃不知

流落何處矣。曼師所貽之書，適不在行篋中，俟後檢出，更當錄寄。

按：

　　此函寫於 1927 年 3 月，柳亞子〈蘇和尚雜談〉：「沈燕謀君是曼殊很好的朋友，曾在安慶高等學校及上海第一行台與曼殊同住頗久。在一九二七年三月，無忌曾寫信給他，討論曼殊的事情，他的覆信如下：……（下略）。」〈蘇和尚雜談〉，《蘇曼殊研究》（上海：上海人民出版社，1987）。

沈燕謀致胡適書

適之學長兄道鑒：

　　大駕幾度來滬，輒因事阻未克走謁，悵惘何如。一昨北還故里，展拜鄉先生張嗇公墓園，得見孝若碑碣之下，猶留餘地以待宏文下頒，書丹深刻。華府來書，息壤在彼，經過八年抗戰，寇氛幸而得戢，歸來大庠施教，綱領想多已舉，揮鉛奮墨，宜在今茲。知兄決不忍置死友身後之託，而有以慰其家人企禱之殷也。又二度大戰，舉世皆有重大變化，而近二十年來，中國籍舊流傳海外者亦多，下月儗取道太平洋，由美而歐，作經年之漫游，以新耳目，亦廣異聞。華府國會圖書館、英倫不烈顛博物院及其他名都會書庫，與兄有舊者，儗懇函介，俾得於分訪之時，獲有便利，專函奉託，企候好音，並請
著安

弟沈燕謀再拜
六月十日

按：

　　此函寫於 1946 年，見《胡適遺稿及秘藏書信》（合肥：黃山書社，2004）。

其他／一、沈燕謀文字材料

沈燕謀致羅孝明書（一）

孝明先生道鑒：赤柬奉悉，前年惠銀券，當時適值小病，家人未以告弟，閣置多時，不曾作覆，頃翻舊件，於無意中得之，不敢久留，隨函奉趙，幸賜檢存為幸。開春日暖，儻賤體尚能支持，頗思再渡東，飛途中小留橫濱，奉省起居，作數晨夕之勾留，如蒙許諾，尤所感盼，先此奉白即請

道安

弟沈燕謀　一月八日

按：

此函寫於 1971 年，見《曼殊大師傳補遺》（香港：自印本，1975）。本書編者為加標點。

沈燕謀致羅孝明書（二）

孝明先生惠鑒：華翰敬悉，曼師生前凡涉自身生世，一向沉默，不着一字，弟雖與師同居一室，又幸得聯床，似宜知之較切，然無論在皖在滬在盛澤在姑蘇，興高時或許交談，逾時沉默，時寐不出聲，遽爾有所詢，輒持雪茄微笑，無有所得。同編字書之時尚然，無論及其生世矣，即有所知，猶是凡人得知於其所著文字中者。頃讀足下來書，始聞有惠珊女士其人，為伊九妹，以為大幸，以燕度之，其齡當在古稀左右，既承大教，容當先之以函詢，若蒙不棄，再行走訪，私計當年與曼師同事同處至今已五六十年，人壽幾何，弟亦老悖，步履稍艱，尤懶渡海，殊可笑也。訪美計定，必經東鄰，所望於足下者，代定旅舍，萬不敢移住高廬，有妨起居。先此奉覆，敬請

道安

弟沈燕謀頓首　一九七一、一、三十日

按：

此函寫於 1971 年，見《曼殊大師傳補遺》（香港：自印本，1975）。本書編者為加標點。

沈燕謀日記節鈔及其他

沈燕謀致沈葦窗書

葦窗吾兄先生左右：

　　惠書敬悉，《大人》九期亦經收到，弟於十三期讀履川先生論書及海藏成就，反覆再三，以長於書道者談書，自非常人可及。曩在上海曾得影印寐叟書札四巨冊，又得其所作聯屏，以為絕非近代同輩所可及。憶及《大人》曾提到此書，故追詢及之，茲承寄示，感何可言。

　　尊編諸冊每涉日常細事，人所略知而不明其究竟者，得此參考，獲益良多，承詢新亞書庫，弟以當年賓四先生創校特重漢文，繼以研究所，竊以私意建議偏重舊書，亦幸二十年前大陸來書富而價賤，短短三年得線裝書五六萬冊，惜主校款者某博士立法限制，原計中斷，若舉今日校藏論價，何止高出十百倍。為德不終，只有愧悵痛心。承屬一節殊不欲以半截故事上塵清聽也。幸恕幸恕，復請

著安

弟燕謀再拜　五月廿六日

按：

　　此函寫於 1971 年，原信圖片見《大人》1971 年（第 15 期），本書編者過錄，並加標點。原信圖片見本書「沈燕謀圖片材料」圖 43。

沈燕謀致雅丈書

雅丈大鑒：

　　青來老人《文選》校本臨寫工整，自是可愛，惟義門平點有葉刻海錄軒朱墨套印本，頃取對校，十得其九，所稱錢湘靈舊平，則青來當時已視為書賈嫁名取售，肆錄棄取早失真相，底本不佳，風傷後重舉，為此書之累，藏家索值似乎太高，茲特檢趙，乞為婉謝，敬請

道安

小姪沈燕謀再拜　九月十二日

按：

　　此函撰作年份未詳，姑置於末。本書編者據原信清繕過錄，並加標點。

《紡織之友》題辭

沙土宜棉，纖長色瑩。手車抽緒，抒抽未精。先哲張公，借鏡西瀛。經營紗廠，宿習潮更。守常昧理，難與世爭。乃教乃養，樂育群英。人有其巧，舉重若輕。眾才競勝，群籟齊鳴。各抒心得，月集其成。行夜之燭，深海之燈。凌歐軼美，此其初程。

按：

題辭引自《紡織之友》1931 年（第 1 期），署名「沈燕謀」，發表時是手寫字體，本書編者為加標點，發表時沒有題目，本書編者按內容信息歸為「題辭」類。

《歷代日食考》序

朱君貢三與予同出美天文家考慕斯篤克之門，相與觀測者有年，大學山巔，悶獨湖畔，仰觀星象，靜夜晤對，恒至參橫斗轉，迴憶舊事，忽忽二十餘年。貢三精研天算，潛心著述，常以疏通經史天文曆法為己任，昕夕不懈，已脫稿之書凡若干種，固已為專家所盛稱，去年又成《歷代日食考》十二卷，自《詩》《書》《春秋》以迄清季，凡日食之載在史冊者，搜羅殆盡，復以奧國天文家奧泊爾子《日食圖表》，參稽考證，一一得其本末，檢集歷代日食之作，有若《文獻通考》之〈象緯考〉、《圖書集成》之〈庶徵典〉，皆其類也。顧直錄史志，初無系統，食於何時，見於何時，見於何地，以及所食若何，每不言明，此貢三所以殫精覃思，詳為考證者也。歷代日食之考證，如晉杜預以古今十曆驗《春秋》交食，姜岌、一行、郭守敬諸家，相繼述作，朱載堉、李天經皆有《古今交食考》，但只及數事，或僅及《春秋》，不過藉以驗曆法之疏密而已。今貢三舉史志所載，一一為之推解，條分縷析，如數家珍，使二千餘年古籍之所蘊藏隱沒而未彰者，一旦豁然貫通，於是古人測候之精微，得藉此傳諸不朽，歷史記載之明確，亦得藉此而增其價值，豈特發揚國光，昭示來茲，為考古之鑑，步天之資而已哉。昔劉歆與揚雄書謂蕭何造律、張蒼撰曆，皆成於帷幕，

千古傳為美談。今貢三於政治繁冗之中，不廢著述，積數年之心力，成空前之傑構，微論其造詣之深，即識度亦足以超越前人。今春初稿付梓，商務書館被敵軍所燬，遂同罹浩劫。貢三以余略有藏書，下榻予齋，重整底稿，搜索古籍，網羅新說，足不出戶，忘寢廢食，其用心之專，致力之勤，令人肅然起敬，因謹為之序。

民國二十一年冬至前三日同學弟沈燕謀謹序

按：

　　本文作於 1932 年，見朱文鑫：《歷代日食考》（上海：商務印書館，1934）。原文斷句全用點號，本書編者改用新式標點。

散文、雜記

燕語

曼殊上人相知，每謂師好弄玄虛。余謂師之為此，若在有意無意間，無所謂好也。某日，師與余譚，引證前事曰：「我昨日云云。」余曰：「和尚不打妄語。師昨日又何嘗云云耶？」師曰：「馬馬虎虎罷了，何必認真。」「馬馬虎虎何必認真」八字，殆曼殊之人生觀也。知曼殊師者，必是我說。

某日，曼師獨吟「人意好如秋後葉，一回相見一回疏」句。余曰：「和尚奈何亦作感慨語耶？」師曰：「呀！你說甚麼？」相與一笑而罷。

師嗜雪茄，興之所至，可日盡三四十支。

師不喜多言，居恒默爾。偶然興到，亦清談娓娓，經時不倦。時或且語且吸雪茄，前後語氣，每不相屬。其實方吸之時，意正默語，吸止又語，即便直接而下，不復覆述，語似不連，而意實相貫。余戲語師：「如師說話，誠可謂意在煙外者矣。」師亦為之莞爾。

師行李中，惟一尺許革製小笈，最為珍寶。夜深人靜，時加檢點。其中錦包小品，羅列縱橫。每當翻閱，時聞唏噓。有人偵視，輒急藏弄。余前後與師同起居者八九月，從不知其笈中所置之為何物也。

師於身世，誠有難言之隱。筆記之所傳述，小說之所流露，寓言實事，兼而有之，不盡信史，亦不盡虛構也。偶爾口頭陳述，十九語焉不詳。若加訊問，輒曰：「無聊的很。」而所講首尾不完之故事，遂爾嘎然中止矣。

陳仲甫語余，某年仲甫與師同渡東海。月明之夜，師忽檢取行篋中小盒雜物，投諸大海，事畢歸寢，痛哭經夜。次日，仲甫舉詢其故，師終未道原委隻字也。

師於飲食，惟意所適，不計利害。癸丑之春，師與余同客海上。一日，師入市肆，購英國餅乾十餘種，摩爾登糖無算。語余曰：「餅乾滋養，今後當絕穀食。」如是者五六日，師幾病。於是又絕餅乾而粒食矣。

師工繪事，顧不輕着筆。壬癸之交，僅在皖江時為鄭桐蓀作小品二事而已。

十八年三月，一梅。

按：
本文作於 1929 年 3 月，署名「一梅」。見《曼殊餘集》（未刊稿）。

木祖師賜丹紀實

民國二十九年之夏家君大病，便秘至二十餘日不通，脈息微弱，日進流質食物，不盈一盂，情勢至為嚴重。醫師蔡君沈君，論交皆在一二十年以上，處方之際，沈君主用人葠等劑。蔡君謂家君年高體虛，病體復如斯，葠類未嘗不可用，實際上徒苦病人，無益也。余聞此論，中心焦慮，莫可名狀。最後仍依沈君主張，取葠和藥以進。時表弟茅君濟周避難在滬，與友人張君維石，殆無日不至來蘇社。二人者為具疏祈禱於木祖師，祖師諭濟周，於家君臥室中具淨水一杯，焚香一支，以每晚十時進水於家君，祖師且逐日降臨為家君按摩焉。如是者將旬日，家君日漸好轉，食物加多，神志加旺，曾不多時，漸復常度。余以十月六日午後二時，與張茅二君詣社叩謝祖師再生大德。祖師於筆談之外，作畫四幀，一梅、一荷、一竹、一菊。既謝賜畫，起立將行，盤中復動，命余親自就盤平沙。余則就盤平沙，沙平矣，木筆指示謂將有物賜余。余方疑得畫已出非分，外此抑有何求？因又平沙。鸞手高姜二君正舉木筆，而一剎那間，赤丹一丸，忽現於余面前沙盤之中，圓如豌豆，瑩若珊瑚。室中五人者，十目所視，俱為驚訝不置。高姜二君謂從祖師為鸞手歷有年所，而目見盤中現丹，尚為第一次。當丹初現，為因本體潮濕，燈燭通明，映照丹面，反射發

光。向者余等所聞即或有仙神賜丹之事，類多指示尋覓，或得於隱僻之所，或得於香灰之中。若茲所見，設非出諸目睹，近在眼前，又因丹體潮濕，沃然瑩然，光彩煥發，殊有不敢輕於置信者。當是之時，余方欲舉手取丹，木筆又示宜用檀香夾持，包入紙中。即晚仍以十時和淨水刮去丹面細砂進之家君。自是厥後，家君日進有功，病體霍然，屈指至今已且三載。家君起居飲食，無異病前，不過略見龍鍾，葆其老人之常態耳。此之所述，字字紀實，如在其上，如在其左右。先聖教人誠敬之明訓也，以愚父子所得於木祖師者，訓示光照而外，乃有赤丹之實物在，神靈存在，豈只如在感應而止。深信不疑，何待別證哉！三十二年九月二十五日沈燕謀謹述。

按：

　　本文作於 1943 年，署名「沈燕謀」。見《木鐸聲》1943 年（第 3 期）。原文斷句全用圈號，本書編者改用新式標點。

演辭、講錄

對本會之期望

今天本會執行委員會舉行第一次會議，承諸君不棄，推鄙人為主席，在理應勉竭駑駘為本會效力。但是本會號為學會，當主席者，即是此學術機關的代表人，應當以曾經受過嚴格的紡織學術訓練，又在紡織事業上有過重大貢獻者方足勝任。鄙人雖然與紡織學校以及紡織事業先後有過三十年關係，但是要鄙人當學會的主席，自己覺得慚愧萬分，不敢承當。鄙人一生做事，素來務求言行相顧，名實相符，貿然來做主席，感覺非常不安，敬以誠懇之意，求諸君另推適當之人。至於其他方面，凡可以為本會服務者，決不愛惜精力，追隨諸君之後，期能多少有一點貢獻。

前天開大會，鄙人因臨時有事未能出席，甚為抱歉，然當時原來有幾句話想同同志諸君陳說，因失去相晤機會未能發表，今天欣逢集會，敢向諸君貢其一得之愚，希望諸子留意。

我國不論何種團體，大概有一極普遍之積習，就是所謂派別。一有派別即有猜忌排擠等等行動，於是遇到一件事情總帶幾分感情用事，對於事理上應有之是非，每每因感情而受到許多牽制，各有主從，各有理由，而通力合作之效，常常不能收到，言之實堪痛心。譬如，構成我們學會之許多會友，有通紡，有蘇工，有浙工，有東高工，有申新，有誠孚等等校友，但是我人要曉得，學籍有分別，學問沒有分別。我國紡織工業在全國工業界未嘗不處於極重要地位，但是說到組織技術管理等等，在事變之前，在在比較落後。雖然有許多同志力求精進，談到總成績，我人不得不反省承認其為不如人。今天我人因最高領袖之堅定抗戰獲得勝利，以前所謂受不平等條約之束縛，受關稅不能自主之拘束，於今已得到空前的解放。我人於此抗戰期中，試問曾經出過多少氣力，國民應盡的義務究竟盡過多少，尤其

所謂產業戰士的義務，究竟有沒有流過幾點汗，若果自問有愧，則今後要曉得中華民國已是世界第一等國，第一等國不是一個空名目，徒然空名目是不能久站的，必須要有第一等國的國民，若自問我人不能負第一等國國民的盛名，就應當從今而後，群策群力，團結一致，比較以前要加倍出力，加十倍出力，甚而至於加百倍加千倍出力，拼命的向前求進步。古人有一句話：至誠所至金石為開，只要大家有新覺悟，有上進的決心，曉得做第一等國國民不是容易的，從此得寸則寸，得尺則尺，一年有一年的成績，兩年有兩年的成績，竿頭日上，今後的紡織工業方有新氣象，新效果可期。但要收到此效果，尤其要緊的，就是破除派別，精誠團結，團結就是力量，盟邦因為始終團結，無分彼我，所以得到最後的勝利。這幾個字，也可以說是心理上的建設，不但我們紡織業應當由此方向前進，即其他各種事業要有進步，亦得從破除派別精誠團結刷新心理做起。重言忠告，望諸君留意。

至於我們學會的工作，在已往或者僅僅限於學術的研究改進，交換智識等等，但是今後有許多事情要趕快着手，引為己任，光陰流逝容易，要加緊努力，應當愛惜光陰，爭取時間，否則所謂加倍加十倍加百倍出力，便是空話。我人今天集會於此間，可說全部是紡織工業的從業同志，鄙人想到有幾件急切要做之事，或者不待鄙人列舉而大家早已想到着手預備之事，姑且不嫌辭費，與諸君提出研討。

所謂在今急切時我人要做之事，第一：是檢討既往，第二：是充實現在，第三：是佈置將來。

既往八年中，可說每個工廠沒有例外都受到敵人的蹂躪摧殘，概被武力強奪成軍管理，各式各種房屋機器物件，或者被拆，或者被損，或者被變賣。我人應當不待接到經濟部命令，預先檢點損失，開具清冊，務求詳明，務求正確，務求精密，以此材料彙合呈送經濟部，供當局參考，向敵人清算賠償。或者在今日之前，已經有過補充，有過整理，究竟耗費多少，是何資產，亦應另造清冊，同時提出，即如鄙人而言，親歷其境的大生唐家閘工廠第一工場，幾乎全部被破壞，馬達去其半數，修機間部分十去八九，三廠方面房屋被拆百餘間，紗廠樹木被伐大半，細紗間馬達無一殘留，修機間亦十去

八九，舉一例百，家家如此，此種損失，如何可以不問，此既往之必須慎重檢討者也。

第二點是充實現在，過去損壞情形既如上述，今日要補充復舊，困難境況，不堪想像。我國本來是工業極度落後的國家，敵人侵我之前，沒有重工業可說，鋼鐵製煉亦無從說起，所以應用五金物件，在在仰求於人，即小至機面一切物料，如筒管等，亦多數取給於外洋。其間最感痛心者，即日貨充斥，在戰事以前，我國自營紗廠錠子不足三百萬，而所以能夠運轉還要靠到日貨的補充。今茲外來之品，一時不易得到，自己製造又非短期內所可成功，故要說到充實現在，其困難情勢，立即呈現。我人如何設計，如何進行，如何復舊，應當請求經濟部協助者，是何事項，我人力量上應當負起責任共同進行者，是何事項，須各盡所知，通力合作，今後之紡織業應視為整個中華民國的紡織業，而不是任何一家，一公司，一集團私有的紡織業，沒有此疆彼界可說。假使我人腦海中還有此種觀念，便要從速反省，認清目標，齊心協力，前途乃有光明。諸君雖然大多數不是廠主，但都是紡織技術界知識份子，紡織業的興衰存亡，我人大家都有責任，大家肯擔當當前艱鉅責任，急起直追，我業乃有前途，乃能立得腳跟，乃能在世界紡織業佔有地位。

我們最高領袖在《中國之命運》上說得明明白白，在最近十年之內，我們要有棉紡機三百萬錠，此數字自然是戰前原有紡錠之外的新機器。此項新機在國內如何分佈，不久之將來，經濟部當然有明白之指示，但是我人為紡織從業員，對此問題，既是關於國計民生急要之圖，應當各盡所知，向政府有所貢獻。如何分配國內各縣市，是經濟部行政的事，但是如何設廠佈置管理經營等等，不能不說是我人分內的責任。敵人在戰前單就紡織業而言，已經處於世界上前進的地位，諸君有曾經在日本讀書研究過多年的，有在彼處工場實習過的，有短期間在彼國各廠參觀過的，有在我國內彼所經營之工場參觀研究過的，所得到的印象感覺大體皆極深刻，我人不必諱言。其種種特長之處，實在太多了，其所以能奪取南洋群島，甚而至於印度，以及侵略到我中國的商場，絕不是一件僥倖之事。既曉得別人的長處及自

己的短處，即當用長棄短，樹立我國今後新設計的標準，益以戰爭以來，新生的前進方法悉心規劃，期於美備，據方才金君叔平告我，日本國內錠子到戰事末期，已從戰前一千二百萬左右錠子毀滅到三百餘萬錠子，其在我國境內則毀滅到一百五六十萬錠子，且其所毀盡是優良機器，存餘者比較略差，但是在其國內則相反，毀者盡是陳舊較次之物，而存餘者為極優良之物，其用心之深刻遠到如此，益見以上所述國內外兩項機器應作為賠償我國紡織工業所受之損失，或是全部或是一部，或是並作為賠償其他工業戰時損失之用，不久之將來，我政府必有明文宣佈。今日我人所當留意者，若此類工場一一歸我國接管經營，我人極應盡全力管理，經營得比他們好，若是一樣，還說得過去，若然竟至於不及他們，我人體面何在。所以今日我人雖因獲得最後勝利而興奮，但是想到我人責任之重，力量之薄，技術之差，則一切皆須以兢兢業業不克負荷的態度，來接受當前重大的負擔。我國人聰明才智，未嘗遜於敵人，最主要的，就是一貫的政策，團結的精神，細緻的心思，專精的意志。從今以後，一體振奮，力求精進，方能立復興之基，圖我業之存，千載一時，願共相勉。

按：

　　本文原為演講辭，發表於 1945 年，署名「沈燕謀」。見《紡織勝利特刊》（1945 年 12 月）。

張季直先生生平及其事業

一　身世及交遊

　　張季直先生家境清貧，父業農，兄弟五人，先生排行第四，幼名吳起元，這一名字，迄今知者極少。原來其祖母吳氏，乃一獨生女，為吳氏後代的不絕，因此，雖婚張氏，但亦負有繼承吳氏宗族之責，故至先生之父，即須一子頂兩門。因此娶妻葛氏，生長子及五子為張氏後。另娶金氏，生次子三子及先生，以為吳氏後，所以先生幼年的名字叫吳起元。

　　先生性聰敏，其父督教亦嚴。年十六（同治七年，一八六八年）以張育才姓名在如皋縣籍投考，進學為秀才。此名亦有一番曲折：清科舉制度，對於報考的人，其家世三代，必須清白，除去娼優皂隸之類，還有世代沒有考試得到功名的人家，稱為「冷籍」。這些被指謂「冷籍」人家的子弟，學問雖超人一等，但因家世限制，並不容許隨便應考。因此，先生的一位開蒙老師，叫他去認如皋一張姓同族本家，就用那個同族的三代，填為自己所有，他自己就改名叫張育才。果然他去應試，一考就進了學成秀才。可是這是一件冒籍案子，等到進學之後，他那同族的許多無賴，時常就向他借錢索詐，弄得他負債累累，幾至破產。後來經過學台知州師友等主持公道，且又自己檢舉，先後費了五年的時間，才得歸通州本籍，等到他大魁天下之後，他所寫的那篇〈歸籍記〉一文，即是記述改名的詳細經過情形。

　　以後，考試不甚順利。他直到三十三歲（光緒十一年，一八八五年）的應順天鄉試，始中舉人，並且是南元（首名解元，必須是直隸〔河北〕省人；其他外省人，只可以得第二名，謂之南元）。四十二歲（光緒二十年，一八九四年）恰逢慈禧太后六十大壽會試方得中進士，殿試又得中第一甲第一名狀元。從此他的功名路程，總算有了著落。

　　先生成秀才後，即在家讀書。因其才學超群，所以名聲傳佈江南

一帶，在他二十三歲的那年（光緒元年，一八七五年）提督吳長慶，安徽合肥人；賞識他的才學奇異，因而召入幕府，辦理文墨。他在此一時期，除在吳氏幕府下苦工夫讀書以外，常去南京惜陰書院應試月課。以後數年，吳氏遷調南北多處，他都跟隨。後至光緒七年（一八八一年），又到山東登州（今蓬萊縣），巧遇袁世凱此時也去吳氏處做事，當時袁氏得吳氏之介紹，拜在先生門下，學做八股試帖詩，奉以師禮。及至光緒八年（一八八二年），朝鮮亂事發生，吳氏奉詔領兵渡海（渤海）平亂，袁氏執行前敵營務處事，率眾攻打先鋒，先生身為吳氏幕僚首長主謀一切。及至亂事定，先生對於朝鮮、琉球、日本等地，洞悉其實情形，及與中國利害得失之關係。有幾種著作，詳論此事。一為東征事略，此為敘述朝鮮起亂及平亂之淵源。一為乘時規復琉虬（即琉球）策，這是對琉球群島的處置策略。另一是朝鮮善後六策，其中的大意，對朝鮮則有援漢朝玄菟樂浪郡例，廢為郡縣。或援周朝例，廢縣設監國，或置重兵守其海口，而改革其內政，或令其自改，並為其訓練新軍，在地理上與我東三省聯成一氣。對日本則三道出師，然後再規復琉球等重要策略。但是，這些策略，被當時直隸總督李鴻章，擱置未議。此三部著作，後亦失傳。因此，過去我們對日本問題的研究，即缺少了一部寶貴的參考資料了。

在這裏，先生和袁世凱有一段小故事，值得一述：東征以還，袁氏即由此得意，其做官有術，當即結納北洋大臣直隸總督李鴻章，因此，其地位漸高。對於先生恭敬態度，隨之降低。起初稱老師，後來稱先生，再後成仁翁，最後稱仁兄。當時有位朱曼君（銘盤）先生，他是先生之知友，又同在吳氏幕府，他對袁氏這種狂妄情形，深為憤恨。因此，他曾有與袁氏絕交書一文，嚴責袁氏無禮忘義，他平時對於此事很幽默的說，袁氏官位越高，對先生之稱呼愈低。至於先生與袁氏的關係，異常複雜，擬另為文，詳加論別。

光緒二十六年（一九〇〇年）拳匪亂起，清廷詔令全國官民，尊稱拳匪為「義民」，並令各省官府設壇贊助，提倡殺害洋鬼子，鼓勵搶劫外人教堂財物。當時兩江總督劉坤一，湖廣總督張之洞，他們兩人在各督撫中，是最開明的。他們都覺得清廷此舉，是失策的。先

生看到這種情形，就和幾位知友趙竹君、何眉孫、湯蟄仙、陳伯嚴、沈愛滄、施理卿等人，共同商討，結果一致認為清廷亂命，不應遵從，應當為國家為地方為億萬人生命以及無數財產着想，聯合官民決意自保。於是，大家公推先生為代表。向兩江總督劉坤一陳說保衛東南計劃策略。他把當時形勢以及利害得失，詳細的講了一遍之後，劉氏還是疑信參半，並且劉氏幕府中人，多數不贊成先生的政策。最後，劉氏又以太后與皇帝將去西北避難，而西北與東南，哪一個區域比較重要的問題，詢及先生，先生說：沒有西北，不能保存東南，沒有東南，西北亦不能存在，東南是田賦之區，國家費用，取給於此。東南失陷，西北成了有名無實的空架子，劉氏深感先生見解正確，決意實施先生計劃，保衛東南。乃約同張之洞，決定東南自保之策。所以，庚子之後，東南半壁山河，平安度過，保全人命財物，而未損一毫。這是先生之力，否則是不堪設想的了。

當革命風起雲湧，武昌起義不久，袁世凱及時投向革命，成為扭轉大局的重要關鍵。因為，當時南方革命實力，確屬薄弱。袁氏若不聯絡革命軍人，清室的崩潰，絕不如此迅速。現有實力，最少亦可對抗一個時期。但自袁氏一動，其他各地握有兵權實力之人都以袁氏馬首是瞻。於是紛紛聯結，促成清室的覆亡。然而，袁氏之所以能夠如此，卻是先生從中說服袁氏，而使其響應革命的。以後，隆裕皇太后所宣佈清室遜位的詔書，也是先生親手草擬的。不過，末了幾句，是袁氏左右，仰承袁氏意旨，着重其自己地位而改動的。

民國成立後，先生首任實業部長，後因漢冶萍礦藏開採問題，先生力主我國自己獨立開採，黃興未得先生同意，私與日本訂立合資合辦合同，由日本人負責開採，意見不合，辭去部長職務。隨後，又負責江蘇沿海鹽務之鹽政總理。此一時期，江浙所有革命軍隊糧餉，即由先生籌劃供給的。政府北遷後，先生曾被任為農商總長（由以前農林部工商部合併而成）。後又負責全國水利局總裁，策劃水利事宜。及民國四年，袁氏醞釀帝制，先生反對最力。我們可由其日記中致徐世昌書信中，就很清楚知道了。當時，徐世昌為袁氏之親信人物，故先生致書徐氏，請其勸告袁氏，趕快下野。自此以後，先生完全脫離

政治，更加專心致力於實業的發展了。

二　事功與業績

　　甲午（光緒二十年，一八九四年）中日戰後，結果中國失敗。次年議和時，除卻失去朝鮮，割讓台灣之外，還要賠款二萬萬兩銀子。這個驚人的數目，在當時，民生貧困已極，實為國家財政的致命打擊。他所看到的，在上是文恬武嬉，不要說對國際大勢不瞭解，就是連中國何以要貧弱的原因，同樣是一無所知。在下的士農工商，大多數是混過日子算數的。士大夫用詩賦八股寫白摺子，來做獵取官位的手段。農民是墨守舊法，不懂改良新法以增加生產；開墾荒地，更不知從何說起。在工業方面，眼看着人家利用蒸汽機，講究工業革命，而自己還是茫然如夢。至於商業，除卻仍舊那套老法之外，對於所謂與外人商戰競爭，更是莫名其妙。若論軍隊，所謂保衛國家的國防武力，更從無說起。當時他親自看到的，絕大多數還是前胸後背繡着大「勇」字的軍隊，如何能對抗列強現代裝備呢？因此，他將這許多現象歸根結底，發現其主病還是在於文化教育之不能普及。他更知道，一切問題的發生，根源固在教育不普及；但是，解決一切問題的根本方法，還是要先從教育着手，教育問題能夠解決，其他問題，自較容易着手了。這即是說，中國當時之急務，首須解決文化教育問題。因此他就獻身於文化教育，以及直接有關國計民生之實業建設。

　　他既立志棄官而從事文化教育以及實業建設，故大魁後，即刻南返。當時，地方治安，是由地方組訓團隊來負責的。於是他在家居期間，即被總督劉坤一委以督導南通團練事宜，因此，常有機會往南京會晤劉氏，得以隨時吐露懷抱，皆得劉氏所賞許。但是，設立學校，需要經費。而經費的來源，勢必仰求於實業的發展。同時，發展實業，除了舉辦學校之外，直接還能解決民生日常需要。此為一舉兩得之事，自當全力以赴。首先，他立即商得張之洞之同意，暫借張氏所購久置上海楊樹浦而未動用之紗機兩萬錠，運回南通，然後再向各方募得股金二十餘萬兩銀子。經過幾年辛苦奮鬥，之光緒二十二年

（一八九六年）大生紗廠遂由創立開始發達，再經數年，紗廠基礎穩固，漸有微利收入了。也就憑藉紗廠所獲利潤部分從此開辦訓練師資的南通師範學校，以為當地普遍設立學校之基礎。此點甚關重要，更詳說之。

他的教育方針，是由基本的小學教育辦起，先求普通知識，次及專門學問。於是他親自籌劃之後，根據南通實有的面積與人口總數的比例（全縣面積五千三百多方里。人口一百三十萬人），假定每十六方里一個小學。全縣共需三百三十二所之多。但是，即使有了經費，能夠馬上成立所有應設的學校，而這批為數巨大的小學教員，亦無法羅致，其勢不得不預先培養；於是先辦訓練小學教員的學校，就在光緒二十八年（一九〇二年）成立開中國教學制先河的南通師範。至於南通師範的創辦及經常費用，最初全恃其在大生紗廠總經理數年所積存的薪俸來挹注。而他自己一家的全部用度，僅靠南京文正書院山長俸薪以維持。

此後小學漸次成立，南通師範內部，亦隨時增設添科系，先後增設土地測量科、農科、紡織科、醫科等。以後又將農、醫、紡織三科另行成立了南通書院。後來又成立河海工程學校。光緒三十二年（一九〇六年）更在蘇州成立鐵路學校，同年於吳淞成立了商船學校、水產學校、女工傳習所。其中以教授刺繡工作為最主要。後來並設立伶工學校，藉以發揚我國藝術精神。當時煊耀一時的所謂梅歐閣（梅蘭芳和歐陽予倩），即是表揚此二人在戲劇藝術上的成就而設立的。他又本着「民胞物與」的心腸，對於社會上貧苦無告，教養無着之盲殘聾啞，加以安置。因此又有盲啞學校的設立。此後又有兩個高等專門學校的創立。民國二年，在北京又成立了地質調查所。中國地質權威丁文江等，即是主持這個地質調查所的重要人物。自南通師範成立後，普通教育已經步入坦途，正在一日千里的發展着。但是訓練高級教育，亦須同時加以注意。故於民國三年，在南京前三江師範學堂舊址成立了南京高等師範。隨後改為東南大學，亦即中央大學的前身。這是先生辦學的概略。

至於先生的興辦實業，亦值得舉述。大生紗廠成立後，經過一番

苦難，就走上了突飛猛進的途徑，業務日益發展，盈利繼續增多。於是，就在大生紗廠公司的組織下，先後成立了南通唐家閘、啟東、海門、及南通江家橋四個工廠。然後再用這四個工廠的盈利，繼續又成立了有關民生日常所需的衣食及日用品等工廠。就其大者，計有：復新麵廠、廣生油廠、同仁泰鹽業公司、頤生釀造廠、江浙漁業公司、通燧火柴公司、阜生蠶桑公司、資生鐵冶公司、通明電燈公司、大聰電話公司等許多工廠公司。

除卻以上這些工廠公司之外，另有許多值得重視的工廠。他為了社會窮苦大眾的職業問題，先後成立三個平民工廠，這些工廠，是他在民國初年做鹽務總理期間，用自己積存的俸薪，開辦了揚州十二墟一個，南通一個，清江浦一個。他又為了收容鰥、寡、孤、獨、殘疾所謂窮苦無告之民，又成立了許多慈善救濟教養機構。例如育嬰堂、養老院、殘廢院、盲啞院等。此外他如農場、苗圃、氣象台、醫院、博物館、圖書館等，凡是有關社會福利人群安樂等之事，只要能力所及，先生無有不踴躍以赴的。

現在轉回頭來，再看看先生的墾荒建設：工廠不斷的發展增加，原料問題，隨之而生。因此他就着手解決工廠原料問題。因為他家居東海之濱，他的切近理想，是講求開墾海灘的荒野，他決心要奮鬥一陣。但是一人力量有限，遂邀請了數位志同道合的友人（如湯蟄仙、鄭孝胥、李審言、羅振玉），共同籌募股金。遂於光緒二十七年（一九〇一年），組織了開墾荒地的通海墾牧公司，按部就班的展開了工作。先收集了海灘無主的荒野，及少許價購的廢置鹽田，共計面積二百三十餘方里，十二萬三千多畝，統歸公司所有。然後再來分區開工。先在沿海潮水冲激之處，修建堤防；在貫串海內河外交通之處造閘，以時啟閉，瀦淡阻鹵，海水從此不能入侵。全公司所有地面，共分八堤，堤下分成墟或區，區內分排，排中分塊，每塊計數二十畝，每五塊劃為一界，即為一百畝，借給一家之用。其次，耕地之內，渠道縱橫交錯，將上游內河淡水引入，供作農田灌溉之用。地勢有不平者，一渠可能分成數級，兩級之間，設置管制水勢大小之涵洞。這樣可以免去水流冲淤損壞河床或渠底。其河渠之別為：區界

處有區界河（寬四丈，深六尺）。兩排之間，隔有排河（意二丈，深四尺）。兩墲之間有墲溝（寬一丈，深四尺）。如此墲溝、排河、區界河等，彼此縱橫相通。所有堤岸，都是平坦大道。寬度數丈，並排汽車兩輛，可以飛馳。道旁植以槐柏、梧桐、冬青、銀杏之類。河溝兩岸，亦即道路，交通真是便利極了。

此處田地，由於土質關係，宜於種棉，故以產棉為主。間亦收穫麥子或其他雜糧一季。若以實際產量而論，據我所知，普通每畝年產子棉八十斤。今以最低限度計算：每畝年收子棉六十磅，折成純棉為三分之一的二十磅。今港棉價錢每磅二元，以數計之，每畝年收四十元（港幣），每人以一墲為準，年收八百元。此為棉花收入，他如麥子以及另外副產品，當不在內。農民生活的改良，由此可想而知了。

通海墾牧公司，不過是開墾的第一個公司。繼此以後，先生又由南通海門以北，在如臯，東台，鹽城，阜寧等縣沿海地區，先後又成立了許多專門從事墾荒的公司。例如：大有晉、大豫、大賚、大豐、大祐、大綱、中孚、通遂、通濟、通興、阜餘、合德、華成、新通、新南等十餘公司。由此，江蘇沿海荒灘，大都可以歸納到此十餘公司之內，此一區域，已開或未間之地，總共面積有地一千五百萬畝，待至各公司工程全部完成後，以每一耕地一墲——即二十畝計算，則可容力耕者七十五萬家之多。若以每家三口（妻子）計算，就可容納二百二十五萬多人。這樣一來，最少在江淮之間，根本解決了耕地面積不足之大問題。社會財富不均的困難，也就迎刃而解了。

如今，再來說明先生對水利的發展。我國數千年來，受水之禍，甚於一切。然則水利之大，正與其為禍之烈，成為正比的。而利害之別，即在於管理之得當與否來決定的。近代科學昌明之後，各國皆爭取利用天然水力，增加生產，以富強其國家。然而，反觀我國，高唱富民強國的志士，而能重視水利且能實行之人，實在並不多見。先生開墾海灘之始，同時即有志於興修水利。所有海灘區域，原為海水冲積之地，鹵性特大，根本不能種植。已圍地區，需要淡水冲灌一個時期。然後始可耕植禾苗。禾苗種植之後，常需充分水量灌溉。所以

拿新荒初成之地而論，水利是不能不講求的。其次，我們知道水利是不可以劃疆而治的，要想興修沿海新墾區的水利，那就得先想到上游水源的水利興修問題了。大家知道，在串場河以西的地方，還有一條貫通南北的老運河。再到運河兩邊，有一大片湖澤區域，如像洪澤湖、寶應湖高郵湖之類。這些湖澤區域，其所以這樣的廣闊，是受了淮水不治的影響，致萬頃良田，盡成澤國。所以，先生曾經多年計劃導淮工程，其目的即在於興利除害。這個導淮計劃，是非常偉大的。他有精細和詳密的施工計劃，以及需要物質若干等等的計算。在此我先講沿海墾荒範圍之內的水利。其程序，先將此一地區詳加測驗，設計此一地區有南北，在原有串場河之東，另開一條並行的新運河，與運河串場河成為三條貫南北的大幹流。其次，又在該地區的東西，就原有的竹港、王港、新洋港、鬥龍港、及謝陽河等五個港之外，加開平行大河二十九條，共計三十四條，這樣一來，西來大水的入海問題獲得解決了。這些河是與高郵的五壩相為吐納，同時亦與高堰的仁、義、禮、智、信五壩上下成表裏。又於大河之東，依據上游來水與歷年洩水之量，再各建水閘，為之宜節。這部分的開河建閘，是極要緊的工作。我們從上面通海墾牧公司的事實說明，若要全墾區的早日成功，則張先生的設計，是必須全部儘先完成的。

關於淮河的疏導工程，這是先生未能完成的一件大事業。當四十年以前，他就苦下工夫，計劃疏導淮河。當時他請了外國許多水利專門人才，詳細研究設計，一切要用科學方法來管制。但是需要龐大的經費。因此，他在民國初年，先後曾經與美國紅十字會代表及美國駐華公使芮恩斯博士（Dr. Paul Reinsch）商討借款事宜，經過數度交涉，於民國三年正月簽訂草約，後因政局變動，先生下野，此事遂無形中停止進行。這是一件最可惜的事情。

三　季直先生的基本精神

上舉各節，乃先生功業之犖犖大端。先生所以能夠成就如此之偉大事業，可歸納說明如下：

第一他的偉大精神，是「堅苦有恒」、「作大事不做大官」。民國的首任實業部長，因為黃興作主與日人合資開採漢冶萍礦藏，他就辭去部長。北京政府時代，熊希齡組閣，先生任農商總長。其後熊氏總辭，有人勸先生隨之辭職。他說我來做事，不是做官。因此他仍舊還是忙他的農商事務。及至袁世凱要做皇帝，勸阻無效始罷去。至於他的興學校，辦工廠，開荒地等，不管經過如何困難，他總是猛進不辭，數十年如一日。

　　其次，他是有多少力量，便做多少有益於人群的事，至於功過得失，在所不計，惟求心之所安而已。做事方面是「從小處着手，在大處着眼」的。我們可由其一生所有的事業中，就可以看出來的。先生在世之日（逝於民國十五年八月二十四日），有人問他如此埋首苦幹，究竟抱着甚麼主義呢？他說：我的主義只是「村落主義」而已。當然，人人都希望自己國家富強康樂。我一人的力量是有限的，一個人不能管到一個國家；若能管到一省，一府，一縣，甚至只能管到一個小村落，有一個村落樣子，這樣將所有像樣的村落合併起來，不就是一個像樣而完整的國家嗎？說到這裏，我想起顧亭林先生的幾句話。他說：縣之人民皆其子姓，縣之土地皆其田疇，縣之城都皆其藩垣，縣之倉廩皆其囷窌。這幾句話對張先生的村落主義，是很切實的說明。

　　最後他在生活方面，是非常儉樸的。自己應得的享受，積存起來，供作社會福利事業用。例如南通師範及那三個平民工廠，都是他個人的俸薪積存而來的。後來等到慈善機關困難，他還賣字接濟。由此可知其民胞物與的博愛精神。至於國計民生之事，他總是從大處着眼的。庚子拳亂，他勸劉坤一、張之洞實行東南互保政策。在當時，他未嘗不知如此做法，張劉很可能有殺身之禍的。但是，若能保存江南人命財物，不為戰亂波及，國家元氣，必可保存。即是因此被禍，為了整個東南，死也值得的。由此可知其愛國愛民之心，重於愛其知友生命，這是季直先生的基本精神，亦是其最值得我們景仰的地方。（王澈記，稍加增補，再經沈先生修正，補寫後記如左——鼎註。）

後記

四年前武進劉厚生先生寫了一部張先生傳記，在第五章內劉先生說他認為張先生一生行為與思想與我國歷史上最有關係之重點共有四項：第一為中國援護朝鮮最早之建議。第二為庚子年義和團事變東南互保條約之實行。第三為黃海鹽墾之實行。第四為導淮問題之長年奔走。至於世人或稱張先生為政治家、或稱為文學家、或稱為實業家，劉先生皆不同意。然而確認張先生為度量寬宏、性情豪爽，凡屬公共事業無不盡力為之；又胸無城府，待人接物，開誠布公，絕無成見，而又富於為社會服務之熱情。舉其最明顯的一事為淮河，時常鬧災，於是創議奔走導淮，先後二十餘年，始終不懈。張先生早已打定主意不做官，然而畢竟當熊希齡組閣，他也就出為農商總長，兼任全國水利局總裁，論其主要目的，還是想藉政府地位，推行他的導淮主張。無奈袁世凱正在做皇帝夢，張先生的主意，依然行不通。遠在宣統元年的秋天，劉先生伴從張先生視察通海墾牧公司三天之後，聽張先生談話，憑其記憶紀錄一些話，平實懇切，於今四海困窮，流民遍野的時候，看了每人總覺有一點異樣的感想。張先生對劉先生說：「……我們儒家有一句扼要而不可動搖的名言『天地之大德曰生』。這句話的解釋，就是說一切政治及學問最偉大的期望，要使大多數的老百姓，都能得到水平線上的生活，我曾到日本遊歷，往日本苦寒地帶的北海道看見當地農民的生活，所吃的飯菜與東京大阪附近的農民，並無分別。日本人生性畏寒，而日本房屋建築與寒帶不宜，因此荒地甚多，卻有山東人民前往繁殖，而日本政府一視同仁，且特別予以獎章，至於日本普通農民的生活，與在都市工人的生活，並無多大差異，我可以進一步說，一般農民的飯菜與都市中的公務員，及商家服務的店員比較，相差亦不甚遠，我因此想到日本政府，能夠做到孟子所說黎民不飢不寒的精義，所以日本能向我國侵略及與強俄抵抗，死而無怨也。我就回想到近數十年，我國國內的情形，一般老百姓的生活狀況，尤其是淮河流域的農民，就覺到不寒而慄了。我早已想到，假如我到北京做官，當然一無所成，後來張之

洞把紡織機器運到南通，要求我組織公司，我接受此機器之後，即以
『大生』兩字為名，就是天地之大德曰生的涵義。而現在要擴充鹽墾，
亦不離此宗旨。換句話說，沒有飯吃的人要他有飯吃，生活困苦的，
使他能夠逐漸提高，這就是儒者應盡的本分。我知道我們政府絕無
希望，只有我自己在可能的範圍之內，得尺進尺，得寸進寸，盡可能
的而已。我在家塾讀書的時候，亦很欽佩宋儒程朱，闡發民我同胞物
我同與的精義，但後來研究程朱的歷史，他們原來都是說而不做，因
此我想力矯其弊，做一點成績替書生爭氣。」

　　劉先生評傳所舉張先生一生行為與思想，與我國歷史上最有關
係之重點四項中除兩項屬於全國性，餘下兩項屬於地方性，為淮南鹽
墾及淮水水利問題，皆極為注重也。因為那一年伴張先生腳踏實地
詳細觀察那一處墾牧公司之後，又親聆創辦人懇切談話，覺其實事求
是之精神，堅苦不拔之勇氣，在濱海斥鹵之區，成新鮮膏腴良田，為
農民開新路，為國家增生產。我在將近十年前說張先生平生事業時，
曾經張掛通海墾牧公司分區詳圖，又影印了一份通海墾牧鄉志，儘短
暫時間，略略說明張先生墾田和水利工作，此在張先生一生事業中，
不大為人讚頌，而實為福國利民事業之先務，故補述之。

　　孫君鼎宸彙編新亞文化講座文字提到鄙人，—— 空口白話有何
足道，但張先生許多事業之中，闢地種植，興辦水利，實為國計民生
之先務。則不妨複述一過中國傳統民為邦本，歷來重農，自古有民以
食為天之說，又有倉廩實而知禮義，衣食足而知榮辱，民食不足，不
可以言治，自成治國傳統要義；即使言國防重要，非兵不可足而立國
之道，足食亦先於足兵，於今統計中國人民數逾六億，不先講求足食
之方而驅全國精壯從事於輕重工業之發展，堅甲利兵之準備，至於民
間糧食，普遍缺乏，國外採購，緩不濟急，坐視流民遍野徬徨無所於
歸，昔在宋代有鄭俠流民圖的故事，圖中景象如何不便憑空假想，而
今茲報端所記之事所攝之影似已極歷史從來未有之慘況，於此回憶
張先生舊事尤感其自稱，所營事業為「村落主義」之為傷心人語也。

民國五十一年五月廿一日記

按：

〈張季直先生及其事業〉初刊於《民主評論》（1953 年 3 月），署名「沈燕
謀」。後再刊於孫鼎宸編：《新亞文化講座錄》（香港：新亞書院，1962），文
章題目為〈張季直先生生平及其事業〉，署名「沈燕謀」。由於 1962 年的再刊
版本有沈先生的增補，講錄稿之後又有先生親撰的千餘字「後記」，是以本書
採用 1962 年的再刊版本。

沈燕謀日記節鈔及其他

論說、考證

光緒壬午朝鮮內亂史實之一節

清光緒八年壬午勘定朝鮮內亂事，史冊言而不詳；近人記載，則詳而未盡實。沈祖憲吳闓生合編《容庵弟子記》，尚節之《辛壬春秋》，皆不免阿其所私，回護誇張，淆人聽聞。頃見吳武壯公致北洋大臣張靖達公信札數通，述及當日勘亂情形。蓋吳公曾奉督師援護朝鮮之命者。札中所云，皆係實錄，雖寥寥數通，猶未足以窺茲事之全豹；然按圖索驥，頗可得當時之實情。文筆出張嗇庵先生之手，（除第八函外）彌覺名貴。亟為錄出公佈，以備談史者之一助焉。

朝鮮內亂，始於八年六月，吳公東征，則在七月初也。

第一函（六月廿九日四鼓）

振軒仁兄親家大人閣下。即夜三鼓，氐登涂中，風濤殊惡，差幸狃水，不似當年。前此排遞函櫝，並以廿五始達，戒行諸事，略已籌備，初四首路，無愆期也。輪船澄慶登瀛州泰安外載運軍資器械，擬懇多調招商船一二艘，懸軍深入，巧遲不如拙速也。兵輪擬留一二調用，亦請加以檄勒，俾就約束。丁雨亭所部，自成一隊，不能周旋左右，自我主之也。船回，祇請惟

亮察不備。

姻如弟吳長慶頓首

（原文作者沈燕謀按）按張嗇菴自訂年譜：「八年壬午六月二十四日，丁提督至登州，持北洋大臣張總督振軒樹聲書，告日本干涉朝鮮內亂事；次日，吳公往天津，與偕。吳公奉督師援護朝鮮之命。五日即回防，屬予理畫前敵軍事。」是書蓋作於回防後者。

第二函（七月初三日戌刻）

　　振軒仁兄親家大人閣下。雨亭軍門來，奉咨函五件，所度極中肯綮。此行如春秋書子突救衛，以定屬邦之亂為正義。至於保護，日本原不過藉消其陰謀，而塞其分我刑威之漸，猶文之撇筆耳。鄙意主專問李昰應以擅廢王命之罪，以兵輔禮，分別懲夷，使四海知中國固非徒事敷衍；而日人亦無置喙之地。至於英美各國，如有交涉，則問途已經，因應機宜，自當商之眉叔。今日祇來正東威遠兩船，長慶明日巳刻即發，先帶一營三哨，此後各營舫來便東，祈先以此入此入告，用慰朝廷惓惓之意。專肅敬請勉安，仍希指示為幸！

　　　　　　　　　　　　　　　　　　　　姻如吳長慶頓首

　　傅相聞命後，是否即行出山？得有碻耗，即請遄示。又叩

　　正擬封函，泰安已由津駛至，知念附聞！

第三函（初四二更烟台舟中）

　　振軒仁兄親家大人閣下，昨晚奉上一書，交泰安船星夜付烟台文報局三百里排遞，想正在路。請代陳奏啓行日期，未用公牘，戒行旁午，不遑及此耳。即午方當首路，慰廷中翰乘日新駛至，將到手教，眾津友各函件，指授機宜，具徵我公忠信淵亮之學極深敬服。此舉申威定亂，自是堂堂正正之師，迅速持重，皆須因機攬要；而非明正其罪，不足正鑪鼓日伐之名；破脅從無知之惑。還防後曾匆匆作檄文一首，擬見金允植後審定施行，今見叔耘太守，眉叔觀察所陳說總署與我公所籌謀，私幸愚慮尚有萬一之當，用先錄初稿奉覽。拱北若繼日新而至登，明日又可續發兩營。長慶擬氏仁川後堅陣登陸，擇要扼紮；第二起兵到，則金允植可相見，一面馳檄王京；一面令後兵踐紮所壁，即帥原帶人數，更足兩營，進駐去京二三十里之地。二三日後，第三起兵到，仍更番踐紮，此時長慶便將三營徑壁京城矣，以此計之，亦尚非緩，但登瀛洲威靖今日尚未到，殊可恨耳。眉叔所籌因應花房義質等語，及與仁川府使筆談，極是極是！度此君才，果可與

共事也。今日風極大，因添煤小泊烟台，詰朝東發，造次述答，不宜不備，幸仍惠教萬萬。

姻如弟吳長慶頓首

（原文作者沈燕謀按）嗇菴年譜：「七月三日拔隊，聞命至是七日耳！草諭朝鮮檄。（按是稿已佚）朝鮮參判金雲養允植同行。四日，從吳公乘威遠船日登州行，至烟台，會鎮東曰新泰安拱北四船同發於烟台，大風，泊威海衛。」

自聞命至拔隊僅七日，旁午之概，可測一二；而第三函中所擬氐朝鮮後進兵步驟，絲毫不紊，一以鎮靜出之，具見雄略。

李昰應係朝鮮王之弟，朝鮮王無子，以昰應子熙為繼。昰應有雄略，執政柄。及熙長，寵閔妃，妃奪昰應權，以戚黨諸閔代之，貪殘驕侈，軍民交怨。會饑軍譁潰，亂民附之，昰應陰嗾亂民，戕諸閔，波及日本僑民。當時朝鮮境內輿論，咸稱覺起兵丁索餉，而激之使變者，皆出自李昰應主之謀也。

慰廷，袁世凱字。袁時以通家子投謁吳公。嗇菴年譜：「光緒七年，辛巳，四月。項城袁慰廷世凱至登州，吳公命在營讀書，屬余為是正制藝。……旋予幫辦營處差。」又「八年六月，……措置前敵事，手書口說，晝作夜繼苦不給，乃請留袁慰廷執行前敵營務處事。」

袁得參預是役，此為起點。

第四函（七月初七日三更）

振軒仁兄親家大人閣下。初四日烟台排遞一緘，計蚤蒙覽！是日各營登船。緣登州海灘極寬，輪船離岸四五里，駁船僅載十餘人數十人不等，一切搬運軍資器械尤費周折，直至未刻開行，是夕因添煤小住烟台，略與方佑民觀察，商略後路事宜。初五日辰刻開行，風濤大作，兵勇之暈船者，十居八九，暫椗威海衛避風，初六日辰刻，風殺展輪，傍晚始見海定繼至。初七日辰刻，氐朝鮮仁川，已駐日本兵船七艘，陸兵一營，我師若同處其地，有所未便，因泊於相距六七十里之南陽界內，離岸馬山約三十里，民船無多，潮勢長落相懸率三丈許，往返皆以潮為候，懸計一潮汐，衹可載一兩營登陸，本日即飭各輪舢板，乘潮先載一營，登岸權紮，為節節前進地步。聞南陽府備船十數號聽差，以所見民船計之，想亦不大，似此周折，殊甚費事。大

沽現其廣艇,乞擇其堅固可用者數號,添派水手,刻日東來,以資轉運,盼待之至。至朝日情形,據魚允中密切探得,證之馬眉叔所說無異。日兵於初三日便入王京,國王及李昰應均未接見,意蓋恃中國之援,而待我師之至,國人聞大兵入境,無不雀躍,情事如此,實為可乘之機。但日兵既已入城,雖據魚允中所探,花房義質別無反側情形;而我師遠來,不得不稍持重,以防其變。頃與眉叔商定,明早即派兵兩哨,偕眉叔馳赴王京,微觀動靜。長慶俟部署略定,即行進發。李昰應勢孤力竭之時,當易得手;但處置此人則亂定,而亦可杜日人之要挾矣。魚允中所探各情,別錄奉覽。長慶不敢迂緩以失事機;亦不敢輕舉以誤事理也。手此敬請台安,惟希亮察不具。

姻如弟吳長慶頓首

再長慶今日午刻登岸,進紮南陽,彼處有渠大官趙寧夏,副官金宏集,國王所派,令料理軍前各事者,亦可藉悉該國近事,相機應付也。慶再行初八日辰刻

(原文作者沈燕謀按)附金允植述魚允中所探各情節略

　　亂之初起,由於興宜激變軍心為之。窩主自稱國太公,攬執國權,迫逐日本使之後,或恐滋事,遣人解說,歸罪於亂民;及日兵入城,興宜屢通好意,日人不應,自覺勢孤,聞中國派兵救護,似有傾心親附之意。現派大官趙寧夏,副官金宏集,依舊迎接,甚示願款之意;且其意欲藉中國兵勢,攻退日人,其愚若此。目下定頓亂局,應不必用兵,只以兵威臨之,自可迎刃而解也。日本軍中,亦有敝邦人金玉均徐光範兩人,此人皆同志之友,在彼調停,必不致格外茲事。魚一齋亦見花房義質,其言云:日本初聞是事,欲大舉來侵,巖蒼久視,井上馨力持不可,只帶一千三百名,為自護之權。日本之意,亦惟在還禮於國王而已,無干涉內政之意。中國乘此撫定事而正大不煩兵力,不搆爭端,抑亦敝邦之至幸也。縉紳殺死者:興寅君,閔謙鎬,金輔鉉,閔昌植等數人,以外如閔冰翊,洪英植等,幸而逃免,金洪集亦當場逃避,毀破家舍,事後稍稍還家,此數人得免於禍,甚幸甚幸。所在民散家空,軍前所用,無處可買,聞興宜奪政之後,勒奪富民之米錢,積置京城,其數不少,蓋為散給亂黨兵丁,為收拾軍心之計也。挪此充餉,未為不可。現今彼勢孤危,盼望中國。允等若一向藏在船中,或被猜着,反為見疑之端,故欲為魚一齋隨軍入京,以示無疑,相機周旋,兩家眷屬,亦免於禍尤,無自外之嫌耳。

　　薔菴年譜:「七月六日東渡。七日晨,抵朝鮮南陽府。八日入內港馬山

津，前遣水陸探員次第回。九日黎明登岸，慰廷頗勇敢。」

尚節之《辛壬春秋》袁大總統略史第三十四上：「……七月世凱與水師統領丁汝昌先生至韓海邊，履勘陸軍登岸處，中途潮退，舟膠於灘，赤足履沙石行，踵趾皸裂，汝昌笑曰：紈袴少年，亦能若是耶？華兵遂由馬山浦登岸，入朝鮮國都。……」

《辛壬春秋》於敘世凱隨軍東征事，未免過揚；而記韓事亦多失實。如此書第三十七上：「日海軍遲一日至，頓兵海口，錯愕不能發，遂締約歸好焉。」

與第四函所言不合，自當以吳函所載為確。又如：「……長慶所部多舊侶，驕縱姦掠不法，世凱慮玷國體，遠人離心，請長慶嚴禁之，諸將盡甚，屢讒世凱。」軍紀廢弛，不能為之諱；但必如《辛壬春秋》所云云，未免過甚矣。

黃侍郎體芳吳公行狀：「……公之在朝鮮也，修途繕治與梁，救災卹喪，日若不給，民有勒石頌公德者，公聞下令禁之。及其去也，國王以下，涕泣失聲。國之人歌之曰：惟漢之水，厥流湯湯，惟公之德，莫我宗祊。我公歸兮，疇翼乎我王！又歌曰：昔公范止，東人以寧！以匡以植；以咻群萌。伊公之德，伊皇帝盛明。」

觀此，則知吳公決非不能治軍者。迨中法事起，公奉命移駐金州，分三營留防韓京，派袁世凱會辦營務處事，世凱漸暴其妄自尊大，陵蔑一切之態；而軍中販煙宿娼不法之事，時有所聞矣！

第五函（七月廿一日三更）

振軒仁兄親家大人閣下，十九、二十日各函件，馳送南陽，由輪船遄遞矣！是應氏津時，傅相度亦泣止。請旨定奪，處置如何？極念極念！門我眉亂黨復聚事經飭捕盜營譏訶校詳探，則枉尋里奔散之兵，因所部移屯其近處，率叢門我眉美牙里為避罪之計，居民恐其為禍，臆測告變，尚未碻有屯聚搆亂情狀也。第狼子野心，深難倚信，我軍自合嚴備耳。二十日午後，有曾官縣監沈宜淳以王妃未死，款門來告，謂當時被創，逸藏民舍，今蟄陰竹縣，長湖院村左翊贊閔應植處。應植疑妃懿親，故往依之；而亂軍散後，不見妃所在，遂以薨聞者。及詢之金參判魚侍講，僉謂不謬，且述奉迎之意。比以事未大定，屬且少緩。以妃英武，遇禍能藏，其才實足以佐王治國；惟為昰應所欲殺之人，苟昰應一旦歸國，則其禍正未有已。若得朝廷以三四

品鄉銜羈縻之，俾老於京師，或（五六年後）竢其精力衰耗，徐曦遣歸，既全王父子之恩，亦消其國禍亂之糜，如此布置，似為允洽，我公如以為可，更望財定入告。亂黨既失昰應；又經剿捕，宜亦少有畏心，不敢披猖起事。鄂軍如未啓路，請且少遲幾日，擬竢昰應之事，率有明諭。日本所索，傅相定議，相事緩急，更為請遣，此則公先知之，必獲操縱合度也。傅相此來，聖明究何以相處，進退之間，度公必能自謀，而為我謀。先後陳請，幸速予施行，不勝大願！手此敬惟台嚴休豫惠鑒不宣。

姻如弟吳長慶頓首

第六函（七月廿二日未刻）

振軒仁兄親家大人閣下。午刻得眉叔二十一日臨行來書，據天津僚友所述，日人調集水陸各軍，將有逞其大欲之勢，總署亦慮其干預內政，損我藩服；而當道采威妥瑪不必與之糾轕之論。眉叔亦深幸日高款議之成，屬長慶惟有鎮定云云，此見亦是不錯。以長慶度之，日人要約已成，慾壑差遂，目前廣為聲張，調集各軍，要是因我兵入城，彼兵退回之故，以此掩其目前之非懼，而兼以防我之乘襲，故與閣下書，曾請略示虛聲，以擾其慮而分其力。花房義質不日入城，相見時，祇有曉之以情理，禁之以威信。渠有限二十日拏獲亂首之語，此事自在朝鮮主持，未便顯然為之辯理，以失眾心，以乖待以自主之約；若果狡焉思逞，仍當少耐，請命於朝，如前所手函云云，此時並以嚴飭將士，務為持重以持之，要之，決計用戰，長慶自忖，尚不至貽辱中夏，特恐如臂上鷹，縱之仍維之耳。蒓齋星使近日有無來信？總署樞廷意旨若何？廟算若何？傅相議若何？閣下籌策若何？均乞詳示！日夜以冀！眉叔已行，度能說一切也，惟希亮察不宣。

姻如弟吳長慶頓首

第七函（七月廿五日三更）

　　振軒仁兄親家大人閣下。廿一日函，計尚在路。今日得雨亭留啓，始知其因。傅相北來，並偕眉叔乘威遠往津，海口雖無事，而水師各船，豈可無調馭之人，甚用懸系！昰應氏津後，論說何如？此人極機變，必有強辭申辨之事。長慶昨見國王，堅以太公護行官趁船往津為請，因其懇篤，遂姑應之。而聞金允植言，則所請實非國王本意，且其中別有陰謀，至為可慮！今日與國王書，及允植筆談，皆權詞緩之，俾人不猜疑於國王，中怨於允植；但鄙見斷不可令昰應便爾歸國。傅相二十一日來書中，亦有昰應當在中國安置之語，似與長慶所籌，不相枘鑿。其金允植訊所云，似否須節以入告？為豫杜讒案之地，惟公裁定。議迎閔妃之事，詰朝便選勁旅百人，協同國王所遣文武吏士，前往保護，以防意外之變。妃所匿處，在陰竹縣距此百八十餘里（繞從大道路遠數十里）計月杪可還矣。亂黨之桀，尚有未就獲者數人，屬已略有所聞，但少緩之，必能禽置於理，日兵水陸，探祇千五六百人，其在城內者三四百人，長慶先密令人日伺城門，譏其士卒出入之數，呈報查核；仍嚴令軍中，不得與日兵交涉一言，以防啓釁。花房以今日入城，彼此差拜，其譯官虛張聲勢，謂其兵有四千餘人，恐喝伎倆，于此可見，儻花房相晤，自當相機應付，動之以理勢，約之幾威信，如其佟傍，及我中國，當令前赴津門，取決於議。長慶向不嫻洋務秘策，不必強食馬肝，以為知味也。保案復咨請於傅相，眉叔雨亭想亦各自開列矣！金允植訊，洪淳穆筆談日兵大數，均另錄奉覽！悤此祇請台安，一切融亮不具。

姻如弟吳長慶頓首

　　又附探得昰應家信三紙，此人操縱徒黨之才，閱之可悉。慶又頓首

　　（原文作者沈燕謀按）薔菴年譜：「七月十二日，軍渡漢江，至距京七里屯子山壁焉。十三日，吳公又入京，晤王生父李昰應，午後，昰應至京，因

宣示朝旨，執送南陽軍，傳登兵船赴天津。十六日，應國王密請督軍攻剿枉尋里利泰院二處，塵宇連屬，亂軍所在也，擒斬數十人，擒一百餘人。余察其中有父子兄弟偎依共命者，言語不通，殺則易妄，白吳公，請國王迅命捕盜將，及司法判書馳至軍，訊別首從，或非辜，得罪人十，戮焉！餘盡釋縱。移駐枉尋東廟。廿四日，吳公謁國王李熙。廿六日，公遣兵迎還王妃。」

　　黃侍郎吳公行狀亦略述勘亂經過情形：「……謀者刈亂軍方益造兵，日以七兵艦逼仁川要款，昰應頗觀望！當是時趣弭亂，逮昰應就理，羽書駱驛道路。公度盛兵多殺，非朝廷意；而昰應為亂軍心膽，乃從數十騎入謁昰應，即因其來，宣示詔旨，致之天津。而使使以書白張公，請獨任軍事。（殆即第六第七函）越夕，率兵攻，擒亂軍，誅其渠數人，迎復王妃，事方定。而道員馬建忠，朝鮮參判金宏集李裕元，已以番錢五十萬款於日矣！」

　　再按傅相（李鴻章）當日奏陳：「……臣於烟台行次，接據提督丁汝昌，道員馬建忠十六十八兩日稟報，自獲送李昰應登舟後，馬建忠隨請朝鮮國王，由其政府，將願修舊好之意，函達日本使臣花房義質，即派全權大臣李裕元，副官金宏集赴仁川港會議。其亂黨之聚居枉尋利泰院二里者，約數千人，世隸兵籍，跋扈難制，與李昰應勾結一氣，迭為變亂。今李昰應雖已就拘，而其長子載冕以大將新握兵柄，仍恐該黨，奉以為亂，爰於十五日傍晚，先將李載冕誘居南別宮，以水兵數十人守之，是夜，吳長慶調派副將張光前何乘鰲，總兵吳兆有，率領親兵慶字三營，往捕枉尋里亂黨，窮搜巢穴，短兵巷戰，直至天明，生擒一百五十餘人，其餘悉由屋後竄去，我軍帶傷者，僅二人。其利泰里亂黨，吳長慶親往掩執，以地近營址，已先期聞風遠颺，僅獲二十餘人。是役共獲一百七十餘人，當經訊明，戮其魁首罪狀稍著者十人，其餘概交朝鮮，酌予釋放，俾脅從者，知為法所不誅，藉以潛消反側。此次天威震疊，群凶奔竄，老巢既覆，則散處四方者，不難隨時續捕，而李載冕不安於位，亦即於是日請釋兵柄，此朝鮮亂黨已被剿散，國勢粗定之大概情形也。」

　　證之諸家所記，與吳函大致相同。想第四與第五函之間，尚有數札，詳述剿捕亂黨情形者，惜稿已散佚，不得一讀，而知當日之詳情矣！

第八函（八月二十日）

　　振翁仁兄親家大人閣下。奉手諭，及錄示各件，差幸此次東來尚不貽公之辱。惟慶生平事事務求深穩；而此次捷速如是，前事則賴薛叔耘何梅生之規畫周詳；臨事則賴張季直赴機敏決，運籌帷幄，折衝尊俎，其功自在野戰攻城之上。其三君之平時，巨才清望，則尤庶類所交推。比欲列保，張君辭卻再四。張君在軍中將近十年，淡

于功利，則因以知何薛兩君，必不輕受人譽矣！然好善之誠，根諸天性，況處置如此大事，舉重若輕，何等識力器量，若不章其功，哲人俊乂，無可求矣！擬請閣下敘其功績，及其品行，另片會銜，或請破格錄用；或請優予獎勵，恩施一懿朝廷，以全三君之志。舉賢非敢為私，想公必能亮之，必能許之也！手此即請勛安。

弟慶謹再肅

　　再前請論薦薛何三君之函，乃弟手繕。即晚季直又以為辭，始知枚生有函於彼。二君志節，誠可敬佩。但此次競功者紛紛，而吾輩序事不及發縱之人萬不能安。且隆棟之材，不章可惜。敝意辭者自辭，行者自行，無論為乞聖恩與否，話總不可不說，各行其是，並行不悖，想閣下以為然也。小病方愈，令人代寫，再請台安！

弟慶又頓首

　　（原文作者沈燕謀按）嗇菴年譜：「李相於憂中回直隸督任，張公吳公謀專摺特保薛叔耘何眉孫與余，余堅謝而寢。」

　　《容菴弟子記》：「事定論功，吳公以治軍嚴肅，調度有方，爭先攻剿，尤為奮勇等語，首論列公，（袁世凱）咨李相鴻章張督樹聲會奏請獎。……」

　　證之吳公此函，則《弟子記》所謂「首論列公」者，未免失實。要之，袁氏隨軍東征，勳績自在；但如《容菴弟子記》《辛壬春秋》之所記，則適足暴露其日後跋扈彊梁之態也。茲錄張嗇公致何梅生一扎，以為此文之尾聲；亦可見嗇公之愛身若玉，不汲名利者矣！

　　附錄張嗇公致何梅生函，（見《張季子九錄》文錄卷）閻丹書欲為彭雪琴，而終不免向紗帽下求生活。吾輩如處女，豈可不擇媒妁，草草字人。令海內知吾兩人者，引閻彭近事，笑張季直不若枚生賢哉！辛為清河，說此至悃。

按：

　　本文分上下兩篇發表於 1946 年，署名「沈燕謀」。見《民主（上海）》（1946 年，第 15、16 期）。

上水出土古錢

開元通寶為李唐三百年通貨太平通寶為趙宋太宗所鑄開年號錢幣之先河

壬癸之交，華南閩粵一帶，歷八月無雨。香港九龍並海，而四民食用所需，率賴時雨蓄潴以為用。今年初夏，九龍北——上水——農家廖姓深浚田間溝洫，掘地四尺不得泉，而得錢可三四百文。事聞於報館記者，趨視，則廖氏所獲，皆唐宋古錢。繼經學者鑑別，得唐代錢二品，梁與石晉各一品，宋錢二十六品。雜以日本朝鮮貨幣若干種。復以唐代開元通寶為玄宗時物，當公元七一三一七四〇，為最早。開慶通寶為宋理宗時物，當公元一二五九，為最晚。而太平通寶一品，以但就年號而言，二五六年三國時代吳廢帝始有太平之稱，四〇九年北燕馮跋繼之，五五六年梁敬帝又繼之，而以一〇二一年遼聖宗終焉。四太平之中，未易斷為何所屬。然就錢幣加年號鼓鑄，既始於開元通寶，則此太平錢，當為開元通寶以後之產物云。

愚就中國史乘考之，開元通寶絕非唐玄宗所鑄。閱者疑我言乎，請舉史載文字以證之。

（一）《舊唐書》〈高祖紀〉：武德四年（公元六二一年）秋七月丁卯，廢五銖錢，行開元通寶錢。

（二）《新唐書》〈食貨志〉：高祖入長安，民間用線環錢，其製輕小，凡八九萬才滿半斛。武德四年鑄開元通寶。其文以八分篆隸三體。

（三）〈食貨志〉：高祖即位，仍用隋之五銖錢。武德四年七月，廢五銖錢，行開元通寶錢，徑八分，重二銖四絫，積十文重一兩，一千文重六斤四兩。仍置錢監於洛并幽益等州。秦王齊王各賜三鑪，右僕射裴寂賜一鑪。五年五月，又於桂州置監。議者以新鑄錢輕重最為折衷，遠近甚便之。又曰：開元錢之文，給事中歐陽詢制詞及書，時稱其工。其字含八分及隸體。其詞先上後下，次左後右讀之；

自上及左迴環讀之，其義亦通。流俗謂之開通元寶錢。[369]

（四）《文獻通考》卷八〈錢幣考〉引據文字，大致與正史相同。文中左字，為錢幣本身之左。吾人若就錢范讀之，即為開通元寶是也。

（五）開通元寶錢，不獨為流俗之稱。《大唐六典》，玄宗明皇帝之所撰，集賢院學士兵部尚書兼中書令李林甫奉勅注，其第二十卷有曰：皇朝武德中，悉除五銖，更鑄開通元寶錢。由此可知玄宗上繼祖宗成法，未嘗以開元年號鑄錢也。

（六）《日知錄》第十一卷論及開元錢，有曰：自宋以後，皆先有年號而後有錢文。唐之開元，則先有錢文而後有年號。

總之在唐代二百八十九年中，正史載鑄錢者才三度，其見之於已成貨幣可八九種，而開元自唐初開國，下迄五代，官鑄私鑄綿延不絕。當光緒三十年以前，當十銅圓猶未盛行，愚於清代錢幣中，時時獲見唐代之開元錢，與日本之寬永錢。蓋開元錢既為有唐一代之通貨，絕不與玄宗年號相關，故其行用中國如此其久且遠也。

有關開元錢尚有可說者，請並述之：

王觀國《學林》：今之錢中，開元通寶錢最多，俗或謂是唐明皇開元年號所鑄；錢背有半月手甲文，俗謂是楊妃甲痕，非也。按《唐書》〈食貨志〉：武德四年，鑄開元通寶錢，有司進錢模，文穆皇后誤以指甲損其模，遂鑄文。蓋開元者，唐高祖所撰錢寶之號，非年號也。李唐之前，鮮有用年號鑄錢文者。惟唐乾封元年，鑄乾封重寶，以一當十。乾元初，鑄乾元重寶，以一當十；復鑄重輪乾元錢，以一當五十。此皆因經費不足，權宜而行之，未幾皆寢罷。

《談賓錄》云：武德中，廢五銖錢，行開元通寶錢，詞及書皆歐陽詢之所撰。《說郛》有為字初進樣時，文德皇后掐一痕，因鑄之。

《文獻通考》引鄭虔《會粹》云：詢初進蠟樣日，文德皇后掐一甲跡，故錢上有掐文。

369　引文出自《舊唐書》〈食貨志〉。

李日華《紫桃軒雜綴》：開元通寶錢，武德中鑄。因呈樣於秦王，有文德皇后爪甲痕。其後歷朝皆鑄開元錢，則無此痕。

秦王者，太宗在藩邸時稱號，文德皇后為長孫氏，時為秦王妃，稱文德皇后，後人所追記也。當高祖即位，文穆皇后竇氏已前卒，謂文穆者非也。楊妃之謬，更不待論。

上文所錄乾封泉寶一品，乾元重寶重輪乾元重寶各一品，史籍有如下之記載：

乾封元年，改鑄乾封泉寶錢，徑寸，重二銖六分，以一當舊錢之十。踰年而舊錢多廢。明年，以商賈不通，米帛踊貴，復行開通元寶錢，天下皆便之。

肅宗乾元元年，戶部侍郎第五琦以國用未足，幣重貨輕，乃請鑄乾元重寶錢，徑一寸，每緡重十斤，以一當十，與開元通寶參用。及琦為相，又鑄重輪乾元鑄，一當五十，每緡重十二斤，與三品錢並行。法既屢易，物價騰踊，斗米之七千錢，死者滿道。初有虛錢，京師人入私鑄，並小錢，壞鐘像，犯禁者愈眾。鄭叔清為京兆尹數月，榜死八百餘人。上元元年，減重輪錢以一當三十，開元舊錢與乾元十當錢皆以一當十。碾磑鬻受，得為實錢。虛錢交易，皆用十當錢。由是錢有虛實之名。

代宗即位，乾元重寶錢以一當二。重輪錢以一當三。凡三日，而大小錢皆以一當一。自第五琦更鑄，犯法者日數百，州縣不能禁止。至是人甚便之。其後民間乾元重輪二錢鑄為器，不復出矣。

除上列諸品外，亦有以年號鑄大曆建中咸通等品者。而行之不久即廢，不若開元冶鑄相繼，獨為唐代重要通貨也。方若之《言錢別錄》有開元錢考。別初唐中唐晚唐為開元錢三期。文長不備錄。其於晚唐開元，謂背紀監地文字精粗輪廓闊狹形制大小不一，但以背文為別者是。《唐書》[370]〈食貨志〉，武宗廢浮屠法，永平監官李郁彥，

請以銅像鐘磬鑪鐸皆歸巡院，州縣銅益多矣。鹽鐵使以工有常，力不足以加鑄，許諸道觀察使皆得置錢坊。淮南節度使李紳請天下以州名鑄錢，京師為京錢，大小徑寸，如開元通寶，交易禁用舊錢。蘇冕《唐會要》：會昌六年二月，勅緣諸道鼓鑄佛像鐘磬等新錢已有次第，須令新錢流布。起今年十月以後公私行用，並取新錢。其舊錢權停。《古泉叢話》：會昌開元，武宗會昌五年鑄。又其所見揚字皆偽鑿。《泉志》：揚州節度使李紳，乃與新錢背加昌字以表年號進之。有勅。遂勅鑄錢之所，各以本州郡名為背文。李孝美曰：但揚字錢終莫之見，疑當時已行昌字，而未嘗改耳。此類因先加昌字表年以進，故世稱會昌開元。

羅伯昭〈開元重寶說〉有曰：十國制錢，見於正史者多不詳。是時唐宗未滅，各藩雍兵自固，或仍奉中原正朔，假名效忠王室；或竟建號封王，實行割據一方。楚馬殷拜天策上將軍，開府鑄錢，名天策府寶。後又鑄鐵名乾封泉寶，蓋襲唐舊年號也。閩王審知鑄開元大錢。南唐鑄開元篆文。吳越鑄貞觀大錢。其他建號，不一而作。《文獻通考》說十國錢寥寥數語，可以知其梗概矣。

陶岳《貨泉錄》：閩王審知鑄大鐵錢，亦似開元通寶為文，五百文為貫，俗謂之鉈処。（翁樹培注《字彙補》「鉈」字音未詳，「処」字雄箭切，音賀。）今云老板者，似當為鉈処，以其亦五百文為貫，相承其俗稱耳。

（南唐）元宗時，兵屢挫，帑藏虛竭，韓熙載上疏請以鐵為錢。其錢之大小一如開元通寶，文亦如之，徐鉉篆其文，比於舊錢稍大，而輪廓深闊，既而大行，公私以為便。張崇懿《泉志新編》：後主四年三月，行鐵錢。其錢之大小，一如開元，文亦如之，用徐鉉篆文，比舊錢稍小，而輪廓深闊，以鐵錢六權銅錢四行，公私便之。

丁福保編集《古錢大辭典》，搜印開元錢拓本凡七十餘品，補編又增三品，數百年中真偽銅鐵大小與各錢監公私所鑄之開元錢，羅列略備。蓋開元錢之在中國貨幣史上，關係甚大，上繼秦代之半兩，漢至隋代之五銖，聯綿建定中國錢幣制度者垂二千餘年。而累開元錢十文重一兩，十分之一兩，簡稱為一錢。即取二十四銖為兩之舊稱

而代之；是又於有意無意中變更衡法，永定為十進。則是尤我人宜注意者也。

次請言太平通寶。嘗考中國歷史，不問正統非正統，帝王或自稱為帝王，其以太平為年號者，先後凡九：

三國：吳：吳廢帝：二五六-二五八

（晉）：趙廞：三○○-三○一

（晉）：王始

十六國：北燕：馮跋：四○九-四三○

（北朝）：柔然郁久閭豆崙

南朝：梁：敬帝：五五六-五五七

（隋）：林士宏：六一六-六二二

（宋）：李婆備

遼：聖宗：一○二一-一○三一

此外北朝有太平真君，為北魏太武帝（四四○-四五一）之年號。宋有太平興國，為太宗年號。（公元九七六-九八三年為太平興國此後改元雍熙端拱淳化至道至九九七年）

《文獻通考》第九卷〈錢幣考〉：宋初錢文曰宋元通寶。太平興國後，又鑄太平通寶。太宗親書淳化元寶真行草三體。自後每改元必更鑄，以年號元寶為文，實始宋太宗。

〈錢幣考〉末段案語有曰：古者以錢為下幣，為其輕易。後世以錢為重幣，則五錢半兩之類，宜不可太用。然重則不可行，所以開元為重輕之中。唐鑄此錢，漫衍天下，至今猶多有之。然唐世無錢尤甚，宋朝則無時不鼓鑄，以開元錢為準。如太平天禧錢，又過於開元。仁宗以前如太平錢最好。自熙寧以後不甚佳。國初惟要錢好，不計工資。後世惟欲其富，往往減工縮費。所以錢稍惡。

馬端臨生當宋末元初，讀其考論，知開元太平一類錢貨，與元代新鑄之錢參用，而太平一品，尤非鮮見。愚謂以太平為年號之主，雖往往而有。而上水出土之太平錢，當為宋太宗所鑄。即以遼聖宗而言，嘗鑄統和通寶九八三-一○一一。見於《遼史》。此錢流傳極少。是否有太平通寶之鑄，無從稽考。

《古錢大辭典》，有程文龍〈記銀質太平通寶錢〉一文，定為建炎間李婆備所鑄。略曰：湖南衡陽縣北石鼓山，為烝湘二水合流處。其上有合江亭。丙子秋，因修葺荒亭，於階砌下見有甕中置古錢纍纍，大觀小平折二，建炎小平折三，外有太平通寶折二錢，審為銀質。銀較大定色尤純，非北宋太宗錢，筆勢秀勁。通寶固侔南宋風尚。平字實開端平之先聲。字體沿革，時會所至，亦未能洄溯北宋風格也。檢《玉海》，建炎間，李婆備反，年號偽建太平。字體固應如是，余因定為南宋寇錢云。

太平通寶之大小銅鐵錢為《古錢大辭典》所集刻者，凡十二品，李製銀質之錢在焉。

按：

本文發表於 1963 年 6 月 28 日《新亞生活》雙周刊（第 6 卷第 4 期），署名「易生」，同年 7 月 1 日再刊於《華僑日報》。本書據《新亞生活》過錄。

范伯子詩本事注

卷第一

劉融齋先生熙載，字伯簡，道光甲辰進士，著書五種刊行於世。

吳肇嘉字仲懿，如皋人，光緒己丑進士，早卒。

歐家坊俗名十里坊，在州治北十里。

竹庵，狼山白衣菴僧。

小塊，狼山準提庵僧，名復古，善畫梅。

芥舟，準提庵僧，名杯渡，著《散花社稿》。

蕉庵，準提庵僧，名綠天。

新綠軒，在黃泥山上，今毀。

方子箴廉訪濬頤，定遠人，道光甲辰進士，著《二知軒詩集》，官至

四川按察使。

顧延卿先生，錫爵如皋，廩貢生，著詩集十二卷《申君寱言》，工楷隸，亦師劉融齋宮允。

馬勿庵先生釗，更名毓鋆，字蓮卿，光緒丁丑進士。

李草堂先生芸暉，靜海鄉人，光緒癸酉援貢生，著《草堂詩集》，子磐碩安，光緒庚寅進士，官戶部主事，後更名審之。

顧滌香先生曾沐，字述銘，通州人，光緒甲戌進士，浙江知縣，著《希造適齋詩集雜著》。

周彥升先生家祿，海門廳人，光緒庚午優貢，歷任丹徒鎮洋荊溪江浦奉賢訓導，著《壽愷堂集》、《朝鮮三種》[371]、《三國晉書校勘配反切古義》。

彭帶亭汝澐，江西樂平人，安徽候補知縣。

秦堯臣寶璣，金匱人，號潛叔，著《霜傑齋詩》。

王豫熙字欣甫，浙江海寧人，歷署贛揄東台上元蕭縣江寧六合上海等縣，著《舊讀草廬詩稿》，能畫梅，擅崑曲。

湖汊司屬荊溪縣，肥缺也。

孫儆字謹丞，晚號滄叟，通州人，光緒癸卯舉人，四川知縣，著有詩集。

朱曼君先生銘盤，字俶儞，泰興人，光緒壬午舉人，著有《桂之華軒詩集》四卷、文集九卷、《四裔朝獻長編》五十六卷、《兩晉及南北朝會要》二百四十卷。

卷第二

吳禮園寶儉，泰興人，和甫侍郎子以郎中改官同知署荊門州。

黃仲弢紹箕，浙江瑞安人，光緒庚辰翰林，著《鮮庵遺稿》。

371　或是《奧簽朝鮮三種》。

卷第三

王敔甫彥威，浙江黃巖人，光緒進士，官至太常寺少卿，著《黎庵叢稿》。

卷第四

吳熙父汝純，摯父之弟，官光祿寺署正。
顧純谿蘅，居通州南門外設魚行，善畫蘭。

卷第六

顧先生曾烜，字升初，光緒癸未進士，陝西醴泉知縣，著《方臣壽世文》、《華原風土詞》、《直隸通州志》、《泰興縣志》。
王先生尤，字西農，光緒己丑翰林。
顧先生曾燦，字裘英，光緒癸未進士，刑部主事。
張先生攀桂，字樵秋，光緒癸亥進士，當塗知縣。
水心亭在南濠中，又名奎光閣，有鷗波舫養雲軒、適然亭諸勝，今已毀敗。

卷第七

邱方平，海州人，著有《歸來軒詩集》。

卷第十

劉錫肜先生鑽，崇明諸生。
欣父夫人蔣淑芳，以畫蘭名。
王賓基字叔鷹，附生欣父先生之第三子，江西石城知縣，著《菫廬遺稿》。寓基字季亮，亦能詩，皆伯子先生詩弟子也。

海月，狼山白衣庵僧。

卷第十一

文右泉名澤，湖南人，工畫花卉，客通州最久。

項晴軒承明，歙縣人，為典商，喜藏書畫。本源，字子清，為如皋師範校教員。項有小天籟閣。

徐芙雙先生聯蓉，字鏡緣，光緒己卯舉人，著《分綠軒詩集》。

汪劍星，州牧，樹堂任州事十一年，號為能吏，浙江餘杭蔭生。

卷第十二

松泉孫先生名應濤，設餅肆於東門，蔭堂封翁之友也。

顧先生畫蕃名曾煜，字星若，廩貢生訓導，金標之子也。

秦先生駕鼇，字孟詞，海門廳廩生，候選訓導，著《醉花居詩稿》。

劉一山名桂馨，彥升先生弟子，業布商以資，為浙江候補知縣。

保鼇東字允百，廩貢生，著有《蹴雲樓詩文》，號少浦。

卷第十四

鄧璞君際昌，原名來琛，如皋貢生，得保舉官山東。

張又樓師江，光緒癸酉副貢。子宣譽名嘉樹，廩生。

卷第十五

徐雨亭名湛霖，光緒辛丑歲貢，所居地名瑞芝橋，在城東北八里。

徐昂字亦軒，廩生，曾任之江東南各大學教授，著有《徐氏全書》。

卷第十六

江潤生先生，雲龍合肥人，己丑翰林，著《師二明齋詩》，字潛之，又字叔潛，署徐州府事。

王伯唐先生鐵珊，字海門，光緒己丑進士，官兵部主事，殉庚子之亂。

冒先生廣生，號疚齋，著有《疚齋詩》、《小三吾亭詞》、《冒氏叢書》，如皋人，光緒甲午舉人。

孫文節公，通州人，名銘恩，字蘭檢，道光乙未翰林，在安徽學政殉節，有遺集四卷。

顧孝廉未航似基，字譽斯、方宦叔子，光緒壬午舉人，有《方宦叔子詩文集》。

陳筱山通州人，名鳳詔，好為詩，為總鎮幕友。

金蘅意泰興人，名鉽，光緒乙未進士，江西湖口縣[372]，著《江山小閣集》。

李月湖先生京醿，字璧人，增貢生，《綠鄉簃詩稿》[373]。

馬絜甫先生名渠，上元人。

卷第十七

陳啟謙後更各堅，字南琴，增貢生，浙江龍泉縣知事，著有《持菴憶語》。

俞介甫名錫生，婺源木商。

許爨竹名明焱，丹徒人。

徐溥泰名宇春，後改振。

姚雲卿名會恩，咸豐庚申歲貢，靜海鄉人。

372　此句「縣」字後疑有漏字。

373　此句句首疑有「著」字。

徐滌庵先生名澣。

劉挹青名政，晚號悲庵，江陰附生，僑居海門，詩才敏捷，原名宗
向，其女秋水名浣芳，後卒於廣州。

卷第十九

馮光久名熙宇，己酉拔貢，直隸候補知縣。

陳子璹先生國璋，字紫珊，光緒辛巳歲貢，如皋人，著有遺詩六卷、
《香草詞》二卷。

王漱六先生，光緒己丑舉人，通經博學，著有經學書八九種，郡廩生。

按：

　　本文或撰於 1966 年間，見曾克耑輯刊之《范伯子先生全集》。本事注未
見署名，曾跋云「……而詩本事燕謀復就所知躬為之注」，可證〈范伯子詩本
事注〉是沈燕謀之作。本書編者為加標點。

二、沈燕謀圖片材料

個人・親友

・圖 1・沈敬夫 —— 沈燕謀祖父

· 圖 2 · 1925 年　沈書升 —— 沈燕謀父親

・圖 3・1925 年上海
沈書升（中坐）
後排左一沈燕如（女）、後排左二龔覃宜（媳）、後排右一沈燕謀（子）
前排左一沈冰如（孫女）、前排右一沈孟平（孫）、前排右二沈仲桓（孫）、
前排右三沈穀臣（孫）。

‧圖 4‧1940 年上海
沈書升（中坐）
後排左起：沈穀臣（孫）、沈亦男（孫女）、沈筱同（孫女）、沈嬰齊（孫女）、
沈仲桓（孫）。前排左一沈冰如（孫女）、左二朱夢蘭（沈孟平之妻），前排右一
沈孟平（孫）、右二沈燕謀（子）。

·圖 5·沈燕謀時年十八，攝於上海。

沈燕謀，字繩祖，辛卯二月十七日生於南通一八九一，号南邱，辛亥六月廿六日故於香港一九五一，寓邸亨寿八十。

· 圖 6 · 沈燕謀

· 圖 7 · 沈燕謀

· 圖 8 · 沈燕謀

・圖 9・1946 美國
沈燕謀代表大生紗廠在美國考察

·圖 10·1946 年美國
沈燕謀代表大生紗廠在美國考察

·圖 11·1954 年香港　沈燕謀

· 圖 12 · 沈燕謀

・圖 13・沈燕謀

· 圖 14 · *1968 年香港　沈燕謀

·圖 15··*沈燕謀攝於香港

・圖 16・沈燕謀（左）與元配龔覃宜

·圖 17·龔覃宜

·圖 18·1918 年上海
龔覃宜手抱嬰兒為次子沈仲桓，右立者為長子沈孟平。

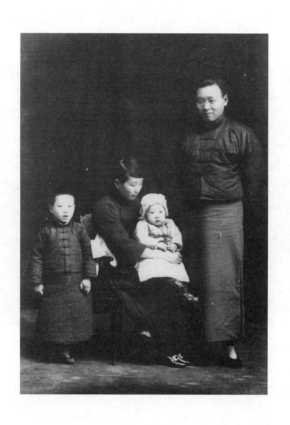

· 圖 19 · 沈燕謀（右立）、沈孟平（左立）
龔覃宜（中坐）手抱嬰兒為沈仲桓

・圖 20・1944 年上海
沈燕謀（中坐蓄鬚）
後排左起：沈孟平（子）、沈嬰齊（女）、沈冰如（女）、沈筱同（女）、龔珪芳
（沈仲桓妻）、沈亦男（女）、沈仲桓（子）。
前排左坐者倪岫雲（沈燕謀繼室）、前排右坐者朱夢蘭（沈孟平妻）。

・圖 21・次子沈仲桓（左）、沈燕謀（中）、四子沈穀臣（右）

・圖 22・1939 年上海
　沈燕謀（右）、倪岫雲
　兒子沈君揚

・圖 23・倪岫雲

・圖 24・沈君揚　（倪妯雲所出）

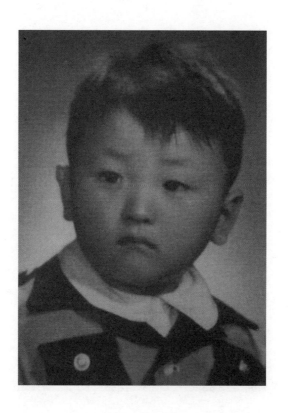

· 圖 25 · 沈君壽　（倪岫雲所出）

・圖 26・1963 年香港
　前坐：沈燕謀（右）、倪岫雲（左）
　後站：沈君壽（右）、沈君揚（左）

· 圖 27 · 1959 年香港　沈燕謀（右）與倪岫雲

·圖 28·沈燕謀（右）與倪岫雲

·圖 29·1970 年香港　沈燕謀（右）與倪岫雲

・圖 30・＊約 1913 年上海　沈燕謀（左）與民國詩僧蘇曼殊

· 圖 31 · 1931 年寶塚　沈燕謀（後站穿白色長衫者）

‧圖 32‧*1943 年南通學院校董合照
左起：張敬禮、嚴惠宇、陳葆初、徐靜仁、陳陶遺、吳蘊齋、沈燕謀、徐寯起

· 圖 33 · *1967 年香港　沈燕謀（左）與羅孝明

悼沈公燕謀　至懷受張大師

羅孝明

燕謀先生覆駕前按大札寫有關曼殊大師之軼事誠為難得之記錄感謝不已先生此之計劃如得定實惟另一報傳可予前留下酒店為因日本博覽會之開幕來遊此地人士頗多橫濱地區有 HOTEL NEW GRAND 極為舒適零隔敝處不遠珠感便利房價約之美金拾元之膳食費另外茲拳上說明滿一份以供參閱先生此次之遊來知予定到何省市想居美親朋必多相會當愉快惠忌先生在 INDIANA UNIVERSITY 弟之嶺南舊同學陳榮捷君現為執教約之必之孳之蔡談慕行為 CHATHAM COLLEGE, PITTSBURGH, PA 弟盧鷹函累有提及如先生可能搜冗相見陳君甚感歡快如弟另有一親友陳愛顧君現有 CLAREMONT, CALIF. 彼前在 ΡΟΜONA COLLEGE 教學數十年擔任中國文學講座去歲退休彼為陳關甫先生卽「東鷸談書記」之作者之後人受顧君最近有英文著作。

HISTORICAL & CHINESE LITERATURE & INTRODUCTION 先生如有意見弟可作介紹之勞不過美洲地域廣大東奔西馳殊非容易也弟閱藜哲夫遺稿張珮城女士現居港保藏有大師真蹟詩稿數十頁弟前有一位羅承勳者〈不知是何人〉借出詩稿裝成一冊惟經付印出版與否不詳未審先生如無〈過目又未知可能得張女士之居址若此十頁之鳳筆詩稿如得入弟手亟欲將此影印以作永久紀念將此雜誌主簾高佰佈氏思知其評或可相助也尚祈此奉覆順頌

台祺

弟羅孝明　三月十六日

余對於沈氏之印象頗深，事實上雖僅獲得為數次之聚首，惟於此七八年間之文字交，蒔親風儀，藹然長者，誠典型人物，尤其對余賜與大師資料之厚情，不能不令人欽服。姑秦一例言之：今日香港普通書肆，祇有文公直翻之一册本曼殊全集而已，北新版瑪孝利按二百五十元，其後又按四百六十元之記錄，相信此為版稅之收入，因此可証此書之有其在性也。

之餽金，委人向各地搜求，如幸得入手，則有將此歸余之意，不料此暴無法償顧，旋將新亞書院文庫之柳亞唯一藏本特別借出，供余影印研究，象增進對資料之興趣，余受沈氏之影響而余率多也。

祇錄燕謀子鈺鏈函內一則以供參閱：「余曾氏晚閱傳加居士刊石印一方，文曰『我本將心向明月，誰知月照溝渠』。燕謀謂我習慎未除，殆不識和尚之衷曲耶？燕謀者通州沈□梅，方正之士也，肄業美國惠斯康新大學。」余曾將此送贈沈氏留念矣。

沈氏常年十七，道貌岸然，氣宇軒昂，風度翩翩，清高絕俗，余曾將此照相，年前所最珍愛之照相，此為余所念。

在港時曾與沈氏合影一像於半島酒店門前，此所攝，時沈氏神明聲後所攝，時伊精神稍差，惟伊頗年來對於曼殊身故後，逐無回港，此時曾與沈氏合

蝶，和隔愁群。最後之會面則在先生之府上，衲相接，迄今仍不能忘，余亦不敢久留而別。余姊身故後，至今則之研討及其失傳著作之搜索，不遺餘力。最近逐漸發見重之資料文獻等，現仍繼續努力搜尋，希望早日可得。竟事及孳華一端以誌。大師於民元前一年完成英譯燕子龕隨筆以圖簡錄，交蕾溝女士捲往瑪德利付印。數年前立圖書館，調查此書之存在，然不得其真相。按此書之曾出版於彼士，似無疑義。試圖保存於壬子七月八日由

○

· 圖 34 · 羅孝明在《工商日報》上撰文悼念沈燕謀。

689

手跡・印蛻

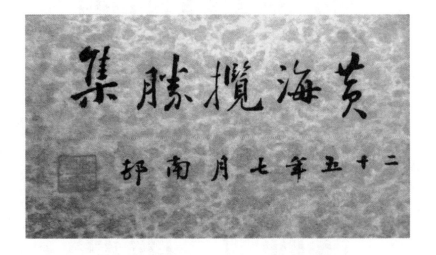

· 圖 35 · 沈燕謀自題《黃海攬勝集》

・圖 36・《黃海攬勝集》是沈燕謀以黃山為主題的攝影作品集
黃山風景照之一

·圖37·沈燕謀手錄家訓

・圖 38・＊**沈燕謀題字**

民國十六年仲冬月得於吳門
書肆計八冊 燕謀志

·圖 39··*沈燕謀題跋

莊子纂箋

沈燕謀敬署

· 圖 40 · * 沈燕謀為錢穆的《莊子纂箋》署耑

·圖 41·沈燕謀手跡

孝明先生新年百福

弟 沈燕謀拜祝

五十七季冬

· 圖 42 · * 沈燕謀題賀歲語

葦窗吾兄先生左右

惠書承寄寒女人九期六徑枝到 #於十三期

讀辰川先生論書及海藏成就反反霞 每三

以長於書道者談書自非常之 *反及晨生

上海兰潯景印藏豐 妻礼四丘冊又潯其一所

作聯屏以為絕非近代同筆所可及 慮及大

人為提刘此去 进谕及之兹冰寄示 #

何可言

尊編諸冊每涉日常細事所瞞知而不明其

究竟者潯此条致護益良多 水

詢新亞書庫本以當柔頤四先生創挕村雪

潯文總以研究所竊以私臺建講偏重舊

書心章二十年為大陸来書窗而價賤短三

三年潯縄装書五六寄册惜主技 缺者某

悼士立逐限制原计中断 希舉今日搽藏諭

價何止高出十百倍为德 終禧有婉惋痛心

承屏一印珠 不敬以羊戴 事上塵

諸唯也幸愈·復请

著安

而蘇謀頓 #

五月サ六頃

·圖43··*沈燕謀致沈葦窗書

· 圖 44 · * 「沈燕謀」白文印

· 圖 45 · * 「沈燕謀印」白文印

· 圖 46 · * 「南邨珍藏」朱文印

・圖 47・「行素堂藏書記」朱文印

・圖 48・「南邨書庫」白文印

· 圖 49 · 「沈燕謀藏書」朱文印

· 圖 50 · 「南郵手校」朱文印

· 圖 51 · 「燕謀手校」白文印

三、沈燕謀生平材料

報章材料摘錄

新亞校董兼館長沈燕謀飛美度假將與其三子沈毅臣相敍

本港新亞書院校董、圖書館館長沈燕謀、於一九一五年畢業於美國威斯康辛大學，早歲在滬上與蘇曼殊、在中國公學與胡適之同為莫逆交。旋任南通大學校董，紡織學院教授，南通大生紡織公司滬事務所所長，暨大生紡織公司經理，夙受知於張季直、張退庵昆季。大陸變色前來港，與錢穆院長一見如故，被聘任新亞書院校董，暨圖書館館長，對新亞書院農圃道校舍鳩工建築，中西圖書古籍蒐集，擘劃經營，貢獻殊多。頃以其三子沈毅臣在美任職原子能機構[374]，闊別十七年，久未團聚，特乘暑假之便，與長女冰如[375]，特乘 CAT 班機，由港道經日本，少作勾留，即飛美度假，聞歸期當在新秋後云。

按：
　　報道摘自《華僑日報》（1964 年 8 月 6 日）。

新亞書院校董沈燕謀逝世

本港新亞書院校董，南通沈燕謀老先生，早年攻讀美國威斯康辛大學，畢業後回國，任安徽大學教授，旋受張季直先賢任為秘書，而大生滬事務所主任，大生第一、第三兩紡織公司經理，南通大學院長；與胡適之、蘇曼殊交稱莫逆，《曼殊全集》，紀載綦多，為滬上著

374　子女同排則沈毅臣排行第四，子女分排則排行第三。
375　子女同排則沈冰如排行第三，子女分排則為長女。

名藏書家。一九四八年來港，由新亞書院聘為校董，旋兼任圖書館長，平生學貫中西，書法翁同龢，張季直，為人珍視。昨晨上午三時以心臟病逝本港，享壽八十一歲，哲嗣幼子君揚、君壽隨侍在側，愛子毅臣聞耗，由英倫搭機返港奔喪，定期在九龍楓樹街九龍殯儀館治喪，沈老先生生前服務教育、實業界，門生故舊，遍海內外，一朝溘逝，老成凋謝，聞者悼惜。

按：

報道摘自《工商晚報》（1971 年 6 月 29 日）。

沈燕謀九龍治喪王統元十人扶靈

新亞書院校董沈燕謀之喪，昨假九龍殯儀館舉殯，致送花圈及親臨致祭者，有香港太平紳士王統元，前中華民國駐教廷大使吳經熊，美國加州共和黨中央委員周大為，中華民國航運公會理事長楊管北，中華廠商會名譽會長尹致中，中文大學新亞書院校董岑維林，迭任校長錢穆、吳俊升、梅貽寶、崇基書院校長容啓東，南通學院同學會，新亞書院同學會，雅禮協會，生前友好門生故舊李聖五、李祖法、劉漢棟、許讓成、何鴻毅、黎蒙、費子彬、陳元直、羅香林、任國榮、周月亭、陶振譽、王佶、袁家麟、伍鎮雄、陳士文、張國棟、程兆熊、周銳、潘重規、冷雋、張碧寒、章叔純、吳公虎、高嶺梅、談全福、張蘭生、張儀尊、陸易公、何敬群、蘇明璇、沈惠蒼、章子良、鄭文光、何家驊、何榮欣、黃德壽、周松如、黃紹樑等數百人，一時出殯，由王統元、沈亦珍、曾克耑、唐君毅、童侶青、劉丕基、駱仰之、張凝文、李北濤、張宗義等扶靈出殯，暫厝九龍殯儀館，定明日下午一時，送至鑽石山火葬場火葬，一俟辦妥手續，即由其公子毅臣將骨灰移運至美國奉祀，昨日楓樹街頭，素車白馬，備極哀榮。

按：

報道摘自《華僑日報》（1971 年 7 月 2 日）。

沈燕謀日記節鈔及其他

書刊材料摘錄

蘇曼殊〈燕子龕隨筆〉

余嘗託晦聞倩如居士刊石印一方，文曰：「我本將心向明月，誰知明月照溝渠。」燕君謂我結習未忘。燕君者，通州沈一梅（按：即沈燕謀），方正之士也，肄業美國惠斯康新大學。

按：

隨筆摘自《曼殊全集》（上海：北新書局，1928）。

蘇曼殊〈致沈燕謀書〉（一）

燕君足下：

別來無恙否？瑛連日閉門不出，舊病還未脫體，東歸尚不審何日？歲月蹉跎，令人鬱結耳！擬重赴武林一遊。君抵滬時，乞以所行寄慰我馳想也。筆記數則，乞檢收。

十一月初四日，瑛謹狀

按：

信函寫於 1913 年，輯自《曼殊全集》（上海：北新書局，1928）。

蘇曼殊〈致沈燕謀書〉（二）

燕君足下：

前去數行，並筆記，妥收否？瑛月杪東歸。昨桐兄來書，囑在滬如見吾兄時，望即往催金家款項。吾兄來時，瑛恐不及聚首，思之憮然！度美之期，當在何日耶？匆匆此叩儷祉！

按：
信函寫於 1913 年，輯自《曼殊全集》（上海：北新書局，1928）。

蘇曼殊〈致沈燕謀書〉（三）

燕謀我兄足下：

別又半載，思何可支？瑛去冬以腸病纏綿，匆促東來，致未克與吾兄話別，只得託花卿老九輩為和尚致意。行時未見素姑為悵耳。手示敬悉。燕居清暇，沖明在襟，良深欽佩！瑛東渡以來，病骨支離，幸得良醫；近日稍能赴各地遊玩。但有酒能賒，無油可揩，遠不如海上鬥雞走馬之為快耳。今擬五、六月間過滬一遊，未識猶有舊時豪興否耶！達權兄近日起居奚似？一別逾歲，良友之懷，焉能已已。願蒼蒼者佑我兩兄無恙耳。桐蓀兄亦常通訊，唯阿傅久無消息，想仍羈海上。未知歲末吾兄能告假遄歸否？昔時俊侶雲散風流，不能令人無「青峰江上」之思。過滬時當親訪諸姬，一訴吾飄瞥之憾。吾兄亦以為然否耶？賜書勿寄石井；託桐蓀兄轉致，幸甚。遠適異國，諸惟珍重。想思不見，我勞如何？

三月十九日，玄瑛再拜謹覆

按：
信函寫於 1914 年，輯自《曼殊全集》（上海：北新書局，1928）。

蘇曼殊〈致沈燕謀書〉（四）

燕君足下：

相別逾歲，起居如何？想清豫耳。衲東居百病叢生，無復昔時鬥雞走馬之豪氣。吾燕君聞之，作如何感慨耶？前奉上兩箋，未審妥收否？小鳳仍是賣文滬瀆。素雲三姑輩，又不知下落，美人固多薄命者也。桐兄教授長沙不久當北入燕京云。迴懷烏鵲橋邊，滾繡坊裏，

未嘗不黯然魂消也。去歲字典未知已出版否？《潮音》序文，乞賢師早日成之，無任延佇。新大陸樂事正多。Mr. Maurice E. Bandmann 俊侶新從英倫至此，衲與騷人孟碩已三度春風矣。Miss Doris Mayor-Cooke 明眸善睞，較湘君有過之無不及，想燕君聞之，當為老僧浮一大白也。

陰曆五月二十七日，沙門玄瑛裟襌裏

按：

    信函寫於 1914 年，輯自《曼殊全集》（上海：北新書局，1928）。

張凝文〈致沈燕謀書〉

燕謀姻兄先生惠鑒：

    曩歲先父逭暑牯嶺，曾寫長書奉致左右，謂如不幸謝世，將浼適之先生為作傳狀。茲者墓工業經開始，謹遵宿命擬致適丈函，懇公代探其現家地址，轉為妥寄，公能為加一函申述尤好。專此奉懇，並頌道安。

姻弟張制融武敬上

按：

    信函寫於 1936 年，輯自《胡適遺稿及秘藏書信》（合肥：黃山書社，1994）。

胡適〈致沈燕謀書〉

燕謀吾兄：

    碼頭上匆匆不得細談，至歉。在上海三日，真是連打電話的時間也沒有，旅館帳上只有四個電話的■，可謂個人空前的紀錄。

    在旅館裏一氣讀完孝若兄的長函，既驚歎，又悲傷。驚歎的是孝若正當盛年，何以忽然想到「三五年內」夭折的可能，此與丁在君去年亟亟做遺囑同一奇異。悲哀的是孝若此函正是一篇絕好的「自傳」

的底子，可惜他不曾逐段發揮，成一篇詳傳，現在已無法彌補此缺陷了。

「簡短傳狀」，我一定要替他寫。但我實在感覺大困難。他的家人已大刪此長書，去其精華，僅存糟粕。我雖然見了原稿，究竟能說多少老實話？說了老實話，他們能用嗎？

這一層，暫時不必管他。我現在把孝若原書另抄一份，抄畢即將原稿寄還你去保存。抄本上我要做一些記號，凡我看不明白之處，都一一記出，要請你細細加註，註畢寄還我。這一點，非老兄莫能辦。故我要麻煩你。

此外還有一點。孝若之死，我至今不明其真相，故我甚盼你將此案情形及有關文件，詳為檢出或記出，供我參考。

嗇翁傳記與全集，我家中都有，可不必寄。此事似須費一點時日，也許須等到我下次（恐不久）南下時與你細談之後方能動手。

匆匆即祝

大安

弟胡適

廿五，十二，十二

按：

信函寫於 1936 年，輯自《胡適遺稿及秘藏書信》（合肥：黃山書社，1994）。

美國留學記錄

沈燕謀字燕謀，年二十六歲，生於江蘇南通，父鹿岑。已婚，子一。初學於上海南洋中學中國公學，及蘇州英文學校[376]。宣統二年，自費遊美，入威斯康心大學，習化學。民國元年，回國，任安徽高等

376　「蘇州英文學校」原文缺「英」字，今參考英文部分補上。

學校教員。民國二年，編著《英漢字典》，民國圖書館出版。民國三年，再遊美，仍入威斯康心大學。民國五年，得學士學位。回國，任南通紡織專門學校教員，為科學會及美國化 [377] 學會會員。住址及通信處：江蘇南通縣姜竈港。

Tseng, Yu-Mei. — Born in Nantungchow, Kiangsu, 1891. Married, 1913. Studied at Nanyang Middle School, Shanghai, 1906; at National Institute, Shanghai, 1907; at English Language School, Soochow, 1908-10. Arrived in America, June, 1910. Private support. Studied Chemistry at the University of Wisconsin, 1910-12. Returned to China, July, 1912. Instructor in Science, Anhui Provincial College, Anking, 1912-13. Author, "Chinese English Dictionary", Min Kuo Press, Shanghai, 1913. Revisited America, February, 1914. B.S. and Ch. E., Wisconsin, 1916. Returned to China, August, 1916. Member, Science Society and American Chemical Society. Author, "Silicon", American Chemical Society Journal. Instructor in Science, Nantung Textile School, Nantungchow, 1916 to date.

按：
　　轉錄自《遊美同學錄》（北京：清華大學，1917）。

胡適〈致張凝文書〉

凝文兄：
　　謝謝你的賀年片上的幾句話。
　　我很高興知道你們的消息，也很高興知道沈燕謀老同學的消息。我完全不知道你們都在香港，都平安健好。

377　「化學」原文作「科學」，今據英文部分改訂。

你提起我曾有志為令先父孝若寫傳，我頗有一個新的 Inspiration。就是你賀年片上提到的燕謀兄，他才是真正合適的給孝若兄寫一篇好傳記的人！你千萬不可錯過這個機會。燕謀好像比我大一歲，今年過七十了。

　　我想全世界沒有別一個人比他更適宜於寫孝若的傳記了。他寫成時，我一定給他寫長序 —— 正如我當年給孝若的季直先生詳傳寫長序一樣。

　　請你把這個意思轉給燕謀兄。他不能脫卸這件任務。

　　我是十一月廿六日進台大醫院的（為了有心臟衰弱的症狀），已住了五個多星期了，現在快出院了。

敬祝

賢伉儷新年快樂！

並問燕謀兄好！

胡適　敬上

五一，一，三。

胡適手跡

按：

　　信函寫於 1962 年。轉引自《大人》（1971 年第 15 期）。

張凝文〈沈燕謀小傳〉

沈燕謀兄之令祖敬夫公當年不惜出賣家鄉良田數萬頃，得款數十萬兩，悉購先祖季直公所創立之大生紗廠股票，並任職於大生紗廠，親力親為，可謂與吾張氏有深切淵源者。

燕謀兄之父鹿岑卻是位少年公子老封君。當年先祖曾語先君孝若云：「燕謀憨直，一如其祖，希望你能得到他的幫助，而你也能如我之善待其祖然。」燕謀由美國留學回國，任職於吾蘇唐家閭小學，曾赴海門長樂鎮扶海垞謁見先祖，先祖認為他雖遊學歸來，絕無趾高氣揚之狀，待人彬彬有禮，作事認真不苟，乃可用之才，故即聘任之為大生三廠經理。燕謀竭盡心力於三廠事務，井井有條。

抗戰之後，陳葆初[378]推薦燕謀主持大生紗廠上海總事務所，燕謀操持一切事務，備極辛勞。大生股東大會獨對燕謀之工作效能，加以賞識，於抗戰勝利、日本投降後，經大會通過以大生紗廠名義贈予五萬元，俾其往英美遊歷，考察紡織業，更進一步。

一九四八年，燕謀長子孟平在港經營上海進出口行，營業稱盛，孟平奉父來港，俾晨夕定省。燕謀抵港未久，即創辦新亞書院，與錢賓四（穆）先生相知以心，錢任新亞書院院長，即任沈為新亞書院圖書館館長，燕謀將其半生珍藏搜集之書籍，全部贈與新亞書院，更搜羅善本，不遺餘力。

燕謀兄為人小心謹慎，語不妄發，我曾屢請之為先君寫傳，即胡適之先生也稱之為真正適合的人，但他謙謙如也，始終未肯著筆，畢生唯以新亞書院為終身事業對象。身體異常康健，對妻兒關懷體貼，家務縱煩瑣，夫婦安心料理，互相分工，相敬相親，數十年如一日。

燕謀兄之後半生，工作不停於手，讀書不離於口，獨自往來港九各地，雖覺辛勞，從無怨言。

378　「陳葆初」原文誤作「陳保初」。

一九七一年六月廿八日凌晨，突覺心臟疼痛，於送往醫院途中逝世，享壽八十一歲。七月一日上午十一時至下午一時於九龍殯儀館辭靈，隨即出殯，吾扶其靈不覺熱淚沾襟，其為人軒直磊落，曾為保留先祖手寫日記，僕僕港台之間，卷帙浩繁，影印傳世，至今德之。當日曾懇其為先君作傳，而今乃由我執筆為燕謀兄傳，並輓以聯曰：

義不帝秦，高陸元龜空寄夢；

慚繩祖武，嗇園秘笈賴傳銘。

按：

轉引自《大人》（1971 年第 15 期）。原注：「本文作者張凝文先生，名融武，為南通張季直先生文孫，張孝若先生之令郎，與沈燕謀先生具有三世交誼。」

蘇慶彬回憶

沈燕謀老先生在同學、朋友中為人隨和，但在家裏卻是一位具有舊家庭式嚴肅的長輩。記得有一年是農曆新年，我們有幾位研究生，到他家中拜年。我們剛剛坐下，門鈴一響，傭人一開門，突然間，一群青少年男女一擁而入，急急走進客廳，不理會客廳中有沒有客人，便立即下跪叩頭，大聲向爺爺拜年請安。像這樣的禮節，在現今時代，已經見不到了，但沈老先生縱使流亡到了香港，在一個洋化的都市，自己更是受過洋人教育的，還堅守着舊的家規。

按：

摘錄自蘇慶彬：《七十雜憶 —— 從香港淪陷到新亞書院的歲月》（香港：中華書局，2011）。

唐君毅〈沈燕謀董事的生平〉

主席、各位先生、各位同學：

今天校中指定由我報告沈燕謀董事生平。我與沈先生雖相識有二十餘年，但實際上很少談及沈先生的往事。本校圖書館的何家驊先生與沈先生較熟，今天講的資料，多由何先生供給。但何先生所知，亦不甚完全；故希望將來有人再加以補充。我今天想講三點，以說明沈先生之為學、為人，可為我們後死之人之模範，亦值得我們紀念者。

沈先生生於民國前二十年，即清光緒十七年；歿於民國六十年；享壽八十一歲。在今日所追悼之四位先生中，以沈先生年壽最高。沈先生為江蘇海門人，民國初年（六十年前）曾在安徽高級學校教書，該校即後來安徽大學之前身。當時馬其昶先生做校長；同事有陳獨秀，為後來提倡新文化運動最激烈之人；又有蘇曼殊先生，即民國初年之天才文學家。我曾讀蘇之書信，見其常提及劉三、章太炎及沈先生。可見蘇曼殊與沈先生之交情很厚。沈先生離開安徽後，曾去美國威斯康辛大學專門學化學。回來時，本來計劃到北京大學教書，但南通方面張季直先生，即張謇留住了沈先生。張先生是中國近代了不起的人物；他是清末的狀元，後提倡實業救國。近代中國紗廠工業之創建，始於張先生；他首先在南通辦紗廠，後又辦南通學院。張先生留住沈先生為其秘書，幫助發展實業與教育之事業。沈先生在南通前後有卅年歷史，故沈先生對張先生之事最詳；本校廿年前文化講座，即曾請沈先生講張先生之事蹟。沈先生本想寫一張謇之傳記，但未悉寫了多少。沈先生之專門研究，為陳壽之《三國志》，想在裴松之等註外再著一個補注，曾積了很多稿子，惜在臨終之前，未曾完成。此是沈先生於廿二年前到香港以前之簡單歷史，算來是沈先生六十歲以前。此沈先生六十歲以前的歷史，可以說是代表一個「從研究中國學術而研究西方學術，再來辦實業，更重回到中國學術」的學術歷程。大約清末許多學者，都有這個學術歷程。如嚴幾道先生，先學海軍，提倡海軍救國，後又譯西方之哲學與社會學

政治學著作為中文，並學為桐城派之古文而創一論學的新文體。又如馬君武，亦先學科學，曾譯達爾文《之物種原始》，後來也學文學，從事教育。清末許多學者，都是兼通文哲和科學的，同代表了當時的中國學者重兼通中西之學的精神。誠然，一人要兼通中西之學便難於專精。但我們之治學問除有所專精之外，總當於不同之人文學術略其通識。這正是當時新亞書院所提倡的人文精神。沈先生之為學之歷程，亦即足為我們之一典範。這即是我要說的第一點。

第二點是自沈先生二十二年前來香港後，當時新亞曾辦學術文化講座，每週一次，沈先生為聽眾，幾乎每次都來。因與錢賓四先生談《三國志》及其他學術問題，而十分佩服錢先生，乃稱錢先生為師，自稱門人。實際沈先生較錢先生還長五六歲。誠然，此類之事，在中國歷代亦不少，如董蘿石比王陽明長十餘歲，而拜王陽明為師。因師之尊，在其有道，重道故尊師，而不在年齡。但在現代能重道尊師，而不問年齡，亦很不易。沈先生在此，可謂能有此古人風。當時新亞很窮，錢先生著有一本《莊子纂箋》，如印出，要三千元，因無錢不能出版，沈先生乃捐出三千元。當時新亞之薪水根本不能說，三千元便等於校中一月的開支。若今本校每月開支為四十萬，此三千元應可值四十萬元。當時我以為沈先生很有錢，但不久後，便見沈先生把他之汽車賣了，可見他並非有錢。這是沈先生之為人可作風範之第二點。

第三點是新亞書院初創辦時，根本沒有書，只有徐復觀先生寄存的一部《四庫叢刊》。後來才是我與錢先生、張先生等，在荷里活道買點舊書，親自抱回學校；其書之少，可想而知。再後才有哈佛燕京社之幫助研究所若干購書費，開始買若干古籍。但當時之其他地方，如歐美星加坡等地之學校，亦派人來香港爭購大陸流出之古書。他們出得起高價，而新亞之購書經費極少，不能出高價；故恒須與賣書之人，講點人情，希望他們顧念新亞之提倡中國文化，把書賣給新亞，不要賣給他人。現在新亞圖書館所有之古書，都可說來處不易。當時之錢先生、牟潤孫先生、與沈先生，都盡量設法為新亞圖書館買書。但我在當時卻因代表學校為孟氏圖書館之委員，只為孟氏圖

書館買了一批線裝書，慚愧未對當時之新亞圖書館，多所盡力。孟氏圖書館，現改為中山圖書館。香港圖書館藏有古籍最多的，除原有之學海書樓、馮平山圖書館之外；二十年來，可能只有新亞圖書館與今之中山圖書館，嘗力求古籍之保存在香港，以免其散流外地。最近數年，中文大學圖書館，才亦力求保存若干古籍於香港。但二十年前新亞圖書館之搜購書籍，則特為不易。因新亞沒有錢，不能出高價與人爭購。故新亞之圖書，最值得珍惜。而沈先生任圖書館館長十餘年之成功，實不可沒。沈先生退休離開圖書館後，還經常回圖書館看看，依依不捨。這亦是沈先生之心情，值得令人感念之一點。此即第三點。

　　完了，謝謝諸位。

按：

節錄自《新亞生活》雙周刊（1971 年 11 月 5 日），原文是「月會講詞」。

錢穆〈悼念蘇明璇兄〉

　　新亞書院前後佔據了我十八年光陰，為我一生服務最久的一機構，但因規模小，在新亞所接觸到的同事和學生，並不比別處多。我獲交兩友，他們對新亞貢獻大，而和我交情尤摯。自我離新亞，與此兩人交往最頻。自我離香港，亦惟此兩人縈念最殷。今不幸俱逝世。一人是沈燕謀先生，另一人為蘇明璇兄。燕謀去世，我極想寫一長文追悼。情緒萬千，竟未下筆。今明璇又去，我以未及為燕謀寫悼文為戒，因急撰此篇，而下筆總不能忘燕謀。因連帶述及，總之是抒我一時之哀思而已。

　　燕謀年長於我，乃前清一老留學生，攻化學。回國後，助其同鄉張季直辦實業。我素不相識。新亞初創，在九龍桂林街賃樓兩層共四五室，逼窄不堪，樓梯登降尤難。週六之晚，設一學術講演會，燕謀每屆必至，遂相識。我有《莊子纂箋》一稿，燕謀斥資付印，書

面題署，自稱門人，我心甚不安。然燕謀與我相交二十年，執弟子禮前後如一日。我在桂林街，開《論語》一課，燕謀亦來聽，手攜一美國最新譯本，遇確定譯本錯處，積數十條，當貽書相告譯者，囑其改正。聽課數月，燕謀言，出入太多，無可下筆，勉我成書，為國內外治《論語》者作參考。我之《論語新釋》，正式成稿於留美期間，即受燕謀之鼓勵。

後燕謀經濟受窘，新亞遷嘉林邊道，燕謀亦遷新居，相距甚近，意欲邀其來同事，未敢啓齒，謀於其夫人。夫人告我，燕謀晚年，每幸與君相識。儻相邀，必樂從，一切名位待遇，彼必不計。我始坦告燕謀，浼以創辦圖書館事，燕謀欣諾。積十許年，燕謀日夕向港九各書肆採購書籍，雖經濟窘迫，而新亞圖書館，蔚成奇觀，皆燕謀一人力也。

嗣後，美國耶魯大學，每年派兩人來新亞任教兩年。皆渴欲曉中國文化概況，每週末，由燕謀主持一座談會，由參加者發疑問難，燕謀所知廣，而見解正確，參加此會者，返美後，隨分闡揚，亦皆燕謀之功。

新亞在農圃道建新校舍，一切建築事宜，我以全權交燕謀。只在決定地點時，曾親去視察。以後直到新校舍落成，始再去，經費由美國福特基金會捐贈。曾派人來參觀，對新校舍甚激賞，謂一切符合彼方之理想，甚出意外。我問其詳。彼云：全部建築，圖書館佔地最大，各辦公室，連校長辦公室在內，皆佔最小地位。有學生宿舍，而無教授宿舍，此等處，皆見新亞辦學精神。如此建築，誠所鮮覯。其實此等皆由燕謀擘劃，我僅贊同而已。我自辭去新亞職務，常自忖念，十八年來，只保留着一些我對新亞之想望，但燕謀農圃道新校舍之設計與夫新亞研究所藏書之搜羅，則確對新亞有其具體不朽之成績。

自我遷居台北，每去香港，燕謀必在交通擠逼中來旅舍。幾乎每日必來，屢加勸阻無效。某一年，忽其長公子來台北寓廬，謂自美赴港省親，父命必繞道來台，與我認識一面。我最後一次去香港，到燕謀家，彼告我，正讀我新出版之《史記地名考》，因暢談歷史地理沿

革。時燕謀已在病中，午睡驟起，欲辭不忍，促膝歡談近兩小時。返台不久，獲燕謀噩耗，竟不能親去弔唁。⋯⋯

按：

節錄自《新亞生活》月刊（1977 年 10 月 15 日）。

羅孝明〈悼沈公燕謀兼懷曼殊大師〉

余對於沈氏之印象頗深，事實上雖僅得為數次之聚首，惟於此七八年間之文字交，藉親風儀。先生德高望重，宏儒碩學，誠為典型人物，尤其對余賜與大師資料之厚情，不能不令人敬服。姑舉一例言之：今日香港普通書肆，只有文公直編之一冊本曼殊全集而已。北新版柳亞子編之五冊本全集經已絕版多年，甚難尋覓，聞沈氏曾出數百元之獎金，委人向各地搜求，如幸得入手，則有將此贈余之意。不料此舉無法償願，旋將新亞書院文庫之柳編唯一藏本特別借出，供余影印。沈氏之熱情，不獨使余觸萬分之感動，亦且鼓勵余年來對於大師之研究，兼增進搜討資料之興趣，余受沈氏之影響貢獻綦多也。

⋯⋯年來搜集大師遺影遺畫遺墨等不少，現已得卷百七十餘種，大師遺像甚多，其中一幅於民二時與沈氏合攝於滬上者，余覽之輒感大師氣宇軒昂，道貌岸然，沈氏當年廿七，風度翩翩，清高絕俗，此為余所最珍愛之照相。年前余曾將此送贈沈氏留念矣。

在港時曾與沈氏合影一像於半島酒店門前，此乃於該酒店內歡談後所攝，時沈氏神明矍鑠，和藹慈祥。最後之會面則在先生之府上，時伊精神稍差，惟仍傾衿相接，迄今仍不能忘，余亦不敢久留而別。余姊身故後，遂無回港之機緣與沈氏重敍，至今思之，不覺愴然。⋯⋯

按：

節錄自鄭宗樑編：《曼殊大師傳補遺》（香港：自印本，1975）。

後記

「冷門」的補充

一

　　張凝文輓沈燕謀先生有「嗇園秘笈賴傳銘」之語。「嗇園」就是清末狀元張謇，輓語提及的，既指沈先生曾匯輯張謇與沈敬夫的來往信札，亦指沈先生 1967 年親攜前半部張謇日記手稿赴台安排出版的事。張謇的「文字遺產」，得先生不辭奔走，安排付梓。張凝文乃張謇文孫，在輓語中提及這段先祖遺作賴以傳銘的因緣，所寄寓者，無非雲山江水蒼蒼泱泱之意。

　　沈先生古道熱腸，事為人謀，令人敬佩。

二

　　先生向來重視日記的整理工作，他在 1965 年 5 月 24 日的日記中就曾談到整理張謇日記的種種困難。要能辨讀日記原稿上的字跡

及字體，「非有校勘工夫不能讀」：

> ⋯⋯用紙大小不齊，日記字跡或極工緻，或草率至不可辨，雜以詩詞文稿之屬，即用景印方法，未易明顯可讀，試印四葉，皆不佳，就稿讀之，殆非學有根底者不能勝清繕之任，耗時費力，猶在其次；記中紀年，因避家諱，輒用古字，非有校勘工夫不能讀也。

手稿清繕過錄的工作向來一點都不簡單，可幸我是次整理沈先生的日記，有《大成》雜誌上的初刊的排印版本為據，工作相對輕省得多，我得以集中精力在校訂句讀、校改引文以及改訂錯別字之上。

可以說，沒有朱振聲在《大成》上的的排印版本，相信我未必有能力完成這項繁複的工作。

三

本書本來沿用日記初刊時的名字，即「南邨日記摘錄」，但生怕讀者誤以為是明朝張南邨的日記，與出版社黎先生商量，為準確起見，決定用「沈燕謀」而不用「南邨」。而「摘錄」一般指從文集或文章中選錄字句或段落；再經斟酌，最終以「節鈔」取代：「節」字既表示了「保留部分日記內容」的意思，用語色彩上更似乎比「摘」字來得冷靜些、抽離些；「鈔」字則可以更直接更集中地表示「照寫原文」的意思。只是本書還包含一些非日記的內容，如何能在簡明的書名中一一涵蓋，殊費心思。

我參考《郁達夫日記九種及其他》及《蘇曼殊年譜及其他》兩種著作的命名方法，把書中難以歸類的圖文材料都喚作「其他」，既省事又有先例可援，於是本書就名為「沈燕謀日記節鈔及其他」。

四

　　記得若干年前出席藝發局的會議，會後與一眾與會人士共晉晚餐，席上陳萬雄先生問誰是「新亞人」，即時有幾位朋友「表露身分」。我當時有點猶豫，因為學院身份，一般以第一個學位為準，我只好如實回答說八十年代曾在農圃道新亞研究所唸碩士課程，也不知算不算是「新亞人」。陳萬雄先生話音響亮，說：「農圃道新亞，當然算！」

　　作為新亞後輩，能夠為新亞前輩在新亞成立七十周年編一部書，深感榮幸。

五

　　先生名字中的「燕」字可平可仄，但「燕謀」二字合起來，命名原意應與「燕翼詒謀」有關。《詩經・大雅・文王有聲》：「武王豈不仕，詒厥孫謀，以燕翼子。」是祖先庇佑造福後代之意。《幼學瓊林》：「燕翼詒謀，乃稱裕後之祖。」是祖輩善為子孫後代謀劃的意思。又從日記得知，先生原名「翼孫」。

　　綜合以上三條材料，「燕謀」的「燕」字唸仄聲，較為合理。

六

　　《南通縣文史資料》（1988 年 10 月第 3 輯）有一篇由「家書」與「燕冰」執筆的〈沈燕謀的二三事〉，是專門談沈先生生平的文章。文章執筆者之一「燕冰」未知是不是沈先生的胞妹沈燕冰，待考。但這篇文章所提供的資料，失實處非常多，我在本書的前言已作詳細交代。幾經斟酌，為免以訛傳訛，這篇文章最終沒有收進本書，讀者如有需要，可參考《南通縣文史資料》。

七

　　許禮平先生傳我一張圖片，是沈先生於 1947 年書贈屠良章的毛筆題辭，字字金石：「心地要寬平，識見要超卓，規模要闊遠，踐履要篤實。能此四者，可以言學矣。」由於這段題辭是引用廣東理學大家陳白沙先生的話，衡以本書的采輯原則，未能收錄，姑且附記於此，也算是一點補充。

　　白沙先生這幾句話，恰好是沈先生一生的寫照。

朱少璋記於 2019 年 8 月 1 日
浸會大學東樓

沈燕謀
日記節鈔及其他

朱少璋 主編

責任編輯　黎耀強　張佩兒 | 裝幀設計　霍明志
排　版　高向明　肖霞 | 印　務　劉漢舉

出版
中華書局（香港）有限公司
香港北角英皇道四九九號北角工業大廈一樓 B
電話：（852）2137 2338　傳真：（852）2713 8202
電子郵件：info@chunghwabook.com.hk
網址：http://www.chunghwabook.com.hk

發行
香港聯合書刊物流有限公司
香港新界大埔汀麗路三十六號
中華商務印刷大廈三字樓
電話：（852）2150 2100　傳真：（852）2407 3062
電子郵件：info@suplogistics.com.hk

印刷
美雅印刷製本有限公司
香港觀塘榮業街六號海濱工業大廈四樓 A 室

版次
2020 年 2 月初版
©2020 中華書局（香港）有限公司

規格
16 開（230mm×150mm）

ISBN
978-988-8572-85-4